KB189033

대통령의 자격

대통령의 자격
- 문제는 대통령 당선 이후의 통치력이다!

초판 1쇄 펴냄 | 2011년 12월 05일
개정증보판 1판 1쇄 펴냄 | 2025년 2월 20일

지은이 | 윤여준, 한윤형
펴낸이 | 조찬숙
편 집 | 박대석
기 획 | 조봉묵
마케팅 | 조봉묵
관 리 | 조봉묵
교 정 | 문준수, 안종숙, 최수빈

펴낸곳 | MG채널
등 록 | 2024. 07. 23. 제 25100-2024-000047
주 소 | 서울특별시 구로구 구로동 811번지
          코오롱싸이언스밸리2차 609호
전 화 | 02-3667-7143
팩 스 | 02-3667-7160
이메일 | mdlonge7@gmail.com

인 쇄 | 일흥
디자인 | 함명재(표지, 본문)

ISBN 979-11-988680-1-5(03300)

* 잘못된 책은 바꿔드립니다.
* 책값은 뒷표지에 있습니다.

대통령의 자격

- 문제는 대통령 당선 이후의 통치력이다!

개정증보판

윤여준, 한윤형 지음

MG채널

개정증보판에 부쳐

졸저《대통령의 자격》이 출판된 지 14년이 지났다. 당시 출판했을 때 아직 임기가 진행 중이었던 이명박 정부 평가를 보강하는 등 곧 개정증보판을 내겠다고 본문에서 언약했으나 차일피일 세월이 흐르면서 마음의 빚이 됐다. 약속을 지키지 못할지도 모르겠다고 염려하던 중 다행히 적극적으로 조력해준 몇몇 분들 덕분에 이제 개정증보판을 내게 됐다.

14년 전에 비해 한국 사회는 발전한 부분도 있다. 무엇보다 국민소득 2만 달러를 돌파한 후 십수 년간 3만 달러의 벽을 넘지 못했던 '중진국의 덫'을 확실히 벗어나 선진국에 진입한 것은 다행스러운 일이다. 그러나 그 외 정치적이고 사회적인 부분에선 과거보다 훨씬 심각한 위기상황에 직면해 있다고 느껴지는 것이 사실이다. 특히 사회·경제적인 문제들을 해결해줘야 할 정치의 기능 자체가 상실되고, 오히려 정치가 국민경제의 짐이 된 것만 같은 모습을 보이는 것이 문제다. 권력은 자제와 통제에서 나온다는 말이 다시금 절실하게 다가온다.

최근 '대통령의 무자격'을 모두가 목도했고, 책임져야 할 위치에 올라간 사람이 얼마나 우스꽝스러워 질 수 있는지를 참담하게 관람했다. 윗세대보다 민주주의를 훨씬 더 체화한 것처럼 보이는 청년세대의 저항 정도가 위안거리다. 하지만 '대통령의 무자격'을 절실하게 느낀 이 순간이 오히려 '대통령의 자격'을 다시 물어야 하는 시점일 수 있다. 이 책에서 다룬 것은 '통치자의 역량'에 대한 사상적·역사적 고찰이었던 것인데, 그것이 우리의 상황에선 '대통령의 자격'을 묻는 것이 됐다. 저자 또한 근미래에 한계에 달한 6공화국 체제를 쇄신하기 위한 개헌이 있어야 한다고 생각하며, 개헌의 결과 정부 수반의 명칭이 바뀔 수도 있겠으나, 그렇다고 이 책에서 다룬 질문과 내용들이 힘을 잃는 것은 아닐 것이다. 대한민국이란 국가공동체를 운영하는 역할을 맡기를 소망하는 사람들, 그런 사람들을 검증하고 싶어 하는 여러 사람들이 이 책에서 조금이나마 도움을 얻기를 바란다.

한 가지 안타까운 부분이 있다. 저자는 언젠가 개정증보판을 내게 된다면, 이 책을 저술하면서 참고한 자료들을 정확하게 표기하고 본문에도 주석을 달았으면 좋겠다고 생각한 적이 있다. 그러나 그간의 세월 동안 거처를 몇 번 옮기다보니 참고한 책들이 여기저기 흩어지고 분실되어 그 작업은 도저히 할 수 없었다. 그래서 아쉬움이 남지만 형편이 허락하는 대로 기존 원고를 바탕으로 작업을 해야 했다.

메가다이렉트 조봉묵 대표는 저자도 거의 포기했던 이 책의 개정증보판 작업을 끊임없이 설득했으며, 실행 과정에도 큰 도움을 줬다. 개정증보판 전체의 편집과 체계를 잡는 작업은 박대석 본부장이 했고, 한윤형 작가는 저자 인터뷰를 하며 이명박 정부 평가의 수정과 추가된 박근혜·문재인·윤석열 정부 평가를 서술하는 과정에서 초고를 작성한 후 저자와 협의하며 수정했다. 세 사람의 도움이 없었다면 이 책은 제때 나올 수가 없었을 것이다. 도움에 감사드린다. 마지막으로 반세기 넘도록 함께 지내면서 희생과 헌신으로 뒷바라지를 해주었던 아내 우선희의 건강 회복을 간절히 바라며, 다시 한 번 고마운 마음을 전한다.

2025년 1월
윤여준

머리말

저자는 약 20년간 청와대와 행정부, 국회, 그리고 정당 등에서 여러 직분을 수행하면서 국가운영에 직접 참여하는 기회를 가질 수 있었다. 이 기간은 국가적으로는 민주화, 세계사적으로는 탈냉전과 세계화, 그리고 문명사적으로는 정보화의 시기로서, 우리의 삶뿐 아니라 국가의 존재 방식과 운영원리가 근본적이고도 급속한 변화를 겪었던 시대였다. 특히 국가운영의 사령탑이라고 할 수 있는 청와대에서 도합 9년 동안 국가원수를 가까이에서 보좌하면서 때로는 보람과 성취감을 느끼기도 하였지만, 한편으로는 적지 않은 회의와 실망, 좌절감에 빠지기도 하였다. 이러한 과정을 거치면서 저자는 도대체 국가란 무엇이며 국가는 어떻게 운영되어야 하는가에 대해 근원적인 의문을 갖기 시작하였으며, 나름대로 그 해답을 얻기 위하여 동서양의 고전을 비롯한 광활한 지혜의 숲에서 서성거리기도 하였다.

그러나 배움과 경험이 부족한 저자로서는 이에 대한 명확한 관점을 정립하기 어려웠고 더구나 책을 쓴다는 것은 감히 생각하지도 못하였다. 그러다가 근래 많은 정치 지도자들, 특히 대통령들이 국가의 총체적 능력과 국민적 역량을 효과적으로 결집시켜 국가발전으로 연결시키지 못함으로써 나라가 답보와 정체에 빠져들고 있지 않은가 하는 사회적 우려가 비등해지면서 생각을 바꾸게 되었다. 특히 내년에 실시될 대통령 선거와 국회의원 선거야말로 향후 국가의 명운을 결정짓는 중대한 분수령이 될 것이라는 점에서, 얼마나 많은 분들이 공감해주실지 주저하면서도 그동안 해왔던 부족한 생각이나마 정리하여 이렇게 졸저를 세상에 내놓게 되었다.

이 책의 주제인 스테이트크래프트(statecraft)는 다소 생소한 용어일 수 있다. 상세한 내용은 본문에서 살펴보겠지만, 우선은 "'국가를 다스리는 실천지(prudence)'로서 특히 '근대 국민국가(nation-state)'라는 특수 유형의 정치공동체를 창설·유지·발전시키는 과정에서 요구되는 '집단적 결정'과 그 '실행'을 관리·감독하는 실천적 능력"이라고 규정할 수 있다. 좀 더 구체적으로는, 헌법적 기본원리를 포함한 국가제도의 관리, 국민적 일체감 형성 및 통합의 유지, 대내외 각종 현안에 대응할 수 있는 올바른 정책의 수립 및 실행, 끝으로 여러 정치세력 및 인물 관리 등 '국가라는 법인체의 행위자(agent)로서 요구되는 각종 능력'이라고도 설명할 수 있다. 이러한 의미를 갖는 스테이트크래프트를 정확한 우리말로 옮기기는 쉽지 않다. 사전적으로 직역을 하면 '나라를 다스리는 기술'쯤 되겠지만 너무 서술적이며 또한 본래의 풍부한 내포를 담아내기에는 역부족이다. 그래서 이 책에서는 본래의 뜻에 충실하기 위하여 원어를 그대로 표기하였다. 다만 이해를 돕기 위해 그 뜻을 굳이 옮겨본다면 '치국경륜'이라는 용어를 사용할 수 있지 않을까 생각해보았다. '사회'가 아니라 '국가'라는 측면을 강조하며, 단순한 실용적 '기술'이나 학술적 '이론'을 넘어서는 포괄적인 '실천지'라는 의미를 부각시키기 위해서는 '경륜'이 보다 적합하기 때문이다. 다만 치국이나 경륜 두 단어 모두 조금은 낡은 감각이 있다는 점과 더불어 두 단어가 조합된 치국경륜이라는 용어 역시 본래의 뜻을 제대로 담아내기는 어려운 것도 사실이다. 따라서 문맥에 따라 '통치 경륜' 혹은 '통치 리더십', '국가운영 경륜'을 비롯한 다양한 의미로 읽혀졌으면 하는 바람이다.

저자가 이 책을 통해 말하고자 하는 주장은 비교적 단순하다. 국가의 흥망성쇠에는 여러 요인이 작용하겠지만, 궁극적으로는 제반 요인들을 관리하고 통제하면서 중요한 결정을 내리며 나아가 결정 과정 자체를 관리하는 정치 지도자, 특히 우리의 경우 최고 정치 지도자인 대통령의 스테이트크래프트, 즉 국가를 운영하는 자질과 능력이 관건이라는 것이다. 그런 점에서 그동안 대한민국이 성공한 부분은 물론 오늘날 대한민국이 겪고 있는 적지 않은 혼란과 갈등 그리고 정체와 답보에는 역대 대통령들의 스테이트크래프트가 결정적인 영향을 미쳤으며 앞으로 나라의 운명 나아가 민족의 운명 역시 바로 여기에 달려 있다는 것이다.

어떠한 유형의 정치체제에서나 마찬가지겠지만 특히 민주국가의 스테이트크래프트는 매우 뛰어난 자질을 요구한다. 지배자와 피지배자가 원리적으로 동일시되는 민주사회 그리고 모든 것이 평등하며 상대화되는 다원사회에서 보편적이고 타당한 가치와 원칙을 스스로 육화·체현하면서 이를 토대로 국민을 결집시켜 국가를 운영해나가기 위해서는 탁월한 능력이 요청되기 때문이다. 그러나 민주사회에서 이러한 스테이트크래프프를 가진 정치 지도자를 키워내고 선발해낸다는 것은 결코 쉬운 일이 아니다. 그러한 뛰어난 지도자들 역시 평등하고 어떤 면에서는 범속한 국민들 가운데에서, 그러한 국민들에 의해 키워지고 선택받지 않으면 안 되기 때문이다. 그런 점에서 민주시대의 정치 지도자의 스테이트크래프트는 결국 국민의 스테이트크래프트로 귀착된다고 할 수 있다.

이 책은 독창적이지는 않다. 대부분의 내용은 학자와 교수, 언론인들을 포함하여 동시대 국내외 많은 연구자와 관찰자들의 성과를 저자 나름대로의 시각에서 정리한 것이다. 저자는 학자는 아니며 이 책 또한 학술서적이 아닌 만큼 참고하거나 직간접적으로 인용한 서적 혹은 논문의 출처를 일일이 밝히지 않았다는 점을 양해해주기 바란다. 이 기회를 빌려 진리 탐구에 헌신하고 계신 지식공동체의 모든 분들 특히 이 책을 쓰면서 '지식의 빛'을 지게 된 학자 여러분들에게 진심으로 감사의 말씀을 드린다.

이 책에는 전직 대통령들에 대한 평가가 포함되어 있다. 확실히 해 두고 싶은 것은, 이 책에서는 그분들 재직 시의 스테이트크래프트와 그 업적에 초점을 맞추었기 때문에 정치인으로서 한 분 한 분에 대한 총체적인 평가는 하지 않았다는 점이다. 아울러 민주화 이후에는 스테이트크래프트의 성격과 그것이 발휘되는 환경이 근본적으로 달라졌고 복잡해졌기 때문에 좋은 평가를 얻기가 더욱 힘들다는 점도 감안해주기를 바란다. 저자는 한때 전두환·노태우·김영삼 세 분 대통령들의 비서관으로서 보필한 경험이 있다. 따라서 그분들이 발휘한 스테이트크래프트를 평가한다는 것은 매우 곤혹스러운 일로서, 인간적 도리와 역사적 평가 사이에서 고민과 갈등을 거듭했다. 더구나 여기에는 상당 부분 보필을 잘못한 저자에게도 책임이 있었다는 것을 부인할 수 없다. 그러나 이 책에서는 오로지 향후 우리와 우리 자손들이 살아가야 할 터전인 대한민국의 장래를 염두에 두고 저자가 겪은 내용을 가감 없이 고백하고 증언한다는 심경으로 임하였다. 관계되는 모든 분들과 독자 여러분의 기탄없는 질정을 기다린다. 내년 대통령 선거 이후 적절한 시점에서, 이 책에서는 잠정적이고 부분적으로 다룰 수밖에 없었던 이명박 정부에 대한 총체적인 평가를 추가하여 개정판을 출간할 예정이다. 그 기회를 통하여 아쉽고 부족했던 부분은 과감히 바로 잡을 것을 약속드린다.

이 책은 제1부와 제2부로 구성되어 있다. 제1부는 스테이트크래프트의 개념 정의와 더불어 동서고금의 사례들을 통해 이를 설명하는 내용으로 구성되어 있다. 제2부는 일제 강점기와 해방정국을 통해서 형성된 역사·문화적 유산과 조건들을 살펴보고, 이어서 대한민국의 역대 최고 정치 지도자, 주로 대통령들을 중심으로 그들이 발휘했던 스테이트크래프트를 집중 조명하고 평가하는 내용이 주를 이루고 있다. 그리고 마지막으로 이 시대가 요청하는 스테이트크래프트란 무엇인가를, 2012년에 실시될 국회의원 총선거와 특히 대통령 선거에서 요청되는 국민적 선택의 기준을 중심으로 하여 제시해보았다. 저자로서는 이 책을 처음부터 끝까지 읽어주시기를 기대하지만, 경우에 따라서는 맺음말을 먼저 보고 이어서 제2부에서 관심 있는 부분부터 살펴본 다음, 앞으로 돌아가 제1부를 보는 것도 한 방법이 될 수 있을 것이다.

이 책을 펴내면서 생각이 떠오르는 분들이 있다. 누구보다도 먼저 나의 최초의 스승이신 선친을 생각하게 된다. 평생을 책과 더불어 사셨던 선친은 한·중·일 세 나라가 배출한 걸출한 인물들의 창업과 수성에 관한 많은 역사적 사실들을 가르쳐주셨다. 그리고 저자의 첫 직장 상사였던 손세일 전 국회의원에게도 평소 갖고 있던 감사의 뜻을 표하고 싶다. 당시 〈동아일보〉의 《신동아》 부장으로서, 풋내기 기자였던 저자에게 '공부하는 기자'가 되라고 끊임없이 강조해주었고, 이후 스스로도 《이승만과 김구》라는 역저를 내는 등 솔선수범을 보여주기도 하였다. 당시의 지적 자극은 저자가 이번에 졸저를 펴내는 용기를 내는데 소중한 밑거름이 됐다. 진덕규 이화여대 이화학술원장은 오랫동안 동서양 정치에 대해 귀중한 가르침을 주었다. 특히 이 책을 쓰는 과정에서, 한국 근현대 정치사에 관한 풍부한 지식과 그 이념적 동력으로 작용해온 민족주의에 대한 높은 식견에 거듭 감탄하게 되었다. 80년대 중반 청와대에서 만난 이래 4반세기가 넘은 오늘날까지 공사 간에 남다른 인연을 맺어온 문무홍 전 개성공업지구관리위원장과 서명구 전 청와대 비서관에게도 감사의 뜻을 표하고 싶다. 두 사람이 아니었더라면 이 책은 시작되기 어려웠을 것이다. 좀처럼 엄두를 내지 못하는 저자에게 책을 쓰도록 끈질기게 권유하였고, 내용과 체제에 이르기까지 여러 가지로 수고를 아끼지 않았다. 그런 점에서 이 책은 세 사람의 공저라 해도 과언이 아닐 것이다.

가난한 기자, 가난한 공무원, 가난한 정치인의 내조자로서 늘 어려운 살림을 꾸려가면서도 마음 편하게 책을 사고 읽도록 배려해준 아내 우선희에게도 이번 기회에 지난 40년간의 고마운 마음을 모아서 전하고 싶다. 그 외에도 일일이 거론할 수 없지만, 평소 저자와 생각을 나누는 등 직간접적으로 도움을 주신 모든 분들에도 깊은 감사의 뜻을 표하고자 한다.

2011년 11월
윤여준

❙ 목차 ❙

제1부
스테이트크래프트란
무엇인가

제1장 서론

1. 대한민국, 기적의 역사

산업화와 민주화에 성공한 나라

일제 식민통치로부터 해방된 1945년과 오늘의 한국사회를 비교해 보면, 그야말로 상전벽해(桑田碧海)라는 말밖에는 달리 표현할 방법이 없다. 당시는 물론 1960년대 초반까지만 해도 우리 사회는 기본적으로 농업 중심의 전형적인 전근대 사회였다. 물론 조선 후기에도 근대성의 맹아(萌芽)가 없었던 것은 아니며, 또한 일제하에서 파행적이고 부분적이나마 산업화와 도시화가 있었던 것도 사실이다. 그러나 전체적으로 조선 후기의 정치·경제·사회적 틀을 크게 벗어나지 않은 상태였다. 특히 혹독한 일제 식민통치와 해방 이후 극심한 이데올로기의 대립, 그리고 민족 구성원 대부분을 직간접적으로 동원했던 한국전쟁은 그나마 존재했던 산업기반과 전통시대의 가치관 및 가부장적 가족구조 등 모든 것들을 붕괴시켰다. 경제 수치로 말한다면 해방 직후 1인당 GNP는 60달러, 전후 복구가 완료되고 난 1960년도만 해도 78달러에 불과했다. 아시아뿐 아니라 세계에서도 최

빈국이었다. 정부 살림은 미국의 잉여농산물을 팔아 충당해야 했다. 농촌에서는 해마다 식량이 떨어진 농가가 속출하였으며, 도시에서는 깡통을 들고 구걸에 나선 전쟁고아들의 행렬이 줄을 이었고, 의지할 곳 없는 상이군인들이 넘쳐나 크고 작은 소동이 그치지 않았다.

무엇보다 심각했던 것은 전통사회는 붕괴되었지만 새로운 사회는 '민주주의'라는 것 이외에는 구체적인 형체가 손에 잡히지 않는 상황에서 물질적 궁핍에 더하여 정신적 피폐화가 극에 달했다는 사실이다. 국민 대다수는 패배의식과 자학이라는 마음과 정신의 중병에 걸려 있었다. '아시아적 전제주의(Asiatic despotism)'니 '반도적 성격론'이니 '정체성론(停滯性論)'이니 하는 일본 제국주의의 침략 이론이 풍미한 가운데, 우리 스스로도 '한(恨)의 문화'에 빠져 '엽전은 할 수 없다(한국인은 역시 안 된다는 의미)'는 극도의 패배의식이 사회에 팽배해 있었다. 여기에 '가난은 나라도 구제하지 못한다'는 전통적 농업사회의 경험과 분단으로 인해 '이남의 쌀과 이북의 전기가 합치기 전에는 어떠한 발전도 불가능하다'는 패배주의가 더해져 스스로에 대한 자기비하와 자학감이 극에 달했다. '미제는 X도 좋다'는 시쳇말이 단적으로 말해주듯 인간 이하의 모멸적 자학의식이 절대다수의 국민 그리고 지식인들의 머리와 마음을 짓누르고 있었다.

정치 역시 조선조 말 사회 해체와 왕조의 쇠망을 불러온 가렴주구(苛斂誅求)를 연상시킬 정도로 혼탁과 부패에 빠져 있었다. 해방과 분단의 혼란과 전쟁의 폐허를 딛고 부흥과 새 국가건설의 비전을 제시하고 국민역량을 결집시키기는커녕 무능한 집권세력은 권력 유지를 위해 온갖 정치적 파행과 원색적인 폭력까지 서슴지 않았다. 심지어 어떤 외신은 한국에서 민주주의가 실현되기를 기대하는 것은 "쓰레기통에서 장미가 피기를 기다리는 것"이라고 말하기도 하였다.

그러나 이로부터 80여 년이 지난 오늘, 우리는 산업화와 민주화에 성공한 당당한 선진 중견국가의 모습을 갖추고 있다. 2022년도에는 수출입을 합한 무역규모에서 세계 6위를 기록하였다. 특히 반도체와 자동차 등 첨단 산업 분야가 산업을 주도하고 있다. 고등학교 졸업자의 80%가 대학에 진학하는 등 대학진학률에서도 세계 최고 수준을 기록하고 있다. 영국의 시사주간지 《이코노미스트(Economist)》가 발표한 '2023 민주주의 지수'에서 한국은 10점 만점에 8.09점으로, 총 167개 조사 대상국 중에 22위이며 대만(10위)과 일본(16위)과 함께 아시아에서 '완전한 민주주의' 국가로 분류됐다. 오늘의 젊은 세대는 실감하기 어려울지 모르겠지만 우리 사회가 지난 세월 성취한 것은 실로 천지개벽이요, 혁명인 것이다.

이러한 변화를 놓고 보면 오늘의 한국인이 과연 과거의 한국인과 동일한 인간인가 하는 의문마저 든다. 문화란 인간의 삶의 방식, 정형화된 행동양식이라고 할 수 있다. 도남 조윤제 선생은 한국 문화의 특징을 '은근과 끈기'라고 규정한 바 있거니와, 이를 '할 수 있다', '빨리빨리', '냄비근성' 등으로 대표되는 오늘날 한국인의 행동 패턴과 비교해 볼 때, 오늘의 한국인과 두 세대 전까지 존재했던 한국인은 도저히 같은 유형의 인간으로 보기 어렵다. 이러한 변화는 한반도에서 농업이 개시되고 국가 생활이 시작된 이래 가장 큰 변화가 아닐 수 없다. 중요한 것은 지난 80여 년간 일어난 이 같은 변화는 한국인들의 창의성과 노력만으로 이루어진 것은 아니며, 해방과 정부수립 이후 세계사에 본격적으로 편입되면서 그 흐름을 잘 탔기 때문에 얻은 결과라는 사실이다. 그 변화의 본질과 성격에서 바로 근대 서구에서 발원한 민주화와 산업화라는 근대혁명이었던 것이다. 그렇다고 우리의 노력과 성과가 자주성을 결여했다는, 즉 자주적 근대화가 아니라고 폄하하는 것은 온당치 않다. 문명의 발전은 타자(他者)의 장점을 배우고 모방해서 자기 것으로 소화하는 데 있다는 것이 동서고금의 진리인 까닭이다. 즉 외부 세계에 대해 열린 자세를 갖고 시행착오를 두려워하지 않았던 것이 성공의 요체였던 것이다.

성공만큼 쌓이는 과제들

우리 국민이 지난 세 세대에 가까운 세월에 걸쳐 이룩한 변화와 성취에 대해서는 세계가 높게 평가하고 있으며, 우리 스스로도 큰 보람과 자부심을 느끼고 있다. 그러나 그 내용을 하나씩 자세하게 들여다보면 미흡하고 아쉬운 부분 또한 적지 않다. 특히 권위주의 통치하의 압축 성장은 오늘날까지도 적지 않은 후유증을 남겨 국가사회의 갈등 요인이 되고 있다. 1987년 민주화로부터 거의 반세기, 문민정부 출범으로부터도 30년이 넘는 세월이 흘렀으나 여전히 일류정치, 선진경제, 성숙한 사회는 손에 잡히지 않고 있다. 평화와 통일은 말할 것도 없고, 시간이 갈수록 안보 상황은 더욱 악화되고 있는 것도 사실이다. 이러한 현실에서 미구에 닥칠 여러 가지 어려운 내외 환경을 감안할 때 '해는 지는데 갈 길은 멀다'는 일모도원(日暮途遠)의 심경을 갖지 않을 수 없다.

먼저 누구나 지적하는 것이지만, 아직도 엄연한 남북분단과 대결 상황이 지속되고 있다. 우리와는 전혀 다른 소비에트식 공산주의 모델에 따라 수립된 북한 정권은 자유를 희생시키는 대가를 지불하면서도 종전협정 이후 전후 복구와 초기 경제발전 과정에서는 계획경제의 장점을 발휘하여 한때 상당한 성과를 거두는 것으로 보였다. 그러나 북한 역시 공산권 국가들의 숙명이라고 할 계획경제의 문제점들을 피해갈 수는 없었다. 더구나 1960년대 이래 '김일성 유일사상'에 따른 족벌 세습, 그리고 '자력갱생', '자주·주체'라는 극도로 폐쇄된 이념과 체제를 추구한 결과 사회 전반의 경직화와 퇴행화가 급속히 나타났다. 특히 1989년 소련 및 동구 공산권이 몰락하고 1990년대 중반 김정일 정권 등장 이후 북한은 체제붕괴를 막기 위해 '선

군정치(先君政治)'를 표방하면서 핵무기와 미사일 개발을 비롯한 '비대칭 전력'을 강화하였고, 21세기에도 천안함 폭침 사건과 연평도 포격과 같은 도발을 가해오고 있다. 뿐만 아니라 북한은 주민들의 기초적인 인권과 먹는 문제마저도 해결하지 못한 채 강권 통치의 3대 세습으로 이어졌으며 최근의 김정은 정권은 심지어 대한민국을 외국으로 규정하고 통일의 필요성마저 부정하는 실정이다.

대한민국 내부를 들여다보아도 사정은 만만치 않다. 그동안 압축 성장을 해오는 과정에서 간과한 부분, 그늘진 부분들이 여전히 정상화되지 못한 채 우리의 발목을 잡고 있다. 나아가 민주화와 맞물린 급속한 세계화 속에서 경제·사회적 격차가 더욱 커진 결과, 사회 통합은 약화되고 경제성장 또한 주춤거리고 있다. 문재인 정부 때 1인당 GDP 3만 달러를 돌파하고 국제적으로 선진국의 지위를 공인받기는 했으나 저성장·저출생 기조 속에서 지금이 한국의 절정의 순간이라는 '피크 코리아' 담론마저 나오고 있다. 또한 권위주의 하에서 만연했던 편법·위법·탈법·초법적 관행들이 민주화 이후에도 여전히 정상화되지 못하고 정치·사회적 갈등을 심화시키면서 국민통합을 저해하고 있는 것도 우리의 현실이다.

무엇보다 국가사회의 갈등을 관리·통합하는 지도력으로서의 정치가 오히려 갈등을 조장·증폭하는 '만악의 근원'으로 지탄받고 있다는 것이 가장 근원적인 문제이다. 민주화 이후 정당 혹은 정치세력 간의 정권교체가 수차례 있었지만, 아직도 여야는 상대방을 인정하지 못한 채 상호불신과 대립을 계속하고 있다. 정치의 중심인 국회는 폭언으로 양당의 강성지지층을 동원하는 극한대결의 '저질정치', '3류 정치'를 벗어나지 못하고 있다는 평가를 받고 있다. 여야의 위치는 서로 바뀌었지만, 여당과 야당으로서의 행태는 전혀 바뀌지 않고 있는 것이다. 통치의 중심인 대통령의 경우에도 권위주의적 스타일과 부정부패 행태를 완전히 탈피하지 못하였다. 군부 권위주의 시대의 전직 대통령들은 쿠데타와 부정부패로 인해 단죄를 받았고, 민주화 이후 대통령들 역시 각종 스캔들로 인해 자신의 혈육과 최측근들이 영어의 몸이 되는가 하면, 심지어 스스로 생을 마감하는 등 비극이 그치지 않고 있는 것도 냉엄한 현실이다.

권위주의 문제 역시 개선될 조짐을 보이지 않고 있다. 대통령이 되면 대부분 자기중심으로 신당을 창당하거나 그렇지 않더라도 일부 세력을 배제하면서 당명이라도 바꾸는 식의 행태를 되풀이해 왔다. 민주정치의 기반이라고 할 지방자치 역시 본래의 풀뿌리 정치의 기능을 하기는커녕, 기승을 부리는 토호들의 부정부패와 지역이기주의의 온상이 되고 있다. 심지어 중앙당과 국회의원들에게 스스로를 종속시키는 결과를 빚고 있는 것도 부인하기 어렵다.

우리 정치의 이러한 문제점들을 극복하기 위해 그동안 온갖 해법이 제시되어 왔다. 국민참여론에서부터 정당강화론 그리고 선거·정당제도 및 권력구조 변경을 위한 개헌까지 포함하는 제도개혁론 등이 그것이다. 그러나 어떤 것도 당장 모든 사람들이 동의할 수 있는 해결책이 되지 못하고 있을 뿐만 아니라 상당 부분 오히려 문제를 더욱더 어렵게 만드는, 즉 새로운 갈등의 요인이 되는 경우도 있다.

지금 가장 절박한 문제는 우리에게 주어진 시간이 그리 많지 않다는 데 있다. 먼저 북한의 상황은 우리를 기다려주지 않고 있다. 자칫하면 북한은 공식적인 핵보유국이 될 수 있으며, 언제 어떤 방식으로 위협과 도발을 해올지 알 수 없다. 또한 파탄난 경제와 3대 세습의 갈등은 당장이라도 어떤 긴급 상황을 초래할지 모른다. 중국 역시 최근에 목도하고 있는 바대로 명실공히 미국과 더불어 G2, 적어도 동북아 지역의 막강한 패권국가로 등장하고 있는 것도 우리의 선택과 보폭을 제약하는 요인이다. 심화되고 있는 세계화 현상으로 민족 단일성의 근거가 약화되면서 통일의 당위성 자체에 대한 의문이 확산될 조짐마저 대두되고 있는 것도 부인하기 어렵다.

사회 내부적으로는 급속한 고령사회 진입으로 인해 성장 동력이 고갈되고 있는 것도 시급한 문제다. 특히 중산층의 붕괴 현상이 심화되어 자칫하면 성장과 발전의 탄력성을 상실할 우려까지 제기되고 있다. 그러나 가장 심각한 문제는 날로 심화되고 있는 정치·사회적 갈등이다. 특히 지난 십수 년을 돌이켜봐도 SNS를 포함한 뉴미디어를 통해 양당 지지층이 극단화된 가운데, 정치권은 물론 사회 전체가 분열과 대립의 갈등으로 빠져드는 등 국가 해체의 조짐마저 보이고 있다는 것이다.

이렇게 많은 국민이 대한민국 80여 년의 성과에 대해서 한편으로는 커다란 자긍심을 느끼면서도 다른 한편으로는 현재 겪고 있는 갈등과 정체 현상에 대해 깊은 우려와 안타까움이라는 양가적 감정과 평가를 갖고 있는 것이 오늘날 우리들의 솔직한 자화상이다.

2. 국가에 대한 성찰

객관적 관찰의 중요성

현실 속에는 이렇게 성공과 한계점이 상호 복합적으로 얽혀 있기 때문에 먼저 정확한 실상을 파악하는 것부터가 쉬운 일이 아니다. 나아가 그 요인을 찾아내어 적절한 대응방향을 설정하는 것은 더더욱 어려운 과제가 아닐 수 없다. 한때는 실패의 요인만 찾으면 되었고 또 어떤 때는 성공의 요인만을 찾으면 되었지만, 현재 우리의 입장에서는 성공뿐 아니라 한계 요인을 함께 따져보아야 하기 때문이다. 문제는 성공과 한계의 요인들이 서로 얽혀 있다는 점이다. 그래서 한때는 한계 혹은 실패의 요인으로 간주 되던 것이 오히려 지금은 성공의 요인으로 전환되기도 하며 그 반대의 경우도 나타나고 있다.

역사적 요인이나 국제적 환경 요인들은 시대에 따라 상반되게 해석되는 경우가 흔히 일어난다. 먼저 역사적 사실을 객관적으로 바라보는 일 자체가 만만한 일이 아니다. 일제에 의해 폄하되고 부정되어 온 구한말 대한제국기의 근대화 노력의 실상을 복원하고 그 의미를 강조하는 것은 바람직하지만, 그것이 역사적인 유산으로 후대에 계승되어 현대 한국이 성취한 근대화에 상당한 영향을 미쳤다는 식으로 보는 것은 상당한 비약이다. 일제의 영향 문제도 그렇다. 식민지하에서 이루어진 공업화와 도시화를 일제의 시혜로 보는 식의 '식민지 근대화론'은 제국주의적 침략 논리로 배격되어 마땅하다. 식민통치의 유산이 없었더라면 한국의 근대화 자체가 불가능했을 것으로 보는 것은 논리의 비약도 이만저만이 아니다. 그렇다고 이와는 정반대로 식민통치가 우리 사회에 남긴 발자국을 아예 존재하지 않는 것으로 치부하는 것 역시 문제점을 안고 있기는 마찬가지다.

문화, 정확히 말해 전통문화는 한때 근대화를 가로막는 가장 커다란 걸림돌로 규탄 받아 온 것이 사실이다. 예를 들어 유교만 해도 한동안은 전근대적 가치의 핵심으로 치부되면서 근대적 합리성을 저해하는 최대의 요인으로 간주 되기도 했다. 그러나 산업화의 성공 이후에는 오히려 '유교적 자본주의'를 동북아 국가들의 성공 요인으로 보는 시각이 강력하게 대두되기도 하였다. 그러다가 IMF 외환위기를 겪으면서는 '정실 자본주의(crony capitalism)'라고 해서 이번에는 똑같은 유교적 가치가 오히려 위기의 주범으로 매도되기도 했다. 이와 같이 유교적 유산이라는 동일한 역사적·문화적 요인이라고 해도 시기에 따라서 서로 상반되는 시각에서 평가를 받아왔던 것이다.

남북분단과 냉전과 같은 국제환경적 요인도 마찬가지다. 한때는 '분단'이야말로 현대 한국이 겪고 있는 모든 병폐의 근원으로 여겨졌고, 많은 국민이 통일이 되지 않는 한 아무것도 이루어질 수 없다고 믿었던 것도 사실이다. 그리고 이러한 관점들이 현재까지도 상당한 영향을 발휘하고 있기도 하다. 그러나 거꾸로 분단과 대결 상황이 사회적 긴장감을 가져옴으로써 한국에 예외적인 성공을 안겨다 준 요인이 되었다는 주장도 있다.

미국의 역할에 대해서는 감정적 반응까지 가세하여 극단적으로 상반된 시각이 나타나고 있다. 지금까지도 일부 남아 있지만 한때 적지 않은 국민은 미국이 민주주의를 이식해주고 6·25 참전과 원조를 해준 것에 대해서 긍정적인 평가를 넘어 숭미적(崇美的)이기까지 한 태도를 보인 적도 있다. 거꾸로 1980년대 이후에는 단순한 부정적인 평가를 넘어서 격렬한 반미(反美) 정서까지 널리 확산되었던 것도 사실이다. 이처럼 역사적·환경적 요인들은 그 자체로서 부정적 또는 긍정적인 측면을 동시에 갖고 있다. 그럼에도 불구하고 많은 경우 주어진 현실을 설명하기 위해서 역사적·환경적 요인, 그중에서도 당시의 구미에 맞는 한두 요인만을 결정적인 것으로 간주하려는 태도가 자주 나타난다. 그러나 현실은 화석과 같이 굳어진 것이 아니라 항상 변하는 유동적인 것이다.

따라서 특정 시점의 현실을 필연적인 것으로 설정하고 이를 설명하기 위해 특정 역사적 요인이나 문화적·환경적 요인을, 그중에서도 어떤 한 측면만을 결정적인 것으로 간주하거나 확대 해석해서는 현실을 파악할 수 없고 해답은 더욱 나올 수 없다. 역사적·문화적·환경적 요인이란 것도 객관적으로 현실을 파악하여 우리의 대응방향을 설정하는 데 있어 테두리를 긋기 위한 것이지 자연과학적 의미에서 결정적인 인과관계를 추출하기 위한 것으로 보기는 어렵다.

정치 지도자의 리더십

대한민국이 거둔 성공과 한계의 현실적 주체 혹은 단위를 놓고도 다양한 대립적 시각이 있다. 먼저 '민족'을 모든 것의 중심으로 보는 시각이다. 구한말과 일제를 거쳐 형성된 민족적 자기비하감이 1960년대까지만 해도 상당히 많은 국민의 머리와 가슴을 지배해 온 것이 사실이다. 그러나 산업화와 민주화에 성공한 이후에는 오히려 민족이라는 요인을 성공의 요인으로 꼽는 경향도 나타났다. 우리의 장점을 재발견하여 지난 시대의 부정적인 의식을 극복하고 민족적 자긍심을 높이려는 이러한 노력은 값진 것이다.

하지만 우리의 성공 요인을 민족적 우수성에서 찾으려는 것은 논리의 비약이다. 우선 민족 자체가 인종과 같은 생물학적·유전적 특성을 바탕으로 하는 고정된 성격을 갖고 있는 것이라기보다는 시대와 환경에 따라서 그 성격이 변화하는 문화적 개념이기 때문이다. 따라서 특정 시점에서 어떤 민족이 갖고 있는 개별적 특수성은 존재하지만, 영구불변의 민족성이라는 것은 과학적으로나 철학적으로 인정되기 어렵다는 것이 오늘날의 상식이다. 1960년대까지 모든 실패의 원인을 민족으로 귀착시킨 것도 문제지만 1980년대 이후 모든 성공의 원인을 민족으로 귀착시키는 것도 똑같이 문제인 것이다. 민족이 성공의 가장 중요한 변수라면 어째서 한국은 성공했는데 북한은 실패했는가 하는 부분이 해명되지 못한다.

특정 계층이나 계급 혹은 개인의 리더십을 강조하는 시각도 있다. 6·25를 거치면서 잠복했던 변증법적 유물론이 1980년대를 통과하면서 다시 역사의 전면에 대두되었지만, 때맞춰 발생한 공산권의 몰락이라는 세계사적 사건으로 인해 그 파급력이 당장은 그다지 크지 않았다. 그러나 IMF 이후 불평등이 심화되면서 계급적 시각은 사회 저변에 확산되었고, 21세기에는 계급적 관점을 표방하는 정당이 원내에 진입하는 경우도 종종 생겨났다.

그러나 전체적으로 볼 때 계급론보다는 민주화의 계층적 기반으로서 중산층론이 더 큰 주목을 받아왔다. 산업화는 중산층을 탄생시켰고 이는 민주화의 기반이 되었다는 점에서 그렇다. 그러나 IMF 사태를 겪고 세계화와 신자유주의적 경향이 강화되면서 중산층이 약화·해체되고 있으며 결과적으로 사회의 양극화 현상이 진행되고 있다는 것이 오늘의 대체적인 진단이다. 문제는 중산층론이 거시적 차원에서 계층적 기반의 중요성을 강조하고 있지만, 오늘날의 현실적인 정책적 대응방향과 직접적으로 연결되지 못하고 있다는 점이다.

일각에서는 지도자 개인의 리더십을 성공과 실패의 중요한 관건으로 보는 시각도 있다. 특히 산업화에 있어서는 박정희 대통령의 지도력을, 민주화에 있어서는 김영삼·김대중이라는 지도자의 역할을 적극 평가하고 있다. 반면 박대통령에게는 민주주의적 지도력의 부족, 양김 대통령의 경우에는 경제를 포함한 전반적인 국가관리 능력의 부족을 아쉬워하기도 한다. 앞에서 언급한 민족적·계급적 관점들은 너무 거시적이고 구조적인 요인만을 강조함으로써 살아 있는 인간의 구체적인 행동과 선택의 문제들이 경시될 수 있다는 문제점이 있다. 그런 점에서 인간적 요소를 중시하는 것은 바람직하다. 특히 근래 민주화의 진전에 따라 모든 영역에서 기존의 권위가 약화·붕괴되는 상황에서 지도력은 더욱 중요시된다는 점에서도 그렇다.

문제는 이러한 리더십론이 지도자 개인의 성장배경이나 인격적 특성에 초점을 맞춘 나머지 국가라고 하는 특수한 집단의 고유한 성격과 제도적인 특성, 그리고 환경 요인 등은 사장된 채 지도자의 일반적인 덕목만을 강조하는 경향이 두드러지고 있다는 점이다. 더구나 최근에는 효율성과 결과라는 기업적 가치가 중시되면서 CEO라는 기업가적 리더십의 덕목이 일반화되고 만능시 되는 경향까지 나타나고 있는 것도 사실이다.

자유주의와 평등주의의 조화

우리가 지난 80여 년 동안 실제로 추구해온 발전전략 자체에 대해서도 이데올로기의 대립으로 인한 적지 않은 논란이 있었다. 사실 해방 이후 좌우 대립과 분단 자체는 국가가 지향하는 이념 자체에서 비롯된 것이었다. 그러나 분단과 6·25를 거치면서 남한사회 내부에서는 지향하는 이념의 지향점에서 대체적으로 합의가 이루어졌고, 그런 점에서 민주화 이전에도 전체적으로 보아 자유민주적 질서라는 헌법적 목표와 이상에 대해서는 커다란 이견이 없었다. 다만 산업화와 민주화와 같은 근대화의 목표를 수행하는 방법을 놓고, 어떤 것을 우선시할 것인지를 놓고 갈등이 전개되었던 것이 사실이다.

원래 권위주의란 자유민주주의를 부정하는 것이 아니라, 그 실현을 위한 과정 혹은 수단으로서 독재적 방법이 불가피하다고 보는 관점이라는 점에서 스스로 자기 부정적인 성격을 갖고 있다. 우리의 경우에도 집권 진영, 특히 군부 권위주의 정권에서는 북한 공산주의의 위협으로부터 자유민주주의 질서를 지키기 위해서는 현실적으로 반공과 권위주의가 불가피하다는 입장을 갖고 있었다. 그러나 이에 반대하는 진영에서는 오히려 자유민주주의를 즉각 실행해야만 효과적인 반공이 되고 자유민주주의를 제대로 지킬 수 있다고 주장했던 것이다. 또 집권 측에서는 빈곤을 타파하고 경제적 기반을 건설하기 위해서는 정부의 적극적인 주도하에서의 대외지향적인 성장전략이 불가피하다고 보았다. 반면 반대세력은 대체적으로 볼 때

원론적 차원에서 시장경제론을 주장하면서도 민족주의적 성향이 강한 내포적(외부 교역에 치중하기보다는, 자생성을 가지고 농업-중소기업-대기업 순으로 발달시키자는 공업화 노선), 수입대체형 발전전략을 주장하기도 하였다. 특히 재야 일각에서는 한때 유행하던 종속이론의 영향을 받아 대외지향적 경제는 결국 대미 종속으로 귀결되어 파탄에 이를 수밖에 없을 것이라고 비판하기도 하였다.

지향하는 모델이라는 관점에서 볼 때 예외적인 경우가 유신이었다. 권력의 선출과정과 3권분립 원칙 등 자유민주주의의 기본적 틀의 범위를 상당히 벗어나 있었고, 공식적으로도 자유민주주의와는 거리가 적지 않은 '한국적 민주주의'를 표방하였기 때문이다. 그렇지만 전체적으로 보아 한국은 독재 혹은 권위주의 체제하에서도 이념적 지향점 및 목표는 자유민주주의를 크게 벗어나지는 않았다.

이렇게 대외지향적 개발전략을 추구한 세력을 중심으로 산업화에 성공한 반면, 민주화는 도전세력과 집권세력 간의 일종의 협약에 의해 이루어졌다. 그리고 민주화 이후에는 발전전략 자체에 적지 않은 변화가 발생하였다. 전체적으로 볼 때 발전전략은 당시 공산권의 몰락 이후 세계화·정보화의 진행 등 세계사적 시간대에 맞추어 논의되어왔다고 할 수 있다. 한편에서는 지속적 성장과 신자유주의 노선에 따라 '큰 시장·작은 정부론'을 받아들여야 민주화에 따른 과도기적 어려움을 극복하고 선진국으로 도약할 수 있다고 주장하는가 하면, 다른 한편에서는 분배와 복지의 확대노선, 즉 '큰 정부·작은 시장론'을 통해서만 지속적인 발전과 평등이 가능하다는 입장이 강력하게 대두되기 시작하였다. 두 입장 모두 나름대로 상당한 이론적·현실적인 근거와 타당성을 갖고 있다고 할 수 있겠지만, 우리의 현실과 얼마나 부합되는가 하는 점에서 여전히 논란이 그치지 않고 있다.

모든 형태의 정부의 개입이나 간섭은 최대한 배제되어야 한다는 신자유주의적 입장은 보수진영 내에서도 주로 대기업 집단을 중심으로 제기되고 있다. 문제는 대기업 집단의 경우 이러한 주장을 할 역사적·현실적 근거가 매우 취약하다는 점이다. 이들이 시장에서의 자유경쟁을 통해 형성된 것이 아니라 발전국가 하에서 정부의 강력한 보호와 지도 감독, 그리고 특혜 속에서 단기간에 형성되었기 때문이다. 게다가 민주화 이후 김영삼 정부는 금융 자유화 조치로 이들에게 외환관리 등에서 상당한 자율성을 부여하였는데, 이것이 발전의 계기가 되기는커녕 역으로 IMF 외환위기를 자초했던 것이다. 이러한 신자유주의 입장은 특히 IMF 이후 중산층이 붕괴되어 양극화가 심화되는 오늘의 상황 속에서 더욱 현실적 타당성을 갖기 어렵다고 볼 수 있다.

이와는 대척점에 서 있는 세칭 진보진영도 문제점을 안고 있기는 마찬가지이다. 무엇보다 소련과 동구권 붕괴 이후 공산주의의 문제점에 대한 처절한 성찰과 더불어 진지한 대안 탐색이 있었는지가 의문이다. 근래 들어 진보진영의 가장 두드러진 특징은 참여의 가치를 강조하고 있다는 점이다. 그러나 참여의 영역, 질 그리고 형태와 방법 등은 진지하게 고려하지 않은 채 참여 자체를 절대적 선으로 규범화하는 경향이 강하게 나타나고 있다. 특히 민주화 투쟁 과정에서 강력히 대두되었던 민중론이 인터넷 등 정보화 속에서 '집단지성론'으로 무장된 직접민주주의론과 연계되어 부각되고 있다.

문제는 이러한 급진적인 이상론이 여전히 취약한 우리의 대의 민주주의를 더욱 위태롭게 할 수 있다는 점이다. 참여와 더불어 논란의 대상이 되고 있는 것은 평등 지상주의 관점이다. 이른바 양극화가 심화되고 있는 현실 속에서 평등의 가치를 강조하는 것은 바람직하고 당연한 일일 것이다. 그러나 자유의 가치를 기껏해야 강자들의 논리인 '호랑이의 자유'에 불과한 것으로 치부하면서 평등의 중요성을 절대시하는 경향으로 흐른다면 이 또한 매우 염려스러운 일이라고 하지 않을 수 없다.

이러한 세계사적 이데올로기의 갈등과는 별도로, 남북분단 및 대치로 인해서 대북 및 통일정책에 있어서도 적지 않은 갈등이 있다. 아직도 북한체제를 대안으로 여기거나 용인해야 한다는 입장은 극소수이기는 하지만 우리 사회, 이제는 정치권 일각에 분명히 자리 잡고 있다. 다음으로 북한에 대해 긍정적이지는 않지만, 북한은 우리를 위협할 의사도 능력도 없는 존재이므로 이를 무조건 포용해야만 하며 그래야 동북아의 평화가 유지되는 가운데 북한도 조만간 개혁과 개방으로 나올 것이라고 보는 시각이 있다. 이에 의하면 만일 북한을 포용하지 않는다면 긴장만 고조되는 가운데 결국 북한의 중국에 대한 의존도만 높아져 분단은 영구화될 것이라고 우려된다. 반면 북한은 체제붕괴의 위험에 직면해 있는 가운데서도 우리 사회를 위협하여 혼란으로 몰아갈 수 있다는 점에서 경계심을 갖고 견제하고 대비해야 한다는 입장도 있다.

근래에는 이른바 흡수통일론을 놓고 보수와 진보진영의 입장이 더욱 분화되고 상호 엇갈리는 등 한층 복잡한 양상이 나타나고 있다. 특히 경제적 부담과 중국의 현실적 영향력을 감안할 때 즉각적인 통일을 경계하는 흐름이 강력하게 나타나고 있는 것도 사실이다. 북한 문제의 해결 없이는 한국의 본격적인 도약은 어려운 만큼 이제는 본격적으로 그 준비를 할 때라는 입장과, 이와는 반대로 급격하게 조기 흡수통일을 추진하다가는 한국의 발전 자체가 후퇴할 것이며 나아가 한반도의 평화를 위험에 빠트릴 수 있다는 입장이 강하게 부딪히고 있다.

대한민국이라는 제도적 기반

이상의 여러 가지 관점과 주장들은 모두 오늘날 대한민국이 겪어 온 성공과 실패의 요인들을 규명하는 데 참고해야 할 소중한 관점들이며, 향후 나아갈 방향을 모색하는 데 있어서도 반드시 고려되어야 할 요소들이라는 점은 분명하다. 다만 평생 정치를 가까이에서 관찰하고 또 국정운영에 직접 참여해본 '실천의 입장'에서는 국가라는 제도적 틀을 중심으로 성찰하는 것이 무엇보다 중요하다고 보게 된다. 정치는 '공공의 문제에 관한 집단적 결정과정'이라는 명제를 수용하면서, 그 행위는 개인들의 무정형한 행동의 집합으로 이루어지는 것이 아니라 국가라는 제도적인 틀과 원리에 따라 이루어지는 것으로 보아야 한다는 것이다. 물론 정치는 역사적·국제환경적·이데올로기적 요소들을 토대로 여러 차원의 집단적 주체들이 상호 경쟁하는 것이지만, 이 모든 것들은 무중력 상태가 아니라 국가라는 강력한 중력장 속에서 전개된다. 그리고 이러한 요소들은 다시 국가라는 제도적 틀을 변경·파괴하고 다시 건설되는 것이기도 하다. 그렇다고 국가지상주의적 태도를 갖자는 것은 아니다. 개인과 사회를 핵심적인 가치로 하고 또한 그 내적 구성원리를 반드시 성찰하되, 제도라는 틀 속에서 문제를 살펴보자는 것이다.

우리에게 있어 국가는 다름 아닌 대한민국이다. 그것은 2차 대전 이후 연합국, 특히 미국에 의해서 그리고 현실적으로는 유엔의 결의를 통해서 우리에게 '완성된 형태'로 주어진 것이었고, 그 결과 현실 속에서는 숱한 파행과 굴절을 겪을 수밖에 없었다. 따라서 국가와 헌법은 치장과 분식에 불과한 형식적 틀이라는 비판을 받기도 하였고, 특히 근대 민족국가의 관점에서 볼 때는 남북분단으로 인해 일종의 '결손국가'로 출발했으며, 아직도 그러한 한계를 극복하지 못하고 있다는 지적을 받고 있는 것도 사실이다.

그러나 대한민국은 지향하는 이상과 방법에 있어서 세계사의 주류와 일치하는 것이었으며, 그러기에 파행과 굴절의 일탈된 현실 속에서도 끊임없이 우리가 지향해야 할 이상이요, 되돌아갈 좌표를 가리키는 나침반의 역할을 다해왔다. 그리고 현실적으로도 대한민국은 우리가 지난 80여 년간 여러 가지 놀라운 성취를 이룩하는 제도적 기반이 되어 주었다.

그러나 아직도 많은 사람이 국가, 즉 대한민국이라는 나라를 중심으로 사고하지 않으려는 경향을 보이고 있다. 여기에는 적지 않은 요인이 있다. 먼저 일제 식민지 경험을 통해 왜곡된 국가, 즉 '식민국가'의 상을 접하게 됨으로써 국가 특히 근대국가에 대한 부정적인 상을 갖게 되었다는 점이다. 여기에 권위주의 정부 하에서 국가가 인권을 탄압하는 부정적인 모습을 동반하였기 때문에 더더욱 부정적인 국가관을 갖게 된 측면도 있다.

민주화 이후에는 주로 젊은 층을 중심으로 계급적 시각을 토대로 국가를 부정적으로 바라보는 관점을 갖게 되었고, 민주화로 인해 권력의 중압으로부터 상대적으로 자유로워진 재계 특히 대기업 측에서는 국가 간섭으로부터의 탈피를 규범으로까지 받아들이는 사고방식이 팽배해 있는 것도 사실이다. 물론 이른바 진보진영이 국정을 담당하면서 이들 역시 국가를 중시하지 않을 수 없는 상황을 맞기도 하였다. 그러나 이 경우에도 국가를 자신의 이상과 목적을 달성하기 위한 단순한 '도구'로 바라보는 시각이 우세하였다. 반대로 보수정권에서는 국가를 효율성으로 재단하고 최고 국가지도자를 CEO로 보는 등 국가를 기업의 개념으로 간주하는 관점을 강하게 드러냈다.

바로 이렇게 아직도 국가를 가장 중요한 요인으로 보지 못하고 있는 것이 오늘날 우리가 처해 있는 가장 큰 문제점이 아닌가 생각된다.

제2장 국가와 스테이트크래프트 (statecraft)

1. 정치공동체 혹은 국가

국민국가의 기원

인간은 무리를 짓고 사회적 삶을 살 수밖에 없지만, 인간이 만든 많은 무리 혹은 집단 중에서도 특수한 것이 국가다. 국가라고 하면 우리는 먼저 근대 국민국가(nation state)를 떠올리게 된다. 초등학교 때부터 영토·주민·주권이 그 3대 요소라고 암기해온 것이 바로 국민국가의 특징인 것이다. 이렇게 우리가 오늘날 보편적인 것이라고 여기고 있는 국가는 그러나 사실은 근대 서양에서 발전해온 하나의 독특한 유형의 국가에 불과하다. 따라서 용어의 혼란을 피하기 위해 여기에서는 근대 국민국가와 달리 일반적 의미의 국가는 학계 용어인 정치체(body politic 혹은 polity)라고 부르기로 한다.

정치체는 다른 집단과는 달리 말 그대로 정치관계를 특징으로 갖고 있는 집단을 의미한다. 정치관계란 지배현상, 특히 강제력의 사용이 허용되고 정당화되는 관계를 의미한다. 인간이 이러한 정치관계를 맺고 또 정치체를 만들어 살기 시작한 것은 대체로 청동기 시대로 알려져 있다. 구석기 시대와 신석기 시대에 걸쳐 작은 유랑집단(band)을 단위로 수렵과 채취를 해오다가 점차 농업과 목축업이 시작되면서 정착이 이루어졌고, 그 결과 생활이 복잡해지고 세분화·전문화되면서 생산력이 비약적으로 발전하기 시작했다. 이 과정에서 특히 청동기와 문자의 발명으로 대표되는 이른바 고대문명이 태동했고, 점차 복잡해지는 사회를 통솔하기 위해 강제력을 특징으로 하는 정치관계가 출현하면서 정치체가 등장하기 시작했다는 것이다.

이후 정치체는 역사상 여러 가지 유형으로 그 모습을 드러냈다. 지질적 또는 지리적 특징, 산업적 특성, 병기산업과 무기체계의 발달 정도, 계급 혹은 계층적 특성, 그리고 주변의 다른 정치체의 존재와 성격 및 그들과의 상호관계 등에 따라서 커다란 차이점을 드러냈다. 역사상 폴리스(polis) 즉 도시국가, 왕국, 제국, 봉건제후국, 공화국 등 다양한 명칭과 모습으로 등장한 여러 정치체들이 바로 그것이다. 각 정치체별 특징을 자세히 살펴볼 필요는 없겠지만, 예비적으로 몇 가지 사항은 짚고 넘어갈 필요가 있다.

첫째, 도시국가(polis), 제국(imperium), 봉건국가(feudal state), 근대국가(modern state)들은 서로가 그 성격과 특징이 현저히 다른 이질적인 형태의 정치체라는 점이다.

둘째, 전체적으로 보아 이들은 유럽 문명권에서 나타난 유형으로, 특히 16~17세기 본격적인 세계사가 시작되기 이전 유럽 이외의 다른 문명권에서 나타난 정치체들과는 구별되는 특수한 것이라는 점이다. 예를 들면 동북아의 유교 문명권에서는 독특한 왕조 형태의 정치체가 존재했었다. 중국에서는 일찍이 방(邦) 혹은 읍(邑)으로 불렸던 성읍국가가 등장했고, 주

(周)왕조(기원전 1046년?~기원전 256년)는 이를 가족관계로 느슨하게 연결한 왕국이었다. 춘추전국(春秋戰國) 시대(기원전 770년~기원전 221년)를 거치면서 다양한 이데올로기가 각축하였지만 통일왕조인 진한(秦漢) 시대(기원전 221~기원전 220년)에 이르러서는 가계(家系) 중심 관념을 토대로 하는 천하일가(天下一家)의 가족 공동체로서 황제 밑에 사해동포(四海同胞)가 동일한 신민(臣民) 혹은 제민(齊民)인 가족국가의 원형이 탄생하였던 것이다.

셋째, 근대 후기에 유럽에서 등장한 근대 국민국가는 그것이 비록 서양이라는 독특한 문화유산과 역사적 경로를 통해 형성된 것이지만, 오늘날에는 보편적 형태의 국가가 되었다는 점이다. 특히 근대 국민국가는 그 원리와 특성 면에서 기존의 어떤 정치체와도 확연히 구분되는 특징을 가진 것이었다.

근대국가의 연원과 특징

따라서 무엇보다 오늘날 국가의 원형이 된 근대 국민국가에 대해 그 연원과 특징을 보다 자세히 살펴볼 필요가 있다. 먼저 '스테이트(state)'라는 명칭은 중세 후기와 근대 초 북부 이탈리아를 중심으로 하는 도시국가에서 처음 사용되기 시작했다. 중세적 소유, 재산, 신분의 '상태'라는 의미의 'stato'라는 단어가 수식어 없이 독자적으로 사용되면서 이 말은 곧 영주가 소유한 통치기구라는 의미에서 통치기구 일반, 즉 당시 태동하고 있던 새로운 정치체 자체를 의미하는 단어로 전용됐다. 특히 중세의 특징이었던 중첩적인 복수의 종주권이 부인되면서 stato는 최고권, 즉 '주권' 혹은 후일의 용어로 표현하자면 '국가 이성'을 가진 존재로 간주되기에 이르렀다. 이러한 stato에서 대내적으로는 군주가 새롭게 대두되는 부르주아지와 연합하여 기존의 귀족을 압박하면서 최고 주권자로 떠오르게 되었고, 대외적으로는 끊임없는 전쟁 특히 종교전쟁의 결과 동등한 주권체들로 이루어진 국제 시스템을 형성하게 되었다. 그리하여 근대 초 독특한 대내외의 역사적·경제사회적·정신사적 환경 속에서 stato는 점차 절대주의 국가로 발전하게 되었다.

이러한 유형의 국가, 즉 스테이트는 특히 전쟁을 예외적인 수단이 아니라 갈등 해소의 상시적 기제로 인정하는 독특한 성격을 가지고 있었으며, 따라서 전쟁을 효과적으로 수행하기 위한 재원과 인력의 추출 기능을 담당하는 관료와 상비군을 핵심적 요소로 갖추게 되었다. 그런 점에서 근대국가는 일차적으로 '군사국가'를 특징으로 하고 있다고 하겠다. 전쟁 수행을 위해서는 무엇보다 경제력이 뒷받침되지 않으면 안 된다. 따라서 근대국가는 국가가 중상주의와 같은 적극적인 정책을 통해 국부를 획기적으로 확충해가는 '경제국가'를 특징으로 하게 되었다. 마지막으로 경제국가의 연장이기도 하지만 대항해 시대 이래 무역을 장려하고 활성화하기 위해, 그리고 산업혁명으로 원재료 공급 및 상품 판매시장의 확보가 중요해지면서 국가가 적극적으로 식민지 개척에 나서게 되면서 '식민국가'를 또 하나의 특징으로 갖추게 되었다.

이러한 것들이 근대 전기 절대주의 국가의 특징이었다면, 프랑스 혁명(1798) 이후에는 스테이트가 민족 혹은 국민(nation)과 결합하여 이른바 국민국가(nation state)로 발전되기에 이르렀다. 이 지점에서 우선 국민 혹은 민족(nation)의 의미를 좀 더 자세히 살펴볼 필요가 있다. 그것은 무엇보다도 하나의 정체성 있는 집단의식을 필요로 한다. 다만 유의할 점은 우연적으로 혹은 인위적으로 '민족'이라는 집단의식이 생겨났다고 해서 그것을 바로 국민이라고 보기는 어렵다는 것이다. 여기에서 핵심적 역할을 한 것은 계몽주의 사상을 토대로 등장한 '인민주권론'이다. 즉 우연적으로 존재하는 혈연적·언어적·문화적 동질성을 가진 집단인 민족을 토대로 하지만, 주권체인 인민 혹은 국민의 일반의지를 토대로 공화국을 형성한다는 것이다. 이러한 것이 가장 대표적으로 그리고 급진적으로 표출된 역사적 사례가 프랑스혁명이었다.

근대 국민국가 건설 과정에서는 산업혁명도 중요한 역할을 했다. 산업혁명으로 인한 계급분화와 같은 거대한 세분화, 복잡화된 세상을 통합하여 원활하게 작동시키기 위해서는 보다 막강한 동원 능력이 절대적으로 필요했고, 이러한 요구에 부응하려면 인민, 민족 혹은 국민을 적극적인 주체로 등장시키지 않을 수 없었기 때문이다.

여기에서 전통적 민족과 근대 국민국가의 주권체로서의 국민의 관계를 보다 명확히 인식해둘 필요가 있다. 근대적 국민은 대체적으로 문화, 언어를 사용하는 의미에서의 전통적인 민족을 현실적인 단위로 하지만, 양자는 필연적 관계를 가진 것은 아니라는 점이다. 오랫동안 혈연적·종족적·문화적·역사적으로 하나의 민족이라는 단위를 유지해온 우리의 입장에서 볼 경우, 민족국가는 새삼스러운 것이 아니라고 생각할 수 있을지 모른다. 그러나 인민주권론을 통해 주권체로 등장하는 국민과 전근대적 정치체 하에서 존재해왔던 민족은 그 의미와 위상에서 전혀 다르다. 결국 정치체, 즉 국가는 강제력의 사용이 정당화되는 집단체를 의미하며, 특히 근대 국민국가란 그 강제력을 독점할 뿐만 아니라 주권이 국민에게 있다는 인민주권 혹은 국민주권론을 특징으로 하는 정치체라고 할 수 있다.

이렇게 형성된 국민국가라는 틀은 19세기 후반 제국주의적 침략을 통해 전 지구적으로 확산되었다. 특히 2차 대전 이후인 20세기 중반에 이르러서는 대부분의 식민지가 독립하면서 국민국가는 인류의 보편적 형태의 정치체로서 확고히 자리 잡게 되었다. 그러나 이러한 근대 국민국가는 그 발전 단계에서 몇 차례 위기를 넘겨야 했다. 먼저 식민국가의 대외적 팽창은 상호간의 갈등을 첨예화시켰고 특히 후발국가의 강력한 도전을 맞아 1차 대전을 초래했다. 한편 국민국가 내에서는 산업혁명 결과 프롤레타리아 계급이 성장하여 기존의 부르주아 계급의 주도권에 도전하는 양상이 전개되었고, 이러한 갈등이 첨예화되면서 러시아혁명(1917년)을 통해 기존의 국민국가를 대체하려는 계급국가 모델이 등장하기도 했다.

1차 대전 이후에는 후발 근대국가들을 중심으로 민족지상주의, 혹은 유기체적 국가의 성격을 강하게 갖는 새로운 유형의 파시즘 국가가 등장하기도 했다. 그러나 2차 대전을 계기로 자유민주주의가 근대 국민국가의 모델로 확고히 자리잡게 되었고, 특히 구 식민지들이 대거 독립함으로써 국민국가의 세계적 확산이 이루어지게 되었다.

전후 외형적으로는 이렇게 근대 국민국가가 확고한 대세가 되고 또 세계사의 주류로 정착되었으나 그 이면에는 동서 냉전(cold war)이라는 국가 모델의 분열이 있었으며, 또한 1960~70년대에는 구미를 중심으로 근대 국가 위기론이 등장하기도 했다. 그러나 대체적으로 전후, 적어도 서구 사회에서는 복지국가에 대한 합의가 형성된 가운데 그동안 소외되고 배제된 세력을 국민국가에 어떻게 합류시킬 것인가를 놓고 심각한 갈등이 전개되기 시작했다. 여전히 노동과 계급 갈등을 중심으로 '화해할 수 없는 세계관'의 대립이 지속되는 가운데, 제3세계 문제, 여성, 동성애자 등 소수자 문제 그리고 환경과 같이 근대문명에서 배제되고 객체화되었던 문제들이 쟁점화되기 시작한 것이다. 미국의 경우에는 무엇보다 흑백문제가 전면적으로 제기되었다. 이러한 새로운 관점들은 근대 국민국가의 정당성에 대해서 포스트모던적 해체주의 그리고 가치 다원주의 차원에서 근본적으로 이의를 제기하는 급진적인 주장이라고 하겠다.

한편 공산권의 붕괴로 인해 명실공히 서구 자유민주주의적 국민국가의 모델이 성공한 것이라는 평가를 받게 되었지만, 일부에서는 이를 근대라는 프로젝트 자체, 즉 국가가 종언을 고하는 징조로 받아들이기도 하였다. 특히 정보화·세계화의 진전으로 한편에서는 국민국가의 해체론이 등장하는가 하면, 다른 편에서는 국민국가의 일반의지가 직접민주주의 방식인 집단지성에 의해 대체될 수 있다는 급진적 관점이 대두되고 있기도 한 것이 작금의 사정이다.

국민국가로서의 대한민국

제3세계의 경우, 많은 신생 국가들이 서구 근대국가들의 식민지로부터 독립하여 근대 국민국가로 출발한 이후 적지 않은 파행과 우여곡절을 겪었다. 무엇보다 전통과의 단절이 불가피함에 따라 발생하는 정체성의 위기가 핵심에 깔려 있었다. 다만 아시아 특히 동북아 지역에서는 민족이 전근대 시대에도 상당히 뚜렷한 문화적 실체로서 존재해왔다. 즉 민족, 더 정확히는 전(前) 민족을 바탕으로 하는 유교적 왕국이나 봉건국가가 실재하고 있었기 때문에 서구와는 다른 독특한 역사적 궤적을 밟지 않을 수 없었다.

동북아 지역에 속하는 우리나라는 최소 통일신라 이후 1천 년 이상 민족이라는 종족적·문화적 실체가 존재해 왔던 경우에 해당된다. 우리나라 헌법 전문에 있는 "유구한 역사와 전통에 빛나는 우리 대한국민"이라는 구절은 바로 이러한 사실을 지적한 것이다. 물론 민족적 자각은 조선조 말에 와서야 크게 고양되었다고 볼 수도 있지만 통일신라시대 이래 우리는 하나의 민족이라는 자각의식을 갖고 있었으며, 중국이나 북방의 거란이나 여진 그리고 바다 건너 일본과도 분명히 다른 집단이라는 의식적·무의식적 인식을 갖고 있었다. 이러한 기반 위에서 고려시대에는 대토지 귀족들을 중심으로 하는 귀족국가가 존재하였고, 조선 왕조 역시 문화적·혈연적 의미의 민족이라는 실체를 전제로 하면서 철저한 유교적 가족국가의 성격을 강하게 갖는 '이념국가'의 모습을 취하였다. 문제는 조선 왕조가 자주적 근대화를 통해 근대 국민국가로 발전하지 못한 채 망국(亡國)으로 일본 제국주의의 식민지가 되었다는 점이다. 중요한 것은 우리의 경우 망국으로 인해 전통시대의 민족 및 국가와 단절을 경험한 채 식민국가라는 왜곡된 형태의 근대적 국가를 경험하지 않을 수 없었으며, 해방 이후에는 강요된 민족의 분열과 국토의 분단 속에서 근대 국민국가로 출발하게 되었다는 역사적 사실이다.

여기서 현대 한국의 국민국가가 갖고 있는 특징 중 분단의 의미를 간단히 살펴볼 필요가 있다. 독일과는 반대로 우리의 경우 오히려 전근대 시대에는 오랫동안 종족적·문화적 민족의 실체와 그 단일성을 유지해왔다. 반면에 근대 국민국가로 출범해야 하는 시점에 와서는 오히려 근대국가의 핵심적 기반이라고 할 민족이 강대국에 의해서 인위적으로 분단됨으로써 이후 남북은 각기 다른 원리에 입각한 조직화의 길을 걷게 되었다. 이는 단순한 '결손국가'에 그치는 것이 아니다. 남북은 서로 이질적 국가경험을 하는 가운데 민족적 정체성, 그리고 근대적 국민의 주권체적 의식을 형성하는 역사적 추체험(追體驗)에 있어서도 점차 분열의 길을 걷게 되었다는 것이다.

우리 헌법의 경우, 국민국가를 형성하는 주체가 3·1운동과 임시정부의 법통 의식, 그리고 4·19민주투쟁의 체험을 통해 탄생·성장한 것으로 보고 있다. 반면 북한은 김일성 가계의 항일운동을 국가의 바탕을 이루는 정치공동체의 원체험으로 강조하고 있다. 또한 근대적 국민의 바탕이 되는 전

(前) 민족을 "유구한 역사와 전통에 빛나는 국민"에서 찾는다는 점에서 남북한은 동일하다고 볼 수 있지만, 북한은 근래에 들어와 민족 자체를 '김일성 민족'이라고 개념화할 정도로 역사·문화적 원심력이 커지고 있다. 80여 년에 걸친 분단은 국민국가의 국가에서뿐만 아니라 그 밑바탕이 되는 전(前) 민족 내지는 문화적 차원의 민족에서도 이질화를 심화시키고 있는 것이다.

근대 국민국가와 관련하여 또 한 가지 유의해야 할 사항은, 우리의 경우 근대 국민국가는 그 자체로 '완성된 모델'의 형태로 도입되었다는 점이다. 다른 모든 조직이나 정치체도 그렇지만 국민국가는 서구에서 탄생하여 수백 년의 경험이 농축되어 형성된 정치체다. 그런데 우리는 자신의 역사적 경험이나 현실적 체험과는 무관하게 헌법을 통해 완성된 형태로 받아들였다. 따라서 우리의 헌법은 좋은 것들을 모두 모아서 백화점식으로 나열한 것이었고, 그것은 선험적이고 보편적인 '정답'으로 우리에게 제시되었다. 그런 점에서 근대 국민국가는 현실이라기보다는 도달해야 할 이상, 이정표의 역할을 했던 것이다.

다만 대한민국이 산업화와 민주화에 성공, 근대 국민국가의 내실을 상당히 갖추고, 그 결과 계층적·지역적 이념 분열이 나타나게 된 뒤에야 국민국가의 특성과 원리 자체에 주목하게 되었다. 즉, 그 의미를 현실적으로 깨닫기 시작했으며, 현재는 본격적으로 이를 성찰하는 단계에 이르렀다고 할 수 있다. 예를 들면 과거 이명박 대통령이 제기하여 사회적 관심을 모으기도 한 '공정사회론' 역시 본인은 의식하지 못했을지 모르지만 이러한 국민국가의 구성원리를 탐색하고자 하는 문제의식과 관련이 적지 않은 것이다.

2. 스테이트크래프트
(치국경륜 혹은 국가운영 경륜)

국가를 운영하는 통치술과 통치학, 혹은 치국경륜의 의미를 갖는 스테이트크래프트는 단순한 기예나 이론적 지식만은 아니다. 그것은 학문적 기반을 상당히 필요로 한다. 당면한 문제점을 찾아내고, 해법을 추구하는 데 학문적 지식에 크게 의존하지 않을 수 없다. 그러나 스테이트크래프트는 집단의 명운과 흥망성쇠를 책임진 사람이 갖추어야 할 특수한 통치능력이다. 따라서 그것은 이론을 토대로 한 이로정연(理路整然, 의논이나 언설이 사리에 잘 통하고 정연함)한 지식이라기보다는 역사·전통·문화와 같은 여러 경로의 비합리적 출처를 갖고 있는 관습과 규범, 세계에 관한 다양하고 상호 모순적이기까지 한 경험적 지식이다. 그런 점에서 일종의 암묵지(tacit knowledge, 암묵적인 상태의 지식으로 겉으로는 드러나지 않는 노하우)라고 할 수 있다. 또 그것은 이러한 암묵지의 일종이지만, 그중에서도 특히 고대로부터 통치자의 덕목으로 간주되어온 이론과 실천의 합일을 특징으로 하는 실천지(prudence)라고도 할 수 있다. 따라서 스테이트크래프트는 도식적으로 혹은 개념적으로 설명하기는 쉽지 않지만 그 대체적 윤곽과 특성은 다음과 같이 그려볼 수 있다.

스테이트크래프트란 무엇보다도 정치공동체, 즉 국가를 세우고, 유지하고 발전시키는 것과 관련된 것이다. 그런데 국가는 강제력의 사용이 정당화되는 집단체이며, 특히 근대국가는 강제력, 다시 말해 합법적 폭력을 독점한 정치체라고 할 수 있다. 여타의 결사체는 특정 목표를 위해 만들어진 것이다. 반면 정치공동체인 국가는 개인과 다양한 집단들이 활동할 수 있도록 그 존재 자체를 보장해 주는 것을 기본적인 목적으로 하고 있다. 따라서 국가에서는 강제력이 필요불가결하게 요청되며, 강제력의 사용이 정당화되지 않으면 안 되는 것인 만큼 공공성을 핵심적 가치로 하지 않을 수 없다. 나아가 근대국가는 국가공동체의 주권이 그 구성원에게 있기 때문에 주권자인 국민들의 의사를 결집하고, 그 일반의지를 도출·관리해야 하는 지난한 과업을 갖고 있다.

따라서 일반적 의미의 스테이트크래프트란 국가가 독점하고 있는 물리력의 유지와 행사를 원만하게 관리하면서 여러 종류의 크고 작은 국가 행위자(agent)들을 육성·감독하는 일을 시작으로, 각종 제도들을 유지·발전시키고 외적 환경을 관리하는 것이라고 할 수 있다. 나아가 근대 국민국가의 스테이트크래프트란 여기에 더하여 주권자를 이루는 구성원들의 인간적 품성과 시민적 덕성을 관리하고, 또 이들이 형성하는 제(諸) 세력들의 힘의 분포를 관리하면서 일반의지를 도출해내는 과제를 안고 있는 것이다.

스테이트크래프트의 4가지 특징

그런 점에서 스테이트크래프트가 필요로 하는 몇 가지 능력과 덕목을 지적할 수 있다. 첫째, 국가란 특정 목표를 위한 도구가 아니라 각기 다른 목표를 추구하는 개인과 집단을 위한 필수불가결의 터전을 제공한다는 점에서 총체적·거시적 관점을 핵심으로 한다고 볼 수 있다. 특정 목표가 아니라 여러 목표들 간의 균형, 특정 부문이 아니라 여러 부문들 간의 균형, 나아가 현재와 미래 목표 간의 균형을 중시한다. 예를 들어 과거 이명박 정부가 인수위원회 때부터 영어조기교육을 앞세운 것이라든가, 취임 초 신중성을 결여한 채 한·미FTA를 서둘렀다든가, 'CEO 대통령론'을 내세우면서 효율성만을 앞세운다든지 특히 많은 국민들의 반대를 무릅쓰고 4대강 사업을 강행한 것은 각 프로젝트의 타당성을 떠나서 국가운영상의 균형감각과 완급조절에서 문제점을 드러낸 것이라고 하겠다.

이렇게 외눈박이 식으로 국가운영을 하다가는 설령 개별 목표는 달성할 는지 몰라도 정상적인 민주정치 과정을 생략함으로써 정치적·사회적 갈 등을 증폭시키고, 그 결과 오히려 효율성을 크게 저하시킬 위험이 적지 않 다. 그런 점에서 스테이트크래프트는 무엇보다 객관적이고 냉철한 현실 인식 위에 선 '전체에 대한 통찰력'을 핵심으로 하되, 여러 집단의 시각을 융화시켜 보편적 관점을 도출해내는 소통과 통합능력을 중시한다.

둘째, 스테이트크래프트는 구체적이고 현실적인 측면 특히 상황적 맥락 을 중시한다. 국가의 운영이란 특정 이론을 적용해보는 것일 수 없다. 이 론은 고도의 추상성과 일반성을 갖고 있기 때문에 그것이 현실에서 제대 로 작동되려면 구체적이고 비논리적인 상황에 대한 성찰을 통해 걸러져야 만 한다. 정치가 민주주의 이론에 따라서 혹은 헌법에 규정된 그대로 작동 되거나 실현되기 어려운 이유도 바로 여기에 있다. 따라서 시공간적 경로 를 통해 형성된 국가와 그 하부 제도들의 실상 그리고 상황적 맥락을 숙고 해야만 한다. 예를 들어 오늘날 한국정치 현실을 제대로 진단하고 올바른 대안을 마련하기 위해서는 구체적이고 현실적인 측면에 초점을 맞추지 않 으면 안 된다는 것이다. 가령 진성 당원이 의원 등 정치인들의 모집에 의 해 만들어졌거나 팬덤화되어 있는 한국적 상황에서 정당은 과두적인 명망 가들의 간판 역할에 불과한 것이 솔직한 현실이다. 이러한 상황을 애써 외 면한 채 구미 사회의 정당정치 현실에서 추출된 일반론을 아무리 적용하 여 분석해 본들 한국정치의 실체는 신기루처럼 잡히지 않는다. 지금 아무 리 유력한 정당이라 한들 현재의 여야 정당은 풀뿌리 조직의 기반이 거의 없는, 사실상 뿌리 없는 정당이라는 점에서 볼 때, 이들 현존하는 정당간 의 대결 구도를 전제로 한 예측은 언제든지 새로운 바람에 의해 뒤집어질 위험성을 가진다.

셋째, 스테이트크래프트는 국정운영에서 직면하게 되는 각종 선택을 기본적으로 딜레마적인 것으로 인식한다는 특징을 갖고 있다. 그것은 적합한 공식을 찾아내서 이를 현실에 적용함으로써 문제를 해결해가는 기계공학적 엔지니어링이 아니다. 현실 특히 정치세계에서는 모든 것이 양면성, 나아가 다면성을 갖고 있을 뿐 아니라 비합리적이고 상극적인 요소들로 가득 차 있으며 변화무쌍하게 물극필반(物極必反, 모든 것은 극에 달하면 반드시 뒤집힘)이 일어나는 세계인 것이다. 따라서 스테이트크래프트란 국정운영상의 결정이 갖고 있는 이러한 양면성 혹은 다면성을 충분히 고려하되, 무엇보다 선택에 따른 위험을 무릅쓰고 적시에 과감한 결정을 내리고 이에 대한 책임을 지는 것을 요체로 한다. 예를 들어 과거 이명박 대통령의 경우, 세종시 문제에 있어 '자족 도시안'이라는 합리적인 대안의 제시만을 중시한 나머지 '지역적 자존심'이라는 이율배반적 현상에는 충분한 주의를 기울이지 못한 결과 행정도시 백지화에 실패했다. 그뿐 아니라 대안을 제시하는 과정에서도 수순을 잘못 밟아 '플러스알파'를 더해줄 것인가 하는 새로운 쟁점만 추가시켰던 것은 그의 스테이트크래프트가 갖고 있는 문제점을 여실히 보여준 것이다. 또한 이대통령이 인사에서 너무 신중을 기한 나머지 자주 실기함으로써, 국정 분위기의 쇄신 등 개각이 갖고 있는 통치효과를 전혀 살리지 못한 것 역시 이러한 문제점을 드러낸 것이라고 하겠다.

마지막으로 스테이트크래프트는 시공간상의 환경을 중시한다. 모든 문명과 국가는 상호 교류 속에서 발전해왔다. 국제환경을 외면한 자족적 폐쇄주의로는 살아남기조차 어렵다는 것은 가깝게는 공산권의 몰락과 오늘날 북한이 처한 현실이 웅변하고 있다. 대처(Margaret Thatcher) 전 영국 수상도 "세계를 대상으로 살아야 하는 중위권 국가들의 경우 국제환경을 살피는 것이 스테이트크래프트의 요체"라고 갈파한 바 있다. 우리의 경우에도 한때 '대한민국의 모든 정치는 국제정치'라는 명제까지 등장한 바 있거니와, 그런 점에서 오늘날 국가와 사회의 중핵으로 부상한 이른바 86세대에서 오히려 폐쇄적 민족주의 성향이 강하게 나타나는 것은 지극히 염려스러운 일이다.

　결국 스테이트크래프트란 국가를 유지·발전시켜나가는 데 필요한 실천지로서, 제도가 갖는 특성과 더불어 외부 환경적 요인이라는 제약 속에서 딜레마적 선택에 따르는 유불리를 저울질하여 총체적으로 '상대적으로 덜 나쁜 것'을 받아들이는 것을 핵심적인 내용으로 하고 있다. 또한 그것은 '통제 가능한 변수'들과 '의도하지 않은 결과'들까지도 헤아리면서 이에 적절하게 대응할 수 있는 능력까지 요구하는 것이라고 할 수 있다. 이렇게 볼 때 스테이트크래프트는 "하늘이 무너져도 정의를 세워라(Fiat justitia, ruat coelum)"라든가 "내일 세상의 종말이 올지라도 한 그루의 사과나무를 심는" 것과 같은 정언명제적인 덕목을 지향하는 것이 아니다. 개인에게 그러한 고귀한 선택의 장을 확보해주기 위해서라도 국가공동체로서는 "하늘이 무너져도 솟아날 구멍을 찾아라"에 가까운 덕목을 추구해야 하며, 나아가 그러한 사태를 미연에 방지하는 것을 최고의 덕목으로 삼는 것이라고 할 수 있다.

제3장 전통 동양국가에서의 스테이트크래프트

1. 중국의 전통적 스테이트크래프트: 《정관정요》를 중심으로

인류는 수천 년 이상 정치적 지배라는 현상을 겪어왔기 때문에 정치체의 운영에 대해서도 적지 않은 경험과 지식을 축적해왔다. 무엇보다 관심을 끄는 것은 현실적 실천으로서의 국가운영 문제였다. 지배현상과 정치체에 대한 객관적 인식이나 철학적 탐구도 물론 중요하지만, 이를 바탕으로 지금 여기에서 어떻게 통치행위를 하며 정치체를 운영해야 구성원들이 잘 살고 또 행복을 누릴 수 있는가, 그리고 공동체가 크게 번영을 구가할 수 있는가 하는 것이 당면 과제였다.

전통적 동양사회에서도 바로 이러한 국가운영에 관해서 오랜 세월에 걸쳐 숱한 가르침이 있어왔다. 어떤 면에서는 중국의 모든 고전들 특히 제자백가(諸子百家)의 저술들은 그 지향점이나 취급하는 내용 면에서 볼 때 궁극적으로는 대부분이 이러한 통치학의 범주에 든다고 할 수 있을 것이다.

그러나 많은 저술들이 학문적 이론과 철학체계라는 복잡한 내용을 함께 다루고 있기 때문에, 실천세계를 책임진 군주나 통치집단을 교육하기 위하여 통치술 내지는 제왕학이 별도로 존재했던 것도 사실이다. 특히 경연(經筵)은 대표적인 통치학 교실이었다고 할 수 있다.

이러한 제왕학의 교재 중에서 가장 유명하고 대표적인 것이 《정관정요(貞觀政要)》이다. 이는 '정관(貞觀)의 치(治)'라는 중국 역사상 최고의 태평성대를 이끌었다고 평가받고 있는 당태종(唐太宗) 이세민(李世民)의 통치철학을 오긍(吳兢)이 정리한 책이다. 이 책은 당태종이라는 군주가 당대의 뛰어난 관리들과 더불어 각종 대소 국정 현안들에 대해 논의한 내용들로 구성되어 있다. 그런 점에서 《정관정요》는 이론이 아니라 철저하게 현실적인 실천의 문제를 다루고 있지만, 한편으로는 현실에 대한 임기응변이 아니라 그동안 축적되어온 국가 경영의 경험과 지식 나아가 지혜의 결정(結晶)이라고 할 수 있을 것이다. 물론 당태종이 과연 진정한 의미의 동양적 성군(聖君)이었는지는 논란의 대상이 될 수 있으며, 《정관정요》의 내용이 과연 보편타당성을 가지는지에 대해서도 의문을 표할 수 있다.

《정관정요》는 수성(守成)을 주로 다루고 있을 뿐 창업에 대해서는 다루지 않는다는 한계도 갖고 있다. 또 당태종을 하나의 이상적 모델로 부각시키는 정치적 프로파간다의 성격도 갖고 있다. 그러나 이 책자는 유가, 법가, 노장 사상 등을 골고루 반영하고 있을 뿐만 아니라 동양 사회 전체에서 지난 1천 년 이상 제왕학의 대표작으로 간주되어왔으며, 우리의 고려와 조선시대에서도 경연의 중요한 텍스트로 받아들여졌다. 나아가 오늘의 민주정치 시대에서도 정치 지도자의 덕목으로 요청되는 내용들을 대부분 포함하고 있다. 따라서 이를 중심으로 전통적 동양에서의 통치학 혹은 치국경륜의 골자를 살펴볼 수 있을 것이다.

창업과 수성의 구분,
그리고 제왕학의 요체로서의 대도(大道)

《정관정요》는 이제 막 창업한 당왕조의, 특히 '현무문의 변(玄武門之變, 626년)'을 통해 등극한 당태종이 직면한 실천적 과제에 초점이 맞추어져 있다. 한(漢)제국의 멸망(220년) 이후 수많은 왕조가 명멸한 가운데 약 400년 만에 등장한 당이라는 통일왕조가 이슬처럼 사라져 간 이전 왕조들의 전철을 밟지 않고 태평성대를 이룩하기 위해서는 무엇을 어떻게 해야 하는가에 대해서 고뇌하고 탐색한 내용을 담고 있다. 이 책자의 뛰어난 관점은 태평성대냐 난세냐 하는 것은 운수소관이 아니라, 즉 철저히 인간 특히 군주가 하기 나름이라고 보고 있다는 것이다. 즉 국운의 번창은 군주의 덕행(德行)에 달려 있다는 것이다. 망국의 원인도 오만해지거나, 백성들을 과도하게 착취하거나, 혹은 유약해져 통치의 일관성을 상실하고 기강이 해이해지거나, 성격이 광포해져 포상과 형벌을 독단적으로 시행하는 등 오로지 군주의 결점과 악행에 기인한다고 보았다. 왕조시대 그것도 고대에는 흔히 혜성이나 길조의 출현 같은 자연현상을 하늘의 계시나 조짐으로 여겼다는 점에서 볼 때 이는 분명히 진일보한 사고방식이라고 할 수 있을 것이다. 당태종은 홍수와 재앙은 자연의 이치에 불과한 것이라고 보면서, 국가를 다스리는 것은 나무를 심는 것과 같아서 아끼고 기르면 나날이 번성하지만 그렇지 않으면 시간이 갈수록 시들어지고 말라 죽게 된다고 하였다. 그는 특히 환경 결정론에 대해서도 반대하였다. 당시는 '큰 혼란의 끝이라 서둘러 잘 다스릴 수 없을 것'이라는 시대적 통념이 지배하고 있었다. 하지만 당태종은 오히려 "마치 굶주린 사람이 쉽게 음식에 만족하는 것과 같은 이치"라며 자신이 처한 시대를 통념과는 다르게 조명했고 조기에 태평성대를 이룩하는 데 성공했다.

전통시대의 제왕학을 이해하기 위해서는 먼저 전근대 왕조국가의 성격을 염두에 둘 필요가 있다. 국가는 농업사회에 필수적인 관개(灌漑)사업과 더불어 외침에 대한 방어라는 기본적인 기능을 하기 위해 백성들로부터 자원과 인력을 추출해낼 뿐, 그 외 오늘날과 같은 적극적인 기능, 예를 들어 가난 구제와 같은 일은 고유한 기능으로 갖고 있지 않았다. 따라서 국가는 질서를 유지하고 구휼의 기능을 함으로써 그 존재 이유를 충족시키기는 하지만 실제적으로 하는 일은 대부분 자원추출, 즉 약탈이었으며, 이를 통해서 군주와 지배집단은 권력을 장악하고 부귀를 누릴 수 있었다. 여기에서 군주의 사적 욕망과 공적 자제심 간의 갈등이라는 문제가 발생하는 것이다. 《정관정요》는 이에 관한 군주의 통절한 자각을 강조하고 있다. 즉 백성의 이익을 손상한다는 것은 자기의 넓적다리를 베어 배를 채우는 것과 같아서 당장은 배를 부르게 할지 모르나 결국엔 죽게 만든다는 것이다. 백성이 감내할 수 있는 한에서 자원을 추출해야지 그 한계를 넘어서면 왕조, 나아가 제왕 자신을 위태롭게 만들며, 객관적 이치에 합치되는 언행을 해야지 그렇지 않으면 백성들은 사분오열되고 원한을 품어 모반하게 된다는 것이다. 그리하여 '백성이라는 물은 군주라는 배를 띄우기도 하지만, 배를 전복시키기도 한다'는 유명한 구절에 이른다. 결국 군주는 백성의 바람을 자신의 것으로 내면화하는 등 요즘 식으로 표현하자면, 전체의 이익과 자신의 이익을 일치시키는 대아(大我)의식 혹은 객관성 내지는 공공성을 체득해야 하는 것이다. 영원한 왕도는 치우침 없고 파당 없는 대도로서, 하늘과 땅에 변하지 않는 도(道)가 있듯이 왕에게 도가 있어야 천하가 공정해지고 치세가 이룩될 수 있다는 것이다.

그렇다면 군주가 이렇게 공공성을 획득하기 위해서는 무엇을 어떻게 해야 할 것인가? 여기에서 가장 중요한 것은 군주의 자세다. 군주는 항상 치우치지 않는 정도(正道) 혹은 대도(大道)를 걸어야 한다. 큰 물고기는 항상 깊은 연못에 사는데, 얕은 못으로 나오면 반드시 낚이는 우환이 발생한다. 최고지도자는 파당적 자세를 가져서는 안 된다는 뜻이다. 그러기 위해서는 자신이 아니라 항상 백성을 기준으로 삼아야 한다. 사치, 방종, 향락, 자만심 등 군주 개인의 사적 욕망을 충족시키기 위해 토목공사나 정복활동을 하는데 백성들의 노동력과 자원을 과도하게 추출해서는 안 되며, 이들이 본업 특히 농업에 충실하여 생활을 꾸릴 수 있도록 해야 한다. 군주의 최고 덕목은 대도를 걸으면서 솔선수범하여 근검절약하고 은덕을 베풀어 인심을 얻어야 한다는 것으로 요약된다. 그러므로 나라를 다스리는 상책은 이러한 표준을 세우고 무위지치(無爲之治), 즉 덕(德)으로 다스려야 한다는 것이다. 평소에 덕행을 축적하여 뿌리를 튼튼히 하면서 위험에 대비하는 것이 가장 바람직한 것이다.

제왕학의 기본, 용인술

나라를 다스리는 일은 혼자 할 수 없다. 군주가 올바른 통치를 하기 위해서는 반드시 신하의 간언이 필요하다. 군주는 우선 널리 들어야 한다. 어떤 한 부분만을 듣고 믿으면 편협해져 객관성을 상실하게 된다. 듣기 좋은 달콤한 말일수록 크게 경계해야 한다. 특히 많은 사람들이 옳다고 생각하는 것보다 한 사람의 충직한 선비의 직간(直諫)이 훨씬 더 중요할 수 있다는 점을 깨달아야 한다.

신하는 군주가 백성에게 불리한 일을 하는 것을 보면 반드시 직언해서 비판해야 한다. 문제는 간언하는 분위기를 만들어주는 것 역시 군주의 몫인데 이것이 매우 어려운 일이라는 점이다. 상소(上疏)는 군주의 마음을 움직이기 위해서 대부분 격하고 절박한 언사를 사용하므로 일견 비방하는 것처럼 보이기 때문이다. 따라서 군주는 간언하는 자의 말이 자신의 생각과 일치하지 않아도 자신을 비방했다고 생각해서는 안 된다. 간언하는 사람을 질책한다면 어떤 사람도 감히 다시 나서지 않을 것이기 때문이다. 설령 군주가 자제력을 발휘하여 당장은 관용을 베푼다 하더라도 이후에 다른 구실을 붙여 은밀히 문책하여 파면한다면 다시는 그러한 상소를 올리려 하지 않을 것이다. 결국 신하들이 침묵하는 것은 군주의 노여움을 사서 불이익을 당하고 심지어 죽게 되지나 않을까 두려워하기 때문이다. 성격이 약한 사람은 속마음이 충직해도 감히 말하지 못하고, 관계가 소원한 사람은 신임을 받지 못할까 두려워 감히 말하지 못하며, 마음속으로 개인의 득실을 생각하는 사람은 자기에게 이익이 되는지를 의심하여 감히 말하지 못한다. 이렇게 되면 서로 침묵을 지키고 남의 말에 고개만 끄덕이며 시간을 보내기 마련이다. 군주는 신하의 상소문을 병풍에 붙여놓고 아침저녁으로 공손한 마음으로 보아야 한다. 신하의 간언에 대해서 "이미 처리했소" 혹은 "이미 허락했소"라고 답하면서 자신의 과오를 바로잡지 않으면 끝내 나라가 위태로워지고 멸망에 이르게 된다.

유능하고 올바른 신하를 선발하여 적재적소에 임명하여 활용하는 것이야말로 군주의 가장 중요한 과제다. 흔히들 인재가 없다고 한탄하는데 사실 인재는 어느 시대에나 항상 존재하는 법이다. 관건은 군주가 인재를 발견하여 활용할 수 있느냐 없느냐에 달려 있다. 말로는 선량하고 유능한 사람을 좋아한다고 하면서 실제로는 그들을 등용하지 않고, 사악하고 무능한 사람을 싫어한다고 하면서도 온갖 구실로 그들을 제거하지 못했기 때문에 결국 많은 나라들이 멸망했던 것이다.
여기에서 중요한 것은 사람에 대한 판단이다. 관리를 선발할 때는 오로지 현명함과 능력만을 기준으로 삼아야 한다. 친소관계에 따라서, 언어가

화려하다는 이유로 등용해서는 안 된다. 천하가 혼란할 때, 즉 창업기에는 재능 하나만을 볼 수도 있겠지만, 평시에는 재능과 덕행을 모두 갖춘 사람만을 기용해야 한다. 청정무위(淸淨無爲)의 마음을 갖고 예의규범을 아는 사람이어야 하며, 조정의 일은 경전, 즉 학문에 근거해서 결정해야 하는 만큼 이에 능통한 사람이어야 한다. 문제는 뛰어난 인재를 식별해내는 것이 쉽지 않다는 점이다. 우선 종친이나 외척, 공신 그리고 그들의 자제들에 대해서는 예의상 대우는 해주되 실질적인 자리를 주어서는 안 된다. 가능하다면 세습제도 자체를 폐지하는 것까지 고려해야 한다. 그들은 대부분 덕행과 예의를 결여하고 있어 사치와 방종할 뿐만 아니라, 다른 재능 있는 사람이 기용되는 것을 방해하는 결과가 되기 때문이다. 친인척의 교만함과 방자함을 금해야 하는데 이 역시 쉽지 않다. 그러나 이들도 결국 군주의 그늘 아래 있기 때문에 모든 것은 군주의 책임으로 귀착되고 만다.

사람을 알아보되 적소에 배치하는 기준도 중요하다. 관리를 임용하면 먼저 지방관으로 보내 백성을 다스리면서 민정을 살피도록 해야 한다. 군주는 주요 관리들의 성명을 자기 방의 병풍에 적어놓고 앉아서나 누워서나 항상 보면서 좋은 일을 하면 그것을 이름 아래 적어놓아야 한다. 관리들의 인사를 담당하는 부서의 역할은 특히 중요하다. 천장의 양가죽이라고 할지라도 여우 겨드랑이털 하나만큼의 가치도 없다는 점에 유의해서 인재를 식별해야 한다(여우 겨드랑이털이 양털보다 훨씬 비싼 것처럼, 훌륭한 인재가 범재들보다 훨씬 가치 있다는 점을 상기하고 인재를 식별해야 한다는 의미). 직책을 정해놓고 인재를 기용해야지 인물을 먼저 정해놓고 적당한 자리를 주려고 해서는 안 된다.

군주와 신하 간의 올바른 관계를 설정하는 것도 매우 중요하다. 여기에서 군주와 신하는 물과 물고기의 관계, 머리와 사지(四肢)의 관계로 보아야 한다. 특히 군주가 신하를 대할 때 지켜야 할 몇 가지 준칙이 있다. 첫째, 군주는 신하에 대해 의심을 가져서는 안 된다. 일을 시켜놓고 소인들에게 간여하도록 해서도 안 된다. 그러면 백성들에게 혼란만 줄 뿐이다. 특히 자리의 비중과 신임의 크기를 일치시켜야 한다. 대신에 대해서는 더욱 큰 믿음을 가져야 하며 하급 관리를 이들보다 더 신임해서는 안 된다. 특히 왕자(가족)보다 대신을 낮게 취급해서는 안 된다. 사사로운 애정보다는 나라의 법이 우선이다. 둘째, 포상과 징벌을 가하는 신상필벌(信賞必罰)을 철저히 지켜야지 대상에 따라서 편애와 증오를 가져서는 안 된다. 지도층의 허점 하나가 백성 가운데 온갖 병폐를 초래하게 되는 만큼 솔선수범의 자세를 견지해야 한다. 셋째, 정부 부처의 각 기관이 서로 다른 의견을 바로 잡아줄 수 있도록 만들어야 한다. 잘못된 일인 줄 뻔히 알면서도 당장 자기에게 피해가 갈까 두려워 '좋은 게 좋은 것'이라는 식으로 서로 상대방의 얼굴만 쳐다보다가는 책임을 미루는 사태가 벌어지는 혼란을 초래할 뿐이다.

결국 군주의 본분이란 학문을 숭상하고 신하들의 간언과 의견을 수용하면서, 덕망 있는 인재를 찾아 적재적소에 임명하여 이들이 제대로 활동하도록 단속하고 격려하는 일이라고 하겠다. 그러나 처음에는 이러한 자세를 갖고 있다가도 시간이 가면서 특히 자신의 힘이 강해지면서 교만해져 점차 초심을 잃게 된다. 따라서 이를 바로 잡기 위해서는 더더욱 직언을 하는 신하가 있어야 한다. 이러한 신하를 두는 것 자체가 군주의 가장 중요한 덕목이기도 하다. 그런 점에서 군주는 훌륭한데 보좌가 잘못되었다고 논평하는 것은 전적으로 잘못된 견해라고 하지 않을 수 없다.

법과 제도의 공정한 운용

법과 제도 그리고 정책도 매우 중요하다. 그런 점에서 당태종이 당시 최대의 산업인 농업을 가장 중요시한 것은 너무나 당연한 일이었다. 당태종은 메뚜기 떼로 인한 피해가 커지자 이를 퇴치하기 위해서 직접 잡아먹기까지 하였다. 이후 백성들 사이에서 메뚜기를 잡아먹는 풍습이 생겼다고 한다. 또 음양가(陰陽家)들이 태자의 관례를 위해 길한 날짜를 택일했지만 마침 농번기와 겹치자 농사를 방해하지 않기 위해 이를 변경하였으며, 스스로 농사철에는 일체의 오락을 삼가기도 했다.

형벌의 중요성에 주목하여, 몇 가지 원칙을 강조했다. 첫째, 범죄는 사실을 중심으로 다루어야지 관리의 억측이나 예단에 의존해서는 안 된다. 둘째, 크고 작은 사건을 일일이 분명하게 살피지는 못할 경우에라도 인간의 정리, 즉 상식에는 부합되어야 한다. 셋째, 법은 너무 가벼우면 민심이 간사해지고 지나치게 무거우면 백성들의 선량함을 해치게 된다는 점을 염두에 두되, 가급적 상은 무겁게 하고 형벌은 가볍게 해야 한다. 평소에는 공자(孔子)나 노자(老子)를 운위하면서 고상하게 말하다가도 막상 화가 나면 법가와 형가를 들먹이면서 엄벌을 주장하는 것은 바람직하지 못하다. 다만 지배층의 방탕과 도둑질은 중형으로 다스리되, 생계형 범죄에 대해서는 가급적 가볍게 취급할 필요가 있다고 보았다. 특히 사형을 결정하는 데는 여러 대신들이 참여해야 하며, 또 아무리 금방 처리하라고 명령할지라도 모두 다섯 차례 거듭 취조하여 보고할 만큼 신중을 기했다. 반면 주인을 고발할 경우에는 이를 수리하지 않고 오히려 고발자를 처형토록 했다. 심지어 모반죄를 고발한 경우에도 그렇게 하도록 했다.

당태종은 사형을 집행하는 날은 군주 자신이 고기 없는 소찬을 들었으며 음악 연주를 금지했다. 법 집행의 일관성을 강조하여 군주의 감정에 따라 형벌을 내리는 것이나 형량이 들쑥날쑥 한 것, 그리고 자주 법률을 고치는 것을 크게 경계했다. 한편 관리들이 형벌을 통해 좋은 성적을 올리고 명예를 구하려는 풍조를 몹시 우려했다. 반대로 사면을 남발하는 것 역시 작은 은혜를 베풀어 큰 덕을 상하게 하는 것이라는 점에서 신중해야 한다고 경계했다. 사면은 선한 사람을 상하게 하는 것이며 결국 악을 행하는 자에게 요행심을 심어줄 뿐 아니라 법령 자체를 번복함으로써 통치의 일관성을 상실하게 만들기 때문이다.

《정관정요》는 오늘의 세무 행정에 해당하는 공부(貢賦)에 대해서도 세심한 주의를 기울였다. 특히 훗날 망국의 직접적인 원인이 될 수도 있다는 점에서 가장 중요시했다. 또한 지방 수령이 자신의 명성을 추구하여 경계 밖에서 좋은 물건을 구하여 바치는 폐단이 있는 것을 감안, 공물은 그 지역에서 나는 것으로 국한시켰다.

군주는 조심하고 또 조심해야

통치에서는 무엇보다 백성들의 도덕과 규범 그리고 사회풍속을 바로 잡는 일이 가장 중요하다고 보았다. 영원히 변하지 않는 풍속은 없으며 통치에 따라서 바뀔 뿐이기 때문이다. 중후한 기풍이 누적되면 천하에 태평이 오지만 천박하고 사악한 기풍이 누적되면 나라가 위급해지고 멸망하게 된다. 따라서 도덕 풍속의 변화를 주시하면서 순박한 사회 기풍이 진작되도록 하고 그리하여 백성들로 하여금 편안히 생업에 종사하도록 만드는 것을 가장 중요한 목표로 삼았다.

이에 따라 인의(仁義), 충의(忠義), 효우(孝友), 공평(公平), 성신(誠信)이 강조되었다. 오늘날의 기준에서 볼 때도 대부분 지금도 강조되고 있는 덕목으로서, 이중 충의는 오늘날 애국의 덕목으로 볼 수 있을 것이다. 공평의 덕목에 있어서는 특히 인사의 공평성을 강조하면서 자기 자식이든 원수이든 오로지 능력만이 정답이라고 보았다. 그러나 차갑게 기계적으로 대하는 것만이 전부는 아니며, 소인도 약간의 장점이 있고 군자도 약간의 단점이 있는 만큼 이것을 제대로 구별하지 않는 것은 돌과 옥을 구분하지 못하는 것이라고 보았다. 또한 공평을 추구한다고 해서 형벌만이 능사는 아니며, 인간의 본성, 감정, 풍속 등 민심을 다스리고 교정시키는 일이 무엇보다 중요하다고 강조하였다. 이른바 모레스(mores), 즉 습속의 중요성을 역설한 것이다. 그리고 이러한 사회 교화를, 조그만 효모가 사회 전체의 변화를 일으키는 발효(醱酵) 현상에 비유하기도 하였다. 성신(誠信)은 오늘날 민주사회에서도 '사회적 자본'이라고 해서 매우 중요시되고 있는 덕목이다. 무엇보다도 군주 자신은 남을 속이면서 신하들은 정직하기를 바라는 것은 오염된 수원에서 깨끗한 물이 흘러나오기를 바라는 것과 같다고 보았다. 따라서 말할 때 신용이 있으려면 말하기 이전에 신의가 있어야 하며, 명령을 할 때 성의가 있으려면 명령한 뒤에도 일관되고 성실하게 이를 추적(follow-up)해야 한다는 점을 강조하였다. 일회성, 이벤트성 정책이나 명령을 경계한 것이다.

백성들의 윤리적 덕목을 진작시키고 풍속을 교정하기 위해서는 무엇보다 군왕을 비롯한 지도층의 검약, 겸양, 자비심, 좋아하는 것 삼가기, 언어에 신중하기, 참언(讒言) 근절, 탐욕과 비루함 버리기 등이 요구된다. 검약에서는 자원의 낭비를 질타하면서 특히 화려한 묘소는 치욕만을 초래할 뿐이라고 경계하였다. 겸양에서는 특히 군주는 총명하고 지혜로워야 하지만 겉으로는 침묵하고 말을 적게 하여 다른 사람들이 헤아릴 수 없도록 해야 할 필요가 있다고 보았다. 자비심에서는 특히 병사의 죽음에 대해 군주가 직접 위령제를 주관하면서 애도를 표해야 한다고 강조했다. 군주가 좋아하는 것을 삼가야 하는 이유는 자신의 취향이 사회에 퍼지면 이것이 나라의 흥망을 결정하기 때문이다. 언어에 신중을 기해야 하는 이유는 군주의 잘못된 언어는 일반 백성들에게는 재앙이 되기 때문이다. 임금이 반딧

불이를 잡아오라고 한마디 하니 수천 명이 파견되어 500대의 수레에 반딧불이를 잡아왔다는 고사도 있다. 따라서 한마디 한마디가 모두 백성들에게 이익이 되는지 아닌지를 고려해야 하는 것이다.

지극한 도(道)는 꾸밈이 필요 없으며, 화려한 언변은 오히려 손해를 끼칠 뿐이다. 학술적 논의도 다른 사람들을 경시하는 교만한 태도의 원인이 될 수 있다는 점에서 경계할 필요가 있다고 보았다. 문장과 역사를 연구하는 것은 중요하지만 화려한 문장은 필요하지 않다고 보았다. 당태종은 솔선수범하여 스스로 가급적 말을 아끼려고 노력하였으며, 나아가 자신의 문집 편찬을 불허했다. 황제의 잘잘못은 일식이나 월식과 같아서 천하가 보고 기록하는 것인 만큼, 어쭙잖은 글로 이를 호도하려 해서는 안 된다는 것이다. 특히 고전이라는 것도 어떤 면에서는 옛사람의 찌꺼기에 불과할 뿐이라는 점에서 인용을 하는 데 있어서도 신중을 기해야 한다고 강조했다. 사치와 재물을 탐하는 속물근성은 군주부터 버려야 한다. 특히 '과거의 망국은 모두 남의 일이며 자신은 예외'라고 보는 관점을 버려야 한다. 그리하여 항상 전전긍긍하여 삼가고 두려워하는 습속이 사회에 널리 확산되도록 하는 것이 중요하다고 보았다.

대외관계

《정관정요》의 대외관계에 관련된 내용을 제대로 이해하기 위해서는 먼저 당시 국제관계의 기본 틀과 성격을 염두에 둘 필요가 있다. 근대 서양에서 발생한 국제질서와는 달리 동양에서는 오래전부터 중국을 중심으로 하는 천하관(天下觀), 특히 중국과 주변 이적(夷狄)들의 관계를 규율하는 화이질서관(華夷秩序觀)이 발전해왔다. 다만 중국에 통일제국이 등장하기 이전에는 중원의 경제력이 압도적이지 못했으며, 특히 군사력에서는 오히려 북방 민족이 우위에 있었다. 그래서 진시황은 만리장성을 구축했고, 한고조(漢高祖) 유방(劉邦)은 흉노(匈奴)에게 포위되어 엄청난 공물과 공주를 바치고 풀려나기도 했다. 이 시기 중국의 입장은 오히려 조공을 바치는 수세적인 것이었으나, 공식적으로는 오랑캐를 마소와 같이 굴레를 씌워 끌고 가겠다는 기미정책(羈縻政策)을 표방하였다. 힘이 열세인 상황에서 이적(夷狄)들에 대해서는 수단과 방법상의 도덕성을 묻지 않겠다는 것이다. 경제력과 군사력에서 한왕조가 주변 세력, 특히 북방과 대등해지고 이들을 압도할 수 있게 된 것은 한무제(漢武帝) 때부터였다. 이후 중국은 북방 민족과 일진일퇴를 거듭하여, 한족 왕조가 등장했다가 이들이 쇠퇴하고 분열한 경우에는 북방 이민족 왕조가 교대로 등장했다.

당태종은 백성이 천하의 근본이며 사방의 이민족을 다루는 일은 지엽 말단에 속하는 일이므로 무엇보다 내정문제를 최우선시해야 한다고 보았다. 물론 군사와 외교 같은 외정도 소홀히 해서는 안 된다는 점을 강조하였지만, 군대는 흉기이고 전쟁은 불행하고 위험한 일이므로 부득이 할 경우에만 허용되는 것으로 보았다. 특히 적을 정벌한다고 해서 영구히 평화가 확보되는 것도 아닌 만큼 영토 확장 등 군주의 헛된 공명심 때문에 백성을 상하게 해서는 안 된다는 점을 강조했다. 그러나 나라가 비록 태평스러울지라도 전쟁을 잊고서 변방 수비에서 경계를 소홀히 하는 등 전쟁에 대비하지 않으면 백성들이 해이해져서 결국 나라는 멸망하게 되므로 준비를 철저히 해야 한다고 보았다. 그러면서도 적의 힘이 약할 경우에는 가급적 어루만져 회유하는 것이 바람직하며, 전쟁을 하게 될 경우에도 적의 장례 기간에는 공격을 삼가는 등 예의와 규칙은 지켜야 한다고 보았다. 그리고 혼란을 평정한 뒤에는 평화를 가져 백성을 쉬게 해주어야 한다고 강조했다.

전통적 제왕학과 성리학

《정관정요》를 중심으로 살펴본 동양의 제왕학은 기본적으로 약탈적 성격을 가진 국가체제에서 군주가 어떻게 하면 사직(社稷)을 오랫동안 평안하게 보존하고 세상에 질서를 가져다줄 수 있는가에 초점이 맞추어졌다고 할 수 있다. 그리고 이를 위해서 가장 중요한 것은 군주가 사적(私的)인 소아(小我)가 아니라 공적(公的)인 대아(大我), 즉 객관성 내지는 공공성을 획득하기 위한 절제라고 할 수 있다. 망국의 원인은 다름 아닌 군주 자신에게 있으므로 매사에 신중하고 삼가며 겸손한 자세를 일관되게 오래 가질 수 있어야 한다는 것이 요체다. 신하와 관리들은 바로 이러한 군주를 돕고 그와 한몸을 이루어 국사를 함께 다루어야 하며, 이러한 관계를 구축하는 것이야말로 군주의 가장 큰 임무라고 할 수 있다.

또한 백성들 사이에서 풍속을 교화시키는 일도 가장 중요한 일로 간주했다. 이에 비해 대외관계는 지엽적인 만큼 가급적 상대방을 포용함으로써 이들을 순치시키는 것을 기본으로 하되 전쟁대비에도 소홀해서는 안 된다는 점을 강조하였다. 마지막으로 이 모든 것을 아는 것에서 그치는 것이 아니라 바로 실천하며, 특히 처음부터 끝까지 한결같은 시종일관의 자세를 견지하는 것이 요체라고 역설하였다.

이렇게 《정관정요》는 역대 중국 제왕학의 중심이 되었다고 할 수 있다. 그러나 한편으로는 송대(宋代) 주자(朱子)에 의해 성립된 성리학(性理學) 역시 이후 중국은 물론 한반도를 포함한 주변 나라들에게 큰 영향을 미쳤다. 성리학의 국정운영 원리와 그 구체적 방법론은 전통적 제왕학과 적지 않은 차이가 있다. 우선 성리학은 다음과 같은 특징을 갖고 있다. 첫째, 천지의 원리인 리(理)와 기(氣)로 만물을 설명하는 등 인간과 우주의 본성에 관한 심오한 형이상학을 토대로 전개되는 고도의 사변 철학이라는 점이다. 둘째, 치국의 요체로서 수신제가치국(修身齊家治國) 중에서도 특히 자기를 다스린 연후에 남을 다스린다는 수기치인지도(修己治人之道)를 강조한다. 수기(修己)란 인간 속에 내재하는 하늘의 원리를 발현시키기 위해 마음을 닦고(居敬) 이치를 탐구하는(窮理) 것으로, 이를 통해서만 올바른 통치자(聖人)가 될 수 있다는 것이다. 그리고 이러한 성인은 다른 사람들을 깨우쳐 덕을 갖추도록 하여(明明德於天下) 새로운 백성(新民)으로 거듭나게 만들어야 한다는 것이다. 그리고 이를 위한 구체적인 방법론으로 격물(格物), 치지(致知), 성의(誠意), 정심(正心)을 중심으로 하는 강학(講學) 그리고 구체적인 방향과 계획을 세우는 정계(定計), 끝으로 어진(仁) 이를 임명하여 맡기는 임현(任賢)을 핵심적인 과제로 제시하였다. 셋째, 원래 하늘은 이러한 확고한 원리를 인간세계에 전해 주어(繼天立極) 공자와 맹자에게서 완성을 보았지만 이후 그것이 전해지는 데(道統之傳)에는 단절이 있었다는 것이다.

《정관정요》와 같은 전통적인 제왕학에서 그러한 원리는 천명(天命)을 받은 황제에 의해서 밝혀지고 실현될 수 있다고 보았던 반면, 주자의 성리학은 그러한 입장을 패도(霸道)로 보았다. 즉 시공상의 보편적인 원리로서 하늘이 명령한 인성(人性)이 존재하며, 그것을 찾아내고 닦는 수기야말로 진정한 왕도(王道)라고 본 것이다. 특히 이러한 수기의 통치학은 황제 한 사람만의 몫이 아니라 황제를 중심으로 하되 당시 대두되고 있던 사대부층 전체의 몫이라고 보면서, 국가 운영에서 지배층 특히 관료집단의 역할을 중시하였다.

이후 성리학은 중국에서 크게 발전하였지만, 통치 차원의 경직된 이데올로기로서 정착하지는 못했으며, 《정관정요》를 비롯한 전통적인 제왕학을 완전히 대체하지도 못했다. 그러나 성리학은 고려 후기 한반도에 유입된 이후 100여 년 만에 조선 왕조의 공식적인 국가 이데올로기가 되었고, 특히 조선 후기에는 국정운영 나아가 사회생활 전체의 기본원리이자 지침으로 작동하는 등 크나큰 영향을 끼쳤다.

2. 한반도 국가의 전통적 스테이트크래프트

한반도의 주민들이 언제부터 정치체(국가)를 이루며 살아왔는지에 대해서는 확실하지 않지만 분명한 것은 그러한 국가생활을 하면서부터는 이에 필요한 지식과 지혜도 계속해서 축적해왔다는 것이다. 다만 그 내용은 고조선 이래 축적된 우리의 경험을 바탕으로 하면서도, 상당 부분은 중원(中原)의 역사적 경험이 응축된 한문 전적(典籍), 즉 경서(經書)와 사서(史書)들을 통해 우리 것으로 소화된 것이라는 점 역시 부인하기 어려울 것이다. 여기에서 한 가지 분명히 해둘 것은 중국문화의 영향을 강조한다고 해서 중국문화에 대한 사대모화(事大慕華) 사상을 갖고 있다거나 우리 문화를 열등하게 보는 것은 아니라는 사실이다. 영국, 독일, 프랑스 등 서양의 모든 나라들이 고대 그리스·로마 문명을 당당히 자신의 문화유산으로 생각하지만 그렇다고 해서 자신의 민족문화에 대해 열등감을 갖고 있지 않은 것과 근본적으로 다를 바가 없다. 다만 서양의 그리스·로마와는 달리 중국은 20세기를 제외하면 줄곧 역사적으로 강력한 문화적 영향력을 발휘해왔고 또한 정치 현실적으로도 강력한 헤게모니를 발휘해온 만큼 이를 인정하는 데 다소의 거리낌이 있는 것도 사실이다. 여하튼 전통시대의 중국문명은 그 발상지인 중국만의 것이 아니라 동북아시아 전체의 보편 문화로 보아야 한다는 점을 새삼 강조해둘 필요가 있다.

고구려·백제·신라의 스테이트크래프트

본격적 의미에서 한반도에 수립된 첫 번째 고대왕국인 고구려·백제·신라의 통치학의 특성이 무엇이었는지, 특히 중국에서 축적된 지혜가 어느 정도 영향을 미쳤으며 우리의 고유한 경험적 특성은 어떠한 것이었는지에 대해서는 자세히 알기 어렵다. 구체적인 내용을 알기 위해서는 무엇보다 다음과 같은 점들이 먼저 명확히 규명되어야 하기 때문이다.

첫째는 권력 기반으로서 무력(Gewald)의 성격과 유형문제다. 3국이 모두 주변 군소 정치체(도시국가, 성읍국가)들을 흡수·병합해간 것은 동일하다. 그런 점에서 기본적으로는 정복국가의 성격을 가졌다고 할 수 있다. 다만 현실적으로는 군사적 정복과 더불어 동맹·연합·연대 등 외교적 방법을 함께 사용하였는데, 그 비중과 조합에 따라서 전사(戰士) 집단의 위상과 중요성이 달랐으며, 이것은 또한 3국의 기질적 차이와 국가운영상의 차이로 나타나지 않았을까 하는 점이다. 예를 들면 고구려, 신라와는 달리 백제에서는 상당한 후대까지도 영산강 유역을 중심으로 옛날 마한(馬韓)의 일원이었던 소왕국들이 존재하고 있었다. 3국이 고대왕국으로 발전하는 경로상의 이러한 이질성은 국가운영 원리와 통치술에서도 큰 차이를 빚어낸 요인이 되었을 것으로 생각된다.

둘째는 사회 내부 구성의 문제다. 물론 3국 모두 농업을 중심으로 하는 신분제 사회로서 부족연합 단계를 거쳐 점차 왕권이 강화되었다는 점에서는 동일하지만, 사회구성에서는 적지 않은 차이가 있을 수밖에 없다. 부족 간의 힘의 배분과 왕권과의 역학관계, 특히 정복세력과 피정복세력 간의 권력관계가 응축되어 형성된 사회질서는 3국이 각기 처한 환경에 따라 다르게 나타났다고 할 수 있다. 주지하다시피 신라는 후발국가로서 골품제라는 독특한 신분제도와 함께 유일하게 여왕이 있었던 나라다. 문제는 이러한 사회구성상의 특성이 명확하게 규명되어야 3국의 독특한 국가운영 원리와 실제 통치의 참모습을 제대로 이해할 수 있을 것이라는 점이다.

셋째는 고대국가로 발돋움하는 데 활용되었던 통치 이데올로기의 문제다. 여기에서 불교가 중요한 역할을 하였다는 것은 잘 알려진 사실이다. 문제는 그 이전의 전통적 통치 이데올로기는 어떤 성격이었으며 이것이 불교와 대체되면서 어떻게 변용되고 융합되고 살아남았는지, 그리고 3국 왕실에서 수용한 불교가 통치 이데올로기로서는 어떤 점에서 서로 같고 다른지 명확히 규명되어야 할 필요가 있다는 점이다. 현재로서는 최후의 승자였던 신라의 경우, 이차돈(異次頓)의 순교, 승려 원광(圓光)이 화랑도의 계율로 만든 세속오계(世俗五戒), 그리고 의상의 화엄사상(華嚴思想)과 원효의 화쟁사상(和諍思想) 등은 비교적 잘 알려져 있는 데 비해, 고구려와 백제의 경우에는 그렇지 못한 데 아쉬움이 적지 않다고 하겠다.

마지막으로 가장 중요한 대외문제가 있다. 고조선 멸망 이후 한반도 북부까지 지배한 한사군(漢四郡)으로 상징되는 중국의 영향력과 이에 대한 대항의식이 3국의 발전에 중요한 역할을 했다는 것은 익히 알려진 사실이다. 중국 대륙의 사정은 이후 한반도의 여러 왕조의 성격 나아가 흥망 자체와 불가분의 관계를 갖게 되거니와, 고구려·백제·신라 3국 자체만 하더라도 후한(後漢) 멸망(220년) 이후 위진남북조(魏晉南北朝)시대(220~589년)라는 중원의 분열과 혼란 속에서 발전이 가능할 수 있었던 것이다. 결국 고대왕국 역시 기본적으로는 당대 국제정치의 산물이라고 할 수 있다. 국제적 환경은 어느 때에나 중요하지만, 당시야말로 국제정치가 왕조의 존재 이유, 구성원리 및 작동원리에 결정적 영향을 끼쳤으며, 그런 점에서는 대륙의 세력변동에 대한 통찰과 이에 따른 적응 혹은 해결책 모색이 당시 통치학의 핵심이었다고 해도 과언이 아닐 것이다.

이와 관련하여 3국 통일 문제가 핵심적인 쟁점으로 제기된다. 당시에 과연 이들 3국이 하나라는 민족의식을 갖고 있었는지 여부와 가장 후발국가였던 신라가 끝내 3국 통일에 성공할 수 있었던 스테이트크래프트가 최대 관심사다. 민족의식에 대해서는 논란이 있지만, 적어도 오늘날과 같은 수준과 강도의 민족의식이 있었으며 이를 토대로 삼국통일을 지상과제로 추구했다고 보기는 어렵다. 그러한 견해는 신라 통일 이후 생겨난 사후적 해석에 가까우며, 특히 19세기 말 이래 고조된 오늘의 민족의식을 투영한 측면이 없지 않다고 하겠다.

당시의 3국은 오히려 일차적으로는 살아남기 위해서, 그리고 최대치로서는 패자(霸者)의 위상 확보라는 현실적인 목표 사이에서 '어두운 밤에 허둥지둥 헤치며(muddling through)' 나아갔다는 지적이 보다 설득력이 있다. 바로 이러한 특성이 3국 간의 대소 전쟁수행과 다양한 짝짓기 동맹외교 뿐 아니라 국내의 복잡다단한 권력투쟁, 그리고 이와 맞물린 개혁정책에도 투영되었으며, 이를 중심으로 다양한 스테이트크래프트가 구사되었다. 신라의 3국 통일 요인 역시 크게는 이러한 관점에서 보아야 할 것이다. 다만 한 가지 강조해두고 싶은 것은 내부적으로는 '화랑'이라는 강력한 무사집단으로서의 통치세력의 존재와 더불어, 가야 병합에서 알 수 있듯이 패배한 정치체의 통치집단을 자기 자신으로 수용·통합하는 신라의 열린 자세도 중요한 역할을 했을 것이라는 점이다.

고려와 조선시대의 스테이트크래프트

고려시대에 와서는 통일신라 이후 한민족의 기본 틀이 형성된 바탕 위에 특히 북방민족들의 침입이 잦아지면서 이에 대한 저항의식으로 전근대적 의미의 민족의식이 상당히 고양되기도 하였다. 또한 고려는 호족 중심의 귀족국가를 기본 성격으로 하면서 무인정권의 등장, 그리고 원(元)에 대한 항복과 부마국으로의 전락과 친원세력의 등장 등 내부적으로 다양한 변화를 거쳤다는 점에서 통치 차원에서도 독특한 경험을 하게 되었다. 그러한 점에서 태조 왕건의 십훈요(十訓要), 서희의 외교, 김부식의 《삼국사기(三國史記)》, 묘청의 난, 무인정권의 통치와 대몽(對蒙) 항쟁 그리고 공민왕의 개혁 등을 통해 엿볼 수 있는 것과 같은 한반도 국가의 독특한 스테이트크래프트가 전개되어 왔다고 할 수 있을 것이다.

고려 말기 수입된 성리학은 한반도 국가의 국가운영 원리 혹은 통치학 자체에서도 일대 변화를 가져왔다. 여기에서 중요한 것은 주자의 성리학 자체가 아니라 그것이 발상지와는 다른 한반도 국가에서 특히 구체적인 정치의 장에 적용될 때 어떠한 양상으로 전개되었으며 어떠한 특징을 보였는가 하는 점이다. 결론부터 말한다면 성리학은 본성상 과도하게 관념적이며 따라서 현실적 경제·사회관계나 정치역학상의 문제를 다소 경시하는 경향을 갖고 있으며 이러한 특징이 강력한 영향을 끼쳤다.

다만 한 가지 유의해야 할 것이 있다. 조선 후기에는 통치뿐 아니라 사회생활 대부분의 영역이 성리학의 강력한 규범적 영향 속에 들어갔다는 사실이다. 여하튼 조선 전체를 통틀어 본다면, 여전히 전통적인 제왕학이 영향을 발휘하는 가운데 여기에 성리학적 성학론(聖學論)이 더해져 양자가 교차되면서 국가운영 원리와 통치학으로 작동해왔다고 볼 수 있다. 다만 시기적으로 전반기에는 양자의 영향력이 대체적으로 비등했다고 한다면, 조선 후기에 와서는 성리학적 통치원리가 극도로 강해졌다. 이렇게 된 데에는 전통적 제왕학은 왕권(王權)을 중시하는 성향을 갖는 데 비해, 성리학적 성학론은 주로 신권(臣權)을 중시하는 성향을 갖고 있었던 것이 중요한 배경으로 작용하였다.

성리학적 통치원리

조선조에서 성리학을 통치에 적용하는 데 있어 우선 곤란을 겪는 것 중의 하나가 창업의 문제다. 수기치인(修己治人)을 통해 치국을 할 수 있다는 것은 일단 창업보다는 수성의 논리에 가깝다고 할 수 있다. 창업에는 인모(人謀)가 중요하며 특히 패도(霸道)와 임기응변의 권도(權道)가 중요한 역할을 한다는 것은 철학과 이론이 아니라 현실적·역사적 경험이 가르쳐주고 있는 것이다. 더구나 성리학을 실현하기 위한 무대로서의 중국과 한반도의 환경이 크게 달랐다는 점도 중요하다. 중국의 역사적 경험은 왕조의 멸망이 천하가 분열하고 쟁투하는 난세로 이어졌기 때문에, 패도로써 이를 다시 통합하여 질서를 세운 창업주는 당당하게 그 당위성과 명분을 인정받을 수 있었다. 우리의 경우에도 고려의 후삼국통일은 신라가 귀부하는 형태로 이루어졌다는 점에서 크게 보아 이러한 범주에 속한다고 할 수 있다.

그러나 이와는 대조적으로 여말선초(麗末鮮初)의 경우에는 홍건적의 난과 왜구의 창궐, 그리고 무엇보다 토지제도의 문란으로 민생은 도탄에 빠지고 사직이 극도의 위기에 처하게 된 것은 사실이지만, 왕조 자체가 망한 것은 아니었으며 후삼국시대처럼 영토가 뺏기게 된 것도 아니었다. 이성계의 위화도 회군을 통한 실권 장악, 이방원을 중심으로 하는 무장세력의 정몽주 척살을 통한 고려 충성파에 대한 제압, 그리고 비록 선위(禪位)의 형식을 빌렸지만 실제적인 찬탈 행위를 통해서 새 왕조의 창업이 이루어졌던 것이다. 그런 점에서 성리학의 이념에 입각하여 나라를 창건한 것은 아니며, 성리학은 창업 이후 사후적으로 이를 합리화하고 또 새로운 제도의 근거를 제공하는 이데올로기 역할을 했다고 볼 수 있다.

이 과정에서 이방원과 정도전의 대립적인 통치철학과 노선이 정면으로

부딪치게 되었다. 특히 이방원은 자신이 일으킨 여러 차례 난은 의도한 행위, 즉 찬탈이 아니라 정당방위의 돌발적 행동이었을 뿐 새 왕조가 창업되고 자신이 왕이 된 것은 천명(天命)이라는 입장을 견지하였다. 또한 국가를 운영하는 데 있어서 신하는 사적인 이익의 동기에서 출발하는 만큼 군주는 형(刑)과 덕(德)으로서 다스려야 한다는 점에서, 의합(義合, 군주와 신하의 관계가 대의를 통해 규정된다는 의미)관계를 중시하는 유가적 시각보다는 계합(計合, 군신을 포함한 권력자들의 갈등은 계략 및 계책으로 결론이 나고 규정된다는 의미)관계라는 한비자(韓非子)적 시각을 중요시했다. 반면에 정통 성리학의 입장을 갖고 있던 정몽주나 길재는 역성혁명을 실질적으로 거부하는 왕도정치(王道政治)의 이념을 일관되게 고집하여 두 왕조를 섬기지 않는 불사이군(不事二君)의 입장을 취하였고, 이것이 후일 도학(道學)의 원류가 되고 사림파(士林派)로 이어지게 되었다.

그러나 같은 성리학의 입장을 취하되 왕도와 패도 사이에서 이를 통합하려고 시도했던 정도전은 "성인(聖人)의 위(位)는 인(仁)으로 지켜진다"고 말할 뿐 무력을 기반으로 하는 이성계의 찬탈 행위에 대해서는 침묵하면서 다만 왕조가 천명을 받았다는 것은 그것이 "일대지제(一代之制)를 이루어 장기간 지속되었는가"의 여부로 판단된다는 일종의 결과주의적 입장을 취하였다. 즉 찬탈된 질서를 새로운 공적 질서의 근원으로 확정시킴으로써 창업된 왕조를 지키려는 수성의 논리만을 강조했던 것이다. 그러나 그의 이러한 논리는 취약성을 안고 있어서 '이방원의 난'이라는 새로운 형태의 찬탈 행위를 단죄하고 방어할 명분을 결여하고 있었고, 결국 현실적으로도 이방원에게 패하고 말았다. 이러한 입장은 후세 세조의 권력 찬탈을 놓고서도 같은 논리가 되풀이될 수 있는 여지를 주었다는 비판을 받았다.

한편 정도전은 창업자가 개창한 왕조를 후대에 전하기 위해서는 유능한 신하와 더불어 국가제도의 수립이 필요하다고 보고 스스로 그 주춧돌을 놓으려 했다. 무엇보다 그는 '재상 중심의 강력한 관료제'를 주창했다. 군주는 재상을 임명하는 인사권을 갖되, 재상을 잘 고르고 그의 의견을 경청하는 것을 주 임무로 해야 한다고 생각하였다. 교화(教化)와 정령(政令)은 군주가 재가하지만 그 주도권은 재상에게 주어야 하며, 군주는 재상과 진지하게 협의토록 하되 그것도 대사에만 국한시킬 뿐 대부분의 일은 아예 재상에게 일임하고 군주는 수기(修己)에 전념해야 한다고 본 것이다. 왕은 허군(虛君)이요 허위(虛位)라는 것이다. 반면에 재상은 천관총재(天官冢宰, 국정 전반을 통괄하고 궁중 사무의 전반적인 일을 관장하던 최고 책임자)의 실위(實位)라고 할 수 있다. 즉 군주를 바로 잡아 대중(大衆)의 경지에 들게 하면서 재상은 주체성과 실권을 갖고 인사·군사·재정·상벌 등 모든 정무의 기본원칙을 정하고 각 부처를 견제와 균형을 통해서 이끌어가야 한다. 그렇기 때문에 정도전은 군주란 이방원과 같은 권력 추구자보다는 무난한 사람이 낫다고 보았고 그런 점에서 어린 세자의 임명을 추진하면서 신하들(都堂)의 힘을 강화하는 데 주력하였던 것이다.

왕권 강화에 힘쓴 태종

그런 점에서 조선조의 창업은 정도전과 더불어 태종 이방원이라는 실질적 창업군주의 통치철학과 제왕학에 크게 의존하였다. 이방원은 고려조에서 과거에 합격한 사대부로서 당시의 현실을 개혁하려는 강력한 열정을 가지고 있었고, 부친인 창업군주 이성계의 뜻에 적극적 혹은 소극적으로 저항하면서 정몽주 척살과 1·2차 왕자의 난 등 일종의 쿠데타를 세 차례나 주도했다. 그런가 하면 두문동의 선비들을 몰살시키는 냉혈한의 확고한 의지와 강력한 추진력으로 난세를 자기중심의 치세로 전환하는 데 성공한 인물이다. 그의 제왕학의 요체는 '권력은 나눌 수 없는 것'이며, 정치와 왕권은 비정한 세계에 속하는 것이라는 냉엄한 현실 인식을 바탕으로 한 권력의 집중, 즉 왕권 강화였다. 따라서 그는 정도전 중심의 신권 정치론을 배격하였고, 무엇보다 사병혁파를 통해 병권을 확고하게 귀속시켰다. 또한 후계자인 세종의 치세를 확고히 열어주기 위하여 공신들을 제거하였고 세자의 처족인 사돈집까지 몰살시켰는데, 이 또한 같은 맥락에서 이해된다. 한무제(漢武帝)가 어린 세자를 남겨두고 죽으면서 장차 젊은 생모가 국정에 개입할 것을 우려하여 그녀를 죽였다는 선례를 태종도 참고했다고 보아야 할 것이다.

왕권 강화를 지향하는 태종의 면모는 신왕조의 제도 건설에서도 여실히 나타났다. 육조직할제를 실시한 것이 그것이었다. 흔히 육조직할제는 왕권중심, 의정부서사제(議政府署事制)는 신권중심이라는 도식적 분류를 하면서 신권중심이 보다 바람직하고 오늘날 민주제도에 가깝다는 주장도 있지만, 사정은 그렇게 간단하지만은 않다. 어떤 면에서 신권중심은 당시 만연해 있던 지배층의 약탈적 구조를 강화하는 측면이 있는 반면, 왕권중심이 오히려 위민(爲民)적 효과를 가진 근대적 통치체제의 성격을 갖고 있다는 점에 유의할 필요가 있다. 여기서 주목해야 할 것은 고려시대의 3성(省), 그리고 무인정권 시기의 각종 군사합의기구, 그리고 고려 말기의 도평의사사(都評議使司)의 성격 문제다. 이는 당시 귀족들의 국정참여 기관으로서 이로 인해 국가의 행정 능력 자체가 크게 약화되고 훼손되고 있었다는 점이다. 그래서 유교적 합리주의가 관철되는 국가로 개혁하는 과정에서 다기다양한 종래 귀족들의 합의기관을 의정부로 통폐합 하는 한편, 실제 집행 관료기구인 6부를 6조로 개편하고 그 위상을 크게 강화했던 것이다. 특히 이 과정에서 강력해진 6조를 견제하기 위하여 언로의 역할을 하는 사간원을 별도로 독립시키는 지혜를 발휘하기도 하였다.

문제는 이렇게 강화된 왕권을 갖고 무엇을 하려고 했는가 하는 점이다.

태종의 경우, 그의 왕권 강화는 무엇보다도 위민 철학을 바탕으로 한 각종 시책들과 연계되어 나타났다. 전통사회의 핵심적 문제는 토지제도와 신분제도다. 즉 토지를 가진 자작농이 많을수록 국가의 물적·정신적 기반은 확고해지는 데 반해 대토지를 소유한 귀족층이 많을수록 자작농은 줄어들고 노비는 증가한다. 토지제도는 이미 과전법의 시행으로 큰 방향은 잡힌 만큼, 이제는 노비를 줄이는 것이 중요한 과제였다. 태종은 이를 위해서 '노비변정도감(奴婢辨定都監)'을 설치하여 억울하게 노비로 떨어진 양민들을 해방시켰다. 나아가 태종은 지배층의 강력한 반대에도 불구하고 노비종부법(奴婢從父法)을 시행하여 사노비를 줄여나가기도 했다. 그러나 세종대에 이르러 막강한 지배층의 저항으로 다시 노비종모법(奴婢從母法)으로 환원되었다는 점에서 태종의 정책이 얼마나 힘든 도전이었는지 가히 미루어 짐작할 수 있다. 태종은 또한 오늘날 주민등록증과 같은 호패법을 실시, 세수를 위한 강력한 행정기반을 구축하여 국가행정의 기반을 마련했다. 한편 태종은 당시 신왕조 건설기에 필요한 많은 토목공사를 하면서도 자제력을 발휘하여 공역 동원에 최대한 신중을 기하였고, 또 공역에 대해서는 시간을 엄수토록 하면서 동원된 인력에 대해서는 당시로서는 파격적이게도 국가에서 양식까지 제공하였으며, 재난 시에는 공사를 중단하는 합리성을 보여주기도 했다.

세종 시기 융성의 비밀

세종은 한반도 역사상 최고의 치세를 구가한 제왕이다. 그것은 조선 초 성리학에 기반을 둔 경세학(經世學)과 태종의 통치학(統治學)에 힘입은 바 크다. 세종은 무엇보다 왕조 개창기의 활력과 부왕의 정지 작업 위에서 왕업을 시작하였다. 그러나 그는 부왕과는 달리 카리스마도 부족했고 갑

자기 폐위된 양녕의 대타였기 때문에 정통성에서도 하자가 없지 않았다. 그러나 그는 삼가고 두려워하는 마음을 잃지 않고 항상 자제하고 스스로를 채찍질함으로써 오히려 취약점을 딛고 일어나 일대 성군의 길을 갈 수 있었다.

그의 통치학은 후기 사변화되고 경직된 성리학보다는 고대의 유학을 토대로 하는 실용의 제왕학이었다. 특히 그는 후대의 경학 위주의 풍조와는 달리, 《춘추좌전(春秋左傳)》과 《자치통감(資治通鑑)》과 같은 사서를 경연의 텍스트로 삼는 등 역사를 가장 중시하였으며, 우리 역사까지 포함된 《치평요람(治平要覽)》을 스스로 간행하기까지 했다. 그의 치세는 무엇보다 풍부한 인문학과 휴머니즘을 두 축으로 하는 것이었다. 그는 호학(好學) 군주로서 밤새워 독서를 하여 만년에는 안질로 고생하기까지 했다. 또한 집현전을 활성화하여 학문을 기반으로 하는 합리적 통치를 추구하였다. 젊은 선비들에게 재충전할 기회를 주기 위해서 사가독서제(賜暇讀書制)라는 일종의 안식년 혹은 연구년제를 실시하였고, 이들을 위하여 독서당이라는 연구실을 운영하기도 하였다.

세종의 통치의 다른 한 축은 민본·위민의 실용적 휴머니즘이었다. 가장 대표적인 것이 '훈민정음' 창제라는 것은 말할 필요도 없다. 한글 창제는 다목적인 것이었지만 특히 백성들이 문맹으로 인해 당하는 불이익을 방지하기 위한 목적이 있었다. 그렇다고 세종은 한글로 한자를 완전히 대치하려는 생각은 추호도 하지 않았으며 오히려 양자의 공존을 추구한 실용주의자였다는 점에도 유념할 필요가 있다. 또한 장영실을 비롯하여 천인이나 노비 출신 중에서도 뛰어난 인재들을 과감히 무관이나 기술직에 등용하였는가 하면, 관비들에게도 출산 휴가를 충분히 주었고 또한 죄수의 처지도 크게 개선했다.

그러나 한편으로는 부왕이 신하들의 반대를 무릅쓰고 어렵게 도입한 노비종부법(奴婢從父法)을 폐지하여 종모법(從母法)으로 환원시키기도 했다. 세종의 이러한 조치는 오늘의 기준으로 보면 일종의 후퇴요 개악이라고 할 수 있겠지만, 당시 노비를 필요로 하는 사회, 특히 양반 사대부들과 함께 정치를 해야 하는 현실적 한계를 감안한다면 그렇게 재단할 수만은 없을 것이다. 행정의 효율화 차원에서는 관료들을 보호하기 위해 '수령고소 금지법'을 법제화하였지만, 반역의 기회를 주는 등 부작용이 크게 드러나자 결국에는 철회하기도 했다. 이렇게 세종은 각종 시책에서 여러 가지 딜레마적 상황에 직면하여 적지 않은 시행착오를 거치고 또 부분적으로는 의지가 꺾이기도 했지만, 전체적으로는 꾸준히 자신의 길을 걸어갔다.

세종의 스테이트크래프트의 가장 중요한 특징은 시스템적 접근과 통합의 리더십이다. 그는 부왕에 의해 폐지되었던 의정부서사제(議政府署事制)를 부활시켜 군신공치(君臣共治)의 길을 열어놓았다. 물론 이는 후대 귀족층의 발호와 연결되는 등 부작용이 적지 않았으며 세종대라고 해서 모두 고결한 인재만 있었던 것도 아니었다. 황희만 하더라도 여러 가지로 논란이 그치지 않았던 인물이다. 그러나 그는 재상들의 장점을 잘 활용하여 그들이 명신이 될 수 있는 길을 열어갔다. 세종은 또한 자신의 처가를 몰락시키는 데 앞장섰던 인물을 용서하고 기용함으로써 통합의 리더십을 보여주기도 했다. 세종의 시스템적 제왕학을 가장 잘 보여주는 것이 공법(貢法, 공물에 관한 법률) 제정 과정이다. 원래 답험손실법(踏驗損失法)은 풍흉을 조사하여 적절한 세율을 책정하려는 선의에서 나온 것이었는데, 재량권의 남용으로 부작용이 커지자 이를 정액제로 바꾼 것이다. 세종은 공법상정소(貢法上程所)를 설치하여 17년 동안 이 문제를 집요하게 물고 늘어져 왕조시대에 전례를 찾기 어려운 광범위한 여론조사까지 실시했다. 그리하여 마침내 전분육등법(田分六等法)과 연분구등법(年分九等法)을 확정하였을 뿐 아니라, 부작용이 적고 찬성하는 지역부터 이를 단계적으로 실시하는 지혜를 발휘하기도 했다.

지성사대(至誠事大)를 통한 실익 추구

한반도 국가의 통치학이 중국과 가장 큰 차이를 보이는 부분은 다름 아닌 대외관계다. 천자(天子)를 자처하는 중원의 제국이나 사대의 예를 하는 조공국 모두가 똑같은 하나의 정치체이기 때문에 내정의 기본적인 원리는 동일하다. 그러나 대외관계는 차원이 다른 문제로서, 물리력과 문화력을 기반으로 천하의 중심을 자처하는 중국과 주변의 국가는 사대 질서 속에서 정반대의 위상을 가질 수밖에 없다. 고려시대의 경우, 송(宋)은 대체적으로 중화(中華), 즉 문화적 사대의 대상이었지 대국(大國), 즉 현실적인 위협은 아니었던 반면, 북방민족은 중화가 아닌 현실적으로 위협이 되는 강대국이었고 경우에 따라 이들에게 조공을 바쳐야 하는 관계가 성립되기도 했다. 하지만 그렇다고 이들이 중원을 석권한 것도 아니며 또한 우리가 거기에 복속되거나 문화적인 사대의 예를 표한 것도 아니었다. 따라서 대송(對宋) 정책과 요(療)와 금(金)에 대한 정책은 병행 불가능한 것이 아니었다고 볼 수 있다. 다만 중원을 석권한 몽골족의 원(元)제국에 대해서는 이중의 시각이 존재했는데, 이 또한 중원의 왕조로 보는 견해와 오랑캐에 의한 일시적 변고로 보는 견해가 그것이었다. 그러나 고려가 원에 항복하였고 왕 자신이 부마(駙馬)가 되는 부용국(附庸國)으로 전락하여 이에 복속하게 되었던 만큼 그러한 논란 자체가 현실적으로 큰 의미를 갖지는 못했던 것으로 보인다.

원명(元明) 교체라는 중원의 향방은 한반도에도 직결되어 고려가 조선으로 바뀌는 역성혁명이 발생하는 대외적 환경이 되었다. 그러나 당시 대륙 정세는 오랫동안 유동적인 상황이었고, 따라서 친원파와 친명파 사이의 갈등이 첨예화된 가운데 친원파에 의해 요동정벌이 추진되지만 위화도 회군을 계기로 친명파의 승리가 확정됐다. 조선 왕조는 주자학적 원리에 입각하여 명에 대해서는 확고한 사대관계를 설정한다. 맹자는 "인자 이대 사소(仁者 以大事小), 지자 이소사대(智者 以小事大)-어진 자라야 자기 나라가 큰데도 이웃에 있는 작은 나라를 업신여기지 않으며, 또 지혜로운 자라야 자기 나라가 작은 것으로서 이웃의 큰 나라를 섬길 수 있다"라고 했고, 주자는 "천지이이이의(天地理而已矣), 대지자소(大之字小), 소지사 대(小之事大), 개리지당연야(皆理之當然也)"라고 했듯이, 소국과 대국의 사대관계는 함께 가는, 일종의 상호주의적 관점으로 보았던 것이다.

태종과 세종 시대에는 전체적으로 명에 대해서는 지성사대(至誠事大)를 표방했다. 무엇보다 당시에는 신왕조 개창 이후 소위 고명책인(誥命冊印, 중국에서 이웃 나라에 그 왕의 즉위를 승인하여 책봉한다는 문서와 이를 증명하는 금인을 내려 주던 일), 즉 국제적 승인을 받는 문제가 최대 현안 이었기 때문이다. 다만 사대의 구체적인 정책 내용은 상당히 실용적이고 현실적이었다고 할 수 있다. 태종은 특히 중원의 정세에 예민하게 반응하 면서도 이를 크게 경계하는 이중적 자세를 취했다. 여기에는 왕자 시절 두 차례나 중국을 방문한 그의 흔치 않은 경험이 크게 작용한 것으로 보인다. 이는 특히 후일 영락제(永樂帝)로 등극하는 당시의 연왕(燕王)과 두터운 친분을 맺는 등 중원 사정에 대한 깊은 이해가 있었기 때문에 가능했던 것 으로 보인다. 그는 황실 내 갈등을 주시하면서 혜제(惠帝)와의 거래를 자 제했고, 적시에 영락제 편에 섬으로써 명에 대한 발언권을 높일 수 있었고, 이를 활용하여 대명 관계를 유리하게 이끌 수 있었다.

그러나 영락제가 안남(安南)을 정벌하여 멸망시키자 우리의 방비를 강 화하고 군량을 비축하는 등 군사적 대비를 하는 데 박차를 가하기도 했다.

또한 영락제가 태종에게 황실과의 사돈관계를 맺자고 요구하자 정권 안정에 도움이 된다는 중신들의 주장에도 불구하고, 황실과는 불가근불가원(不可近不可遠)이 바람직하다는 입장에서 온갖 구실을 붙여 끝내 회피했다. 중국이 특정 불상(佛像)을 보아야겠다는 구실로 당시에는 군사시설이라고 할 방목장이 있던 제주를 시찰하려고 하자, 불상을 미리 전라도 나주로 갖다 놓아 제주를 방문하지 못하도록 만들기도 했다. 나아가 명의 사절단과 벌어지는 말 무역 협상에 있어서도 담판을 통해 가격을 유리하게 이끄는 등 조그만 실리도 양보하지 않고 적극 챙기기도 했다.

세종 또한 선왕의 유지를 이어 지성사대를 표방하여, 중국으로부터 "한결같이 정성스러운 탁월한 현왕"이라는 찬양을 받았다. 그러나 공물이나 환관 요구에 대해서는 기본 수요를 확실하게 충족시켜주면서도 추가적인 요구는 철저하게 거부하는 등 피해를 최소화하는 방식을 택했다. 특히 세종은 태종에 이어 여진(女眞) 관계를 중시했다. 태종은 명의 통치가 미치지 않는 만주 지역에 거주하는 여진족 수장들에게 작호를 주면서 복속시키는 정책을 취했는데, 중원의 힘이 점차 커지면서 명은 여진을 복속시키려는 조선을 견제하기 시작했다.

그러나 세종대에 와서는 명의 대외정책이 소극적으로 바뀌어 힘의 공백이 생기자 이를 틈타 4군 6진을 개척하는 등 적극적인 북방 고토 수복에 나서, 두만강 북방 700여 리에 있는 공험진(公嶮鎭)까지 조선의 강토로 개척할 수 있었다. 한편 군권을 가진 상왕인 태종이 주도한 것이기는 하지만, 왜구의 소굴인 대마도를 정벌했고, 이어 계해약조를 통해 3포를 개항하는 등 일본의 무역 요구를 적당한 수준에서 들어주면서 이를 관리하는 정책도 도입했다. 조선 전기 대일(對日) 외교에 밝았던 신숙주 역시 일본과의 우호관계를 유지해야 할 중요성을 유언으로까지 재삼 강조했고, 이후 약 150년간 대일관계는 태종과 세종이 구축해놓은 노선을 따라서 비교적 안정적으로 유지될 수 있었다.

훈구파와 사림파의 대립

이렇게 조선 전기 유교국가의 내외적 틀이 확정된 이후 국가운영에서 가장 중요한 현안은 지배의 정통성과 정당성을 확보하는 문제였다. 정통성 문제는 무엇보다 왕통(王統) 계승과 성리학상 도통(道統)의 위기로 나타났다. 왕통은 대체적으로는 적장자로 이어졌지만, 어린 군주의 즉위(단종·성종·명종)로 인한 수렴청정 혹은 섭정이 불가피해졌고, 특히 세조의 왕위 찬탈과 폐비의 아들인 연산군의 즉위로 인해 정통성의 위기가 초래되었다. 세조의 찬탈과 집현전의 폐쇄로 관학 측도 명분을 상실하면서 성리학의 도통이 정몽주·이색·길재의 노선으로 굳어지게 되었다. 이 같은 정당성의 약화는 특히 연산군의 폭정으로 인해 가속화되었다.

그러나 조선조 국정운영상 현실적인 위기의 뿌리는 무엇보다 토지와 신분제도에 있었다. 특히 수차례의 정변으로 훈구(勳舊) 공신의 숫자가 확대되고 그 힘이 막강해져 귀족의 토지 병합이 확대되면서 양민의 노비화가 증가되는 양소천다(良少賤多) 현상이 심화된 것이다. 그 결과 연산조에 이르러서는 국역체제(國役體制)가 거의 붕괴되어 국가운영에 불가결한 세수에 큰 결함이 발생하는 등 만성적인 재정적자에 시달리게 되었다. 따라서 가장 시급한 당면 과제는 토지와 노비의 사유화를 동결·억제함으로써 양민과 공전(公田)을 보호하는 것이었다. 그러나 약화된 국왕을 대신한 외척 중심의 왕실과 공신들은, 건국 초부터 뿌리내린 제도가 표면적으로는 무리 없이 작동되고 있으며 또한 결정적인 외환도 없는 상황에서 태평의식에 사로잡혀 특별한 대응책을 마련하지 못한 채 토지겸병과 사치에 열을 올렸다. 정통성과 정당성이 극도로 붕괴된 연산조에 와서는 유교적 이념에 따른 반정(反正)이 이루어졌으나, 한편으로 공신의 증가로 인한 사회·경제적 문제는 더욱 심화되었고 이로 인해 국정의 기강까지 무너지게 되었다.

이러한 상황을 타개하기 위한 국가개혁 노력은 중종조의 사림파를 통해 나타났다. 조선은 개국 때부터 성리학을 종지로 받드는 사대부 정치를 표방하였지만, 세조 이후 중종까지는 훈신들이 국정을 주도하였다. 당시의 성리학은 이념화가 크게 진행되지 않은 가운데, 훈신들을 보좌하는 사장파(詞章派, 사림파에 맞서 한문학의 중요성을 내세운 일파)가 주류를 이루었다. 이에 반해 잦은 정변과 사화로 인해 재야로 내몰린 양반 지식인들인 사림(士林)은 본격적으로 성리학을 탐구하는 경학파(經學派)가 중심이 되었다. 이러한 상황에서 공신들의 반정으로 추대된 중종은 정통성 보완을 위해 이들 사림의 힘을 필요로 하였고, 그 결과 조광조를 대표로 하는 사림파가 국정에 참여하게 되었다.

문제는 이들이 아직은 이론이나 자기 수양 면에서 충분히 성숙되지 못했고, 국정참여 경험이 전무한 성리학적 근본주의자들이었다는 데 있었다. 이들은 이데올로기의 승리를 확신하는 낙관주의를 토대로 '소학(小學)' 수준의 인의예지(仁義禮智)와 도(道)·심(心)·성(誠) 등 몇 가지 기본 개념의 실천만으로 지치(至治, 매우 잘 다스려진 정치)라는 이상세계를 구현할 수 있다는 소박한 생각을 갖고 정사에 임한 일종의 '행동하는 지식인'들이었다. 현실정책 면에서는 귀족들의 토지 확장을 막기 위해 토지소유 상한제인 '한전법(限田法)'을 실시할 것을 주장했다. 문제는 당시 토지귀족들인 훈구파마저도 그 타당성을 인정하여 타협적 자세로 나올 수밖에 없는 상황에서 이들은 강력한 명분에 입각하여 더욱 급속한 개혁에 드라이브를 걸었던 것이다. 이들은 소인과 군자를 엄격하게 구분하는 이분법적 사고를 토대로 반대파를 격렬히 공격하면서 위훈삭제(僞勳削除, 거짓

공신을 삭제하자는 논의)를 주장하는 등 타협이 불가능한 협량의 자세를 보여주었다. 더구나 국왕에 대해서는 명도(明道)와 근독(謹獨)만 하면 된다는 단순한 입장을 갖고 장황한 언사와 무리한 요구로 일관했다. 그리하여 정적을 제압하지도 국왕의 신뢰를 확보하지도 못한 데다가, 자파 내의 다양한 세력을 묶지도 못한 채 과격파의 언행을 통제하지 못했다. 그 결과 훈구파의 반격을 받아 일거에 목숨을 잃었으며 나아가 당분간 개혁을 입에 올릴 수조차 없는 반동적 상황을 초래하고 말았다. 개혁의 칼날은 예리했지만 기본기마저 갖추지 못했기 때문이다.

조광조의 개혁 실패는 조선조 국가운영상의 퇴영적 암흑기를 초래하였다. 그리하여 훈구 공신들이 대부분 사망하고 사림파도 과도한 개혁으로 몰락한 데다가 종친마저 국정운영에서 배재된 상황에서, 이념도 명분도 없는 척신(戚臣)들이 유약한 군주의 그늘에서 국정을 농단함에 따라서 경제·사회적 모순은 더욱 심화되어 국가 자체가 해체의 위기에 직면하게 되었다. 당시의 사회적 상황은 임꺽정 일화에서도 엿볼 수 있으며, 다소 이후의 일이지만 임진왜란 때 도성에서 노비문서를 다루는 장예원이 가장 먼저 불에 타는 사태로 나타나기도 했다.

교민(敎民) 중심의 국가운영

방계 출신 선조가 미혼으로 즉위하자 기존의 척신들은 자연스럽게 도태되었다. 선조는 조선조 처음으로 방계 서자 출신으로서 가뜩이나 취약한 정통성을 극복하기 위해 경화(更化), 즉 개혁을 추진하는 과정에서 사림 세력을 본격적으로 정치에 끌어들임으로써 사림정치라는 일종의 독특한 신권정치 시대를 열게 되었다. 문제는 대지주로서 이미 기득권층화된 사림파가 국정을 장악한 이상, 이제는 훈구대신과 외척 등 더 이상 투쟁할 대상이 없어졌다는 것이다. 그리하여 이들은 서로를 공격하며 스스로 분열하게 됐다. 먼저 당시 국가적 위기 상황에 대처하는 데 이들 사림은 서로 대립되는 처방을 갖고 있었다. 일부에서는 국가 주도로 토지와 신분제도 등 국역체제(國役體制)를 개혁하여 양민 즉 민력을 길러야 한다고 주장했다. 반면에 적지 않은 사림들은 이러한 제도개혁보다는 향약의 시행 등 성리학적 예치(禮治)를 사회 속에 관철시켜야 한다는, 즉 교민(敎民)이 중요하다는 입장을 갖고 있었다. 문제는 후자가 승리함으로써 실용적 체제개혁보다는 성리학적 이념의 관철을 중심으로 하는 국가운영 방식이 우세하게 되었다는 데 있다.

비교적 통합적인 입장을 갖고 있다고 알려진 율곡 이이는 당시 조선은 "나라도 아니다"라고 그 실상을 고발하면서 저 유명한 상소문인 '만언봉사(萬言封事)'를 올리기도 했다. 그러나 문제는 그 역시 구체적인 방법론이 없었다는 데 있었다. '10만 양병론'만 해도 후학들이 조작해낸 일화로 알려져 있다. 그는 오히려 철저한 교민의 입장에서 국정운영을 이론화하여 《성학집요(聖學輯要)》라는 정통 성리학적 경세학을 완성시킨 인물이다.

율곡은 나라를 다스리는 일을 집안을 다스리는 것에 비유하면서 그 방법으로 '수기(修己)·정가(正家)·위정(爲政)'을 원용하였다. 국정운영은 황극(皇極), 즉 군왕의 덕치(德治)를 기본으로 하며, 병(兵)보다는 부(富)가, 그보다는 신(信)이 중요하다고 보았다. 구체적으로 군주는 물자를 절약하고 사람을 아끼면서 시(時)에 맞게 백성을 부려야 한다고 보면서 성(誠)을 강조하였다. 또 신하를 등용하는 데 있어서는 군자(君子)와 소인(小人)을 분별하는 것이 중요하다고 보았다. 그 기준은 우선 군주 자신이 사람을 의심하지는 말되 상대방이 속임수를 쓴다는 것을 먼저 깨달을 수 있어야 하며, 여기에는 상대방의 '말·행동·동기·선호' 등이 판단의 기준이 되어야 한다고 보았다. 구체적으로는 이(利)가 아니라 의(義)를 추구하는지, 그리고 '차마 하지 못하는 것' 즉 삼가야 할 것으로 어떤 것을 상정하고 있는지 따져보아야 한다는 것이다. 그런 점에서 율곡은 자기 일을 높이 숭상하는 사람이 바람직한 반면 벼슬만 추구하는 사람은 등용해서는 안 되며, 지역사회에서 신망을 얻으려고 덕을 가장하는 것(鄕原)이 가장 나쁘다고 보았다.

군주는 스스로 잘난 체하지 말고 현자가 있으면 천 리를 멀다 않고 찾아가야 하며, 군신관계는 의혹을 버리고 임해야 한다고 강조했다. 신하를 대하는 데는 말을 근거로 사람을 쓰지는 말되, 사람을 근거로 말을 버려서도 안 된다고 강조했다. 또한 소인을 놔두면 자리를 굳히고 왕성해지기 때문에 이들을 경계해야 하며, 이를 위해서는 그들의 참소와 하소연을 들어주어서는 안 된다고 보았다. 국방에 있어서는 "사(師)는 정(貞)하고 장인(丈人)이라야 길하고 허물없다"고 하여, 군대의 지도자는 평소에 지위가 높고 귀한 사람이 아니라 다만 "그의 재능과 꾀와 덕과 업적을 두려워하여 많은 이들이 복종하는 사람"이어야 한다는 점을 역설하였다. 이와 함께 병장기를 정비하는 등 평소에 전란에 대비하고 멀리 있는 오랑캐를 경계해야 한다고 강조한 점도 경청할 만하다.

유성룡의 스테이트크래프트

그러나 신진 사대부들의 교민정책이 효과를 보이지 못한 채 당쟁만 격화되는 상황에서 맞이한 것이 임진왜란(1592)이었다. 당시 제왕은 아니었지만 스테이트크래프트의 관점에서 주목할 대상이 서애 유성룡이다. 재상, 군수뇌부(도체찰사), 외교관으로서 전란을 치러 낸 유성룡은 양명학(陽明學)에도 관심을 갖고 연구한 실용적 성리학자로서 양민(養民) 입장에서 제도개혁을 주장하고, 전시를 맞아 이를 부분적으로나마 실천해낸 인물이다. 그의 경세학은 전란 이후 펴낸 《징비록(懲毖錄)》에 잘 나타나 있다. 그 역시 당시 조선은 국역체제의 붕괴로 이미 나라가 아닐 정도로 무너졌다고 보았고, 전쟁을 수행하면서 동시에 이러한 경제·사회적 위기를 극복하기 위한 개혁을 실천하는 데 심혈을 기울였다. 그의 가장 큰 장점은 인재를 알아보는 지인지감(智人之感), 그리고 과감한 결단력과 추진력에 있었다. 이순신을 파격 등용하여 적시에 적소로 배치토록 한 것이나, 일본에 부사(副使)로 갔다가 판단상의 실책을 저지른 김성일을 재기용하여 영남 의병의 핵심적인 역할을 하도록 만든 것도 그였다.

서애는 무엇보다 선조를 수행·보좌하여 그를 안정시키면서, 당시 대세를 이룬 함경도 파천론(播遷論)에 맞서 명(明)과 가까운 지역인 의주로 어가를 몽진시켜 명의 참전 유도에 전력을 집중하는 한편, 스스로 명으로 망명하겠다는 선조의 귀부론(歸附論)을 무산시켜 항전의 구심점을 사수했다. 그는 또한 명군을 참전시키고 이들을 상대하는 데 대부분의 시간을 바쳤다. 특히 전란으로 극도로 피폐해진 상황에서 병참 지원, 우리 측에 패전 책임을 전가하려는 것에 대한 적절한 해명, 조선 조정이 왜와 내통하고 있다는 명 조정의 의혹 해소, 심유경의 강화외교의 실체를 파악하고 철군론과 타협론에 제동걸기, '명군은 참빗이고 왜군은 얼레빗'이라는 항간의 말 속에 나타난 바대로 극심한 명군의 횡포와 폐해를 줄이는 일 등은 아무나 할 수 있는 일이 아니었다. 심지어 그는 영의정 신분임에도 불구하고 명군으로부터 곤장을 치겠다는 위협을 받기도 하였다. 나아가 명의 왕위 교체론과 직할통치론, 그리고 선조까지 찬성한 전후 명군 주둔론을 분쇄시키기 위하여 분골쇄신하였다. 그러나 명군 지휘부의 강화 상주 요구에 대해서는 현실적으로 이를 수용할 수밖에 없었고, 그로 인해 탄핵을 받아 물러나게 되었다.

이렇게 대내적 모순이 폭발할 지점에서 터진 임진왜란은 서애의 실용적 리더십과 탁월한 치국경륜에 힘입어 기적적으로 극복될 수 있었고, 그 과정에서 사족들 역시 의병과 군공을 통해 국난 극복에 기여함으로써 재기의 발판을 마련할 수 있었다. 절체절명의 국난을 맞아 조선판 '노블리스 오블리주'가 부분적으로나마 발동되었던 것이다. 그 결과 전란 후에는 사족 중심의 여민휴식(與民休息), 즉 국가 불간섭주의 정책이 취해짐에 따라 본격적인 경제·사회적 개혁은 불가능해진 반면, 철저한 교민(教民)의 입장에서 향약이 실시되는 등 주자가례(朱子家禮)가 정착되면서 국가운영은 예학과 사변적 성리학, 그리고 이와 연결된 당쟁으로 전개되기에 이르렀다.

병자호란과 최명길의 경세론

광해군은 세자로서 전시 리더십을 발휘한 바 있다. 그는 전란 중 분조(分朝)를 성공적으로 이끌어 평안도-서해-전라도로 이어지는 교통로를 확보함으로써 장기전의 기틀을 마련하였다. 그는 왕위 계승 후 경기도에 한정되기는 하였지만 대동법(大同法)을 실시, '흩어진 백성을 다시 모을' 수 있었다. 그는 또한 사고(史庫) 정비, 현창사업, 서적 간행을 통한 교화 등 유교질서를 회복하는 데도 상당한 성과를 거두었다. 특히 해박한 역사지식을 바탕으로 주변국, 특히 새롭게 흥기하는 여진족의 동향에 주목, 정보를 수집하고 군사적 대책을 강구하였다. 재조지은(再造之恩)을 앞세운 명의 원군 요구를 회피하다가 결국 강홍립 장군 휘하의 1만 5천 명의 군대를 파견할 수밖에 없었지만 용의주도하게 처신토록 지시하였고, 또한 명의 의심을 불식시키기 위해 다각적인 노력을 경주하기도 하였다. 그러나 서자요 차남이라는 점에서 정통성의 하자를 안고 있던 광해군은 끊이지 않는 역모사건과 명의 이이제이(以夷制夷) 정책에 휘둘리면서 왕권 유지 및 강화라는 강박관념에 사로잡힌 나머지, 대북파 단독 정권을 수립하는 등 점차 고립되어 가면서 '폐모살제(廢母殺弟)'라는 무리수를 두게 되었다. 여기에 설상가상으로 조정, 특히 군권 장악에 실패함으로써 반정을 자초하고 말았다. 그 결과 왕권과 실용적 국가운영 방식은 더욱 위축되고 신권중심의 성리학 지상주의가 풍미하게 되었다.

병자호란이라는 또 하나의 외환은 조선사회의 이러한 경향을 더욱 가속화시켰다. 임진왜란으로 조선조가 결정적인 물질적 피해를 입었다고 한다면 병자호란은 이미 국가운영 원리로 확고히 부상한 성리학적 세계관에 커다란 내상을 주었다. 화이관(華夷觀)에 입각한 대명 사대외교는 단순한 대외정책이 아니라 당대의 우주론적 인륜 질서였다. 명을 배반하고 오랑캐인 청에 굴복하여 사대의 예를 한다는 것은 인륜을 벗어나는 행위요, 재조지은을 배반하는 패륜 행위로 보았던 것이다. 그러기에 심지어 명의 사신까지도 조선의 무모한 강경론을 우려할 수밖에 없는 객관적인 현실을 외면한 채 후금(後金)에 대해 강경론으로 일관하였다. 특히 자신을 황제로 추대해 달라는 홍타이지(皇太極)의 요구를 일언지하에 거절하였을 뿐 아니라 이를 수용하는 것은 광해군 시대의 폐습이라고 매도하였던 것이다.

여기에서 최명길의 현실적이고 실용적인 경세론에 주목할 필요가 있다. 그 역시 집권 서인의 성리학자였지만, 이념과 현실을 명확히 구분하였다. 명의 재조지은(再造之恩, 나라를 다시 구해준 은혜)과 당대의 위기적 현실은 구분해야 하며, 척화(斥和)는 청론(淸論)이지만 중국이 아니라 어디까지나 우리의 입장에서 사고를 해야 한다는 것이다. 따라서 정묘호란 당시 맺은 형제관계를 복원하여 화를 늦추면서 그동안 내치를 닦음으로써 방안을 강구해야 한다고 보았던 것이다. 최명길은 군국기무의 기밀사항마저 오늘날의 신문 같은 역할을 했던 '조보(朝報)'에 버젓이 실리는 당시 조정의 무감각을 크게 개탄하면서 그 시정의 긴급함을 강력히 피력한 바 있다.

한편 그는 청과의 결전이 불가피하다고 보고 이에 대비하되, 백성의 피해를 덜기 위해서는 당시의 중론이었던 강화도 파천과 사수가 아닌 압록강 변에서 끝장을 보아야 한다고 주장했다. 병자호란이 일어난 이후에는 청군과의 담판을 제의, 국왕이 남한산성으로 피신할 시간을 벌었으며, 또한 강화교섭을 전담하여 국왕의 신변안전 보장 등 불리한 항복조건을 최소화하는 데 진력했다. 이러한 노력과 별개로 그는 명과의 관계를 나름대로 유지하려고 노력하였고 이로 인해 청에 구금되기도 했다. 그는 한때 매국노로 매도당하기도 하였으나, 후에는 심지어 송시열과 같은 강경한 원칙주의자에 의해서도 인정을 받을 수 있었다.

사림정치와 당쟁

양란을 거치면서 물질적 타격과 정신적 외상을 크게 입은 가운데 조선은 선조 때 시작된 당쟁 중심의 사림정치가 본격적으로 전개되었다. 사림정치가 작동될 수 있는 핵심적인 제도적 장치는 바로 언관의 존재였다. 3사의 언관은 의정부의 정승들과 6조의 대신들을 견제하기 위해 설치된 조선 특유의 제도였다. 이미 성종 때 홍문관이 언관화되었고, 특히 이조전랑이 자신의 후임을 천거하는 자대권(自代權)과 더불어 대간(臺諫)을 비롯한 핵심 관직에 대한 당하통청권(堂下通淸權, 이조전랑이 청요직 인선을 주관)을 보장받음으로써 공론의 주론자(主論者)로 등장한 결과 본격적인 사림정치가 성립되었다.

처음에는 단순히 비대해진 권신 견제가 목적이었지만, 중종 말기 이후 천거제로 사림이 대거 진출하여 특히 전랑(銓郎)직을 차지하고 공론을 주도함에 따라 사림정치가 가능해진 것이다. 그런데 성리학은 이론상 '군자유붕(君子有朋)'이라고 해서 진붕(眞朋)과 위붕(僞朋)을 가르는 것을 기본으로 하고 있다. 그리하여 심지어 군왕인 선조까지도 "이이, 성혼의 당에 들고 싶다"는 말을 하였던 것이다. 이들 사림은 3사를 통하여 처음에는 유속(流俗), 즉 구신(舊臣)들을 공격하였으나 이들이 약화되고 신진 사림이 조정의 주류로 떠오르면서부터 이제는 내부에서 서로를 공격하는 양상이 벌어지게 되었고, 특히 동서분당이 되자 서로 반대파를 제거하는 당쟁이 발생하였던 것이다.

사림에 의한 당쟁은 처음에는 동인과 서인의 분당으로 나타났다. 앞서 언급한 제도개혁을 중시하는 양민 입장에 서는 사림들은 주로 동인으로, 사족 중심의 교민을 강조하는 입장은 주로 서인으로 갈리게 되었다. 이후 동인은 북인과 남인으로, 서인은 노론(老論)과 소론(少論)으로 갈리게 되었으며 각 정파 내에서도 여러 분파가 세포 분열되었다. 그러나 이러한 사림 정치는 흔히 알려진 4색 당쟁이라는 용어가 주는 어감과는 달리 사실은 서인, 나중에는 그 분파인 노론이 대부분 시기를 집권한 일당 우위체제였기 때문에 결국은 노론과 왕권의 대립이라는 성격이 강했다고 하겠다. 서인 혹은 노론은 인조반정 이후 '물실국혼 숭용산림(勿失國婚 崇用山林, 왕비는 서인에서 내고 산림을 등용한다)'을 내걸고 이념과 현실에서 모두 주도권을 장악해갔다. 왕실의 외척을 놓치지 않음으로서 실리를 확보했고, 학통(學統) 면에서는 당대의 이론적 지도자격인 재야 사림, 즉 산림(山林)과 그 영수를 떠받들었던 것이다. 이는 병자호란에서 화약(和約)을 주도한 당사자들의 취약한 명분을 보완하기 위한 것이었다. 국가운영에 있어서는 당연히 현상유지를 지향, 제도개혁보다는 주자가례를 통한 사회의 재통합을 추구하였다. 따라서 예학(禮學)이 중시되었으며 당쟁 역시 예송(禮訟) 논쟁의 형태로 표출되기도 하였다.

예송에 대해서는 지극히 사변적인 공리공론이라는 비판이 있지만 그렇게 보기 어려운 측면도 적지 않다. 물론 표면적으로는 왕실의 복상(服喪)기간을 놓고 벌어진 논쟁이었지만 그 이면에는 국왕도 사대부의 일원으로서 성리학적 세계관에 입각한 왕도정치를 펼쳐야 하는 존재인지 아니면 권도(權道, 임기응변)가 상당 부분 용인될 수 있는 초월적 존재인지를 핵심적 쟁점으로 하고 있다는 점에서 왕권과 신권 간의 정치적 공방이자 국가운영 원리상의 갈등이었기 때문이다. 그러나 어떠한 경우라도 정치적 갈등이 과도하게 추상화된 결과 구체적인 현장성이 크게 약화된 것은 건전한 국가운영의 상궤를 벗어난 것이라는 비판을 면키 어렵다.

대외정책도 대명의리론, 존주론(尊周論) 그리고 북벌론(北伐論) 같은 비현실적인 명분논리 및 소중화(小中華) 사상과 같은 자폐의식을 바탕으로 전개되었다. 만동묘(萬東廟, 임진왜란 때 조선을 도와준 만력제와 명나라의 마지막 황제인 숭정제를 기리는 사당)는 한 당파의 것이라고 치부하더라도 대보단(大報壇, 명나라 홍무제·만력제·숭정제에게 제사를 지냈던 국가 조성 시설)의 설치는 정상적인 국가로서는 상상하기 어려운 일종의 정신분열적 현상이 아니라고 하기 어려웠다. 이러한 상황 속에서 국가운영은 당쟁으로 일관한 가운데 상대방을 사문난적(斯文亂賊)으로 낙인찍는 원리주의가 득세하게 되었다. 특히 숙종의 환국(換局, 집권 세력이 급변하면서 정국이 바뀜)정치는 산림의 대표적 인사들을 사사케 하는 등 수많은 희생자를 내면서 사림정치가 표방하는 명분을 크게 약화시켰고, 상대당에 대한 원색적인 원한과 보복만을 증폭시켰다. 그 결과 각 당이 국왕의 선택을 놓고 사생결단으로 대결하는 국면이 전개되기에 이르렀다.

탕평을 통한 스테이트크래프트의 회복

영정조에 이르러 사림의 붕당(朋黨)적 국가운영을 지양하고 왕권을 강화하기 위한 통합의 노력, 즉 탕평정책이 본격적으로 추진되었다. 탕평책은 왕위 즉위 전후로 당쟁의 피해를 크게 입었던 영조에 의해 본격 추진되었다. 그는 즉위 전의 정치공작성 옥사(임인옥안, 壬寅獄案)에 대해 무효화를 선언하면서 탕평책을 내놓았다. '정치에서 통쾌함을 추진해서는 안 된다'고 보고, 각 당파를 기계적으로 고루 배치하여 균형을 기하는 '완론탕평(緩論蕩平)'을 적극 추진했다. 또한 학풍에서는 어디까지나 성리학을 기본으로 하되 남인의 고학(古學)도 수용하는 등 폭을 넓혀갔다. 무엇보다 이조전랑의 자대권과 당하통청권을 혁파함으로써 언관에 제약을 가하는 등 사림정치의 제도적 틀을 혁파하였다. 이와 함께 서원을 부분적으로나마 정비하여 사림정치의 기반을 상당히 약화시켰다. 영조는 그 스스로가 당쟁에 휩쓸려 들어가 세자를 사사케 하기도 하였지만(임오화변, 壬午禍變), 탕평의 틀을 마련한 것은 사실이다. 특히 그는 이러한 탕평책과 더불어 군권 장악력을 강화함으로써 국왕의 위상 제고에 진력하였다.

문제는 이러한 탕평을 통해 무엇을 추구하였는가 하는 점이다. 그는 우선 스스로 사치를 배격하고 절약함으로써 솔선수범을 보이면서, 가체금지령과 금주령 등을 통해 근검한 기풍을 진작시켰다. 그러나 무엇보다 중요한 것은 균역법(均役法)의 실시였다. 본격적으로 양반과 상민이 공평하게 부담하는 호포세(戶布稅)는 끝내 관철시키지 못했지만, 일부 양반에게 군역세(軍役稅)를 부담시키는 등 양민의 부담을 대폭 덜어주는 개혁안을 실시, 국역체제를 크게 보완함으로써 왕조 중흥을 기할 수 있었다. 이 과정에서 영조는 왕궁 정문 앞에서 여러 계층민들의 의견을 공개적으로 듣고 이를 수렴하여 국정운영에 반영하기도 하였다. 그는 또한 토목공사도 궁궐을 짓는 것이 아니라, 토사가 쌓여 기능을 상실한 청계천을 준설함으로써 백성들의 편익을 도모하는 방향에서 추진하였다.

그러나 통합의 노력, 즉 탕평책이 절정에 이른 것은 정조대에 이르러서였다. 그 역시 세손 시절 당쟁의 피해를 크게 본 입장에서 선왕의 정책을 더욱 발전시켜 이제는 기계적인 인사 배치가 아니라 원칙 있는, 즉 군주를 중심으로 하는 '준론(峻論) 탕평' 혹은 '의리(義理) 탕평'을 추구했다. 그동안 소외되었던 소론과 남인을 고루 등용하였으며, 북학파와 서얼 가운데서도 능력 본위로 인재를 발탁했다. 그는 산림무용론(山林無用論)을 펼치면서 도통(道統)은 오히려 군주에 있다는 새로운 '군사(君師)의 정학(正學)' 즉 성왕론(聖王論)을 본격적으로 전개했다. 그의 제왕학은 역사보다는 경학(經學)에 토대를 둔 것으로서, 특히 사대부 정치론과는 대척점에 위치한, 왕권중심의 국가운영 철학이었다.

성리학적 성학론에서 군주는 무위 은일한 존재이며, 국정운영은 군자들의 모임인 붕당에 위임된다. 반면에 그의 성왕론(聖王論)에서 군주는 만천명월주인옹(萬川明月主人翁, 만 개의 거울을 비추는 둥근 달이란 의미로 정조 자신을 지칭)으로서 근면한 개혁정치가의 위상을 갖고 있으며, 신하들은 군주의 빛을 받아 움직이는 존재인 만큼 독자적인 역할을 갖지 못한 집단이다. 따라서 붕당은 그 자체가 의미가 없으며 오히려 붕당을 깨서(파명당, 破朋黨) 군주가 주도하는 정치의 개별적 보필자로 존재토록 해야 한다는 것이다. 따라서 문묘(文廟)보다는 종묘(宗廟)를 우선시했으며, 성리학적 이상군주를 모델로 하는 성학론을 공부하는 경연은 폐지하고, 반대로 초계문신(抄啓文臣) 제도를 통해 그 자신이 신하들에게 성왕론을 설파하였던 것이다. 정조가 이렇게 군주 중심의 탕평론을 전개한 데는 무엇보다 사도세자의 아들로서 취약한 정통성을 해결하기 위한 목적이 자리잡고 있었다.

정조의 군주권 강화 노력

정조는 이러한 성왕론을 바탕으로 경장(更張), 즉 개혁을 본격적으로 추진하였다. 그는 우선 민생 현장의 목소리에 크게 귀를 기울였다. 24년 재위 중 70여 차례나 선대왕들의 능원을 참배하면서 상언(上言)과 격쟁(擊錚)을 통해 민심을 듣는 기회로 삼았다. 정조는 나아가 신분상의 제약을 크게 완화하였다. 서얼허통(庶孽許通, 서얼들에게 과거 응시를 허락함) 정책을 실시한 데 이어 노비추쇄관(奴婢推刷官, 공노비인데 불법으로 양인이 된 자를 색출하기 위해 설치한 관서)을 폐지하였으며, 미완에 그치고 말았지만 노비제 자체를 혁파할 계획까지 세우고 실제로 이를 추진하기도 했다.

정조는 개방적 경제관을 갖고, 새롭게 발흥하는 상업과 상인계층에 주목하였다. 시장가격과 화폐의 자율성을 존중하였고, 독점의 폐해를 풀고 상업을 진작시키기 위해 오랫동안 유지되어온 금난전권(禁亂廛權)을 폐지했다(신해통공, 辛亥通共). 여기에는 무엇보다 권세가의 부패를 척결하고 나아가 그 경제적 기반을 무너뜨리는 한편 국가의 세원을 포착하려는 의도가 강하게 작용했다. 다만 이러한 개혁조치를 실시하면서 일선 행정을 맡고 있던 지방 아전의 문제점을 간과 내지는 경시한 결과, 현실적 집행과정까지 개혁하지 못한 것이 한계라고 지적된다.

정조는 특히 군제개혁에도 심혈을 기울였다. 무엇보다 군의 명령 체계를 일원화하여 군권을 장악하는 한편, 새로이 내외장용영(內外壯勇營)을 설치하는 등 왕권 직속의 군사력을 육성하였다. 또한 많은 병서를 출간하여 방위력을 크게 신장시키기도 했다. 이러한 그의 시책들이 종합적으로 드러난 것은 화성(華城) 건설로서, 확고한 정치적 기반을 마련해줄 이상적 상업도시를 건설하여 새로운 국가운영을 펼쳐 보이려고 했던 것으로 이해된다.

이렇게 탕평과 군주권 강화를 추구한 정조의 제왕학은 커다란 의미와 더불어 한계를 가진 것이었다. 그는 세종과 마찬가지로 학문에 바탕을 둔 정치를 추구하였다. 그는 조선의 국왕으로서는 유일하게《홍제전서(弘濟全書)》라는 문집을 가진 사대부였다. 그의 학문은 성리학이었지만 조선 중기 이후의 사대부 중심이 아니라 국왕 중심이었다는 점에서 오히려 동시대 서양의 계몽군주적 절대왕정과 흡사하다는 평가가 있는 것도 사실이다. 그러나 서양의 것은 개인과 이성 중심의 계몽주의를 토대로 한 것이었다는 점에서 유학, 특히 성리학을 바탕으로 하는 정조의 경우와는 근본적인 차이가 있었다. 정조 역시 상업 진흥에 지대한 관심을 가졌고, 신분제도 혁파 등을 위해 노력하면서 개혁을 추구한 것은 사실이지만, 토지제도에 대한 본격적인 개혁을 구상한 흔적은 별로 보이지 않는다. 조선사회에서는 상업자본주의를 담당할 부르주아지라는 현실적인 실체가 없었던 것이 한계로 작용하였기 때문일 것이다.

정조의 경장은 몇 가지 특징을 갖고 있다. 먼저 그는 종래 조선의 법제도를 근본적으로 부인하지 않고 오히려 그 한계 내에서 개혁하려고 했다. 또한 개혁을 추진하는 데 채찍과 당근을 고루 사용했는데, 특히 권도(權道, 임기응변)를 중시했다. 자신의 정통성 문제와 관련된 사도세자 문제를 해결하는 과정에서는 시간이 걸렸지만 참고 기다리면서 적의 분열을 유도한 후 다른 명목으로 문제를 해결하는 우회적 방식을 사용했고, 여기에서 비교적 성공을 거둘 수 있었다. 그러나 여타 권력투쟁에서는 임금이 너무 자주 권도를 사용한다는 반발만 초래했을 뿐, 시간과 에너지를 낭비하면서도 문제 해결에는 별다른 효과를 보지 못하였다. 한편 매사에 극도로 신중을 기해 신하들과 논쟁을 통해 정당성을 확보하려 했지만, 의도와 다른 결과가 나올 경우에는 당혹과 불안감을 감추지 못했으며 경우에 따라서는 개혁 자체가 중단·철회되기도 했다.

그의 치세와 국정운영을 평가할 때 전체적으로 보아 권력을 장악하고 유지하는 데는 상당한 성과를 거두었으나, 경장은 미완에 그치고 말았다는 지적이 많다. 무엇보다 신하를 신임하고 그들에게 많은 것을 위임하려고 하였지만 그를 이해한 신하는 거의 없었다. 따라서 신하에 대한 위임과 책임의식 부여에 실패하였고, 결국 자신이 직접 모든 일을 혼자 다 해야 하는 총찰(總察)의 폐단을 자초했다. 특히 왕권 강화의 문제에선 명령체계를 일원화했지만, 한편으로는 관료제 내부의 견제장치, 즉 공론정치의 틀을 파괴함으로써 향후 세도정치가 출현할 수 있는 길을 열었다는 비판을 받고 있다. 다행히 현군을 만나면 좋겠으나, 유약한 군주나 암군을 만나면 견제세력 부재로 인해 새로운 폭정이 나타날 수 있다는 것이다. 실제로 후일 정조의 그늘 아래에서 형성된 탕평당에서 척신이 출현하여 막강한 세도정치를 이끌어갔다.

서학(西學)을 다루는 데서도 문제점을 보여주었다. 무엇보다 그 자신이 서구의 근대문명을 이해하는 데 한계가 있었다. 특히 서양의 종교와 과학기술을 분리해보는 안목을 갖추지 못하였다. 그 결과 서양문명에 대한 올바른 시각을 정립할 수 있는 공론화의 기회를 마련하지 못한 채 오로지 권도에 입각한 정치기술 차원에서만 서학문제를 다루었다. 노론의 서학 탄압 요구에 대해서는 남인의 사학(邪學)과 노론의 속학(俗學)을 상쇄시켜 공존토록 하는 한편 문체반정(文體反正)으로 노론의 독주를 견제하려고 했다. 이렇게 정조의 서학 대응 방식은 서구문명을 올바로 이해하는 데 지장을 줌으로써 후대에 적지 않은 부정적 영향을 끼쳤다고 할 수 있다.

전체적으로 보아 그의 치세는 '통(統)'을 하는 데는 비교적 성공했지만 통(通)은 못하였다'고 하겠으며, 그의 경장은 신중을 기하여 조심스럽게 기회를 포착하려 했지만 과단성 부족으로 결국 재위 24년이라는 짧지 않은 기간 동안 포부에 비해 이루어놓은 것이 그리 크지 못했다고 볼 수 있다. 이후 조선은 그의 치세가 남긴 '중간세력의 약화'라는 틀 속에서 강력한 군왕이 아니라 외척이 독주하는 세도정치 시대를 맞게 되었고, 그 결과 이들 벌열(閥閱)들의 사적인 이해가 철저히 관철됨으로써 삼정(三政, 나라의 정사 가운데 가장 중요한 전정·군정·환곡)의 문란이 시작되고 민란이 속출하는 등 왕조와 사회의 해체가 가속화되는 몰락의 길로 접어들게 되었다.

실패로 끝난 대원군의 개혁

19세기 중후반 조선이라는 국가에 주어진 최대 과제는 외척들의 세도정치를 극복하여 왕조를 중흥시키고, 서세동점(西勢東漸)에 따라 물밀듯 밀려오는 서양 제국주의에 맞서면서 한편으로는 그들의 문명을 수용하여 근대화의 과제를 수행하는 것이었다. 그러나 주지하듯이 조선은 양자 모두에서 실패하여 일제의 식민지로 전락하고 말았다. 물론 서양 제국주의적 침략에 맞서 독립을 유지하면서 근대화에 성공한다는 것은 극히 예외적인 경우였으며, 지구상 대부분의 지역들은 서양의 식민지 혹은 반(半)식민지화되고 말았다. 우리로서는 운이 별로 좋지 않았던 점도 있었다. 개항의 압력이 들어오던 시점이 마침 조선 왕조가 극도로 피폐화되고 약화되었던 시기였기 때문이다. 또한 전통적 유교권의 변방에 속한 섬나라로서 여러 가지 역사적·문화적·지리적 조건상 유리한 위치에서 근대화에 성공한 일본을 지척의 이웃으로 두고 있었다는 점도 매우 불리한 여건이었다. 그러나 이러한 불리한 위치에서나마 어째서 우리가 국가 운영에서 최선의 노력을 경주하지 못하였는가에 대해서는 반면교사 차원에서라도 곰곰이 성찰해보아야 할 필요가 있다.

여기에서 비록 왕은 아니었으나 주목해야 할 대상은 흥선대원군이다. 개인적으로는 탁월한 정치적 역량을 가졌고 또 고종 초기 10년 간의 집권기간 중 여러 가지로 상당한 성과를 거둔 것도 사실이다. 하지만 그에 대한 총체적인 평가는 '근대지향적인 개혁가', '보수적인 실용주의 정치가', '시대착오적 보수적 정치가' 등 엇갈리는 시각이 공존하고 있다. 대원군은 그의 둘째 아들을 국왕으로 즉위시켜 대권을 장악한 후, '함여유신'(咸與惟新, 모든 일을 새롭게 고친다는 의미)의 모토 하에 왕권 강화와 왕조의 중흥을 최대 목표로 설정하고, 안으로는 개혁을 통해 민심을 수습하고 밖으로는 쇄국양이(鎖國攘夷) 정책으로 조선에 접근해오는 외적에 대처했다.

그의 국정운영은 먼저 인사개혁으로 나타났다. 특히 그동안 소외되었던 소론, 남인 그리고 북인까지 골고루 능력 위주로 등용하면서, 안동김씨 외척세력을 권력의 중추에서 제거하여 60년간의 노론 일당 체제를 척결할 수 있었다. 그러나 그의 인사는 임기응변에 불과했고, 대상 인물도 상징적인 차원에만 국한되었을 뿐 전체적으로 확대되지는 못했다. 더구나 노론 중심의 문벌세력을 완전히 제압한다거나 신분제도를 극복하는 것과는 더더욱 거리가 멀었다. 결정적이었던 것은 그의 인사개혁이 의정부의 기능을 강화한다거나 아니면 최소한 외척들의 정치개입을 방지하는 제도개혁으로 연결되지 못했다는 한계를 가졌다는 점이다. 그리하여 자신이 권좌에 물러난 후에는 또다시 민씨 외척의 발호가 기승을 부리게 되었다.

한편 대원군은 왕권 강화의 상징적 조치로서 임진왜란 중 소실된 경복궁 재건에도 심혈을 기울였다. 또한 각 관서와 도성 등도 정비·수축하여 수도 서울의 면모를 일신했다. 그러나 과도한 공역은 국력을 소진시키고 백성들의 원성을 가중시켰으며, 특히 부족한 재원을 충당하는 과정에서 원납전과 도성 통행세를 걷고 당백전을 주조하는 등 경제에 커다란 주름을 지게 한 것도 사실이다.

대원군은 경제·사회적 피폐화의 핵심인 삼정의 문란을 바로잡기 위해서도 노력했다. 먼저 국왕과 정부의 솔선수범을 유도하면서 특히 지방 관속들의 온갖 작폐를 엄히 단속했다. 나아가 부분적이지만 토지조사(양전, 量

田)를 실시하여 권문세가와 토호들의 전토 겸병과 면세, 탈세를 색출함으로써 상당할 정도로 민원을 해결하는 동시에 국고를 충실히 할 수 있었다. 가장 폐단이 컸던 환곡(還穀) 문제도 사창제(社倉制, 양반 지주들이 자치적으로 곡식을 저장해두고 백성들에게 대여해주던 제도)를 마련함으로써 상당할 정도로 해결할 수 있었다. 군포제의 개혁에도 착수하여 모든 계층에게 과세하는 혁명적인 호포제를 실시했다. 이로써 삼정의 문란 중 두드러진 폐단을 시정하고 민생고를 상당 부분 경감시킬 수 있었으며, 경복궁 중건공사를 치르고서도 오히려 국고를 전보다 충실하게 만들어놓을 수 있었다. 그러나 이러한 개혁조치 역시 북학파들이 제창한 상공, 광업 및 통상까지는 나아가지 못하는 등 농본주의적 한계를 벗어나지 못했다. 따라서 설사 그의 시책이 성공하였더라도 시대적 과제를 수행하기에는 역부족이었고 또한 국부가 획기적으로 확충되기를 기대하는 것도 어려웠다.

대원군은 서구 제국주의 세력에 대해서 극단적인 쇄국정책을 취했다. 여기에는 여러 요인이 있겠으나 오페르트(Oppert) 도굴사건이나 당시 영·불 연합군이 북경을 점령한 사건 등이 배경이 되었다. 또한 일본을 서구와 동일시하여, 집요한 수교 시도에 대해 비타협적인 자세를 견지했다. 그리고 쇄국정책의 연장선에서 외국 침략자들에게 내응하는 천주교 세력을 철저히 색출·탄압했고, 외침을 격퇴하기 위해 군사력 강화에도 주력했다. 3군부를 독립·격상시키는 등 제도를 개혁했으며, 지휘체계를 일신했다. 또한 군사시설을 확충하고 신무기를 제작했다. 그 결과 병인양요와 신미양요에서 승리를 거둘 수 있었고, 통상을 요구하는 러시아도 군사적으로 축출할 수 있었다.

그러나 이미 청국은 1842년에, 일본은 1854년에 구미 열강에 문호를 개방했고, 1860년 이후에는 이미 모두 서양과학과 기술을 도입하기 위한 노력을 본격적으로 전개하고 있었다는 점에서 볼 때 대원군의 정책은 분명

시대착오적이었다는 비판을 면하기 어렵다. 또한 그의 군사적 대비책도 전통적 차원에서는 괄목할 만한 것일 수 있겠지만 당시 국제적 기준에서는 매우 낙후된 것이었다는 점도 한계였다.

대원군은 왕권 강화의 걸림돌이 되어온 유림을 견제하기 위해 그들의 정신적·물질적 근거가 되어온 서원과 향사를 대거 철폐했다. 그리하여 전국의 650개 서원 중 47개만 남게 되었으며, 이를 통해 중앙정부의 권위와 통제력을 회복하였고 지방양반들의 평민에 대한 부당한 침탈도 상당히 줄일 수 있었다. 국민의 일상생활에서도 개혁을 시도하여, 의관과 두루마기 소매를 간소하게 만들었으며, 생활풍습을 개선하고 청신한 기풍을 진작시키려고 노력했다. 그러나 한편에서는 위정척사(衛正斥邪)를 통해 천주교도들을 가혹하게 박해함으로써 사회를 위축시켰으며, 동학(東學)에 대해서도 최제우를 혹세무민 죄목으로 처형하는 등 강압책으로 일관했다.

그러나 결과를 놓고 볼 때 이러한 조치로 사회의 변화를 막지 못한 채 오히려 실각 이후 더욱 번성하게 되는 등 그의 정책은 대부분 실패했다. 더구나 한편에서는 과거제와 음서제 등을 강하게 고수하는 등 봉건적 신분제도를 유지·옹호하는 태도를 끝까지 견지하기도 했다는 점에서 근대적 가치와는 거리가 컸던 것도 사실이었다.

대원군의 실패 요인을 정리하면 다음과 같다. 첫째, 근대화의 물결이라는 세계사적 흐름을 올바로 파악하지 못하여 시대적 과제와 국정목표를 설정하는 데 차질을 빚었다. 이것은 당시 조선 사대부를 비롯한 지배층 전체의 한계인 동시에 왕족인 이하응 개인의 한계이기도 했다. 둘째, 그의 정치적 위상과 관련하여 법적·제도적 근거가 취약했다는 점이다. 당시 어린 국왕은 익종의 양자로서 법통을 이었기 때문에 섭정권은 법적으로는 익종의 비인 조대비에게 귀속되었다. 대원군은 오로지 국왕의 생부라는 권위에 의존하여 조대비와 일부 원로대신의 배려로 국정에 참여하여 대권을 장악했던 것이다. 따라서 대원군은 애초부터 국왕이 성장한 이후에는 외척과 사림의 공격에 의해 쉽게 무너질 수 있는 취약한 권력기반을 갖고 있었다.

근대화를 놓치니 국권을 잃다

대원군의 실각 이후 조선 왕조는 내부적으로는 다시 척신정치 혹은 세도정치의 모습으로 후퇴했고, 일본의 무력시위 앞에 굴복하여 문호를 개방하게 되었다. 가장 문제가 되는 것은 정확히 시대의 흐름을 파악하고 명확한 국정목표를 갖지 못한 채 국정 자체가 표류하게 되었다는 점이다. 이를 가장 상징적으로 보여주는 사례가 수신사(修信使)로 일본을 방문하고 돌아온 후 김기수가 올린 '조선책략'에 대한 '영남만인소(嶺南萬人疏, 1만여 명의 영남 지방의 유생들이 올린 집단 상소)'의 격렬한 반응이다. 그리하여 국론이 극도로 분열된 가운데 개국의 여파로 청의 노골적인 개입이 심화되는 사태가 벌어졌고, 이를 일거에 타개하려는 급진파들의 쿠데타(갑신정변, 甲申政變)가 실패한 후에는 일본과 청국 간의 세력균형 속에서 형성된 '10년간의 호시기'를 미온적이고 어정쩡한 개혁노선으로 일관하다가 청·일전쟁으로 사실상 일본의 영향력 하에 들어가고 말았다. 바로 이 시기에 와서야 타율적이나마 적극적인 개화정책을 추진하였는데, 이른바 갑오경장(甲午更張)이었다.

그러나 국제정치의 역학상 일본은 한국을 독점하지 못하고 러시아를 필두로 하는 서양세력의 견제로 인해서 또다시 위태로운 '10년의 세력균형'을 이루었다. 이러한 상황 속에서 일본의 힘에 의존한 급속한 개혁은 반동을 초래, 결국 을미사변(乙未事變)과 아관파천(俄館播遷)을 가져왔으며,

그 이후에서야 대한제국을 선포하고 나름대로 여러 가지 근대적 개혁조치를 실시했다. 대한제국 시기의 노력은 대체적으로 방향은 제대로 잡은 것이었다고 할 수 있을지 모르나 실질적으로는 이미 자주성을 상실한 가운데 오로지 러·일 간의 힘의 균형 속에서 추진된 한시적인 것 혹은 '찻잔 속의 태풍'에 불과한 것이었다는 비판을 면키 어렵다. 물론 이러한 대한제국의 각종 노력 자체는 높이 평가될 수 있을지 모르나 망국으로 가는 것을 되돌리기는 불가능했다. 더군다나 당시 고종의 통치철학은 기껏해야 차르식 전제주의였고, 실제로 독립협회와 만민공동회에 대해 강압적인 탄압을 가하는 등 지향하는 모델이 근대 국민국가와는 다소 거리가 있었다. 결국 러·일전쟁에서 일본이 승리를 거둠으로써 조심스럽게 유지되던 세력균형이 깨지자 조선은 일본의 보호국화되었고, 5년 후에는 합병되어 왕조는 완전히 막을 내리게 되었다.

조선 왕조가 당면한 최대 과제는 기본적으로는 내정개혁에 있었다. 즉 근대성의 실현이 초미의 과제였다. 서구의 과학기술을 받아들여 상업과 산업을 일으키는 한편 무력을 강화하여 국가를 수호하면서, 점차 경제·사회적 변화와 더불어 정치적 개혁을 통해 근대 국민국가로 탈바꿈해나가야 했다. 특히 당시 조선사회에 주어진 일차적 당면 과제는 일본과 청국을 필두로 한 제국주의 침략에 대한 대응이었다. 즉 자주성이 가장 절박한 과제였던 것이다. 더군다나 외세, 그중에서도 특히 청국은 내정개혁 자체를 억누르는 역할을 했기 때문에 어쩌면 청으로부터의 자주성 확보가 초미의 과제였다고도 할 수 있다. 청국은 과거 종주권을 교묘하게 이용하여 근대적인 의미의 제국주의적 침략세력으로서 조선을 제약하려고 했다. 따라서 내정개혁과 자주성이라는 국정 과제들은 양자가 내적으로 상호 긴밀한 관계를 갖고 있었으며, 시기에 따라서 그 중요도를 달리하였다고 할 수 있다.

제4장 서양 국가에서의 스테이트크래프트

1. 서양 전근대국가의 스테이트크래프트

그리스의 스테이트크래프트

그리스 신화에 의하면 서양의 경우 초창기 정치공동체 단계의 통치술은 비범한 무사적 영웅, 즉 군사적 지도자들의 활약과 운명의 역할을 중시한 측면이 드러난다. 그러다가 점차 본격적인 정치체, 즉 고대국가가 등장하는데, 그래도 기본은 어디까지나 군사력에 두되 '눈에는 눈, 이에는 이' 같은 '탈리오 법칙(lex talionis)'과 더불어 종교가 국가운영의 주요 원리로 나타난다.

기원전 6세기 중엽에는, 그리스 전역에 도시국가가 대두되었다. 이들은 비교적 소규모의 조밀한 공동체를 이루면서 특히 경제·군사 측면에서 독립적인 시민들을 주역으로 하는 민주정체(democratic polity)의 모습을 갖추고 있었다. 대표적 민주정체 도시국가인 아테네의 저명한 정치가 페리클레스(Perikles)는 불후의 '전몰자 추도 연설'에서 민주정체란 다른 지역에서는 찾아볼 수 없는 자신들의 고유한 모델이라고 지적한 바 있다. 여기에서 민주정이란 귀족을 밀어제치고 모든 자유민, 즉 시민들에게 참정권을 부여하는, 다시 말해 평민에게 권력을 부여하여 권력이 전체 인민의 손에 있는 체제였다. 이 경우 시민은 전체 주민 혹은 인민을 지칭하는 것이 아니라 노예와 외국인, 그리고 여성과 아동을 제외한 개념이다. 이것이 오늘날 성인 전체를 대상으로 하는 민주주의와 결정적 차이점이다.

또한 고대 민주주의는 '개인' 그리고 '권리'를 핵심 개념으로 하는 근대 민주주의와는 원리 면에서 근본적인 차이가 있다. 고대 민주주의는 공적인 것 혹은 '공동선'에 모든 사적 생활을 종속시키는 것으로서 폴리스, 즉 도시국가 속에서만 인간의 완전한 삶이 가능하다는 사고방식을 토대로 하는 것이었다. 따라서 사회와 국가, 인민과 정부, 시민과 공직자의 구분 자체가 의미가 없다. 이러한 원리에 따라서 고대 민주정은 매우 독특한 구조 및 제도와 더불어 특수한 국가운영 능력을 요구했다. 무엇보다 인민의 직접 참여라는 통치원칙에 따라서 전 시민들이 한 장소에 모여 토론하는 민회가 가장 중요시됐고, 여기에서는 만장일치를 우선으로 하되 다수결 원칙이 통용되는 등 '다수의 지배'가 관철되었다. 다만 민회의 개최를 위한 여러 준비와 진행 사항, 결과의 집행, 그 외 각종 보조 업무를 위해 다양한 기구들을 두었는데, 추첨과 같은 방법을 통해 '번갈아 가면서 지배하고 지배받는' 철저한 산술적 평등을 기본원칙으로 했다. 다만 군사 지휘관과 같이 고도로 특수한 전문성을 필요로 하는 자리에는 공직자를 선발하기도 했지만, 이 경우에도 막강해진 개인의 영향력을 최소화하기 위해서 도편추방제(아테네에서 매년 1회 시민투표를 통해 민주제를 위협할 위험인물을 선정, 10년간 국외로 추방하던 제도)를 실시하는 등 견제장치를 가동했다.

아테네 민주정의 통치술, 즉 스테이트크래프트는 어떠한 것이었는지 그리고 그것이 과연 원활하게 작동되었는지에 대해서는 논란이 있다. 물론 페리클레스의 황금시기와 같이 민주정이 만개하고 동시에 국력이 절정에 이른 시기도 있었다. 그러나 동시대 역사가 투키디데스(Thucydides)가 "겉모습은 민주정치였지만, 실제로는 한 사람이 지배하는 나라"였다고 기록한 것으로 유추해볼 때, 그의 시대가 과연 민주정의 일반적 특성에 부합하는지 의문이 적지 않다. 여하튼 전체적으로 보아 당시 아테네 민주정이 누린 안정성은 주로 정복국가의 성공으로 인한 것이었으며 내적으로는 매우 불안정하였다는 것이 일반적인 평가라고 한다면, 민주정의 통치술은 당시에도 그렇게 높은 평가를 받지 못했던 것이다. 특히 수사학과 웅변에 능한 선동가들의 출현과 시민들의 이기성과 우민화는 일찍부터 많은 철학자들이 지적해온 민주정의 결함이었다.

실제 역사상으로도 아테네를 포함하여 민주정을 실시하던 모든 도시국가들이 몰락하여 다른 정치체를 가진 강대국의 지배를 받게 된 이래, 민주정은 오랫동안 많은 사람들에 의해서 바람직하지 못한, 아니 가장 나쁜 정치체로 간주되어온 것이 역사적 사실이다. 따라서 그 국정운영상의 노하우 역시 오랜 세월 동안 많은 부분이 일실되고 망각되어 왔으며, 근대 민주정치가 대두된 이후에야 새롭게 재발견되고 재해석되어 왔다.

아테네 민주정치가 몰락한 이후 플라톤(Platon)과 아리스토텔레스(Aristoteles) 같은 위대한 철학자들이 등장했고, 그들의 철학과 사상이 후대에 지대한 영향을 미쳤지만, 이는 정치 현실적 물음에 응답하려는 제왕학 혹은 통치학 차원의 시도라기보다는 황혼이 되어서야 나래를 펴는 미네르바의 부엉이처럼 근원적인 애지(愛知), 즉 철학 차원의 탐색이라는 성격이 강했던 것이다. 다만 그들의 영향을 강하게 받아 나타난 스토아 철학(Stoicism)은 코스모폴리타니즘, 즉 사해동포주의를 핵심으로 하는 헬레

니즘(Hellenism)을 탄생시켰고, 이는 대제국을 건설하고 통치한 알렉산더 대왕(Alexandros the Great)의 제왕학의 근간이 되었으며 나아가 로마라는 보편제국을 운영하는 통치학의 한 축이 되었다.

로마의 스테이트크래프트

그리스 문명은 독창성을 갖고 있으나, 로마 문명은 실용성은 두드러질지언정 그리스 문명의 아류에 불과하다는 통념이 있다. 그러나 현실 특히 국가와 그 운영 면에서 볼 때 오히려 로마야말로 독창성을 가졌으며, 인류문화에 지대한 공헌을 했다. 무엇보다 로마는 1천 년 이상 지속되면서 공화정을 포함한 다양한 정치체제를 경험했고, 특히 사상 최초로 보편제국을 지향했으며 '팍스 로마나(Pax Romana)라는 말처럼 일정 부분 이를 현실적으로 구현해낸 정치체였다. 독창적인 국가관과 뛰어난 국가운영 능력이 뒷받침되지 않고서는 불가능한 일이다.

로마 정치체는 아테네 민주정과는 달리 군주정·귀족정·민주정이 공존하는 혼합정체(mixed polity) 속에 과두적(寡頭的) 엘리트 지배가 관철되는 공화정(res publica)으로 알려져 있다. 일찍부터 적지 않은 사람들이 이러한 로마 공화정의 특성과 비결을 규명하려고 시도해왔지만, 국가운영 능력과 관련해서는, 첫째 변화하는 환경에 맞추어 많은 시행착오를 겪으면서도 집요하게 개혁을 추진하고 특히 자기 정치체제의 성격과 유형까지도 변화시킬 수 있는 능력, 둘째 과거의 적까지도 동화시키는 개방적 자세, 마지막으로 정치공동체를 운영하는 데 있어서 조직과 제도를 중시한 점에 주목할 필요가 있다.

우선 로마는 당시 강대국 사이에 끼인 불리한 지정학적 위치와 협애한 지형적 조건에서 정복국가로 출발했다. 숱한 전투를 치르는 가운데 켈트족(Celt)의 침입과 한니발(Hannibal)의 침공 같은 치명적인 타격을 받아 도시가 정복·파괴되는 등 괴멸 위기에 처하기도 하였다.

그러나 로마인들은 첫째, 패배의 원인을 정확히 규명하되 특히 내부에서 결정적인 요인을 찾아 스스로 개혁을 단행함으로써 오히려 전화위복의 전기로 삼을 수 있었다. 평민의 권익을 보호하기 위해 비토권과 불가침권을 가진 호민관제도를 도입하여 내부 화합을 다진 것이 대표적인 사례에 해당된다. 또한 켈트족의 침입 이후에는 귀족과 평민의 고질적인 대립을 완화하기 위하여 화합의 콘코르디아(Concordia) 신전을 건립했고, 특히 평민 출신도 원로원에 진입할 수 있도록 허용했다(Lex Licinia Sextia, 리키니우스 섹스티우스법).

2차 포에니 전쟁에서 한니발에게 대패한 이후에는 적의 전술을 차용하여 대처하겠다는 스키피오(Scipio)를 서열을 뛰어넘어 파격적으로 등용함으로써 승리의 발판을 마련할 수 있었다. 포에니 전쟁의 최종 승리 이후에는 자작농의 몰락과 대농장의 출현으로 부익부 빈익빈과 같은 '승자의 저주' 현상이 심화되자, 불완전하게나마 농지 임대 상한제와 이중곡가제와 같은 개혁을 시도하기도 했고(크라쿠스 형제Gracchi의 개혁), 모병제로의 전환과 같은 군제개혁을 이루어내기도 했다(마리우스Marius의 개혁). 또한 후일 제정 시대의 국방정책이기는 하지만 티베리우스(Tiberius) 황제가 전임 아우구스투스(Augustus)의 유지를 어겨가면서까지 방어선을 죽소한 것도 환경에 적응하려는 개혁의 일환으로 볼 수 있다.

로마는 또한 종래의 공화정으로서는 지중해를 '내해(mare nostrum)'로 삼는 방대한 제국을 관리하기 어렵다는 점을 인식하고, 수차례의 내전 등 엄청난 위기와 시행착오를 겪은 끝에 제정으로 정치체제를 전환하는 데 성공했다. 그 과정에서 시저(Caesar)는 새로운 대내외적 환경에 가장 적합한 통치 시스템을 일종의 '관용적인 군주정'에서 찾았고, 스스로 종신 독재판직을 창설하여 그 역할을 수행하다 암살당하기도 했다. 그의 후계자인 옥타비아누스(Octavianus)는 국가 분열의 내전을 극복한 후 표면적으로는 '공화정의 완전 복귀'를 선언하면서도 시저 가문의 이름에 존엄한 자(augustus), 원로원의 일인자(princeps), 군사령관(imperator), 제사장(pontifex)이라는 칭호와 직위를 겸비하는 한편 호민관의 특권인 거부권을 확보하는 등 여러 종류의 권위를 한 인격체에 집약함으로써, 유례를 찾기 어려운 로마 고유의 독특한 황제제도를 수립했다. 모든 백성들 위에 서서 이들을 일률적으로 규율하는 중국 황제의 제민지배(齊民支配) 체제와는 달리, 로마의 제정은 공화정의 요소들을 상당 부분 유지하는 한편 거대한 제국을 통치하는 매우 복잡하고 섬세한 장치들로 이루어진 독특한 정치체제였으며, 황제 역시 특별한 의식이 필요 없는 '무관의 제왕'이었던 것이다.

둘째는 이러한 개혁을 추진하면서 보여준 끊임없이 새로운 피를 수혈하려는 개방적인 자세다. 오늘날에도 성공을 하면 오히려 기존집단의 기득권을 강화하려는 경향이 나타나는 것이 사실이다. 그러나 로마는 처음부터 약탈혼의 대상이 되었던 사비나족(Savina), 그리고 라틴의 종가인 알바롱가족(Alba Longa)들과 싸워 이겼지만 이들과 완전히 대등한 조건에서 합병했다. 또한 이탈리아 반도 내 여러 부족들을 정복하면서도 패자들에게 동등한 시민권을 부여했다. 원로원에도 조직의 신진대사를 위하여 신참 의원을 대거 영입했으며, 특히 시저는 원로원의 정원을 크게 확대하여 정복한 갈리아족(Gallia)의 족장들을 받아들였다. 그리하여 후일 이들 변방 지역에서 이민족 출신 황제까지 배출되는 개방적인 체제를 이룩하였던 것이다. 뿐만 아니라 로마인들은 단검과 같은 적의 무기, 그리고 기병전과 같은 적의 전술까지도 유용하다고 판단되면 과감히 수용하는 자세를 보여주었다.

셋째는 조직과 제도를 중시하는 특성이다. 로마는 세계를 세 번 정복하였다는 말이 있다. 군사력으로, 법으로 그리고 종교로서 말이다. 이는 무엇보다도 로마가 조직과 제도에서 탁월하지 않았다면 불가능한 일이었다는 사실을 시사하고 있다. 로마인들은 특정한 개인이나 집단이 아니라 조직력에 의해서 제도가 작동되는 정치를 지향했다. 어느 한 계급의 독주가 아니라 여러 계급의 공존을 중시하여, 군주정·귀족정·민주정의 혼합정체를 창출했다. 또한 국정의 효율성을 기하면서도 독재로 흐르지 않고 약한 평민들을 보호하기 위한 견제 혹은 안전장치로서 호민관 등 독특한 제도를 마련했다. 로마는 특히 조직과 제도의 핵심으로서 법을 중시했다. 특히 다민족·다문화가 공존하는 보편제국으로서 법치를 중시하여, 시민법·만민법 등 다양한 법 개념을 고안해내기도 했다. 그러나 이론적 정합성이 뛰어난 면밀한 법체계를 구축하려고 하지는 않았으며, 신법을 만들면 이에 어긋나는 구법은 자동적으로 폐지되는 실용적인 방식을 취하였다.

로마법은 서로마제국 멸망 이후 동로마의 유스티아누스(Justinianus) 황제에 의해 집대성되어 중세 교회법에 영향을 미쳤으며 또한 근대 법의 발전에도 지대한 영향을 미쳤다. 독일의 저명한 정치학자 칼 슈미트(Carl Schmitt)가 가톨릭교회의 특성을 독신관료제에서 찾았을 만큼 교회제도에도 로마의 법과 제도는 지대한 영향을 미쳤다고 보는 것이 중론이다. 로마인들은 국제 시스템에 있어서도 '정치 건축의 걸작'이라는 로마연합을 창안하여 정복지, 자치도시, 식민지 등으로 이어지는 정치적 구조물을 건설했다. 조직과 제도를 중시하는 이러한 성향은 물적 인프라 건설에도 그대로 반영되어, 로마인들은 유명한 로마가도 및 수도를 비롯한 광대한 사회간접시설을 만들고 유지했던 것이다.

로마는 멸망했으나 신화가 되었고, 그 통치원리와 노하우는 동로마제국과 신성로마제국, 그리고 가톨릭교회에 의해서 부분적으로 이어져왔다. 특히 근대 이후 북부 이태리의 소규모 공화정의 운영과 아메리카합중국의 수립 과정, 그리고 프랑스혁명 이후 공화정 설립에서는 하나의 모델 역할을 해왔으며, 국제정치상의 노하우 역시 대영제국의 평화(Pax Britannica)와 미국 주도의 세계 질서(Pax Americana)를 형성하여 패권 제국을 운영하는 데도 막강한 영향을 미쳐왔다.

2. 서양 근대국가에서의 스테이트크래프트

마키아벨리의 스테이트크래프트론

근대국가의 원리와 통치술을 가장 먼저 그리고 본격적으로 정면에서 고민한 사람은 니콜로 마키아벨리(Niccolò Machiavelli)다. 그는 무엇보다도 당시 태동하고 있던 초기 근대국가인 'stato'를 어떻게 건설하고 어떻게 하면 유지·번영시킬 수 있을까를 깊이 탐구했다. 그의 관심은 철저하게 실천적이었다. 유명한《군주론》에서 국가를 분류하는 데 있어서도 통치체제의 유형을 철학적·이론적으로 복잡하게 분류하지는 않았다. 그는 여기에서 공화국이 아니라 군주국을 대상으로 했는데, 그것이 세습된 국가인지 아니면 새로운 국가인지 그리고 새로운 국가라면 자기 힘으로 세운 나라인지 아니면 타인의 무력과 호의로 탄생한 국가인지를 구분했다. 당시 피렌체가 바로 스페인의 힘에 의해 복원된 과두적 성격이 강한 군주정체였기 때문에 바로 그 국가를 어떻게 하면 유지·발전시킬 수 있는가 하는 것이 문제로 설정되었다.

우선 그는 모든 인간사에서와 마찬가지로 정치체인 국가도 인간의 힘이 미치는 않는 불가항력의 운명(fortuna)의 힘이 그 흥망의 절반은 차지한다고 보았다. 운명은 눈이 먼 신으로서 부와 영광을 자의적으로 사람에게 배분하기 때문이다. 그러나 그 신은 여전히 여성의 속성을 갖고 있기 때문에 남성적인 것(the vir), 즉 진정한 남성다움을 가진 자에게 끌린다고 보았으며, 그는 용기를 대표적인 덕목으로 갖는 이러한 남자다움의 근원적 속성을 비르투(virtu)라고 규정했다. 그리고 바로 이러한 의지와 자유를 통해서 우리는 인간 행위의 절반을 스스로의 통제 아래 둘 수 있다는 것이다.

고대와 중세 시대에 이러한 비르투는 덕 혹은 미덕(virtus, virtue)이라는 이름 하에 주로 플라톤으로부터 유래한 지혜·용기·절제·정의를 핵심적인 내용으로 갖고 있었다. 르네상스 시기에도 그 연장선에서 정직과 관후함이 비르투의 대표적인 덕목으로 여겨졌다. 그런 점에서 마키아벨리는 기존의 덕의 내용, 즉 윤리체계를 근본적으로 전복시켰다. 아리스토텔레스 혹은 스콜라 철학의 초월적·윤리적 덕목을 배제한 채 현실적인 정치체, 즉 국가의 유지를 기본적인 목표로 설정하고 나아가 국가의 부와 영광을 최고 목표로 제시했다. 영광은 운도 필요하지만 바로 비르투에 대한 보상인 것이다.

비르투란 바로 이러한 목표를 추구하고 달성하는 데 필요한 수단으로서 구체적인 덕목을 요구한다. 여기에서 가장 중요한 것은 '좋은 법'과 '좋은 군대'인데, 무엇보다 군대가 있어야 법이 있기 때문에 군대를 가장 중요시했다. 군주는 스스로 군대를 양성하여 그에 대한 완전한 지배자가 되어야 한다. 따라서 당시의 관행이었던 용병이 아니라 시민군의 창설이 가장 중요한 과제였다. 다음으로 필요한 것은 통치자의 자질이다. 문제는 부도덕한 사람들로 가득 찬 세계에서는, 통상적으로 선하다고 여겨지는 군주다운 덕을 함양하고 실천하려는 어떠한 시도도 결국은 파멸로 이어지는 비합리적인 정책이 될 것이라는 점이다.

 그렇다면 과연 군주는 어떻게 처신해야 한다는 말인가? 여기에서 그는 '필연의 지시'라는 개념을 끌어와서 설명한다. 군주는 할 수 있을 때는 올바르게 행동해야 하지만, 종종 "신의 없이, 무자비하게, 비인도적으로 행동하도록" 필연에 의해 강요될 것이라는 사실을 받아들여야 한다는 것이다. 따라서 성공적인 국가통치술의 실마리는 첫째 시대적 상황의 힘을 인식하고, 둘째 필연이 지시하는 바를 받아들임으로써 자기의 행동을 시대와 조화시키는 데 있다는 것이다. 성공적인 군주란 늘 시대에 맞추어 가는 사람인 것이다. 그렇다면 필연의 지시란 무엇인가? 그것은 상황이 요구하는 것이기는 하지만 그에 대한 무조건적인 묵종이나 편승이 아니라 그러한 상황적 제약 속에서도 가능한 해결책을 추구하는 것이다. 그러기 위해서는 '인간에게 합당한 것'을 추구하는 것으로는 충분하지 않고, '짐승에게 합당한 것', 즉 사자의 특성인 '힘에 의한 것'과 여우의 특성인 '기만에 의한 것'에도 의존하지 않을 수 없게 된다. 그래야 군주는 두려움과 동시에 존경의 대상이 될 수 있기 때문이다. 그러기 위해서는 구체적으로 어떻게 행동해야 한다는 말인가? 소극적 차원에서는 미움의 대상이 되는 것과 더불어 특히 경멸받을 만한 행위를 피하기 위해 언제나 최대한 조심해야 한다. 적극적인 차원에서는 늘 자신이 진정한 동맹인지 아니면 공공연한 적인지를 명확히 하는 등 가능한 한 자신을 당당하게 드러내야 하며, 그리하여 시민들로 하여금 긴장과 경이감으로 그 결과를 기다리도록 만들 수 있어야 한다는 것이다.
 문제는 이렇게 부도덕하게 행동할 준비가 되어 있어야 하는 동시에 통치자는 '악한 사람'이라는 평판을 들어서는 안 된다는 것이다. 군주의 진정한 목표는 자신의 지위를 확고히 하는 데 그치는 것이 아니라 명예와 영광까지 함께 얻는 데 있기 때문이다. 뻔뻔스러운 잔인함으로써 권력을 얻을 수는 있을지언정 영광은 얻을 수 없는 만큼 이를 비르투라고 할 수는 없다. 그렇다고 군주가 사악함에 엄격한 제한을 가하고 도덕적 덕목에 따라 행동한다고 해서 이러한 딜레마가 해결될 수도 없다. 탐욕스럽고 변덕스러운 인간들로부터 기만당하지 않으려면 인간다움에 반해서 행동하도록 필연에 의해 강요될 것이기 때문이다. 여기에서 해결책은 '군주의 이중성'에 있다. 통상적으로 선하다고 여겨지는 모든 자질을 실제로 갖출 필요는 없지만, 그러한 자질을 갖고 있는 것처럼 보이는 것이 필수적이라는 것이다. 대부분의 사람들은 단순하며 자기기만에 빠져 있기 때문에 사물들을 주로 외양에 따라서 액면 그대로 그리고 무비판적으로 수용하는 만큼 이러한 교활한 위선 혹은 사술은 별 어려움 없이 통할 수 있을 것으로 보았다.

그러나 마키아벨리가 제기하는 논점의 핵심은 여기에 있지 않다. 그는 오히려 '선이라는 미덕'의 존재 자체에 의문을 제기하면서, '책임윤리'를 핵심적 이슈로 제기하였던 것이다. 군주의 인자함과 관후함이 오히려 잔인함과 인색의 결과를 초래할 수 있으며, 오히려 그의 잔인함과 인색이 인자함과 관후함이라는 결과를 가져올 수 있다는 것이다. 따라서 악명이란 국가의 유지 및 부와 영광이라는 군주의 근본적인 책무를 이행하는 과정에서 감당해야 할 불가피한 비용이며, 비교적 사소한 악덕과 육체적 죄악을 삼가야 한다는 덕목은 국가 유지라고 하는 막중한 책무를 갖고 있는 군주와는 무관하기 때문에 이에 관해 너무 예민한 도덕적 감수성으로 고민할 필요는 없다고 보았다.

대중의 비르투, 그 한계

《로마사 논고》에서 마키아벨리는 분석의 대상을 공화국으로 확대했다.

여기에서는 외국의 힘으로 탄생한 공화정을 어떻게 하면 유지·발전시킬 것인가 하는 실천적 관심이 정면으로 등장한다. 그 자신이 외국의 힘을 빌려 공화정으로 체제전환을 하려다가 발각된 음모에 연루되었던 경험이 현실적 배경이 되었던 것이다.

먼저 그는 인민들이 스스로를 통치하는 공화국을 높이 평가했다. 어떤 도시국가가 전제군주의 내적 지배든 제국주의 세력의 외적 지배든 정치적 예속에서 벗어나 자유롭게 되어 스스로를 다스리게 된다면 매우 빠른 시일 내에 엄청나게 성장하고 위대함을 성취할 수 있다는 것이다. 그렇다고 그가 군주정에 흥미를 잃은 것은 아니었다. 민중의 지배와 군주정이라는 정부 형태는 양립 가능하다고 보면서도, 다만 공공선은 군주제보다는 공화제에서 중요한 것으로 간주되기 때문에 공화국이 더 선호된다는 입장을 취하였을 뿐이다. 그렇다면 공화국에서 자유를 획득·유지할 수 있는 방법은 무엇인가? 그는 여기에서도 운이 중요하다고 보면서 성공하려면 그 운도 반드시 비르투와 결합되어야 한다고 보았다. 그리고 비르투의 내용은 《군주론》에서와 마찬가지지만, 공화국에서는 그것이 지도자와 군 지휘관뿐 아니라 시민 전체가 갖추어야 하는 덕목이 된다는 점에서 다르다고 주장하였다. 모든 시민들은 공동체의 선을 자신들의 사적 이익과 도덕성에 대한 통상적 고려보다 상위에 두려는 의지를 갖추어야 한다는 것이다.

그렇다면 어떻게 이러한 덕목을 시민들에게 주입시켜 오랫동안 유지시킬 수 있을 것인가? 여기에서도 일종의 운이 중요한데, 국가는 건국의 아버지에 의해서 최초의 제도적 틀이 마련되기 때문이다. 마키아벨리는 공화국이든 군주국이든 나라의 창건이나 중흥은 대중의 비르투에 의해서는 결코 달성될 수 없다고 보았다. 다양한 의견은 정부를 적절하게 조직하는데 오히려 방해가 되기 때문에 한 사람의 인물에 의해서 이루어질 필요가 있다는 것이다. 다만 공화국의 경우 이를 유지하는 것은 군주국과 달리 많은 사람들에게 달려 있는 만큼, 군주가 아니라 대중의 비르투에 의지해서 국가가 운영될 수 있도록 조직하는 지도자를 갖는 것이 중요하다. 대중은 더 나쁜 상태로 흐르는 경향을 갖고 있어 비르투는 시간 속에서 타락하게 되며, 그로 인해 국가의 보존과 영광을 기하는 데 절대 필요조건인 자유 자체가 치명적인 손상을 입기 때문이다. 비르투의 타락 과정은 두 방향으로 나타나는데, 하나는 시민공동체가 정치, 즉 공공선에 대한 관심을 잃어버리게 되는 것이며, 다른 하나는 시민들이 나라 일에는 적극적이지만 공익을 희생시켜 개인적 야심이나 당파적 충성심을 추구하기 시작하는 것으로서, 후자가 더욱 사악한 위험성을 갖고 있다.

공화국의 유지와 발전을 위한 조건

이러한 비르투의 쇠퇴를 방지하는 데는 몇 가지 방법이 있다. 첫째는 지도력이다. 지도자는 자기보다 못한 시민들에게 자신과 동일한 활기찬 자질을 심어주기 위해 영향력을 발휘해야 하는 것이다. 둘째는 보다 근본적인 국가 제도(ordini)로써, 시민들이 비르투를 획득하고 자유를 유지할 수 있도록 확실하게 조직되는 것이다. 여기에서 중요한 역할을 하는 것이 종교다. 마키아벨리는 종교의 진리 문제에는 관심이 없고 오로지 그 유용성만을 염두에 두면서, 종교가 정치적 삶의 '기초'로 유지되기를 희망했다. 다만 기독교는 겸손, 가난, 세속경멸의 정신으로 국가를 허약하게 만듦으로써 악한 자들의 희생물이 되게 만들었다는 점에서 회의적으로 보았다. 종교와 더불어 중요한 것이 정치제도로서, 바로 군주정·귀족정·민주정의 혼합정체인 공화정이 핵심이라고 보았다. 혼합정은 순수한 형태의 정부가 갖는 불안정성을 교정하면서 여러 정치제도의 장점을 결합시킬 수 있다는 견해는 로마시대에 이어 당시에도 일반적인 통념이었다. 그러나 마키아벨리는 파벌 간의 갈등·불화를 인정하고 이를 찬양하면서 오히려 이를 통해 자유를 신장시킬 수 있는 법률들이 도출된다고 보았다는 점에서 독특했다고 할 수 있다. 갈등 자체는 악이지만 공화국이 로마처럼 위대해지기 위해서는 필요악이라는 것이다.

셋째는 정체가 타락하고 세력 간의 균형이 파괴되는 위험성에 대한 끊임없는 경계심이다. 그중 한 가지 위험은 이전 군주정에서 혜택을 누렸던 사람들에게서 오는 것이다. 이를 방지하기 위해서는 이들을 냉혹하게 제거하는 것이 불가피한 최선의 방법이다. 또 한 가지의 위험은 뛰어난 지도자들을 불신하고 중상모략하고 배은망덕한 태도를 보이는 자치 공화국의 악명 높은 성향에서 유래하는 것이다. 이를 방지하기 위해서는 지도자를 말로 고발할 충분한 기회를 부여하되 비방자가 만일 자신의 말을 입증하지 못한다면 엄벌토록 해야 한다. 마지막 위험은 야심가들이 공공선이 아니라 사사로운 충성에 기초해서 당파를 조직하려는 데서 비롯되는 것이다. 여기에서는 특히 군사적 명령권을 장기 독점하는 경우가 가장 큰 문제가 된다. 그렇다고 해서 독재적 권위라는 관념 자체를 두려워하는 것은 이러한 위험에 대한 적절한 대응책이 될 수 없다. 이는 국가적 위기 시에 긴요하게 요구되는 것이기 때문이다. 관건은 제도를 통해서 그러한 권력이 남용되지 않도록 보장하는 데 있는 것이다. 절대적 명령권이 종신이 아니라 제한된 기간 동안만 위임되도록 하며, 권력의 행사를 애초에 필요한 임무에만 국한시켜야 하는 것이다.

막대한 부를 소유한 자들이 행사하는 영향력도 커다란 문제다. 마키아벨리는 이를 해결하기 위해 영향력을 행사할 정도로 부유한 시민이 출현하지 못하도록 만드는 한편 국고를 넉넉히 하여 국가만이 시민들을 부릴 수 있도록 하는 것이 중요하다고 보았다. 아직 상업자본주의가 본격적으로 대두되기 전의 상황임을 감안해야 하겠지만, 그는 부민덕국(富民德國)이 아니라 일종의 덕민부국(德民富國)을 대안으로 제시했던 것이다. 아울러 그는 부유한 자들로 하여금 공공성에 봉사하는 것이 더 큰 이익이 되도록 제도를 만들어놓아야 한다고 보았다.

공화국이 유지되고 번영하기 위해서는 내정에서뿐만 아니라 외정 면에서도 시민적 비르투가 발휘될 수 있어야 한다. 마키아벨리는 근대의 모든 국가는 다른 국가들과 서로 적대적 관계에 놓여 있다고 보았다. 평화적 노선을 추구하는 도시는 끊임없이 유동하는 정치세계에서 쉽게 희생물로 전락하고 만다. 따라서 유일한 해결책은 공격을 최선의 방어로 간주하여 침략자로부터 자기 도시를 방어하고, 나아가 팽창정책을 취하는 데 있다. 한마디로 그는 당시 태동할 조짐을 보이고 있던 근대 국제정치 질서의 본질을 일찍이 꿰뚫어보았던 것이다.

마키아벨리는 이러한 방어와 팽창을 필연적인 속성으로 가진 국제정치 질서에서 성공적으로 살아남기 위해 가장 중요한 것은 우선 이용 가능한 시민의 수를 최대한 확보하는 것이라 봤다. 외국 인재들을 귀화시키는 한편 동맹을 통해서 적대국에 실제 대항할 수 있는 전체 인구수를 늘리는 것이다. 다음으로는 가능한 많은 병력을 동원하는 것이 중요한데, 이를 통해 전쟁은 대규모로 수행하되 단기적으로 끝내는 것이 좋다고 보았다. 또한 군사적 비르투에 대해서는 고대의 기술들이 당시에는 대부분 맞지 않는다고 보면서 다만 몇 가지 통념의 오류에 대해서는 날카롭게 지적했다. 그중 대표적인 것이 '경제력이 전쟁의 승패를 결정한다'든가 '무기체계가 전쟁의 승패를 결정한다'는 것이었다. 그는 오히려 아군과 적군의 비르투의 우열이 핵심적 관건이라고 본 것이다. 그렇다고 월등한 힘을 가진 군대와 대면했을 경우 협상을 거부하는 것 역시 온당치 못하다고 보았다. 이는 운명의 장난에 결과를 맡기는 것으로서 신중한 사람은 그러한 위험을 무릅쓰지 않는다는 것이다. 또 한 가지 그가 지적한 것은 방위정책이 갖고 있는 양날의 칼과 같은 위험성으로서, 대외적인 방위만을 일방적으로 고려하다 가는 오히려 대내적 반발과 나아가 반역까지도 초래할 위험성이 커진다는 것이다.

이와 같이 마키아벨리는 근대국가의 태동기에 당시 국가의 특성과 운영 원리, 그리고 통치술에 대해 심도 있는 통찰을 하였다. 그러나 이후 종교 개혁과 개인주의 철학의 대두와 함께 근대국가의 논리와 운영원리 역시 상당 부분 개인의 권리와 자유보호라는 방향으로 각도를 달리하여 전개되 었다. 그 결과 마키아벨리의 공화주의적 관점과 그에 입각한 통치술 역시 오랫동안 이른바 마키아벨리즘(Machiavellism)이라는 이름의 '천박한 현 실주의'로 왜곡되어 이해되었으며, 이로 인해 커다란 곡해와 매도의 대상 이 되어왔던 것이 사실이다.

근대 국민국가의 성공 요인

오늘날의 국가통치술, 즉 스테이트크래프트의 요체를 이해하기 위해서 는 이론적 분석도 중요하지만 무엇보다 먼저 근대 이후 여러 나라들이 연 이어서 부침과 흥망성쇠를 이어간 유럽 국가들의 궤적을 살펴볼 필요가 있다. 이는 바로 그곳에서 형성·발전해온 국가체제가 세계적으로 확산되 어 근대국가, 특히 국민국가(nation-state)의 표준적 유형이 되었기 때문 이다. 문제는 이러한 국가의 흥망성쇠 요인에 대해서는 국가운영 방식에 대한 조명보다는 주로 거시적·역사적 차원에서 문화적 혹은 경제·구조적 인 분석이 대세를 이루어왔다는 데 있다. 프로테스탄트 정신이 자본주의 윤리를 뒷받침해왔다든가, 봉건제의 유무가 근대국가로 발전하는 데 결정 적 역할을 했다든가, 부르주아지가 있어야만 민주주의가 가능하다는 명제 들이 그것이다. 최근에는 폴 케네디(Paul M. Kennedy)의 《강대국의 흥망》에서와 같이 군사비가 경제적 재투자를 상회하게 되면 쇠퇴하게 된다는 명제가 제시되어 세인의 관심을 끈 바도 있다. 그러나 국가를 운영하는 관점에서 볼 때는 지리적·역사적 조건이나 기술적·경제사회적 환경, 문화·사상적 조류와 같은 것들은 일종의 상수, 즉 주어진 조건이나 여건이 되는 것이다. 문제는 변수 중에서 어떠한 요소를 독립변수로 잡아서 어떠한 종속변수와 연결시킬 것인가 하는 것이다. 어떤 지도자 혹은 집단이 어떠한 것을 당대의 문제로 인식하고 설정했으며, 어떠한 방향의 해결책을 선택하여 지속적인 노력을 경주했는가, 그리하여 국가제도를 어떻게 변경하고 이를 관리해왔는가가 요체인 것이다.

근대 초기에 성공한 국가들은 모두가 상업자본주의를 토대로 번영을 구가한 경우다. 이들 나라들은 특히 지리상의 발견이라는 세계사적 전환기에 만난 행운을 토대로 부를 죽적하고, 우세한 군사력을 바탕으로 해상무역을 주도함으로써 성공적인 국가로 부상할 수 있었다. 한편 산업화와 민주화라는 근대혁명은 근대국가의 성격 자체를 변모시켰다. 영국과 프랑스는 독특한 역사적 경로를 통해서 그러한 혁명적 변화를 다른 나라보다 앞서 성취한 경우다. 미국은 이보다는 시기적으로 뒤지고 또 두 나라의 영향을 크게 받은 것이 사실이지만, 또 다른 특수한 역사적 경로를 거친 사례라고 하겠다.

문제는 여타 대다수 국가의 경우, 이러한 근대혁명을 인위적으로 추진하여 근대 국민국가를 건설하고 운영해야 하는 과제를 안게 되었다는 사실이다. 이로써 근대 국민국가의 건설과 운영은 국가운영의 알파요, 오메가가 되었다고 할 수 있다. 그리하여 근대혁명을 성공해야만 국가라는 단위와 행위자로서 생존할 수 있게 되었고, 그렇지 못한 경우에는 국가 자체가 분할되거나 합병되거나 혹은 반식민지화되는 결과를 맞기도 하였다. 이는 아시아·아프리카와 같은 비유럽 국가에만 국한된 것이 아니라, 같은 유럽

문명권에도 해당되는 원칙이었다. 폴란드가 대표적인 사례라고 하겠다. 따라서 후발 국가로서는 생존 차원에서 부국강병을 어떻게 기할 것이며, 이를 가능케 하기 위해 필수불가결한 산업혁명을 어떻게 할 것인가가 일차적 국정과제가 되었고, 산업화 이후에는 원활한 국정운영 나아가 정상적인 국가발전을 기하기 위해서 민주화가 중요한 과제로 제기되었다. 민주화란 공동체가 지향하는 가치의 문제이면서 동시에 산업혁명으로 고도로 분화되고 전문화된 사회를 재통합하여 그 힘을 효과적으로 관리해나가는 국가운영상의 문제였던 것이다.

한 국가가 제대로 성립하고 발전하는 과정에서 운 혹은 우연히 차지하는 역할은 결코 무시할 수 없다. 당대의 기준으로 낙후된 변방인 대서양에 위치하였다는 것이 오히려 포르투갈과 스페인이 지리상의 발견을 하는 데 있어서 선두주자로 나설 수 있었던 요인이었다. 포르투갈은 이베리아 반도 내에서도 3면이 바다로 둘러싸인 10만㎢의 좁은 국토에 인구 150만 명의 작은 국가로서 다른 출구가 없는 가운데 해외식민지를 개척해나간 경우에 해당된다고 하겠다. 스페인이 콜럼버스(Columbus)를 지원한 것도 그야말로 우연이자 행운이었다. 서쪽으로 항해하여 인도에 도달하는 거리에 대한 그의 계산이 잘못되었기 때문에 합리적인 포르투갈이나 스페인의 왕립 자문위원회는 그의 제안을 거절하였던 반면, 비공식 루트를 통해 모험을 하자는 그의 제안을 스페인의 이사벨라(Isabela) 여왕은 과감히 받아들였기 때문이다.

네덜란드 역시 17세기 초에는 비좁은 공간에 인구 200만 명 미만의 작은 국가였지만, 지리상의 발견으로 개막된 대서양 시대에서는 육해상 교통의 요충지로서 상업자본주의 경제를 선도할 지리적 위치를 확보하는 행운을 잡았던 것이다. 국제환경 면에서도 운은 결정적인 역할을 했다. 네덜란드가 17세기에 독주할 수 있었던 데에는 특히 영국이 내전으로, 그리고 유럽 대륙의 강국들 역시 30년 전쟁으로 여력이 별로 없었기 때문이라는 사실은 널리 알려져 있다.

서구의 독특한 봉건제의 유산인 왕실의 문제도 하나의 주어진 여건으로 작용하였다. 포르투갈은 한때 왕위가 스페인에 넘어가 합병이 불가피했으며, 후일 스페인으로부터 다시 분리되어 독립했지만 이것이 결국 쇠락의 결정적 요인이 되었다. 스페인의 경우 카스티야의 이사벨라와 아라곤의 페르난도(Fernando II) 부부왕의 탄생으로 적시에 새로운 국가가 탄생할 수 있었던 점도 역사적 우연의 산물이라고 하겠다. 또 스페인의 국왕 카를 5세(Carlos V)는 신성로마제국의 황위를 계승함으로서 당대에는 '해가 지지 않는 나라'를 건설할 수 있었으나, 이후 제국이 다시 분열됨으로써 스페인이 위축·몰락하는 계기가 되기도 했다.

반면에 네덜란드의 경우에는, 그 전신인 부르고뉴 공국의 군주가 아들이 없어 딸을 신성로마제국 황제에게 혼인시킴으로써 제국의 지배를 받게 되었으나, 스페인의 카를 5세가 제국의 황제를 계승하였다가 이후 다시 제국과 스페인이 분열되자 이번에는 졸지에 스페인에 귀속된 경우에 해당된다. 이후 새로운 종주국 스페인과의 독립 전쟁을 벌인 끝에 네덜란드가 탄생하여 강국으로 부상하게 되었다. 독일의 경우에는 브란덴부르그의 호헨졸레른(Hohenzollern) 가문이 드레스덴의 왕위를 계승하여 브란덴부르크-프로이센 공국이 성립됨으로써 후일 독일 통일의 모체로 성장할 수 있는 단위가 형성되었던 것이다. 러시아의 경우에도 이반 3세(Ivan III)가 비잔틴 황제의 조카를 아내로 맞음으로써 그 계승자를 자처할 수 있었던 것이 러시아에 정교일치 체제가 수립되는 계기가 되었다.

계몽적 지도자와 솔선수범

　운은 여건이나 환경 등 주어진 조건으로서 인간의 선택을 제한하는 역할을 하지만, 가능한 선택지 중 하나를 선택하여 이를 현실화·구체화하는 것이야말로 국가운영의 요체라고 하겠다. 그중에서도 가장 먼저 언급할 것은 강력한 소명의식과 사명감을 토대로 명확하고 일관된 정책목표를 제시하고 이를 집요하게 추진하는 지도자의 존재 여부다. 영국 여왕 엘리자베스 1세(Elizabeth I)는 〈뉴욕타임스〉에 의해 지난 1천 년간 가장 뛰어난 지도자로 선정된 인물이다.

　그녀는 당대의 뛰어난 인텔리 여성으로서, 당시의 풍습대로 왕실 간의 결혼으로 국가의 소유권이 뒤바뀌는 현실을 방지하기 위해서 유수한 유럽 귀족들의 청혼을 거절한 채 오로지 영국을 애인으로 여기고 평생 독신으로 살면서 국가발전에 매진하였다. 여왕은 종교적 관용으로 국민통합을 기하였다. 또한 해적들의 약탈행위를 인정하고 그 우두머리들에게 작위까지 수여하는 방식을 통해서 강력한 해군 건설에 진력했고, 마침내 스페인의 무적함대를 격파함으로써 제해권을 장악, 국가발전의 일대 계기를 마련할 수 있었다. 반면에 빅토리아 여왕(Victoria, Queen)은 특출한 능력이나 카리스마를 갖추지는 못했으나, 상식을 토대로 입헌군주의 본분을 지킴으로써 대영제국의 전성기를 무난하게 이끌 수 있었다.

　프랑스의 루이 14세(Louis XIV)는 강력한 왕권 수립과 강력한 중앙집권 정책을 통해 경제를 충실히 하고 국력을 크게 신장시켰다. 다만 집권 후반기에는 잦은 전쟁으로 국력을 소진시켰으며, 특히 종교적 불관용 정책으로 신교도인 위그노(Huguenot)를 추방하고 국부를 유출시켜 국가가 쇠퇴의 길로 들어서게 만들었다는 비판을 받았다. 프로이센의 빌헬름 1세

(Wilhelm I)는 솔선수범의 근면한 군주로서 국가발전의 기틀을 다진 경우다. 그의 부친은 대관식을 위해 은화 500만 개를 사용한 데 반해 그 자신의 경우에는 불과 2,547개만을 사용할 정도로 극도로 절약을 했다. 심지어 왕실 비용의 4분의 3을 절약하여 이를 모두 군비에 충당하는 한편, 국민개병제를 통해 강력한 군대를 육성해냈다. 그는 군복을 착용한 첫 번째 군주로서 독일을 병영국가로 만들었다는 비판을 받기도 하지만, 부국강병이라는 당대의 국가운영 원리를 몸소 실천하여 향후 국력신장의 결정적인 터전을 다졌다는 평가를 받고 있다.

러시아의 표트르 1세(Pyotr I, '표트르 대제'라고도 불림)야말로 솔선수범하는 자세로 국가의 기틀을 다진 대표적인 군주라고 하겠다. 그는 오스만 투르크와의 전쟁에서 패배하자 러시아 육군의 부패와 낙후한 실상을 직접 확인하고 근본적인 개혁에 박차를 가했다. 먼저 서구에 사절단을 파견했는데, 그 스스로 육군 하사관 복장을 하고 참여했다. 그의 노선은 비록 '야만으로 러시아의 야만을 길들이는' 전제군주체제였지만, 서구화 즉 근대 서구사회로의 진입을 기본 방향으로 설정하고, 러시아 사회에 남아있는 중세적 요소들과 몽골지배의 잔재들을 척결하기 위해 대대적인 정치·사회적 개혁을 추진했다. 특히 군대의 육성을 중시하여 대대적인 육군개혁과 더불어 새로이 강력한 해군을 건설했으며 군수산업도 크게 일으켰다. 한편 북방동맹을 결성하여 이를 토대로 당대 북구의 패자인 스웨덴과의 일전을 승리로 이끌어 발틱해의 재해권을 장악하였으며, 수도를 발틱해 연안의 상트페테르부르크로 이전하여 러시아의 서구화라는 국가운영의 방향을 정착시키는 등 기본적으로는 개방적 사고와 실천적 개혁을 전개하였다.

비록 군주는 아니지만 왕가의 일원, 재상, 혹은 정치집단들 중에서도 지도적이고 결정적인 역할을 한 경우가 적지 않다. 포르투갈 왕가의 3남 엔리케(Henrique) 왕자는 엄격과 검소, 그리고 단호함의 덕목을 갖추고 평생 독신으로 살면서 집요하게 장기적이고 체계적인 해외탐험 사업을 구상, 연구 개발하고 특히 '식민사업'이라는 현실적인 사업유형을 개척한 인물이다. 프랑스 루이 13세 시대의 리슐리외 추기경(Cardinal-Due de Richelieu)은 '현대국가 제도의 아버지'라고 불리는 인물이다. 그는 전국을 일원화하는 등 중앙집권화의 기틀을 마련하고 제도화하였을 뿐 아니라, 프랑스 한림원(아카데미 프랑세즈)을 건립하는 등 국가제도 면에서도 뛰어난 업적을 남겼다. 철혈정책과 외교술로 유명한 독일 통일의 주역 비스마르크(Bismarck)에 대해서는 더 이상의 설명이 필요 없을 테지만 굳이 밝히자면 그는 보수 정치인의 한계를 넘어서 최초로 사회보장제도를 실시한 정치가였다는 점도 반드시 기억해야 할 것이다. 또한 영국의 경우에는 초대 수상인 월폴(Robert Walpole)을 비롯하여 윌리엄 피트(William Pitt), 디즈레일리(Disraeli), 글래드스턴(Gladstone) 등을 비롯한 휘그당(Whig)과 토리당(Tory), 그리고 자유당의 여러 정치가야말로 제국주의 정책을 주도함으로써 대영제국의 번영을 이룩한 주역들이다.

현대에 와서도 레이건(Ronald W. Reagan) 미국 대통령은 확고한 국정 철학과 철저한 권한의 위임 그리고 위대한 소통자로서 성공한 정치가가 되었다. 그는 특히 확고한 반공 이데올로기를 토대로 무기 경쟁을 벌여 소련을 파산상태로 몰아넣음으로써 공산주의를 종식시키는 데 견인차 역할을 한 세계사적 대통령으로 꼽히고 있다. 영국의 대처 수상도 확고한 보수주의 신념을 토대로 2차 대전 이후 누적된 복지국가의 모순을 극복하는 등 이른바 영국병을 치유하여 영국을 재생시킨 뛰어난 정치인으로서 스테이트크래프트의 진수를 보여주었다는 평가를 받고 있다. 싱가포르의 리콴유

(李光耀) 수상 역시 뛰어난 식견과 판단력으로 말레이 연방에서 추방된 싱가포르를 오늘날 세계에서 가장 번영하는 도시국가로 일으켜 세움으로써 아시아 국가의 스테이트크래프트에서 하나의 전범을 보여주었다.

개방과 관용 및 제도화의 스테이트크래프트

국가운영은 초기 발전 단계에서는 이렇게 지도자의 역할이 상대적으로 중요하지만 이후에는 지속적으로 독자적인 발전을 가능케 하는 모델을 창출하는 것이 관건이다. 특히 자원과 인력을 조직화하고 제도를 수립해서 이를 관리해나가는 것이 핵심이다. 여기에서 가장 중요한 것이 관용의 문제다. 즉 국가체제가 자유롭고 개방적 성향을 갖는지 아니면 폐쇄적이고 자족적인 상태를 추구하는지가 향후 발전의 향방을 가르는 제약요건이 되는 것이다. 서구 근대사회의 경우에는 특히 종교적 관용이 핵심 쟁점이 되었다. 영국은 헨리 8세(Henry VIII) 이래 극심한 종교적 갈등으로 적지 않은 혼란을 겪었으나, 엘리자베스 1세 여왕의 중용적 처세로 갈등을 완화시키고 국교제도를 정비함으로써 새로운 발전의 기반을 마련하였다.

반면에 스페인은 종교적 불관용으로 인해 지속적이고 안정적인 발전에 지장을 초래한 경우에 해당된다고 하겠다. 이슬람 지배로부터의 고토회복이라는 역사적 특수성을 감안해야 하겠지만, 당시 유독 과격한 종교탄압을 가했으며, 결국 가장 번영한 지역인 네덜란드의 이탈을 불러일으켜 국가를 쇠퇴의 길로 몰아넣었다. 프랑스 역시 종교적 자유를 인정한 앙리 4세(Henri IV)의 '낭트 칙령'을 계기로 국가발전의 기회를 잡은 이래 루이 14세 시대에는 최고의 번영을 구가했다. 하지만 후반기에는 낭트 칙령을 폐지하고 위그노에 박해를 가해 상업과 기술자 집단이 상당수 네덜란드와 프로이센으로 탈출하면서 이후 국가발전이 현저하게 뒤처지는 결과를 초래하였다.

 반면 신생 네덜란드는 평화와 안정이라는 내정방침과 더불어 종파와 종교가 다른 외국인들의 이주를 허용하는 개방적인 정책을 과감하게 추구했다. 이들은 신교도 입장에서 스페인과 투쟁했지만 독립 이후에는 종교적 관용과 화해정책을 추구함으로써 부호·사업가·유대상인들을 대거 흡수할 수 있었다. 또한 길드(Guild) 조례를 폐지, 외국 이민자들이 자유롭게 투자하도록 만들어줌으로써 산업이 비약적으로 발전할 수 있는 토대를 마련했다. 그리하여 암스테르담은 1585년과 1622년 사이에 인구가 3만 명에서 10만 5,000명으로 획기적으로 증가했고, 네덜란드는 세계 최강 국가로 도약할 수 있었다. 또한 당시의 프로이센 역시 개방정책을 통해 2만 명의 프랑스 위그노들에게 망명을 허락함으로써, 30년 동안 국가수입을 7배로 증가시킬 수 있었다.

 개방과 관용의 자세와 더불어 중요한 것이 제도화의 문제다. 무엇보다 초기 무역을 통해 축적된 부를 낭비하지 않고 금융업·해외 투자·교통 등 기간 인프라에 재투자할 수 있는가 하는 것이 관건이었다. 여기에서 가장 대표적으로 성공한 경우가 네덜란드다. 이들은 축적된 부를 재투자하여 신기술을 개발하고 항만을 건설했으며, 조선업을 일으켜 신형 선박을 대량 건조했다. 무엇보다 이들은 자본주의 발전의 근간이 되는 보험·은행·주식회사 등 금융상의 제도적 인프라를 건설했다. 세계 최초의 도시은행인 '암스테르담 은행'을 비롯해 많은 은행을 설립했고, 특히 영국에 이어 두 번째로 '동인도회사'를 설립했다. 동인도회사는 영국보다 비록 2년 뒤졌지만, 영국의 것은 지금도 소규모였을 뿐 아니라 당시 봉건적 한계를 벗어나지 못했던 데 반해 네덜란드의 것은 주식회사의 성격을 본격적으로 가진 것이었으며, 그래서 많은 나라들이 이를 벤치마킹하기도 하였다. 네덜란드는 아울러 남미를 대상으로하는 '서인도회사'도 설립했고, 이러한 제도들을 토대로 17세기에는 세계 최강의 거대 무역제국·식민제국으로 도약할 수 있었다.

외교 역시 근대국가로 성공하는 데 중요한 역할을 했다. 특히 영국은 자유무역과 함께 세력균형을 대외정책의 근간으로 삼아 '영광된 고립(glorious isolation)' 이라는 정책을 추진했다. 여기서 고립은 관계의 단절이 아니라, 미래의 행동에 제약을 받게 될 동맹조약은 하지 않는다는 것으로, 결국 영광된 고립주의란 국가이익을 위한 행동의 자유를 확보하기 위한 정책이었던 것이다. 대영제국의 수상을 두 번이나 역임한 자유주의적 제국주의자 파머스톤(Palmerston) 경의 말대로 가장 중요한 것은 "영원한 친구도 적도 없다. 변하지 않는 것은 이익뿐"이었던 것이다. 독일 역시 비스마르크의 노선에 따라 통일을 위해서는 오스트리아 및 프랑스와 전쟁을 하되, 그 외 러시아를 비롯한 여타 국가들과는 우호관계를 유지하기 위한 정책을 추구했다. 또한 통일 이후에는 안정적인 국정운영을 기하기 위해서 창의적이고 섬세하며 복잡한, 곡예에 가까운 외교를 통해 유럽의 평화, 즉 국제정치의 현상유지 정책을 추구하기도 했다.
미국은 먼로주의(Monroe Doctrine)라는 외교정책을 통해 유럽 열강들의 세력균형 정책 및 이에 따른 각종 개입정책으로부터 취약한 신생국을 지켜내고 나아가 남미에 대한 미국의 영향력을 신장하여 국가발전을 기할 수 있었다.

실패한 국가들의 스테이트크래프트

근대국가의 발전 과정에서 적지 않은 나라들이 좌절을 맛보았고 한때 성공적이었던 국가들도 쇠락의 과정을 겪기도 했다. 여기에서 실패의 요인들을 일별해보면 다음과 같다. 제일 먼저 국토가 작고 인구도 적은 경우다. 포르투갈은 한때 세계를 제패했지만 워낙 인구가 적었던 관계로 선원과 군인의 수마저도 워낙 부족한 데다가 잦은 전투로 인해 인원 자체가 크게 손실되어 바다를 지배할 수 있는 통제력 자체에 한계가 컸다. 더구나 농민들이 이탈하여 도시로 또 해양으로 터전을 바꾼 결과 농촌 자체가 황폐화되는 등 국력을 뒷받침해줄 기초체력 자체가 부실했다. 스페인의 경우에는 인구나 국토의 규모에서는 여유가 있었지만, 식민지에 대한 권리를 왕실이 독점함으로써 발전의 원동력 자체가 사회 전체로 확대되고 제도화되지 못한 경우다. 포르투갈과 스페인은 물론 네덜란드와 프랑스에도 해당되는 사항이지만, 잦은 전쟁에 따른 과도한 전비 부담으로 국부가 대량 유실됨으로써 부의 축적이 제대로 이루어지지 못했다는 점도 지적할 수 있다.

과도한 해외 의존도 역시 건전한 발전을 저해한 요인이 되었다. 네덜란드의 경우 금융업이 크게 번창했지만, 국가가 무분별한 사업을 제대로 통제하지 못한 것이 가장 큰 문제였다. 전쟁과 혁명으로 인해 지불불능 상태가 초래된 것은 말할 것도 없거니와, 심지어 네덜란드의 은행에서 빌린 돈으로 네덜란드를 상대로 싸우는 사태까지 초래됐다. 거기에다가 배당금 지급을 위해 높은 이자로 돈을 빌리는 기업의 행태에 대해서도 국가는 속수무책이었다. '선발의 불리함'과 더불어 다른 국가들의 추격 역시 국가 쇠퇴의 중요한 요인이 됐다. 영국은 1870년대부터 미국과 독일의 추격으로 패권적 지위가 약화되기 시작하여 1차 대전 이전 이미 공업과 과학 분야에서 우위를 완전히 상실했다. 선발자로서 낙후된 설비를 적시에 교체하지 못한 데다가, 영국 특유의 보수적인 풍토가 경제구조 개혁을 지연시킴으로서 전력·화학·섬유·전기·자동차산업 등 2차 산업혁명의 추진을 가로막았기 때문이다.

그러나 가장 문제가 되는 것은 지도자의 자질로서, 특히 대외관계를 어떻게 관리하느냐가 문제가 관건이다. 포르투갈의 후앙 3세(Juan III)는 변화를 두려워한 나머지 대외 고립정책을 추구하면서, 전쟁을 무조건 회피하고 동맹마저도 회피하는 소극적인 정책을 취함으로써 국가의 쇠퇴를 가속화시켰다. 스페인의 카를 5세는 신성로마황제로 활동하면서 정교합일, 독일 통일과 같이 당시로서는 시대착오적이고 무망한 정책과 더불어 무리한 대외 확장정책을 추구하다가 오히려 국력을 소진시키는 결과를 초래했다. 프랑스의 나폴레옹 3세(Napoleon III)는 현실을 도외시한 외교 노선을 추구하다가 스스로 고립되어 패망한 경우라고 할 수 있다. 나폴레옹 전쟁 이후 프랑스의 운신을 제약하는 비엔나 체제를 벗어나 외교적·국가적 이익을 도모하려는 의도는 충분히 이해할 수 있다. 그러나 영국과의 우호관계만을 중시한 나머지 신흥국인 독일과 이탈리아를 적대시했고 나아가 러시아·오스트리아와의 관계까지 악화시켜 오히려 자국의 고립을 자초한 결과, 보·불전쟁에서의 패배로 황제 자신이 포로가 되었으며 제정 자체가 폐지되는 치욕을 겪게 됐다. 한편 그는 해외식민지 개척에 적극 나서 영국 다음가는 식민제국을 건설할 수는 있었지만 내실은 그리 크지 못하였다는 평가를 받았다. 프로이센의 경우에는 보·불전쟁에서 승리하여 독일 통일을 선포할 수는 있었지만, 패전국 프랑스의 베르사유 궁전에서 독일 제국의 출발을 선포하는 등 사려 깊지 못하고 무모하기까지 한 행위로 인해 프랑스인들의 크나큰 적대감을 키우고 독·불 간의 갈등을 증폭시키는 우를 범하기도 했다. 통일 독일의 2대 황제 빌헬름 2세(Wilhelm II)는 무모한 해외정책과 민족 쇼비니즘(chauvinism) 노선을 추구하여 1차 대전을 일으킨 데다가 군사전술에서도 패착을 두어 패전과 더불어 반란을 자초하고 말았다.

성공의 부작용과 역작용을 관리·치유·완화하지 못한 것도 지도력의 한계라고 하겠다. 국민들 특히 지도층의 사치와 나태 풍조는 어떤 면에서는 자연스러운 현상이기는 하지만 결국 지도력의 한계를 드러낸 것이라 하지 않을 수 없다. 포르투갈은 향료를 손에 넣자 이에 도취하여 국고를 낭비하기 시작했고, 그래서 "영국에서 수입한 고기를 먹고, 프랑스 비스케에서 수입한 야채를 먹는다"는 말까지 나왔다. 네덜란드도 초기에 성공한 이후 현실에 자족하면서, 진취적이고 낙천적인 개척정신을 상실하고 말았다. 영국도 귀족제도로 인해 기업가 정신을 점차 상실하면서 쇠락해간 경우라고 하겠다. 성공이 가져다준 부의 증가도 그 자체가 부담 요인이 되었다. 스페인의 경우에는 막대한 금은의 유입이 인플레이션을 유발하여 국내 상공업에 타격을 주는 역효과를 불러왔다. 성공이 가져다준 빈부격차 역시 커다란 문제를 안겨주었고 이를 해결해야 할 정치가 오히려 발목을 잡는 일도 비일비재했다. 영국의 경우에도 디즈레일리가 산업화 결과 나타난 '두 국민' 현상을 우려하기도 했지만 정작 이를 개혁하려는 노력은 소홀함으로써 끝내 대영제국의 황혼을 막지 못했다.

러시아는 외교적으로는 강대국으로 부상할 수 있었지만, 내정에 실패함으로써 근대국가로의 체제전환을 이루지 못한 채 혁명을 맞은 경우이다. 내정개혁을 위해서는 몇 차례의 노력이 있었지만 실질적인 농노제가 지속되는 가운데 부패만이 심화되어 낙후된 봉건적 국가의 처지를 오랫동안 면치 못하였다. 1910년에 와서야 '스톨리핀(Stolypin) 개혁'이 본격적으로 추진되었지만, 이미 실기하여 오히려 정권구조와 사회체제를 약화시키는 결과만을 초래하여 혁명을 자초하고 말았다. 특히 강한 중공업과 약한 농업이 연결되는 취약한 경제구조가 가장 큰 문제였는데, 이는 후일 소련에서도 극복되지 못한 채 되풀이되었던 병폐였다. 공산주의 소련체제 하에서도 중공업 편중, 농업과 경공업의 취약이라는 산업구조의 기형화 현상이 만연했는데 이는 러시아의 연장선에 있었다. 특히 지도부의 잘못된 개혁은 오히려 국가를 혼란에 빠트리고 마침내 체제를 붕괴시키기에 이르렀다.

　코시긴(Koshkin)의 미봉책인 '신경제'는 1960년대 후반 한때 반짝 효과를 보는 듯하였고, 브레즈네프(Brezhnev)는 소련이 이미 공산주의 사회에 진입하였다고 선언하는 희대의 소극을 빚기도 했다. 뒤늦게 고르바초프(Gorbachov)가 개혁·개방의 새로운 사고를 부르짖으면서 정책변화를 시도했지만, 그의 개혁은 새로운 효율적인 체제가 자리를 잡기 전에 기존 체제만을 붕괴시켰을 뿐이다. 공산주의가 원래부터 안고 있었던 문제점이나 한계와 더불어 군사 초강대국을 안락사시킨 고르바초프의 역할에 대해서는 별도의 역사적 평가가 있어야겠지만, 그의 정치개혁은 국가를 혼란에 빠트리고 민족의 분리운동을 촉발함으로써 결국 소련을 멸망하게 만들었던 것이다.

제5장 현대국가의 스테이트크래프트

1. 후발 국가의 스테이트크래프트

근대국가에서 가장 결정적이고 중요한 과제는 산업혁명과 민주혁명, 즉 근대 국민국가로 변모하는 문제였다. 여기에서는 왜 산업혁명의 발원지가 영국이었는지, 그리고 민주화에서는 어찌해서 영국의 점진적 모델과 프랑스의 혁명적 모델이 나타났는지 등에 관한 문제가 있다. 이에 관해서는 거시적·역사적인 여러 요인이 도사리고 있어 국가운영, 즉 국가통치 차원에서 접근하기는 용이하지 않다. 영국이 산업혁명에 성공한 데에는 명예혁명 이후의 안정적 정치제도와 자유로운 경제활동, 그리고 소유권 이론을 중심으로 하는 자유주의 정치관 등이 복합적으로 작용했기 때문이다. 프랑스 민주혁명 역시 중앙집권의 역사, 계몽철학의 관념적 성격, 종교와 국가의 문제 등 정치·사회·문화적으로 수많은 요인이 도사리고 있다. 그렇기 때문에 이를 단순한 정치·경제적 관점 내지는 스테이트크래프트의 문제로 다루기는 어렵다. 다만 여타의 후발 국가들의 위치에서는 이제 단순한 전통적 개념에 입각한 중상주의나 부국강병 정책으로서는 근대 국민국가의 창출이라는 소기의 목적을 달성하는 것이 불가능해졌다는 점이 중요하다. 자본축적을 통해 국가의 존립을 기하는 한편 이를 제도화하는 수준에 머물러서는 아무것도 이룰 수 없으며, 산업화와 민주화라는 사회·경제적 구조 변화를 이룩하는 한편 정치체제 변혁을 통해 근대 국민국가로 거듭 태어나지 않으면 안 된다는 지난한 과제와 직면하게 된 것이다.

독일은 후발 국가로서 특히 19세기 초의 비엔나 체제 이후 자국의 통일과 강대국화가 견제를 받는 분위기 속에서 권위주의적·군국주의적 노선을 택한 프로이센을 중심으로 통일된 국민국가 건설에 성공한 경우다. 특히 후발 국가는 우선은 국가 차원에서 보호 무역정책을 펼쳐 자국의 사업이 굳건하게 발전함으로써 경제 강국으로 부상한 뒤에 다시 자유무역 원칙으로 돌아와야 한다는 리스트(Friedrich List)의 경제이론을 바탕으로 국가를 운영했다. 이러한 프로이센의 노선은 당시의 소(小) 독일주의와 결합하여 관세동맹을 성사시키고 철도 개설에 박차를 가함으로써 독일 영방(領邦, 13세기에 독일 황제권이 악화되자 봉건 제후들이 세운 지방국가)들 간의 경제적 유기성을 심화시켜 경제력만 하더라도 1860년대에 이미 프랑스를 추격하였다. 그리고 1870년대에는 기계제조업에서 영국을 넘어 세계 최고 수준에 도달할 수 있었다. 또한 이러한 노선은 독일 민족의 언어와 문화적 통합에도 크게 기여했다. 바로 이러한 성과들을 토대로 비스마르크의 철혈정책에 의해 마침내 독일의 통일이 실현될 수 있었던 것이다. 다만 프러시아의 권위주의적·군국주의적 성격은 팽창주의로 연결되어 두 번의 세계대전과 국가 파멸을 초래하는 간접적인 원인이 되기도 했다.

지역적으로는 비유럽이지만 유럽문명의 연장으로서 미국 역시 후발국가로서 근대화에 성공하여 독특한 지리적·환경적·역사사회적 성격을 바탕으로 유사 이래 가장 강력한 근대 국민국가로 성장한 경우다. 미국은 모든 면에서 워낙 예외적인 국가로서, 특히 유럽의 전통적인 정치적 유산으로부터 상대적으로 영향을 거의 받지 않은 일종의 무중력 상태에서 사회와 국가를 창건했다. 여기서는 청교도 정신도 중요한 역할을 했지만 무엇보다 계몽주의적 근대정신을 갖춘 건국의 아버지들의 역할이 지대했다. 이들의 사상적 좌표가 정확하게 자유주의적 성향이 강하였는지 아니면 공화주의적 성향이 강했는지에 대해서는 논란이 있지만, 특히 1787년에 채택된 연방 주권과 대통령제를 근간으로 하는 헌법은 이후 미국이 크게 발전할 수 있는 굳건한 토대가 되었을 뿐 아니라 근대 국민국가를 건설하는 하나의 독특한 모델이 되었다. 19세기 중반에 이르러 미국은 남북전쟁을 겪었다. 그러나 링컨(Abraham Lincoln) 대통령은 흑인노예해방이라는 이념성이 강한 문제를 처음부터 국가운영 과제로 정면에서 다루지 않았으며, 이를 연방주의 문제로 전환하여 대처하는 실용주의적 자세를 보여주었다. 이러한 과정에 힘입어 미국은 남북전쟁 이후 사회·경제적 국민통합을 성공적으로 이룩함으로써 세계 최강의 국가로 도약할 수 있었다.

일본은 비서구 사회가 19세기 말 근대국가로 전환하는 데 성공한 희귀한 사례다. 봉건제도 등 일본을 성공으로 이끈 역사·문화적 요인들은 별도로 하고, 여기에서는 기도 다카요시(木戸孝允)의 구미시찰단이 귀국한 이후 제시한 국가건설 3대 정책을 살펴보고자 한다.

첫째는 문명개화 정책이다. 서양의 학문과 기술을 수입하고, 교육을 통해서 인재를 양성하여 국가를 서양식 근대국가로 변화시키겠다는 것이다. 메이지(明治) 시대에 발표된 칙령 중에서 교육과 관련된 것이 가장 많았다는 데서 알 수 있었듯이 국민교육과 사고의 전환이 가장 중요한 과제로 설정된 것이다. 여기에서 간과해서는 안 될 부분은 국가의 사상체계 정비 문제다. 이들 시찰단은 서구의 학문과 문화의 이면에는 기독교가 있다는 점을 간파했다. 그러나 일본의 입장에서 이를 수용하는 것은 불가능했던 만큼 일본 전통에서 그 대체물을 찾고자 했다. 그리하여 당시까지만 해도 단편적이고 비체계적이었던 토속신앙을 천황을 정점으로 하는 신도(神道)로 정비하여 체계화하였던 것이다.

둘째는 식산흥업 정책, 즉 공업화를 중심으로 하는 자본주의의 발전이었다. 특히 주목해야 할 것은 이러한 정책을 경제정책이라기보다는 내무정책으로 간주하여, 내무성 소관으로 삼았다는 것이다. 호적 정리, 의무교육, 경찰제도, 관료기구 등의 모든 것이 이 목표를 달성하기 위한 수단이었다. 그 결과 1890년대 중반에는 대재벌 체제를 통하여 경공업화를 완성할 수 있었다.

셋째는 부국강병 정책이다. 즉 이 모든 정책은 결국 군사력을 강화하기 위한 것으로서, 경제면에서는 군수공업의 발전을 핵심적 목표로 삼았다. 결국 서양 제국주의의 침략에 맞서 국가를 수호하기 위해서는 그들의 원리를 받아들여 산업화를 강력하게 추진함으로써 국력을 강화하자는 것이 골자였다.

일본의 문제는 천황제로 대표되는 일본적 근대화의 한계에 있었다. 이들은 자유민권운동에 대항하여 이를 와해시키는 방법으로써 프러시아의 중앙집권적 군주제를 모델로 설정했다. 특히 군부의 독립을 제어하는 장치를 개발하지 못함으로써, 천황의 통치권이라는 명분하에 극소수 군벌과 관료, 귀족들이 권력을 행사하는 과두 체제를 창출했을 뿐 국가사회가 자생적으로 그리고 지속적으로 변화를 주도할 수 있는 안정적인 제도적 틀을 수립하지는 못했다. 그리하여 부국강병이 아니라 강병 일변도의 군국주의 정책을 밀고 나가다가 결국 파국을 맞게 됐다. 일본은 독일과 더불어 2차 대전 패전 이후 미국의 점령하에서 민주적으로 거듭 태어남으로써, 여러 가지 제약을 안고 있는 가운데서도 20세기 후반 본격적으로 민주화된 국민국가로서 비약적인 발전을 이룩할 수 있었다.

2. 현대 민주주의 국가에서의
   스테이트크래프트

끝으로 근대 국민국가의 내적 구성원리와 연관된 스테이트크래프트를 살펴보고자 한다. 근대 국민국가의 내적 구성원리와 국가운영의 핵심은 민주주의다. 원래 민주주의는 그리스에서 출발했을 때부터 인민대중의 지배라는 특수한 형태의 정치체제(polity)라는 성격과 더불어 그것이 지향하는 바는 인간의 '자기 지배'의 이상(ideal)이라는 두 가지 특징을 갖고 있었다. 이러한 민주주의는 고대 도시국가 아테네의 몰락 이후 어떤 의미에서건 오랫동안 부정적인 가치 및 정치형태로 간주 되어 온 것이 사실이다. 근대에 들어와 민주주의가 부활 되어 지금은 절대적인 시대적 가치가 되었지만, 이는 자유주의와 결부되어 발전해온 자유민주주의의 모습을 통해서 실현된 것이었다. 이렇게 근대 민주주의는 먼저 자유민주주의라는 정치체제로서 등장했고, 그것이 지향하는 민주주의라는 이상 역시 이런 흐름 속에서 자연스럽게 복권되었다.

그러나 한편에서는 이렇게 복권된 민주주의가 자신의 모체 혹은 통로가 되었던 자유민주주의를 부정하거나 이를 보완함으로써 자신의 독자적인 고유한 이상을 구현하려는 방향으로 나아가기도 했다. 인민민주주의가 그것이다. 물론 이념상으로 민주주의 자체를 거부하고 전체주의를 추구하는 흐름도 대두되었다. 나치즘·파시즘·군국주의 등이 그것이었다. 그리하여 20세기 전반기 국민국가들은 배타적 민족주의와 자유민주주의의 대결로 치달았고, 2차 대전 이후에는 자유민주주의와 인민민주주의라는 양립하기 어려운 가치를 토대로 하는 국가운영 원리가 충돌하게 됐다.

20세기 후반기를 놓고 볼 때 국가의 내적 구성원리 및 국가운영 차원서는 자유민주주의, 권위주의, 전체주의(이 경우는 공산주의)라는 3자 대결

구도가 펼쳐지다가 세기 말에 와서 공산주의가 붕괴되었고 또한 상당수의 권위주의 국가들도 민주체제로 전환되었다. 이와 관련하여 우선 개념을 명확히 해둘 필요가 있다. 이 경우 자유민주주의는 무엇보다도 그동안 축적된 성과로서 언론의 자유라든가 의회주의와 같은 제도적 틀을 의미한다. 즉 그것의 배경이 된 사상이나 이를 합리화하는 이론의 성격과는 별도로, 역사적으로 확보된 제도적 장치를 도입하고 이에 따라 국정을 운영하는 것을 의미한다. 둘째, 권위주의란 기본적으로 자유민주주의를 전면적으로 부정하거나 배척하는 것은 아니라는 점이다. 다만 사회경제적·문화적 기반이 부족하거나 결여된 상태에서 과도적·한시적 조치로서 자유민주주의를 일부 유보한다거나 국가별로 왜곡시킨다는 성격을 강하게 갖고 있다는 것이다. 그런 점에서 권위주의는 스스로의 가치를 부정한다는 묘한 특징을 갖고 있다고 하겠다.

마지막으로 인민민주주의란 고대 민주주의 가치 특히 평등을 최대의 가치로 추구하되, 산업화된 사회에서 이를 구현하기 위해 프롤레타리아트 독재체제, 더 구체적으로는 전위정당의 독재를 국가의 핵심적인 구성원리 및 국가운영의 원리로 삼고 있다는 점이다. 특히 공산국가들은 자유민주주의 요소를 전면적으로 부정하면서도 한편으로는 이를 전술적 차원에서 이용하고자 하였다. 그러나 주지하듯이 20세기 말 소련과 동구권을 비롯한 대부분의 현실 공산주의 국가들은 붕괴되었고, 반(半) 자본주의적 성격의 공산주의 국가인 중국과 베트남, 그리고 공산주의라기에는 너무나 이질적인 북한의 변형된 체제만이 잔존하고 있는 것이 오늘의 현실이다.

민주화 과제의 해결과 그 후의 문제들

그동안 스테이트크래프트와 관련하여 현실적으로 가장 관심을 집중시킨 주요 현안은 주로 권위주의 국가들이 자유민주주의 정치체제로 전환하는 것, 즉 민주화의 과제였다. 전체주의 국가들의 경우에는 그것이 배타적 민족주의든 혹은 공산주의든 모두가 기본적으로는 자유민주주의를 부정하는 것이었던 만큼 체제의 파멸 혹은 붕괴를 통해서만 전환해나갈 수 있었다. 그러나 가장 중요한 관심사는 권위주의 국가의 국가운영 속에서 민주화가 어떤 방식으로 추진되었는가 하는 것이다. 일찍이 구미 선진국들은 산업화와 민주화를 거의 동시에 자연스럽게 달성한 바 있으나, 후발 국가들은 민주화 과정에서 상당한 우여곡절과 파란을 겪을 수밖에 없었던 것이 역사적 사실이다. 독일과 일본만 해도 서로 정도는 다르지만 지그재그를 경험하면서 전체주의로 변모하였다가 결국은 패전 이후 연합국, 특히 미국의 점령하에서 구체제의 청산과 제도이식을 통해 민주화를 기할 수 있었다.

그러나 대부분의 권위주의 체제의 경우, 스스로를 민주화를 위한 기반을 닦는 단계라고 합리화하였지만 사실상 국가운영을 질서 있는 민주화로 이끈 경우는 별로 없었으며, 대부분은 봉기와 혁명과 같은 '밑으로부터의 민주화'를 통해서 체제전환에 발동이 걸리게 되었다. 권위주의 체제에서의 국가운영은 오히려 민주주의가 작동하기 위한 산업화, 즉 경제성장과 건전한 중산층의 육성 등 계층적 기반을 구축하는 것을 핵심적인 과제로 여겨왔다. 다만 민주화의 기반이 확충된 이후 정부가 자유화 조치를 취할 수 있는가 하는 것이 현실적 과제가 되었다. 여하튼 권위주의 정부가 경제성장과 이를 토대로 하는 계층적 기반을 형성한 뒤 적절한 시점에서 비교적 온건한 자유화 조치를 취할 경우에만 민주화로 가는 복잡하고 미묘한 정치동학이 시작됐다. 그리하여 집권측이 유화적이고 타협적인 자세를 취할 경우에는 '협약에 의한 민주화'라는 비교적 성공적인 민주 전환이 이루어졌다. 반면에 권위주의 정부가 가혹한 강권통치를 계속할 경우에는 혁명이나 내전으로 치닫는 하드랜딩을 보여주거나 아니면 더욱 가혹한 강권통치로 귀착되는 양상을 보여주었다.

　민주화 이후의 국가운영 문제 또한 오늘날 세인의 관심을 끄는 주요 현안이다. 민주화의 성과물, 즉 그동안 확보한 자유와 여러 가지 정치적 권리들 그리고 이를 보장하는 헌법을 필두로 하는 여러 법적·제도적 장치들을 수호하고 발전시켜야 하는 과제가 있다. 그러나 이러한 자유민주주의 제도의 수호만으로 국민적 욕구는 충족되지 않는다. 특히 민주화 이후에는 열악한 계층의 사회경제적 평등에의 요구, 그리고 정치참여 욕구가 강력하게 확산되어, 국가가 이를 수용하지 못할 경우 국민적 정의감이 크게 훼손되고 결국 민주주의 국가를 수호할 의욕 자체가 크게 꺾일 수 있기 때문이다. 중요한 것은 민주화의 제도적 성과인 자유민주주의의 틀을 수호하는 문제와 사회·경제적 평등을 제고하는 문제가 왕왕 충돌한다는 데 있다. 이렇게 민주화를 수호·발전시키는 과제 자체가 국가의 수호·발전과 이율배반적 양상을 보이는 경우가 자주 나타나는 것도 오늘날 민주국가의 스테이트크래프트가 처한 딜레마인 것이다. 다시 말해 국가의 수호와 발전(경제성장), 민주화의 제도 수호, 민주주의의 기반인 사회·경제적 평등의 확대라는 세 가지 과제가 상호 갈등을 일으키고 있는 것이 민주화 이후 국가운영상의 핵심적인 현안이며, 이를 균형 관리하는 것이 현대 국민국가가 당면한 최대의 과제이자 오늘날 스테이트크래프트의 요체가 되고 있다.

　이를 구체적으로 말한다면, 우선 건전한 자유와 평등의식을 토대로 하는 국민적 가치관과 이를 실천하려는 자질과 기풍 등 민주시민의 공덕심을 유지하고 진작시키는 것이 급선무다. 그리고 이를 통해 자유민주주의적 국가의 틀, 나아가 국가 자체를 수호하는 한편 각계각층의 타협과 자발적

협력을 통해 국정의 건전한 균형 발전을 기해나가는 과제를 실행해야 한다. 이러한 과정에서 특히 민주화를 통해 획득한 제도들을 형해화 혹은 전복시키거나 특정 시점에서 형성된 정치적·사회적·경제적 힘의 분포를 고착화시키거나 점차 독점화하려는 각종 세력들을 적절히 견제하는 것도 중요한 과제이다. 다음으로 평등과 같은 특정 가치만을 절대시하면서 주어진 체제와 제도 자체를 붕괴시키려는 일종의 원리주의적 태도를 적절히 관리해나가는 것도 긴요한 과제라고 하겠다. 끝으로 어떠한 명분을 표방하든 또 어떤 실리를 추구하든 간에 전체적 이익이 아니라 부분적이고 파편적 특수이익을 위해서 국민을 선동하는 대중 영합적 포퓰리즘(populism)에 호소하는 정치적 야심가들을 견제하는 것이야말로 오늘날 민주국가가 당면한 핵심적인 과제가 아닐 수 없다.

제6장 결론

대한민국의 미래, 스테이트크래프트에 달려 있다

오늘날 사회 분화가 심화되고 세계화 현상 또한 확산되고 있지만, 인류는 여전히 국가, 특히 근대국가라는 정치공동체에서 생활을 하고 있다. 특히 우리는 지난 80여년에 가까운 시간 동안 대한민국이라는 근대국가의 틀을 통해 엄청난 변화를 경험했다. 그동안 우리가 겪은 성취와 실패는 직간접적으로 모두 근대국가의 특성과 직결되어 있었던 것이다. 우리가 세계 최정상급 선진 대열에 오르기 위해서는 사회·경제·문화 등 제반 영역이 모두 균형 있게 발전해야 되겠지만, 무엇 보다 모든 영역을 포괄하면서 상호 간의 관계를 조정해주는 국가의 중요성과 그 특성에 대한 명료한 인식이 절실하다.

모든 정치체는 강제력을 동반하는 공동체인 만큼 여타의 집단이나 단체와는 구별되는 독특한 운영원리와 특성에 입각하여 작동된다. 무엇보다 공공성을 핵심적 가치로 요구하며, 그 운영은 실천적 지혜(prudence)에 입각한 독특한 스테이트크래프트를 필요로 한다. 동서고금의 모든 국가는 나름대로 이에 관한 경험을 축적해왔다. 우리 역시 중국에서 축적된 지혜와 우리 민족 나름대로의 경험을 토대로 전통적 국가에서의 스테이트크래프트를 발휘해왔다.

근대 국민국가는 일반적인 의미의 정치체와 또 다른 특성을 갖고 있다. 강제력의 동반이 아니라 독점이라는 특성 그리고 인민(국민)주권이라는 독특한 논리를 배경으로 하고 있는 것이다. 이러한 근대국가는 서양에서 처음 나타나 발전해왔으며, 산업화와 민주화를 통해 강력한 국가로 부상하여 세계를 제패했고, 그 국가 모델이 전 세계에 전파됐다. 그리고 후발국가들은 서구의 근대국가를 의식적·계획적으로 모방하여 살아남았으며 또한 이를 통해 강대국으로 부상하려고 몸부림쳐왔다.

우리가 지난 세월 동안 피땀 흘려 경주해온 노력 역시 바로 이러한 범주에 속하는 것이었다. 물론 그 과정에서 뚜렷한 한계에 직면하기도 했다. 저출생·고령화로 인한 인구 절벽 현상은 이제 피부에 와 닿을 만큼 심각하며, 여전히 남북분단과 남북한 간 첨예한 대립상황이 지속되고 있는 것이다. 특히 민주화 이후 40여 년이 흘렀지만 아직도 극한대결의 정치가 지속되면서 사회경제적 발전과 국가 전체의 발전을 가로막고 있는 것도 부인할 수 없는 현실이다. 그러나 대한민국의 앞날은 역시 정치에 달려 있고, 특히 대한민국이라는 정치공동체를 운영해가는 스테이트크래프트에 달려 있다는 것은 부인할 수 없다.

이제 시선을 국가로 돌려야 할 시점이다. 경제·사회·문화·계급 혹은 계층 나아가 민족 모두 중요하지만, 총체적인 틀로서의 국가 즉 대한민국이라는 정치공동체의 운영원리를 깊이 탐구하고 그 실천적 노하우와 지혜, 즉 스테이트크래프트를 다듬고 발전시켜나가야 한다. 그것이 대한민국이 국가 소멸의 위협을 떨쳐내고 선진과 통일의 문턱을 넘어설 수 있는 유일한 길이라고 확신한다.

제2부
대한민국 대통령의
스테이트크래프트

을사늑약 장면을 그린 신한민보(新韓民報)의 풍자화

(신한민보는 1909년 2월 10일 미국의 대한인국민회에 의해 창간된 한국어 신문이다.
맨 오른쪽에 제목을 한문으로 조일협약도(朝日脅約圖)라고 썼다.
제목에 있는 '협'은 위협할 협(脅)을 넣었다.
그리고 고종을 조약에 강하게 반대하는 모습으로 그렸고,
일본 군인이 칼을 들고 있는 모습을 그려 을사늑약이
일본의 협박 속에 이루어졌음을 설명하고 있다.)

제1장 일제 강점기가 남긴 유산

일제 강점기는 우리 민족의 국가 경험에서 특별히 예외적인 시기이다. 한·일합방으로 국가를 상실하였을 뿐 아니라, 일제의 탄압으로 민족의 사회·경제·문화 등 제반 영역이 극도로 위축·왜곡되고 변형된 기간이었다. 단순한 국가의 부재를 넘어서, 정치활동을 위한 모든 합법적 공간이 부재하거나 협애화 됨에 따라 구한말 이래 근대국가를 건설하려는 노력 자체가 좌절되었다. 이제 정상적인 정치활동은 오로지 독립투쟁으로 변모하지 않을 수 없었고, 따라서 대부분의 정치조직은 해외로 망명하였으며, 한반도 내에 남은 극소수의 정치활동도 비밀결사의 모습을 취할 수밖에 없었다. 그 결과 정치활동은 대중과의 관계가 약화되거나 단절됨으로써 정치 경험이나 국가관 자체가 크게 왜곡될 수밖에 없었다. 따라서 스테이트크래프트, 즉 국가운영 경륜 역시 그것이 발휘될 영역 자체가 없었고, 과거의 경험마저 전수되지 못하는 단절현상을 경험하게 되었다.

이러한 가운데서도 우리가 접하게 된 것은 왜곡된 형태이지만 새로운 근대국가의 상(像)이었다. 식민 통치시기를 거치면서 우리는 전통적인 국가 개념을 버리고 새로운 근대국가의 개념을 받아들였던 것이다. 문제는 일제 식민지 통치하에서 우리 민족이 겪은 이러한 굴절된 경험을 통해 형성된 국가관 및 스테이트크래프트가 이후 대한민국을 건설하고 국가를 운영하는 데 긍정적이든 부정적이든 적지 않은 영향을 미쳤다는 사실이다. 그때문에 '식민지 근대화론'이란 가설도 일부 설득력이 있으되, 현대 한국의 모든 문제를 '일제강점기 탓'으로 치환하는 어법에도 모종의 타당한 맥락이 있는 이중적인 상황이 도출됐다.

일본제국의 특징

일제 강점기 식민통치의 성격을 알기 위해서는 먼저 일본이라는 근대국가의 특징부터 살펴볼 필요가 있다. 당시 일본이라는 나라는 전통사회 특유의 무사정권인 봉건적 막번(幕藩)체제에서 개항과 메이지유신(明治維新)을 거쳐 근대국가로 막 탈바꿈한 상태였다. 1889년 흠정 헌법이 공포되고 제국의회가 개설되었지만, 여전히 정부는 의회에 의해 선출되지 않았다. 의원들 역시 일정액 이상을 납부하는 남성 유권자들에 의한 제한선거로 선출되었다. 1921년에 최초의 의원내각이 출범하였으나 그것도 1930년대 중반까지만 유지되었다. 그런 점에서 당시 일본의 국가적 특성은 천황제에 있었다고 할 수 있다. 천황을 정점으로 하면서 특히 메이지유신의 원훈들이 정부와 군부를 장악하여 수뇌부로 활동하고 있었다.

이러한 일본제국은 경제와 정치 양 측면에서 모두 독특한 특징을 갖고 있었다. 경제적인 측면에서 보자면 19세기 후반 서구 제국주의는 금융자본주의 내지는 독점자본주의 단계에 들어섰던 데 반해, 일본은 상업자본주의에서 산업자본주의로 막 넘어가는 단계의 후발 자본주의 경제였다. 그만큼 해외 착취 자체도 직접적이고 각박할 수밖에 없었다. 정치적 측면에서는 후발 신흥 제국주의로서 '약자의 제국주의'라는 특성을 갖고 있었다.

비록 근대화에 성공하여 서구 열강에 의한 식민화 혹은 반식민화는 피할 수 있었으나, 여전히 열강과의 불평등조약을 극복하지 못한 상황에서 국가안보에 대해 예민한 불안의식을 갖고 있었다. 특히 러시아에 대해서는 큰 공포심을 갖고 이를 경계하고 있었다. 여기에서 일본은 서구 제국주의의 '팽창주의적' 성격을 모방하기 시작하였다. 스스로의 약한 힘을 식민지 개척을 통해 만회하고자 한 것이다. 그리하여 탈아입구(脫亞立歐)의 제국주의 정책을 추구하였다. 그런 점에서 주로 경제적 관점이 지배적인 서구의 제국주의와는 달리, 일본 제국주의는 안보 위주의 정치적·군사적 목적이 보다 강조되는 특성을 갖고 있었다.

일본의 군사대국화 및 대외 팽창의 양상 역시 구미 열강과는 차별성을 보였다. 전통적으로 해양국가와 대륙국가의 제국주의는 스타일 면에서 다른 특성을 보였지만, 일본은 섬나라이면서도 오히려 독일과 같은 대륙국가의 특성인 혹독한 통치정책을 취하였다. 해양국가의 특성보다 후발주자 제국의 특성이 반영된 것이다. 식민화의 대상이 된 민족도 매우 달랐다. 서양의 경우 식민화의 대상은 지리적으로 멀리 떨어져 있었고, 인종·문화적으로도 종주국과 이질적이었으며, 국가의 발달 단계도 대체적으로 부족국가 상태에 있었다. 또한 현지에 자국민을 이식하여 식민지를 개척하면서 현지에서 출생한 자국혈통 및 혼혈인으로 이루어진 '식민지인 문제'를 첨예한 현안으로 갖고 있었다. 북미에서의 청교도 중심 백인 사회, 남미에서의 스페인계 백인 후손 및 원주민과의 혼혈로 이루어진 크리올(creole) 사회, 남아공의 현지 백인 사회 등이 대표적인 사례라고 하겠다.

반면에 일제의 식민화 대상이 된 한국은 인종적·언어적·문화적으로 유사성이 높았을 뿐 아니라 불과 얼마 전까지만 해도 유일하게 통신사(通信使)가 오가던 인접한 국가였다. 특히 한국은 장구한 역사를 통하여 정비된 독립적인 정치체제를 가진 문명국이었으며, 한국인은 역사상 대부분의 기간 동안 스스로 일본인보다 문화적으로 우월하다는 의식을 가졌다는 점에서 서양 식민지의 경우와는 현격한 차이가 있었다. 이 때문에 서구 제국주의는 식민지 원주민을 철저하게 자신과 대립되는 피지배 백성으로 대했던 데 반해서, 일본의 경우에는 한국인에 대해서 동화(同化)와 차별화라는 모순되고 이율배반적인 정책을 취하지 않을 수 없었다. 식민지 초기만 해도 현지인을 문명화시킨다는 서구 제국주의식 정책을 취하면서도 한편으로는 '양자론(養子論)'을 표방하는 등 한국인을 일본 국민과 거의 동일하게 취급하겠다는 모순된 정책을 표방하였다. 일제 말기에 와서는 전쟁 수행을 위해 부득이 '내선일체(內鮮一體)'를 강변하였지만 모든 면에서 한국인을 '이등국민'으로서 차별화하는 정책 역시 포기하지 않았다.

식민화 과정, 부정적 국가관의 뿌리

일본의 한국 식민화 과정에서도 독특성이 있었다. 함포(艦砲) 외교는 있었지만 전면적으로 치러진 침략 전쟁은 없었고, 대신 청국과 러시아 등 이른바 후견세력과 전쟁을 벌여야 했다(물론 일본군이 합방 직전 군대해산 과정에서 치열한 의병 궐기를 상대해야 했던 것을 우리 입장에서 빼놓을 수는 없지만, 그들의 입장에서 긴장감이 있는 전투는 아니었다). 실제로는 늑약(勒約)이었지만 적어도 형식상으로는 조약으로 한반도 국가 전체를 식민지화했던 것도 흔치 않은 사례인 것이다. 일본의 입장에선 태평양전쟁 말기 항복을 받아줄 연합국을 향해 '조선(한반도)은 식민지가 아니라 일본 본국의 영토이다'라고 주장하고 싶었던 맥락도 거기에 있다. 또 합방은 침략에 의해 곧바로 이루어진 것이 아니라 장기간의 책략으로 이루어졌기 때문에, 그것이 처음부터 치밀한 계획에 의해 단계를 밟아가면서 실현된 것이었는지 혹은 장기간에 걸쳐 목적과 계획 자체가 변화하면서 최종적으로 합병을 선택한 것이었는지에 대해서도 논란이 없지 않다.

일본의 한국 식민통치는 천황제라는 국가적 특성과 대외 군사적 팽창이라는 요구가 앞서 있었던 데다가, 비교적 잘 짜인 정치체제와 국가구조를 경험했던 한국인을 대상으로 하였던 만큼 저항 역시 필연적이어서 강제력 행사를 통한 지배를 강행했다. 여기에 산업화 궤도에 올라선 본국의 노동자들을 위한 식량(주로 쌀)을 확보해야 한다는 경제적 이익까지 고려됨으로써 일본은 군사적 억압과 경제적 약탈을 동시에 추구하는 이중적 부담을 부과하는 혹독한 통치체제를 수립·운영하였다. 특히 식민지배 말기에는 만주사변(1931년)과 중일전쟁(1937년) 그리고 태평양전쟁(1941~1945년)을 치르게 됨에 따라서 일본제국 자체가 고도로 군국화(軍國化)된 결과, 이른바 국체명칭(國體明徵)과 치안유지법(治安維持法) 그리고 신사참배(神社參拜), 국어상용(國語常用), 창씨개명(創氏改名), 궁성요배(宮城遙拜) 등 철저한 황국신민화 정책과 국민총동원법, 징용·징병 같은 총력전 수행으로 숨 쉴 틈조차 없는 혹독한 통치체제를 운영하였다.

일본의 한국 식민지 통치는 영국형 간접통치가 아니라 프랑스형 직접통치의 모습을 취하였다. 그러나 직접통치라고 하더라도 비교적 부드러웠던 프랑스형 통치와는 달리 군대와 경찰력이라는 강제력에 바탕을 둔 고도로 중앙집중화된 통치기구가 중심이 되어 모든 형태의 저항을 극단적으로 제압하는 일률적 지배방식을 취하였다. 조선총독부는 본국 정부의 간섭마저도 거의 없는 무소불위의 존재로 군림하였다. 우선 총독의 위상 자체가 거의 절대적이어서 일종의 '총독 전제정치'를 펼쳤다. 대만 총독은 수상의 통제하에 있었지만 조선 총독은 천황의 '직예(直隸)'였다. 조선 총독은 내각 총리 대신, 각부 대신 및 대심원장 등을 정점으로 하는 일본 관료 체계에서 최고위 위상을 갖고, 원칙적으로 내각과 의회의 통제도 받지 않았다. 특히 총독은 일본 통치집단 내에서도 가장 핵심을 이루는 군벌의 몫으로서 현역 육해군 대장 중에서 선정되었고, 그는 식민지에서 입법·행정·사법 등 3권을 장악하였을 뿐 아니라 독립적인 군사지휘권을 갖고 헌병사령관과 주둔군사령관을 장악하는 존재였다. 더구나 한국이라는 식민지에서는 일본제국의 법률체계가 그대로 적용되지 않았다. 총독부는 일본의 법령 중에서 현지에 필요하다고 판단되는 것만 적용하였고 일본에 없는 것은 제령(制令)이라고 해서 별도로 제정하였다. 일종의 포고령 혹은 계엄령 통치였다고 할 수 있다.

일제는 이러한 강제력을 바탕으로 고도로 중앙집중화된 식민통치체제를 구축하였다. 조선시대와는 달리 중앙관료에 의한 상명하복이 군(郡) 단위 아래 일선 촌락까지 직접적으로 침투하는 체제를 건설하였다. 그 결과 1910년 합방 직후 한국 관료의 숫자는 1만 명이었던 데 비해 1937년에는 8만 7,000명으로 폭발적으로 증가하였다. 참고로 프랑스가 베트남을 식민지로 경영할 때 공무원 숫자가 3,000명에 불과했었던 점을 상기할 필요가 있다. 경찰도 합방 직후에는 6,000명이었던 것이 1940년대에는 6만 명으로 10배나 증가하였다. 이는 단순한 숫자상의 증대뿐만이 아니었다. 일제는 치안뿐만 아니라 국정개입의 범위가 극도로 확대된 '다기능(多技能) 경찰제도'를 운영하였다. 그리하여 한국인 사이에서는 식민통치를 경험하면서 고도로 강력한 국가와 이에 굴종 혹은 저항하는 국민이라는 대립적 관념이 형성되었던 것이다.

이러한 강압적 통치체제와 행태는 한국인으로 하여금 외세의 지배에 저항하는 것을 넘어 근대국가 자체에 대하여 지극히 부정적인 인식을 갖게 만들었다. 경찰은 물론이거니와 납세 및 법률 준수에 대해서도 극도로 부정적이고 저항적인 가치관을 가지게 된 것이다. 즉 일제 식민통치는 조선조의 관존민비(官尊民卑) 정치문화를 지속시키면서 여기에 더하여 권위주의, 군사통치, 포고령 정치, 그리고 사회의 광범위한 영역에 대한 국가개입을 익숙한 것으로 받아들이는 토양을 만들어냄으로써 후일의 대한민국이 관료제적·권위주의적 정부를 만들게 되는 경로를 형성했다.

식민지 경제, 물적 토대의 형성 문제

일제는 경제적 측면에서 적지 않은 영향을 미쳤지만, 특히 국가의 물질적 기반을 건설하고 운용하는 스테이트크래프트 면에서도 지우기 어려운 흔적을 남겨놓았다. 우선 1930년대 이후 연이은 전쟁의 과정에서 한반도를 군사기지화하기 위해 약 15년 동안 집중적으로 추진되었던 중공업화는 훗날의 한국의 산업발전에 결정적인 영향을 미쳤다는 해석까지 낳고 있다. 이른바 '식민지 근대화론'이 그것이다. 그러나 전체적으로 본다면 일제는 한국경제를 정상적으로 발전시킨 것이 아니라 이를 제국 경제의 한 부분으로 포섭함으로써 왜곡·분절시켰다고 할 수 있다. 특히 국가의 경제운영 방식에서 후대에 미친 파급효과는 의외로 상당히 광범위하고 컸다. 그러나 식민지 한국경제는 근본적으로 어디까지나 농업 중심이었고 특히 사회적 특성은 부재지주(不在地主)를 중심으로 하는 소작농 중심의 농업사회였다. 그리고 이러한 농업경제는 공업 등 여타 산업과는 철저하게 분절된 이중경제를 이루고 있었다. 해방 이후 한국경제 나아가 국가가 맞닥트린 가장 긴박한 과제가 토지제도를 개혁하는 문제일 수밖에 없었던 것도 이를 반증해준다.

일제가 경제운용에 미친 영향과 관련하여 가장 주목해야 할 것은 '개발식민주의' 혹은 '발전국가'라는 모델의 문제다. 이는 다이쇼(大正) 데모크라시 시기(1911~1925년)에 등장한 수출주도형 개발 모델에서 시작된 것이었다. 특히 '수출협회법'에 의한 은행과 관료기구의 신속하고도 지속적인 지원정책이 기본이 되었다. 다만 이러한 제도가 식민지 한국에서는 제국의 산업정책과 일치하는 한에서 적용되었고, 특히 일제의 식민통치에 협조적인 점진적 개량주의의 기반을 강화해주는 측면에서 활용되었다는 한계는 있다.

1930년대 이후에는 군수 중공업을 중심으로 하는 이른바 대동아 공영권 경제 모델이라는 폐쇄적 블록이 등장하였는데, 이는 세계 경제공황에 대응하기 위한 일종의 케인지안(Keynesian) 경기부양책으로서 일본 본토와 대만, 그리고 한국을 잇는 블록 내 국제무역체제를 형성하였다. 특히 식민 한국은 세금이 적고 규제 또한 약했던 관계로 일본 재벌들의 천국이 되었다. 수풍댐과 흥남의 일본질소(日本窒素)를 건설한 노구치(野口)가 대표적인 예였다. 특히 만주사변(1931년) 이후 만주국은 군국주의 계획경제의 대표적인 모델이 되었다. 총독부로서는 '기회의 천국'으로서 만주 붐을 일으켜 이민을 장려하였고 만주국 하급 관리에 상당 부분 한인들을 충원하였다. 이렇게 당시 만주국에서 축적된 경험은 전후 일본의 경제부흥을 주도한 통상산업성(通商産業省), 즉 MITI(Ministry of International Trade and Industry) 중심 발전국가 체제의 직접적인 효시가 되었다. 우리 또한 개발시대에 이러한 모델을 따랐다는 분석도 있다.

식민통치는 경제뿐만 아니라 사회의 모든 영역에서 쉽게 지우기 어려운 흔적을 남겼다. 그리하여 한국인들의 스테이트크래프트의 기반이 되는 가치관 특히 국가관을 크게 왜곡시켰다. 주로 도시 지역에 국한되었지만 의식주 형태와 정신문화에서 일본화된 서구의 근대적 양식이 도입되어 서서히 자리 잡게 된 것이다. 특히 근대 산업사회의 특징인 규율사회가 도입되는 과정에서 엄격한 시간관리, 의복관리, 신체관리 풍습이 상당 부분 유입되기 시작하였다. 문제가 되는 것은 이러한 근대적인 습속 중에는 일본적 특성이 많이 묻어 있었기 때문에 근대적 가치와 문화 자체가 상당 부분 외국지배자의 것으로 배척당하게 되었다는 점이다. 식민통치 말기에 전쟁이 파국을 향해 치닫는 상황 속에서 인력 자원이 부족해진 결과 군국주의적 동원체제의 첨병으로서 한국인들이 하위 관리직에 대거 등용되었다. 따라서 제국통치에 대한 불만이 일제 당국이 아니라 한인 말단관리에게 집중됨으로써 같은 민족 구성원 간에 깊은 골이 생기게 되었다. 문제는 이들과 더불어 대지주와 대(大)부르주아지들이 전쟁 말기 행한 부일(附日) 협력 때문에 민족사회로부터 상당 부분 배척되었고 결국 자유민주주의적 엘리트로 발전하는 데 도덕적인 한계를 안게 되었다는 점이다.

독립을 위한 저항

이러한 일제 통치에 대해서 우리 민족은 굴종을 감내하면서도 한편으로는 이에 적극적·소극적으로 저항하는 등 국가를 되찾기 위한 노력도 간단없이 경주하였다. 그러는 가운데 우리 민족이 회복하려는 국가, 즉 정치체의 성격에서 근본적인 변화가 발생하였다. 오랫동안 지속되어온 왕조체제를 포기 혹은 거부하고 시대정신에 따라 민주공화정 국가를 수립하는 방향으로 사고의 전환이 일어났다. 그리고 스테이트크래프트 상에서도 과거와의 단절 속에서 새로운 원리와 기술적 요소들이 도입되기 시작하였다.
먼저 구한말 개화파들의 사상은 '독립협회' 그리고 이후에는 '헌정연구회'에 의해 이어졌고, 을사조약 이후에는 '대한자강회'와 '대한협회'로 변경된 이들 단체를 중심으로 계승되면서 점차 민주 공화정의 이념이 배태되기 시작하였다. 그러나 당시까지만 해도 아직은 군주헌법(입헌군주제)에는 호의적이었으나 민주헌법(공화제)은 크게 경계하는 분위기가 압도적이었다.

  가장 먼저 공화제를 수용한 것은 1907년 미국 샌프란시스코에서 안창호가 설립한 '공립협회'였다. 이들은 "나라는 백성의 나라요. 임금과 정부의 나라가 아니"라고 하면서, "금일에는 2천만 국민이 다 황제"라고 하는 등 국민주의 혹은 주권재민론(主權在民論)을 주장하였고 국민혁명도 가능하다고 보았다. 그러나 당시까지만 해도 국내에서는 급진적 사회개량론(파괴론)과 보수주의론이 대립하는 가운데 전체적으로는 보수주의론이 우세하였다. 이러한 상황에서 이상설, 박은식 등 이른바 보황주의자(保皇主義者)들은 1915년 중국 상해(上海)에서 '신한혁명당'을 결성, 고종을 탈출시켜 북경(北京)에서 망명정부를 수립하려고 시도하였으나 실패하였다. 중요한 것은 이후 이들이 1917년 '대동단결선언'을 통해 왕정을 포기하고 공화주의 이념을 받아들일 것을 선언하였다는 사실이다. "경술년 융희광제의 주권포기는, 즉 우리 국민 동지에 대한 묵시적 선위(禪位)니 우리 동지는 당연히 삼보(三寶, 토지·국민·정치)를 계승해 통치할 특권이 있다"고 규정, 한·일합방은 외국에 대한 주권의 양여가 아니라 국민에 대한 주권양여로 보아야 한다는 '고유주권론' 혹은 '주권불멸론'을 주장하였다. 그리고 이를 근거로 대한제국의 주권은 황제로부터 국민이 이어받았다는 독특한 '주권계승론'에 입각, 1920년 대한민국이 대한제국을 승계하였다고 보게 된 것이다. 복고세력들이 이렇게 관점을 전환하게 된 데에는 여러 배경이 있겠으나 1911년 대륙에서 신해혁명으로 청(淸) 왕조가 종말을 고하고 공화국이 등장했던 것도 적지 않은 영향을 미쳤다. 그리고 이러한 정세 변화에 힘입어 일반 대중 사이에서도 점차 왕정의 부활이 아니라 당대의 대세였던 공화정의 이념이 자리 잡아가기 시작하였다.

3.1운동의 주체와 성격

합방 이후 한동안 우리 민족은 크나큰 정신적 충격과 더불어 일제의 무단통치로 인해 별다른 저항의 움직임을 보이지는 못하였다. 그러던 것이 합방 9년째인 1919년 고종의 인산(因山, 황족의 장례)을 계기로 전개된 3·1운동을 통하여 대대적으로 분출되었다. 3·1운동의 기본이념은 민족주의이며, 그 형성에는 윌슨(Thomas W. Wilson)의 민족자결주의와 러시아 혁명이 큰 영향을 주었다는 사실은 익히 알려져 있다. 여기에서 더 주목해야 할 것은 조선조 통치집단의 향배다. 구 황실 측근에서는 3·1운동이 공화제를 표방하는 것을 알고 이에 불참하였다. 복벽주의자(復辟主義, 나라를 되찾고, 군주정을 회복하려는 사상)들의 단체인 '조선민족대동단'은 공화제를 배격하였던 만큼 3·1운동 과정에서 탄생한 '한성정부'에 참여하지 않았고, 이후 왕족인 이강을 탈출시켜 상해 임정에 합류시키려고 하다가 발각되어 체포된 사건을 끝으로 왕조복고 노력은 무산되고 말았다. 한편 대한제국의 구 각료들 역시 3·1운동 개시 전에 참여 제의를 받았으나 대부분 이를 거절하였다. 유림의 영수인 김윤식도 왕조복고에 대한 언급이 없다는 점을 들어 이를 거부하였다. 다만 유림의 경우에는 3·1운동 이후 입장의 변화를 보여준 것이 사실이다. 특히 김창숙의 주도로 서명운동을 일으켜 파리평화회의에 조선독립청구서를 제출하는 '파리장서 사건'이 발생하기도 하였다. 이렇게 왕정을 지지하는 세력들은 3·1운동 과정에서 배제되고 말았다. 이로서 유림과 조선조 양반집권 세력들의 스테이트크래프트는 20세기 후반 새로운 국가운영의 이념과 현실 속에서 단절되었다.

여기에서 3·1운동의 주체로서 새롭게 부상한 집단의 성격에 주목할 필요가 있다. 핵심적 역할을 한 것으로 알려진 중앙학교팀(3.1 운동 자금 지원 및 거사 논의 장소이기도 함, 현재의 중앙고등학교) 외에 천도교·기독교·불교 등 종교세력이 중심이 되었으며, 2·8동경선언팀과 신한청년단 그리고 일반 학생들 또한 대거 참여하였다. 바로 이들 신흥 주체세력들 사이에서는 공화정이 강력한 대안이 되었을 뿐만 아니라, 당시 해외 독립단체에서도 공화정의 주장이 대세를 이루고 있었다. 그것이 3·1운동 과정과 직후에 등장한 한성정부와 대한국민의회(블라디보스토크) 그리고 상해 임시정부(초기)라는 3개 임정부 모두에 반영되었다. 특히 상해 대한민국임시정부는 한성정부의 법통을 계승하는 형식을 취하였던 만큼 당연히 민주공화국을 국체로 표방하였다. 임시헌법에 의하면 "대한민국은 국민의 신임으로 완전히 다시 조직된"(전문) 국가이며, 그 국체는 "민주공화제로 하며(1조)", "주권은 대한인민 전체에 있다(2조)"고 규정되어 있다. 여기에서 상해 대한민국 임시정부가 대한제국이라는 왕조의 법통을 계승한 것인가의 여부가 문제시 되었다. 앞의 '대동단결선언'과 헌법의 구 황실 우대조항(8조)은 계승론의 입장이라고 할 수 있다. 반대로 구 황실 우대조항은 고종 붕어 당시 국민들의 마음을 헤아린 것일 뿐이며, 임정은 대한제국이 아니라 3·1운동의 법통을 계승한 것일 뿐이라는 관점도 가능하다. 이 문제는 단순한 이론적 문제가 아니었다. 그것은 주권의 소재와 주권의 행사주체에 관한 문제로서 복잡한 논란을 불러왔다. 특히 망명정부로서는 국민적 피드백, 즉 국내적 신임절차를 거칠 수 없다는 점에서 쉽게 해결하기 어려운 난제였다. 따라서 임시정부는 1927년 '임시약헌'을 통해서 "광복 완성 전에는 국권이 광복운동자 전체에 있다"고 규정하게 되면서 임정 역시 전체 광복운동을 지도하는 위치를 포기하고 독립운동의 일부 분파임을 인정하는 당중심체제로 변화하게 된다. 이로써 국권의 소재지로서의 광복운동자 전체를 아우르는 당의 창설이 심각한 과제로 제기되었고, 권력주체로서의 '민족유일당'을 건설하기 위한 좌우합작이 임정이 당면한 최대 과제가 되었다. 국민과의 연결고리가 미약할 수밖에 없는 망명정부가 체험할 수 있는 스테이트크래프트의 한계점이 바로 여기에 있었다.

이념의 등장과 민족사회의 분열

스테이트크래프트의 관점에서 볼 때 3·1운동 이후 민족사회는 장차 건설하려고 하는 국가의 내적 구성원리를 어떻게 설정할 것인가, 그리고 어떠한 방향에서 당대의 노력을 경주해야 할 것인가를 놓고 대분열을 겪게 되었다. 무엇보다 사회주의 내지는 공산주의라는 좌파 이념의 등장이 중요한 계기가 되었다. 이는 물론 당시 세계가 모두 직면한 보편적 과제였다. 다만 우리의 경우에는 혹독한 식민통치라는 극도로 제약된 여건하에서 독립투쟁을 펼쳐야 하는 상황에서 장차 건설하려는 국가가 지향하는 이상을 놓고 대분열이 나타났다는 데 더욱 큰 어려움이 있었다.

3·1운동 이후 당시까지만 해도 이러한 이념적 분열이 심하지 않은 상태에서 민족주의 세력이 주도권을 장악하였다. 민족주의자들은 일제의 문화통치를 틈타 창간된 〈동아일보〉와 〈조선일보〉를 정치적 결사의 대체물로 적극 활용하였다. 그러나 언론매체가 정치조직을 본격적으로 가름할 수는 없었던 만큼 이들 민족세력들은 합법적인 정치조직의 건설을 절실히 필요로 하였다. 여기에서 제일 먼저 민족주의자들이 분열하게 되었다. 온건파혹은 타협파들은 완전독립을 목적으로 하되 현실적인 한계를 감안하여 '합법적인 정치운동'을 지향할 것을 표방하였다. "허(許)하는 범위 내에서"라는 내용의 춘원 이광수의 사설이 조기에 게재되어 결국 실패하고만 〈동아일보〉 계열 중심의 연정회(研政會) 건설 노력이 대표적인 예였다. 문제는 이것이 급진파 내지는 비타협파 측의 시각에서는 일제의 식민통치를 기정사실로 하는 친일적 주장으로서, 패배주의적 '자치론'이 아닌가 하는 의심

을 살 수밖에 없었다는 점이다. 실제로 춘원을 비롯하여 이러한 주장을 한 인사들 중 상당수는 후일 친일로 돌아서기도 했다.

민족주의 좌파 특히 〈조선일보〉 측과 천도교계 구파 계열 인물들은 자치론에 크게 반발하면서 사회주의 세력과 연합하여 좌우합작에 의한 정치단체 건설에 나서게 되었다. 그리하여 '조선사정연구회'가 중심이 되어 조선공산당과 연합전선을 형성, 신간회를 창건하였다. 일제로서는 감시의 편의상 이를 허가하였지만, 정작 단체가 발족하여 그 세력이 커지자 당황하여 이를 저지하려고 하였다. 그러나 좌우 합작과 협력의 합법적인 정치단체로서의 신간회를 해체한 것은 오히려 공산주의자들이었다. 이른바 '12월 테제'에 따라서 신간회를 민족개량단체로 규정하고 민족혁명운동을 독자적으로 전개하라는 스탈린(Stalin)의 교조주의 혹은 극좌노선 때문이었다. 그러나 얼마 후 코민테른은 그것이 전술적 오류였음을 깨닫고 그 책임을 오히려 조선공산당에 전가하였다. 여하튼 신간회는 3·1운동 이후 거의 유일한 국내 좌우합작의 합법적인 정치단체라는 중대한 의미를 갖고 있다. 신간회는 오늘날에도 보수나 진보진영을 막론하고 모두가 높이 평가하는 좌우합작운동의 모범적인 사례이지만, 혁명을 기본노선으로 하는 볼셰비키 공산주의자들과의 협력은 한낱 정치적 유토피아에 불과했다는 사실을 보여주는 역사적 반면교사이기도 하다. 그런 점에서 신간회는 식민지 상황에서 발휘된 스테이트크래프트의 현실적 최대치와 한계를 동시에 보여준 것이었다고 할 수 있다.

여기에서 일제 강점기의 사회주의 혹은 공산주의의 등장과 활동이 스테이트크래프트와 관련하여 갖고 있는 몇 가지 특징에 대해 언급할 필요가 있다. 첫째, 1920년대는 사회주의와 공산주의라는 용어가 거의 혼용되어 사용되었으며, 이들은 모두 민족의 독립이라는 보다 상위의 가치를 달성하기 위한 수단으로 받아들여졌다는 점이다. 여기에는 민족자결주의를 제시한 서방이 우리에게 아무런 현실적 도움도 주지 못했던 데 반해 소련은 물질적·정신적으로 적지 않은 도움을 주었다는 점이 크게 작용하였다. 따라서 공산주의는 급진적 민족혁명가들이 효과적으로 항일독립운동을 수행하기 위한 방편으로 삼았다는 의미가 가장 컸다.

둘째, 많은 사회주의자들이 유교를 봉건적이라고 배척하면서 심지어 '유교망국론'을 운위하기도 하였지만, 한편에서는 그들 역시 전통적 유교의 한계에서 벗어나지 못했다는 사실이다. 특히 그들의 지나친 이성 중심, 수양체계, 그리고 혁명가의 무오류성과 불패성 주장은 비타협적이며 엘리트적인 조선조 성리학 중심의 선비의식의 연장선에 있었다. 이들은 민족주의자들과의 관계를 설정하는 데서도 왕왕 차별화가 지나쳐서 민족문제 전체를 부인하는 원리주의적·모험주의적 경향을 보이기도 하였다. 또한 이들은 전통적인 농업공동체적인 조직과 서클 상의 분파성을 강하게 갖고 있었다. 한편 가혹한 지주제 하의 농업사회였던 당시의 경제·사회적 상황을 감안할 때 그들이 추구했던 것은 농민혁명을 추구했던 마오쩌둥(毛澤東)의 중국 공산주의운동과 가까운 특성도 갖고 있었다.

셋째, 해외중심과 분파성의 문제다. 식민통치의 혹독함 때문이지만 공산주의의 주요 활동상의 거점은 해외에 있었다. 국내에서는 몇 차례 공산당 조직사업이 있었지만 바로 발각되어 분쇄 당했으며, 이후 불법 지하조직 자체도 성립하기 어려웠던 것이 사실이다. 문제는 소련만 해도 이르쿠츠크와 연해주, 중국에서도 상해, 만주 지역 그리고 연안 등 해외에 있던 여러 단체들은 현지 국가와 공산당의 사정과 특성에 따라 각기 다른 입장을 가질 수밖에 없었으며, 그로 인해 상호 분파투쟁이 극심했다. 그리고 이러한 분열은 국내에 그대로 전이되어 어렵게 만들어놓은 조직마저도 그러한 분파적 갈등에 빠져 스스로 붕괴하게 만들었다.

넷째, 이와 관련이 있지만 국제공산당과 러시아 볼셰비키들의 영향력이 강대했고, 운동이 이에 종속되어 막대한 피해를 입었다는 점이다. 한인 공산주의자들은 대부분 국제공산당과 러시아 볼셰비키들로부터 습득한 러시아의 경험과 혁명이론을 교조적으로 한국사회에 적용하려는 경향이 강했다. 문제는 국제공산당이 한인들의 내부 사정에 어두운 채 기계적이고 도식주의적이었다는 점이다. 가령 다양한 한인 공산주의자들의 분파 중에서 자신과 가까운 이르쿠츠크파만을 정통으로 인정하고 지원하는 이들이 있었으며, 1928년 이후에는 '1국 1당 원칙'을 무리하게 적용, 조선공산당을 해산하고 만주와 연해주 지역의 한인 공산주의자들을 중국과 소련의 현지 공산당에 가입토록 강요한 것 등이 대표적인 사례다. 그리하여 1930년대 중반 이후 소련에서는 수천 명의 한인 공산주의자들이 스탈린 대숙청으로 희생되기도 하였다.

다섯째, 일부 비타협적 노선을 걸은 사회주의자들이 항일투쟁의 명분을 확보함으로써 해방 이후 남북한 공산주의의 주력으로 떠올랐다는 사실이다. 국내에서는 일제 말 철저하게 비전향을 고수한 박헌영 분파가 정통성을 장악하고 공산당과 이후 남로당의 중심이 되었으며, 국외에서는 연안의 중국공산당 지역에 자리 잡은 '조선 독립동맹'과 만주지역의 '항일연군' 특히 그중에서도 김일성 분파가 북한의 권력을 장악하였다. 문제는 그들이 항일투쟁상의 실적이라는 나름대로의 명분은 갖고 있었지만 근대적인 국가운영의 안목과 통치력, 즉 스테이트크래프트는 갖추지 못한 극소수 이념적이고 폐쇄적이며 자력갱생을 중시하는 집단이었다는 점이다.

극단의 저항이냐, 순응적 패배냐

상해 임시정부는 해외 독립운동의 최고 지도부로서 초기부터 좌우 갈등에 휩싸였으며, 이후 적극적으로 좌우합작에 나서게 되었다. 이는 앞서 언급한 '민족유일당' 건설이라는 현실적이고 이론적인 필요성이 있었기 때문이다. 임정의 초기 갈등은 개화파를 잇는 이승만의 구미중심론 혹은 외교중시론과 구한말 의병운동의 맥을 잇는 무장투쟁중시론 간의 대립이 핵심이었다. 하지만 현실적으로는 이동휘의 공산혁명론과 그의 코민테른 자금수수사건을 중심으로 좌우 갈등이 첨예하게 전개되었다. 이후 임정은 복잡한 갈등과 대립 속에서 이합집산을 거쳐 우파의 '한국광복운동단체연합회'와 좌파의 '조선민족전선동맹'의 양대 세력으로 재편되었다. 그러다가 1939년에는 김구, 김원봉의 '전국연합친선협회'가 발족하였고, 1941년 '한국독립당'이 발족함으로써 마침내 유일당이 실현되었다. 그리하여 좌파계열도 대한민국 임시정부를 혁명의 최고통일기구로 인정하게 되었다. 그리고 광복군의 출범으로 점차 본격적인 무장투쟁에 나서게 되었다.

그러나 이와는 별도로 연안과 만주지역에서는 무장단체 중심의 공산계열의 활동이 지속되었다. 결국 해외 독립운동 단체 역시 특히 그들의 소재지와 이념적 친소관계에 따라서 지향하는 국가의 모델이 달랐고 스테이트크래프트 역시 대립되는 내용을 축적하게 되었다.

일제 말기에 들어서는 특히 국내의 탄압이 거세짐에 따라 그나마 합법적인 정치활동이 전면 금지된 것은 물론, 이들로 하여금 독립운동을 포기하고 철저하게 대일본제국에 동화될 것을 강요하는 이른바 '전향'이 강력하게 추진되었다. 일제는 1928년 자국 내에서 수천 명의 공산당원과 그 지지자들을 체포한, 이른바 3·15사건을 계기로 치안유지법을 제정·발동하였으며, 이어서 1931년에는 전향(轉向)정책을 시작하였다. 그리고 식민지 한국에서도 이를 적용하였으며, 거기에다가 사상범보호관찰법까지 동원하여 극심한 통제를 가하였다. 먼저 신간회 이후 국내 민족운동은 민족주의 좌파를 중심으로 단일당을 추구하였지만 철저하게 탄압 분쇄되고 만다. 특히 그동안 합법적으로 활동하였던 물산장려운동과 수양동우회(修攘同友會) 등도 모두 해산되었다.

나아가 일제는 유력 인사들을 회유하여 변절을 강요하였다. 그리하여 최린·최남선·이광수 등 민족진영의 거물들이 대거 변절을 하게 되었다. 그리고 많은 지식인들이 포함된 좌익성향 인사들 역시 대부분 '전향'하기에 이르렀다. 이와 함께 각종 국민동원체제를 구축하여 사회 모든 영역을 옭아 넣기 시작하였다. 이제 민족 자체가 말살될 위기에 놓이게 된 것이다. 이러한 상황에서 우리 민족이 축적할 수 있었던 스테이트크래프트는 극단의 저항논리와 순응적 패배주의 이외에는 전혀 불가능하였다.

**제2차 세계 대전 중 태평양 전쟁에서 태평양 방면 연합군 총사령관,
육군 원수인 맥아더 장군**

북위 38도 이남의 조선 영토와 조선 인민에 대한 통치의 전 권한은 당분간
본관의 권한 하에서 시행된다(1조)는 것과 정부공공단체 및 그 밖의
명예직·고용원·고용인 전원 및 모든 공공사업에 종사하는 직원 및 고용인은
별명이 없는 한 종래의 직무에 종사하며(2조), 점령군에 대한 반항행동이나
질서 보안을 교란하는 행위를 하는 자는 엄벌에 처한다(3조)는 것,
주민의 소유권 존중(4조), 영어를 공용어로 할 것(5조) 등을 담고 있다.
이 포고 제1호는 이후 군정 3년간 헌법적 규범이 되었다.
- 1945년 9월 9일, 맥아더 사령부 포고 제1호의 요약

제2장 해방공간이
스테이트크래프트에 남긴 영향

혼돈의 시기

해방 3년은 오늘날 우리가 살고 있는 근대 국민국가인 대한민국을 잉태하고 회임하며 출산한 산고의 시기였다. 그러나 한편 이 시기는 망국에 이르게 한 조선조 후기의 정치·경제·사회적 문제점과 더불어 일제 치하에서 더욱 왜곡되고 심화된 온갖 모순과 문제들이 미·소 양군의 분할점령과 냉전(cold war) 개막이라는 환경 속에서 한꺼번에 분출한 대혼돈의 시기이기도 하였다. 즉 혼돈과 대란 속에서 국가를 건설하는 창업기의 스테이트크래프트가 발휘되는 시기였던 것이다.

먼저 3·1운동 이후 왕조체제의 전통적 국가의 부활은 이미 역사적 유물이 되었지만 신설하고자 하는 근대국가에 있어서는 자유민주주의와 인민민주주의, 그리고 사회민주주의 모델이 대립하는 가운데, 특히 미·소의 군사적 점령은 미국식 민주주의와 소련의 공산주의라는 모델을 남북한에 강요하였다. 사회적으로는 일제 말 전시동원 정책과 해방 이후의 격변을 거치면서 신분제도는 더욱 붕괴되어 가고 있었지만, 기본적으로 여전히 전통적 농업경제에 기반을 둔 대가족주의가 기저를 이루고 있었다.

일부 지식인들의 경우 해방과 독립 특히 근대국가에 대한 나름대로의 이해를 갖고 있었다고는 하지만 대부분 '다이쇼 데모크라시'의 분위기 속에서 이론의 형태로 습득되고 전파된 것이었고, 따라서 근대 국민국가에 대한 실제적인 이해나 국가운영에 대한 실천적 지식은 전무한 상황이었다. 해외의 독립운동가들 역시 사정이 크게 다르지 않았다. 대부분은 중국 대륙에서 활동하였던 만큼 근대국가와 그 운영에 대한 살아 있는 지식과 경험을 얻지 못하였을 뿐만 아니라 한국의 대중들과 유리된 가운데 자신들만의 정쟁의 늪에 빠져 있었다고 할 수 있다. 전체적으로 보아 해방 당시의 한국사회에서는 전통적 왕조의 국가운영에 관한 스테이트크래프트는 단절된 가운데 장차 세워야 하는 새로운 근대 국민국가에 대해서는 이론적 차원에서는 몰라도 현실에서는 제대로 된 지식과 경험을 축적하지 못하고 있던 상황이었다.

새로운 정치체의 출현과 선택

해방공간은 한반도에서 대한민국과 조선민주주의인민공화국이라는 두 개의 정부 혹은 국가가 출범함으로써 막을 내렸다. 이들은 서로 판이한 성격을 가졌지만 자신이야말로 한반도의 유일한 정통 국가임을 내세우면서 상호 치열한 경쟁을 벌이게 되는 일종의 적대적 의존관계를 가진 쌍생아적인 존재로 등장하였다.

먼저 이때 출범한 것이 정부인가 혹은 국가인가를 두고 오늘날에도 논란이 있다. 정부가 출범했다고 보는 시각은 우리 민족은 한반도에서 오랫동안 정치체로서의 국가를 형성해 살아왔다는 것을 전제로 한다. 아프리카의 많은 나라들처럼 2차 대전 이후에서야 부족 단계를 넘어서 처음으로 정치체를 건립한 것이 아니라는 것이다. 반면에 국가가 출발했다고 보는 입장은 정치체로서의 국가, 즉 왕국은 오래전부터 있어 왔지만 근대 국민국가 즉 민주공화국은 한반도에서 역사상 처음으로 세워졌다는 이론적 시각을 토대로 한다. 과거 수천 년 동안 한반도의 국가들은 소수 통치집단이 주권자로 군림했던 신분제 왕조국가였던 데 반해, 대한민국은 국민들이 신민 혹은 백성이 아니라 주권자인 민주공화국, 특히 자유민주주의를 원리로 하는 근대 국민국가의 한 유형에 속한다는 점에서는 건국이라고 할 수 있다는 것이다.

민족과 국가 어느 쪽을 중시하는가 하는 것은 바로 분단에 대한 인식 문제로 연결된다. 민족을 우선시하는 입장에서는 20세기 현대사의 과제를 '자주적 민족통일 국가의 수립'으로 설정하고 있는데, 여기에서는 민족통일이 확보된 국가가 일차적이며 그것이 근대국가인가의 여부는 부차적인 것이 된다. 따라서 분단국가의 원인을 분석하는 데 있어서도 그것이 '내쟁(內爭)형' 즉 민족 내부적인 것인가 아니면 '국제형' 즉 민족 외부에서 강요된 것인가를 중요한 기준으로 삼게 된다. 이와 같은 관점에서 남북한은 미국과 소련의 분할점령이라는 국제형에서 출발하여 '국제적 성격이 우세한 내쟁형'에 의해 분단이 고착화되었다가, 1989년 폴란드 인민공화국의 붕괴로 촉발된 냉전이 종식된 이후 현재에는 '내쟁적 성격이 우세한 국제형'으로 규정된다. 따라서 통일도 민족 내부의 힘이 외부의 힘을 제압할 때라야 달성될 수 있는 것으로 인식한다.

그러나 근대국가 혹은 근대성을 중시하는 입장에서 볼 때는 이와 다르다. 20세기 현대사의 과제는 오히려 '근대 국민국가의 수립'으로 보아야 한다는 것이다. 민족의 내부적 힘으로 분단을 극복한 대표적인 사례로 드는 오스트리아의 경우만 해도 그렇다. 오스트리아가 분할을 극복해낼 수 있었던 것은 단순한 '민족의 힘'에 의한 것이었다기보다는 1차 대전 때까지 중부 유럽에서 패자의 위상을 가졌던 오스트리아 혹은 오스트리아-헝가리제국이라는 근대국가로서 축적해온 풍부한 통치술, 나아가 2차 대전 이후제정을 폐지하고 근대 국민국가로 거듭 태어나 근 20년간 의원내각제를통해 본격적으로 축적한 스테이트크래프트가 발현된 것으로 이해해야 한다는 것이다. 냉전의 종식과 함께 독일이 통일에 성공할 수 있었던 것도 동서독 간, 근대 국민국가 유형을 놓고 벌인 경쟁에서 서독이 승리한 것이 열쇠가 되었고, 특히 동독 붕괴 시 서독의 국제정치 전략 등 뛰어난 스테이트크래프트에 힘입은 것으로 보고 있다. 반면에 북베트남이 1975년 남베트남을 정복하여 통일할 수 있었던 것도 체제경쟁에서 남베트남이 패하였기 때문이라고 할 수 있다. 그런 점에서 해방공간의 3년은 바로 국가체제선택의 정치였으며, 창업기 국가형성의 스테이트크래프트가 발휘된 기간이었다고 보아도 무방할 것이다.

다음 문제로 제기되는 것은 그 체제선택이 국민의 의사를 반영한 것이었는가 아니면 국민의 의사와 무관하게 외세 및 이에 의존한 일부 집단의 의사가 강요된 것이었는가 하는 것이다. 대체적으로 보아 당시에는 지식인과 기층대중에서 사회주의에 대한 선호가 압도적인 것으로 나타났다. 당시 군정청 여론조사에 의하면 경제체제의 경우 사회주의를 선호하는 비율이 70%인 데 비해 자본주의와 공산주의를 선호하는 비율은 각각 13%와 10%에 그쳤다. 물론 당시의 응답자들에게 이념과 체제에 대한 정확한 이해가 자리 잡았다고 보기는 힘들 것이다. 그러나 적어도 지식인들의 경우에는 평등이념과 휴머니즘의 이상에 열광하였으며, 사회주의 혁명까지도수용하는 상황이었다고 할 수 있다.

또한 3·1운동 이후 재미 독립운동가들은 미국 정체의 모방을 주장하면서도 건국 후 10년 정도는 강력한 통치체제를 유지하면서 점진적으로 민권을 확대하는 것이 바람직하다고 보았다. 그러나 정작 해방이 되자 모두 즉각적인 '민주주의' 도입을 주장하였다. 언론도 바로 이러한 분위기를 반영, 당시 〈조선인민보〉를 비롯한 좌파지들은 모두 '진보적 민주주의'를 표방하였으며, 다소 뒤늦게 복간된 〈조선일보〉와 〈동아일보〉도 '자유민주주의'를 내세우지 못한 채 '진정한 민주주의'를 표방할 수밖에 없었다. 그리하여 좌익세력이 강력한 대중적 기반을 지니고 운동을 전개할 수 있는 토대가 형성되어 있었던 것은 사실이며, 그래서 오늘날에도 당시 외국의 간섭이 없었더라면 건준과 그 산하 조직들이 불과 수개월 내에 한반도 전역에서 승리를 거두었을 것이라고 주장하기도 하는 것이다.

이러한 입장에 의하면, 민중과 함께하거나 아니면 이들의 염원을 최소 수준에서라도 반영하는 것이 역사의 올바른 길이었으며 민주주의 차원에서도 지극히 합당한 일이었다고 주장한다. 그런데 좌익은 이러한 민중의 염원을 자신의 정치적 자원으로 만들어갔던 데 반해, 이승만은 미국의 비호를 받으면서 친일 지주층과 식민관료 출신들을 우군으로 끌어들인 가운데 민중을 체제에서 배제하고 심지어 적대시하면서 외세의존적이고 반동적인 '외삽적 정권(外揷的 政權, 권위주의 세력이 국가권력을 장악하고 제도정치와 시민사회를 통제하는 정권)'을 출범시켰을 뿐 아니라 그나마 '정치기술'도 부족하여 남한 민중들로 하여금 '자신들의 염원을 배반하고 세워진 국가'라는 인식을 더 깊이 각인시켰다는 것이다. 그리하여 대한민국은 친일 세력이 중추가 되어 총독부를 계승하였고, 그 과정에서 폭력적인 진압과정을 동반하지 않을 수 없었으며, 결국 분단이라는 결손을 지닌 반쪽짜리 민족국가가 되었다고 보았다. 나아가 외세의 간섭만 아니었더라면 남한은 좌익이 접수하여 혁명적 민족주의 국가가 되었을 것이며, 중국이 그랬고 베트남이 그런 것처럼 세월이 흐름에 따라 체제의 성격도 점차 온건해져 국제사회에 다시 참여하게 되었을 것이라고 주장하고 있는 것이다. 그런데 미국이 이러한 사태를 공산주의들에게 한국을 넘겨주는 것으로 해석함으로써, 무리한 분단정책 그리고 보수반동을 옹호하는 정책을 추구, 경찰·군·당·청년단체 등 각종 억압 내지는 폭력조직으로 민중을 탄압하는 반공국가를 건설하였다고 비판하고 있다.

이러한 주장은 일견 상당한 근거와 타당성을 갖고 있는 것으로 보이지만, 일면적이고 피상적인 관찰에 토대를 둔 것이라는 비판을 면하기 어렵다. 먼저 당시 전통적 사회의 대다수를 이루었던 농민들이 근대사회의 민주주의와 공산주의라는 이념이나 체제의 본질을 제대로 이해하고 있었는지가 의문이다. 나아가 더 중요한 점이 있다. 국가와 같은 제도란 지향하는 이념의 반영이면서 동시에 당대의 세력관계를 구조적으로 반영하는 측면을 갖고 있다. 따라서 어느 특정 시점에서 형성된 권력관계를 제도화·구조화시키되, 그것을 바꾸기 어렵게 고착시키는 경우가 있는가 하면 현실의 변화를 반영하여 쉽게 변할 수 있도록 만드는 경우도 있다. 대중의 염원을 반영하는 것이 민주주의의 핵심적 가치라는 점은 분명하다. 그런 점에서 대한민국이 당시 대중의 염원과 거리가 있으며 비교적 폭이 좁은 계층적 기반 위에 자리를 잡았다는 것은 분명히 약점이요 한계라고 할 수 있다. 다시 말해 대한민국의 경우 국가가 사회로부터 도출되었다기보다는 어떤 면에서는 국가가 사회를 덮는 방식으로 성립되었다고 할 수 있을 것이다. 그러나 당대의 대중적인 염원을 정확히 반영하지 않았다고 해서 반드시 자유민주주의에 역행하는 것이라고 단정질 수는 없다. 오히려 자유민주적 질서를 확보하고 있는가, 그리고 향후 이러한 방향에서 발전의 길을 최대한 열어놓았는가, 그리고 경제·사회적 변화와 발전에 따라서 제도가 변모·발전할 수 있는 길을 확보 혹은 보장하고 있는가가 창업기 스테이트크래프트의 중요한 판단 기준이 될 필요가 있는 것이다.

건국과 분단, 미·소의 역할과 책임

이러한 원론적 입장을 토대로 현대 대한민국의 특징을 결정지은 건국 과정에서 발휘된 스테이트크래프트를 살펴볼 필요가 있다. 먼저 전후 국제 질서를 책임진 미국의 역할 문제 혹은 미국이 발휘한 스테이트크래프트부터 말한다면 38선 획정에 있어서는 미국에 가장 큰 책임이 있다고 하겠다. 미국은 일본과의 전투에서 관동군의 전력을 과대평가한 나머지 미군의 희생을 가급적 최소화하기 위해 소련군의 참전을 요구하는 한편, 소련에게는 참전에 따르게 마련인 보상(세력권)을 최소화하려는 목적을 갖고 있었다. 따라서 군사적 승리를 얻는 측이 정치적 문제를 지배한다는 원칙을 의식, 가급적이면 북상하여 항복을 접수한다는 지침을 마련하였다. 그리하여 소련의 야심을 봉쇄하면서도 참전의 반대급부를 최소화하되, 이에 수반되는 복잡한 과정으로서 외교보다는 땅에 선을 긋는 조잡한 방식으로서의 분할을 선택하였다. 다만 당시 이러한 결정은 신탁통치의 가능성을 고려하지는 않은 것이었다. 그리하여 마침내 미군의 진주범위가 최대한 북상해야 한다는 정치적 희망과 미군 진주능력의 명백한 한계를 조정하여 무장해제를 위한 편의적 군사분계선으로서 38선이 확정되었다. 전후 세계의 신질서를 수립하고 신생국가 탄생의 산파역을 해야 하는 강대국이 갖추어야 할 스테이트크래프트로서는 기준에 상당히 미치지 못한다고 할 수 있다.

다음은 군정에서의 미국의 역할과 책임 문제다. 이 문제는 특히 소련의 북한에서의 역할과 비교하여 볼 필요가 있다. 미군의 진주 과정에서는 말할 것도 없고 주둔 이후 군정을 실시하면서 보여준 태도는 아예 스스로를 총독통치의 연장으로 인식하였다는 점이다. 이후 여러 내외의 도전을 맞아 군정당국을 점차 한인화하는 간접통치 방식을 택하여 일종의 '남조선

과도정부'로 발전시킴으로써 문제를 해결해나갔지만, 미국의 이러한 정책은 이후 대한민국의 건국과 발전과정에서 커다란 부담 요인으로 작용하였다. 또한 당시 미군정으로서는 불가피하였겠지만 '통역정치'의 폐단 역시 후일까지 상당한 영향을 미쳤다.

반면에 소련군은 평양에 도착하자마자 '북조선주둔 소련군사령부'를 설립하였지만 거의 처음부터 인민정부를 앞세우는 간접통치의 형식을 취하였다. 다만 실질적으로는 소(蘇)군정이 모든 것을 지휘한 것은 물론이다. 소군정은 처음에는 완비된 건준의 지방조직을 활용하려 하였으나 우익이 우세한 분포를 보이는 것을 알고서는 이를 환골탈태시킨 이후 인민위원회를 새로 구성하였다. 이러한 점에서 소련의 방식이 원칙 면에서나 기술적인 측면에서나 보다 세련된 것이었다. 그러나 소련은 특히 배후에 한인 2세로 이루어진 참모진을 통해 엄격한 감독과 더불어 세밀한 지령을 내리면서, 모든 단체를 등록시키고 일체의 정치활동을 검열하였다. 미국과 소련의 점령군 사이에 이러한 차이가 발생한 궁극적인 원인은 양국이 갖고 있는 이념적·체제적 성격에 있지만, 특히 소련군은 정치 군대의 성격이 강했던데 반해, 미국의 경우에는 군과 정치가 분리된 직업 군대로서 군정 역시 정치보다는 기능적 접근을 위주로 한 것이 직접적인 이유였다. 이것이 자유주의적 특성이 강한 미국이 갖고 있는 스테이트크래프트의 한계였다고 할 수 있다.

미군정은 자유민주주의 체제 이식과 반공이라는 대외정책을 기본적인 목표로 설정하였다. 다만 우익세력만의 좁은 기반보다는 극좌를 제외하되 광범위한 이념적 집단을 망라하는 포괄적인 기반을 가질 것을 희망하였고 또 그렇게 노력하였지만, 특히 좌우 정치세력의 합작에 실패함으로써 소기의 목적을 달성할 수 없었다. 그러나 미군정이 미국적 민주주의 이식을 위해 적지 않은 노력을 기울인 것은 사실이었다. 특히 신한공사에 국한된 것이기는 하지만 미군정 시기 실시된 토지개혁은 향후 이승만 정부에 큰 영향을 주었다. 또한 과도입법 의원을 설치하고 선거법을 마련하고 보통 선거를 도입한 것도 큰 치적이라고 하겠다. 일제 강점기의 각종 악법을 철폐하고 기본권을 보장하는 등 법과 제도의 개혁을 위해 기울인 노력도 평가할 만하다. 아울러 교육개혁과 더불어 자유민주주의 이념을 이식하고 확산시킨 것도 커다란 의미를 부여받을 수 있을 것이다. 이는 자유민주주의 국가로서의 미국의 스테이트크래프트가 긍정적으로 발휘된 부분으로 볼 수 있다.

누가 단독정부를 서둘렀는가

미국의 정책이 원래부터 단독정부를 수립하려는 계획에 따른 것이었다는 주장이 있는 것도 사실이다. 이에 의하면 1945년 11월부터 서울의 미군 사령부가 앞장서 본국의 국방부를 설득하여 국무성을 누르고 단독정부의 수립을 주도했다는 것이다. 미군정은 세부적 준비 없이 일단 상륙한 후 시간을 벌면서 미국의 잠재적 경쟁자인 소련을 봉쇄하는 등 세력권 확보를 위한 과도 기간으로 군정의 위상을 설정하되, 임정을 중심으로 '통치위원회'를 구성하여 이를 후견함으로써 단독정부를 세우는 것이 당초의 목표였다는 것이다. 물론 이러한 구상이 그대로 실현되지는 못하였지만 숱한 우여곡절을 거쳐 1946년 2월의 민주의원(民主議院, 미군정의 자문기관), 1947년의 남조선 과도정부 그리고 마침내 1948년 5·10총선을 통한 단독정부의 출범으로 현실화되었다는 것이다. 그렇지만 이러한 설은 현실적 근거가 취약한 가설의 범주를 넘지 못하고 있다.

반면 소련이야말로 초기부터 단독정부를 수립하려 했다는 것이 사실이다. 특히 냉전 종식 이후 이를 입증하는 유력한 증거들이 속속 발굴되고 있다. 1945년 9월 14일 '독립조선의 인민정부 수립 요강'은 이미 북한에 노농 소비에트 정권을 수립하기 위한 것이었으며, 특히 부르주아 정권의 수립을 지시한 9월 20일자 스탈린의 비밀지령은 한반도 분단의 출발점으로 해석되고 있다. 바로 이러한 목표하에 북한은 5도 인민위원회 대표자회의를 개최하고 서북5도 당대회, 북조선 분국을 창립하는 등 북한만의 단독 정치체제 수립에 나서게 된 것이다. 물론 이에 대해서는 반론도 없지 않다. 특히 9월 20일자 비밀지령에 대해서는 이는 '우호적 국가'를 창설하자는 것일 뿐 그 자체가 단독정부의 수립으로 볼 수는 없다는 것이다.

그러나 소련군이 8월 24일부터 남북을 잇는 경원선과 경의선 구간을 절단한 사실이나, 9월 6일에는 전화 통신을 두절한 것, 이후 이제 막 주둔한 미군의 대화 제의를 거부하면서 38선 경비를 강화함으로써 북한을 봉쇄한 사실 그리고 주소미국대사 해리만(A. Harriman)이 이 문제를 해결하기 위해 소련과 접촉하였으나 '검토 중'이라는 무성의한 답변만 계속하는 가운데, 모스크바 3상회의에서 미국 측의 '한반도에 대한 통일적 행정'이라는 제안을 묵살한 것 등을 놓고 볼 때 소련군의 정책방향은 충분히 짐작이 된다. 종합적으로 볼 때 미국은 세계 최강의 국가로서 전후 동북아 특히 한반도에 독립국가를 창설하기 위한 준비와 전략에서 부실하였다. 군정수립 이후에는 향후 근대적인 자유민주국가를 수립해야 한다는 방향은 확고하였지만 이를 위한 주도면밀한 계획을 마련하여 실천에 옮기지는 못하였다는 점에서 한계를 드러냈다.

최종적으로 분단국가를 건립한 것을 놓고 미국의 책임론이 제기될 수 있다. 물론 미국이 최종적으로 한국 문제를 유엔에 이관함으로써 형식적으로는 단정의 책임을 유엔에 미루었지만 그동안 추진해온 정책의 파탄 끝에 이러한 변환을 모색한 것은 부인할 수 없으며 이에 대해서는 상당한 책임이 있다고 하겠다. 미·소 1차 공동 위원회가 결렬된 1946년 5월경은 이미 미·소가 한반도에서 대결 태세로 들어간 이후였다. 일각에서는 한국 내의 좌우대립과 냉전이 국제적인 냉전을 추동하였다고 하지만, 그 반대로 국제세력이 국내의 분열을 이용한 측면도 없지 않다. 국내세력들 역시 책임이 적지 않지만, 근대 국민국가의 상이라는 상호타협이 불가능한 적대적인 이데올로기의 대립 속에서, 특히 공산주의의 전성기라는 시점에서는 어차피 중간파의 입지 자체가 거의 없었기 때문에 분단은 피하기 어려웠던 것이다. 미·소의 관계를 놓고 볼 때 소련의 책임 역시 미국 이상 무겁다고 하지 않을 수 없다. 단독정부 수립의 책임을 비교하자면 형식적으로는 미국이, 실질적으로는 소련이 우선한다고 할 수 있다. 특히 미국은 마스터 플랜 없이 헤맸다는 점에서 소련과 달랐으며, 이 점에서 동북아시아 정책에서 드러난 미·소의 스테이트크래프트는 상당한 수준차가 있었다.

여운형의 스테이트크래프트

해방 이후 국내의 어느 집단이 국가수립을 위한 정통성과 국가운영 능력, 즉 스테이트크래프트를 갖추고 있었는가 하는 것도 중요한 문제라고 할 수 있다. 당시 대표적인 토착세력으로서는 건국준비위원회(건준)와 한민당이 있었고, 해외세력으로서는 망명에서 귀국한 대한민국 임시정부가 있었다. 그 외 미국에서 귀환한 이승만과 그가 중심이 된 대한독립촉성회(독촉)라는 조직이 있었다. 한편 공산당은 건준에 들어가 독자적인 활동을 하고 있었고, 한민당은 임시정부를 봉대할 것을 천명하였으며, 임정은 당연히 건준과 인공을 배격함은 물론 한민당과 이승만의 독촉도 배격하였다. 그리하여 인공·임정·미군정 3자가 유일 합법정부임을 내세워 경쟁하고 있었다.

여기에서 가장 문제가 될 수 있는 것이 건준이었다. 건준이야말로 해방 이후 순수한 국내의 자생적 정치력의 발현으로 볼 수 있기 때문이다. 그러나 건준은 또한 국가를 건설하기에는 결정적인 한계와 약점도 안고 있었다.

첫째는 몽양 여운형의 상황 오판 및 이와 관련된 외세 의존 문제다. 몽양이 총독부와 협조하여 치안유지권을 이양 받아 성급하게 정권이양에 나선 데 대해서는 여러 가지 비판이 있을 수 있겠지만 무엇보다도 당시 소련이 한반도 전역에 진주할 것이라는 상황 판단에 가장 큰 문제가 있었다. 당시는 미·소의 주둔과 분할마저도 정확히 알려지지 않은 상태에서 엔도 류사쿠(遠藤柳作) 정무총감이 소련군 주둔을 시사하자 몽양은 한반도 전체가 소련군의 지배 아래 들어갈 것으로 인식, 이러한 상황 전개를 전제로 성급하게 행정권 장악에 나섰다. 이는 힘의 공백 상태에서 권력을 선점하려고 했다는 점에서 과도한 욕심이라는 비판을 받을 수 있다.

둘째는 세력결집 문제다. 좌우 결집은 처음부터 반쪽에 불과한 것이었다. 고하 송진우가 이를 거절한 것은 별도의 문제로 치더라도 민세 안재홍마저 이탈한 후 건준의 정치적 기반은 현저히 축소되어 좌파로 국한되었다. 더구나 건준이 점차 공산당에 의해 휘둘리는 상황을 맞게 되면서 몽양 자신의 영향력도 현저하게 축소되었던 것이다. 이러한 상황에서 미군이 진주하기 전날 갑작스럽게 전국인민대표자대회를 열어 인민공화국(인공)의 수립을 선포하는 결정적인 실책을 범하고 말았다. 이는 무엇보다 박헌영이 자신의 위치를 합법화시키기 위한 조치였지만, 건준에는 되돌릴 수 없는 실책이 되고 말았다.

인공은 물론 우파로부터도 '벽상정부(壁上政府, 토대가 없이 명망인들로만 붕 떠 있는 정부란 의미)'라고 조롱을 받았고, 몽양과 공산당 장안파는 물론 북한과 소련 측으로부터도 부정적 평가를 받았다. 서울 주재 소련 총영사 폴리안스키(A.S. Poliansky)는 보고서에서 "인공은 조선혁명의 토대가 북조선에 있다는 사실을 간과했다"고 비판했으며, 10월 13일 조선공산당 북조선 5도 열성자대회 북조선 분국 창설 결의서에서도 인공은 정식으로 부정되었다. 당대 사람들은 인공의 처지를 비판적으로 조롱하면서 "자궁 외 임신"이라는 참담한 표현을 사용하기도 했다. 이러한 인공의 실패는 결국 몽양의 오판에서 기인한 실패라고 하지 않을 수 없다. 결국 건준은 치안 유지 자치조직 기능을 넘어서 사실상의 자주적인 정부를 지향하였지만, 몽양의 그릇된 국제정세 판단과 정치력의 한계로 인해 실패하였을 뿐만 아니라 오히려 좌우 진영 간의 골만 파는 역효과를 가져왔다. 결론적으로 건준과 여운형은 당시 신생 근대국가를 건설하는 데 적합한 스테이트크래프트를 갖추고 있었다고 보기 어렵다.

공산당은 더욱 큰 한계를 갖고 있었다. 우선 공산주의 모델이 갖고 있는 문제점은 여기에서 새삼 되풀이하지 않겠다. 당시 공산당의 한계에 대해서는 미군정이 특히 극좌파를 일찍부터 배제하고 탄압하는 등 분단 지향적 정책을 취했기 때문에 이런 점에서는 공산당보다 미군정에 책임이 크다는 주장이 있는 것도 사실이다. 그러나 무엇보다 공산당의 전술적 오류가 큰 요인으로 작용한 사실이 두드러진다. 1946년 5월에 있었던 정판사 위조지폐사건(조선공산당이 사설 인쇄소 정판사에서 거액의 위조지폐를 인쇄하다가 적발되어 여론으로도 큰 타격을 입고 미군정과 검찰이 공산당원들을 본격 탄압하게 되는 계기가 된 사건)은 이미 공산당이 범죄적 사회 혼란을 본격적으로 획책하기 시작했다는 것을 말해주는 것이며, 사건이 드러난 직후인 7월에 박헌영이 위기 극복 차원에서 "미군정을 노골적으로 치자"는 이른바 '신전술'을 전개하는 한편, 좌파 정당의 합당으로 세를 확대하면서 미군정에 대한 투쟁노선을 본격 추진한 것도 정세 판단의 오류였다. 그리하여 9월부터 공산당이 비합법적인 폭동전술 노선으로 변화한 이후 총파업이 시작되었고, 대구 10·1 사건이 발생하였다. 이러한 사태에 대해 일각에서는 미군의 현상유지 정책에 대한 남한 대중의 자발적 항거일 뿐 공산당과 무관하다는 주장이 있는 것도 사실이다. 그러나 이러한 폭동은 철저하게 공산당의 지령에 의한 것이었으며, 특히 소련군의 지원에 전적으로 의존했다는 증거가 냉전 종식 이후 발견된 슈티코프(T. F. Stykov)의 일기 속에 있는 '남조선 정세보고'에서 명확히 드러났다. 여하튼 공산당의 잘못된 정세판단과 자기역량에 대한 과대평가, 그리고 이에 기초하여 수립·시행된 전략과 전술이 좌익의 몰락을 재촉하였고, 나아가 온건 좌우의 합작도 불가능하게 만든 요인이 되었던 것이다.

중도세력 특히 좌우합작을 추진한 세력도 스테이트크래프트에서 큰 한계를 안고 있었다. 몽양은 말할 것도 없지만 중도 우파의 우사 김규식도 마찬가지 문제를 안고 있었다. 물론 좌우합작은 분단을 막기 위한 노력이었다는 점, 그리고 이념적으로 극단적인 세력을 배제하고 온건 좌우 세력들이 단합하여 중도노선을 채택했다는 점에서 오늘날에도 큰 의미를 부여받고 있는 것이 사실이다. 미·소공동위원회가 공전 중인 가운데 이승만은 '정읍발언'과 같은 단정론(單政論)으로, 김구는 극렬한 반탁(反託)으로 등을 돌리면서 신탁통치안이 힘을 잃어가자 미군정은 이를 되살리기 위해서 좌우합작 운동을 벌이게 되었다. 특히 온건 좌익인 여운형을 포섭하여 남조선과도입법의원을 추진하기도 하였다. 이 과정에서 '행정의 한국화'와 같은 실적도 있었고, 국방경비대가 창설되기도 하였다.

그러나 1947년 7월 19일 몽양의 암살, 같은 해 9월 신탁통치 실시안의 파기에 이어 12월 6일에는 좌우합작위원회의 공식해체로 결국 좌우합작 운동은 실패로 끝나고 말았다. 가장 큰 요인은 좌우가 극단화되어 정국을 양극으로 몰고 갔기 때문이기도 하지만 여운형과 김규식의 좌우 대표성 부족과 정치력 부족도 중요한 원인이었다. 그리고 무엇보다 47년도부터 냉전이 본격화되는 등 미국의 정책변화가 결정적인 역할을 하였다. 결국 중도세력들은 온건성과 합리성을 갖고 있었지만 당시 냉전의 국제정치 환경 속에서 국가를 세우는 창업의 리더십을 발휘하기에는 결정적인 한계를 보여주었던 것이다.

우파들의 엇갈린 선택

다음으로는 우파의 스테이트크래프트에 대해서 살펴보기로 하자. 해방정국 초기의 최대의 현안은 역시 신탁통치 문제였고, 이를 계기로 우익은 그동안의 수세적 위치에서 벗어나 정국의 주도권을 장악할 수 있었다. 여기에는 매우 복합적인 정치과정이 게재되어 있어 자세하게 다각적으로 조명해볼 필요가 있다.

신탁통치안은 원래 미국의 구상에서 출발하였지만, 미국의 정책 자체는 일관성을 결여한 것이었다. 루즈벨트(F. D. Roosevelt)는 순수한 의미의 신탁통치를 구상하였지만, 정작 모스크바 3상회의는 순수한 의미의 신탁통치가 아니라 먼저 한국인의 임시정부를 수립해놓고 이를 4개국이 대화하면서 이끌어준다는 '절반의 신탁통치방식'을 마련하였던 것이다. 더구나 이 신탁안은 구체적인 실천방안을 담고 있다기보다는, 미·소공동위원회가 임시정부 및 정당사회단체와 협의하여 탁치방안을 마련한다는 애매모호한 절차적 규정만을 담고 있는 것이었다. 이 같은 미국의 신탁안은 당시만 해도 아직까지 본격적으로 냉전은 시작되지 않았으나 소련의 '민주기지화 정책'과 이를 어떻게 해서라도 막아보려는 미국의 정책 사이에서 마련된 동상이몽의 세력 확보책에 불과하였다는 비판을 면키 어렵다. 특히 소련은 당시의 유리한 세력분포가 반영될 수 있는 즉각적인 임시정부의 수립으로 몰고 가려고 했던 반면 미국은 소련의 영향력을 4분의 1로 묶어둘 수 있다는 점에 주목하였던 것이다.

신탁통치 소식이 전해지자 국내 정치세력은 찬탁과 반탁으로 갈려 극렬한 대립의 길을 걷게 되었다. 여기에 신탁이 미국이 아니라 소련의 주장으로 보도되는 등 통신사의 오보와 더불어 한국인의 참여를 막는 것도 아니며 곧바로 신탁을 실시하는 것도 아니라는 점, 그리고 임시정부를 먼저 구성한다는 내용을 누락, 경시한 신문사의 왜곡된 보도가 상황을 오도한 측면도 없지 않다. 특히 보수세력이 이를 좌파에 대한 열세를 뒤엎는 계기로 활용한 것도 사실로 보인다. 그런 점에서 오늘날에도 일각에서는 민족진영이 이를 수용하고, 이승만과 김구 등 임정 수뇌부가 중심이 되어 과도정부를 수립하여 그 기능을 수행케 했더라면 소련도 명분상 이를 거부할 수만은 없게 되어 분단국가를 면할 수 있지 않았을까 하는 분석이 있는 것도 사실이다.

그러나 좌파의 입장 또한 책임을 면하기는 어렵다. 특히 박헌영이 평양 방문 이후 당초의 입장을 번복한 것도 문제였고, 또한 3상회의 결의 사항에 대한 '총체적 지지'를 표명함으로써 국민정서에 반하는 '찬탁'으로 해석될 빌미를 제공하였던 것도 사실이다. 그러나 모스크바 3상회의 결정의 결정적인 약점은 미·소의 협력이 불가능하다는 문제와 더불어 해방 당시 열렬히 독립을 바라던 국민적 정서를 고려하지 않았다는 점에 있다. 좌익으로서는 이것이 최대의 실책이었다. 이를 계기로 해방 이후 형성된 민족 대 반민족이라는 좌파에게 유리한 전선의 구도가 찬탁과 반탁이라는 우파에게 유리한 전선으로 전환되었다.

우파 중에서 김구를 비롯한 임정계열은 독립운동의 헌신과 공적에 비해서 뛰어난 스테이트크래프트를 보여주지는 못하였다. 이들은 망명지와는 다르게 귀국 후 단일 세력을 형성하지 못하였다. 특히 김구는 국제정세의 흐름에 둔감하였고, 미군정에 대해 전면전을 선포하는 등 비현실적인 입장으로 점차 고립되어갔다. 김구는 분단이 되돌릴 수 없는 상황에 이른 48년 봄에 남북협상을 시도하는 등 뜨거운 구국의 열정을 발휘하였지만 현실적인 스테이트크래프트를 보여주지는 못하였다.

이승만과 한민당은 해방공간의 최종 승리자로서 뛰어난 창업의 스테이트크래프트를 보여주었지만 그들 역시 적지 않은 문제점과 한계를 가지고 있다. 이승만은 뛰어난 학식과 탁월한 독립운동 지도자로서의 카리스마를 갖추고 해방 이후 냉전 초창기의 흐름을 누구보다 일찍이 간파, 반탁운동을 주도하고 단정론을 주창하는 등 리더십을 발휘하여 대한민국을 건국할 수 있었다. 그러나 그 과정에서 독선과 아집으로 많은 세력과 척을 지고 이들을 배제하였다. 특히 내각제가 대통령중심제로 바뀐 것은 1인 지배 권위주의로 갈 길을 예비함으로써 후일 헌정사에서 되풀이된 권력자의 권력욕에 따른 파행의 원형이 되었다는 점은 부인할 수 없다. 다만 이승만은 일찍이 미국식 대통령중심제를 "세상에서 가장 선미한 제도"라고 밝힌 바 있고, 1919년 이후 해방공간에 이르기까지 한결같이 대통령중심제를 주장하고 제시해 왔다는 점에서 일관된 대통령중심제주의자였다는 점도 감안할 필요가 있다. 그가 대통령중심제가 한국에 더욱 적합하다고 판단한 이유는, 무엇보다도 "건국 후 10년간 강력한 중앙집권적 통치체제를 유지하는 것이 바람직하다"는 그의 말로 미루어볼 때 한국민이 민주주의적 정치를 자율적으로 실천하기에는 아직 경험이 부족하다고 판단한 데 있다고 할 수 있다. 신생 한국은 상당 기간 자신과 같이 민주주의 정치 경험이 풍부한 영도자의 중앙집권적 통치를 받는 것이 필요하다고 보았던 것이다.

한민당 세력은 조선조 말에서 일제 강점기를 거쳐 사회·경제적인 핵심세력으로 등장한 지주층이 중심을 이루고 있었다. 이들 중 지도부는 주로 일본 유학을 통해 근대적 가치관을 갖추고 또한 온건한 민족주의적 색채를 띠고 있었지만 일제하에서의 타협적인 자세로 건국의 전면에 나설 수 없었다. 따라서 이승만을 내세워 정국을 주도하려고 하였지만 건국에 즈음하여 이미 이승만으로부터 배척을 당하고 말았다. 이들은 조선조 양반 사대부 세력의 적통도 아니었고, 그렇다고 새로운 근대국가를 담당할 수 있는 계층적 기반도 갖고 있지 못했다. 지주계급과 명망가 위주의 성격을 벗지 못한 채, 일부 지식인들이 중심이 되어 다이쇼 데모크라시(1911년 신해혁명 발발에서 1925년 치안유지법 시행까지 일본에서 정치, 사회, 문화 각 방면에서 일어난 민주주의, 자유주의적인 운동, 풍조, 사조의 총칭)를 통해 유입된 유럽 의회주의 국가를 추구한다는 원론적 입장을 갖고 있을 뿐 특히 국가 창업기의 스테이트크래프트를 보여주는 데는 한계를 보여 주었다.

남북한의 제헌헌법

마지막으로 대한민국 헌법이 스테이트크래프트에 끼친 특성을 언급하고자 한다. 헌법은 당대의 현실을 반영한 것은 아니었다. 그러나 헌법은 국가의 기본 형태와 지향점으로서 그동안 숱한 파란과 시행착오를 거치면서도 국가의 기준이 되어왔다는 점에서 지대한 의의를 지닌다. 특히 정부체제에 있어서는 순수한 대통령제를 약화시킨 '준대통령제'라는 한국형 혼합정체의 기본 틀이 만들어졌다. 또한 오늘날에도 살아 있는 시장경제 내지는 혼합경제 체제의 모체가 되었다. 특히 경제적 자유를 사회정의와 연결시키고 있다는 점, 노동자의 이익 균점권 보장, 주요 산업과 자원에 대한 국공영 원칙, 경자유전 원칙 등 기본권 보장을 강조하고 있어 '현실감이 떨어질 정도'로 상당히 진보적인 성격을 갖고 있었다는 점은 특기할 만하다. 여기에는 당시 가장 선진적이라는 바이마르 공화국 헌법이 지대한 영향을 미쳤으며, 그런 점에서 현실의 반영이라기보다는 지향하는 바 이상으로서의 프로그램적 성격이 강한 측면을 갖고 있었다. 여기에는 헌법 제정 과정에서 여러 주요 정파가 배제됨으로써 합의 토대가 협소했다는 점, 그리고 심의는 미약했던 반면 정치적 협상이 지배적이었던 점이 주요 요인으로 작용하였다.

제헌헌법의 특징은 남북한 비교를 중심으로 살펴볼 때 더욱 그 성격과 의의가 분명해진다. 특히 남북한은 서로를 의식하고 경쟁하면서 탄생한 쌍생아적 성격을 갖고 있으며, 양자가 근대국가 원리로 모두 민주주의를 채택하고 있지만 무엇이 진정한 민주주의인가에 대해서는 심각하게 대립하였다는 점에서 향후의 미래상과 발전방향을 함축하고 있기 때문이다. 남북한의 경우 무엇보다 대표성을 놓고 서로 다른 원리가 관철되고 있다. 한국은 의회 원리가 적용된 데 반해서 북한에서는 인민들이 대거 참여하지만, 실제로는 동원되고 홍보의 대상이 되는 일종의 직접 민주주의식 소비에트 원리가 적용되었다. 북한에서는 전 인민적 대표성이 보장되었지만 실제로는 노동당의 압도적 우위가 관철되었던 반면, 한국에서는 국민이 단일하고 무차별적 정치적 단위로서 설정된 가운데 지역적 대표성과 정당의 대표성이 반영되었다. 그리하여 북한에서는 전체의 동의를 요구하였으나 정해진 견해에 반대할 수 있는 자유는 없었던 반면, 한국에서는 다수의 동의를 필요로 하면서 반대할 수 있는 토론의 자유는 보장되었다.

남북한의 헌법은 그 내용에서는 표면적으로는 서로 공통점이 적지 않았으나 특히 원리와 제도에서는 근본적인 차이가 났다. 가장 중요한 것은 북한의 인민주권 원리와 한국의 국민주권 원리의 대립이었다. 북한의 경우 주권은 인민에 있는 만큼 전 인민의 단일한 일반의지가 중요시되었고 따라서 국가에 의한 인민적 통제가 중시되면서 권력의 분립이 아니라 일체성·융합성이 강조되었다. 반면에 한국의 경우 주권이 국민이라는 공적 시민에 부여되었던 만큼 개인의 국가로부터의 자유 확보, 나아가 개인이나 사회의 국가에 대한 통제가 중요시되었다. 정리해서 말하자면 헌법이라는 국가의 기본원리에 있어서 북한은 '진리'를 남한은 '타협'을 중시하였으며, 이와 관련하여 북한은 인민의 '대표성'을 남한은 '반대'를 보장하는 데 주력하였다고 할 수 있다.

이렇게 원리 면에서는 대조적이었으나 표면적으로는 유사성을 적지 않게 가졌던 남북한의 헌법은 이후 시간이 갈수록 각자의 고유한 내적 원리가 작동하기 시작하면서 차이점은 더욱 커져갔다. 한국은 1954년부터 자본주의 경제체제를 명시적으로 수용하기 시작하였으며, 북한은 1970년대 들어와 사회주의 헌법으로 완전히 변모하게 되었다. 이렇게 헌법은 국가의 특성과 더불어 스테이트크래프트의 윤곽을 결정하였다.

결손국가, 이상과 현실

단독정부 수립에 따르는 국가의 대내외적 정통성 문제도 이후 스테이트크래프트에 상당한 한계 요인으로 작용하였다. 한국 문제의 유엔 이관과정과 건국 과정을 자세히 살펴볼 필요는 없겠지만 여기에서 대한민국에 대한 유엔의 승인에 따른 문제점을 짚고 갈 필요가 있다. 1948년 12월 12일 3차 유엔 총회 결의 195호(3호)에 의하면, "한반도의 아주 많은 다수(the great majority)가 살고 있는 부분(the part) 위에" 효과적인 통치와 관할권을 갖는 유일한 합법정부라는 것이다. 즉 대한민국이 '한반도 전체를 대표하는 유일한 합법정부'로 승인된 것은 아니라는 점이다. 그리고 이러한 입장은 국제적 냉전 종식 이후 남북한의 유엔 동시 가입으로 연결되었다.

그런 점에서 대한민국은 '결손국가'라는 지적에도 일리가 있다. 다만 당시로서는 통일국가가 현실적으로 불가능한 것이었고, 특히 국제적인 냉전 하에서 미·소의 정책에 순응하는 것이 거의 불가항력적인 것이었다는 점에도 유의할 필요가 있다고 하겠다. 당시에 미·소에 반발한 것은 유일하게 유고슬라비아 정도에 불과했으며, 대부분은 상당한 시간이 경과한 뒤에서나 가능해진 일이었다. 따라서 해방공간에서의 단정노선과 민주기지론은 모두가 분단을 초래한 점에서는 기능적 등가물이라고 할 수 있다. 다만 그 우열을 따진다면 두 가지 차이점이 존재한다. 첫째, 남한의 단정노선은 북진통일로 가지는 못했지만 북한의 민주기지론은 남진통일을 시도했다는 것이다. 둘째, 양 노선과 가치의 우열은 냉전 종식 이후 드러났다는 점이다.

해방공간은 국가의 기저를 이루는 사회의 영역에서도 커다란 변화를 가져왔고 이것이 향후 국가발전과 스테이트크래프트에도 커다란 변수로 작용하였다. 그중에서도 가장 두드러진 것이 인구의 대대적 이동이었다. 먼저 해외 이주자 중 노동자들의 귀환이 한국 사회에 유동성과 근대성을 높인 요인이 되었다는 점은 이미 지적한 바 있지만 그중에서도 특히 월남과 월북에 따른 효과가 가장 중요하다. 북한의 토지개혁을 필두로 하는 인민민주주의적 개혁은 특히 군소지주층과 상인계층, 그리고 평안도를 중심으로 강한 교세를 보였던 기독교도들의 대거 월남을 초래하였다. 또한 조만식의 구금에서 나타난 바와 같이 우익에 대한 본격적인 숙청은 정치 사회 엘리트들의 대대적인 이탈을 불러왔다. 북한이 이를 방관 내지 조장한 감도 없지 않다. 그 결과 북한에서는 잠재적 적대자들을 포함한 다양한 사회세력들이 조기에 전멸함으로써 향후 유일지배 체제로 나아가는 데 유리한 토양을 제공해주었다.

한편 이들 월남인들의 존재는 한국사회에서 6·25 체험과 함께 국민들의 체질적인 반공노선을 강화한 측면이 있다. 또한 이후 기독교가 한국사회에서 강력한 세력으로 성장해가는 하나의 계기가 되기도 하였다. 반면에 북한에서의 이러한 혁명적 개혁조치들은 남쪽의 지식층, 청년층, 좌익운동 전반에 매우 커다란 영향을 미쳐 당시 혼탁한 한국의 정정(政情)과 사회상에 실망한 지적 엘리트들의 대거 월북을 초래하였다. 이들에게 있어 월남 피난민들의 북한 현실 고발은 지주나 반동분자들의 넋두리로밖에는 간주되지 않았던 것이다. 여하튼 이후 냉전이 종식될 때까지 아니 그후 오늘까지도 북한이라는 체제 혹은 국가가 표방하는 이상적(ideal) 측면은 한국의 혼란과 부패, 그리고 정치적 파행의 현실(reality)과 대비되어 사회 일각, 특히 감수성이 예민한 청년 지식층들에게 적지 않은 영향을 끼친 것이 사실이다.

해방공간은 국가 창업기의 스테이트크래프트가 발휘된 기간이었다. 여기에서는 대외적으로 미·소의 냉전, 특히 남한에서는 전후 세계 질서의 수립자로서의 미국이 큰 역할을 담당하였다. 내부적으로는 이승만의 비범한 리더십과 그의 스테이트크래프트를 토대로 대한민국이 출범할 수 있었다. 남북이 분단되었기 때문에 정통성 경쟁이 불가피하였고, 이에 따라 이후 스테이트크래프트에서도 기본적인 한계가 가해졌다. 또한 당대 가장 선진적이었다는 바이마르 헌법을 모델로 한 제헌헌법은 향후 신생국가의 이상·목표·원리로 작용함으로써 스테이트크래프트의 성격을 결정지었다.

새 나라를 건설하는 데 새로운 정부가 절대 필요하지마는 새 정신이 아니고는
결코 될 수 없는 일입니다. 부패한 정신으로 신성한 국가를 이룩하지 못하나니
이런 민족이 날로 새로운 정신과 새로운 행동으로 구습을 버리고
새 길을 찾아서 날로 분발 전진하여야 지나간 40년 동안 잃어버린 세월을
다시 회복해서 세계 문명국에 경쟁할 것이니 나의 사랑하는 삼천만 남녀는
이날부터 더욱 분투용진(奮鬪勇進)해서 날로 새로운 백성을 이룸으로서
새로운 국가를 만년반석(萬年盤石) 위에 세우기로 결심합니다.
- 1948년 8월 15일, 초대 대한민국 대통령 이승만 취임사에서

제3장 제1공화국과 이승만 대통령의 스테이트크래프트

일체감 조성과 국가체제 확립

해방된 지 만 3년이 된 1948년 8월 15일, 우여곡절 끝에 분단국가로서나마 민족사상 처음으로 대한민국이라는 민주공화국의 수립을 선포하였다. 그러나 이로써 근대 국민국가가 완성된 것은 아니었다. 무엇보다 남북한에서 각기 별도의 정부가 출범한 상황에서 민족의 분단을 우려하여 대한민국 정부의 출범을 반대하거나 혹은 반기지 않았던 적지 않은 이들의 마음을 달래고 이들을 체제 내화하는 것이 긴급한 과제였다. 당시 대부분의 국민들은 강한 민족적 동질감을 갖고 있었고, 이를 토대로 분단이 그리 오랫동안 지속될 것으로 보지는 않았다. 따라서 정부로서는 한편으로 통일의 열망을 북돋우면서도 다른 한편으로는 신생 민주공화국의 주권자로서의 국민적 정체성을 창출해야 하는 이율배반적 목표를 추구하지 않을 수 없었다. 신생 정부를 어렵게 한 것은 조선민주주의인민공화국이라는 북쪽의 경쟁자를 강하게 의식하면서 이러한 과업들을 수행해내지 않으면 안되는 상황이었다. 그리고 이 모든 과제들에 앞서 일제 36년에 걸쳐 훼손된 민족정기를 바로 잡음으로써 민족적·국민적 일체감을 조성하는 것도 미룰 수 없는 긴박한 과제였다.

다음으로는 국가체제를 안팎으로 확립하는 과제가 있었다. 대외적으로는 신생 대한민국이 국제사회에서 승인을 받아야 했다. 대내적으로는 당시 혼란스러운 제반 경제사회적 상황에 적절한 대처를 해나가면서 일제로부터 미군정을 거쳐 넘어온 각종 제도와 법률들을 혁신하고 정비하여 민주공화국에 맞는 것으로 환골탈태시켜야 한다는 만만찮은 과제가 도사리고 있었다. 특히 자유민주주의라는 정치형태는 헌법에 규정되었다고 해서 그대로 작동되는 것은 아니었다.

민주주의는 서구에서 발전해온 것이었던 만큼 유교적 전통을 갖고 있는 한국사회에 이를 접목·착근시킨다는 것은 하루아침에 이루어질 수 없는 지난한 과제였다. 따라서 국민의 정치의식에서부터 일대 혁명적 전환을 필요로 하였고, 이를 위해 민주교육의 확대 실시가 긴급한 과제였다. 이러한 제도와 의식상의 변화는 경제 발전, 특히 산업화와 이에 바탕을 둔 중산층의 존재를 필수적으로 요구하는 것이었다. 이를 위해서는 우선 당시 인구의 절대다수인 농민, 그중에서도 대부분인 소작농들을 자작농으로 변화시키기 위한 토지제도의 개혁이 절박한 과제였다. 나아가 당시로서는 꿈꾸기조차 어려운 일이었지만 장차 농업을 공업으로 대체해가는 후발 산업혁명의 과제 역시 반드시 추구해야 할 장기적 과업이었다.

좌익 축출과 북진통일론

분단은 일차적으로는 미·소 냉전이라는 국제적 대립과 이와 맞물린 정치적 이해관계의 산물이었지만, 보다 근원적 차원에서는 이념과 체제 선택의 문제를 해결하는 방식이었다. 대한민국이라는 국가가 탄생했다고 해서 이러한 선택이 종료된 것은 아니었다. 아직은 국가의 정체성보다는 민족적 정체성이 강하게 작동하고 있는 상황에서 분단을 저지하려는 움직임이 지속되고 있었다.

제헌의회를 구성한 첫 번째 총선인 5·10선거를 앞두고 발발한 제주 4.3 사건에서 시작된 격렬한 단정 반대 투쟁은 정부수립 이후에는 여순반란사건과 지리산 빨치산 사건으로 이어졌다. 이러한 사태들을 자세히 살펴보면 대부분 그 발단이 애초에는 미군정 혹은 신생 대한민국 정부의 취약성과 정책적 범실에서 비롯되었지만, 정부의 초기 대응이 실패한 데다가 남로당 일선 조직의 모험주의 노선이 기름을 부어 대대적인 무장봉기로 비화된 것을 알 수 있다. 여기에는 남로당 간부들이 대부분 월북하였고 1949년 10월에는 당 자체가 불법화된 상태에서 지도부가 상황을 제대로 장악할 수 없었던 것도 직접적인 이유로 보인다. 여하튼 한국으로서는 1949년 겨울에 걸친 대규모 토벌작전으로 빨치산들을 거의 완전하게 제압할 수 있었고, 특히 이를 계기로 군부 내에서조차 무려 4,800명을 솎아내는 대대적인 숙군을 단행함으로써 당시만 해도 좌우익이 혼재해 있던 핵심 국가기구에서 대부분의 좌익들을 축출해낼 수 있었다. 그리하여 6. 25를 맞았을 때 한국군이 내부 반란 없이 대항할 수 있는 이념적 단일성이 확보될 수 있었다.

정치권에서는 김구와 김규식이 대한민국 정부에 회의적이었다. 특히 김구는 대한민국의 정통성을 인정하지 않으면서 단독정부의 해체를 주장하였다. 그러나 김구의 암살을 계기로 단정 반대세력은 상당 부분 약화되었다. 다만 암살범의 배후로 이승만 정권이 세간에 회자되면서 정권, 특히 이 대통령의 도덕성에 상당한 흠결이 발생하기도 하였다. 원내에서는 상대적으로 진보성향을 띤 무소속 의원들을 중심으로 '외국군 철수 결의안'이 발의되었으며, 같은 내용의 진언서가 유엔한국위원단에 제출되는 등 '평화통일 공세'가 이어졌지만, '국회프락치 사건'으로 인해 그 기세는 상당 부분 약화되었다.

이렇게 대한민국 정부에 반대하는 세력을 제압해가면서 이승만 정부는 1948년 파리에서 개최된 제3차 유엔총회에서 대한민국 정부에 대한 승인을 획득할 수 있었다. 이 과정에서는 이승만 대통령의 외교적 감각이 돋보이는데, 당시 대거 독립하여 유엔 회원국이 된 아프리카 신생국들의 표를 공략하기 위해 장면을 사절단 대표로 발탁, 가톨릭 신자였던 장면의 네트워크를 활용하기도 하였다. 이 점에서 이승만 대통령의 대외적 스테이트크래프트는 매우 탁월했다는 평가가 가능하다.

이승만 정부는 이렇게 국가체제를 완비해가면서도 강렬한 민족적 염원인 통일을 외면하지 않았다. 그는 북진통일론을 제창하였는데, 대내적으로는 통일이 반대 세력들의 전유물만은 아니라는 점을 과시하는 한편, 대외적으로는 예정된 주한미군 철수 방침에 경각심을 제고하였다. 이는 실제로 철수가 이루어질 경우 보상 혹은 보장을 극대화하기 위한 것이었다. 그러나 그의 북진통일론은 당시 남북한의 객관적 군비 태세를 무시한 허황되고 공허한 발상으로서 6·25 이후 북한의 '북침' 주장 선전에 이용되기만 하였다는 점에서 볼 때, 이 대통령의 선동가적 측면이 단적으로 드러난 부분이다.

좌절된 친일 청산과 농지개혁

이렇게 반대세력을 제압해가면서 국가체제를 정비하는 것과 더불어 가장 긴박한 과제는 초창기 국민적 정체성을 확보해가는 것이었다. 여기에서 기본적인 전제로 요청되었던 것이 바로 식민지 인적 잔재를 청산하는 민족의 정화문제, 즉 반민족행위처결법과 반민 특별위원회의 설치·운영과 관련된 사안이었다. 문제는 이승만 대통령이 이에 소극적이었다는 데 있다. 이 대통령으로서는 특히 막 출범한 취약하기 짝이 없는 국가의 생존을 가장 중시한 나머지 반공을 최고의 당면 과제로 설정하였던 반면 식민잔재 청산은 부차적인 과제로 치부하였던 것이다. 여기에는 절차적이고 형식적 과정을 중시하고 실용주의를 숭상하는 미국 민주주의가 갖고 있는 몰역사적 특성이 작용하였다고 하겠으며, 더불어 식민지 치하에서의 직접적 체험이 부족했던 개인적 배경도 적지 않은 영향을 미친 것으로 보인다. 여하튼 바로 이 반민특위 문제에서 이 대통령의 창업기 스테이트크래프트의 한계를 엿볼 수 있다고 하겠다.

설령 이 대통령의 생각대로 당시의 상황을 고려하여 차선책을 택하였다고 하더라도, 향후 전개될 수 있는 국민통합의 위기를 내다보았더라면 비록 소수에 대해서일망정 확실한 단죄가 이루어질 필요가 있었다. 최소한 특위의 활동 시한을 무리하게 단축하지 말고 재판 결과를 기다렸다가 적어도 악질 친일부역자 몇 명이라도 판결대로 극형에 처했더라면 하는 아쉬움이 있다. 실제로 김구도 거두 친일파 263명만을 청산대상으로 거론한 바 있으며, 또 반민특위도 실제로 221명을 기소하였다는 점에서 그러한 방식이 당시의 국민적 정서에도 부합되는 최대 공약수로 볼 수 있다. 이때에 200여 명의 악질적이고 거물급인 친일파라도 제대로 처벌했다면, 한국 사회가 '친일청산'을 제대로 하지 못해서 정의가 바로서지 못했다는 인식이 들어서기는 어려웠을 것이다. 이 대통령이 200여 명의 친일파를 청산하는 것조차 거부하면서, 수십 년이 지난 이후 대한민국 사회의 많은 시민은 역설적으로 해방 이후 우리가 적어도 수천 명의 친일파를 청산했어야 했다는 무리한 믿음을 가지게 된 것이다.

이렇게 반민특위가 표류한 끝에 용두사미가 된 데에는 진보성향 무소속

의원들의 전략적 차질도 중요한 역할을 하였다. 이들은 신생 대한민국이 출범하자마자 정책의 우선순위에 대한 깊은 고려 없이 외국군 철수, 반민특위, 토지개혁 등 여러 정책들을 동시다발적으로 주장하면서 내각불신임안까지 제출하는 등 전방위적으로 전선을 확대함으로써 오히려 역풍을 자초하였다는 비판을 받을 수 있는 것이다. 그런 점에서 반민특위를 다루는 과정에서 나타난 신생 대한민국의 스테이트크래프트는 매우 조악한 것이었다는 평가가 가능하다.

당시 국민통합을 위해 가장 절박했던 당면 과제는 무엇보다 농지개혁이었다. 1949년 당시 한국의 노동력 인구의 70.9%가 농민이었고 그중 대부분이 소작농이었다. 그리고 미군정 지배하에서 정부 소유 농지에 대해서는 이미 개혁을 실시한 바 있고, 북한 또한 해방 이듬해 전면적 토지개혁을 실시하여 농지개혁 자체는 더 이상 미룰 수 없는 과제가 되었으며, 제헌헌법에서도 농지는 농민에게 분배한다(86조)고 규정되어 있었다. 이러한 상황에서 이승만 정부는 남로당의 영향력 차단과 더불어 당시 유력한 지주정당인 민국당(한민당) 세력을 약화시킴과 동시에 국민의 대다수를 점하고 있는 농민들을 포섭하기 위해서라도 농지개혁을 단행하지 않을 수 없었다. 따라서 당시 쟁점은 농지개혁을 전제로 하되, 농지분배를 유상으로 하는 문제에 따른 농민 부담을 고려하는 문제, 정책 실행 과정에서 정부의 재정부담 최소화, 그리고 지주의 자본가로의 변신 지원에 초점이 맞추어져 있었다. 여기에서 농지개혁의 최종적인 '유상몰수 유상분배'의 구체적인 내용을 자세히 설명할 필요는 없을 것이다. 다만 중요한 것은 농민들은 평균 0.36정보의 '소(小) 소유계급(small propertised class)'으로 변모하였던 반면, 지주층은 전쟁이라는 뜻하지 않은 변수와 맞물린 결과이기는 하지만 결국 자본가로의 변신에 실패하여 결정적으로 몰락하게 되었다는 점이다. 이로써 농지개혁은 일차적으로는 농민 포섭이라는 이 대통령의 정치적 목표를 달성해줄 수 있었으며, 주권자인 국민들로서는 아쉬우나마 물질적 토대와 계층적 기반을 갖추어 국민적 정체성을 확보할 수 있었고 그 결과 신생 대한민국이라는 국가가 지속될 수 있는 여건이 마련되었다. 반면 지주계층의 몰락은 결과적으로 대한민국의 산업화와 민주화를 위한 장애물을 없애줌으로써 향후 역사 전개에서 중요한 변수로 작용하게 되었다.

여기에서 한 가지 논란이 있다. 즉 법률상으로는 1950년 3월 10일 정부의 법령 공포, 3월 25일 시행령 공포, 4월 28일 시행규칙 발표에 이어 전쟁이틀 전인 6월 23일에 와서야 '농지분배점수제규정'이 공포되었다는 사실이다. 따라서 6·25 이전에 농지분배는 물리적으로 불가능하였으며, 인민군 점령 하의 '무상몰수와 무상분배'식 토지개혁 경험을 바탕으로 수복 이후인 10월경에야 실제로 시행될 수 있었다는 것이다. 하지만 정부의 공식적인 입장은 1950년 4월 15일에 농지분배는 이미 완료되었다고 보고 있다. 당시 법안 제정과정은 여러 절차상 문제로 지연되었지만, 관련 부처에서는 개정안의 국회통과도 시간문제일 뿐이라고 판단하여 파종 전인 4월 10일 이전에 '농지분배 예정통지서'의 교부를 완료함으로써, 해당 농민들로 하여금 장차 자기 농지가 된다는 것을 전제로 안심하고 파종토록 유도했다는 것이다. 그 결과 같은 해 3월과 5월 사이에 80% 가까운 농지가 실질적으로 분배되었고, 6월 9일부터는 이미 하곡을 통한 대금상환이 시작될 수 있었다. 따라서 북한 점령 하의 토지개혁은 성가신 재분배 이상의 의미는 없었으며, 상환부담을 면제해준다(무상분배)는 점에서는 유리하였지만 소유권 행사(매매, 저당 등)가 금지된다는 점에서 매력을 끌지 못한데다가 특히 대한민국 정부의 농지개혁에서 제외되었던 고농(雇農, 고용살이하는 농민), 즉 머슴들이 좋은 전답을 선점하는 등 여러 횡포로 인해 대부분의 농민들로부터 적지 않은 반발만 초래하였다. 이 점에 있어서는 사안의 중대성과 여러 가지 정치적 고려를 하여 이 대통령이 농지개혁의 준비와 실시를 독촉한 것도 큰 역할을 하였으며, 신생 정부의 농정당국이 갖고 있던 사명감과 기술관료적 자질 등이 더해져 매우 뛰어난 스테이트크래프트가 발휘되었다는 평가가 가능하다.

전쟁 초기엔 '등신', 후반에는 '귀신'

이렇게 나름대로 체제를 정비하면서 국민통합을 기해가고 있던 대한민국에 대한 최대의 도전은 북한으로부터 왔다. 6·25전쟁은 숱한 인명을 살상하고 재산을 파괴함으로써 국민을 고통과 가난으로 몰고 갔지만, 한편에서는 이를 격퇴하는 과정에서 국가체제의 정비와 국민적 정체성이 형성되는 등 '의도하지 않은 결과'를 가져와 대한민국의 모습을 혁명적으로 변모시킨 역사적 사건이 되기도 하였다.

6·25 전쟁의 발발과 관련해서는 무엇보다 국가 최고지도자로서 이승만 대통령의 스테이트크래프트에 중대한 하자가 발견된다. 먼저 냉전 종식 이후 구 소련의 문서들이 속속 발굴됨에 따라 누가 전쟁을 일으켰는가에 대한 그동안의 논란은 이제 깨끗하게 종료되었다. 다만 전쟁 발발 이전 '점심은 평양, 저녁은 신의주' 따위의 터무니없는 허언을 일삼았던 무능한 군 지휘부의 책임은 말할 것도 없거니와, 이들을 등용하고 또한 스스로 비현실적인 북진통일론을 제창한 이 대통령 역시 책임을 면키 어려울 것이다. 나아가 김일성 자신이 민주기지론을 국토완정론(國土完整論)으로 발전시키고 있던 당대의 현실, 그리고 중국 대륙에서 공산당의 승리로 동북아 국제정세가 일변한 점과 더불어 국공내전에 참여했던 한인군대의 대거 북한 귀환과 북한군의 증강 사실, 그리고 김일성의 연이은 모스크바와 북경 방

문, 아울러 한국군의 빨치산 소탕으로 남한 내에서의 인민전선 전술이 불가능해진 상황 등을 종합적으로 고려했을 때 구체적인 남침 정보는 없었더라도 그 가능성에는 큰 경각심을 갖고 대비했어야 마땅했다. 이 점에서는 국회를 중심으로 한 정치권 역시 책임을 면하기 어렵다. 일각에서는 즉각적인 외군철수안을 계속 주장하는가 하면, 대전차용 참호건설 예산을 요청한 국방 예산의 처리를 6월 25일 당일까지 지연시키고 있었다.

전쟁 초기 대응 면에서도 이승만 대통령은 국가 최고지도자로 보기 의심스러운 모습을 보여주었다. 특히 "국군이 북한 공산군을 격퇴하고 있으니 안심하고 그대로 서울에 있기 바란다"는 이 대통령의 대국민 라디오 녹음방송과 한강 인도교 폭파는 불필요한 희생을 초래하였고, 이후 도강파와 비도강파의 갈등은 국민 간의 소모적 갈등을 일으키는 계기가 되었다. 아울러 한국군 지휘권의 미군 이전 문제 역시 지금까지도 크나큰 논란의 대상이 되고 있는 사안이다. 7월 14일 "현재와 같은 적대 상태가 지속되는 동안"이기는 하지만 대한민국의 육해공군에 대한 지휘권을 맥아더에게 넘긴다는 '대전협정'은 비록 전쟁수행의 효율성을 위한 조치였다고 하지만 주권국가의 기본적 권리 포기의 문제요, 편의주의적 발상에 의한 단견이라는 비판도 가능하다.

38선 돌파문제는 양면성을 갖고 있다. 이 대통령은 미군이 본격 참전하게 된 7월 10일 "이제 38선은 자연 해소되었다"고 선언, 일찍부터 북진의 가능성을 의식하기 시작, 마침내 국군에 이어 유엔군까지 북진을 하는 정책을 추동해낼 수 있었다. 그러나 국제적 역학관계로 보나 북한과 중국의 관계로 보나 충분히 예상될 수 있는 중국군의 참전을 고려하지 못하거나 경시한 점은 단견 혹은 그의 한계였다고 할 수 있을 것이다. 수복지구 관할을 놓고서는 '한반도의 유일 합법정부'라는 우리 정부의 입장과 '선거가 실시된 지역에서만 합법정부'라는 유엔의 상반된 입장이 첨예하게 부딪히게 되었다. 결국 10월 7일자 유엔총회 결의는 군사적으로는 한국군의 역할을 어느 정도 인정하지만 정치적 사안은 일단 유엔에 전담시키고 일정 단계가 경과한 후에야 한국 정부에게 북한 통치권을 이양하겠다는 점을 분명히 했다. 그리하여 미국은 한국의 북한지역 도지사 임명을 불승인하였고, 이승만 대통령 역시 10월 30일 '개인 자격'으로 평양을 방문할 수밖에 없었다. 이는 물론 이 대통령의 현실적 능력을 벗어난 일이었다고 할 수 있다. 그러나 점령지에서 국군의 '실질적 민정행위'를 장악·통제하는 데 있어서는 적지 않은 문제점을 드러낸 것으로 보아 그의 스테이트크래프트에는 상당한 한계가 있었다고 하지 않을 수 없다.

정전회담과 관련해서는 이 대통령의 외교 전문가로서의 스테이트크래프트가 진면목을 발휘하였다고 할 수 있다. 이 대통령은 분명히 현실적으로는 정전이 불가피하다는 사실을 간파하고 있었다. 다만 휴전이 되면 '대전협정에 의거한' 미군의 한국군에 대한 지휘권이 소멸된다는 점을 카드로 활용, 한국군 단독 북진의 가능성을 틈나는 대로 시사하는 한편 급기야는 2만 7,000여 명의 '반공포로 석방' 등 충격적인 조치를 취하는 등 '벼랑 끝 전술'을 구사함으로써 미국으로부터 최대의 대가를 얻어내는 데 성공하였다. 이 과정은 결코 만만한 것이 아니었다. 미국은 한국군이 유엔군의 작전지휘권에서 벗어날 경우 모든 지원을 중지하고 나아가 자국 정책에 반항적인 지도자를 제거한 이후 필요한 경우 유엔군 지휘 아래 군사정부를 수립하는 것을 골자로 하는 이른바 '에버레디 계획(Plan Everready는 6.25 전쟁 당시 대한민국 측이 미국 측의 의도와 달리 돌발 행동을 할 때를 대비해 만든 미국의 군사 작전으로서, 대한민국 행정부를 교체하기 위한 전반적인 계획임)'을 검토하기까지 하였다. 여하튼 이 대통령은 숱한 난관을 극복하고, 마침내 정전협정의 대가로 확고한 한·미동맹과 대한원조를 확보함으로써 국가안보체제를 구축하였고 향후 발전의 기반을 마련할 수 있었다.

이승만 대통령이 마련한 안보체제는 지금까지도 안보의 근간을 이루고 있다. 그리고 이를 마련하는 과정에서 그는 뛰어난 스테이트크래프트를 여실히 보여주었다. 그 내용은 첫째, 한·미상호방위 조약이다. 이를 통해 유엔군과 별개로 미군을 한국에 주둔시킬 수 있는 법적 근거가 마련되었다. 다만 그것은 적의 침략에 대해 상호 협의 하에 단독이든 공동이든 그 것을 저지하기 위한 적절한 조치를 취하되 '각자의 헌법상 수속에 따라' 행동할 것을 규정했다는 점에서 미군의 자동개입을 보장하지는 못하는 것이었다. 따라서 이러한 취약점을 보완하기 위해 미군을 서울 북방 서부전선에 전진 배치하는 이른바 '인계철선'을 설치토록 하였다. 둘째, 경제 및 군사문제에 관한 한·미합의의사록이다. 이는 한마디로 한국의 돌출행동을 억제하기 위해서 한국군의 작전통제권을 미국이 갖는 대신에 미국은 한국에 대해서 경제·군사원조를 해준다는 것이었다. 1950년 7월의 대전협정이 한국군의 명령지휘권(command authority)이라는 포괄적 권한을 넘긴 것이었던 데 반해 이번에는 작전통제권(operational control)을 유엔군 사령부에 넘긴 것이다. 그 후 1978년 11월 한·미연합사령부가 발족하면서, 작전통제권은 한·미연합군 사령관으로 이관되었고, 1994년 12월에는 평시 작전통제권은 한국의 합참의장에게 반환한 채 현재는 전시통제권만 한·미연합사령관이 보유하고 있으며, 그 반환 시점을 놓고 최근까지 적지 않은 갈등을 겪기도 하였다. 여하튼 한국군의 규모는 경제안정과 확보가능한 자원의 범위 내에서 유지키로 하되, 부속문서를 통해서는 총 72만 명 이내 수준의 병력을 유지하며 이를 위해 미국은 7억 달러의 원조를 하기로 하였다. 이를 두고 한 외국의 논자는 이렇게 촌평하고 있다. "방위조약 체결과정에서 보여준 이승만의 의지와 행동은 마치 '칼 물고 뜀뛰기' 같은 상당한 위험부담을 내포하고 있었지만, 결과적으로 아이젠하워(Dwight D. Eisenhower) 행정부의 정책적 유연성을 제한함으로써 미국으로부터 보다 많은 양보를 얻어낼 수 있었던 중요한 요인으로 작용"하였다. 그리하여 "이승만의 역할은 체스판의 단순한 졸(卒)이 아니라 성장(城將)과 같은 졸이었다. 이승만은 철저한 지미(知美)·용미(用美)주의자였다."

이 대통령의 트레이드마크인 반일(反日)정책도 이러한 측면과 연결되어 있었다. 물론 여기에는 강한 반일 감정을 가진 국민적 정서에 편승하려는 정치적 계산도 작용하였다는 것은 충분히 짐작할 수 있다. 그러나 그것은 동시에 일본을 중시하는 미국의 동북아 정치 경제체제 구축에 대한 저항이었으며, 대응논리라는 측면이 강했다. 즉 한·일 간의 긴장을 고조시킴으로써 일본의 배후지로서의 한국의 역할을 거부하는 한편, 반공의 최전선으로서의 한국의 전략적 가치를 제고하여 실리를 최대한 확보하기 위한 전략이었다.

다만 이 대통령의 이러한 외교적 성과의 이면에는 적지 않은 문제점과 한계가 있었던 점도 부인할 수 없다. 우선 정전협정에 서명을 거부함으로써 결과적으로 휴전체제 관리에 있어서 커다란 부담을 안게 되었다. 또한 대미 협상용 카드화를 위해 정전반대가 불가피했다고 하더라도, 정작 정전협정 이후에 다시 한국군의 작전지휘권을 유엔군에 이양하여 주권에 상당 부분 제약을 안겨준 것도 문제였다. 전쟁 중에 있었던 각종 시책에서도 이 대통령의 범실은 적지 않았다. 특히 이 대통령이 군을 제대로 통제·장악하고 있었는지 의심스러웠다. 국민방위군사건이나 거창 양민학살사건을 놓고 볼 때 행정 자체에는 매우 어두웠을 뿐만 아니라 지인지감(知人之鑑, 사람을 잘 알아보는 능력)에서도 적지 않은 문제를 드러냈다고 할 수 있다.

실추된 리더십

전시 상황에서 한 가지 간과할 수 없는 것이 부산정치파동이다. 이는 특히 이승만 대통령이 갖고 있던 스테이트크래프트와 그 한계를 가감 없이 드러낸 사건이었다. 당시 이 대통령은 전쟁을 겪으면서 크고 작은 범실과 실정으로 지도력이 크게 실추되어 있었다. 특히 국회에서 간선으로 선출되는 대통령제하에서는 재선이 무망한 상황이었기 때문에, 집권 연장을 위해 친위 쿠데타로 개헌을 압박하는 헌정 파괴적인 쿠데타를 일으킨 것이다. 영국의 보수적 정론지 〈더 타임즈〉의 유명한 논평인 '한국에서 민주주의가 발전하기를 바라는 것은 쓰레기통에서 장미가 피는 걸 기대하는 것과 같다'는 말이 나온 것도 바로 이러한 상황을 배경으로 한 것이었다. 다만 부산정치파동은 이러한 적나라한 권력투쟁의 이면에 한국 정치가 안고 있는 구조적이고 심층적인 문제가 도사리고 있다는 점을 함께 보여주고 있다. 특히 한국 헌정사에서 되풀이되어 나타난 정치 파행의 한 원형을 예시한 점에 유의할 필요가 있다. 먼저 그것은 한국 현실에 적합한 권력구조가 무엇인가를 둘러싼 갈등과 관련되어 있었다.

제헌헌법이 제정되는 과정에서 의원내각제가 대통령제로 바뀌었고 그로 인해 우리 헌법 체계 안에 두 제도의 요소가 상당 부분 혼합되어 있다는 것은 익히 알려진 사실이다. 따라서 신생 대한민국에서 어느 쪽이 적실성이 있는지 그리고 당시 정당정치가 제대로 이루어지지 못한 채 무소속이 대다수를 점유하는 의석 분포 상황에서 어떤 제도가 우리의 현실과 정합성을 갖는 것인지는 계속 논란이 되고 있었다. 또한 제헌헌법 제정시 이루어진 두 제도의 절충이 과연 적절한 것이었는지가 논란거리였다. 바로 이러한 문제점들이 현직 대통령이라는 권력자의 집권 연장 전략 차원에서 공권력을 동원한 무리한 개헌으로 나타나게 되었다.

이 사건은 또한 전쟁정책을 둘러싼 한·미 간의 갈등이라는 국제적 측면과 연계되어 전개되었다. 미국은 냉전 속에서 특히 중국 대륙이 공산화된 이후 일본을 동아시아 정책의 기본 축으로 설정하고, 한국전쟁을 겪으면서는 한국을 분단상태에서 휴전시켜 반공의 최일선 보루로 삼고자 하였다. 이에 대해 이승만 대통령은 강력하게 반발, 한국을 중시하는 정책을 펼치도록 미국을 압박하였다. 이 과정에서 이 대통령은 정전에 반대하면서 미국으로부터 최대한 실리를 얻고자 하였다. 미국으로서는 원활한 동아시아 정책을 위해서 껄끄러운 이승만 대통령을 대신해서 장면을 대안으로 고려, 필요하다면 군사적 교체까지 검토하고 있었다. 한편 민국당 등 야당 세력은 정전협정을 반대하는 이승만 정부와 보조를 함께하면서도 반이승만 정책을 펴는 미국에 편승하여 차제에 내각제로 개헌하려고 시도하였다. 바로 이 점에서 이승만은 사태의 본질을 전쟁정책을 둘러싸고 미국의 영향권 내에 들어간 대한민국의 국회와 그에 저항하는 자신(정부) 사이의 갈등으로 파악했던 것이다. 특히 그는 군부 일각의 동향을 심각하게 판단, 무리수를 두게 되었다. 우선 그는 자파 세력을 결집하여 정당을 만드는 한편 직선제 개헌안을 제출하였다. 이 대통령은 이어서 '민의를 배반한 국회의원'의 소환을 요구하는 관제 데모를 통해 야당을 압박하다가 그것도 여의치 않자 비상계엄령을 선포한 가운데 야당의원을 체포하는가 하면 물리력으로 국회를 압박하기 시작하였다. 이후 사태는 긴박한 한·미 간 갈등 그리고 국회와 대통령 간의 공방이라는 치열한 정치 동학을 거쳐 최종적으로 미국이 사태를 봉합하기로 결정함에 따라서 결국 대통령 직선제를 도입하되 국회의 힘을 강화하는 방향에서 양원제를 도입하기로 하는 일종의 타협안으로서의 발췌개헌안이 통과되었다.

김성수 부통령이 이 사건 이후 제출한 항의성 사표에서도 규정하였듯이 계엄선포는 대한민국 헌정에 대한 '반란적 쿠데타'였다고 하지 않을 수 없다. 그리고 이승만 대통령은 당시의 승리를 바탕으로 재선에 성공함으로써 정치적 위상과 기반을 강화하였고, 이를 계기로 정치적 권위주의, 즉 독재자의 길을 걸어가기 시작하였다. 다만 이러한 그의 행동은 어떤 의미에서는 졸속 제정된 제헌헌법이 안고 있던 여러 문제점을 배경으로 하고 있었으며, 또한 전시라는 특수 상황 그리고 정전정책을 놓고 한국과 미국의 이해가 정면에서 부딪히는 상황에서 발생한 점에 유의해야 할 것이다. 이승만 대통령의 스테이트크래프트를 평가할 경우 이 모든 것들을 종합적으로 고려하지 않으면 안 된다는 것이다.

독재와 파국

이렇게 이 대통령은 전쟁 기간 중 적지 않은 실정에도 불구하고 숱한 내외의 도전에 맞서 부산정치파동과 같은 무리를 범하면서도 재선에 성공한 데 이어 마침내 휴전을 맞는 과정에서는 한·미방위 조약과 군사적·경제적 원조를 통해 국가안보체제를 공고히 하는 등 국가건설의 초창기 작업을 성공적으로 마무리 지을 수 있었다. 또한 재선 이후 자유당이 여당으로 정식 출범하면서 의석 분포는 여소야대에서 여대야소로 역전되었고, 능란한 정치기술을 발휘하여 자신의 직계인 이기붕을 통해 자유당을 완전 장악하였다. 나아가 1954년 제3대 민의원 선거에서 집권 자유당은 개헌 정족수에는 미치지 못하지만 과반수를 훨씬 상회하는 114석을 확보하는 등 정치적으로도 절정기를 맞게 되었다. 전체적으로 보았을 때 이승만 대통령의 스테이트크래프트가 보여준 긍정적 측면은 대체로 여기까지라고 할 수 있을 것이다. 그 이후에는 권위주의 시대 한국 정치의 고질적 병폐인 승계의 정치, 즉 장기집권 문제가 본격 등장하게 되었으며, 모든 것이 오로지 장기집권에 맞추어짐에 따라서 정상적인 국가운영이 어려워진 것이 사실이다.

먼저 3선을 위한 개헌을 추진하는 과정에서 사사오입이라는 전대미문의 희귀한 장면이 연출되었다. 이로써 자유당 일각이 붕괴되는가 하면, 보수와 혁신이 갈린 가운데서도 반이승만 세력이 결집하여 강력한 보수 야당인 민주당이 등장하게 되었다. 무엇보다도 개헌과정에서 벌어진 사사오입이라는 희화적 작태로 인해 이 대통령의 국부(國父) 이미지가 크게 훼손되었으며 민심이 이반하는 결과를 초래하였다. 개헌 내용에서도 현 대통령에 한해 중임조항을 폐지한다고 하여 법의 일관성을 상실한 데다가, 전문 및 총강에 '주권 제약 등의 사항에 대한 국민투표' 규정을 명문화함으로써 대의제 기제를 우회 내지는 무시한 채 국민과 직접 소통함으로써 통치행위를 정당화하려는 사인주의(私人主意)적 권위주의가 대두된 점에도 유념할 필요가 있다. 다만 이때 함께 개정된 '국가 통제적 내용을 상당히 완화한 경제 조항'에 대해서는 오늘날에도 입장에 따라 평가가 엇갈리고 있다. 한편에서는 미국 측의 강력한 요구가 배경이 되었다는 점과 더불어 상당히 진보적이었던 제헌헌법 조항이 크게 개악됨으로써 이후 파행적 개발 정책의 길을 열었다는 비판이 있다. 반면에 근로자의 이익균점권과 같이 세계헌법사상 그 유례를 찾기 힘든 특이한 조항을 특징으로 하는 등 당시 국가 성격과 상황적 여건을 뛰어넘는 제헌헌법의 내용을 바로잡은 것이었으며, 이후 발전국가를 예비한 올바른 방향 설정이었다는 주장도 있다.

1956년 실시된 제3대 정·부통령 선거에서는 민주당 후보 신익희의 급서로 인한 정략적인 추모 투표 속에서도 진보계열의 조봉암후보가 23.8%를 득표하는 등 민심 이반이 확연히 드러난 가운데 부통령에는 민주당 후보 장면이 당선됨으로써 여당의 긴장을 고조시켰다. 여기에서 집권 자유당은 장면 부통령 저격사건과 '진보당 사건'을 일으켜 결국 조봉암을 사형시키는 등 무리수를 두게 된다. 한편 연로한 대통령 주위에는 자유당 강경파가 득세하고, 경무대 비서가 대통령의 접근을 차단함으로써 이승만 대통령은 그나마 여권 내에서도 완전히 고립되고 만다. 이에 대해서는 관련자들에게 일차적 책임이 있겠지만 집권욕과 명예욕에 사로잡힌 나머지 인사에 실패한 대통령에게 가장 큰 책임을 귀착시키지 않을 수 없다. 이 선거에서 한 가지 주목할 것은 한국 민주정치의 새로운 경향이 대두되기 시작하였다는 점이다. 즉 정부 여당의 강력한 반공정책을 통한 헤게모니 확보정책과 더불어 관권 개입이 노골화되었음에도 불구하고 고등교육 보급률의 신장에 힘입어 여촌야도(與村野都)의 투표 현상이 등장한 것이다. 물론 자유당 정부는 이러한 현상 변화에 전혀 대처하지 못하였다.

이후 자유당 강경파는 1960년도의 선거를 의식하여 언론에 재갈을 물리기 위해 선거법 협상과 더불어 국가보안법을 개정하였다. 특히 국가보안법 파동은 이승만과 심지어 이기붕의 적극적인 지지 없이 진행되는 등 강경파 일변도의 이성과 자제를 넘어선 무분별한 행위였다는 점에서 충격을 주었다. 그리하여 결국 〈경향신문〉의 폐간이라는 무리수가 등장하였다. 이어 행정부에는 강경파들을 무분별하게 전진 배치, 사상 유례없는 부정선거를 획책하였다. 이들은 지방자치제법을 개정하여 시·읍·면장을 중앙정부 임명 방식으로 전환한 데 이어 자유당 의원의 의견에 따라 해당 지역 경찰서장을 임면하였고, 이른바 청년단체들을 '대한반공청년단'으로 통합한 후 노골적으로 폭력조직을 동원하여 사상 유례가 없는 3·15부정선거를 저지르게 되었다. 이제 정권은 한마디로 최고 권력자의 통제마저 벗어난 고삐 풀린 망아지처럼 파국을 향해 질주해가고 있었던 것이다.

이승만 대통령의 이러한 인사운용의 실패는 군부 통솔에서도 단적으로 드러났다. 국군은 태생에서부터 광복군계·만주군계·일본군계라는 복잡한 기원을 갖고 있었다. 이 대통령은 이들을 오로지 단기적 차원에서 분할 지배하는 전략으로 일관하였으며, 특히 방첩부대와 헌병총사령부를 신설하여 군을 정치적으로 이용하였다. 그리하여 군내 서열상의 부조화가 자주 나타났고, 그로 인해 '김창룡 암살사건'에서 나타났듯이 군내 소외세력에 의한 일탈행위까지 등장하였다. 특히 군의 정치화를 방관 내지는 조장하면서 군 예산을 자유당이 전용함에 따라서 군의 부정부패와 군정유착 등 숱한 병폐가 발생하였고 이로 인해서 후일 쿠데타가 발생할 토양이 형성되었다. 그리고 한편에서는 특무대와 같은 사찰기구가 정치에 깊숙이 개입하는 길도 열어놓았다.

이러한 상황에서 정상적인 국가운영과 경제사회개발계획과 같은 미래설계가 이루어지기를 바라는 것은 연목구어(緣木求魚)였다고 하지 않을 수 없다. 특히 미국의 원조가 점차 줄어드는 현실에 적절하게 대응하지 못한 채 오로지 지대추구적인 정경유착으로 일관한 나머지 정치적 위기는 물론 한국경제 자체가 커다란 위기를 맞게 되었다. 그나마 행정부 일각에서는 산업개발위원회를 만들어 장기 경제개발계획을 추진하기도 하였으나 정권의 관심에서 밀려난 채 표류하다가 4·19혁명의 와중에서 계획안 자체가 유실되고 말았다.

국가 창업의 지도자 VS 독재의 기원

거시적이고 종합적인 시각에서 보았을 때 이승만 대통령은 냉전이 개시되는 세계사적 격동기 속에서 19세기 말 실패한 근대 국민국가로의 전환을 분단된 상태에서나마 이룩해낸 국가 창업의 지도자였다. 역사는 인간이 의도한 바와는 다른 결과를 빚기도 한다. 따라서 반세기 이상이 지난 오늘의 관점에서 그의 스테이트크래프트와 그 성과를 결과론적으로 확대해석하고 미화할 필요는 없을 것이다. 그런 점에서 50년대는 혼돈·무질서·

무계획·방임이 아니라 나라 만들기의 초기 과정으로서 치밀하고 조직적이고 일관된 정책이 있었다는 해석은 지나친 감이 있다. 마찬가지로 모든 면에서 괄목할 만한 발전을 이룩한 오늘의 잣대로서 국가 창업기라는 '위기의 일상화' 속의 지도자 이승만을 평면적으로, 몰역사적으로 평가하는 것도 공정하지 못하다. 국가의 창설은 그 자체가 위기의 소산일 수 있다. 반면에 그 뒤에 오는 시대는 제도화된 헌정질서 내의 여러 가치와 기준과 같은 평상적 조건을 전제로 한다. 따라서 농지개혁과 같은 혁명적 변화, 그리고 전쟁이라는 명백한 위기의 시대였던 당시를 오늘날과 같은 평상시 그리고 산업화와 민주화에 성공한 현실에서 전개되는 헌정적 가치관에 입각하여 평가하는 것에는 적지 않은 무리가 따른다.

독재와 헌정파괴 문제만 해도 그렇다. 이 대통령의 행태 자체는 비판받아 마땅하지만, 동시에 여러 측면을 종합적으로 고려해볼 필요가 있다. 이승만은 일찍이 미국에서 작성한 '건국종지(建國宗旨)' 2장에서 독립 이후 한 10년 정도는 중앙집중제로 나라를 운영해야 할 것이라고 주장하면서 일종의 교도민주주의(Guided Democracy, 통제민주주의라고도 하며, 형식적으로 민주주의를 표방한 권위주의적 체제)를 제기한 적이 있다. 즉 그의 독재는 단순한 개인적 권력욕의 산물만은 아니며, 국가와 민주주의 운영상의 철학, 그리고 현실적 여건 판단과 관련되어 있는 문제였다. 또한 제헌헌법 자체가 적지 않은 문제점을 안고 있었던 점도 감안해야 할 것이다. 그것은 인류 역사상 가장 발전된 것이었다는 바이마르 공화국의 헌법을 모델로 한 데다가, 분단이라는 특수한 국가성립 조건에 대한 실천적 성찰을 결여한 것이었다. 특히 의원내각제적 요소와 대통령제적 요소가 충돌하고 있는 가운데 당시 규정된 대통령의 권한과 지위는 역대 대통령중심제 가운데서도 가장 미약했다는 점도 사실이다. 물론 제헌헌법 제정 과정에서 이 대통령의 책임도 적지 않았지만, 당시의 헌법 자체가 적지 않은 문제점을 안고 있었던 것 역시 부인할 수 없는 사실이다. 이러한 점들을 총체적으로 감안할 때 이 대통령의 창업기 국정 지도자로서의 스테이트크래프트에 대해서는 긍정적인 평가가 가능할 것이다.

그는 일찍이 구한말 급진 개화파로서 입헌주의를 위해 투쟁하였거니와 뛰어난 학식과 독립운동을 통해 쌓아온 경륜을 토대로 냉전 태동기에 근대 국민국가의 건설은 체제 선택의 문제라는 점을 간파, 분단된 상태에서나마 대한민국을 출범시킬 수 있었다. 또한 아직도 농업을 기반으로 하는 신분사회의 잔재가 남아 있는 당시의 열악한 현실에서 농지개혁과 교육혁명을 주도함으로써 후일 민주화와 산업화로 나아갈 수 있는 기본 인프라를 깔았다는 점에서 높은 평가를 받을 수 있다. 또한 전쟁을 마무리하면서 한·미동맹과 미국의 원조를 확보함으로써 국가 수호와 발전의 기본 틀을 다진 공적도 상찬될 수 있다.

반면에 체질 속에 남아 있는 양반 신분과 엘리트 의식, 그리고 미국적 민주주의가 갖고 있는 실용주의와 기능주의에 사로잡힌 몰역사적 의식은 초창기 창업기를 지나 헌정의 제도화와 일상적 국가 운영을 기해야 하는 수성기에는 오히려 역으로 기능하였다. 평생을 '선동가'로 살아왔다는 그 자신의 표현대로 일상적인 스테이트크래프트에서는 한계에 부딪히게 되었던 것이다. 특히 1950년대 후반에 들어오면서 나타나기 시작한 새로운 국제정세의 변화와 사회 분화 현상에 적절하게 대처하는 데는 역부족이었다. 설상가상으로 그는 휴전 직후 한·미동맹 체결과 선거의 승리에 도취하여 국부의식에 빠진 데다 생물학적 고령까지 맞물려 일종의 사고의 동맥경화증에 걸렸다는 비판을 받게 되었다. 여기에서 한국 정치의 가장 큰 폐해인 장기집권 문제, 뒤집으면 평화적 정권교체 문제와 직면하게 된다. 이것이 얼마나 지난한 과제였는지 후일의 역사가 보여주기도 하지만 한편에서는 이 대통령이야말로 나쁜 선례를 만들었다는 점에서 가장 큰 책임이 있다고 할 것이다.

혹자들은 자유당 말기 국가운영상의 파행에 대해서 이 대통령보다는 주변 인물들에게 그 잘못을 돌리기도 한다. 특히 영부인 프란체스카 여사의 역할을 놓고 비판적인 시각이 있는 것도 사실이다. 여사는 오스트리아 귀족 출신으로서 개인적으로는 근검절약 등 뛰어난 덕목을 갖추고 있었지만, 성장 과정에서 미국적 민주주의보다는 구 오스트리아 제국의 귀족적인 정치관과 국가관을 습득한 한계가 있었던 것으로 보인다. 그리하여 구미 유학파를 중심으로 하는 측근 세력을 형성, '인의 장막'을 침으로써 국가운영을 '궁정 정치'로 이끌어갔다는 것이다. 나름대로 일리가 있는 해석이다. 그러나 지도자의 가장 중요한 스테이트크래프트가 지인지감과 용인술이라는 점에서 본다면 이야말로 이 대통령의 치명적 결함을 보여주는 것이라고 하지 않을 수 없다. 이렇게 점차 고령이 되면서 주변에 포진하고 있던 극소수 강경파의 포로가 되어버린 것은 그 자신과 국가를 위해 크나큰 불행이었다고 하지 않을 수 없다.

거룩한 사월혁명이 한개 정당의 집권의 전리품이 아니요
대다수 국민의 민권탈환의 금자탑이요 빈곤해방의 기점이라 할진대 오고 가는 집권보다도
하나도 둘도 그리고 셋도 있을 수도 있고 없을 수도 있는 정당이나 단체보다도
오직 하나밖에 다시 없는 국민과 영원히 존재해야 하는
국가를 위해서는 모두를 다 바치는 것이 젊은 학도들이
흘린 고귀한 피의 값을 보상하는 길인가 합니다.
- 1960. 08. 13 제5대 윤보선 대통령 취임사에서

제4장 4·19와 5·16 혹은 근대화 경로 선택의 스테이트크래프트

1. 서론

　정부수립과 6·25전쟁을 거쳐 민주주의 모델 사이의 체제 선택은 일차적으로 종료되었다. 자유민주주의 원리와 시장경제 체제, 그리고 일부 내각제적 요소가 가미된 대통령중심제의 정치 질서를 토대로 하는 국가의 기본 틀도 대충 갖추어졌다. 농지개혁을 통해 신분적, 대가족주의적인 전통사회의 토대는 붕괴되고 개인주의적 평등원리가 관철되는 가운데, '반공'이라는 네거티브한 성격을 강하게 갖고 있기는 하지만 국민적 정체성도 형성되었다. 한·미방위조약 체결을 통해 향후 국가 존립에 필요한 동맹체제도 구축함으로써 이승만 대통령은 '국가 세우기'라는 임무를 성공적으로 마무리 지을 수 있었다. 1950년대 중반이야말로 이렇게 선택된 자유민주주의 모델 하에서 구체적인 국가적 비전과 목표를 제시하면서 국민을 통합시켜 나아가야 할 시기였다. 특히 민주주의 가치를 정착시키고 내면화하는 과제, 그리고 민주주의의 기반을 구축하고 국가와 사회 발전을 기하기 위해 필수 불가결한 물질적 토대를 건설하는 과제가 기다리고 있었다. 문제는 이승만 대통령과 자유당의 정치 리더십이었다. 강경파가 득세한 자유당은 스테이트크래프트를 결여하고 있었을 뿐 아니라 연로한 이승만 대통령의 승계 문제를 놓고 오로지 정권 연장에만 혈안이 되었으며 이러한 역사적 과제를 수행해낼 정치적 의지도 부족하였다.

이러한 상황 속에서 대학생들을 중심으로 3·15부정선거에 항거한 4·19에 의해 제1공화국은 막을 내렸다. 그로부터 약 1년간 향후 국가운영의 노선과 원리를 놓고 일종의 내란을 방불케 하는 대혼란과 갈등 상황이 초래되었다. 물론 자유민주주의라는 체제 선택은 이미 일단락되었으나, 그 구체적인 실천 전략과 경로상의 문제를 놓고 벌어진 갈등이었다. 하나는 자유민주주의의 틀을 온전히 유지하면서 단계적으로 경제발전을 기해나가자는 것이었고, 다른 하나는 자유민주주의를 부분적·일시적으로 유보하더라도 먼저 시급한 민생고를 해결하고 나아가 경제발전을 서두르자는 것이었다. 여기에 또 하나의 쟁점으로서 안보·외교 정책상의 갈등이 깔려 있었다. 하나는 우리의 국방은 한·미방위조약과 주한미군에 상당 부분 의존할 수 있는 만큼 북한의 위협이나 다소의 사회적 혼란을 크게 우려할 필요가 없다는 입장이었다. 반면에 다른 하나는 주한미군에 의존할 수밖에 없는 현실을 인정하면서도 민족적 자주성을 강조하는 한편, 북한의 위협을 극복하기 위해서는 반공태세를 강화하면서 부국강병(富國強兵)의 길을 걸어가야 한다는 입장이었다. 중요한 것은 이러한 대립이 정상적인 국가운영상의 경쟁과 갈등이 아니라 폭력을 수반하는 양상으로 전개되었다는 데 있다.

따라서 이 시기의 사건들은 정상적인 국가운영이 전개된다는 맥락에서 평가하기는 어려우며, 이미 주어진 제도적 이념적 틀 속에서이지만 근대화의 방법론이라는 구체적인 국가운영 원리와 방향을 놓고 여러 정치세력들이 각축하는 제2의 제헌적 국면으로 볼 필요가 있다. 결국 4·19로 시발된 이러한 국가운영 방법상의 대립은 최종적으로는 군부가 국정의 전면에 등장하여 스테이트크래프트를 발휘하는 결과로 이어졌으며, 이후 대한민국은 1987년 민주화 때까지 이러한 노선을 크게 벗어나지 않은 채 국정이 운영되었다고 할 수 있다.

2. 스테이트크래프트 관점에서 본 이승만 정부의 몰락과정과 과도정부

4·19와 미국의 역할

먼저 이승만 정부는 몰락을 방지할 수 있었을까? 즉 4·19를 미연에 방지할 수 있는 스테이트크래프트가 가능했는지 검토해 볼 필요가 있다. 결론부터 말하자면, 자유당 정부는 이미 1954년 사사오입 개헌 이래 장기집권을 향해 돌진한 이후 강경파의 득세로 3·15 부정선거에 이르기까지 되돌리기 어려운 파국의 길을 걷고 있었다. 타협이 가능한 야당의 온건파 지도자들도 하나둘 타계한 데다가 여당의 2인자라는 이기붕마저 강경파에 의해 소외된 상황에서, 자유당 정부는 확산되는 데모를 공산주의의 사주에 의한 것으로 몰아가면서 경찰력 심지어 폭력배들까지 동원하여 대처하는 방법 외에 다른 대안이 없었다. 시위의 마지막 단계에서는 군마저 정치적 중립을 천명하며 발포를 거부하였고 심지어 시위대에 묵시적으로 동조하는 상황까지 벌어졌다. 집권 측은 할 수 없이 이승만 대통령의 자유당 총재 사임, 이기붕의 부통령 당선 사퇴 선에서 사태를 수습하려고 하였다. 다만 이 과정에서 허정을 수석 국무위원인 외무장관에 임명하여, 이승만 대통령의 유고 상황 등 '만약의 경우' 대통령권한대행을 맡기려는 포석이 있었다. 그러나 시위가 더욱 확산되는 가운데 미국의 직간접적인 압박으로 결국 이 대통령은 하야하였으며, 제1공화국은 종언을 고하게 되었다.

4·19는 서구사회의 전통적인 '아래로부터의 혁명'과 그리고 후발 사회에서 자주 나타났던 '위로부터의 혁명'과는 또 다른 대학생을 필두로 한 지식인들의 '옆으로부터의 혁명'이라고 볼 수 있다. 당시 한국 사회는 건국과 전쟁으로 인해 극도로 협소해진 이념적 스펙트럼 위에 있었다. 그런 만큼 아래로부터의 혁명은 원천적으로 불가능하였고, 자유당 정부 역시 위로부터의 혁명을 추진하기에는 능력과 안목 자체가 근본적으로 부족하였다. 민주당 역시 비판만 할 뿐 내각제 외에 뚜렷한 정치적 대안을 제시하지 못하고 있었다. 따라서 남은 것은 대학생과 군부였다.

전쟁을 거치면서 양적으로나 질적으로 비약적인 성장을 거듭한 군은 당시 한국 사회 내에서 가장 근대화된 집단으로 부상하고 있었다. 그러나 군부는 이 대통령의 분할통치전략으로 파벌들이 대립되어 의미 있는 행동을 취하기 어려운 상황이었다. 당시 급속하게 늘어난 대학생들은 해방 이후 최초로 '민주주의 교육을 받은 엘리트 집단'으로서, 이들의 예민한 감수성과 민주적 정치의식은 수입된 민주제도와 비민주적인 현실 사이의 괴리, 특히 민주주의의 기초인 공정선거가 자유당 정부에 의해 정면으로 훼손, 부정되고 있는 데 대해서 크나큰 분노를 표출하였다. 그것은 한마디로 실천은 하지 않은 채 '풍문'으로만 들려주었던 자유민주주의를 실천하고 그 이상을 추구할 것을 주장한 정치적 사건이었다. 여기에는 물론 조선조의 유교, 특히 재야 사대부들인 산림세력들이나 성균관 유생들의 명분에 입각한 현실정치 비판의 전통도 적지 않은 영향을 미쳤다고 볼 수 있다. 여하튼 4·19는 자유민주주의 체제 하에서 국민의 뜻을 저버린 독재정권은 국민으로부터 강력한 저항을 받아 결국은 무너진다는 것, 그리고 자유민주주의의 보루요 수호자로서의 대학생과 지식인들의 존재라는 현대 한국의 국가운영에 있어서 새로운 '신화'를 창출하였다.

　여기에서 한 가지 주목해야 할 것은 한국의 국가운영, 특히 혁명적 변화 과정에서 행한 미국의 역할 문제다. '한국 정치는 국제정치'라는 명제가 나올 정도로 미국은 한국 정치에 깊이 간여해온 것이 사실이다. 해방 이후 3년간 군정을 실시하였으며 대한민국의 산파 역할을 담당해온 것은 차치하고, 전쟁 수행 및 휴전과 관련하여 두 번씩이나 물리적으로 이승만 대통령을 제거하려는 계획을 세운 바 있으며, 50년대 후반기에는 국가보안법파동과 조봉암사태를 놓고 자유당 강경파를 견제하면서 여야 온건파를 중심으로 하는 새로운 후계질서 수립을 모색하기도 하였다. 미국의 국익에 비추어볼 때 자칫 미국의 영향력이 자유당 정권과 동일시되어 반미감정을 촉발하게 되는 사태를 미연에 차단할 뿐 아니라 자국의 이익에 불리한 결과를 초래할 수 있는 좌우 극단적 성격의 정권이 등장할 가능성을 방지하는 것이 목적이었다.

　이러한 정책방향에 따라서 미국은 자유당 정부와 절연(dislocation)까지는 아니더라도 점차로 거리를 두다가 3.15부정선거 이후 데모가 확산되자 자칫 한국이 공산화될 것을 우려하여 이승만에게 압박을 가하고 지지를 철회하는 방법으로 영향을 미쳤던 것이다. 즉 미국은 한국 군부에게는 정치적 중립을 지키도록 끊임없이 신호를 보내는 한편, 이 대통령에게는 점차 압박을 가중시키다가 4월 25일에는 아이젠하워 대통령의 방한 중지 및 대한 원조 중단을 선언한다. 이어 4월 26일에는 매카나기(W. P. Mc-Conaughy) 대사가 이 대통령을 면담, 현재 '미국의 이익'까지 위험에 처할 정도가 되었다고 주장하면서 '존경받는 자리로 은퇴'할 것을 직접 권유하는 등 노골적인 압력을 행사함으로써 이승만 하야에 쐐기를 박았다. 따라서 제1공화국 붕괴에 있어서 '미국의 역할'은, 마지막 버팀목으로서의 지지를 철회함으로써 이승만 정부를 붕괴시킨 직접적인 요인이 되었다고 볼 수 있다.

민주당 정부 수립

4·19의 수습은 다시 정치권에 맡겨졌고 학생들은 학원으로 복귀하였다. 그리고 자유당 정부가 붕괴된 상태에서 국가운영은 허정에 의해 주도되는 과도내각에 맡겨졌다. 그는 자유당 독주에 대해서는 비판적인 입장을 견지하고 있었지만 어디까지나 '이승만의 사람'으로서, 대통령 승계 서열자인 장면 부통령과 이기붕 국회의장이 사임한 상태에서 대통령권한대행을 맡게 되었다. 허정은 혁명의 대상인 이승만에게서 임명받았다는 점에서 근본적인 한계를 안고 있었다. 또한 당시 존재하던 민주당과 자유당의 정치 역학관계는 그로서는 넘을 수 없는 크나큰 장벽이었다. 따라서 3개월 이내의 과도기간 설정 및 '비혁명적 방법에 의한 혁명적 정치개혁의 완수'라는 국가운영 방침은 그로서는 불가피한 것일 수도 있었다.

이렇게 지나친 정치보복을 경계한 것은 올바른 방향이었지만, 혁명의 마무리를 위해서라도 좀 더 비상한 조치가 아쉬웠다. 부정선거와 부정부패에 대한 처단은 이후 출범할 정부에 맡겨두더라도 앞으로 이를 위한 헌법적 근거를 마련하는 문제에 대해서는 권한대행으로서 보다 적극적으로 개입할 필요가 있었다. 물론 아직도 자유당 의원들이 다수를 점하고 있는 당시 국회 상황을 고려할 때 이는 결코 만만한 과제는 아니었다. 그러나 민주당 정권 출범 이후 발포 책임자들에 대한 처벌이 솜방망이가 되자 부상 학생들이 국회에 난입하는 사태가 벌어졌고 이후에서야 소급입법과 이를 정당화하기 위한 개헌이 이루어졌으며, 결국 이것이 민주당 정부의 권위를 실추시키는 결정적 이유가 되었다.

과도기간 중 여당 역할을 한 민주당, 특히 당 지도부가 보여준 스테이트크래프트 역시 적지 않은 문제점을 드러냈다. 이들은 당시의 혁명적 상황에 대한 명확한 현실 인식은 물론 자신이 담당할 새로운 통치 질서와 국가 운영에 대해서는 아무런 비전도 제시하지 못한 채 해방 이후 한민당 시절부터 오매불망 주장해오던 내각책임제로의 개헌이라는 제도개혁만을 유일한 대안으로 제시하였다. 거기에다가 신파와 구파는 각기 자파의 차기 집권전략 차원에서, 정·부통령 선거를 다시 할 것인가 아니면 차제에 내각제 개헌을 먼저 할 것인가를 놓고 갈등을 벌였고, 그 와중에서 자유당에게 정치개입, 특히 개헌에 영향을 발휘할 시간과 빌미를 제공하였다. 결과적으로는 '선(先) 내각제 개헌'으로 귀착되었지만, 그 와중에서 부정선거와 부정부패 처벌을 위한 헌법적 근거를 마련하지 못함으로써 집권 여당이 될 민주당 스스로에게 커다란 부담을 자초하고 말았다.

이러한 한계 내에서나마 당시 헌법상 개헌에는 국민투표가 필요 없었던 만큼 별도의 국민 의견 수렴 과정과 이로 인한 갈등 없이 권력 엘리트 간의 권력분점을 보장하는 내각제 개헌안의 합의를 통해 민주당 정부가 수립되었다.

3. 민주당 정부의 스테이트크래프트

취약한 민주주의

민주당 정부는 불과 9개월 남짓 존립하다가 쿠데타에 의해 붕괴되었다.

민주당 정부의 스테이트크래프트에 대한 평가는 정파에 따라 크게 엇갈리고 있다. 일각에서는 장면 정부를 훌륭한 민주정부로 보는 시각도 있다. 다원적 시민사회, 민간의 자율적 힘에 입각한 국민통합을 필요로 하는 시대정신에 적극 부합하려고 노력한 정권이었다는 주장이다. 민주주의를 교과서대로 사회에 구현해내려는 시대적 사명을 실천하여 단군 이래 처음으로 국민에게 민주주의를 선사했다는 것이다. 다만 자유당 독재의 억압에서 갑자기 풀어진 반동으로 우리 사회가 일부 방종으로 흘러 난맥상이 빚어진 것은 사실이지만, 문제는 이러한 현상을 제대로 이해하지 못한 국민의식과 이에 편승한 명분 없는 쿠데타에 있었다는 것이다. 그리고 이때 체험한 민주주의는 한 세대 동안 지속된 군부독재 아래서 국민에게 위로와 희망을 주는 정신적 지주로 작용하였으며, 민주주의가 정착된 지금에 와서 볼 때 제2공화국과 장면 총리는 국민들에게 민주주의를 가르쳐준 '위대한 교사'로서 기억되어야 마땅하다는 논리이다.

제2공화국 정부는 이승만의 가부장적 권위주의 정권에 이은 두 번째 정권으로서 보수 우익의 바탕 위에서 자유민주주의 정치제도와 이념을 정착시키려고 시도한 정권이었다. 문제는 이승만을 타도한 학생들로부터 권력을 선사 받았지만, 정치적 자유를 최대한 보장해야 한다는 명분에만 매달렸다는 것이다. 즉 근본적으로 자유민주주의 제도를 어떻게 한국 사회에 정착시키고, 이를 위해 필요한 사회·경제적 개혁을 어떻게 이루어나가야 할 것인가에 대해서는 스테이트크래프트를 발휘하지 못한 채 오로지 파벌 간의 권력 쟁탈전으로 허송세월하였다는 사실이다. 민주당의 파벌 싸움은 오늘날까지도 이어지는 한국 정치의 특징인 정파 간 극한 대립과 갈등의 한 원형을 이루며, 특히 그것이 민주주의의 위기를 초래한 결정적 계기로 작용하였다는 점에서 주목할 필요가 있다.

민주당 내 파벌 싸움은 그 연원이 깊지만, 오래 염원해오던 내각제가 실현되고 거대 여당으로 집권하자 뿌리 깊은 파벌 간 불신과 적의를 극복하지 못한 채 마침내 분당의 길을 걷게 되었다. 더구나 분당 이후에는 건전한 보수 양당제를 정착시키지 못한 채 사사건건 불신과 대립으로 원만한 국가운영을 가로막았을 뿐 아니라, 특히 여당인 민주당은 노장파와 소장파, 그리고 협력파가 갈라져 자체의 에너지만 소진 시켰다. 집권 이후 신구파의 갈등과 대결은 직접적으로는 신파가 양보하여 구파의 윤보선을 대통령으로 밀어주었지만, 윤보선이 신뢰를 저버리고 구파의 김도연을 총리에 지명한 데서 비롯되어 이후 국가운영에 있어 사사건건 첨예한 대립 양상을 보였다. 특히 장면의 우유부단성이 문제가 된 가운데, 일각에서 거국내각 문제가 제기된 것을 계기로 오히려 정치에 초연해야 할 윤보선 대통령이 정치에 개입하는 결과를 초래하였다. 아무리 명분이 있었다고는 하지만 윤 대통령은 부정축재법 제정 촉구 등 기회 있을 때마다 번번이 '교서'를 보냄으로써 정치적 갈등을 증폭시켰다. 그리하여 쿠데타설과 이에 대처하는 문제를 놓고 대통령과 총리가 언쟁을 벌이는가 하면, 시국에 대처하는 방안을 논의한 3월 22일 청와대 최고지도자회의에서 윤보선 대통령 측은 '우국충정'에서 거국내각과 긴급조치 발동을 권고했고, 장면 총리측은 이를 초연해야 할 대통령이 총리의 사임을 종용한 것으로 받아들임으로써 양자는 정치적·인간적으로 결별하고 말았다.

그러나 전체적인 스테이트크래프트 면에서 장면 정권은 '실패한 정권'이라는 혹평을 면하기 어렵다. 이는 무엇보다도 국민의 지지를 잃었을 뿐 아니라 군부관리에도 실패하여 쿠데타를 자초한 점에 있다. 군부의 관리가 얼마나 중요한 문제인가를 극명하게 보여준 사례가 아닐 수 없다. 물론 쿠데타에 대한 일차적 책임이 군부 쿠데타 세력에게 있다는 것은 명백하다. 그러나 적지 않은 사람들이 진작에 그 위험성을 수차례 지적하였음에도 불구하고 이를 관리하지 못함으로써 국민으로부터 위임받은 권력을 수호하지 못한 것에 대해서는 어떠한 변명도 통할 수 없다.

어떠한 정치체제에서도 마찬가지지만 특히 민주체제에서 군부의 위험성에 대해서는 일찍이 많은 지적이 있어 왔다. 특히 한국군은 작전통제권이 유엔군에 있는 만큼, 한국의 군통수권자와 유엔군 사령관 사이에 간극이 발생할 경우 고도의 미묘한 정치문제가 발생할 수밖에 없다. 이 문제에 대해서는 이승만 정권하에서 장면 스스로가 일찍이 경험한 바 있다. 미국의 군부에 대한 의도적인 직접 개입도 있을 수 있거니와, 군부 역시 말로는 정치적 중립을 표방하면서도 '불개입의 개입' 혹은 '중립의 비중립성'을 통해 얼마든지 현실적 영향력을 미칠 수 있기 때문이다. 그런데도 장면 정부는 미국에 과도하게 의존하였고, 특히 미국대사관과 정보기관만을 의지할 뿐, 주한미군 관련자들과도 원활한 소통 채널을 구축하지 못했던 것이다.

장면은 우리 군에 대해서는 거의 방임해놓은 상태였다고 할 수 있다. 집권 초부터 깊은 연구도 없이 그리고 군부와 적절한 커넥션도 유지하지 못한 채 국군 10만 명 감축안을 발표, 이를 제대로 관철시키지도 못한 채 군의 불만을 자극하였다. 또한 이승만 정권하에서 정치화되고 부패한 군 수뇌부를 규탄하는 청년 장교들의 '하극상 사건'이 발생하였으나 이에 대해서도 충분한 관심을 기울이지 않았다. 무엇보다 과도정부 수반 허정이 민주당에 정권을 이양하면서도 효율적 군부 장악의 중요성을 강조하였고, 특히 이종찬 국방장관의 계속적인 기용을 당부하였으나, 장면은 이 경고를 무시하였을 뿐만 아니라 9개월의 집권기간 중 국방장관을 3번, 육군참모총장을 4번이나 경질하는 인사의 난맥상을 보여주었다. 그중에서도 육군참모총장 최경록을 해임하고 사적 인연을 앞세워 장도영을 임명한 것은 결정적 실수였다. 장도영은 전임자가 추진하던 군부 내 부정행위 조사를 중단하였으며, 소장 장교들의 반란 가능성에 대해서도 모호한 입장으로 일관한 채 이중적인 자세를 취하다가 마침내 자신을 임명한 장 총리를 배신함으로써 쿠데타의 발생과 그 성공을 자초하였던 것이다.

통치 리더십 결여

장면 정부의 경험은 또한 법질서의 유지가 스테이트크래프트의 핵심이라는 것을 잘 말해주는 사례이다. 4·19 발포 및 부정부패 등 관련자 처벌법을 놓고 과도정부 하에서 당초 개헌을 할 때 근거를 마련하지 못했다는 사실은 이미 지적한 바 있다. 민주당 정권하에서 서울지법이 발포 명령자인 유충열 시경국장에게만 사형을 언도하고 나머지에 대해서는 가벼운 형을 선고하자, 국회는 부상 학생들이 국회 본회의장 단상을 점거하는 데 놀라 개헌도 없이 소급입법인 '민주 반역자에 대한 형사사건 임시처리법안'을 가결하였고, 뒤늦게 이를 합법화하기 위해 개헌안을 제출·통과시켰다. 그리하여 특별검찰부와 특별재판소를 설치하고 단죄에 나섰으나 결국은 완결을 짓지 못한 채 이 문제는 5·16 이후 군사정부에서 재수사를 하면서 마무리될 수 있었다. 중요한 것은 정권 내내 이렇게 우왕좌왕하다가 학생은 물론 시민들의 지지를 상실하였으며 뒤늦은 소급입법으로 공무원 세계, 특히 경찰의 지지를 상실하였다는 것이다. 특히 관료조직의 지지 철회는 정부의 기능만 급격히 저하시키는 결과를 초래하였다.

민주당 정부는 의제의 장악과 관리에 있어서도 제대로 스테이트크래프트를 발휘하지 못하였다. 그동안 정부의 강력한 탄압과 함께 좁아진 이념적 스펙트럼 위에서 노선투쟁과 자체 분열을 거듭하던 혁신계는 4·19 이후 급진화된 학원가의 지도자들과 연계되면서 백가쟁명(百家爭鳴)식 통일논의와 남북대화 주장을 봇물처럼 토해 냈다. 물론 여기에는 '연방제' 통일방안을 제기한 북한의 평화공세가 크게 작용하였다. 문제는 정부가 통일 의제를 선점하지 못한 채 소극적이고 우유부단한 대응으로 일관하다가, 뒤늦게 '불순세력'들을 구속하고 '반공임시특별법'과 '데모규제법'을 제정하려고 시도하였지만 그마저 실패하였다는 사실이다. 범야세력들이 일치하여 투쟁을 선언한 가운데 혁신계를 중심으로 야간에 시청 앞에서 총리 자택이 있는 혜화동까지 횃불 데모를 하였고, 새로운 야당인 신민당의 유진산 간사장은 여당의 법안 공동 제안에 대해 "그만한 일쯤 단독으로 소신껏 밀고 나가지 못해서야 난국 극복의 신념이 없는 정당이 아닌가"라고 질책하면서 이를 거부하였다. 결국 민주당은 법안의 강행 통과를 포기함으로써, 스스로의 위신을 추락시킨 채 혁신세력만 고무해주게 되었다. 2공화국의 가장 첨예한 문제는 보수와 혁신 간의 이념적 대립이라기보다는 민간사회의 도전을 제대로 통제하지 못한 국가의 취약성과 더불어 정치지도력의 무능 그리고 집권세력의 파벌투쟁 등 스테이트크래프트의 결여에 있었다.

씨앗만 뿌린 경제·외교 정책

경제정책에 있어서도 마찬가지였다. 논자에 따라서는 장면 정부는 첫 시정연설에서부터 '경제제일주의'를 표방, 우선 당시 시급했던 '민생고'를 해결하기 위해 실업자 구제와 사회기반시설 형성을 목표로 한 '국토개발계획'에 시동을 걸었고, 농촌 고리채 정리방안 및 환율 현실화를 위한 제반여건을 조성해나갔을 뿐 아니라 불균형 성장전략에 입각한 경제개발계획을 수립하여 이를 추진하려고 했다는 점을 강조한다. 특히 자유당 시절 부흥부에서 추진했던 3개년 계획은 균형성장 이론에 토대를 둔 것이었던 데 반해, 제2공화국의 5개년 계획은 전략부문에 중점 투자하는 등 노동력은 풍부하고 자본이 부족한 우리나라의 실정에 적합한 새로운 모델을 개발한 것으로서 군사정부에서 본격적으로 추진하기 시작한 경제개발 5개년 계획은 이것을 그대로 표절한 것에 불과하다고 주장하고 있다. 장면 정부는 이 계획안에 대해서 미국과 교섭하여 3억 달러 지원을 약속받을 수 있었고, 7월에는 장 총리가 도미하여 이에 서명할 준비를 하다가 5·16을 맞았다는 것이다. 그러나 국토개발 사업은 2,000명을 대상으로 한 임기응변적 전시사업의 성격이 강했으며 기껏해야 파일럿 프로젝트의 수준을 넘기 어려운 것이었다. 미국의 3억 달러 지원이라는 것도 사실은 물품구매 목록 내지는 관련 프로젝트 목록에 불과하다는 지적이 있거니와, 무엇보다도 이 계획은 후일 군사정부에서 시행되었지만 성공하지 못하여 폐기된 수입대체산업을 골자로 한 것이었다.

외교정책에 있어서는 한·일수교를 적극적으로 추진하였으며, 특히 배상금을 상당한 수준에서 실질적으로 확보해놓았다는 주장도 있다. 사람에 따라서 최소 15억 달러설에서 70~80억 달러 확보설까지 액수에서 큰 차이를 보이지만 이후 군사정부의 최종액수인 '3억 달러+a'와 비교할 수 없을 정도로 높은 액수로서 이는 문민정부의 당당한 대일 외교교섭에서 비롯된 것이라고 강조한다. 그리고 이것이 성사되었더라면 우리 경제는 훨씬 더 빨리 그리고 확실하게 발전할 수 있었을 것이라고 한다. 이러한 주장은 그 내용을 어디까지 신뢰할 수 있는 것인지 확실치 않지만, 원조 혹은 자원의 조달 자체가 산업화의 성공을 보장해주는 것은 아니라는 점에 유의할 필요가 있다. 중동국가들이 오일달러로 나름대로 번영을 누리고 있지만 산업화에 성공하는 것은 별도의 문제라는 것을 보여줬거니와, 역사상 개발도상국에 대한 원조가 대부분 실패하고 말았다는 사실도 생각해봐야 한다. 기업체나 기타 일반적인 조직 운영에서도 마찬가지이지만, 국가운영에서도 돈의 액수보다 중요한 것은 일을 추진하는 정부의 능력인 것이다.

민주당 정권의 몰락

당시에도 민주당 정부의 스테이트크래프트에 대해서는 부정적인 평가가 우세하였다. 그런 점에서 장면 정부에 대한 미국의 시각을 살펴볼 필요가 있다. 미국의 한 보고서는 한국이 이대로 가다가는 현재와 같은 보수 정당 우위에서 벗어나 사회주의 세력의 힘이 강화될 것으로 진단하였다. 1961년 초의 한국 상황을 정리한 '팔리 보고서(Farley Report)'는 최악의 경우 군사 쿠데타의 발발 가능성을 경고하기도 하였다. 케네디(John F. Kennedy) 대통령은 관련 부서에 정밀 평가서 제출과 함께 국가안전보장회의(NSC)에 새로운 대한정책을 입안하라고 지시한 바 있다. 그 결과 국무부는 장면이 지도력을 회복하는 중에 있으며 그를 지원하면 정부의 유지는 가능하다고 본 반면, 중앙정보국(CIA)은 당장은 비관적이지 않으나 장기적으로는 매우 취약하다고 보고하였고, 이를 바탕으로 5월 초에는 대한정책을 마련하는 전담 부서가 마련되기도 하였다.

국내에서는 각계각층이 민주당 정부에 대해 불만을 토해내고 있었고, 장면 정부 스스로도 위기를 감지하고 있었다. 집권 9개월 동안 도합 1,522회의 데모가 발생하는 상당한 혼란기를 겪었으나, 5·16 직전에 와서는 정국이 상대적으로 상당히 안정되었고 시위도 거의 가라앉은 상태였던 것이 사실이다. 그러나 진보진영의 통일지상주의 급진운동은 점점 더 강화되기 시작했으며, 특히 1961년 2월 〈민족일보〉가 창간되면서 정부가 그들의 '반국가적 행동'을 규제하기 위해 보안법과 데모규제법의 입법화를 추진하는 등 상당한 위기의식을 느끼고 있었던 맥락도 있다. 결국 민주당 정권은 정당성은 있었지만 스테이트크래프트가 부족한 정권이었으며, 내적 분열과 외적 공격에 효과적으로 대응하지 못하고, 특히 현안에 적시에 대응해야 하는 시간 관리 그리고 문제의 경중과 우선순위에 대한 판단에도 실패함으로써 군사 쿠데타에 의해 붕괴되고 말았던 것이다.

4. 정권 붕괴과정에서 드러난 민주당 정부의 스테이트크래프트

대통령도 총리도 포기한 정부

민주당 정부의 실패는 바로 5·16 쿠데타의 성공과 표리관계에 놓여 있다. 먼저 합헌적 정부를 전복한 군사 쿠데타 세력에 대해서는 엄중한 역사적 책임을 추궁해야 될 것이다. 이러한 전제하에서 누구보다도 결정적인 책임을 져야 할 사람은 장면 총리다. 우선 장면 정부는 사태가 발생하기 전 군통수권에 대한 논란이 일자 헌법 61조의 "대통령은 헌법과 법률이 정하는 바에 의하여 국군을 통수한다"는 조항에 대해서 "아직 법률이 정하지 않았기 때문에 통수권은 대통령에 있는 것이 아니라 총리에게 귀속된다"고 공식적으로 유권해석을 내린 바 있다. 따라서 쿠데타 발발 이후 사흘간 수녀원에 피신한 것도 문제지만, 은신 중에도 미국대사관에 두 차례나 전화를 걸어 유엔군 사령관이 "상황을 맡아서 권한을 행사"해 달라고 요청하는 등 군통수권자로서 무책임한 자세를 보여주었다. 특히 중개인을 통해 미국대사관에 보낸 편지에서 "미국 정부는 우리 정부를 지지하고 있습니까? 매그루더(C. B. Magruder) 장군이 쿠데타군을 진압할 것인지 분명히 알고 싶습니다. 이러한 점이 분명해야 현 사태에 대한 나의 입장을 결정할 수 있을 것입니다"라고 질의했다.

그러나 그린(M. Green) 대사의 대답은 "상황을 원상으로 돌리기 위한 지원과 힘은 반드시 한국인에게서 나와야 한다"고 하면서 장 총리가 윤보선과 장도영을 만나야 한다고 주문하였다. 여기에서 장 총리는 정치인과 종교인의 갈림길에서 고민하다가 "탈권(奪權)의 낙인이 찍히고 무능한 정치인으로 매도될지라도 서울 시민을 희생시킬 수 없었다"고 하면서 결국 종교 쪽을 선택하였다. 장도영의 배신에 대해서는 새삼 언급할 필요도 없지만 결국은 그를 기용한 장면 총리에게 지인지감의 부족 등 정치적 책임이 귀착되는 것은 물론이다. 이렇게 장면 총리의 스테이트크래프트 부족은 민주주의 위기를 초래하고 국가의 명운을 가르는 직접적 요인이 되었다.

윤보선도 국가원수로서의 적합한 스테이트크래프트를 발휘하지 못하였다. 김도연이 '군민 공동정부론'을 들고나오는 등 일부 구파측 지도자들이 쿠데타를 장면 정권 축출의 기회로 삼으려 했던 것도 사실이지만, 윤 대통령의 "올 것이 왔다"는 발언을 확대 해석하여 그가 쿠데타를 지지했다고 단정할 수는 없을 것이다. 그 역시 군통수권이 자신에게 있지 않다는 것을 알고 있었기 때문에, 헌법상 아무런 권한도 인정받지 못하고 있는 자신에게 유엔군 사령관이나 미국대사가 군대의 동원을 요청하는 것을 거부한 것은 당연한 일이었다. 실제로 매그루더 장군도 분명히 "현재 통수권을 행사할 장면 총리는 행방을 감추고"라고 발언하면서 군통수권의 귀속이 총리에게 있음을 분명히 한 이상, 총리 유고시 총리직을 대행할 수 있는 '합법적 통수권자'를 찾아 통수권의 발동을 요청하라고 했어야 하기 때문이다.

문제는 윤 대통령이 군통수권을 발동하여 쿠데타를 진압하자는 미국의 제안을 거절하면서, 그것이 자신의 '권한 밖'이라는 점을 분명히 하여 반대하지도 않았으며 또 '적법절차'를 함께 찾기 위해 노력하지도 않았다는 점이다. 그는 '한국군 간 유혈사태가 날 수 있다'는 이유를 들어 이에 난색을 표명하면서 오히려 미국이 알아서 개입하여 진압해줄 것을 요청하였다. 매그루더 사령관이 이는 내정개입이 되므로 불가하다고 대답하자 윤보선은 4·19 당시 매카나기 미국대사가 이 대통령에게 하야를 권고한 사실을 들면서 오히려 이에 항의하였다. 나아가 그는 '이 사태와 관련하여 어떤 불상사와 희생이 발생해서도 안 된다'는 내용의 친서를 작성, 비서관을 직접 파견하여 1군사령관 및 예하 5개 군단장에게 전달하였다. 즉 그는 자신의 권한 밖의 군통수권을 행사하였으며 그것도 쿠데타를 용인하는 쪽으로 하였다. 물론 1군사령관 이한림 장군이 부대를 끌고 나오려는데 윤 대통령이 비서관을 보내 말린 것은 아니었다. 실제로 1군 예하의 군단장 및 사단장들은 이미 이한림 사령관을 배신한 상황이었고 설사 매그루더가 진압 명령을 내리고 싶어도 그 명령을 수행할 사람이 보이지 않았던 것도 사실이었다. 하지만 이러한 그의 언행은 장면을 제거하고 새로운 정부를 수립 하기 위해 쿠데타를 수용하려는 정략적인 태도에서 나오는 것으로 곡해될 소지를 충분히 안고 있었다.

미군의 작전통제권

5·16과 관련하여 미국의 역할과 책임론을 강하게 주장하는 시각이 있다. 쿠데타에 대해서는 한국군을 실질적으로 관할하고 있는 유엔군 사령관이 궁극적인 책임을 져야 한다는 것이다. 그런 점에서 이러한 책무를 방기한 매그루더 장군, 더 나아가 그 배후에서 '불개입의 개입'의 자세를 취한 미국 정부가 쿠데타를 성공시킨 장본인이라는 것이다. 특히 미국은 한국군이 이승만 반대의 가두시위를 진압하는 것은 '괜찮다'고 여겼던 데 반해, 군의 규율과 유엔 규약 그리고 한국군에 대한 미국의 작전통제권을 모조리 어긴 군사 쿠데타를 진압하는 것은 '괜찮지 않다'고 보는 등 이중적 기준을 갖고 5·16을 용인했다는 것이다.

그러나 결론부터 말하자면 미국이 '불개입' 전략을 선택함으로써 최종적으로 반란을 인정한 것은 사실이지만 그 배경에는 무엇보다 한국 정치 지도자들이 중요한 역할을 했다는 점이다. 즉 미국이 한국 정치에 개입하기 위해서는 적절한 명분과 매개체가 필요한데, 당시 미국은 이것을 발견하기 어려웠다는 것이다. 장면은 잠적한 상태에서 전화를 통해서나마 자신의 군통수권을 적극적으로 행사할 생각은 않고 미국이 판단하여 개입해주고 따라서 책임까지 져주기를 바라는 소극적인 자세로 일관하였다. 윤보선 역시 쿠데타를 정략적으로 이용하려는 듯한 인상을 풍기면서 그 역시 미국의 독자적인 판단과 개입 나아가 책임까지 져주기 바라는 태도를 취했다. 한국인들은 예나 지금이나 미국에 지나친 기대를 걸고 있을지 모르지만, 미국의 선택 기준은 어디까지나 자국의 국익이었다.

애당초 미군은 무엇보다도 유엔군 사령관의 작전통제권이 훼손된 데 대해 가장 크게 분노하였으며, 매그루더 사령관은 비상참모 회의를 소집, 쿠데타 진압을 위해 한국군 제1군과 미1군단 동원계획을 검토했다. 그러나 한국 정치 지도자들의 소극적인 태도와 민심의 변화를 지켜보면서 사태가 명확해질 때까지 조심스러운 관망의 자세를 취한 것으로 보인다. 언제 끝날지도 모를 내각의 운명으로 미국이 타격을 입을 수 있기 때문이었을 것이다. 그러다가 설령 진압에는 성공하더라도 복원될 정부가 이미 국민들의 지지를 잃고 있다는 사실이 드러나면서, 특히 총리가 사임을 하자 쿠데타를 기정사실로 받아들이기 시작한 것이다. 미군의 역할과 책임 문제는 이후 역사에서도 되풀이 되는 쟁점이지만, 무엇보다 중요한 것은 우리 정치 지도자의 확고한 국가관과 스테이트크래프트 그리고 민심의 향배라는 점을 새삼 강조하지 않을 수 없다. 또 한·미상호방위조약에 의해 주둔해 있는 미군과 그 작전통제권은 외부의 적으로부터 국가를 보위하기 위한 것이지, 국내 정치용은 아니라는 점을 새삼 상기하지 않을 수 없다.

5. 5·16의 성격과 새로운 스테이트크래프트

5·16쿠데타의 성격

5·16 쿠데타에 대해서는 종합적인 성찰이 필요하다. 그것이 향후 대한민국의 전략과 경로, 그리고 스테이트크래프트의 성격을 가르는 결정적 계기가 되었기 때문이다. 먼저 쿠데타에 대한 국민적 수용 문제가 있다. 오늘날 감각과는 큰 거리가 있지만, 당시 국민은 적극적 지지도 적극적인 반대도 하지 않고 침묵하며 방관하는 태도를 취했다. 상당히 많은 국민들 쿠데타를 필요한 조처로 받아들이되, 이를 오직 일시적인 비상수단으로 간주하는 분위기가 강했던 것도 사실이다. 지식인 사회의 반응도 부정적이지만은 않았다. 《사상계》도 상당 부분 그 당위성을 받아들이는 태도를 취했고, 대학생들 역시 군사정권에 적대적이지는 않았으며, 어떤 의미에서는 협조적인 분위기까지 있었던 것도 사실이다. 이들이 적극적인 반대로 돌아선 것은 한·일회담 때부터였다. 그런 점에서 5·16은 오늘날의 발전된 민주국가의 정서와는 너무도 다른 시대적·정치적 분위기 속에서 이루어진 것이라는 점을 염두에 두어야 한다.

5·16은 기실 상당히 모순된 성격을 가진 복합적인 산물이었다. 한편에서는 전전(戰前) 일본 극우파들의 쿠데타를 연상시키는 측면을 갖고 있는가 하면, 경제개발을 앞세우는 제3세계 쿠데타적 성격도 갖고 있었다. 그런가 하면 주도자의 과거 좌익 경력과 더불어 일부 반미적 성격을 띤 민족주의적 특성이 강하게 드러나기도 하였다. 그러나 분명한 것은, 군부는 당시 한국 사회에서 가장 잘 교육받고 조직화된 엘리트 집단의 하나로서, 군 내부의 부패와 인사 불만이라는 '밀어내는 요인'과 장면 정권의 무능을 대신할 '국가건설자로서의 군부'라는 '끌어들이는 요인'이 합쳐져 정변을 일으켰

다는 것이다.

4·19와 5·16, 근대화의 이중혁명

5·16은 4·19와 역사적인 연장선상에서 살펴볼 필요가 있다. 결론부터 말한다면 그것들은 동일한 사회·경제적 조건에서, 또 근본적으로 같은 정치구조 안에서 일어난 두 가지의 서로 다른 정치적 응답으로서, 다른 두 세력 곧 학생과 군인에게서 나왔던 것이다. 다시 말해 그것은 근대화의 교착상태에 대한 국내의 두 선진 집단의 순차적 반발과 대응으로서, 4·19는 민주화를 앞세운 이상주의적 근대화 세력인 대학생 세력의 등장, 5·16은 반공 그리고 경제건설이라는 산업화를 중요시하는 군부의 등장이었다는 것이다.

1950년대까지 우리 사회는 전근대적 요소를 많이 갖고 있던 사회였다고 할 수 있다. 여기에서 근대화는 민주화와 산업화라는 두 가지 측면을 의미한다. 당시 우리 사회에서 새로운 근대적 특성을 가진 엘리트 집단은 정치권이 아니라 오히려 대학생을 비롯한 지식인 집단과 군인들이었다.

4·19는 바로 학생집단이 주체가 되어 민주화를 우선시하는 근대화를 표방하였다. 문제는 학생들은 부패한 정권을 무너뜨릴 수는 있었지만 스스로 민주화를 앞세운 국가운영을 주도할 능력은 없었다는 데 있다. 이들은 향후 미래의 주역으로 성장할 수는 있었지만, 현실적 정치 주체는 어디까지나 정치집단, 즉 민주당일 수밖에 없었다. 그런데 집권한 민주당 정부는 비효율과 무능의 결정체로 외부에 투사되었다. 물론 여기에는 아직 성숙된 민주의식을 갖추지 못한 국민의 한계도 작용하였다.

여하튼 당시로서는 만성적·체제적 차원의 불안정과 위기가 지속되고 있다는 판단이 대세를 이루었고 5·16은 이에 대한 대응의 성격을 지니고 있었다. 산업혁명의 성공적 추진을 통해 4·19민주혁명의 지향점이었던 '지속가능한 민주주의'의 정착을 가능케 하는 하부구조를 놓으려는 것이었다. 다만 5·16도 처음부터 뚜렷한 이념과 정책 프로그램이라는 대안을 가지고 있었던 것은 아니었다. 체계적인 지식을 습득하고 국가발전 전략을 개발했다는 증거는 찾기 어려우며, 그러한 스테이트크래프트를 갖추었다고 보기도 어렵다. 제3세계의 쿠데타 지도자들에게서 나타나는 신직업주의(군인들이 직업적 임무를 넘는 국가적 소명의식을 가지게 되는 경향)적 개발정책은 찾기 어려운 가운데 그저 막연한 울분과 불만이 주를 이루고 있었다. 이것이 군정기간 내내 그리고 민정참여를 앞두고 군 내부와 정치권 전체의 혼란을 불러온 이유가 되었다.

구체적으로 본다면 소장 장교들은 나름대로 비교적 명확한 통치의지를 지녔던 데 비해 장성급 특히 최고위원 중 상당수는 군의 역할은 '중개자'라는 의식을 갖고 있었다. 여하튼 이들이 추진하여 성공시킨 산업화는 한국을 근대사회로 전환시키는 근원적 동인이 되었고, 국가체제의 근대화에도 결정적으로 기여하였다. 그런 점에서 5·16은 쿠데타에서 혁명, 특히 근대화 혁명으로 그 성격이 승화되었다고 할 수 있다.

그런 점에서 4·19와 5·16은 서양에서 나타난 근대화의 이중혁명의 역할을 한 것으로 볼 수 있다. 1단계인 국가건설에 이어 다소 지체된 민주화와 산업화라는 근대화 혁명을 수행하기 위한 노력이었다는 것이다. 다만 그 방향에서 4·19가 민주화를 앞세우면서 그 테두리 내에서 산업화를 추진하려는 것이었던데 반해, 5·16은 민주주의를 유보하고 희생하더라도 부국강병 차원의 산업화를 앞세우자는 것이었다. 전자는 그 주도세력이 직접 국가운영의 전면에 나설 수 없었던 학생들로서 민주당이라는 구 정치세력을 통해 추진하려다 한계를 맞았다. 반면에 후자는 군부가 직접 나섰지만 내부적으로는 중개자 역할과 직접 주체라는 문제를 놓고 갈등하다가 결국 바로 직접적인 주체로 나섬으로써 이후 '선 산업화 후 민주화'라는 국가발전 전략이 현실화되었다. 결국 4·19는 실패하고 부정된 것으로 보였지만 한국 정치에서 학생을 강력한 민주화 선도세력으로 정초시키고 또 민주주의의 승리를 상징하는 사건으로 각인시킴으로써 산업화라는 '눈물의 골짜기'를 통과하면서도 민주화운동을 견인하는 영감으로 끊임없이 작용하였다. 특히 산업화 우선의 국가전략이 자유민주주의 체제의 허용한계를 크게 이탈할 경우 그 견제 역할을 하면서 민주화를 재촉하는 추동력으로 작용하였다.

이제 여기에 3·1정신을 받들어 4·19와 5·16의 혁명이념을 계승하고 당위적으로 제기된 바
민족적인 제 과제를 수행할 것을 목표로 나는 오늘 이 뜻깊은 자리를 빌려,
일대 혁신운동을 제창하는 바이며, 아울러 이에 범국민적 혁명대열에의
적극적 호응과 열성적인 참여있기를 호소하는 바입니다.
- 1963년 12월 17일, 제5대 대통령 박정희 취임사에서

참신한 정치풍토의 조성과 평화적 정권교체는 민주주의를 하겠다는 온 국민들의
한결같은 염원이 아니겠습니까. 이것은 또한 나의 변함없는 정치적인 소신인 것입니다.
우리는 시련에 부딪힐수록 더욱 확고히 민주주의에 대한 신념을 가지고 냉철한 이성과
지혜로써 민주주의 원칙을 신봉해나가는 인내와 용기가 있어야 하겠습니다.
- 1967년 7월 1일, 제6대 대통령 박정희 취임사에서

10월 유신은, 되찾은 우리 민족의 위대한 자아를 바탕으로 하여, 안정과 번영,
그리고, 통일의 새 역사를 창조해 나가기 위한 민족 의지의 창조적 발현입니다.
따라서, 나는 이 숭고한 유신 이념을 구현하기 위해, 전 국민의 절대적인 지지 속에
국정 전반에 걸친 일대 개혁을 단행해 나갈 것입니다.
- 1972년 12월 27일, 제8대 대통령 박정희 취임사에서

온 국민의 집념과 땀이 어린 이 보람찬 중흥의 창업 도정에서, 개발의 60년대와 약진의
70년대에 쌓아 올린 빛나는 금자탑이 있기에 내일의 우리에게는 부강한 선진 한국의
웅장하고도 자랑스러운 모습이 뚜렷이 떠오르고 있습니다.
그러므로, 지금부터 우리가 도전하는 80년대는 새 역사 창조를 향한 자신과
긍지에 가득찬 웅비의 시대가 될 것입니다.
- 1978년 12월 27일, 제9대 대통령 박정희 취임사에서

제5장 박정희 대통령의 스테이트크래프트와 공과(功過)

1. 서론

박정희 대통령의 국가운영과 그 스테이트크래프트를 살펴보기 위해서는 먼저 몇 가지 염두에 두어야 할 사항이 있다. 첫째, 그것은 기본적으로 강권을 바탕으로 했기 때문에 적지 않은 직간접적 희생자를 수반했으며, 그 당사자들이 상당수 아직도 생존해 있다는 사실이다. 둘째, 그의 통치기는 한국에서의 산업화 나아가 근대화 혁명, 특히 근대국가의 국민형성(nation-building)이 일어난 시기로서 싫든 좋든 긍정적이든 부정적이든 현대 한국의 '역사적 기원'이 되었다는 점이다. 따라서 박 대통령 통치의 결과는 오늘날 국가운영 상의 여러 문제점들과도 연계되어 있어서 현재의 정치적 갈등에서 자유로울 수 없다는 것이다. 셋째, 그의 통치는 민주화 이전 단계에서 18년이라는 장기집권 속에서 이루어진 것이었다는 점이다. 따라서 오늘날과 같이 민주화되고 산업화된 사회의 정치제도와 환경, 경제·사회적 여건 그리고 탈냉전의 국제정세와는 근본적으로 다른 여건에서 스테이트크래프트가 발휘된 것이라는 사실을 고려해야 한다. 이러한 점들을 종합적으로 고려할 때 박정희는 정치가라기보다는 군인이요, 혁명가였다고 할 수 있다. 따라서 그의 반(反)정치적·반(反)민주적 리더십과 스테이트크래프트는 오늘날에는 규범적으로 옳지 못할 뿐 아니라 현실적으로 성립하기조차 어렵다. 다만 그의 우국충정의 진정성과 남다른 청렴성, 헌신적 열정, 그리고 영민함과 과단성과 같은 통치자로서의 덕목과 능력은 높이 평가될 수 있으며 후학들이 연구할 대상인 것이다. 따라서 오늘의 한국을 이해하기 위해서나, 현대 한국의 스테이트크래프트를 정립하는 과정에서 박정희 대통령은 우리가 피해갈 수 없는 거대한 산이라고 하지 않을 수 없다.

박 대통령의 국가운영 철학은 오늘날의 자유민주주의 틀에서는 이해하기도 받아들이기도 쉽지 않다. 그러나 조선조가 망한 지 7년 후 일제 강점기 시절 가난한 농촌에서 태어나 교육받은 그에게 개인의 권리를 토대로 하는 자유민주주의 가치란 낯선 것이 아닐 수 없었을 것이다. 그에게는 오히려 전통사회의 가치관과 일제 말기 군국주의를 통해 습득한 집단주의가 자연스러웠을 것이다. 이러한 그의 집단주의적 철학은 식민지하에서 성장하면서 형성된 일제에 대한 복합적인 정서적 반응과 더불어 해방 이후의 파행적 정치 현실 속에서 현실적 고뇌와 굴절을 거치면서 한민족과 대한민국 국민에 대한 강력한 귀속감과 애국심을 강화시켰을 것이다. 더구나 당시의 한국 사회는 민주주의를 안정적으로 실현하기 위한 정치의식뿐 아니라 경제·사회적 기반도 제대로 마련하지 못했던 데다가 국민 대다수가 절대 빈곤에 허덕이고 있었다.

이러한 상황 속에서 그는 북한과의 경쟁에서도 한참 뒤처진 한국 사회를, 메이지유신 이래 부국강병 노선에 따라 선진국으로 도약했고 전후 다시 불사조처럼 일어나고 있던 일본을 모델로 삼아 근대국가로 환골탈태시키겠다는 의지를 갖고 쿠데타를 일으키고 국가를 운영하였던 것이다. 그로서는 이러한 임무를 수행하는 과정에서 민주주의를 경시하여 우회하거나 심지어 이를 유보하는 것은 그다지 심각한 일이 아니었을 수도 있다. 특히 주목해야 할 점은 어느 누구도 그에게 이러한 임무 혹은 사명을 부여한 것이 아니었다는 사실이다. 그것은 그 자신이 자청한 것이요, 스스로 자임한 것이었다. 그의 표현을 빌자면 그는 "조국통일과 민족중흥의 제단 위에 이미 모든 것을 바친 지 오래"였으며, 따라서 기회가 있을 때마다 "다시 한 번 십자가를 지고자" 하였던 것이다. 10월 유신을 단행하면서 그가 밝힌 바대로 "국민적 정당성을 대표하는 대통령으로서 나에게 부여된 역사적 사명(강조는 인용자)에 충실하기 위해 부득이 "정상적인 방법이 아닌 비상조치"를 취했던 것이다.

중요한 것은 그의 국가운영 철학과 스테이트크래프트가 처절한 가난과 비참함을 경험한 동시대 국민의 비원과 체험을 토대로 한 것이었다는 점이다. 특히 경제건설·국가재건·자주성 확보와 같은 박정희의 지향점은 적어도 쿠데타 전후 당대 지식인들의 가치관과 큰 차이를 보이지 않았다. 그래서 5·16군정이 종료되는 시점에서 발간된 1964년판 합동연감은 "혁명공약 자체가 혁명적인 것이 아니었다. 그것은 숱한 정당, 정파에 의해서 되풀이된 평범한 주장의 집약이었던 것"이었다고 지적하면서 다만 "군정이란 절차에서 그 실천의 특이성을 체험케 했을 뿐"이었다고 평가하였던 것도 바로 이러한 사정을 반영한 것이다. 바로 이 점에서 우리는 집단의 비원과 염원을 특정한 개인의 독특한 방식으로 구현한다는 '세계사적 개인'이라는 주제와 직면하게 된다. 이는 오늘날에도 세계 곳곳에서 제기되고 있는 민주주의와 경제발전의 문제, 민주주의의 보편성과 특수성 문제, 안보와 인권의 딜레마 등 숱한 문제와 연결되는 것이기도 하다. 이러한 점들이 바로 오늘날 박정희의 스테이트크래프트를 올바로 이해해야 한다는 현실적 필요성을 제기하고 있는 것이다.

박정희 최고회의의장 및 대통령의 통치 혹은 국가운영은 제도적·환경적 차이에 따라서 군정·3공화국·유신의 세 시기로 구분해볼 수 있다. 군정은 5·16쿠데타 직후 약 2년 반 동안의 전형적인 군사통치시기로서, 특히 헌정을 중단하고 정치활동을 금지한 채 포고령에 의한 통치로 일관한 시기이다. 반면에 3공화국은 적어도 표면적으로는 자유민주주의적 헌정질서가 회복된 가운데 국가운영이 이루어졌다. 다만 집권세력이 헌법적·제도적 장치를 통해 1.5정당 체제를 유지하는 한편 군 및 경찰력과 정보기관 등 공권력을 바탕으로 국정을 리드해나갔던 점에서 유사 민간화의 시기였다. 유신은 그것이 헌정의 일시적 중단이나 유보에 그친 것이 아니라 표면적으로도 자유민주주의의 기본원리들을 상당 부분 부인하였다는 점에서 우리 정치사에서 매우 독특하고 예외적인 시기였다. 다만 이러한 시기적 차이에도 불구하고 박정희의 모든 국가운영은 북한과 대결하면서 가난을 극복하기 위해 조국 근대화를 지향했다는 점에서는 일관성을 보여주었다.

2. 군정기의 스테이트크래프트

세 마리 토끼를 한꺼번에 좇은 박정희

5·16군정의 특징 중 먼저 지적해두어야 할 것은 그것이 제도적인 군부의 집권이 아니라 박정희 장군을 정점으로 하는 군부 내 특수 분파의 집권이었다는 점이다. 따라서 처음부터 개인적 독재는 시도될 수 없었고, 마찬가지로 군 전체의 참여를 바탕으로 하는 제도적인 통치체제를 수립할 수도 없었다. 쿠데타 성공 후 박정희 장군이 직면한 가장 시급한 과제 중 하나

는 군부를 장악하여 물리력을 독점하는 문제였다. 그리하여 수차례 '반혁명 사건'을 적발하는 등 군정기간 중 총 40명의 장군을 포함하여 약 2,000명의 장교를 예편시키는 등 군내의 다양한 파벌을 숙청·제압해야 했다. 이러한 토대 위에서 군정기 박정희 장군이 직면한 국가운영 과제는 편의상 세 가지로 대별해볼 수 있다. 하나는 군정 자체의 정당성 확보, 즉 군정의 타당성과 실적을 인정받는 과제였으며, 다른 하나는 새로운 국가운영 목표를 설정하고 이에 대한 동의를 구하는 문제였다. 마지막으로는 새로운 정치 주체로서 자신을 자리매김하고 이를 바탕으로 안정적인 통치 질서를 수립하는 과제였다.

군사정부는 반공을 제1의 국시로 한다는 혁명공약대로 '용공분자'와 '좌익' 혐의자들을 대거 구속, 그중 216명을 혁명재판에 회부하였다. 또한 군사정부는 통치의 명분을 세우고 민심을 잡기 위해 혁명공약에서 언급한 대로 부정 공직자와 부정 축재자 및 폭력배를 비롯한 각종 사회악을 척결·소탕하는가 하면, 호화사치 생활을 엄금하고 풍기문란을 단속하였으며, 나아가 매점매석한 쌀을 압수·분배하고 고리채 채권을 정지시키며 합법적 이자를 정부가 부담하는 등 민생중심의 시책을 발표하였다. 이러한 시책들은 비상한 상황에서 초법적으로 취해진 것이었고 또 인기 영합적 성격을 가진 것들이었기 때문에 정상적인 스테이트크래프트 면에서는 문제가 적지 않았다. 그러나 당시의 사회 분위기에서 이러한 시책들이 많은 국민들에 의해 상당 부분 소극적으로나마 수용되었다는 점 역시 지적하지 않을 수 없다.

5·16군정은 반면에 새로운 국가운영의 목표를 제시하는 문제에서는 숱한 시행착오와 표류를 거듭하여 아마추어적인 스테이트크래프트를 여실히 드러냈다. 군사정부는 쿠데타 발발 직후 재벌 등 기업인들을 부정 축재자로 체포, 그들의 재산을 환수하겠다고 발표한 데 이어 경제개발 5개년계

획을 발표, 1962년도부터 시행에 착수하였다. 그것은 연 7.1% 성장으로 10년 내 개인소득의 2배 증가를 목표로 한 것으로서, 오늘까지도 장면 정부에서 마련했던 계획을 도용한 것이라는 논란이 제기되고 있다. 먼저 '경제제일주의'라는 용어 자체가 민주당 정부에서 처음 사용한 것이었으며, 또한 '불균형 성장'의 개념도 민주당의 정책 초안에서 처음 나타난다는 점에서 그러한 견해는 일리가 없지 않다. 그러나 결론부터 말한다면 박정희 군사정권의 경제개발계획은 민주당 정권의 계획안과는 근본적으로 다른 것이었다. 우선 민주당 정부의 것은 '민간부문의 자발적 활동과 이에 필요한 유도정책'을 내세운 데 비해서 박정권의 경제개발계획은 자유기업 원칙을 천명하면서도 '교도(教道)자본주의'라는 '위로부터의 동원'에 의한 산업화를 추구한 것이었다.

결정적인 차이점은 박정권의 제1차 경제개발 5개년계획은 1963년도를 거치면서 그 방향과 성격이 완전히 바뀌었다는 점이다. 즉 당초에는 민족주의와 자주성이라는 혁명이념에 따라 자립경제를 지향, 농업육성을 통한 국내시장의 확대와 기간산업 건설에 치중하는 남미식 대내(對內) 지향적 수입대체 공업화 전략을 추구했던 것이 사실이다. 그러나 흉작으로 인한 쌀값 파동, 개발에 따른 통화팽창과 수입의 확대, 내자 동원을 목적으로 단행된 통화개혁의 실패, 그리고 외자도입 부진에 따른 외환 압박 등 숱한 난관에 직면한 가운데 미국은 재정안정정책을 추진하라는 압박을 가해오고 있었다. 이러한 상황에서 군사정부는 수출이 호조를 보이고 있는 현실에 주목, 수출 지향적 공업화로 정책기조를 전환하게 되었다. 즉 중농주의에서 공업화로, 그리고 기간산업 위주의 내포적 공업화(외부 교역에 치중하기보다는, 자생성을 가지고 농업-중소기업-대기업순으로 발달시키자는 공업화 노선)에서 비교 우위에 입각한 경공업 중심의 수출산업으로 정책을 바꾼 것이다.

마지막으로 민정이양을 한 후 새로운 통치질서를 수립하는 과제에 있어서도 숱한 우여곡절과 파란을 거치는 등 군부 내 합의 도출과 정국운영에서 미숙한 스테이트크래프트를 노정하였다. 우선 새로 등장한 군부통치 엘리트들 사이에서는 향후 정치일정에 관해 확고하게 합의된 명확한 청사진이 없었다. 김종필은 쿠데타 직후 중앙정보부를 창설하여 사전 창당에 박차를 가하고 있었다. 이에 반해 대부분의 최고위원들은 '양심적인 정치인들에게 정권을 이양하고 군으로 돌아간다'는 혁명공약을 따라야 한다고 생각하면서도, 그렇다고 군에 무조건 복귀할 수도 없는 만큼 군이 독자적인 위상을 확보하면서 '국정이 잘못될 경우 이를 바로잡아주는' 일종의 '네윈식 통치체제(네윈은 1958년 지금의 미얀마, 옛 버마에서 쿠데타를 일으킨 후 불교식 사회주의 강령으로 통치하면서 수십 년 간 정치적 영향력을 유지한 독재자로, 대통령직을 후계자에게 물려준 이후에도 군부에서 막후 영향력을 유지함)'를 상정하고 있었던 것으로 보인다. 이러한 와중에, 군사정권의 안보를 위한 첨병 역할과 더불어 새 정권 창출을 위해 신설된 중앙정보부가 증권파동·워커힐·새나라 자동차·파친코 등 이른바 '4대 의혹사건'으로 물의를 빚는가 하면 대일협상 과정에서의 정치자금 수수 시비 등 각종 추문과 스캔들을 양산하여 '신악(新惡)' 논란을 불러옴으로써 쿠데타의 명분 자체가 크게 훼손되었다. 또한 체포·구금된 정치인의 석방 및 조속한 민정이양을 촉구하는 미국의 압력 역시 군사정부에게는 적지 않은 부담으로 작용했다.

5대 대선, 현대 한국으로의 진입

그러한 상황 속에서도 군사정권은 기존 정치인들을 정치정화법으로 묶어둔 채 사전 창당 작업을 하는가 하면 한편으로는 여당에게 다수당을 보장하는 전국구 배분 방식 등 여러 안전장치를 갖춘 헌법안을 마련하여 통과시켰다. 그러나 정작 군부의 정치참여를 놓고서는 정치활동 재개 이후 구정치인들의 움직임 그리고 미국의 입장 등이 상승작용을 일으켜 1963년 상반기에 대혼선이 초래되었다. 혁명주체 가운데서는 민정참여를 놓고 입장이 양분된 가운데, 민정참여론자들 가운데서도 사전 창당의 주체문제 및 사무처 중심의 2원적 당조직 문제를 놓고 심각한 대립과 갈등이 전개되었다. 여기에다가 정치활동을 재개한 구 정치인들의 신랄한 군정 비판에 실망한 박정희 의장은 군정연장을 위한 국민투표 실시 문제를 제기하여 정치적 혼란을 가중시켰으며 군 장성들의 집단시위사건, 야당 지도자들의 미국대사관 앞 '산책 시위' 그리고 미국의 원조 중단 위협 등이 맞물려 박 의장은 '혁명과업의 실패'를 자인하면서 군정 연장인지 민정 이양인지에 대한 결정을 거듭 번복함으로써 정국의 혼미를 가중시켰다. 결국 군정 연장 기도 역시 내외 여론의 강력한 압박과 특히 미국의 강압이 주효하여 군부 핵심들이 군복을 벗고 정치에 참여하되 군부세력들의 진로는 '김종필이 제외된 민주공화당'을 중심으로 정리됨으로써, 민정 이양과 헌정 복귀가 가능해질 수 있었다.

1963년 10월 15일에 실시된 제5대 대통령 선거는 향후 대한민국의 경로를 선택하는 결정적 계기였다. 이 선거는 군부세력과 분열된 구 정치인들 사이의 대결로 치러졌다. 군부세력들은 구 정치 세력을 '전근대적·봉건적·사대주의적'이라고 비판하면서, 서구식 민주주의와는 다른 '새롭고 독특한 한국식' 스테이트크래프트를 도입하겠다고 주장하였다. 민주공화당은 근대화와 민족주의를 민주주의에 우선시키면서, 민족 주체성 확립과 한국 풍토에 알맞은 자유민주주의 정치체제 확립을 전면에 내세웠다. 그리고 박정희 후보는 정견발표를 통해 구 정치인이 주장하는 민주주의는 '껍데기 민주주의', '사대주의적 민주주의', '가식적 민주주의'라고 비판하면서, 진정한 민주주의는 '민족적 민주주의'로서 이는 무엇보다 '건전한 경제적 토대' 위에서 확립될 수 있다고 주장하였다. 이는 박정희 통치 전 시기를 통해 관철되는 '한국 우선', '경제 우선'의 노선이었다. 또한 '능률 있는 정치', '행정적 민주주의'를 제창하기도 하였는데 이는 실천의 측면에서는 '선 경제건설, 후 민주주의'라는 일종의 자유민주주의 유보론을 깔고 있었다.

'한국 우선'과 관련하여 주목해야 할 것이 외세배격의 문제다. 일각에서는 박정희가 원래부터 강한 반외세적 성격을 갖고 있었으며, 특히 당시 선거에서 전략적으로 반미주의를 적극 활용하였다고 보고 있다. 이러한 시각은 그가 군인 시절 미국군사고문단과 가까이 하지 않은 점 등을 근거로 제시한다. 전체적으로 보아 그가 집권기간 내내 민족주의적 성향을 강하게 갖고 있었던 것은 사실이며, 이점은 그의 국가운영 전반에서 강하게 나타났다. 의미 있는 야당 후보들의 연이은 사퇴로 사실상 양자구도로 치러진 대선에서 박정희 후보는 윤보선 후보에게 15만 6,026표차로 신승을 거두었다. 이로써 박정희식 국가운영 노선과 스테이트크래프트는 이후 대한민국이 걸어온 공식 경로가 되었다.

3. 수출 지향형 경제개발계획과 스테이트크래프트

한국적 대통령제

1963년 말 민정이양에 대해서는 상반되는 시각이 있다. 하나는 군부세력의 집권을 위한 요식행위에 불과한 '유사 민간 통치체제'였다고 보는 시각이다. 다른 하나는 그럼에도 불구하고 정상적인 헌정체제를 압살하지 않고 특히 정당체제가 복원되었다는 점에서 이를 적극적으로 평가하는 시각이다. 저자의 생각으로는, 두 견해는 어느 쪽이든 박정희식 권위주의적 리더십과 스테이트크래프트의 전형적인 성격을 지적한다는 점에서는 동일하다.

이와 연관해서 제3공화국 헌법의 특징에 주목할 필요가 있다. 그것은 권력구조 면에서는 미국적 대통령중심제의 특징을 상당 부분 갖춘 것이었다. 다만 부통령이 없는 대신 특히 국회에 출석하여 대통령의 역할을 대리하는 국무총리제를 두었다는 점에서 한국적 대통령제의 전형적 특징이 마련되었다고 할 수 있다. 다음으로 우리 헌정사상 처음으로 정당중심주의를 헌법에 담았다는 점이다. 복수정당제를 보장한 것과 함께 대통령 후보 및 국회의원 후보의 정당 공천을 헌법에 규정한 것이다. 이로서 국회의원들이 정당의 강한 제약을 받게 되었다. 또 한 가지 주목할 사항은 경제개발계획의 수행과 관련된 제도의 마련이다. 특히 혼합경제 체제를 뒷받침하는 이익균점권 및 경영 참가권 규정을 삭제하였고, 노동조합의 영향력을 배제할 뿐 아니라 공무원의 파업권 삭제 및 공무원 노동3권 제한규정 신설 등 기본권 조항을 대폭 약화시켰다는 점이다. 바로 이를 토대로 군사정권은 박정희 국가운영의 핵심과제 중 하나인 경제개발계획을 본격적으로 추진할 수 있었다.

한·일국교 정상화

제5대 대통령 선거 및 제6대 국회의원 총선거라는 두 차례 선거를 통해 나름대로 정통성을 갖춘 박정희 대통령이 당면한 최대의 과제는 군정기간 동안 시행착오를 거쳐 어렵게 방향을 설정한 수출지향 공업화를 밀어붙여 성공시키는 일이었다. 여기에서 박 대통령은 뛰어난 스테이트크래프트를 발휘하였다. 당시 우선적으로 고려해야 할 것은 국제환경이었다. 무엇보다도 쿠바 미사일 사건, 베를린 봉쇄 등 냉전의 절정기를 통과하는 가운데 미국은 점차 베트남 전쟁에 빠져들고 있었다. 한·미 간에는 안보적으로 아직은 뚜렷한 균열의 조짐이 나타나지 않고 있는 가운데 미국은 동북아 지역에서의 자신의 부담을 덜기 위해 '지역통합전략' 즉 일본을 정점으로 한 -일-대만 간의 3각 협력체제 구축을 정책적 목표로 설정하고, 한·일관계 개선을 한·일 양국 정부에 강하게 주문하고 있었다. 러스크(Dean Rusk) 미국 국무장관은 수차례에 걸쳐 일정표까지 제시하면서 이를 압박하기도 하였다.

경제적으로는 미국의 경제·군사 원조가 한국 국방예산의 75%, 일반예산의 50%, 가용 외환 총액의 거의 80%를 차지하는 가운데, 서서히 군사원조를 경제원조로 전환시켜가고 있었다. 이러한 상황에서 미국은 분단으로 '손발이 잘린' 한국의 독자적인 경제성장은 가능하지 않다고 판단, 한국경제는 일본을 정점으로 하는 수직적 국제협력체제 속에서 적당한 자리를 잡는 것이 불가피하다고 보고 있었다.

박 대통령은 바로 이러한 미국의 동아시아 냉전정책이라는 큰 틀 속에서 자신의 경제개발계획을 추진하지 않을 수 없었다. 시급한 것은 계획을 성공적으로 추진하는 데 필요한 재원조달 문제로서, 군정시기부터 박정희는 내자를 동원하기 위해 부심하였지만 적지 않은 시행착오를 겪기도 하였다. 군정 시절 애초에는 부정 축재자들로부터 총 8,000억 환(화폐개혁 전)의 재산환수를 목표로 설정하였지만, 최종적으로는 1964년 말까지 40억 원이 환수되는 데 그쳤다. 또한 은행을 실질적으로 국유화하여 개발금융 수요를 담당하는 기관으로 만들었다. 그리고 '장롱 속의 숨은 돈'을 찾아 내기 위해 화폐개혁을 전격적으로 실시하였으나, 매점매석·물가폭등·기업 자금난 등 부작용만 속출하는 가운데 미국 대사관 측의 강력한 항의를 받아 34일 만에 자금 동결 등의 조치를 취소하고 원점으로 회귀하고 말았다. 또한 심지어 초등학교 학생들의 코 묻은 돈까지 긁어내기 위해 학급단위로 '어린이 은행'을 운영하는 등 대대적인 저축장려운동을 벌였으나 소요되는 재원을 마련하기에는 역부족이었다.

한편 박정희 의장은 1963년부터 대외지향적 움직임에 박차를 가했다. 서독에 광부와 간호사 파견, 브라질 이민선 출발, 선원수출과 원양어업 개척, 걸프의 울산정유공장 투자 등 외자유치, 환율 현실화 및 외자도입법 제정, 그리고 가트(GATT) 가입 등이 그것이었다. 그러나 당시만 해도 외자동원 역시 뚜렷한 한계가 있었다. 1964년 말까지의 외자동원은 목표액의 30%에 불과했다. 따라서 박정권은 일본 자금에 강력한 관심을 갖고 마침 미국이 강력하게 요청해오던 한·일회담을 적극 추진하지 않을 수 없었다. 일본 역시 미국으로부터 한·일국교 정상화에 대해 강한 압박을 받고 있었으며, 일본 재계로서도 한국이라는 새로운 '황금시장'을 간절히 요구하고 있었다. 결국 한·일국교 정상화는 한·미·일 3국 간의 이해관계가 맞물려 동력을 얻게 되었다고 할 수 있다. 그러나 가장 중요한 것은 이러한 한·일회담을 끝내 관철시킨 박 대통령의 의지와 스테이트크래프트였다.

한·일회담의 추진은 크나큰 정치적 비용을 요구하는 것이었다. 일제 36년 침략에 대한 국민감정이 작용한 데다가 선거에 패배한 야권의 세력회복 노력과 여권 내 갈등이 맞물려 파장을 증폭시켰던 것이다. 특히 정부의 '저자세'와 '김-오히라(大平) 메모'로 대표되는 '밀실 흥정'에 따른 정치자금 수수가 핵심 쟁점으로 부상하였다. 그리하여 출범한 지 반년도 안 된 정권에 대한 퇴진구호까지 등장하는 가운데 '민족적 민주주의 장례식'이라는 학생들의 극단적인 행위까지 등장하는 상황에서 박 대통령은 극약처방인 계엄령을 선포하게 되었다. 그러나 정부 측으로서도 사태를 수습하는 의미에서 김종필에게 책임을 물어 퇴진시키지 않을 수 없었으며 무엇보다 이로 인해 회담의 타결은 한동안 표류하게 되었다. 이 와중에서 박 대통령은 국회에 직접 출석, '시국수습에 관한 특별교서'를 통해 '민주주의 남용'을 정면으로 질타하는 강경한 자세를 보이면서 계엄해제에 필요한 안전판 마련을 요구하였다. 그러나 결국 '학원보호법'은 입법되지 못했고, '언론윤리위원회법'도 국회 본회의는 강행 통과하였지만 이후 심각한 언론파동을 유발, 박 대통령이 언론 대표와 담판을 벌인 끝에 법안 공포를 보류하는 선에서 사태는 마무리되었다.

이러한 우여곡절을 거치는 가운데 한·일국교 정상화는 최종적으로는 '3억 달러 무상, 2억 달러 차관, 3억 달러 투자'라는 선에서 타결되었다. 쟁점이 된 한국의 요구인 '청구권' 조항은 합의문에 삽입하되, 일본은 한·일국교 정상화를 계기로 청구권 문제가 '완전히 그리고 최종적으로' 해결되었다는 사실을 한국 정부로부터 확인받았다. 그리고 "양국 간의 긴 역사 동안에 불행한 기간이 있었던 것은 진심으로 유감으로 생각하는 바이며 깊이 반성하고 있다"는 식민통치에 대한 시이나 에쓰사부로(椎名悦三郎) 외상의 사과가 있었다. 결론적으로 한·일회담의 타결로 박정희 대통령은 야당과 학생들의 반발과 저항을 제압함으로써 나름대로 리더십을 다질 수 있었으며, 미국의 동북아 구상에 적극 부응함으로써 대외적 기반도 다질 수 있었다. 그러나 가장 큰 실익은 외국자본, 특히 일본으로부터 자금을 확보·유치함으로서 야심찬 경제개발계획을 위해 필요한 결정적인 재원을 마련할 수 있었던 사실이다.

물론 이에는 문제점도 적지 않았다. 무엇보다 경제 우선 협상논리에 밀려 과거사 청산 문제, 즉 식민지 지배에 대한 사과와 더불어 약탈문화재 반환, 군대 위안부 문제, 원폭 피해자에 대한 배상 그리고 독도 영유권 문제

등이 소홀히 다루어지거나 명확히 처리되지 못한 결과 오늘날까지 한·일 양국 간 분쟁의 불씨를 남기게 되었다는 비판을 받고 있다. 그러나 종합적으로 볼 때, 한·일회담이야말로 적지 않은 문제점에도 불구하고 박 대통령의 뛰어난 스테이트크래프트가 발휘된 대표적인 사례라는 평가가 가능하다. 한·일회담의 타결이야말로 박정희식 경제개발계획이라는 한국의 산업화가 본격적으로 시작되는 첫걸음이 된 것이다.

베트남 파병의 통치술

베트남 파병 역시 군 출신인 박 대통령의 뛰어난 스테이트크래프트가 돋보이는 경우라고 할 수 있다. 파병은 당초 철저한 안보 차원의 명분과 실리 확보를 위해 구상·추진된 것이었다. 무엇보다 6·25시 미군 파병에 대한 보답이라는 국가적 신뢰의 문제, 그리고 '인계철선 역할'을 하고 있던 미군 제2사단과 제7사단 중 일부를 빼내 베트남 전선에 투입하려는 미국의 계획에 대응하기 위한 것이었다. 사실 베트남 파병은 군정 시절부터 박 의장에 의해 제기된 바 있었다. 1961년 11월 박 의장은 방미 중 베트남 파병 용의를 표명한 바 있는데, 당시 그는 케네디 행정부의 한국 태스크포스 팀에서 나온 정책을 접하면서 미국의 동아시아 정책의 변화로 주한미군의 감축을 예상하고 이에 대응하기 위해 파병을 제안하였던 것이다.

미국은 존슨(Lyndon B. Johnson) 행정부 출범 이후 베트남전에 본격 개입하면서 '다국적 동맹 캠페인'을 시작하였으나 우방국들이 협조에 미온적이자 한국의 제안을 진지하게 고려하여 마침내 한국군 파병을 제안하게 되었다. 박 대통령으로서는 무엇보다 주한미군을 베트남으로 빼돌리는 것을 가장 우려하여, 미군 철수 명분을 사전에 차단하면서 미국의 한국에 대한 안보공약을 확고히 하는 것을 최고 목표로 설정하였다. 특히 한·일회담

타결 이후 미국이 한국을 일본의 통제하에 맡겨둘 의도가 없다는 것을 확인하는 의미에서도 한·미동맹을 굳건히 할 필요가 있다고 보았다. 아울러 참전을 통한 실리 확보도 고려하였다. 특히 신무기를 획득하는 등 한국군의 전투능력 배양도 추가적으로 노린 목적이었다. 이러한 노력은 1966년 3월 4일 '브라운 각서' 체결로 실현되어 한국군 현대화와 추가 군사비 부담을 약속받을 수 있었다. 그리고 1967년 12월 2일에는 박-존슨 캔버라 회담을 통해 대규모 원조를 제공하는 조건으로 세 번째 경보병 사단 파병에 동의함으로써 1973년 철수 때까지 약 5만 명의 전투병이 상주하는 등 연인원 32만 3,000명의 병력이 참전하였다.

여기서 한·일회담과는 달리 베트남 파병에 대해서는 야당의 반대가 비교적 소극적이었다는 점을 지적해둘 필요가 있다. 휴전선 불안, 전쟁의 명분 문제, 미국의 부당한 압력 시비, 정치자금 확보를 통한 집권 연장론 등 정치공세가 있었지만 큰 공감을 얻지 못한 가운데 미국의 대야 설득 노력이 주효하였다는 점을 특기해둘 필요가 있다. 결국 박 대통령의 통찰력 있고 빈틈없는 협상으로 미국의 대한 군사·경제 원조가 삭감되는 것을 연기시켰고, 나아가 미국이 한국군 현대화 작업에 착수하게 만들 수 있었다. 1966년에 비록 불완전한 것이었지만 처음으로 한·미주둔군지위협정(SOFA)을 체결할 수 있었던 것도 소득이었다고 하겠다.

베트남전 파병은 결과적으로 당초 계획보다 경제적 효과가 훨씬 지대한 것으로 나타났다. '의도하지 않은 결과'의 대표적인 사례가 됐다. 무엇보다 마침 궤도를 수정한 수출 지향적 공업화에 필요한 시장 확보에서 절호의 호기로 작용했다. 미국이 한국군 소요 물자와 용역을 지원하면서 그것을 가급적 한국에서 구입하였으며, 미국이 베트남에서 대외원조기구(AID) 자금으로 시행하는 건설 및 구호 사업에 소요되는 물자와 용역도 한국에서 구매하였기 때문이다. 그리하여 베트남과의 무역에서 약 2억 8,300만 달러를 벌어들였으며, 군인들의 수당 및 기업과 노동자의 수입을 포함하여 총 7억 5,000만 달러를 획득하였다. 이러한 경험은 이후 중동 등 세계시장에 진출하는 밑거름이 됐다.

또한 베트남전 참전은 한국 상품의 미국 시장 진출에도 우호적인 여건으로 작용했다. 미국은 강력한 인적 자원을 갖고 있는 한국이 수출용 경공업 정책에서 유리하다고 새로이 판단하여 이를 적극 지지했다. 베트남에서 동맹군으로 함께 싸우고 있는 한국을 월트 로스토(Walt Rostow)의 '경제 성장 단계설'에 입각한 비공산주의적 국가건설 방식의 '모범적 사례'가 될 수 있다고 판단했다. 이후 한국은 조건 좋은 공공차관을 다량 도입할 수 있었고, 안보공약 효과로 상업차관까지 용이해진 결과 1966~72년 사이에 총 35억 달러의 외자를 확보할 수 있었다. 결국 베트남전 참전을 계기로 유입된 총 10억 달러의 수입과 35억 달러의 차관, 한·일국교 정상화로 확보한 6억 달러 등 도합 51억 달러로 만성적 외환부족 문제를 근본적으로 해결할 수 있었으며, 이 자금을 경제개발계획 특히 기간시설 건설에 우선적으로 투입함으로서 경제개발계획을 성공시킬 수 있다. 그리고 그 성과를 토대로 정권의 안정과 연속을 기할 수 있었다.

그러나 베트남전 참전 역시 만만치 않은 대가와 부정적 효과를 수반했다. 무엇보다 총 4,960명의 사망, 1만 962명의 부상이라는 인명피해를 감내해야 했다. 이후 나타난 고엽제 환자는 계산하지 않은 수치다. 나아가 전투 중 발생한 우리 군의 양민학살 논란 등 '무리한 행동'으로 베트남 국민에게 상처를 준 것도 향후 양국관계에 적지 않은 부담이 되었다. 더구나 '명분 없는 전쟁'이라는 비판을 받게 된 베트남전에서의 지나친 실리 추구는 '한국군 용병론' 논란을 불러와 국가 위신이 저하되고 국제사회에서 외교적 고립이 심화되는 부작용을 빚기도 하였다. 그런 점에서 보더라도 한국군이 미군을 보조하는 방식을 취하지 않고, '주월한국군사령부'를 창설하여 독자적인 작전통제권을 갖고 이를 행사하도록 한 점은 부작용을 최소화하는 선택이었으며, 박정권의 주도면밀한 스테이트크래프트가 돋보이는 부분이라고 하겠다.

현장주의로 경제성장의 시동을 걸다

이렇게 외부로부터 재원을 확보하는 것과 동시에 박 대통령은 본격적인 경제성장을 위한 전략을 수립하고 내부 체제를 정비해갔다. 먼저 박 대통령이 경제개발에서 발휘한 스테이트크래프트를 자세히 검토해보기로 한다.

전통적 자유주의 경제학자들의 이론에 의하면 후진국 개발은 농업을 우선하면서 수입대체화 산업을 추구하는 것이었다. 그러나 박 대통령은 공업화를 서두르면서 농업의 발전을 기한다는 역공전략을 구사했다는 점에서 구미 학자들의 이론을 거꾸로 적용한 것이었다. 특히 미국 대외원조처(USOM)와 같은 원조기관의 관리들 역시 재정안정화를 중요시하는 상황 속에서, 한국 정부가 이와는 충돌하는 수출주도 공업화 정책을 추진했다는 점이 중요하다. 특히 자유시장 경제론을 존중하여 수입을 자율화하면서, 정부 주도 수출정책에 드라이브를 건 것은 매우 파격적인 발상이라고 하지 않을 수 없다. 여기에는 특히 케네디 행정부의 경제고문이었던 로스토(Walt Whitman Rostow)의 영향이 적지 않았다고 하지만, 창의력 있는 아이디어를 수용하고 이를 밀어붙인 박 대통령의 안목과 추진력이 돋보인다.

이러한 정책 수립과 함께 박 대통령은 개발계획을 추진할 정부조직과 관료제도를 정비해나가기 시작하였다. 비록 정상적인 헌정체제의 외형을 갖추었다고는 하지만 내적으로는 '유사 민간화'된 군사정부의 특성을 갖고 있다는 사실을 감안하여 무엇보다 군부를 확실하고 용의주도하게 장악하였고, 이를 바탕으로 필요한 경우 계엄령이나 위수령을 통해 반대세력을 물리력으로 확실하게 제압하였다. 중앙정보부를 통해 대간첩 업무뿐만 아니라 사회 전반에 걸쳐 광범위한 정보를 수집하면서 감시와 사찰을 하였고, 각종 정치공작마저 주저하지 않았다. 또 데모 진압을 주 임무로 하는 전투 경찰을 운영하면서 강력한 최루탄을 사용하여 데모대를 제압해나갔다. 정치적으로는 민주공화당이 여당으로서의 역할을 수행하였다. 헌팅턴 (Samuel P. Huntington)의 말대로 공화당이 급격한 산업발전을 겪은 나라들에서 '사회적으로 동원된' 시민들을 새롭게 끌어들이고 수용할 수 있는 정치적 기구로서 역할을 제대로 하였는지는 논외로 치더라도, 당시만 해도 나름대로 집권당으로서 기능을 발휘하였던 것은 사실이다.

박 대통령은 이와 함께 그의 발전전략을 뒷받침할 행정체계도 정비하였다. 경제기획원을 신설하였고, 1963년에는 국가공무원법을 개정, '능력주의 관료제'를 본격적으로 도입하기 시작했다. 아울러 청와대 비서실을 정비, 자신을 보좌하여 국정을 이끄는 중추기관으로 활용하였다. 이는 대통령의 스테이트크래프트를 직접 구현하는 차원에서 의의가 있다. 아울러 내각에 부총리 제도를 신설, 경제기획원 장관이 이를 겸임하면서 경제팀의 사령탑 역할을 하도록 만들었다. 박 대통령은 국가적 효능을 최대화하기 위해 자원을 효과적·합리적으로 배분하는 경제관료들의 역할을 중시하였으며, 이들이 철저하게 실적 위주로 금융 등 자원을 배분하도록 감시·독려했다. 은행장은 기업가가 아니라 관료로서, 이윤이 아닌 국민총생산 (GNP)의 관점에서 사고하도록 했다. 금리를 인위적으로 낮게 책정하여 수출을 촉진하였고. 국제금융기관으로부터의 민간 상업차관에 대해서도 지불을 보증하는 등 정부가 수출업자 및 기간산업에 대해 후원자 및 보험업자의 역할을 담당하였다.

 박 대통령의 행정 특히 경제건설의 가장 큰 특징은 현장주의라고 할 수 있다. 이 점은 그의 스테이트크래프트가 가장 돋보이는 부분이기도 하다. 박 대통령은 '명령은 5%, 확인과 감독은 95%'라는 철학을 갖고 있었다고 한다. 연두기자회견-중앙관서 순시-각 도청 순시를 통해 전 국가와 지방 행정기관 자체를 장악하였으며, 국영기업은 물론 중요한 민간공장까지, 그리고 농촌 산간벽지와 도시 변두리까지 직접 방문하는 등 철저하게 현장을 확인하였다. 가장 두드러진 것은 월례 수출진흥확대회의(후에 무역진흥확대회의)와 월간경제동향보고회의 그리고 분기별 국가주요사업 심사분석회의로서. 이들 회의를 집권기간 내내 빠짐없이 직접 주재함으로써 국가운영의 현장주의를 관철해냈던 것이다. 이와 아울러 집무실 옆에 주요 사업의 진도 상황실을 마련해놓고 이를 직접 운영하기까지 했다. 바로 이러한 노력을 바탕으로 모든 행정 부처가 대통령을 중심으로 긴밀하고 체계적인 협조관계를 유지할 수 있었다.

성장의 그늘

 이러한 국가운영 방식에는 물론 적지 않은 문제점이 뒤따랐다. 무엇보다 반자유적이고 비민주적인 국가주의적 체제가 갖는 각종 부작용이 그치지 않았다. 자원의 왜곡 분배로 인해 부실차관 기업이 속출했다. 또한 대기업이 돼야 대규모 차관에 유리한 결과를 얻게 됨에 따라 재벌 중심 체제가 탄생되었지만, 한편으로는 대기업 즉 재벌 역시 자본을 조달하기 위해서는 정부에 완전히 종속되는 결과를 초래하였다. 그런 점에서 당시의 한국 재벌은 박 대통령에 의해서 '공적(公的) 목적을 지닌 사적(私的) 기구'로서 탄생되고 육성되었다고 하지 않을 수 없다. 이렇게 해서 정치·경제적으로는 50년대식 '정경유착에 기초한 수입대체형 지배연합'을 대신하여 새로운 60년대식 '수출 지향형 지배연합'이 형성되었다. 자금의 원천은 국내자본을 총동원한 데 이어 한·일국교 정상화 및 베트남전 파병에 따른 외자 도입이었다. 정부는 외자의 도입뿐 아니라 분배권까지 장악했다. 상업차관에 대해서도 정부의 허가와 보증을 필요로 했다. 자금의 분배는 수출과 기간산업 등 정책부문에 파격적으로 제공되었다. 여기에서 정치권 즉 여당이 자본에게 특혜를 알선하는 대가로 반대급부를 챙기는 정경유착이 나타났다. 다만 자유당 정권의 경우와 달랐던 것은 유착이 발생하는 경제 영역과 특혜적 이익을 추구하는 방식의 차이였다.

원조물자의 배분과 귀속재산의 불하는 이미 완료된 데다가, 환차익은 단일변동환율제의 실시로 불가능해졌고, 수입허가제는 네거티브 시스템의 실시로 폐지되었다. 다만 저리 융자 알선이 있었는데, 1950년대에는 소수 대기업에 제공되어 주로 수입과 수요 충족에 사용되었던 데 비해서, 1960년대에는 주로 수출을 하는 기업이나 국가가 필요로 하는 사회기반시설이나 기간산업 분야를 대상으로 하는 등 '성과에 따른 보상'의 성격이라는 의미를 가졌던 점이 달랐다. 즉 소비적인가 생산적인가의 여부에서 가장 중요한 차이가 있었으며, 그 결과 자유당 정부는 '약탈국가'적 모습을 보였다면 박정희 정부는 '발전국가'의 모습을 보여주었다.

박 대통령식 개발정책의 가장 큰 문제는 이러한 지배연합이 '노동의 배제'를 기반으로 하고 있었다는 점이다. 기업들은 가난한 농민들을 미숙련 내지는 반숙련 노동자로 흡수하였다. 특히 경공업 부문에서는 유순하고 잘 훈련된 저임금 노동자 집단, 주로 젊은 여성들이 수출주도 공업화의 '이륙 단계'에서 최일선 보병 역할을 다했다. 이들은 심각하게 열악한 환경과

저임금 속에서 희생을 감내했다. 정부는 산업현장에서의 인화와 복종, 충성 등 대가족주의적 가치관에 입각한 '유기적 협력'을 강하게 요청하였으며, 중앙정보부가 깊이 간여하여 하향식으로 노동자들을 조직하였다. 이러한 억압기제로 인해 노동의 저항과 조직화는 주로 기존의 정치와 사회체제 바깥에서 일어나는 부작용이 발생하였다.

제3공화국 시절의 저항세력은 그 힘이 그렇게 강력하지 않았다. 물론 5·16 이후 주춤했던 학생과 지식인들은 한·일회담을 분기점으로 정부에 비판적인 자세로 돌아서 적극적으로 항의·저항했다. 그러나 당시 국가는 사회세력에 대해서 그리고 정부는 야당에 대해서 강력한 통제력을 확보했다. 특히 각종 제도적·물리적 억압기제 이외에도 강력한 반공 이데올로기와 경제성장이라는 가시적 실적을 통해 헤게모니를 발휘했다. 이에 비해 반대세력의 저항력은 현저히 미약하고 비효율적인 것이었다. 특히 야당은 여전히 '명사정당(名士政黨, 선거 때에만 활동을 벌이는 정당)'에 머물고 있어 조직과 결속력에서 현저히 취약한 데다가 정책 프로그램도 변변치 않았다. 따라서 저항의 핵심은 여전히 학생들이었으며, 이들은 박대통령의 국가운영이 보여주는 독주 혹은 독재적 성격에 대해 주로 자유민주주의 정신에 입각하여 비판하는 경향을 보여주었다.

이렇게 박 대통령의 뛰어난 스테이트크래프트에 힘입어 제3공화국은 사상 유례없는 경제성장률을 달성하면서 근대 국민국가에 필수적인 물적 기반을 구축했다. 정치적으로는 물리력으로나 헤게모니 차원에서나 사회세력을 제압함으로써 권력의 전성기를 구가했다. 1967년의 제6대 대통령 선거와 제7대 국회의원 총선거에서 정부 여당이 압승한 것은 박정희 대통령의 국가운영과 그의 스테이트크래프트에 대한 국민적 지지의 표시였다.

4. 권위주의적 스테이트크래프트의 한계

정치 위기의 도래와 강력한 대응

1960년대 후반은 박 대통령의 국가운영의 한계와 그의 스테이트크래프트가 안고 있던 문제점이 집중적으로 드러나는 가운데 새로운 위기가 등장한 시기였다. 그것은 첫째 정치제도상의 문제, 둘째 안보·외교상의 문제, 셋째 그동안의 경제발전이 가져온 경제·사회적 문제점의 대두라는 세 가지 방향에서 나타났으며, 이에 대해 박 대통령은 효과적으로 대응하기 위해 부심했다.

먼저 정치적 위기부터 살펴보기로 한다. 위기의 근원은 다름 아닌 헌정제도 자체, 즉 대통령의 3선 금지조항에 있었다. 당시 헌법적 제도하에서는 박 대통령으로서는 1967년 대선이 마지막이었으며 그 승계를 놓고 야당의 도전은 물론 여당 내의 물밑 경쟁이 시작되었다. 박 대통령의 3공화국은 주기적으로 선거를 실시하고 반대당을 허용하는 정당정치로 출발하는 등 민주주의의 정치적 외양은 갖추고 있었지만, 시간이 가면서 점차 사인화(私人化)된 일인지배 권위주의 체제의 성격이 강해지기 시작했다. 여기에는 '조국 근대화'라는 역사적 과업을 중단 없이 추진하기 위해 의회 및 정당정치로부터 자율성을 지닌 국가를 만들고자 했던 박정희 개인의 통치철학이 작용하였다. 또한 박 대통령은 권력운영에 있어서 전형적인 고전적 분할지배방법을 구사했다. 한편에서는 공화당 내 주류와 비주류의 견제와 균형을 유지하면서 다른 한편에서는 대통령 주위의 권력부서인 중앙정보부장과 비서실장이 차기 유력자인 김종필을 견제토록 하는 방식을 취했다. 그리고 이러한 과정을 통해 정당의 역할보다 관료와 중앙정보부와 같은 권력기구들의 비중이 커지게 되었고, 권력은 점차로 박 대통령 개인으로 집중되었다. 그 징후는 일찍이 1967년 국회의원 총선거에서 나타났다. 같은 해 대선에서의 압승에 이어 3선 개헌을 의식한 여권은 총선에서 심각한 부정선거를 저질렀다. 그리하여 공화당은 개헌 충족선을 13석이나 초과하는 129석이라는 절대다수 의석을 확보하게 되었지만 엄청난 부정선거 후유증에 시달리게 되었다.

1969년 9월 14일 새벽 태평로 국회의사당 제3별관에서 기습적으로 통과되어 10월 17일 국민투표를 통해 확정된 3선 개헌은 추진과정에서나 결과 면에서 숱한 문제점과 하자를 안고 있었으며, 또한 권력 차원에서 중대한 변화를 초래했다. 먼저 이것이 박정희 대통령의 실질적 영구집권으로 이어지는 권력연장의 시발점이 된 것은 두말 할 나위가 없다. 여권 내에서는 그동안 균형을 유지해오던 모든 파벌들이 하나둘씩 무너지고 마침내 박 대통령 1인으로 권력이 집중되어 친정체제의 등장이 가속화되었다. 그 결과 집권 여당인 공화당은 자율성을 상실하게 되었을 뿐 아니라 그나마의 정당정치, 나아가 의회정치 자체가 약화되고 실종되는 시발점이 되었다.

그러나 박 대통령의 정치적 위기가 가장 위협적으로 표출된 것은 그의 3선을 결정하는 1971년 대통령 선거였다. 집권 10년 동안 괄목할 경제성장을 이룩하였다고는 하지만 사회·경제적 불평등이 날로 심화되는 등 적지 않은 부작용을 드러내는 가운데 세계 경제의 위기로 인하여 더 이상의 성장은 한계에 봉착한 것으로 보였다. 또한 정치적 부패는 경제성장만큼이나 심화되었고, 효율성만을 추구하는 통치는 탈정치화와 함께 사회적 통제를 심화시켰다. 이러한 가운데 박 대통령은 대중의 지지를 이끌어낼 제도적 기틀을 다지지도, 국민의 광범위한 정치적 참여를 이끌어내지도 못하고 있었다. 반면에 야당에서는 '40대 기수론'으로 점화된 경선 돌풍과 함께 새로운 젊은 지도력이 등장하였다. 특히 김대중 후보는 '대중참여' 경제를 통한 능률의 확대, 수입의 공정 배분, 물가안정 등의 공약과 더불어 '4대국 공동 보장'이라는 나름대로의 새로운 국가안보전략을 제시하면서, 당시 적지 않은 불만의 대상이었던 향토예비군과 교련 폐지 등 진보적이면서 동시에 대중영합적인 정책을 제시함으로써 돌풍을 일으켰다.

이렇듯 강력한 도전을 맞자 박정희 후보는 '표를 달라는 마지막 기회'라는 호소와 함께 지역주의 전술, 그리고 '행정선거'라는 말이 나올 정도로 관권 동원과 매표행위를 통해 94만 표 차이로 승리할 수 있었다. 그러나 국회의원 총선거에서는 여전히 행정선거가 판을 쳤음에도 불구하고 여당인 공화당이 48.8%의 득표율로 113석을 확보한 데 반해 야당인 신민당은 44.4% 득표율로 89석을 얻어 개헌 저지선을 확보하게 되었다. 그 결과 박정희 대통령은 정치적으로 '쫓기는 입장'에서 대응책을 마련해야 하는 부담을 안게 되었다.

북한의 도발과 미군 철수

안보·외교상의 위기는 무엇보다 북한의 도발 급증에서 비롯되었다. 북한은 1960년대 들어와 '4대 군사노선'을 채택하면서 급속히 군사비 지출을 증가시켜오다가 1968년~69년에는 심각한 도발을 해오기 시작했다. 1968년 1월 21일에는 김신조 일당의 청와대 습격사건이, 이틀 후에는 미국의 푸에블로호가 북한에 의해 피랍되는 사건이 발생했다. 그리고 같은 해 11월에는 120여 명의 북한 무장 게릴라들이 울진·삼척지구에 침투하였으며, 다음 해 4월에는 미국 해군 정찰기 EC-121이 피격되는 사건이 발생하였다.

박 대통령은 특히 자신을 노린 1·21사태에 격노, 즉각적인 보복을 선언하면서 국군 작전지휘권을 가진 미국에게 협조와 지원을 요구하였다. 그러나 포터(William Porter) 미국대사의 응답은 "보복하고 싶으면 혼자서 하라"는 싸늘한 것이었다. 더구나 자신에 대한 습격보다 미군 함정 피랍사건을 중시하여 북한과 직접 협상에 나서는 미국의 태도에 박 대통령은 엄청난 충격을 받았다. 박 대통령은 "참는 데도 한도가 있다"는 말을 되풀이하면서 이러한 미국의 정책에 대해서 "절대적으로 반대한다"는 입장을 발표, 미국을 긴장시켰다. 존슨 미국 대통령은 미국의 대한군사원조를 즉각 증강하겠다는 전문을 발송하는가 하면, 개인 특사 자격으로 사이러스 밴스(Cyrus Vance)를 파견하는 등 대책 마련에 부심했다. 박 대통령은 작권 지휘권을 한국에 넘길 것, 소련과 중국이 북한에 보장한 것과 유사한 수준의 안전 보장을 미국이 한국에 제공할 것 등을 '서면 보장'해달라고 요구했다. 그 결과 같은 해 4월에는 한·미 정상회담을 개최, 북한의 적대행위에 의한 중대 사태 발생 시 한·미는 즉각적인 조치를 취하기로 하며, 매년 국방장관회의를 개최키로 하고, 한국군 방위력 증강을 위해 1억 달러의 군사원조를 제공할 것에 합의하였다.

결론적으로 박 대통령은 자신이 공언한 '군사적 보복'을 실행에 옮길 수는 없었지만 정례 국방장관회담을 개최하는 등 한·미 군사 동맹관계를 강화할 수 있었다. 그리고 미국의 군사원조를 얻어 M16 공장을 건설하는 등 국군현대화에 박차를 가하는 계기를 잡았다. 한편 박 대통령은 이 과정에서 미국의 한계를 간파하고 향후 미군의 베트남 철수를 예상하여 한국군의 추가 파병계획을 백지화하는가 하면, 자주국방의 노력을 본격적으로 경주하기 시작했다. 같은 해 2월 7일에는 '자위를 위한 중대 선언'을 통해 250만 명 규모의 향토예비군을 창설할 것을 공표했고, 그중 100만 명을 무장시킬 계획을 수립했다. 이와 더불어 무기를 생산하여 예비군을 무장하기 위한 대책도 추진했다. 특히 군공창(軍工廠)의 건설이 아니라, 부품별로 수십 개의 공장을 지정하되 생산시설을 최대한 활용하기 위해 평상시에는 가동능력의 80%를 민수용으로 하고 20%만을 방위산업용으로 충당하는 방식의 독창적인 방위산업정책을 추진하기 시작하였다.

1969년 미국의 닉슨(R.M. Nixon) 행정부가 출범한 후 아시아 지역의 방위는 아시아인에게 맡긴다는 '닉슨 독트린'이 발표되었다. 1970년 3월에는 주한미군 철수 결정이 박 대통령에게 정식으로 전달되었다. 박 대통령은 사전 협의 없는 결정에 항의하면서 '시간을 달라'는 입장을 취하였고, 그동안 안보 공백을 메울 수 있는 구체적인 조치를 취해달라고 요구하였다. 그러나 미국은 6월 주한미군의 3분의 1 감축 계획을 발표한 데 이어, 7월 5일에는 미 7사단의 철수를 정식으로 통고하였다.

박 대통령은 미군 철수가 이미 지난 6개월에 걸쳐 진행 중이었다는 사실에 큰 충격을 받았다. 이 문제를 논의하기 위해 같은 해 8월 애그뉴(Agnew) 미국 부통령이 방한했을 때에는 6시간에 걸친 마라톤회담에서 박 대통령은 '난폭하고 사정없이 공격적인 자세'로 한국군 장비 현대화를 위해 5년에 걸쳐 30억 달러에 이르는 자금 지원을 요청했다. 그 후 한·미 간의 협의와 절충은 계속되어 이듬해 1월 중순 7사단은 결국 완전 철수하되 국군 현대화를 위해 총 15억 달러를 지원키로 합의했고, 그해 연말 미국 의회는 대한 특별 군사 원조법안을 통과시켰다. 그리하여 1971년 미 제7사단 2만 명은 완전 철수했고 2사단은 후방지역으로 철수, 이때부터 비무장지대 250km 전체를 한국군이 방어하게 되었다.

안보위기와 남북대화

박 대통령이 가장 우려한 것은 남북한 긴장이 고조된 상황 속에서 북한의 우월한 군사력에 비해 턱없이 노후화된 한국군의 장비문제였다. 그래서 밀어붙이기식으로 대규모 방위산업 건설에 박차를 가하는 한편, 특히 미사일과 핵무기 개발에도 눈을 돌리기 시작했다. 방위산업의 육성은 1971년 11월 9일 박 대통령이 김정렴 비서실장, 오원철 차관보와의 3자 회동에서 정책방향이 정해진 것으로 알려져 있다. 결국 미국 정책에 대한 박 대통령의 불신이 한국의 군사적 능력을 확충하겠다는 결심을 다지게 한 것이다. 문제는 이러한 계획이 한·미동맹의 기본 틀과 분업구조를 깨뜨리고 일본의 재무장을 촉발시키며 중국을 자극하여 미국의 세계전략구도를 흔들어놓을 수 있다는 점에서 국가적으로나 정권 차원에서 위험한 선택이 될 수 있다는 데 있었다. 이로써 자주국방 노력과 한·미동맹체제 유지 사이의 균형 잡기라는 한국 안보의 지난한 과제가 본격적으로 등장했다.

'안보위기'는 주한미군의 철수 문제에 국한되지 않았다. 국제적인 냉전구조가 깨지고 이른바 1970년대 데탕트(détente, 긴장완화) 시대가 도래한 것이다. 특히 1971년 4월 '핑퐁 외교'로 시작된 미·중 간의 긴장완화는 그해 10월 중국의 유엔 가입과 1972년 2월 닉슨 대통령의 중국 방문으로 이어져 '하나의 중국' 원칙이 담긴 이른바 '상해선언'이 발표되기에 이르렀다. 이로써 '중국 위협론'을 일부 근거로 삼는 주한미군의 필요성과 명분이 크게 약화되었고, 중국이 안전보장이사회의 상임이사국 자리를 차지하면서 유엔군 사령부의 존재가 쟁점으로 등장했다.

이러한 상황에 박 대통령은 두 가지 방향으로 대처하였다. 하나는 1971년 8월 적십자회담으로 시작된 남북대화의 개시였다. 문제는 그것이 탈냉전 벽두에 이산가족의 고통과 불행을 덜어주는 인도적 차원의 대화에서 시작하여 차분히 성과를 쌓아가는 방식이 아니라 7·4공동성명 및 남북조절위원회 구성과 같은 통일을 명분으로 하는 고도의 정치적 움직임으로 비화되어 전개되었다는 데 있다. 결국 평화와 통일을 표방한 회담이었지만 남북한 당국은 너나할 것 없이 실제로는 강화된 '분단체제'를 공식화·공고화하는 명분과 계기로 활용하였으며 오히려 남북대화가 중단되는 역설적 상황이 나타나게 된 것이다.

  문제를 우리 내부로 국한시킬 경우, 이러한 사태의 전개에 대한 책임은 전적으로 박 대통령에게 귀결된다는 점은 말할 필요도 없지만, 남북대화를 정치회담으로 비약시킨 데에는 이후락 정보부장이 상당히 주도적이고 적극적인 역할을 한 것으로 보인다. 일부 관계자들의 주장에 의하면 애초에 평양행을 자청한 것은 이 부장이었고 박 대통령은 반대했다고 한다. 또한 7·4공동성명의 합의문에 대해서도 박 대통령의 반응은 싸늘했다고 한다. 박 대통령은 남북 간에는 '인도적인 대화'만으로 충분하다는 입장이었고, 특히 조절위원회와 같은 애매모호한 옥상옥의 권력기구를 만드는 것에 대해서는 매우 회의적이었다고 한다.

  남북대화와 함께 박 대통령의 대응은 외교정책의 일대 변화로 나타났다. 특히 미국과 중국의 '한국문제의 한반도화' 정책에 대응, '6·23선언'으로 알려진 문호개방정책을 통해 남북한 유엔 동시가입 및 교차승인 정책을 발표했다. 특히 중국의 유엔 가입과 안보리 상임이사국 착석에 대한 대책으로서 유엔한국통일부흥위원단(UNCURK)을 해체토록 했고, 유엔군 사령부의 해체 문제에 대해서는 상호 모순되는 결의안을 통과시킴으로써 결의 자체를 유명무실하게 만드는 한편 한·미연합사령부 체제를 출범시켰다. 나아가 박 대통령은 남북한 대표의 유엔 동시 초청 및 동시가입 정책을 추진하기로 정책을 전환시켰고, 1974년 1월에는 남북한 상호불가침 조약 체결을 제의하기도 하였다.

저항과 도전에 맞선 '싸우면서 건설하자'

  1960년대 말부터 이렇게 외부로부터 위기가 도래했을 뿐 아니라 내부적으로도 경제사회적 문제점이 나타나기 시작했다. 먼저 1969년을 정점으로 성장이 둔화되기 시작했다. 여기에는 1968년 달러화 위기로 미국경제가 흔들린 데다가 미·중 데탕트로 인해 '베트남 특수'가 사라질 전망도 적지 않은 영향을 끼친 것으로 보인다. 무엇보다 원료와 중간재 및 기계 등의 수입으로 외채가 증가하여 국제수지가 악화된 것이 중요한 요인이었다. 거기에다가 1969년에는 정부 스스로 차관업체 83개 중 45%가 부실기업이라고 고백할 정도로 '부실기업의 덫'에 걸린 사실이 드러났다. 한편 기업들은 심각한 대외부채로 도산 위기에 직면하였고, 박정권은 이를 탈출하기 위해 1972년 8·3사채동결이라는 비상조치를 취해야만 했다. 이렇게 경제성장은 이제 정당성의 원천이 아니라 경제적 위기와 정치·사회적 도전의 원천으로 작용하기 시작했다.

특히 노동쟁의가 빈발하는 가운데 1970년 11월에는 '전태일 분신사건'이 발생, 이후 큰 정치·사회적 의미를 갖게 되었다. 1970년과 1971년 사이의 노동쟁의는 165건에서 1,656건으로 10배 증가하였고, 이러한 움직임은 사회 각계로 파급되었다. 1971년 대통령 선거 이후에는 그동안의 경제성장에서 소외되고 10년간의 권위주의적 통치에 식상한 반대세력의 도전이 가열되는 등 사회·정치적 저항운동이 광범위하게 확산되기 시작했다. '광주대단지 사건', '대한항공건물 방화사건'에 이어 '사법파동'까지 발생하였던 것이다. 이러한 상황을 가속화시킨 것은 '언론자유화운동'이었다. 1970년 5월호 《사상계》에 김지하의 풍자시 '오적(五賊)'이 발표되어 잡지가 폐간되었고, 1971년 대선을 앞두고는 서울대생 50여 명이 동아일보사 앞에서 '언론화형식'을 갖고 '언론에 대한 경고장'을 배포한 것에 자극을 받아 〈동아일보〉 기자들이 기관원의 언론사 출입중지를 요구하는 '언론자유 선언문'을 발표하였고, 이러한 움직임은 전국 각 언론사로 확산되었다.

박 대통령은 이러한 사회적 동요에 대해서 물리적 공권력과 사법적 처리를 하는 이외에 특별한 스테이트크래프트를 발휘할 수 없었다. 사실 박 대통령은 이러한 경제·사회적 동향을 내심 크게 우려하였으며, 일찍부터 이에 대해 고민해왔다. 1968년 1월 15일 박 대통령은 연두 기자회견에서 '제2경제론'을 제기한 바 있다. 당시는 부실기업 문제가 제기되기 시작한 상황이었지만 당분간은 수출로 위기를 그럭저럭 극복해나가던 국면이었다. 박 대통령은 정신적인 측면에 주목, 근대화의 철학적 바탕에 대한 이해나 국민들의 올바른 마음가짐을 통틀어 편의상 '제2경제'라고 칭해본다면서, 이는 단순히 '제1경제'의 성장을 뒷받침하는 데 초점이 있는 것이 아니라 물질적 측면의 성장을 따르지 못하는 정신적 측면의 성장을 기함으로써 균형 있는 근대화를 추진하려는 것이라고 설명한 바 있다. 그러나 용어의 적실성에서도 문제가 있었거니와, 그 직후 터진 1·21 김신조 사태로 인해 안보 이슈가 압도하는 상황 속에서 이러한 의제는 국가적 어젠다로 자리 잡지 못하고 말았다. 다만 이러한 박 대통령의 문제의식은 나름대로 지속되어 그해 12월 발표된 '국민교육헌장'에 집약되어 나타나게 됐다.

결국 대내외적 위기에 대한 박 대통령의 대응기조는 기본적으로 '싸우면서 건설하자'는 슬로건을 중심으로 전개되었다. 미국에 대한 의존을 줄이면서 북한을 경제·국방에서 모두 압도하는 힘을 갖추는 것을 최고의 현실적인 목표로 설정하였던 것이다. 그리고 당면 과제는 이러한 자주·자립·자위의 목표를 달성하기 위한 일종의 '국가총동원체제'를 구축하자는 것이다. 즉 궁극적인 목표인 독자적인 국방체제를 구축할 수 있는 '시간 벌기'를 위해서 모든 것을 희생하지 않으면 안 된다는 것이었다. 이러한 노력은 안보 면에서는 향토예비군을 창설하는 한편, 남북회담을 통해 당분간 시간을 벌자는 것으로 나타났다. 그리고 경제적 차원에서는 지속적인 수출 입국과 더불어 중화학공업 정책으로의 전환, 그리고 정신적으로는 새마을운동의 대대적 추진으로 나타났다.

중화학공업은 자주국방을 달성하기 위한 무기생산 체제를 구축하는 것으로서, 1970년 7월 이후 '4대 핵공장'이라는 무기생산 공장 건설 계획에서부터 시작하여, 1971년 11월 이를 전담하는 제2경제비서실 창설, 그리고 1973년 1월의 중화학공업 계획의 최종적 발표로 현실화됐다. 새마을운동은 처음에는 농촌환경 개선운동에서 시작하여 소득증대 운동으로 발전하였다가 마침내 정신혁명운동으로 나아갔다. 박대통령은 새마을운동에 대해서는 정치권의 간섭을 금지토록 엄명하는 등 이를 '자율적 민주생활'이라는 심층적인 근대화 차원에서 접근하려는 경향을 보여주기도 했다. 이렇게 새마을운동에서는 자율적 측면이 강조되었지만 이 역시 근본적으로는 최고 권력 혹은 국가에 의한 하향식 조직운동으로서의 한계를 극복하지는 못했다.

유신 이전의 유신

박 대통령은 대통령 선거 이후 연이어 터져 나오는 사회·경제적 갈등에 더하여 '10·2항명파동(1971년 민주공화당 중진들이 박정희 대통령에게 반기를 들었다가 진압당한 사건)'이라는 집권세력 내부의 반발까지 맞았다. 거기에다가 수경사 소속 군인들이 고려대 교내에까지 들어가 대학생들을 연행하는 사건을 계기로 1971년 10월 14~15일에는 서울 일원에서 약 5만 명의 대학생이 참가한 대규모 시위가 발생했다. 박 대통령은 위수령을 발동하여 당장의 위기는 넘길 수 있었지만, 정치권과 재야의 강력한 반발에 직면하여 곧 위수령을 해제하지 않을 수 없었다. 이러한 과정을 거치면서 박 대통령은 1971년 12월 6일 '국가비상사태선언'을 하였다. 더 이상의 사회불안을 용납하지 않을 것이며, 특히 언론의 무책임한 안보 논의를 경고하고, 필요할 때는 '우리가 향유하는 자유의 일부마저도 스스로 유보하고 이에 대처해 나가야겠다'는 굳은 결의가 있어야 한다고 역설하였다. 이에 대해 언론과 야당을 비롯한 재야는 극렬히 반발하였으나 박정권은 한 걸음 더 나아가 12월 27일에는 공화당 단독으로 '국가보위에 관한 특별조치법안'을 강행 통과시켰다. 그 내용은 대통령에게 광범위한 비상권한을 부여, 안보상 필요할 경우 언론·출판에 대해 특별조치권을 발동할 수 있도록 한다는 것이었다. 박정권은 이와 더불어 '군사기밀보호법', '군사장비보호법', '징병법 개정안' 등도 통과시키는 등 더욱 강경한 자세를 보여주었다.

이 무렵 박 대통령은 이미 '사명감의 화신'이 되어 있었다. '금쪽같이 소중한 시간'의 여유가 그리 많이 남아 있지 않다는 절박감 속에 '겉치레 민주주의'를 위해 고비용을 지불할 수 없다는 결의에 차서 이러한 '유신 이전의 유신' 조치를 단행했던 것으로 보인다. 당시 항간에서는 박 대통령이 '총통제 개헌안'을 마련 중이라는 풍문이 확산되고 있었고, 야당은 동법의 무효를 선언하고 국회를 거부하는 등 극한 투쟁에 나서 6개월간 국회가 공전되는 사태가 빚어졌다. 그리고 권력의 정치공작이 맞물려 야당인 신민당은 분당 사태로 치닫고 있었다.

5. 유신정권과 스테이트크래프트

10월 유신, 권위주의 체제의 클라이맥스

결국 이러한 국가의 대내외적 위기를 극복하기 위한 박 대통령의 최종적인 선택은 국가가 정치로부터 자기 해방을 선언하는 10월 유신으로 나타났다. 박 대통령은 1972년 10월 17일 오후 전국에 비상계엄을 선포한 가운데 '특별선언'을 발표하였다. '자신에게 주어진 권한'에 의거, 국회를 해산하고 정당의 정치활동 등 헌법 일부 조항의 효력을 중지시킨 가운데 효력이 정지된 헌법조항의 기능은 비상국무회의가 수행하는 한편, 10월 27일까지 헌법개정안을 공고, 1개월 내 국민투표를 실시한 후 연말까지 헌정을 회복한다는 것이다.

이렇게 마련된 유신헌법은 '행정적 민주주의', '민족적 민주주의'에 이어 '한국적 민주주의'를 전면적으로 표방, 우리 현실에 가장 알맞은 '국적 있는 민주주의 정치체제'를 창조적으로 발전시켜나가야 한다고 주장하였다. 그러면서도 명분상의 문제를 의식하였는지, 대한민국 헌법에서는 처음으로 "자유민주적 기본질서를 더욱 공고히 하는"이라는 구절을 삽입하기도 했다. 유신헌법은 무엇보다 권력분립의 원칙을 완전히 폐기한 채 대통령이 3부 위에 군림하는 국가원수로서의 영도자적 지위를 갖는 실질적 총통제의 특성을 갖는 것이었다.

유신헌법은 그 명분과 목표를 어디까지나 '민족중흥'을 위해 국론 분열을 방지하는 일원적 체계를 구축하자는 것에 두었다. 남북관계 개선과 급변하는 국제정세에 능동적으로 대처하기 위해서는 강력한 정부가 필요하며 평화통일을 위한 국력의 조직화가 긴요하다고 스스로 밝힌 바대로, 현실적으로는 미국의 대외정책 변화와 국내 상황의 변화에 맞추어 정부기구, 나아가 국가 자체를 전시와 유사한 형태로 바꾸고자 하는 시도였다. 여기에는 특히 자주국방을 위한 방위산업 육성과 그를 뒷받침하는 중화학공업화에 집중하려는 야심찬 계획이 연계되어 있었다. 물론 유신을 단행하면서는 미국에 대한 정책변화나 미·중 국교회복으로 인한 영향에 대해서는 아무런 언급도 하지 않았다. 그것은 3일 전 발표문 초안을 받아본 미국이 이러한 언급을 생략하도록 특별히 요구했기 때문이다.

그러나 유신체제는 민주헌정과 스테이트크래프트의 상궤를 너무나 일탈한 것이었다. 우선 박 대통령 자신이 전면에 내세운 안보위기 상황의 실체에 대한 논란이 있다. 먼저 유신이 단행된 1972년에는 남북대화가 진행 중에 있었고, 북한의 도발행위도 1968년을 정점으로 줄어드는 등 오히려 긴장이 완화되고 있었기 때문이다. 또한 미국은 중국과의 데탕트를 통해 한반도 지역의 안정을 도모했기 때문에 중국이 북한의 군사적 모험주의 노선을 지지할 가능성 역시 그렇게 높지 않았다. 그런 점에서 '효율적인' 체제가 긴장완화와 통일의 첩경이라는 박정권의 주장은 인정되기 어려우며, 실제로 유신 선포 이후 남북대화의 노력이 급격히 사라진 것이 이를 뒷받침하는 근거라고 할 수 있다. 이러한 입장을 취하는 경우에도 남북대화 자체가 유신 선포의 사전 공작이었는지에 대해서는 의견이 엇갈린다. 다만 적어도 대화를 추진하는 과정에서 남북대화를 유신체제의 명분으로 삼았을 가능성은 매우 컸다고 볼 수 있다.

또한 사회·경제적 위기의 실체에 대해서도 논란이 있다. 유신을 전후하여 성장률·도매물가지수·공업생산지수·수출액 등에서 통계상의 뚜렷한 경기 하락세는 없었다는 것이다. 더구나 유신 선포 이전에 이미 중화학공업화를 추진하고 있었던 만큼 이를 위해 유신을 하려고 했다는 것도 맞지 않으며, 그 정도의 노동 통제는 기존의 법으로도 충분히 할 수 있었다는 것이다. 사회적으로도 학생과 종교·민권 운동가들이 가세하는 등 민주화운동과 노동운동이 결합되는 양상이 나타나기 시작한 것은 사실이지만, 위수령과 국가 비상사태 선포로 이러한 움직임이 소강상태를 보이고 있는 가운데 노사분규도 오히려 잦아드는 등 적어도 표면상으로는 심각한 정치·사회적 불안이 없었다는 것이다. 당시의 갈등은 권위주의와 민주화를 둘러싼 정치적 힘겨루기가 일차적이었을 뿐 경제적 위기가 존재하기는 하였으나 심각한 수준은 아니었으며, 더구나 정체의 변동이 필요할 정도의 계급투쟁은 더더욱 존재하지 않았다는 것이다.

경제적 배경과 관련하여 한때 남미의 경험을 토대로 한 자본주의 산업화의 위기 이론을 적용하려는 시도가 있었다. '관료적 권위주의' 차원에서 유신을 이해하려는 시각이 그것이다. 그러나 민중 정권이 추진해온 수입대체 산업화가 한계에 달하자 중공업과 자본재 산업 위주로 산업을 심화할 필요성이 제기되는 상황에서, 강력해진 노동세력의 저항을 억누르기 위해 강압적인 군사정권이 들어선 중남미의 경우와 유신은 분명히 달랐다.

이러한 관점들을 따르자면, 유신은 박정희의 권력의지, 정확히는 집권연장 의지라는 요인으로밖에는 설명될 수 없다는 결론이 도출된다. 1971년 양대 선거에서 김대중 후보의 '대중정치'와 호남지역의 소외감이 결부된 결과, 야당인 신민당이 제도권 내에서 강력한 정치적 견제세력 내지는 대안세력으로 부상하였고, 그 결과 민주적 절차에 의해 여당과 야당 사이의 수평적 정권교체의 가능성이 높아지는 등 정치적 도전이 심화된 데 대한 박정희의 대응이었을 뿐이라는 것이다. 여기에 북한의 위협과 사회적 소요에 대한 불안감, 자신이 아니면 한국을 이끌 사람이 없다는 소명의식, '무책임한' 정적들에 대한 불신 등이 겹쳐져 박정희로 하여금 권력에 더 집착하게 만들었고 그 결과 헌법을 다시 고쳐 계속 집권하는 것 외에는 달리 방법이 없다고 판단하였다고 보는 것이다. 따라서 유신의 요인은 어디까지나 첫째가 박정희의 권력의지, 둘째가 집권세력의 안보위기 의식, 마지막이 자본주의 발전의 모순이라고 보아야 하는 것이다. 박정희는 이미 확립된 권위주의 통치와 집권세력의 권력을 강화하는 제도적 변화를 선택한 것이다. 따라서 유신은 3공화국으로부터의 단절 혹은 도약이라기보다는 기본적으로는 동일한 권위주의 체제의 클라이맥스가 되는 것이다.

10월 유신이 박정희 개인의 영구집권을 위한 친위 쿠데타요 총통제 독재 체제라는 점은 아무도 부인할 수 없다. 따라서 세인들로부터는 '체육관 대통령'으로 비하되기도 하였다. 특히 한국의 자유민주주의 회복과정이 민주적이고 평화적인 절차를 통해 이루어질 수 있는 가능성을 차단시켰다는 점에서 그 폐해는 적지 않은 것이었다. 나아가 유신헌법은 국가의 기본법으로서 심각한 결함을 갖고 있다는 점에서 '최악의 헌법'이라는 비판을 면할 수 없다. 전제적 대통령제, 영도자 중심의 권력융화주의 그리고 '주권적 수임 기관'의 개념으로서의 통일주체국민회의 같은 것도 그렇거니와, 반공의 명문화와 이를 명분으로 기본권 제한을 합법화한 것은 심각한 문제점으로 지적될 수 있다. 특히 국가권력을 견제하고 자의적 권력행사에 의한 국민의 권리 침해를 방지하는 규범적 헌장이기를 포기함으로써 국민정서는 물론 인류의 보편적 가치와 상당한 괴리를 보여주었다.

그 결과 유신헌법은 근본적으로는 매우 취약하여 일상적 법률체계의 작동을 통해 체제 유지를 해나가는 질서를 창출하지 못하는 것으로 전락하고 말았다. 그리하여 국민들은 유신헌법에 대해 극도의 공포심을 느끼거나 그렇지 않을 경우 냉소적으로 대하는 양면적 태도를 갖게 되었고, 헌법은 존엄성과 신뢰성에서 커다란 상처를 받게 되었다. 여기에 더하여 용어 사용에서도 다소의 문제점이 있었다. 물론 '유신'이라는 것이 고대 중국의 문화에서 유래하는 용어였지만, 현실적으로는 주로 일본의 메이지 유신을 연상시킬 수밖에 없는 상황에서 유신이 표방하는 '국적 있는'이라는 말 자체가 희화화되는 부작용이 따랐던 것도 사실이다.

이상과 같은 시각은 총체적으로 타당성 있는 판단으로 보인다. 권력의 요소를 배제하고서는 어떠한 설명도 현실적 타당성이나 규범적인 가치 면에서 설득력을 갖기 어렵기 때문이다. 다만 모든 것을 개인의 권력적 요인으로 환원하는 것에는 무리가 있다. 특히 10월 유신에 대한 박정희의 주장을 단순히 그의 권력욕을 희석·분식시키기 위한 논리로만 매도할 수 없는 엄연한 현실이 있었던 것도 사실이다. 무엇보다 그는 북한으로부터의 지속적인 위협을 예민하게 받아들이고 있었다. 특히 1968년부터 1983년까지 15년 동안 네 차례에 걸친 북한의 한국 대통령 암살 시도 중 첫 번째 사건인 1968년의 습격은 적어도 한국의 최고지도자에 대한 북한의 명백한 도발 행위였던 것은 분명했다. 따라서 당시의 안보와 경제위기의 객관적인 정황에 대해서는 보다 종합적이고 거시적인 평가가 필요하다. 특히 국제적인 탈냉전 이후 발굴된 공산권 국가들의 자료들에 의해 당시 상황을 객관적으로 살펴볼 필요가 있다. 이를 바탕으로 자립경제와 자주국방을 향한 염원과 국제적인 데탕트 분위기하에서도 냉전적 상황이 지속되는 한반도 현실 속에서 박정희 대통령이 국정 전체를 어떤 각도에서 총체적으로 인식하고 대처하려 했는가 하는 문제의식과 스테이트크래프트를 종합적으로 판단해야 할 것이다.

유사 전시내각 체제

유신체제는 권력의 사인화와 일인집중 문제 등 각종 폐해를 양산했다. 특히 통일과 국가발전을 위해 낭비를 배제하는 행정의 효율화 및 질서유지를 표방하는 '한국적 민주주의'는 국민의 정치적 자유와 시민권을 심하게 위축시켰다. 뿐만 아니라 이는 정당정치 자체를 극도로 약화시켰고 나아가 정부에 대한 신뢰마저 크게 저하시켰다. 그 결과 박 대통령은 광범위한 국민사찰과 일종의 테러 활동이나 다름없는 긴급조치라는 포고령 통치에 의존하지 않을 수 없었다.

이러한 엄청난 대가를 치르면서도 박 대통령은 자신이 내세운 국가목표를 달성하기 위해 체제를 개혁해갔다. 이는 물론 전체적으로는 뚜렷한 한계를 가진 것이었지만, 구체적인 국면에서는 그의 녹슬지 않은 스테이트크래프트가 발휘되기도 했다. 제일 먼저 지배연합 내의 힘의 배분을 조정했다. 군부·기술관료·재벌의 연합구조는 동일하지만 특히 기술관료의 힘은 더욱 강화됐고 상대적으로 군은 약화됐다. 궁극적인 판단은 기술관료가 하되 그 위에 대통령이 군림하는 형태를 취하였다. 그리고 기술관료는 재벌과 일종의 동맹관계를 형성하였다. 특히 중화학공업화가 진전됨에 따라서 국내 대자본의 독점과 복합기업화가 가속화됐다.

　이러한 지배연합 내부에서는 매우 높은 동질성과 응집성이 존재하여 뚜렷한 이견은 드러나지 않았다. 이들은 능률과 합리성을 통한 경제성장과 안보를 민주적 가치들보다 선호하였다. 다만 군부가 안보를 중시하는 민족주의적 특성을 보여주었다면, 기술관료와 재벌은 합리성과 경제성장을 보다 중시하였다는 점에서 차이를 보였을 뿐이다. 이러한 기반 위에서 박 대통령은 일종의 '주식회사 대한민국' 모델을 추구하였다. 재벌들에게는 국가에 대한 의무로서 할당된 목표의 달성을 강력하게 요구하면서, 박 대통령 자신은 사업의 규칙을 직접 제정하고 이를 현장에서 격려하는 감독과 같은 역할을 수행했다.

　박 대통령은 본격적인 관료제도의 개혁에 착수하였다. 1975년 3월 '서정쇄신'을 공식적으로 시작했으며, 특히 '계열 연대 책임제'와 '쌍벌제'를 적용, 만 3년에 걸쳐 도합 1만 7,562명의 공무원을 공동 처벌하는 등 총 11만 9,000명을 징계했다. 여기에는 유신에 대한 부정적 태도를 가진 관료들이 집중 대상이 되었지만, 한편으로는 당시까지 관행으로 남아 있던 일선 행정 창구의 '급행료' 같은 관행들이 자취를 감추는 계기가 됐다. 정부의 정책 결정과 지휘체계는 청와대 비서실을 정점으로 하는 중앙집권화된 '유사 전시내각' 체제로 운영되었다. 그것은 특히 경제와 공업에 초점을 맞추면서 고도로 탈정치화된 체제로 운영되었다. 경제는 비서실장을 정점으로, 그리고 중화학공업 즉 방위산업은 제2경제수석비서관실이 사령탑이

되어 '청와대 지시'와 '대통령 지시'를 통해 관계 부처를 지휘하는 체제를 구축했다. 시종일관 명령만이 있을 뿐 예외는 결코 허용하지 않는 완강한 모습으로 통치했다.

이념적으로는 능률·질서 등 개인보다 국가를 우선시하는 국가주의적 사고, 그리고 개인과 전체의 조화를 강조하는 유기체적 국가론을 강조하면서 특히 충효(忠孝) 중심의 고전적 유교 이념을 부활시키려는 노력이 뒤따랐다. 그런 점에서 유신은 일인지배의 가부장적 정권의 특성을 보여주는 것이었다. 다만 카리스마보다는 관료적 지배가 두드러지는 현대적 형태의 신가부장적 정권이었다는 점에서 이승만 정권과 차별된다. 그리고 이 모든 것의 이면에는 중앙정보부를 통한 통제체제가 가동되었으며, 또한 중정의 활동에 대해서는 보안사·경찰·경호실·방첩부대 등 다섯 곳의 정보기관들이 상호 감시하고 견제하는 체제가 작동하고 있었다.

군 현대화와 중화학공업 추진

이렇게 체제를 정비한 위에 박 대통령은 '총력안보체제'를 구축하는 방향으로 국정을 운영하였다. 안보는 경제성장과 함께 유신체제의 양대 지주를 형성하였고, 이 점에서 한국은 여타의 나라들과 가장 큰 차별성을 보여주었다. 특히 베트남이 패망한 1975년 이후 이러한 경향은 가속화되어 거의 '병영국가화'되는 모습으로 나타났다. 그 구체적 내용은 첫째, 국가와 사회의 군국주의화 경향으로서 특히 방위성금과 방위세 신설 및 예비군과 교련 강화 등이었다. 둘째, 군부 내의 '신직업주의'의 등장이었다. 이는 향후 신군부의 등장과 관련되어 주목할 필요가 있는 현상이다. 셋째, 특히 북한과의 군비경쟁 차원에서의 국방산업 발전 그리고 무기 도입을 통한 국군현대화 5개년 계획이었다. 이는 특히 북한의 땅굴도발과 도끼 만행사건

속에서 추진된 카터(Jimmy Carter) 미국 대통령의 주한미군 철수정책과 부딪혀 상승작용을 일으켰다.

국군현대화 사업은 박 대통령의 스테이트크래프트가 그중 돋보이는 영역이었다. 사업은 크게 두 가지 방향에서 전개되었다. 첫째는 '율곡사업'이라는 무기 구입 극비 방위 프로젝트였다. 박 대통령은 특히 외부의 견제가 작동되지 않는 상황에서 재정적 투명성을 확보하기 위해 할 수 있는 최대의 노력을 기울였다. 재원 마련을 위해 1974~75년간 총 161억 3,000여 원의 방위성금을 모집하였으며 1975년 7월 이후에는 방위세를 도입하였다. 효율적인 예산 집행을 위해서는 2중, 3중의 감시체제를 마련하였다. 또한 국방부 개혁을 위해 외부 인사를 군수차관보로 발탁하는 등 다각적인 노력을 경주하였다. 한 논자는 박 대통령의 이러한 노력에 대해서 '청렴한 독재' 내지는 '선의의 군국주의'라고 평하기도 하였다. 둘째는 핵무기와 미사일 개발 프로그램이었다. 무엇보다 박 대통령은 미국이 베트남을 버리는 것을 목도하면서 한국도 포기할 가능성이 있다는 점을 크게 우려한 나머지, 이러한 무기 획득 노력을 억제하려는 미국에 주저 없이 도전하였다. 그는 특히 미국의 정책적 모순을 전략적으로 활용하였다. 미사일 개발에 있어서는 프랑스로부터 대함 미사일을 구입함으로써 미국으로 하여금 결국 자국산 미사일 판매를 허용하지 않을 수 없도록 압박하였다. 또한 미국 국무부의 반대를 무릅쓰고 록히드사의 로켓 추진체 공장을 구입하여 결국 세계에서 일곱 번째로 국산 유도탄을 생산할 수 있었다. 핵무기 개발 프로젝트는 일찍이 1971년 말 미국 제7사단이 철수한 직후 본격 착수한 바 있다. 1974년에는 핵무기 제조에 필수적인 플루토늄을 추출할 수 있는 재처리 시설을 도입하기 위해 프랑스와 계약을 체결하였다. 연간 20kg의 플루토늄을 추출, 히로시마급 핵무기를 연간 2개씩 생산하는 것이 가능한 규모였다.

그러나 1974년 5월 인도의 핵실험을 계기로 미국은 한국 등 여타 국가들의 핵개발 중단을 위해 강력한 외교적 압박을 시작하였고, 특히 1975년에는 한국에 대해 만일 핵무기 개발을 포기하지 않으면 한·미의 군사적·경제적 관계는 심각한 위험에 직면하게 될 것이라는 최후통첩성 경고를 보내왔다. 이후 주춤하던 박 대통령은 다시 1978년 프랑스로부터 재처리 시설 확보를 비밀리에 재추진하였으나 카터 대통령이 직접 개입하여 거래가 중단되었다. 그러나 박 대통령은 끝내 '한국핵연료개발공단' 시설을 마련하고 중수 연료봉 생산 공장을 건설하는 등 노력을 멈추지 않았다.

이런 과정에서 박 대통령은 미국 정책의 비일관성, 특히 부서 간 입장 차이를 철저하게 활용하는 모습을 보여주었다. 그리고 미국이 도와주지 않아도 한국은 끝내 하고야 만다는 것을 깨달을 때 즉 '우리들의 능력으로 해낼 수 있다'는 능력을 보여줄 때 비로소 미국이 한국의 요구에 협조한다는 사실을 입증해 보였다. 문제는 그 과정에서 미국이 맹렬하고 조직적인 반박정희 캠페인을 주도함으로써, 글라이스틴(W. H. Gleysteen) 대사의 말대로 "알지 못하는 사이에 박정희의 몰락에" 막대한 영향을 끼쳤다는 사실이다. 핵개발 혹은 미사일 개발정책과 미국 정책과의 충돌 문제는 오늘날에도 시사하는 바가 적지 않다.

경제정책으로서 중화학공업의 추진은 이러한 방위산업과 표리일체로 살펴보아야 한다. 선발 자본주의 국가들이 군수산업 개발에 박차를 가했던 것과 같은 차원에서, 즉 비교역사적으로 접근할 필요가 있다는 것이다. 박 대통령은 1973년 신년 기자회견을 통해 10년 내 수출 100억 달러, 1인당 국민소득 1,000달러 달성이라는 목표와 함께 강철·자동차·선박·기계 등 6개 부문의 중화학공업이 1980년도 수출 총액의 50%를 점하도록 하겠다는 야심찬 계획을 발표했다. 안보위기가 고조되던 1970년대 초반부터 박 대통령은 무기 생산을 지시, 이를 추진해오고 있었다. 그러다가 이를 100억 달러 수준의 수출목표 달성을 위한 정책과 연계시켜 중화학공업을 전면적으로 추진한다는 단안을 내리게 되었던 것이다. 여기에는 전전(戰前) 일본의 중화학공업으로의 전환 사례도 크게 참고가 되었다. 역사적으로 중위권 국가를 탈출한 국가는 대부분 중화학공업을 통해 성공할 수 있었다는 점에서 이는 박 대통령의 탁월한 안목과 스테이트크래프트가 돋보이는 부분이다. 다만 그 과정에서 박 대통령은 체제의 문제점을 끝내 해결 혹은 감내하지 못한 채 자기 스스로 희생되고 말았다.

유신체제의 내외적 위기

이렇게 숱한 문제점을 안고 출발한 유신은 대내외적으로 커다란 저항에 직면하지 않을 수 없었다. 무엇보다 그것은 민주화운동으로 나타났으며, 이는 결국 좌절과 실패를 경험하면서도 마침내 민주화를 성공시킨 대한민국 특유의 국민적 스테이트크래프트의 범주로 승화되었다.

여기에서 가장 중요한 것은 '재야'의 등장이었다. 유신은 일부 기존 정치권 인사마저도 체제에서 배제하였다. 이들이 학생운동권과 노동운동권 등 기존 체제의 외곽세력과 연합하여 체제 저항의 '재야'를 탄생시킨 것이다. 물론 막강한 공권력의 작동으로 대부분의 저항은 초동에 제압되었다. 그러나 저항세력들은 패배하면서도 꾸준히 세력을 확장해갔다. 저항의 선봉대는 역시 학생들이었다. 이들이 열어놓은 공간에 종교인들과 지식인들 그리고 유신에서 배제된 구정치인들로 구성된 재야 세력들이 파고들어 '개헌청원 백만인 서명운동'이라든가 '민주회복국민회의' 결성과 같이 이를 국민적 저항으로 연결시키는 운동을 펼쳐나갔다. 그러나 1974년 8월의 육영수 여사 피격사망사건과 특히 1975년 4월의 베트남 패망 등 인도차이나 사태, 그리고 땅굴 발견 이후 고조된 안보상의 위기의식이 긴급조치 9호라는 물리력 발동과 연계된 결과, 반유신운동은 일시적으로 둔화되는 국면을 보였다.

　한편 국가의 엄격한 노동통제로 인해 조직과 이념화의 수준은 현저히 낮은 상태에서도 노동운동은 여전히 '경제투쟁'에 초점을 맞춘 채 이어져가고 있었다. 다만 간헐적으로 나타난 노사분규는 폭발성을 지녀 상당한 정치적 반향을 불러일으키기도 했다. 이러한 상황에서 외부조직, 즉 도시산업선교회나 가톨릭농민회와 같은 종교단체들이 개입하기 시작하면서 특히 '외국인 선교사의 활동'이 논란의 대상이 되기도 하였다. 여기서 종교, 구체적으로는 기독교의 개입 문제는 그 자체로가 아니라 주로 외국 선교사의 활동 문제를 중심으로 하는 '종교 자유 및 인권문제' 차원에서 카터의 인권외교와 연계되었다. 이러한 과정을 거쳐 유신 말기에 이르면 점차로 느슨하나마 '인권' 및 '민주회복'이라는 최소강령을 매개로 일종의 광범위한 반유신 저항동맹이라는 정치연합이 형성되기에 이르렀다. 물론 당시에는 자유민주주의와 자본주의 체제 자체에 대한 회의는 본격적으로 제기되지 않고 있었다.

　유신 후반기로 갈수록 학생들이 선봉대 역할을 하는 가운데 재야의 도전은 꾸준히 거세졌다. '민주구국선언', 1977년 3·1절의 '민주 구국헌장' 선포 등이 이어지는 가운데 '한국인권운동협의회' 창설에 이어 1978년에는 '민주주의국민연합'이 결성되어 반정부 활동의 연대기구화가 이루어져 유신 이후 처음으로 대중 시위가 발생하였다. 이 기구는 1979년 3·1절을 계기로 '민주주의와 민족통일을 위한 국민연합'으로 발전하였다. 그러나 재야운동은 대중적 조직을 갖춘 정치적 저항이라기보다는 중간계급 출신의 지식인과 구 정치인, 명망가 등이 주도한 운동으로서, 그 활동은 민주화 선언과 정부 비판에 국한되었다. 문제는 중간계층의 향배에 있었다. 이들은 심정적으로 자유민주주의를 선호하는 경향을 보여주었지만, 반공의식과 안보의식을 견지한 가운데 성장의 주요 수혜자로서 사회적 소요보다는 권위주의 하에서의 정치적 안정을 선택하였다. 그렇다고 이들이 유신체제의 적극적인 지지자도 아니었다.

야당인 신민당 역시 조직·재정·이념적 한계와 국민적 기반의 취약성으로 저항의 중심에 서지 못하였다. 정치권에서는 타협노선을 추구한 유진산에 이어 김영삼이 야당 총재로 취임하여 헌법개정 요구 등 장외투쟁을 선도하였으나 마침 1975년 인도차이나 사태를 계기로 5월 박정희 대통령과의 영수회동이 이루어져 강경 노선이 철회되었고, 1976년에는 이철승대표의 '중도통합론'으로 투쟁력은 현저히 약화되었다. 그러나 1979년 5월 김영삼 총재의 재복귀로 본격적인 반정부 투쟁이 전개되기 시작하였다.

유신체제의 대외적 위기는 주로 카터 행정부의 인권외교와 주한미군 철수정책에서 비롯되었다. 여기에 이른바 '코리아게이트'라는 불법 로비사건이 가세하였고, 또 CIA의 청와대 도청 및 녹음장치 설치를 통한 정보 획득 문제 등이 얽혀 들어간 데다가 박 대통령이 지속적으로 추진해오던 미사일과 핵개발 문제가 연계되어 상황을 복잡하게 만들었다. 대선 캠페인의 일환으로 주한미군 철수정책을 인권문제와 연계시켜 제시했던 카터 대통령은 1977년 취임 직후 3,000명의 병력과 더불어 핵무기 장착이 가능한 서전트 미사일(Sergeant Missile)을 일방적으로 철수, 박 대통령을 압박하기 시작했다. 그러나 주한미군 철수정책 자체는 미국 군부는 물론 공화·민주 양당의 보수파 그리고 후쿠다 다케오(福田赳夫) 일본 수상의 거센 반대에 직면하였다. 결국은 북한의 군사력이 기존의 예상 수치보다 40%가 넘는다는 미국 정보기관의 최종 결론을 토대로 주한미군 철수를 사실상 중단키로 극비리에 결정한 가운데, 1979년 6월 말 카터 대통령의 방한이 이루어졌다.

카터 대통령은 동두천 미군부대에 머무르는 등 의전절차를 어기는 방식으로 한국의 인권상황에 대해 압박을 가하였다. 그리고 정상회담 석상에서는 주한미군 철수문제를 제기하지 말라고 사전에 수차례 경고하였다. 그러나 박 대통령은 '참는 전략'을 포기하였다. 박 대통령은 '카터의 쌀쌀함'에 격노, '갈 테면 가라고' 하면서 미국의 경고를 무시한 채 카터 대통령의 면전에서 주한미군 철수의 부당성을 조목조목 지적했다. 카터는 회담 후 리무진을 숙소 문 입구에 세워둔 채 차 안에서 글라이스틴 주한 미국대사에게 회담진행 과정에 불만을 토로할 정도였다. 후일 글라이스틴은, "과거에 수많은 정상회담에 참석해보았지만 카터와 박정희가 그날 아침에 한 것처럼 지도자들이 무지막지하게 얘기하는 것을 본 적이 없다"고 회고했을 정도였다. 여하튼 박 대통령은 그 후 총 180명의 정치범을 향후 6개월 내 사면할 것이라고 천명하였고, 미국은 주한미군 철수를 1981년까지 연기할 것이라고 공식 발표하였다. 여기에서 아이러니한 것은 카터의 인권외교는 한국의 인권상황은 별로 개선하지도 못한 채 오히려 한국인들의 민족주의 의식을 자극하였으며, 또한 주한미군 철수라는 압력 카드는 거꾸로 방위력 강화라는 유신체제의 명분을 강화시켜주었다는 사실이다.

대응능력의 실종, 유신의 종말

1978년 12월 12일에 실시된 제10대 국회의원 총선거는 유신이 종말을 향해가는 시발점이 되었다. 득표율에서 신민당은 32.8%를 획득, 31.7%를 획득한 공화당을 1.1% 차이로 리드하였다. 극도로 제한적인 경쟁만이 허용되었으나 선거가 아래로부터의 저항이 공공연히 표출되는 공간으로 활용됨으로써 권위주의 체제의 균열을 초래하는 한국적 선거의 특수성이 나타난 것이다. 이로써 야당은 부분적으로나마 자신감을 회복하고 노동운동-학생 및 재야운동-야당을 잇는 느슨한 '반유신 연합전선'을 형성하는 작업에 나설 수 있게 되었다.

한편 경제적으로는 2차 오일쇼크로 인한 급격한 유가상승으로 인플레이션이 만연한 가운데, 야심차게 추진한 중화학공업은 중복 과잉투자로 효율성이 약화되어 조립라인의 가동률이 현저히 하락되었는가 하면, 이로 인한 경공업의 투자 부족으로 소비재의 품귀 현상까지 발생하게 되었다. 거기에다가 중동건설 경기는 숙련노동자의 실질임금 상승과 더불어 외화의 대량 유입에 따른 물가 앙등이라는 부작용을 초래하였다. 그리하여 1979년에는 성장률이 5% 감소하였고, 울산 등 신흥 재벌을 필두로 수많은 중소기업들의 도산이 줄을 이었다. 거기에 외환부채마저 급증하는 등 한국경제의 성장동력이 상실된 것이 아닌가 하는 우려가 확산되었다. 이와 더불어 노사분규는 3년 만에 2배로 증가하면서 점차 민주화운동과 결합하여 정치 투쟁화하는 경향을 보여주었다.

그러나 결정적인 문제점은 박정희 대통령의 대응능력에 있었다. 사실 박 대통령은 국가지도자로서 매우 뛰어난 자질과 스테이트크래프트를 갖춘 인물이었다. 특히 자기성찰 그리고 자신과 주변에 대한 절제와 단속에서 남다른 모습을 보여주었다. 이는 파란만장한 현대사의 숱한 고빗길을 넘기면서 나름대로 성취와 좌절을 두루 겪어왔을 뿐만 아니라 특히 사형수로서 죽음의 문턱에서 고뇌하는가 하면 목숨을 걸고 쿠데타까지 일으킨 사람으로서 체득한 인간과 사회에 대한 남다른 성찰과 이해에 힘입은 것으로 보인다.

그러나 유신체제는 권력의 고도 집중화와 인격화를 지향했다는 점에서 아무리 뛰어난 개인이라도 그 운영을 감당하기 어려운 것이었다. 더구나 영부인인 육영수 여사의 사망 이후 박 대통령은 통치감각이 크게 둔화되는 모습을 보이기 시작했다. 박 대통령 개인적 내면세계의 동요와 붕괴는 서서히 자기 통제력 약화와 대인 접촉 범위의 협소화를 가져왔다. 특히 후계를 노리는 2인자의 과잉충성 앞에서 권력의 균형감각을 상실해 가는 모습을 보여주었다. 그러한 경향은 이후락 부장의 중앙정보부가 저지른 김대중 납치사건에서도 일찍이 나타난 바 있지만, 무엇보다 차지철 경호실장의 발호, 특히 언론탄압과 정치공작 개입을 초래하고 방치하였다. 또한 박 대통령은 차지철 경호실장과 김재규 정보부장을 비롯한 심복들의 충성경쟁을 제대로 관리하지 못한 가운데 '아무것도 하지 않고 같이 다니기만' 할 비서실장을 기용하는 등 항간의 소문대로 '총명이 흐려진' 모습을 보이기도 하였다. 대야관계에서도 절제와 균형감을 상실한 채 일부 강경파의 일방적인 조치를 따라가다가. 야당 당수를 추방하고 국회의원 자격을 박탈하는 등 무리수를 저지르고 말았다.

경제정책에서도 마찬가지였다. 당시는 중화학공업에 대한 집중적인 투자가 초래한 폐해와 부작용을 치유해야 할 시점으로서 경제적 자유화로의 구조개편 혹은 조정이 필요한 시기였다고 할 수 있다. 그런 점에서 1978년 말 개각에서 그동안 경제를 이끌어온 '김정렴 실장-남덕우 부총리-김용환 재무'를 경질하고 신현확을 부총리에 임명한 데 이어 1979년 4월에는 경제기획원 주도로 '경제안정화 계획'을 발표하기도 하였다. 그러나 대야관계 등 정국 현안과 7월의 2차 유가인상 등 외부 정황에 밀려 우왕좌왕하다가 결국은 안정화 시책을 확고히 밀고 갈 수 있는 정책전환의 시기를 놓치고 말았다.

그리하여 유신 말기로 갈수록 물샐틈없는 강권통치를 행사했으나 오히려 소극적 묵인마저 받지 못하는 '헤게모니 없는 독재' 상황이 초래되었다. 여기에 김영삼 신민당 총재가 복귀하면서 대여 강경투쟁의 포문을 열기 시작하였고, YH무역 노동자들의 신민당사 농성사태를 계기로 야당과 재야, 특히 노동부문이 연계되기 시작했다. 마침내 미국 정부의 공개적인 압력을 주장한 김영삼 총재의 〈뉴욕타임스〉 기자회견을 빌미로 김 총재를 국회에서 변칙 제명, 의원직을 박탈하는 전대미문의 사건이 벌어지게 되었다. 이어 신민당과 통일당 소속 69명 의원들이 의원직 사퇴서를 제출한 데 대해 선별적 사퇴 수리설이 나돌면서 민심은 더욱 동요하였다. 이러한 상황에서 1958년 보안법 파동으로 다울링(Walter Dowling) 대사를 소환한 이래 처음으로 10월 6일 미국대사가 소환되었다. 여기에 10월 16일 부산·마산 지역 학생들의 항의시위라는 '부마사태'가 발생하였고, 10월 18일에는 부산·마산 일대에 비상계엄을 선포한 가운데 10·26사태가 돌발적으로 발생하였다.

유신붕괴에는 여러 가지 구조적인 요인이 지적될 수 있다. 우선 정치적 불만에 불을 지른 경제적 요인이 있다. 당시 경제적 어려움이 일반 대중의 광범위한 불만을 야기, 이것이 정치적 파행으로 점화되어 부마사태라는 시민 항거를 자극한 것이다. 그러나 10·26은 일차적으로 권위주의 독재에 대한 항거에서 비롯된 사건이라고 하겠다. 다음으로는 미국 요인을 지적할 수 있다. 역대 미국 행정부는 대체적으로 안보우선 정책 및 국내문제 불간여의 입장을 견지해왔으나, 카터 대통령의 당선과 박동선 사건, 그리고 특히 박 대통령의 독자적 핵무장 추진을 비롯한 민족주의 경향 강화 등 이상기류가 나타나기 시작하였다. 그러나 미국의 정책은 여전히 인권보다는 안보동맹의 유지를 가장 중시하였고, 한국의 권위주의 독재체제에 비판적이면서도 안보 이익 때문에 이를 묵인하는 방향을 택했던 것이 사실이다. 다만 1970년대 후반 추진된 핵무기와 유도탄 개발계획은 미국이 받아들일 수 있는 범위를 벗어난 것이었다. 한국을 핵무장화하려는 계획이 박 대통령에게 결정적 패착이 되었던 것이다. 그런 점에서 미국의 개입설이 제기되는 것은 어떤 면에서는 자연스러운 일이다. 중요한 것은 카터 대통령이 철군 반대론에 귀를 기울이는 것조차 거부함으로써 결국 궁지에 몰린 것과 똑같이. 박정희 대통령 역시 핵개발 프로그램을 추진하다가 오히려 자신의 입지를 스스로 약화시키고 파국을 맞았다는 사실이다.

결국 10·26의 직접적인 요인은 박 대통령의 국가운영, 특히 유신체제의 파탄에서 찾아야 할 것이다. 유신은 애초부터 특정 목표를 표방한 한시적 비상체제였던 만큼 정당성이 부족하였다. 따라서 반대세력의 명분은 컸고 그만큼 도전도 집요하였다. 유신이 표방하는 산업화가 위기에 직면하면 지배연합에 대한 저항은 급격히 확산될 수밖에 없으며, 반대로 당초의 목적인 산업화에 성공한다면 유신 자체의 필요가 없어질 뿐 아니라 그러한 사회에서는 고도의 탄압체제가 현실적으로 작동될 수 없게 되는 것이다. 따라서 어느 쪽이든 통치 명분은 소진될 수밖에 없다. 또 하나의 문제는 정치권력이 고도로 인격화되고 경직됨으로써 집권자의 퇴로를 가로막는 역설이 초래됨으로써 항구적인 정치적 승계의 문제에 봉착할 수밖에 없었다는 점이다.

여기에서 후계자 혹은 후계집단 육성 문제, 다시 말해 체제 변화의 가능성 문제를 검토해볼 필요가 있다. 유신 말기 박 대통령은 긴급조치나 유신체제의 완화를 위한 대안들을 검토하는 일을 일부 측근, 구체적으로는 새로이 특보로 임명한 신직수에게 지시하였다. 그리고 여기에서는 유신헌법체제 그 자체까지 수정할 만큼 신축성 있고 광범위한 작업이 이루어졌다고 한다. 박 대통령이 요청한 정확한 내용과 성격을 규명하기는 어렵지만, 그만큼 유신체제가 문제점과 한계를 안고 있었다는 반증이라고 하겠다. 문제는 이를 끝내 수행해낼 박 대통령의 의지는 약화되었고 시간마저 이미 거의 소진된 상황이었다는 사실이었다.

6. 오늘에 주는 교훈

현재 박 대통령의 통치와 관련되어 제기되는 가장 중요한 논점의 하나는 박정희식 국가운영 모델이 자유민주주의와 양립 가능한 것인가 하는 문제다. 구체적으로 말하자면 경제개발이 자유민주주의와 양립될 수 있는가, 아니라면 박정희식 국가운영은 개발단계에서 불가피한 것이었는가, 만일 그렇지 않다면 다른 방식의 민주적 국가운영 모델로 경제성장이 충분히 가능할 수 있었는가 하는 것이다. 그리고 마지막으로 민주화되고 산업화되면서 선진국에는 진입했으나 더 나은 일류국가로 도약하기 위한 정치적 리더십을 찾아내지 못하고 표류하고 있는 지금, 박정희식 국가운영 모델이 민주주의가 아닌 권위주의 체제였다는 점은 차치하더라도 국가 주도 산업정책의 방법론 등의 영역에서 부분적으로나마 참조할 수 있는 적실성을 가진 것인가 하는 점이다.

결론부터 말하자면 이러한 논의는 지나치게 거시적 차원 혹은 이론적 관점 위주의 문제로 보인다. 학계에서는 이러한 이론적 문제에 관심을 갖고 연구해야 하겠지만, 현실적인 국가운영과 관련해서는 보다 '낮은 차원의 문제' 즉 구체적인 국가운영 현장의 실천적 지혜, 즉 스테이트크래프트가 관심사이다. 어떤 패러다임 내지는 모델이 보다 적실성을 가진 것이며 실천 가능성을 가진 것인지 따져보는 것은 중요하다. 그러나 그러한 이론이나 정책방향 등 청사진을 놓고 그것이 얼마든지 성공 가능한 대안이라고 주장하는 것에는 문제가 있다. 매 단계마다 맞닥뜨리는 특수하고 구체적인 문제를 놓고 이를 풀어나가는 해법과 자세가 중요한 것이다. 따라서 어떠한 상황적 맥락 속에서 어떤 자원을 동원하여 어떤 정책적 대응하였는가, 특히 어떤 수순으로 대응을 하였는가 하는 점에 주목할 필요가 있다. '구슬이 서말이라도 꿰어야 보배'이기 때문이다. 그리고 자신이 설정한 과제를 얼마나 일관성 있게 추구하였는가, 필요한 경우 정책적 전환을 얼마나 신속하고 과단성 있게 하였는가 하는 것도 중요한 문제라고 하겠다.

　오늘날 한국의 환경은 박정희 시대와는 모든 것이 근본적으로 다르다. 따라서 혁명가라고 할 수 있는 박 대통령의 국가운영을 초역사적으로 일반화하여 거기에서 교훈을 찾으려고 한다면 의미 있는 해답을 얻기는 어려울 것이다. 이러한 점을 전제로 한다면, 박정희의 강렬한 공적 열망과 치열한 문제의식, 개인적·물적 욕망을 자제한 청렴하고 헌신적인 자세, 그리고 현장을 장악하면서 끊임없이 관계자들을 독려하는 스테이트크래프트는 오늘날에도 충분히 귀감이 된다. 박정희 역시 인간적으로 적지 않은 약점을 안고 있으며 또한 공인으로서도 많은 시행착오를 겪은 지도자였다. 그러나 항상 공적인 것을 앞세우면서 진정성이 있고 성실하고 매사에 두려워하는 진지한 자세로 국정에 임한다면 자신과 시대의 한계, 그리고 좁은 이념의 폭을 뛰어넘을 수 있다는 것을 박정희는 보여주었다고 생각한다.

땀을 흘려라!
돌아가는 기계 소리를 노래로 듣고
‥‥‥‥‥‥‥‥
이등 객차에
불란서 시집을 읽는
소녀야
나는, 고운
네
손이 밉더라

이런 시를 수첩에 꼼꼼히 적어놓았던, 혁명적 민중주의자의 모습을 방불케 하는 그가 현대 대한민국이라는 자본주의 국가의 창시자가 될 수 있었던 역사의 아이러니를 곱씹어볼 필요가 있다. 동시에 아무리 뛰어난 사람이라도 그리고 아무리 상황이 불가피하였다 하더라도 시대정신을 정면으로 거슬러 또 자신의 육체적·정신적 한계를 뛰어넘어 장기간 스테이트크래프트를 성공적으로 발휘하는 것은 불가능하다는 반면교사로서의 교훈도 망각해서는 안 될 것이다.

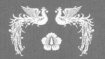

본인이 이끄는 현정부는 국난타개를 위한 「위기관리정부」라 하지 않을 수 없습니다.
이같은 배경과 인식에 입각하여 본인은 앞으로 국정의 근본자를 국가안전보장을 공고히 하고,
사회안정과 공동의 안녕질서를 유지하며,
국민생활의 안정과 경제의 안정적 성장을 도모하는 동시에 착실한 정치적 발전을 추진하여 지속적인
국가발전을 이룩해 나가는 데 두고자 합니다.
-1979년 12월 21일, 제10대 대통령 최규하 취임사에서

우리가 지향하는 민주복지국가는
첫째, 우리 정치풍토에 맞는 민주주의를 이 땅에 토착화하고
둘째, 진정한 복지사회를 이룩하며
셋째, 정의로운 사회를 구현하고
넷째, 교육혁신과 문화창달로 국민정신을 개조하려는 것입니다.
- 1980년 9월 1일, 제11대 대통령 전두환 취임사에서

본인은 지난번 국정지표로 민주주의의 토착화, 복지사회의 건설, 정의사회의 구현,
교육혁신과 문화창달을 제시하였습니다. 이와 같은 4대 지표가 앞으로 본인의 재임기간 동안에
기초를 더욱 굳게 다져 튼튼한 뿌리를 내릴 수 있도록 본인은 있는 힘을 다할 것입니다.
- 1981년 2월 25일, 제12대 대통령 전두환 취임사에서

제6장 최규하 대통령과 전두환 대통령의 스테이트크래프트

1. '서울의 봄'과 권위주의 체제의 연장

제헌적 상황의 재현

10·26은 유신이라는 경직된 체제 자체의 모순이 사회·경제 발전, 그리고 국제환경 변화에 제대로 대응하지 못해 발생한 것이지만, 직접적으로는 통치권 핵심부의 권력균형이 무너진 결과 발생한 돌발적 사건이었다. 사건 직후 어떤 세력도 유신체제의 유지를 주장하지 않았다. 그것은 워낙 자유민주주의적 헌정의 상궤에서 벗어나 있어 명분에서 약했을 뿐 아니라, 박정희라는 개인이 인격화된 체제였기 때문이다. 따라서 이제 유신체제가 지속되기 불가능하다면 어떤 정치체제와 근대화 경로를 선택할 것인가 하는 것이 시대적 과제였고 이를 풀어가는 것이 당대 스테이트크래프트의 핵심이었다. 이는 국가운영의 새로운 원리와 규칙을 도입하는 경로 선택의 '제헌적(制憲的) 상황'의 도래를 의미했다. 그리하여 다양한 이해관계를 대표하는 여러 행위자들의 이념적·권력적 힘겨루기가 본격적으로 전

개될 수밖에 없었다.

당시 많은 국민은 막연히 유신 이전의 제3공화국과 같은 자유민주주의적 헌정체제의 부활이라는 방향을 상정하고 있었다. 특히 경쟁적 선거에 의해 국민의 정부 선택권이 보장되는 자유로운 정치체제의 도입을 가장 중시하였다. 박정희 통치 18년, 특히 마지막 7년간의 유신체제에 대한 염증이 크게 작용한 것이다. 그러나 자유민주체제를 통해서 지속적인 국가발전을 기하기 위한 구체적인 방법에 대해서는 충분한 고뇌와 성찰이 있었다고 보기 어려웠다. 그동안 축적된 지배집단, 특히 군부의 역량과 특성, 점차 성장하고 있던 중산층의 객관적인 위상 그리고 여전했던 냉전적 국제 상황과 중화학공업 추진상의 난관 등 당시 국가운영상의 제반 문제점들에 대해 집단마다 다른 현실 인식을 갖고 있었다. 그리하여 서로 다른 생각을 갖고 있는 다양한 행위자들의 움직임이 맞부딪힌 결과 광주에서 상상하기 어려운 대형 유혈참사가 빚어졌다. 이러한 가운데 5공화국이라는 '유신의 아류'라고 할 또 하나의 군부 권위주의 정치체제가 등장하였다.

10·26 이후 새로운 질서를 수립해야 했던 당시 주요 행위자들이 한 역할을 전환기적 스테이트크래프트의 관점에서 음미해볼 필요가 있다. 우선 염두에 두어야 할 것은 당시의 상황적 여건이다. 그것은 5·16 당시 상황과는 전혀 달랐지만, 반대로 '서울의 봄' 7년 후인 1987년 민주화 상황, 나아가 오늘의 정보화되고 세계화된, 그리고 국제적 탈냉전 상황과도 상당히 달랐다는 점이다. 군부 권위주의 체제 특히 유신이라는 극단적인 체제를 국민이 더 이상 용납하기를 거부한 것은 사실이지만, 그렇다고 민주화를 지탱해 나갈 정도의 사회적 여건이 충분히 확보되어 있었다고 보기도 힘들다. 경제적 측면에서는 1천 달러 남짓한 소득수준에서 중화학공업화가 차질을 빚는 가운데 제2차 오일쇼크까지 겹쳐 매우 심각한 상황에 처해 있었다. 민주화의 계층적 기반인 튼튼한 중산층도 아직은 확고하게 자리 잡

았다고 보기 어려웠다. 국제정치 면에서는 데탕트의 진전에도 불구하고 냉전은 최후의 대결상태를 향해 치닫고 있었다. 그렇다고 당시에 민주화가 불가능했다고 단언할 수도 없다. 다만 민주화를 추진하기에는 상황적 여건이 충분히 성숙되지는 못했다는 점과 이러한 상황에서 민주화를 우선하는 근대화의 경로를 추진하기 위한 현실적이고 구체적인 전략이 미흡했다는 점을 지적하고자 하는 것이다.

무기력한 위기관리 정부

먼저 최규하 대통령의 스테이트크래프트에 대해서 살펴보자. 그를 당시의 주요 정치 행위자로 볼 수 있는가에 대해서는 논란이 있을 수 있다. 그러나 그는 박 대통령에 의해 헌법상 승계권자인 국무총리로서 단순한 과도기적 권한대행이었던 것이 아니라 법적으로도 정식 대통령직에 올랐다. 또한 당시 여타의 정치적 행위자들의 뜻과는 달리 대략 1년 정도의 비교적 긴 시간을 설정하여 자신이 수반인 정부 주도로 개헌을 추진하겠다고 시도하였다는 점에서 현실 정치상의 책임을 지지 않을 수 없는 당사자가 되었다.

일각에서는 그에 대해 지나치게 신중한 나머지 결단력을 결여했다거나 혹은 기회주의적 처신으로 시종하였다는 비판이 있는 것이 사실이다. 그러나 10·26 당시 육군본부 지하벙커에서 비상계엄을 재촉하는 김재규 중앙정보부장의 제안에도 불구하고 박대통령의 생사를 직접 확인, 역사의 향로를 바꾸어놓은 것은 최규하 국무총리였다. 또한 12·12사건 발생 때는 삼청동 공관으로 찾아와 정승화 육군참모총장의 체포 승인을 요청, 정확히는 협박하는 전두환 장군에 맞서 노재현 국방장관의 허가가 필요하다며 9시간 30분을 버티다 다음날 새벽 국방장관이 나타난 이후에야 서명하였다. 최 대통령은 공관이 신군부에 장악된 가운데 국방장관과는 연락도 안 되는 상황에서 무엇보다 '내란 발생'을 우려하였던 것이다. 그런 점에서 이 사태는 최 대통령으로서는 불가항력적 사건이었다고 할 측면도 없지 않 다.

최규하는 오히려 나름대로 분명한 국가운영 철학을 갖고 있었던 것으로 보인다. 그는 10·26사건이 발생한 지 2주가 지난 11월 10일 발표한 '특별 담화'를 통해 스스로를 '위기관리 정부'로 자임하면서 "경제발전을 지속하 되 이에 상응하는 정치발전도 추구할 것"이라고 천명한 바 있다. 그리고 기존의 헌법절차에 따라 대통령 선거를 실시한 뒤, 새로 선출된 대통령이 남은 임기를 채우지 않고 빠른 시일 내에 헌법개정을 실시할 것이라고 발 표하였다. 이러한 기조에서 최 대통령은 다음해 1월 14일 신현확을 국무 총리로 임명하는 등 내각의 진용을 갖춘 데 이어, 연두 기자회견을 통해 정 부가 개헌을 주도하겠다는 방침을 천명하였다. 이어서 국회와는 별도로 '헌법개정심의위원회' 및 '요강작성 13인 소위원회'를 발족시켜 학계와 민 간단체들의 의견 수렴에 나섰다. 헌법개정이라는 과업을 '분파적인' 정치 인들에게 맡기면 아무런 타결점도 찾지 못한 채 장기간 싸움만 계속될 것 이기 때문에, 대략 1년여 동안은 현행 유신헌법의 질서를 유지하는 가운데 정부 주도로 각계각층의 의견을 수렴하여 개헌을 마무리 짓겠다는 것이었 다. 그런 점에서 그는 박 대통령과 마찬가지로 의회민주주의에 대해서는 상당한 회의감을 갖는, 즉 유신까지는 아니라 하더라도 '한국적 민주주의' 라는 정치 철학을 갖고 있는 보수적 인사였다고 할 수 있다.

최 대통령의 결정적인 약점은 국가운영을 위한 구체적인 방법론을 결여 하고 있었다는 점이다. "경제발전을 지속하되 이에 상응하는 정치발전 추 구"라는 원론 수준의 방향만 있을 뿐, 유신이 아닌 '한국적 민주주의'란 도

대체 어떤 정치체제이며 어떻게 이를 현실 속에서 구현시킬 수 있을까 하는 데 대한 명확하고 구체적인 복안은 제시하지 못했다. 다만 우리 정치 현실에서 어떠한 양상으로 전개될지 알 수 없는 '이원집정부제'라는 애매모호한 정부형태를 암시하고 있었다. 더구나 최 대통령이 제시한 정치일정은 즉각적인 개헌을 요구하는 당시 국민들 특히 야당이나 재야, 학생들의 분위기와도 상당한 거리가 있었던 것이 사실이다.

그러나 결정적인 문제점은 따로 있었다. 당시는 각계의 의견을 수렴하여 법률을 제정하는 식의 정상적인 국가운영의 시기가 아니라, 특정 개인과 집단의 세계관과 의지가 부딪히면서 그 역학관계가 새로운 헌정질서로 구조화되는 '제헌적 상황'이었다. 따라서 무엇보다 과도기적 통치명분과 더불어 물리력을 독점한 세력, 즉 군부에 대한 동향 파악과 관리를 최우선적인 과제로 삼아야 했다. 그러나 최규하는 이 점에서 가장 큰 문제점을 드러냈다. 10·26 직후만 하더라도 힘의 공백상태라고 할 수 있는 9일간의 국장기간 동안 군에 대한 관리는 국방장관과 육군참모총장에 일임한 채, 자신은 추도사의 문장을 손질하고 다듬는 데 정력과 시간을 허비하였고, 무엇보다도 전두환 보안사령관을 전보발령 시키려다가 인사보안상의 사고로 12·12라는 역공을 맞았던 것이다.

또한 시위라는 힘을 과시할 수 있는 세력인 학생들에 대해서도 속수무책이었다. 처음에는 자제하는 모습을 보여주던 학생들이 점차 이슈를 확대하다가 5월에 들어서면서는 계엄령 해제 및 유신잔당 퇴진, 정부 주도 개헌 중단, 노동3권 보장 등 정치 이슈를 본격적으로 제기하면서 특히 계엄 해제를 요구하는 데 대해서, "여건은 안 만들면서 요구만 하고 있다"고 비난하거나 만일 정부가 이를 수용하면 "학생들은 더 많은 것을 요구할 것"이라고 우려만 할 뿐 설득을 하지도 못했고 여타 다른 조치를 취하지도 못했다. 또한 '신현확·전두환은 물러나라'는 구호에 대해서 신현확 부총리를 통해 그와 자신은 선거에 출마하지 않을 것이라고 천명하면서 오해를 풀려는 시도 외에는 아무것도 하지 못했다. 당시 물리력을 갖고 있었던 군과 학생 사이에서 무력한 존재로 전락하고 만 것이다.

그는 보수주의자였기 때문이 아니라 전환기적 비상시기에 필요한 스테이트크래프트를 결여하고 있었다는 점에서 비판을 면키 어렵다. 더구나 5·17과 같은 군사 쿠데타적 사건을 앞둔 긴박한 상황에서, 당시로서는 아무리 원유확보가 중요한 일이었다고는 하지만 국내정세를 외면한 채 중동 방문을 하는 등 국정의 우선순위를 정하는 데서도 커다란 문제점을 드러냈다. 따라서 보수적인 방향에서 자기 나름의 구체적인 안을 가지고 강력하게 밀고 들어오는 신군부에 대해서는 절차상의 하자만을 문제 삼을 뿐 매번 '사후 승인'을 하지 않을 수 없었던 것이다. 결국 그에게 남겨진 마지막 선택은 8월 16일 "시대적 요청에 따라 새로운 사회를 건설하는 역사적 전기를 마련하기 위해 대통령직에서 물러나"는 것뿐이었다.

명분 없는 다단계 쿠테타

행위자로서 가장 중요한 역할을 한 책임자는 신군부, 특히 전두환 장군에 있는 만큼 이 시점에서 그의 행위를 스테이트크래프트 면에서 조명해 볼 필요가 있다. 전 장군은 10·26 다음날 비상계엄 하의 보안사령관으로서 '합동수사본부'를 설치, 회의를 소집하는 등 신속하게 상황을 장악해나갔다. 그는 합수부의 업무를 중앙정보부·검찰·군검찰·경찰·헌법·보안 등 모든 정보기관과 수사기관의 업무를 조정하는 것으로 규정, 각 기관을 자신의 휘하에 배속시켰다. 이는 유신시절 경호실에서 근무하던 당시 차지철이 '대통령경호위원회'를 운영하였던 데서 힌트를 얻었던 것으로 알려져 있다.

12·12사태와 관련해서는, 당시 현장 부근에 있던 정승화 육군참모총장에 대한 수사의 불가피성은 일부 인정될 수 있고 또한 그 시점에서 신군부가 정권 탈취의 분명한 목표와 의도를 갖고 있었다고 단언하기 어려운 것도 사실이다. 그러나 무엇보다 수도권 지역 무장 병력 6,000여 명을 불법적으로 동원, 육본·국방부·수경사·특전사 등을 점거하였고, 특히 대통령의 재가 없이 정 총장을 체포하였다는 점에서 이는 헌정질서를 문란케 한 명백한 하극상의 반란사건이며, 특히 그 과정에서 유혈사태까지 초래했다는 점에서 신군부는 역사적 책임을 면키 어렵다. 더군다나 이를 계기로 전두환 장군을 정점으로 하는 신군부가 새로운 정치적 구심력을 형성하여 집권으로 가는 '명분 없는 다단계 쿠데타'가 시작되었다는 점에서 전 장군은 가장 큰 책임을 져야 마땅할 것이다.

12·12사건은 일단 군내 질서의 변화에 국한되었지만 이로써 군권을 장악한 신군부는 야당·학생·재야 등과 함께 '서울의 봄'을 맞은 정국의 가장 핵심적인 주역 중 하나로 등장하였다. 신군부가 언제부터 권력 장악 의도를 굳히기 시작하였는지는 분명하지 않다. 12·12사건 직후만 하더라도 개인적 야망은 없다고 하면서 자신들의 행동이 쿠데타나 혁명으로 평가되는 것을 거부하였고, 최 대통령의 민주화 계획을 적극 지지하고 있다고 강변하였다. 그러나 1980년 3월 이전에 '이원집정부제설'과 '친여 신당설'이 유포되었고 또 집권계획과 관련 있는 'K-공작'이라는 언론대책도 그 즈음에 수립된 것을 감안할 때 적어도 1월경에는 권력 장악 의도를 굳혔다고 볼 수 있다. 이러한 가운데 사북사태(1980년 사북지역 광부들이 일으킨 노동항쟁)를 빌미로 4월 중순에는 전두환 보안사령관 겸 합수부장은 인사 규정을 무시한 채 중앙정보부장 서리를 겸직함으로써, 권력 장악에 한 걸음 다가서게 되었다.

신군부는 이러한 권력 장악의 속내를 드러내지 않고 '안개정국' 상황을 조성, 오히려 정치·사회적 혼란을 증폭시켰다. 개학을 맞은 학원가에서는 학생회가 부활되어 4월 초부터 시위가 본격화되었다. 신군부 측에서는 4월 30일 전 장군의 회견에 이어 5월 1일 전군 지휘관회의를 통해 북한의 남침설을 강조하면서 학생시위에 대한 엄단 방침을 시사하면서도, 한편에서는 '물계엄'이라는 당시 회자되던 말대로 학생시위를 방조하는 듯한 모습도 보여주었다. 그리하여 5월 13일 심야 가두시위가 등장한 것을 시발로 14일에는 7만 명의 서울 시내 대학생들이, 15일에는 약 10만 명의 학생 시위대가 서울역 광장에서 대대적인 시위를 벌였다. 문제는 일반 시민들의 호응이 별로 없는 가운데 학생들이 시위를 중단하고 학교 복귀를 결정한 상황에서 헌정중단인 5·17조치를 강행한 것이다.

월요일인 5월 17일 아침 전군지휘관회의가 개최되었다. 마침 중동을 순방 중이던 최대통령은 급거 귀국하여 오후 11시에 심야 국무회의를 주재, 국회 해산과 모든 정치활동 금지, 대학폐쇄, 파업금지, 언론검열 강화 등을 내용으로 하는 비상계엄 전국 확대를 의결하였다. 이와 함께 김대중 등 요인 체포와 학생회 간부 전원에 대한 검거령이 내려졌다. 물론 계엄사의 조치는 이미 실행에 옮겨지고 있었다. 그러나 문제는 광주의 학생들과 시민들이 이에 격렬히 저항한 5·18 광주민주화운동이 발생하였다는 사실이다. 그리하여 군사·권위주의 체제로 복귀하려는 신군부세력과 이를 저지하려는 저항세력 간의 최후의 전면전이 전개되었다. 여기에서 5·18의 과정과 성격, 그리고 그 의미를 자세히 논할 여유는 없지만, 당시로서는 신군부를 당혹하게 만들면서도 그들의 권력 장악에 또 다른 계기를 제공하였다는 점, 그러나 5공화국으로 하여금 줄곧 정당성의 결핍이라는 원죄에 시달리게 만들면서 끊임없이 민주화추진 세력에게 원동력을 제공하였다는 점은 지적해둘 필요가 있다. 특히 5·18은 한국 정치의 이념적 급진화·반미화의 전환점이 되어 대한민국의 국가운영 원리에 중대한 변화를 가져온 분수령이 되었다는 점은 특기해야 할 것이다.

이러한 와중에도 신군부는 5월 31일 '국가보위비상대책위원회(국보위)'라는 일종의 군사평의회를 출범시키는 두 번째의 실질적이고 본격적인 쿠데타를 감행하였다. 이로써 10·26 이후 반년 이상 지속되었던, 기존의 권위주의적 체제의 수정보완인가 아니면 민주화로의 체제 전환인가 하는 경로 선택의 '제헌적 상황'은 종료되었고, 변형된 유신 즉 제2의 군부독재 정부가 등장하게 되었다.

신군부의 등장은 흔히 박 대통령의 5·16과 비견된다. 이에 대한 저자의 의견은 다만 '처음에는 비극으로, 다음에는 희극으로'라는 말과 같이 신군부의 권력 장악은 5·16의 '질 나쁜 모조품'이었다는 세간의 혹평을 인용하는 것으로 대신하고자 한다. 신군부는 국가안보와 지속적인 경제발전이라는 측면만 강조할 뿐, '경제·사회적 발전을 정치에 수용한다'는 인식마저 결여하고 있었다. 또한 5·16에서와 같이 나름대로 우국충정에 바탕을 둔 쿠데타를 자처하지도 못할 정도로 명확한 대의명분을 결여한 데다가 참혹한 유혈참사를 딛고 집권이 이루어졌다는 점도 지적하지 않을 수 없다.

양김의 갈등과 분열

당시 양김, 즉 김영삼·김대중의 스테이트크래프트에 대해서도 그들의 역할과 공과를 중심으로 생각해보지 않을 수 없다. 양김의 가장 큰 책임은 분열노선을 고집하여 신군부에 빌미를 준 것이라고 하지 않을 수 없다. 양김은 이데올로기 면에서는 차이가 크지 않았다. 물론 유신기간 동안 '체제'로부터 추방되어 감금과 연금을 되풀이 당하면서 김대중은 비교적 재야의 성격을 강하게 띠었지만, 당시 재야의 전반적인 이념적 성격은 자유민주주의적 지향점을 벗어나지 않고 있었다. 그런 점에서 양김의 갈등과 분열은 어디까지나 양자의 권력의지에 연원하는 것이었다. 다만 시국관과 대처 방법상에서는 다소의 차이가 있었다. 김영삼 측은 군부의 정치개입 가능성을 크게 우려하지 않는 가운데 제도권 정치 중심의 조속한 민주화가 해답이라는 입장이었다. 반면에 김대중 측은 군부의 정치개입을 우려하면서 대중 동원에 무게를 두고 있었다. 군부의 개입을 우려했다는 점에서 볼 때 김대중의 시국관이 김영삼보다 현실적이었다고 할 수 있다. 그러나 대중 동원을 통해 이를 막아보려고 했다는 점에서는 역시 한계를 안고 있었다. 당시 도시 중간계층들은 대부분 그동안 획득한 경제적 성과를 향유하면서도 강력한 반공의식을 토대로 정치·사회적 혼란을 두려워하여 학생 시위에 대해서 극히 조심스러운 자세를 보이고 있었다. 이러한 상황에서 시민들 혹은 이른바 '민중세력'이 단결·시위·파업 등으로 전국적인 공세를 펼침으로써 민주화가 가능할 수 있었는지에 대해서는 회의적이다. 다만 5·18과 같이 그의 지지기반에서는 격렬한 항의가 터져나왔지만 결과적으로는 성공할 수 없었을 뿐 아니라 너무나 큰 희생을 수반하였기 때문이다. 물론 그러한 희생이 이후 결과적으로 민주화의 동력이 된 것은 사실이지만, 아무리 '제헌적 상황'이라는 전환기라 하더라도 대중 동원은 당대의 정국운영을 책임진 현실적 정치 지도자의 스테이트크래프트로서는 선뜻 인정하기 어려운 것이다.

아무튼 이러한 양자 간 갈등은 현실 정치적으로는 김대중의 신민당 입당 여부와 그 조건에 관한 문제로 전개되었다. 4월 말 김대중은 입당은커녕 오히려 '민주화추진 전국민 운동'을 제의, 사회단체들과 정당들이 이에 참여하라고 주장하였으며, 이를 둘러싸고 신민당과 김대중은 대립상태에 돌입하였다. 물론 양김이 단결했더라도 신군부의 집권은 막을 수 없었을 가능성이 더 크다. 그러나 양김이 단합했더라면 신군부의 명분을 극도로 약화시킬 수는 있었을 것이다. 그런 점에서 양김이 단합하면서 이를 토대로 보다 유연한 전략을 발휘하여 최규하 과도정부의 '이원집정부제'와 같은 차선책을 수용하는 것이 반드시 패배라고는 보기 어려운 측면도 있다. 그만큼 민주화가 지연된다는 비판도 가능하지만, 반면에 5공화국과 6공화국을 거치지 않고 보다 부드러운 경로를 통해 오히려 더 빨리 민주화에 이를 수도 있었으며, 무엇보다 5·18과 6월항쟁과 같은 큰 희생을 치르지 않을 수도 있었기 때문이다.

　재야와 학생들의 경우에는 당시까지만 해도 독립적인 존재라기보다는 양김의 '전략적 우군'에 불과했기 때문에 별도의 행위자로 평가하기는 어렵다. 당시 정치권은 물론 재야와 학생들도 전체적으로는 모두 자유민주주의와 자본주의 체제를 지향한다는 점에서 이념이나 기본정책에서는 거의 차이가 없었다. 오로지 양김의 갈등과 분열에 따라 재야도 분열되었으며, 학생운동 역시 재학생 지도부 중심의 '단계적 투쟁론'과 복학생 중심의 '전면적 투쟁론'으로 분열되었다.

2. 제5공화국 전두환 대통령의 스테이트크래프트

집권, 그러나 정당성의 결핍

　신군부의 정권 장악은 5.17조치와 '국가보위비상대책위원회'의 수립으로 가시화되기 시작하였다. 그리고 1980년 9월 1일 전역한 전두환 장군의 제11대 대통령 취임과 새 헌법 통과 이후 1981년 2월 25일 제12대 대통령에 취임하는 것으로 법적·정치적으로 마무리되었다. 신군부가 정권 공고화 과정에서 취한 여러 조치들은, 기성 정치인들의 정치활동 금지 및 폭력배 척결 등 대부분이 5·16쿠데타 이후 군정시기에 행한 것들의 '재탕'이었다는 점에서 새삼 그 내용을 언급할 필요는 없을 것이다.

5공화국은 군부에 기반을 둔 권위주의 독재정권이라는 점에서는 박정희 정권과 근본적으로는 유사한, 일종의 유신의 변형이었다. 다만 몇 가지 점에서는 차이가 있었다. 5·16이 군 내부 소외세력의 불만과 연계된 것이었다면, 1980년의 신군부는 군 내부 권력의 핵심을 이루던 특정 파당의 집권 의지가 더 큰 원인이 되었다는 점이다. 또 5·16은 박정희를 정점으로 하는 일인지배의 성격이 강했던 데 반해 1980년의 경우에는 군부의 집단적·제도적 성격이 비교적 강했다는 점이다. 무엇보다도 신군부는 '5·18광주'라는 그 어떠한 것으로도 극복하기 어려운 정당성의 결함을 안고 출발하였다. 또한 사회세력은 점차 신장해가는 가운데 5·18을 계기로 이념화·반미화가 심화되면서 정권에 강력히 도전할 수 있는 힘을 서서히 비축해 가고 있었다. 따라서 신군부로서는 명분상으로도 유신체제의 장기 집권을 부정하지 않을 수 없었고, 그 결과 '정의사회 구현'과 같은 구호와 더불어 권력구조에서는 '대통령 7년 단임제'를 취하는 것이 불가피해졌던 것이다.

전두환 정권은 어차피 군을 기반으로 집권하였기 때문에 당분간은 국민의 반응을 중시하지는 않았다. 특히 많은 국민들이 광주 유혈사태의 충격과 군사독재 정부의 위압으로 크게 위축되어 있었기 때문에 저항 또한 미미하였다. 그런 점에서 전 대통령은 정권 초창기 국가운영에서 철저하게 권위주의적인 스테이트크래프트를 발휘할 수 있었다. 무엇보다 안보·외교와 더불어 경제가 가장 절박한 국가운영의 과제였다.

보안사령관 시절 전두환 장군은 유신 때 극심한 한·미 갈등을 빚었던 현안 중 하나인 박 대통령의 자주국방, 특히 중화학공업에 바탕을 둔 유도탄 개발 프로그램과 핵무기 개발 프로젝트 자체를 폐기하기로 미국 측과 합의를 보았던 것으로 알려져 있다. 또 집권과정에서 발생한 '김대중 문제'를 매듭짓는 과정에서 국제여론과 명분을 의식하여 그를 살리는 조건으로

레이건(Ronald W. Reagan) 미국 대통령과 정상회담을 갖기로 합의하였다. 그리하여 2월 3일 한·미 정상회담을 통해 핵개발과 미사일을 폐기하기로 하면서 미국으로부터는 주한미군 철수계획의 백지화와 더불어 북한과의 단독 교섭 금지라는 합의를 이끌어냈다. 이를 계기로 전통적인 안보우선의 한·미관계는 복원될 수 있었고, 보수적인 한국 국민들 사이에서 이제 막 출범한 전두환 정권의 기반을 다질 수 있었다. 대외관계에서 그는 한편으로는 대미 종속적이라는 비판을 받을 수 있지만, 전체적으로 보아 박 대통령 말기의 과도한 대미 대결적 태도를 완화시켰다는 점에서는 무난하게 스테이트크래프트를 발휘하였다고 할 수 있다. 이렇게 전두환 정권은 레이건 행정부와 밀월관계를 지속하면서 통치기반을 다질 수 있었다. 다만 그 이면에서는 적지 않은 국민 사이에서 반미감정을 심화시키는 부작용을 빚은 것도 사실이었다.

몰라서 성공한 경제정책

당시 국가적으로 직면한 가장 절박한 현안은 경제문제였다. 전 대통령은 유신시기 추진된 중화학공업을 '과잉투자, 비효율적인 운영, 관련 분야의 불량 생산량이 한국경제의 전체적 발전을 심각하게 위협한다'는 이유로 비판하면서 정책의 전환을 시도하였다. 사실 박 대통령 말기부터 그동안의 고속성장과 중화학공업의 후유증이 크게 부각됨에 따라서 안정 위주의 정책기조가 필요하다는 점에 대해서는 이미 많은 전문가들의 견해가 일치되어 있었다. 그리하여 박 대통령은 경제운영상의 대전환을 시도하였지만, 정책결정 과정의 경직화와 당시 유신체제의 동요로 이를 제대로 추진하지 못하였던 것이다. 오랫동안 유지해온 성장 일변도의 관리체제를 안정 위주의 관리체제로 바꾸는 것이 쉽지 않았던 것이다. 따라서 당시는 기존 틀로부터 비교적 자유로운 외부세력이 정책전환을 주도하는 것이 필요한 시점이었다는 점에서 전 대통령에게는 행운이었다고 할 수 있다.

사실 그는 경제에는 문외한이었다. 그래서 국보위 시절부터 김재익 등으로부터 특별 과외수업을 받았고, 그를 통해 안정화 개념을 중심으로 경제정책을 이해하게 되었다. 특히 경제현상을 물가안정 문제라는 각도에서 파악하고 이와의 연관 속에서 여타의 경제문제를 조망하는 한편, 그 틀 속에서 부하들로 하여금 의견을 조정해가면서 정책의 세부 내용을 결정토록 하되 이들이 결정한 세부정책 내용을 자신의 것으로 수용하여 직접 독려하면서 일관성 있게 집행해나가는 방식으로 경제를 관리하였다. 그리하여 전 대통령은 임기 내내 '물가안정' 정책을 중심으로 하는 경제안정을 필두로, 자율화 및 개방화의 기조하에 중화학공업 수술, 부실기업 정리, 금리인하 조치, 공정거래제도 도입 등을 강력하게 추진하였다.

전 대통령은 이러한 자신의 경제논리에 배치되는 어떤 정치논리도 배격하면서 물가안정을 위한 쌀 수매가 인상 억제, 공무원 봉급과 예산 및 임금동결 정책 등을 과감하게 추진해갔다. 또한 중화학 분야 및 수출전략 업종에 대해서는 정책금융과 세제상의 혜택을 중단하고 또 대외시장을 개방하기 시작하여, 그동안 독과점 규제 속에서 국내시장에 안주해온 국내 대기업들을 경쟁체제로 내몰았다. 아울러 물가안정을 위해서는 국민들의 경제관을 바꾸는 것이 필요하다고 판단, 경제교육을 대대적으로 실시하였다. 그러나 이러한 안정정책은 인기가 없었다. 업계의 시각과 입장을 반영할 수밖에 없는 대부분의 부처에서는 이에 대해 소극적이었는가 하면, 심지어 정권 실세로 불리는 측근들이나 선거를 앞둔 여당에서는 민심 이반을 우려하여 적극적으로 반대를 하기도 하였다. 그러나 전 대통령은 김재익 경제수석에게 "경제는 당신이 대통령이야"라고 전권을 주면서 집요하게 이를 관철시켜나갔다.

이러한 전 대통령의 경제관리 방침도 많은 시련을 겪지 않을 수 없었다. '장영자 사건'을 비롯한 대형금융 사고가 연이어 터지는가 하면 장기간 불황으로 정책금융과 조세특혜 폐지 노력들이 점차 퇴색하는 등 자율화 시책은 좌초를 면하기 어려웠다. 다만 개방화는 원래의 구상과는 다소 차이가 있는 가운데서도 지속적으로 추진되었고, 특히 안정화 시책은 끝까지 관철시킴으로써 전체적으로 보아 경제정책의 일관성은 유지되었다. 이렇게 지속적으로 경주된 안정화 및 경제구조 개선노력은 집권 후반기 마침내 결실을 보아, 1986년도부터 시작된 저(低) 달러(저금리)·저유가·저원자재가 등 이른바 '3저 현상'을 맞아 물가안정·고도성장·국제수지 흑자라는 '세 마리의 토끼'를 잡을 수 있었다. 그리하여 연평균 10% 성장, 연 3.5%의 물가상승률(1982~87년)을 기록하면서, 1986년에는 최초로 국제수지 흑자를 달성하였으며, 국민소득은 취임 당시보다 2.7배 증가하여 1988년도에는 4,295달러에 이르게 되었다. 그리고 이러한 경제적 성공은 역설적으로 '성공의 위기(crisis of success)'를 불러와 마침내 권위주의를 극복하고 민주화가 추진될 수 있는 여건을 창출하였다. 또한 6공화국에서 여러 혼란이 있었음에도 불구하고 민주화에 따르는 각종 비용을 감내할 수 있는 경제적 기반을 마련해주었다고 볼 수 있다.

반면에 전 대통령의 경제시책도 적지 않은 문제점을 안고 있었다. 그 자신이 배우고 또 일관성을 지키려는 노력을 크게 경주한 것은 사실이지만, 여기에도 한계는 없지 않았다. 먼저 대통령-경제수석의 일원적 경제정책 관리체제라는 확실한 명령체계가 구축되어 효율성은 발휘될 수 있었다. 다만 모든 결정권이 청와대로 집중된 데 따르는 부작용도 만만치 않았다. 먼저 권한의 집중으로 경제부처 국장급 인사까지 청와대에서 간여하게 됨에 따라 부서의 명령체계가 흔들리게 되었다. 또한 실무에 어두운 대통령이 자주 상충되는 결정을 내리는가 하면 또 이를 번복함으로써 행정부가 갈 팡질팡하면서 결과적으로 대통령의 결정이 무시되는 폐해를 빚기도 하였다. 이를 방지하기 위해서 밑으로부터 합의, 즉 사전 종합조정을 경제수석이 주도하도록 하였으나, 경제수석에게 권한이 집중됨에 따라 관료사회의 자율성 상실과 같은 부작용이 발생하기도 하였다. 또한 후반기에 갈수록 권한의 위임이 독선과 결부되어 '오만한 군주' 현상과 체제의 경직성이 나타나기 시작했다. 박 대통령 시절부터 시작된 월례경제동향보고와 무역진흥확대회의에는 거의 참석하지 않았고, 각종 사회간접시설과 기술투자의 확충, 노동법의 유연화 등 장기적 안목에서 대처해야 할 사안을 소홀히 한 측면도 없지 않다.

그러나 종합적으로 볼 때 전두환 대통령은 경제안정화 시책에서 뛰어난 스테이트크래프트를 발휘, 그의 치세 중 가장 대표적이고 괄목할 만한 업적을 남길 수 있었다. 여기에는 여러 요인이 있을 수 있다. 일각의 지적대로 박 대통령 정책과의 차별화, 즉 전임자와의 경쟁의식도 중요한 동기가 되었을 것이다. 그러나 무엇보다 중요한 것은 국가운영상의 열정과 집념, 특히 과감한 권한 위임이다. 사실 최고지도자가 경제를 잘 알아야만 성공할 수 있는 것은 아니다. 전 대통령의 경제정책 관리도 뚜렷한 '통치이념'이나 복잡한 거시이론에 의한 것은 아니었다. 그렇다고 산업정책과 같은 현장 경험에 의한 것도 아니었다. 그것은 '평범한' 정책 기조를 중심으로 한 것이었다. 전 대통령의 경우는 경제정책의 전문가가 아니라도 지인지감을 발휘하여 우수한 인재를 경제 참모로 영입, 소신껏 정책을 추진할 권한을 주는 용인술을 발휘하면서, 나름대로 열심히 공부하며 일관성 있게 정책을 추진한다면 얼마든지 훌륭한 성과를 낼 수 있다는, 어떻게 보면 지극히 평범한 스테이트크래프트를 보여준 대표적인 사례라고 하겠다.

그 외 전 대통령의 시책 중 괄목할 만한 것으로 당시로서는 거의 불가능하게 보였던 서울올림픽 유치와 그 준비를 들 수 있다. 여기에는 여러 요인이 작용한 것도 사실이지만, 여하튼 아직 개도국을 벗어나지 못한 단계의 국가로서 국민적 에너지를 결집시킬 수 있는 좋은 기회를 포착하여 국가운영의 어젠다로 삼은 것은 긍정적으로 평가될 수 있으며, 의도했든 아니든 민주화를 추진하는 데도 유리한 환경을 조성하는 결과가 되었다.

3. 민주화 과정과 스테이트크래프트

민주화운동의 배경

전 대통령의 임기 마지막 2~3년은 한국정치의 민주화라는 역사적 시기에 해당된다. 여기에서 민주화의 복잡한 요인과 과정, 그리고 그 특성 등을 일일이 살펴볼 필요는 없다. 중요한 것은 1980년 당시 유예된 '제헌적 상황'이 다시 도래하였다는 점이며, 따라서 그때와의 상황적 차이점에 유의할 필요가 있다. 먼저 지적할 것은, 집권층은 군부 권위주의의 성격을 갖고 있었지만 정통성 면에서 매우 취약하였다는 점이다. 또한 1980년에 비해서 국가와 민간사회, 그리고 정부 여당과 야당 간 힘의 균형이 상당히 이루어졌다는 사실이다. 따라서 구조의 제약보다는 행위자들의 전략전술이 보다 중요시되는 상황이 조성되었다. 이 모든 바탕에는 5공화국에서의 경제성장과 이에 따른 중산층의 본격적인 대두가 토대가 되었다는 것은 부인하기 어렵다. 또 재야세력의 양적·질적 성격도 상당히 변화하였다. 특히 5·18광주가 매개가 되어 재야운동권은 전투성, 이념적 급진성 그리고 반미감정을 강하게 띠면서 더 이상 자유민주주의가 아니라 기층민중을 기반으로 민중민주주의를 지향하고, 나아가 일각에서는 사회주의 혁명까지 공공연히 천명하게 되었다. 그리하여 1980년과는 달리 학생과 재야가 양김을 비롯한 정치권과는 또 다른 별도의 저항세력의 행위자로 부상하였고, 이후 서서히 노동자들도 별도의 독립적인 행위자로 자리 잡아가고 있었다. 행위자로서 양김은 거의 마지막까지 정치규제에 묶여 있었지만 대리인을 통해 적극적으로 활동하였다.

4·13과 6·10 그리고 6·29

이러한 민주화 과정에서 행위자의 역할을 스테이트크래프트 관점에서 간략하게 되돌아볼 필요가 있다. 먼저 민주화의 정치동학은 국회의원 총선거를 앞둔 집권세력의 자유화 조치에서 유발되었다. 다만 이것을 전두환 정권의 민주화의 스테이트크래프트가 발휘된 것으로 볼 수는 없다. 이는 정권 초창기 억압적 국면을 지속하기 어려운 만큼 일종의 체제 내 포섭을 위한 유화적 조치였다. 그러나 이후 전 대통령은 전반적으로는 상황에 밀리면서도 개별적 국면을 리드해갔다고 볼 수 있다. 결국은 좌절되었지만 내각제 개헌을 내세운 것도 그렇고, '6월 항쟁' 동안에는 야당이나 재야세력들에게 강력한 경고성 발언을 계속하면서도 실제적으로는 군을 동원하지 않은 것도 그렇다. 또 그 와중에서 의도적으로 '비상 조치설'을 유포, 김대중의 '조건부 대통령 불출마 선언'을 유도하기도 하였다. 그래서 일각에서는 '능숙한 심리전'을 전개하였다는 평가를 하고 있는 것도 사실이다.

6·29에 대해서는 전두환과 노태우 양인의 시각과 입장에 따라 다른 견해가 나올 수 있겠으나 수세적 상황을 극적으로 반전시키면서도 동시에 양김을 '분열시키는 카드'가 되었다. 학계 일각에서는 여권 내 강온파의 존재를 상정하고 정치동학을 분석하기도 하지만, 이러한 관점은 남미의 민주화 이론을 기계적으로 대입한 것일 뿐 당시 상황을 정확히 설명하는 것

으로 보기는 어렵다. 다만 4·13 호헌 조치는 그동안 내각제를 주창해오던 전 대통령이 취하기에는 설득력이 매우 떨어졌을 뿐 아니라 현실적으로도 실현되기 힘든 무리수로서, 박종철군 고문 치사사건이라는 악재와 맞물려 결국 '6월 항쟁'을 자초하고 말았다. 그러나 결과론이지만 이를 만회하는 6·29라는 반전카드를 성립시키는 사전 행위가 된 것도 사실이었다. 전체적으로 볼 때 전 대통령은 권위주의 체제의 유지, 집권연장, 정권 재창출을 위해 집요한 노력을 기울이면서도, 한편으로 6·29선언을 통해 상황 변화를 수용하는 등 마지막 과정에서 결정적인 무리수는 범하지 않았다는 점에서 민주화 과정에서 보여준 그의 스테이트크래프트는 낙제점은 면했다고 볼 수 있다.

양김의 경우 특히 김영삼이 직선제 투쟁을 주도하고 이를 쟁취해내는 데 결정적인 역할을 했다. 단식투쟁과 민주화추진협의회(민추협) 결성을 주도하였고, 이후 이민우 총재를 앞세워 신한민주당을 창당하였으며, 신민당으로 하여금 총선에 참여하여 결국 제1야당으로 부상케 한 후 헌법개정 투쟁을 강력하게 전개하는 등 이란 이슬람 혁명 과정에서의 호메이니 역할을 하였다. 특히 그 과정에서 '이민우 구상'이라는 신민당 일각의 조건부 내각제 수용안을 와해시키기 위해 신민당을 깨고 새로운 통일민주당을 창당하기까지 하였다. 바로 이 시점에서 전 대통령은 '합의 개헌'이 불가능해졌다는 것을 명분으로 삼아 4·13특별담화를 통해 현행 헌법으로 대선을 실시할 것이라는 강경책으로 선회하였다. 이로써 쟁점은 단순화되어, 타협이 배제된 가운데 개헌과 호헌이라는 양자택일 건곤일척의 힘겨루기가 펼쳐지게 되었다. 문제는 그해 1월 사망한 박종철군 고문치사 사건의 진실이 폭로되면서 시민들의 정서는 격분되고, 민심 이탈이 가속화되었다는 사실이다. 김영삼은 이를 계기로 새로운 야당인 통일민주당과 재야간의 연대를 형성시킬 수 있었고, 그 결과 고문치사 규탄과 직선제개헌안 추진이라는 서로 다른 목표가 연결되어 6·10항의집회가 개최되었다. 이후 시위는 날로 확산되어 26일에는 전국에서 100만 명 이상이 시위에 참여하는 등 내란을 방불케 하는 상황이 벌어진 가운데, 마침내 집권세력의 6·29선언이 나왔던 것이다. 이로써 극심한 갈등과 충돌은 마무리되고 한국의 민주화는 루비콘강을 건너게 되었다는 점에서 김영삼은 오랜 정치경륜과 투쟁에서 닦여진 스테이트크래프트를 통해 한국 민주화 과정에서 결정적인 기여를 했다고 평가받고 있다.

김대중은 6·29이전까지는 사면 복권되지 못한 상태였지만 김영삼과 분열하지 않고 힘을 합하여 6.29를 유도해내는 데 중요한 역할을 하였다. 그로서는 7년 전의 분열에 대한 비판을 크게 의식하였을 것이다. 새로운 행위자로 등장하기 시작한 재야 역시 역량의 한계는 있었지만, 이 국면에서는 최대강령을 고집하지 않고 직선제 투쟁이라는 최소강령을 수용하여 민주화를 이루어냈다는 점에서 긍정적으로 평가될 수 있을 것이다.

미국의 역할

끝으로 미국의 역할에 대한 평가문제가 있다. 레이건 행정부의 미국은 시종 전두환 정부를 적극 지지하였다. 그러나 미국의 관심사는 어디까지나 전략적·안보적 차원에 있었다. 그런 점에서 국내의 갈등이 첨예화되자 자국의 안보 이익을 해칠까 우려, 여야의 타협을 강력히 희망하면서 이러한 의사를 공개, 비공개적으로 표명하기도 하였다. 특히 6월 항쟁 국면에서 레이건 대통령은 전 대통령에게 국민의 반정부 행동에 무리하게 대응하지 말 것과 반대파와 대화를 가질 것을 촉구하는 친서를 보내기도 하였다. 의회 역시 "마주 달려오는 열차의 충돌은 피해야 한다"는 하원 외교위원회의 '한국 사태에 대한 결의안'을 통과시키기도 하였다. 특히 전두환 정부가 군 동원 조짐을 보이자 여러 채널을 통해 이를 견제하는 뜻을 전달하여 적지 않은 영향을 미친 것으로 알려져 있다. 미국은 특히 7년 전 5·18 당시 자신이 취한 조치들로 인해 반미감정이 크게 확산되었던 전례를 의식하여 상당히 신중을 기하면서도 용의주도한 모습을 보여주었다고 할 수 있다.

미국은 한국에 군대를 주둔시킨 나라로서 반공과 자본주의 체제라는 세계 전략상의 큰 테두리를 지킬 것을 요구하지만, 그 안에서 일어나는 구체적인 정치과정에 대해서는 어디까지나 한국인들이 결정할 문제라는 입장을 갖고 있었던 것으로 보인다. 물론 카터행정부 시절처럼 '인권외교'를 추구한 예외적인 경우가 없었던 것은 아니다. 그러나 미국의 영향력이라는 것도 간접적이고 우회적인 것이 대부분이며 한국인들이 하는 일을 기정사실로서 받아들이는 것 이상은 아니었다. 그런 점에서 미국 정부의 '숨은 의도'를 분석하고 그 영향력을 중요시하면서 미국의 '공작'이 한국의 정국을 좌우하는 듯이 생각하는 것 자체가 거꾸로 미국의 영향력을 불러들이는 결과가 될 수도 있다는 역설을 강조할 필요가 있다.

4. 전두환 대통령의 스테이트크래프트에 대한 종합적인 평가

취약한 정통성

전두환 대통령의 가장 큰 문제점은 민주화라는 세계사적 대세와 시대정신을 거스를 수 있다고 보았던 것이다. 10·26으로 권위주의 시대가 종말을 고했다는 점을 인식하지 못한 채 시계를 되돌릴 수 있다고 보았던 것이다. 5공 출범 이후에도 새 시대의 개막을 준비하기보다는 지난 시대를 흉

내내기 바쁜 아류로 일관하였다. 특히 임기 말 4·13조치야말로 민주화라는 시대적 흐름을 읽지 못한 대표적 사례로 지적되지 않을 수 없다. 전두환 대통령은 또한 올바른 지도이념의 부재 속에, 유신을 부정하면서도 자유민주주의가 아닌 유신의 또 다른 변형으로서의 '한국적 민주주의'를 추구하였고, 집권 이후 국가운영에서도 비민주주의적인 태도로 일관하였다. 그는 정치란 '힘 가진 사람이 하고 싶은 대로 하는 게 원리'라는 패권주의적 가치관에 입각하여 국가운영에서도 승리에 집착하는 모습을 보여주었다. 박정희 대통령이 치밀한 참모형이었다면, 전두환 대통령은 오만하게까지 보이는 전투지휘관형으로서 적극성을 발휘하여 유리한 상황적 조건을 만들어가는 선수치기식 '저돌적 해결사'에 가깝다. 특히 시대적 상황 변화를 고려하지 않은 채 박 대통령 시절의 강성 권위주의 지배전략을 답습, 사회통제 특히 노동부문을 비롯한 민중부문을 배제, 탄압하기 위해 억압기구를 방만하게 가동한 결과 당시는 물론 후대에도 숱한 희생과 대가를 지불해야 했으며, 정치 역시 공작과 회유의 대상으로 삼아 의회를 시녀화함으로써 국정운영을 왜곡시켰던 것이다. 거기에다가 집권기간 내내 취약한 정통성을 보완하기 위해 '정의사회 구현'과 같은 스스로의 정체성에 위화감을 불러일으키는 정치구호를 남발하는가 하면 대중조작을 위해 언론의 지배도구화에 몰두하여 노골적인 '언론대책'으로 일관한 결과, '땡전뉴스'에서 보듯이 오히려 희화화를 자극하고 숱한 야유와 유언비어를 양산하는 등 부메랑 효과를 초래함으로써 정상적인 국가운영을 어렵게 만들었다.

전두환 정권 시대는 산업구조가 고도화되면서 새로운 중간계급이 자리잡아가고 있는, 즉 민주화를 향한 전환기였다. 비록 스스로는 아직 민주주의가 실천될 정도로 충분히 성숙하지 못했다고 판단하여 쿠데타적 조치로 권력을 장악하여 국가를 운영하였지만 그만큼 곧 도래할 본격적인 산업화된 민주주의 시대를 예비하는 것을 궁극적인 목표로 삼았어야 했다. 더구나 전정권은 5·18광주를 비롯하여 크고 작은 희생 위에서 세워졌기 때문에 정당성 자체에서 커다란 흠결을 안고 있었던 만큼 더욱 겸허하게 국정에 임하지 않으면 안 되었다. 이 모든 것의 기본은 매사에 두려워하는 자세로 자신의 주위부터 단속하는 일이었고 이것이 당대 스테이트크래프트의 요체가 되어야 했다. 그러나 전 대통령은 가족주의의 포로가 되었을 뿐 아니라, 퇴임 이후 사법 당국의 조사 결과 7,000억 원 규모의 비자금을 조성하였고 특히 상당한 자금을 은닉한 사실이 드러남으로써 전 국민들에게 크나큰 충격과 분노를 안겨주었고, 한국의 보수세력 전체에게 부도덕성이라는 굴레를 씌우고 말았다.

전 대통령이 정상적인 국가운영을 할 수 없었던 가장 어두운 그늘은 바로 '권력형 비리' 문제와 이로 인한 신뢰의 상실이었다. 임기 초부터 '장영자 사건', '명성그룹사건', '영동사건'이니 해서 끊임없이 물의를 일으킨 친인척 이권개입과 인사개입 등 각종 비리사건은 자신과 정부의 신뢰를 붕괴시켰고, 각종 정책 특히 경제정책 내용에 대한 국민적 의구심을 자극함으로써 효율적인 정책집행을 어렵게 하였다. 대형 권력형 부정과 비리 사실이 드러나면서 가뜩이나 수매가 인상억제와 임금동결로 고통을 받고 있는 농민과 근로자들에게 크나큰 좌절과 분노를 안겨준 것이다. 더구나 부정이 개입된 것이 명백함에도 불구하고 검찰과 사정기관의 수사과정에서 '손바닥으로 하늘을 가리는' 식으로 일관한 결과, 국민들 사이에서는 유언비어가 날로 확산되었고, 정부는 신뢰와 권위를 거의 상실하게 되었다.

자만과 독단의 리더십

전정권의 국가운영상의 실책은 부정부패만이 아니었다. 군부 내의 하나회니 공직사회의 TK(대구·경북)니 하는 말이 한때 인구에 회자되었지만 특정 인맥이 요직을 배타적으로 전리품처럼 독점함으로써 사회를 분열시키고 나름대로 어렵게 구축되어온 직업 공무원 제도가 크게 동요하게 만든 것도 커다란 실책이었다. 또한 퇴임 이후 영향력 행사를 위해 국정자문회의 의장직과 일해재단을 마련한 것은 차기 정부의 정상적인 국가운영에 영향을 주는 행위로서 실제로 현실화될 수도 없었거니와 오히려 본인에게 불리한 요인으로 작용하는 결과를 빚었다는 점에서 상식적인 스테이트크래프트를 결여하고 있었다는 비판을 면키 어렵다.

5공화국 당시에는 독점 재벌기업으로의 자본집중과 자본주의의 고도화가 진행되고 있어, 국가와 재벌의 관계가 근본적인 변화의 와중에 있었다. 과거 박 대통령의 경우에는 '공적 기능을 수행하는 사적 기구'로서 재벌을 보호·육성하였고, 방위성금 등 각종 준조세에 대한 엄격한 관리로 명분을 지킬 수 있었다. 반면에 5공화국은 서서히 힘을 키워가며 자율성을 신장해가고 있던 자본으로부터 각종 준조세를 방만하게 수취하고 이를 자의적으로 운영하는가 하면, 그 와중에 나타난 초법적 '재벌 길들이기' 조치를 남발하였다. 그 결과 정경유착이라는 극심한 부정부패를 초래하였을 뿐 아니라 경제적 합리성의 훼손이라는 점에서 기업의 불만과 반발을 초래하였다.

전두환 대통령은 개인적 차원에서는 전통적 인간관계를 중시하는 소박하고 단순한 성품과 더불어 군인으로 단련된 패기와 위기관리 능력, 그리고 결단력을 갖추었다고 할 수도 있다. 그러나 그것이 정치·사회적 차원에서는 민주사회에 걸맞은 규범에 의해 통제되지 못한 채 자부심 강한 투박한 군인의 자만과 독단의 리더십으로 나타났다. 특히 능력보다 인정과 의리, 즉 일차적 인간관계를 중시하는 그의 가치관은 가족이기주의, 소단위 집단행동이라는 정실주의를 기반으로 하는 부정부패를 초래하여 공공적 가치를 크게 훼손시켰다는 평가를 받고 있다. 전 대통령은 뛰어난 용인술을 바탕으로 경제를 비롯한 중요한 부문에서 괄목할 만한 성과를 이룩하였고, 능숙한 정치 수완을 발휘하여 민주화 과정에서 집권세력의 정권 재창출에 성공할 수 있었다. 그럼에도 불구하고 전두환 대통령은 총체적으로 볼 때 정상적인 국가운영과 민주주의 발전이라는 시대적 소명을 수행하는 데 긍정적인 스테이트크래프트를 발휘하지 못했다는 비판을 면하기는 어려울 것이다.

아울러 사회정의의 실현을 가로막고 갈등을 심화시키는 어떠한 형태의 특권이나
부정부패도 단호히 배격하겠습니다. 폭력과 투기와 물가오름세를 반드시 막고자 합니다.
부의 부당한 축적이나 편재가 사라지고 누구든지 성실하게 일한 만큼
보람과 결실을 거두면서 희망을 갖고 장래를 설계할 수 있는
사회가 바로 '보통사람들의 위대한 시대'입니다.
서울올림픽은 민족사적 의미에서, 이를 계기로 우리가 민족통일의 항로로
진입한다는 데 더 큰 뜻이 있다는 것을 우리 모두 직시할 필요가 있습니다.
미국과 일본을 비롯한 서방과의 유대를 더한층 강화하는 한편 제3세계와의 우의를
더욱 굳게 하겠습니다. 이념과 체제가 다른 이들 국가들과의 관계개선은 동아시아의 안정과 평과,
공동의 번영에 기여하게 될 것입니다.
- 1988년 2월 25일, 제13대 대통령 노태우 취임사에서

제7장 노태우 대통령과 스테이트크래프트

1. 6·29선언 이후 새로운 민주적 스테이트크래프트의 등장

타협에 의한 민주화

6·29선언이라는 한국 민주화의 루비콘강을 건너면서 군부 권위주의적 통치는 종말을 고하게 되었고, 이에 따라서 전두환 대통령의 국가운영도 사실상 종료되었다. 이후 13대 대선에서 민정당의 노태우 후보가 승리하여 6공화국이 출범하였지만 여소야대 국회의 출현으로 국가운영에서는 상당 부분 '1노3김'이 책임을 공유하는 시대를 맞이하게 되었다.

6·29선언은 '6월 항쟁'이라는 민주화에 대한 국민의 폭발적 요구를 수용한 것이었다는 점에서 한국 민주화는 '운동에 의한 민주화'라는 성격을 갖고 있는 것이 사실이다. 그러나 전환 과정상에서 권위주의 세력과 저항 세력 간의 힘의 분포를 놓고 볼 때 어느 쪽도 국면을 완전히 주도할 수 없는 상황이었다. 따라서 어느 일방의 완전한 승리도 불가능한 정치적 교착상태가 형성된 결과 타협만이 불가피한 선택이 되었다는 점에서 잠정 협정 (modus vivendi)으로서 '타협에 의한 민주화'의 성격이 더욱 강했다고 할 수 있다. 그런 면에서 그것은 '국가주도'와 '사회주도'의 중간쯤에 위치한

것이며, 헌팅턴의 지적대로 변형(變形, transformation)과 대체(代替, re-placement)의 중간에 위치한 전위(transplacement, 타협을 통한 민주화)였다고 할 수 있다.

6·29선언은 민주화 이후 국가운영에 영향력을 행사하게 될 행위자들이 모두 전면에 등장하는 역사적 계기가 되었으며, 특히 당시 열린 정치적 자유의 공간 속에서 '7~9월 노동자 대투쟁'이라고 명명된 노동운동은 해방공간 이후 헌정사상 초유의 폭발력을 보이며 분출하였다. 노동운동은 표면적으로는 임금 인상과 근로조건 개선을 걸었지만, 배경에서는 노조설립 자유 및 어용노조 타도라는 정치적 쟁점을 내걸면서 민주화 이후 국가운영에서 핵심적 쟁점으로 부상하는 계기가 되었다. 학생과 재야는 '사회 변혁'을 지향한다는 점에서 노동세력과 연계하려고 시도하였다. 그러나 야당과 중산층을 포함한 대다수 한국인들은 정치권이 중심이 되어 민주화를 마무리 짓기를 희망하면서 '거리의 정치'는 물론 노동투쟁에 더 이상 성원을 보내지 않았다. 그 결과 '거리의 정치'는 일단 제도권으로 돌아왔고, 선거를 통한 경쟁의 국면이 조성되었다.

6·29 이후 후속 민주화 조치는 노태우 후보 측이 주도하면서 구속자 석방과 사면복권이 신속하게 완료되었고, 특히 예술·출판 분야에서의 해금 및 사전 심의제 폐지, 언론기본법 폐지, 정간법과 방송법 제정, 문공부 홍보조정실 폐지 등 개혁조치를 선제적으로 치고 나갔다. 다만 새로운 헌정질서를 담는 개헌은 여야의 합의로 처리할 수밖에 없었던 만큼 8인 정치회의를 구성하여 합의제에 의해 만장일치로 처리하였다. 일각에서는 이러한 '제헌과정'에 사회세력이 참여하지 못한 것을 한계로 지적하기도 하지만, 당시의 '협약에 의한 민주화'라는 정치적 상황은 결국 정치권이 법제화를 마무리 지을 수밖에 없는 현실적 근거로 작용하였다.

8인 정치회의 멤버 중에는 윤길중과 같이 진보적 가치를 반영할 수 있는 인사가 있었던 것도 사실이다. 민주화 투쟁의 마지막 국면의 쟁점 자체가 직선제로 좁혀졌던 만큼 정부형태는 어렵지 않게 5년 단임의 대통령제로 합의할 수 있었다. 더불어 지방자치제를 도입하고 또한 헌법재판소 신설 등 사법부의 권한이 강화되었으며, 경제조항의 신설(헌법 제119조) 등 '진보적' 요소들도 상당 부분 반영되었다. 이렇게 마련된 헌법질서는 전환기를 마무리하고 민주화 이후 한국의 국가운영의 기준이 되었다. 전환기에 국민적 합의를 무리 없이 달성하였다는 점에서 당시 노태우 후보와 김영삼·김대중 양인의 스테이트크래프트는 무난하였다는 평가를 받을 수 있다. 다만 대통령 5년 단임 조항은 국회의원 선거와 주기가 맞지 않아 국가운영상 적지 않은 문제점을 초래한 것을 흠결로 지적될 수 있을 것이다.

양김의 분열과 지역주의

민주화 이후 새롭게 도입된 정치질서 속에서 노태우 후보가 대통령에 당선되었고 이후 실시된 13대 국회의원 선거에서는 여소야대 국회가 등장하였다. 이로써 권위주의 세력과 저항 세력 간의 힘의 균형 상태에서 일종의 타협으로 체제 변동은 마무리되었다고 할 수 있다. 여기에서 양대 선거의 동학에 대해 자세히 살펴볼 필요는 없지만, 국가운영상 영향을 미친 몇 가지 측면에 대해서는 간단히 언급하지 않을 수 없다. 먼저 김영삼·김대중이라는 양김의 분열과 지역주의 문제다. 양김 분열의 근본적인 요인은 어디까지나 개인적·파당적 힘겨루기에 있었다고 할 수 있다. 여기에 호남과 영남 간의 지역감정이 가세함으로써 민주화된 한국 정치에서 지역주의가 가장 중요한 균열의 축으로 자리 잡게 되었다.

양김의 분열이 가져온 문제점은 바로 지역주의를 폭발시킨 데 있으며, 여기에서 양김이 갖고 있는 스테이트크래프트상의 한계점을 엿볼 수 있다.

물론 지역주의의 연원은 군사정권에 있고 노태우 후보 역시 이를 이용한 것은 사실이었지만, 양김이 단일화되었더라면 지역주의가 그렇게 크게 분출되지는 않았을 것이다. 중요한 것은 현실적으로 지역주의의 폭발은 양김의 분열과 직접적인 관련이 있으며, 그런 점에서 지역주의를 민주화 이후 한국 정치의 기본 틀로 주조한 양김의 과오는 한국 정치의 발전에 기여한 공로만큼이나 부정되기 어렵다.

이렇게 후보의 출신 지역에서 '싹쓸이'식으로 노골적인 지방색이 분출하는 등 격심한 지역대결 양상이 벌어진 결과 36.6%의 소수파 대통령이 당선된 데 이어, 1구 1인의 소선구제 하의 4·26 제13대 국회의원 총선거에서도 극심한 지방색이 분출됨으로써 '여소야대 국회'가 등장하였다. 그 결과 정치의 장으로서 국회의 위상이 크게 제고되면서 민주화의 후속 조치들이 상당 부분 신속히 진행되기도 하였지만, 한편에서는 노태우 이후를 노린 양김의 정략으로 정치가 파행을 겪는 부작용을 빚기도 하였다. 종합적으로 볼 때, 6공화국에서는 절충적이고. 제한적 형태로 민주화가 추진되면서 국가운영상의 크고 작은 파란과 우여곡절을 겪는 가운데 장기적으로는 민주주의가 꾸준히 정착되면서 민주적 국가운영의 원리와 스테이트크래프트가 새롭게 도입되고 시도된 기간이었다.

2. 정권 초반기 여소야대 국면에서의 스테이트크래프트

1노3김 시대와 5공 청산

노태우 정권은 여소야대의 국회, 그리고 크게 신장한 사회세력의 요구를 수렴하여 민주화를 추진하면서 그와 동시에 지속적인 국가발전을 기해야 한다는 지난한 국가운영 과제를 안게 되었다. 먼저 노태우를 중심으로 하는 6공 세력은 이미 6·29 이후인 5공화국 말기부터 정치적 자유화 측면에서 적극적인 조치를 취한 바 있다. 언론기본법과 사회안전법을 폐지하였고, 국가보안법과 집시법을 개정함으로써 자의적 인신구속과 정치적 억압은 크게 감소되었다. 대통령 당선자 시절인 1988년 1월에는 '민주화합추진위원회'를 설치, 광주사태를 민주화 투쟁으로 재정의하고, 반민주 법령의 개정과 폐지, 그리고 복수노조 설립 허용 등의 방침을 마련하였다. 이어 정권 출범 직후에는 안기부 및 보안사의 기능을 축소하는 한편, 검찰의 위상을 제고시키는 방향으로 권력 내지는 사정기관의 개혁을 단행하였다.

그러나 노정권이 민주화된 국가운영에서 가장 크게 기여한 것은 군에 대한 통제였다고 할 수 있다. 무엇보다 5공의 입김을 조기에 제거, 군에 대한 장악력을 확보한 데 이어 국군조직법과 군인사법 등 법령 개정을 단행하였다. 물론 그로 인해 육군사관학교 교장의 의전상 결례 등 일각에서 군의 반발이 나타나기도 하였지만, 큰 문제 없이 수습될 수 있었다. 그러는 가운데서도 관련 군 인사에 대해서는 정치적 문책을 하지 않음으로써 군의 명예가 손상된다는 느낌을 주지 않았고, 정치권에 대한 군의 불만도 적절히 관리할 수 있었다. 그리하여 이상훈 국방장관의 "군의 정치개입은 시대착오적"이라는 발언까지 나오는 분위기가 조성될 수 있었다.

그러나 4·26총선 이후 여소야대 국회가 등장하면서 노정권의 모든 국가운영은 국회와 협력하여, 정확히 말하면 1노3김 간의 역학관계 속에서 추진되지 않을 수 없게 되었다. 이것은 양면적인 결과를 초래하였다. 한편으로 민주화추진을 상당 부분 촉진시키는 측면이 있었던 반면, 다른 한편으로는 차기 정권 장악을 의도했던 양김의 경쟁관계가 노대통령의 독특한 연성 리더십 스타일과 맞물려 적지 않은 혼란과 차질을 초래하기도 하였다. 그리하여 민주적인 국가 운영의 새로운 스테이트크래프트가 도입·실험되기 시작했다. 여소야대 국회는 국회 의장단 구성 및 5공 청산 문제를 놓고 1개월간 지연된 끝에 개원될 수 있었다. 이 과정에서 노 대통령과 3김은 국회 내에 5공 비리, 광주사태 진상규명, 비민주 악법 개폐 등 분야별 특위를 구성하기로 합의하였다. 그리하여 비민주 악법을 다루기 위한 법률개폐특별위원회에서는 1988년 12월까지 86건의 법안을 통과시킬 수 있었다. 이와 더불어 새 헌법에 규정된 헌법재판소도 무리 없이 개소할 수 있었다.

반면 노 대통령의 후보 시절 공약인 '중간평가'와 야당의 요구인 '5공 청산'을 포함한 휘발성 높은 이슈들을 놓고는 1노3김 간의 이해관계가 부딪혀 정략이 난무함으로써 국가운영에 상당한 부담을 주었다. 중간평가 이슈에서는 1노3김의 4당 체제를 유지하고자 하는 현상 유지의 힘과 이를 타파하고자 하는 힘이 맞부딪힌 가운데, 특히 노정권 내부에서도 이를 통해 현상타파를 할 수 있다는 시각과 그렇게 되기 어렵다고 보는 시각이 충돌하면서 혼란을 가중시켰다. 결국 '위헌론'을 표방하는 현상유지의 김대중 평민당 총재와 협력하여 중간평가는 유보하는 선에서 마무리되었다. 그러나 이 과정에서 노 대통령은 국가운영상의 뚜렷한 원칙과 소신 없이 오락가락하는 모습을 보여줌으로써 일관성·과감성을 상실하는 모습을 보이는 등 스테이트크래프트 면에서 상당한 문제점을 드러내 보였다.

5공 청산은 야3당 총재 간 합의와 6월 27일 청와대 영수회담을 통해 타결되는 방식으로 추진되었다. 국회특별위원회가 구성되어 88올림픽 직후인 10월부터 본격적으로 활동을 개시, 11월부터는 '청문회 정국'이 전개되어 권력형 비리와 더불어 광주민주화운동 진상조사가 진행되었다. 이 과정에서 전두환 전 대통령의 친인척들이 대거 구속되거나 수사선상에 올라 여권 내부적으로 적지 않은 갈등을 겪었다. 마침내 11월 23일 전두환 전 대통령의 '대국민 사과 담화문' 발표를 통해 139억 원의 정치자금을 국가에 헌납하고 백담사로 현대판 '귀양'을 가는 것으로 정리되었다. 이어 25일 노 대통령은 '시국에 관련 국민 여러분께 드리는 말씀'을 통해, 더 이상 사법적 단죄를 하지 않는 것으로 연내 마무리 짓는다는 방침과 더불어 시국 관련자의 전면 석방 등 민주화 조치를 단행할 방침을 천명하였다. 그러나 국민 정서가 이를 쉽게 인정하지 않자 1989년 가을 정기국회에서는 다시 '5공 비리 청산과 정국 안정 및 경제발전을 위해 공동 노력'하기로 하는 등 11개 항에 대한 합의를 통해 이 문제를 마무리 짓기로 최종 방침을 정하였다. 그리하여 정호용 의원의 의원직 사퇴로 광주에서의 과잉 진압에 따른 정치적 책임 추궁은 일단락 짓고, 전 전 대통령에 대한 1회 서면 질의 후 보충질의 형식을 통한 국회 청문회 출두 증언으로 5공 청산은 일단 마무리될 수 있었다.

1노3김에 의해 이루어진 6공화국의 '5공 청산'은 광주민주화운동의 미봉적 해결과 친인척 비리 처벌에 국한된 것이었다는 점에서 근본적으로 한계를 가진 것이었다는 점은 부인할 수 없는 사실이다. 그러나 이는 타협에 의한 민주화를 추진한 이상 불가피한 한계였으며, 특히 특정인에 대한 인적 청산보다는 군부 권위주의 세력을 '정치적'으로 단죄하였다는 점에서 소기의 목적은 달성되었다고 할 수 있다. 다만 아쉬웠던 점은 광주에서의 발포 명령에 관한 진상규명이 미흡했던 결과, 이것이 후일 또다시 논란거리로 이어졌다는 점에서 1노3김의 스테이트크래프트는 한계를 보여주었다.

외교 분야에서의 스테이트크래프트

취임 초 노 대통령은 7·7선언을 통해 88올림픽의 성공적 환경을 조성하는 한편 올림픽 이후 대외정책의 기조로서 북방정책을 발표하였다. 7·7선언은 먼저 한·미 간 확고한 동맹의 토대 위에서 우리의 적극성·주도성을 최대한 살려 공산권 국가들과의 관계를 개선함으로써 북한을 압박해나가겠다는 일종의 원교근공(遠交近攻) 정책이었다고 할 수 있다. 남북관계에서는 당사자 해결원칙에 따라 우리가 주도를 하되, 북한을 고립화하는 것이 아니라 포용을 하겠다는 내용이었다. 문제는 그것이 한반도 내부에서는 여전한 냉전적 기류와 어떻게 조화를 이루어 추진될 수 있는가 하는 점이었다. 실제로 그것은 6공 초 사회 민주화와 맞물려 적지 않은 정치·사회적 혼란과 갈등을 초래하였다.

이후 88올림픽을 계기로 소련을 비롯한 공산권 국가에 한국의 실상이 알려지게 되었고, 마침 개혁과 개방노선을 추구하던 고르바초프의 정책에 힘입어 한·소관계가 급진전되기 시작하였다. 그리고 1989년 후반 이후 발생한 공산권의 붕괴라는 세계사적 대사건과 맞물리면서 북방정책은 노정권 임기 후반기에 가서는 전대미문의 성과를 거둘 수 있었다. 그리하여 노 대통령은 외교 면에서 뛰어난 스테이트크래프트를 발휘하였다는 평가를 받게 되었다.

민주화 속에 폭발한 노동·통일운동

민주화는 국가와 사회관계에서도 여러 가지 상반된 영향을 미쳤다고 할 수 있다. 하나는 정치적으로 개량 국면이 도래함으로써 반독재투쟁, 특히 직선제 쟁취 투쟁에서 연합전선을 펼쳤던 급진세력과 온건시민세력 간의 분리가 일어난 결과 급진세력의 동력이 크게 약화되었다는 측면이다. 다른 하나는 국가에 비해 상대적으로 신장된 사회적 힘이 민주화로 확보된 정치적 공간을 통해 대거 분출된 측면이다. 여기에는 특히 급진적 변혁노선을 추구하는 '운동권'의 전략과 전술이 크게 작용하였다. 이들은 바뀐 환경 속에서, 한편으로는 노동운동을 다른 한편에서는 급진적 통일운동을 양대 축으로 삼아 본격적인 투쟁을 전개하였다.

노동운동은 6·29 이후 규모나 치열성, 그리고 이념 측면에서 일대 폭발 양상을 보여주었다. 특히 노정권은 1987년 11월 노동법 개정 이래 자주적 노조 인정, 노조 설립의 절차 간소화, 노조운영과 노조활동의 자율성 신장을 기하면서 노사분규 개입을 자제하려고 노력하였다. 그 결과 1987년 10월부터 1989년 말까지 5,000여 개의 신규 노조가 결성되었고, 조합원수는 105만 명에서 194만 명으로 2배가량 증가하였으며, 조직율도 15.7%에서 19.8%로 신장되었다. 이와 동시에 전국교수협의회를 비롯하여 전교협, 언노련(전국언론노조연맹)을 필두로 부문별로 노동의 조직화가 시작되어, 1989년 5월에는 전교조(전국교직원노동조합)가 결성되기에 이르렀다. 이 같은 노동운동은 과격화와 정치화를 동반하였다. 각종 사업장에서 파업이 급증하는 것과 함께 극단적인 방법이 빈번해진 가운데 1989년 1월에는 전국 260여개 단체들을 망라한 범운동세력 연합체로서 전민련(전국민족민주운동연합)이라는 정치적 변혁단체를 발족시켰다. 또한 1990년 1월 22에는 변혁을 통한 노동해방을 궁극적 목표로 설정한 전노협(전국노동자협의회)이 결성되어 정치투쟁을 강력, 전개하기에 이르렀다.

이러한 노동운동의 확산에 대한 노정권의 시각은 이중적이었다. 먼저 박대통령의 경제개발계획 이래 일방적으로 사용자에게 유리했던 소득분배가 어느 정도 근로자에게 유리하게 시정될 수 있으며, 따라서 경제의 본질이 결정적으로 위협받지 않고 사회적 균형이 파괴되지 않는 한 장기적으로는 오히려 경제적 효율을 높일 수 있다고 보았던 측면이 있었다. 실제로 1987년 9%대의 임금상승률이 6공 전 기간 중 해마다 16%씩 올라 총 115%

가 상승하는 등 근로자 소득이 2배가량 증가하여 인플레이션의 큰 요인이 되었으나, 이는 한편으로는 중산층 확대에 기여함과 동시에 수요를 신장시켜 경제발전에 기여한 점도 적지 않았다. 이를 염두에 둔 것인지는 정확하지 않으나 노정권은 노사분규에 대한 국가의 개입을 극력 자제하였다. 다만 방위산업체인 풍산금속이나 서울지하철, 울산 현대중공업 같은 국가 기간산업 현장이나 과격시위가 빈발하는 사업장에 대해서는 공권력을 투입하여 강력하게 대처하였다.

한편 급진적 통일운동 역시 4·19 이후를 능가하는 열기와 급진성을 띠고 타올랐다. 이들은 미군철수, 한반도 비핵지대화, 휴전협정의 평화협정으로의 대체, 남북한 불가침 협정체결, 연방제 통일 등 당시 북한의 주장과 흡사한 구호를 외치는 한편, 노태우 정권 타도와 민중주체에 의한 조국통일의 조속한 실현 등 '반미자주화 반파쇼민주화투쟁'이라는 급진적 주장을 하면서 약화된 운동권 세력을 결집하려고 시도하였다. 뿐만 아니라 임수경과 문익환 목사 및 야당인 평민당 의원까지 포함하여 당국의 허가를 받지 않은 불법적 방북이 러시를 이루었다. 이러한 급진적 움직임으로 인해 노정권은 매우 어려운 처지에 놓이게 되었다.

한편에서는 7·7선언과 같은 전향적인 대북정책을 옹호하고 견지하면서도 한편에서는 이를 급진화하려는 주장을 견제해야 한다는 딜레마를 안고 있었다. 특히 허가받지 않은 방북은 보안법 자체를 무력화시키는 한편, 정부의 위상을 '창구 일원화'와 같은 '기술적'인 차원으로 격하시키고 이를 '독점'이라는 차원에서 비판토록 하는 결과를 초래할 수 있었다. 실제로 평양축전에서는 정부의 밀사와 위법 방북자들이 함께 현장에 머무르는 사태가 발생하였다. 그런 점에서 6공 정부는 법률을 어기고 일방적으로 방북한 인사에 대해서 그리고 그해 5월에 있었던 동의대 사건과 같은 폭력 사건에 대해서는 강력한 처벌조치를 취해나갔다. 그 결과 우리 사회와 정치권 일각으로부터 '적색 공포증'을 정치에 이용하는 매카시즘적 수법을 답습한 '공안정국'이라는 맹렬한 비판을 받기도 하였다. 그러나 이러한 과격한 통일운동은 중산층을 비롯한 대부분의 국민들로부터 크게 공감을 얻지 못한 가운데, 이후 동유럽 사회주의권의 몰락으로 인해 점차 위력을 상실하게 되었다. 그런 점에서 노정권의 국가운영에는 시운도 따랐다고 할 수 있다.

느슨한 경제정책 관리능력

집권 전반기 국가운영에서 가장 큰 문제로 대두되었던 것은 경제였다. 먼저 노대통령의 경제운영 철학을 언급하지 않을 수 없다. 그는 취임사에서 경제성장을 위해 무엇을 하겠다고 구체적으로 직접 언급한 것은 전혀 없었고, 다만 복지·형평·균형발전을 도모하겠다고만 역설하였다. 민주화를 가장 중요한 시대적 과업으로 설정한 데다가 경제 낙관론이 정부를 지배하고 있었고, 또한 경제적 업적을 통해 해결해야만 할 '정통성의 하자'가 없었기 때문일 것이다. 그런 점에서 볼 때 노정권으로서는 그동안 성장 일변도 정책에서 소홀히 다루어져온 복지를 강화하고 저임금 구조의 경제를 선진형 산업구조로 개편하겠다는 나름대로의 비전은 있었다고 할 수 있다. 문제는 경제정책의 기조와 정책 간의 우선순위에 대한 확고한 생각 없이, 경제문제는 전문가들이 알아서 처리해줄 것으로 믿고 권한을 실무자에게 상당히 위임한 채 자신은 시위와 정치문제 대처에 집중했던 데 있었다. 이것이 노대통령이 경제면에서 보여준 스테이트크래프트 상의 한계였다.

그 결과 민주화에 수반된 대규모 집단행동은 여소야대 국회와 맞물려 노동자의 임금 상승과 쌀수매가 등 농산물가 인상, 그리고 농어촌 부채 탕감이라는 정책을 불러왔고, 또한 최저임금제와 국민복지연금제도, 의료보험의 전국 확대로 복지비의 급증을 초래하였다. 거기에다가 재벌들마저 국제경쟁력 강화보다는 부동산 투기에 골몰하였다. 그 결과 통화량 급증과 버블 경기는 물가상승과 부동산 가격의 폭등을 초래하였다. 그리고 이는 다시 주택문제 해결을 복지이념 차원에서 대대적으로 추진하지 않을 수 없는 상황을 불러와, 단기간에 걸친 주택 200만 호 건설정책을 불가피하게 만드는 악순환을 초래하였다. 물론 주택건설 정책은 장기적으로 체제 붕괴 위험 요인을 제거하면서 복지를 향상시키는 데 크게 기여하였지만 그만큼 단기적으로는 자원 왜곡이라는 주름살을 지게 하였던 것이다. 그리하여 "노동자는 용감하였고, 기업가는 대책이 없었으며, 정부는 무책임하였다"는 비난과 더불어, 일부 외신들 눈에 한국은 "샴페인을 너무 일찍 터트렸다"는 지적을 받기도 하였다.

이러한 가운데 노정부는 재벌의 경제적 집중을 해소하기 위한 개혁정책을 시도하였지만 크게 성공을 거두지는 못하였다. 먼저 금리자율화가 시도되다가 주무 장관의 교체로 용두사미가 되었다. 금융실명제 역시 처음에는 확고한 자세로 추진되었지만 결국은 좌절되고 말았다. 다만 그 과정에서 자원이 실물부문으로 쏠림에 따라 나타날 토지투기를 억제하기 위해 토지공개념 관련 법안을 미리 입안하는 등 사전 준비를 서두르는 효과를 거두기는 했다. 여하튼 금융실명제가 좌절된 데에는 자본가들의 투자파업 위협과 친인척을 통한 대통령 설득 공작이 주효한 것과 더불어, 정치자금을 의식한 정치인들의 맹렬한 반대 때문이었다는 지적이 있다. 그러나 그보다는 정책의 효과에 대한 관료사회의 확고한 합의 부재가 가장 큰 요인이었다. 금융실명제가 갖고 있던 개혁 이미지와 정책의 실제적인 효과 사이에는 적지 않은 괴리가 있었기 때문이다.

이렇게 전반기 경제정책 관리가 표류한 데에는 여러 요인이 있겠으나 가장 핵심적인 것은 여소야대의 영향으로 경제정책이 정치 논리에 의해 크게 영향을 받는 가운데 대통령 자신이 형평과 복지라는 비경제적 논리를 쉽게 수용한 데다 스스로 확고한 경제운용 원칙과 의지를 결여했던 데 있었다. 다음으로 지적해야 할 것은, 권력이 행정부의 방패 역할을 제대로 하지 못하는 가운데 행정부 내부 권한의 하부 이동, 즉 분권화가 추진됨에 따라서 관료들이 외부 요구와 압력에 쉽게 굴복하는 경향이 심화되었던 반면 정책의 종합 조정능력은 크게 약화되었다는 점이다. 여기에다가 금융실명제의 좌초 등 몇 가지 정책추진상의 시행착오가 겹친 상황에서 잦은 경제장관의 교체, 그리고 정권 후반기로 넘어가면서 불가피해진 정책의 기조변경이 악재가 되어 정책당국의 신뢰는 크게 저하되었다.

3. 집권 후반기 여대야소 하에서 노대통령의 스테이트크래프트

3당 합당의 3가지 결과

1990년 1월 22일 3당 합당을 계기로 노태우 대통령의 후반기 국가운영 환경은 근본적으로 다른 상황을 맞게 되었다. 우선 민자당의 등장으로 여소야대는 사라지고 거대 여당이 소수파인 호남 야당을 포위하는 형국이 조성되었다. 이로써 집권 후반기 국가운영에서 노대통령은 자기 고유의 스테이트크래프트를 발휘할 수 있게 되었다.

3당 합당은 명분상으로는 지역주의 악화와 정쟁으로 인한 정치의 파행, 그리고 국제경쟁력 약화를 극복하기 위한 '구국의 결단'을 표방하였지만, 정치적으로는 지도자들의 세 불리기 차원의 권력 추구를 위한 당파적 흥정의 산물이었다는 점을 부인하기 어려울 것이다. 노정권으로서는 국가운영상의 안정세력 확보, 김영삼 총재로서는 원내 제2야당 지도자의 위상에서 여권의 차기 대통령 후보로의 변신 그리고 김종필 총재의 경우에는 원내 제3야당 지도자에서 거대 여당의 핵심인물로의 위상 제고가 목적이었다. 여당 측에서는 일본처럼 자민당이 주도하는 보수-진보의 1.5정당 체제를 꿈꾸었지만, 기실 평민당 역시 일부 친진보적인 성향이 없지는 않았으나 전반적으로는 보수적인 지역정당이었다는 점에서 3당 합당은 '보수 대연합'이라기보다는 '반호남 대연합'의 특징을 강하게 띠고 있었다. 무엇보다 3당 합당은 내각제 개헌에 대한 합의를 매개로 하면서도 이를 공식 거론하는 것은 시기상조로 판단하였을 만큼 대의명분에서 취약점을 안고 있었다. 김영삼 총재는 내각제 합의각서가 유출됐을 때 그 작성 사실을 부인했다가, 나중에서야 사실을 인정하게 됐다. "호랑이 굴" 운운한 김영삼 총재의 입장에서 보더라도 아무리 '군정 종식'을 위한 것이었다고 하지만 내각제 합의각서 작성과 그 파기 과정은 그렇게 당당한 것이었다고 보기는 어려울 것이다. 종합적으로 볼 때 3당 합당의 명분으로 내세웠던 내각제 합의 자체가 노 대통령과 김영삼 대표의 동상이몽으로 실현 불가능해졌을 뿐 아니라 계파 간의 갈등만 증폭시켰다는 점에서 노대통령은 정치적 통찰력과 추진력에서 상당한 문제점을 드러냈다는 비판을 면하기 어렵다.

그렇다고 해서 3당 합당 본래의 의도가 전혀 달성되지 못했다고 할 수는 없다. 우선 노정권으로서는 정국의 안정을 기하면서 자신이 표방한 자유민주주의적 개혁을 상당 부분 실천에 옮기고, 무엇보다 경제정책을 비롯한 제반 국가운영을 나름대로 마무리 지을 수 있었다. 또한 당내 파란과 우여곡절을 겪기는 하였지만 김영삼 대표로서도 결국 막강한 집권 여당의 후보를 확보함으로써 차기 정권을 창출할 수 있었고, 김종필 역시 소수 지역당 리더에서 여당 실력자의 위상으로 도약할 수 있었다. 다만 좌절된 것은 당초에 합의한 내각제였으며, 특히 내심 지향했던 보혁구도의 1.5정당 체제 역시 실현될 수 없을 뿐이었다.

그러나 3당 합당이 국정운영에 미친 중요한 영향은 여기에 그치지 않았다. 첫째, 지역 할거주의를 극복한다는 명분 하에 특정 지역을 고립화시키는 방향으로 지역구도 정치가 고착되었다는 점이다. 둘째, 이후 우여곡절을 겪게 되지만 민정계라는 전통적 군부 권위주의에 뿌리를 둔 정파가 주도권을 상실하고 희석되기 시작하는 계기가 되었다는 점이다. 셋째, 견제 세력이 약화됨으로써 거대여당의 독주 경향이 재연된 측면이 있는가 하면 한편으로는 특히 경제정책에 미치는 외부 압력을 차단함으로써 국가경제가 상당 부분 정상화된 측면이 동시에 나타났다는 점이다. 문제는 사회 일각의 주장대로 3당 합당의 결과로 민주화가 차질을 빚었고 이에 역행하였는가 하는 점인데, 일부 독주의 경향은 있었지만 노정권은 자유민주주의적 방향을 크게 벗어나지는 않았다고 평가할 수 있다.

3당 합당이 정치권에 미친 영향을 살펴보면, 먼저 야당의 극심한 저항을 지적하지 않을 수 없다. 야당은 전열을 정비하여 현실적으로 유일한 대항 세력으로서의 위상을 제고할 수 있었으며, 그 과정에서 지자체의 부분적 실시, 즉 기초 및 광역의회 선거 실시를 압박하여 지방의회를 구성할 수 있었다. 이것은 분명히 민주화의 진전으로 볼 수 있다. 그러나 지자제의 실시를 여야 공히 정국관리 혹은 대권 도전에 유리한 환경 조성이라는 정략 차원에서 접근했을 뿐, 풀뿌리 민주주의 실현이라는 본래의 의미를 실현하는 방향에서는 준비가 미흡했다는 점에서 야당과 노정권 모두 미숙한 스테이트크래프트를 드러냈다는 비판을 받아 마땅하다. 한편 여소야대에서의 여야 간의 정쟁은 당내 정쟁으로 옮겨져 민자당의 내분으로 전개되었다. 민자당의 내분은 결국 김영삼 후보를 받아들일 것인가 하는 문제를 놓고 전개되었는데 '대안부재'와 민정계의 분열 속에서 대세의 쏠림 현상이 나타났다.

3당 합당은 소련과 동구권 등 공산권의 붕괴와 맞물려 급진 운동권의 힘을 크게 약화시켰으며 이에 대처하는 정부의 태도에도 적지 않은 영향을 미쳤다. 공산권의 몰락은 운동권을 동요시켰다. 여기에 정부는 '공안합동수사본부'를 설치하는 등 위법 사항에 대한 적극적 처벌 조치라는 공세적 태도를 취하였다. 그 결과 위기감을 느낀 운동권은 확고한 명분도 없는 상황에서 시위 도중 일어난 강경대 군 피살사건을 계기로 대중조직과 학생의 연합전선을 형성하여 1991년 '5월 투쟁'을 전개하였다. 그러나 대안이 없는 상태에서 '정권 타도'라는 막연하고 비현실적인 구호만을 외침으로써 국민의 냉담한 반응을 자초하였고, 결국 이를 고비로 학생들이 주도한 급진적인 대중투쟁은 급격히 쇠퇴하였다.

노동정책에서도 3당 합당을 계기로 노정권은 원칙적인 자세로 선회하였다. 특히 정부는 경제상황이 상당히 악화된 가운데 1990년 현대중공업 파업 사태 이후 '총체적 위기'를 강조하면서 그동안 묵인해오던 불법 노동쟁의와 단체행동을 단속하기 시작하였다. 이에 대해 노동계는 전노협의 발족을 통해 대응하는 등 반발을 계속하였지만, 당시의 국민적 호응은 그렇게 크지 않았다. 무엇보다 그동안 노동 조건이 상당 부분 개선되었기 때문이다.

재벌개혁의 좌절

3당 합당은 노정권의 경제정책 추진에 결정적인 정치적 동력이 되었다. 당시 경제상황은 크게 악화되어 있었다. 1989년 말부터 업계 일부를 중심으로 경제위기론이 대두된 이래 1991년부터는 정부 내에서도 경제 낙관론이 퇴조하고 경제위기 의식이 확산되는 가운데 무엇보다 경제지표가 크게 악화되기 시작하였다. 경상수지 흑자는 1988년 140억 달러에서 1989년에는 50억 달러로 급감한 데 이어 1990년도에는 20억 달러의 적자로 반전되었다. 또한 물가상승률은 1990년 도에는 10%를 초과하였으며, 부동산 가격 역시 폭등하여 1980~87년에는 지가상승률이 연평균 10.5%였던 데 반해 1988년에는 24.5%, 1989년 32%, 1990년 20.6%를 기록하였다. 이러한 상황에서 3당 합당으로 노대통령은 자신의 시간과 노력을 경제로 돌릴 수 있을 여유를 확보한 데다가 경제정책을 추진하는 데 있어서도 국회로 대표되는 정치계의 압력으로부터 어느 정도 벗어날 수 있게 되었다. 따라서 경제논리를 중심으로 경제정책을 수립하고 이를 적극적으로 관리하는 방향으로 경제운용 방식을 선회하게 되었다.

무엇보다 노대통령은 경제 분야가 자신의 치적상 치명적 약점이 될 것이라는 점을 절실히 인식하고 경제관리에 적극적으로 정력을 쏟기 시작하였다. 1990년 후반부터는 경제에 관심을 표하였고, 1991년부터 적극적인 관리를 시작, 1992년 초에는 '경제 직접관리'를 표방하면서 경제장관회의를 직접 주재하는 한편, 기존의 관행과 달리 새해 업무보고를 경제부처에서부터 시작하면서 부처별 보고가 아니라 '제조업 경쟁력 강화', '국민복지 분야', '통상대책' 등 주제 중심으로 합동 보고를 하도록 하기도 하였다. 이와 동시에 전반기와는 달리 경제수석과 부총리라는 경제의 핵심 포스트를 장기간 재직시킴으로써 정책의 일관성과 안정성을 기하려고 노력하였다.

먼저 3당 합당 직후인 1990년 3월 부총리를 조순에서 이승윤으로 교체하는 한편, 경기침체의 원인을 고임금에서 찾아 임금억제를 기저로 하는 4·4 종합경기부양대책을 마련하는 등 경제회복 및 활성화 정책을 본격적으로 추진하기 시작하였다. 나아가 경제정책의 기조를 복지우선에서 탈피하여, 경제안정과 시장경제의 효율성 제고, 제조업 경쟁력 강화, 사회간접자본의 확충에 두었다. 물가안정을 위해 소비자체감 물가지수를 중점 관리, 1992년도에는 소비자물가지수를 6.2%로 묶어둘 수 있었다. 시장경제의 효율성 제고를 위해서는 정권 초창기 추진했던 금융자율화를 다시 추진, 금리자유화 및 각종 규제완화 정책을 본격화하였다. 특히 제조업 경쟁력 강화를 위해 1991년 4월부터 기술개발 정책을 위한 분기별 과학기술진흥회의를 개최, 임기 말까지 대통령이 회의를 7차례 직접 주재하기도 하였다. 5공 이래 투자 부족으로 산업의 병목현상을 일으키고 있는 사회간접자본의 확충을 위해 1991년 초 사회간접자본 기획단을 발족시켜, 이미 추진되고 있던 주택 200만 호 건설과 더불어 영종도 국제공항, 경부고속전철, 서해안 고속도로 건설에 나섰다.

이에 따라 그동안 추진해온 정책에도 대거 변화가 불가피해졌다. 농업정책의 경우 복지 차원의 재원 투입은 지속하되, 쌀 수매가 인상률을 대폭 억제하는 대신 시장개방에 대비한 경쟁력 강화에 자원을 투입하기 시작하였다. 특히 1990년 7월에는 우루과이라운드(UR) 태스크포스팀을 구성, 농어촌 구조개선작업을 입안하여 시행에 나섰다. 노동정책에서는 이미 1989년 4월에 노사관계회의에서 경제 중시 방향을 설정한 바 있거니와 1991년 이후 본격적인 드라이브를 걸기 시작, 1992년도에는 총액임금제를 도입하는 한편 임금 인상을 억제하는 데 주력하였다. 특히 1989년 3월 여소야대 국회에서 통과된 개정 노동법이 '무노동 무임금' 원칙에 위배된다고 판단, 이를 시정함과 동시에 노동시장의 유연성 확보를 위해 두 번이나 법 개정에 나섰다. 그러나 노동법 개정은 끝내 관철시키지는 못하였다.

금융실명제는 여건 미비로 전면 유보되었지만, 토지공개념을 비롯한 재벌개혁에 있어서는 성공과 좌절을 동시에 경험하였다. 재벌들의 비업무용

부동산에 대한 매각조치 역시 부분적으로나마 시행되었다. 이 문제가 정치인들의 이해와 무관한 데다가 이에 관한 관료사회의 광범위한 합의가 존재했던 것이 주요한 요인으로 지적되고 있다. 다만 1990년 5월 8일에 발표된 부동산투기 억제와 물가안정을 위한 특별보완대책의 경우에는 초법적 수단을 동원한 데다가 '토지초과이득세'의 경우에는 미실현 이익에 대한 과세라는 점에서 위헌 판결을 받는 등 무리수가 있었던 관계로 당초의 계획대로 실시될 수는 없었다. 또한 재벌기업에 대해 3개의 주력기업을 선택하게 하여, 그 외에는 여신을 규제하는 정책을 추진하는 등 '재벌과의 전쟁'을 벌였으나 극심한 반대에 부딪혀 결국 중도 철회되고 말았다. 1997년 외환위기를 맞아 캉디쉬 IMF 총재가 한 "당신 나라에서 이미 7년 전 시도했다가 못한 것을 도와주는 것"이라는 발언을 상기할 때 아쉬움이 큰 대목이다. 한편 재벌개혁을 위해 상호출자 및 상호지급 보증 관행을 차단하거나 축소하려고 시도하여, 부분적으로나마 정책을 시행할 수 있었다. 문제는 이러한 조치들이 재벌의 강력한 반발에 직면하여 당초 의도한 대로 시행되지 못하였으며, 특정 재벌기업(현대 정주영)의 정치참여를 유발하는 계기를 제공하는 부작용을 빚었다는 점이다.

북방정책의 후유증

집권 후반기 북방정책의 추진과정과 그 성과에 대해서는 비교적 잘 알려져 있다. 무엇보다 동구권과 소련의 붕괴 사태가 일어나면서 헝가리를 필두로 동구권 국가들 및 소련과의 수교로 이어졌고 이는 다시 중국을 자극하여 한·중수교가 실현되었다. 한편 이러한 성과를 토대로 남북한 유엔 가입이 마침내 이루어졌고, 이어서 남북관 계에서는 기본합의서가 체결되기에 이르렀다.

그러나 어떠한 정책이든 그 추진에는 적지 않은 문제점이 나타나기 마련이며, 그런 점에서 북방정책도 예외는 아니었다. 먼저 한·소수교에 따른 30억 달러 경협차관 문제가 있다. 이 차관은 이후 소련연방의 붕괴와 더불어 부실차관이 되어 적지 않은 논란을 빚었다. 물론 노 대통령 자신이 강조하듯이 소련의 무기가 북한에 건너가지 않은 것만 놓고 따져도 그 돈은 충분히 제 몫을 하였다고 볼 수 있다. 다만 이후 한·소관계가 소원해진 것 자체는 차기 정권의 문제라 치더라도, 당시에 역사적 성과를 지나치게 의식, 고르바초프의 정치적 위상에 대한 냉철한 평가가 부족했던 부분과 양국 간 경제협력 관계를 보다 구조화시키지 못했던 점은 아쉬운 부분이다.

중국과의 수교와 관련해서는, '하나의 중국'이라는 정책기조 때문에 불가항력적이었고 또한 보안 때문에 불가피했다 하더라도 대만에 대한 적절한 배려가 아쉬웠다. 당시 중국 측에서 먼저 수교를 제안했던 현실에 비추어 볼 때 더욱 그렇다고 할 수 있다. 이는 단순히 대만에 대한 배려를 넘어 국제적 신의 문제와 연결된다는 점에서 보다 거시적 안목에서 신중을 기할 필요가 있었다.

남북관계에서는 남북교류협력에 관한 법률을 처음으로 제정함으로써 정부의 남북관계 추진상의 법적 근거를 갖추었다는 점이 높게 평가될 수 있을 것이다. 그러나 남북관계에서 최대의 업적은 무엇보다도 기본합의서의 채택이라고 할 수 있다. 이는 남북 간에 성사된 가장 포괄적인 합의로서 평화와 통일을 향한 도정에서 남북관계를 규율할 수 있는 장전(章典)이 되었다고 평가받을 만하다. 특히 이후 북한에 대한 구속력까지는 아니더라도 최소한 도덕적·명분상의 족쇄가 될 수 있었다는 점에서 큰 의미가 있는 것이었다. 다만 얼마든지 이를 백지화할 자세를 갖고 있는 북한에 대한 실질적 억제력을 구축하기 위해 노력하기보다는 문서상 합의에 치중하였다는 점은 스테이트크래프트의 한계로 지적받을 수 있을 것이다.

4. 노태우 대통령의 스테이트크래프트 평가

이미지 중시의 리더십

　노태우 정권은 '민주화의 가교정권'이라는 독특한 역사적 위상을 갖고 있다는 점에서 그의 스테이트크래프트에 대한 평가 또한 일반적 기준이 적용되기 어려운 측면이 없지 않다. 오히려 과도기 관리라는 측면에서 스테이트크래프트가 평가되어야 할 것이다. 특히 정치적으로 군부와 TK인사 등 5공 세력이 상당 부분 중심이 될 수밖에 없었다는 점, 그러면서도 민주화된 헌법에 따라서 국가운영을 하지 않을 수 없었던 이중성에 근본적인 한계가 있었다는 점을 감안해야 할 것이다. 거기에다가 여소야대의 국회가 등장함에 따라서 정국을 야당들이 주도하는 가운데 특히 양김이 차기 대통령 후보로서 사사건건 정략적으로 움직이는 구도도 그의 치세에 크게 제약이 되었다. 먼저 노정권은 13대 국회의원 총선거를 맞아 압도적인 승리를 할 것이라는 안이한 판단, 그리고 차제에 5공 세력을 무너뜨리려는 소탐대실의 아마추어적 전략 등 정국운영에서 상당히 미흡한 자질을 보여주었다. 3당 합당은 그 자체가 스테이트크래프트의 평가 대상으로서 정략적 측면이 비교적 강했다는 점에서 적지 않은 비판을 받고 있지만, 국가운영에 미친 영향에서도 긍정적인 측면과 부정적인 측면이 공존한다.

　이러한 점을 전제로 노태우 정부의 스테이트크래프트를 부문별로 살펴보건대, 정치부문에서는 특히 시민권의 신장 측면에서 상당히 긍정적인 평가를 받을 수 있을 것이다. 특히 그것이 여소야대 하에서 뿐만 아니라 1987년 6·29선언 직후에 상당 부분 이루어졌다는 점에서, 대선을 앞둔 정략적 조치였다고 하더라도 '선제적인 민주화'였던 것을 부인하기는 어렵다. 아울러 5년 임기 동안 군부 통제를 원만히 함으로써 문민정권으로의 가교역할을 원활히 한 점은 크게 평가되어야 할 것이다.

　반면에 비판적 혹은 부정적인 평가를 받을 부분도 적지 않다. 무엇보다도 민주화의 필연성을 지나치게 단순화하고 낙관한 나머지 민주화될수록 더욱 강하게 요청되는 시민적 자율과 책임, 그리고 국민통합의 연대성을 소홀히 함으로써 선진국을 표피적으로 흉내내기에 바쁜 사회구조를 만들어놓았다는 비판을 받기도 하였다. 그 결과 폭발적인 민주화 열기에 밀려 정부는 확고한 리더십을 발휘하지 못한 채 상황에 떠밀려 갈 수밖에 없었다. 당시 청와대 참모진들은 스스로를 자조적으로 '하루살이 정권'이라고 표현하기도 하였다. 여기에는 여론에 민감하고 내실보다는 명분과 외양 혹은 이미지를 중시하는 노 대통령 자신의 인기 지향적 리더십 성향이 적지 않은 영향을 미친 것으로 보인다.

　또한 민주화 과정에서 분출된 사회적 요구와 노사갈등으로 인해 어려워진 국가운영을 정상화하기 위해 3당 합당을 했지만, 소기의 성과를 충분히 거두었다고 보기는 어렵다. 첫째, 3당 합당은 후계 구도와 연계되어 당내 갈등이 심화됨으로써 제대로 정국안정이 이루어지지 못했다. 둘째, 여당의 대통령 후보가 확정된 이후에도 갈등은 재연되어 결국 노 대통령의 탈당과 중립내각으로 원만한 국가 운영이 지장을 받았다. 이는 또한 노 대통령과 후보와의 관계를 소원하게 만듦으로써 차기 정권에서 터져나온 '비자금사건'을 초래하는 먼 원인이 되기도 하였다. 비자금사건 자체는, 민주화로 환경은 근본적으로 변화되었지만 가치관과 행동방식은 여전히 권위주의에 머물러 있던 노정권의 과도기적 스테이트크래프트의 한계를 단적으로 드러낸 것이라고 하겠다.

경제, 절반의 성공

　국가운영의 종합성적이라고 할 경제부문의 치적 역시 묘한 이중성을 보여주고 있다. 극심한 노사분규와 국제수지 적자, 가파른 물가상승과 국가경쟁력 저하라는 악재 속에서도 각종 경제지표는 비교적 건전한 상황을 유지한 것이다. GNP는 1987년 1,289억 달러에서 1992년 2,900억 달러로 두 배 이상 증가하였고, 1인당 GNP도 2,700달러에서 92년 7,000달러로 두 배 이상 증가하였다. 그동안 연평균 8.4% 경제성장을 달성하였으며, 고용만 하더라도 통계가 시작된 1963년 이래 가장 낮은 2.3%의 실업률을 기록, 실질적으로 완전고용을 달성하였다. 그 외에도 임기 중에 자동차 보유 대수는 71만 8,000대에서 320만 대로, 전화 회선은 1,022만 회선에서 1,900만 회선으로 증가하였고, 주택 보급률도 1991년도에는 74.2%에 달함으로써 중산층 이하 서민들도 내집 마련의 꿈을 실현시킬 수 있었다. 총외채도 5공 말과 비슷한 430억 달러를 차기 정부에 인계하는 등 수치상으로만 보면 비교적 관점에서 당시까지의 기간 중 한국경제의 최고 정점을 찍었다고 해도 과언이 아닐 것이다. 재벌개혁 등 경제력 집중 완화를 위해서는 상당한 노력을 기울여 부분적 성과를 거두기는 하였지만 전체적으로는 자본가들의 반대와 경기침체로 내용이 완화되거나 지연되었다는 점에서 '절반의 성공'이라고 할 수 있을 것이다.

　경제부문에서 가장 큰 문제점은 분명한 비전과 구체적인 정책 프로그램을 결여한 채 경제팀의 잦은 교체로 정책의 일관성을 상실함으로써, 기업 등 경제주체들이 경제행위를 미리 설계하고 안정적으로 추진하기 어렵게 만든 점을 들 수 있다. 무엇보다 복지와 경제성장 간의 균형이 유지되지 못했고 따라서 자원분배상의 균형이 끊임없이 문제가 되었으며, 특히 민간과 정부, 중앙과 지방의 역할 분담을 위한 '종합 조정체제'의 구축이 필요한 시점에서 이를 제대로 추진하지 못했다는 점이 문제로 지적될 수 있다. 특히 집권 전반기에는 여러 집단들의 요구폭발과 국가운영 노선상의 혼미 속에서도 경제문제를 안이하게 생각한 나머지 정책 관리를 아래에 위임함으로써 적지 않은 시행착오를 되풀이하였다. 다만 집권 후반기에는 나름대로 상당한 노력을 기울였으나 전반기가 남긴 후유증으로 인해 자신이 투입한 노력만큼의 성과를 거두는 것을 제약·약화시키는 결과가 초래되었다. 그런 점에서 종합적으로 볼 때 노 대통령의 경제 분야에 있어서 스테이트크래프트는 큰 평가를 받기 어렵다고 볼 수 있다.

시행착오로 얼룩진 민주화의 가교

북방정책은 노태우 정권의 스테이트크래프트가 그중 높은 평가를 받는 부분이라고 할 수 있다. 물론 이는 소련과 동구권의 몰락이라는 세계사적 전환과 맞물렸다는 점에서 시운도 크게 작용한 측면을 부인할 수는 없다. 그러나 취임 초부터 7·7선언을 통해 명확한 비전과 구상을 제시하고 이를 일관성 있게 추진해가는 과정에서 역사적 호기를 만나 그에 따른 성과를 거두었다는 점에서 스테이트크래프트의 모범적 사례로 인정받을 수 있을 것이다.

다만 남북한 관계에서는 남북합의서 등 상당한 성과에도 불구하고 적지 않은 한계를 보였던 것도 사실이다. 먼저 대북관계가 공식 창구보다는 개인 참모들을 중심으로 진행되었다는 비판을 받을 수 있다. 물론 초기 단계에서는 불가피했다고 하더라도, 정책 자체가 과도하게 특정인의 야심과 연결된 것으로 부각되어 일각의 오해와 부작용을 자초한 것은 문제였다. 또한 한민족공동체통일방안을 마련하여 통일의 청사진을 마련한 점은 평가될 수 있겠지만, 그 과정에서 '민족'에 역점을 둔 나머지 '체제 문제'를 다소 경시한 측면이 없지 않았으며, 이는 '연합'이 갖는 모호성과 맞물려 그 후 대북정책의 추진과정에서 발생한 적지 않은 혼란과 갈등의 씨앗을 뿌렸다는 비판을 받을 수 있다. 한편 한·미 간 협의를 거쳐 나온 '한반도 비핵화선언' 및 남북 총리회담에서 합의한 '한반도 비핵화에 관한 공동선언' 그리고 남한에서의 '핵 부존재 선언' 역시 적지 않은 문제점을 가진 것이었다. 물론 북한이 핵확산금지조약(NPT)과 국제원자력기구(IAEA)에 가입했으면서도 미루고 있던 비준을 유도해냄과 동시에 주한미군에 대해 핵사찰을 요구하는 북한의 구실을 뺏기 위한 전략이었다는 점은 인정될 수 있다. 그러나 북한과의 합의를 통해서 저들의 핵 개발을 막을 수 있을 것이라는 나이브한 자세로 일관한 점은 비판을 면키 어렵다. 공산권이 붕괴되고 있던 상황을 지나치게 낙관한 나머지 북한의 대남정책을 너무 안이하게 판단하였던 것이다. 그 결과 이후 북한의 핵 개발에 대해 속수무책일 수밖에 없는 상황을 조성하는 원인(原因)을 제공하였다는 비판에서 전적으로 자유롭지 못하게 되었다. 다만 북한의 정상회담 제의에 대해서는 그것이 임기 말이기도 했지만, 특히 김일성 생일을 전후한 축제에 초대한다는 성격을 띠고 있었다는 점에서 이를 거절한 것은 긍정적으로 평가될 수 있을 것이다.

결론적으로 노태우 정부는 민주화된 환경 속에서 이에 적합한 민주적인 국가운영 원리를 도입하는 등 '민주화의 가교정권'으로서의 스테이트크래프트는 나름대로 발휘할 수 있었다. 그러나 노대통령 자신의 소극적이며 스타일리스트적 리더십으로 크고 작은 시행착오를 거듭하였다. 그 결과 민주화를 정초한 정권으로서 바람직한 틀을 만들지 못하고 향후 극한적인 갈등과 대립, 그리고 혼란과 부패로 얼룩진 국가운영의 틀을 주조하였거나 적어도 그런 방향에서 적지 않은 영향을 미쳤다는 점에서 그의 스테이트크래프트는 뚜렷한 한계를 갖고 있었다고 할 수 있다.

오늘 우리는 그렇게도 애타게 바라던 문민 민주주의의 시대를 열기 위하여 이 자리에 모였습니다.
오늘을 맞이하기 위해 30년의 세월을 기다려야 했습니다.
마침내 국민에 의한, 국민의 정부를 이 땅에 세웠습니다.
저는 신한국 창조의 꿈을 가슴 깊이 품고 있습니다.
신한국은 보다 자유롭고 성숙한 민주사회입니다. 정의가 강물처럼 흐르는 사회입니다.
더불어 풍요롭게 사는 공동체입니다. 문화의 삶, 인간의 품위가 존중되는 나라입니다.
갈라진 민족이 하나되어 평화롭게 사는 통일조국입니다.
새로운 문명의 중심에 우뚝 서서, 세계의 평화와 인류의 진보에 기여하는 나라입니다.
누구나 신바람나게 일할 수 있는 사회, 우리 후손들이 이 땅에 태어난 것을 자랑으로
여길 수 있는 나라, 그것이 바로 신한국입니다. 우리 모두 이 꿈을 가집시다.
- 1993년 2월 25일, 제14대 대통령 김영삼 취임사에서

제8장 김영삼 대통령의 스테이트크래프트

1. 서론

1992년 12월 18일 3파전 구도로 전개된 제14대 대통령 선거에서 민자당 김영삼 후보는 41.4%의 득표율을 기록, 33.4%를 득표한 민주당 김대중 후보를 누르고 승리하였고, 이듬해 2월 25일 대통령에 취임했다. '트로이의 목마'라고 할 3당 합당이라는 모험에 정치생명을 건 이후, 일부 동지들로부터의 '변절' 혹은 '투항'이라는 비난과 더불어 당내 투쟁에서의 숱한 우여곡절을 거친 끝에 마침내 '호랑이 굴에 들어가 호랑이를 잡는' 데 성공한 것이다. 권위주의 정권의 유산인 민정계 및 공화계와의 연합으로 집권했다는 점에서 태생적 한계를 안고 있었지만, 장면 정권 이후 32년 만에 첫 '문민정부'가 출범한 것은 역사적인 사건이었다.

당시 김영삼 정권은 매우 유리한 국내 정치적 환경에 처해 있었다. 첫째, 대선에서 200만 표 이상의 격차로 당선된 데다가, 그의 라이벌인 김대중은 선거 결과가 확정된 19일 곧바로 정계 은퇴를 선언하고 다음 달 영국으로 출국하였다. 또한 대선에서 16.1%로 3위를 득표한 정주영 국민당 후보 역시 1993년 2월 8일 정계은퇴를 선언하고 경제계로 복귀하였다. 둘째, 대선을 전후하여 일부 이탈은 있었지만 3당 합당 이후 형성된 여대야소의 정치 구도에 기본적인 변화는 없었다. 셋째, 언론들 역시 오랜 군부 권위주의 이후 처음 등장한 문민정부에 대해 매우 협조적인 태도를 갖고 있었다. 경제적으로는 6공화국 후반기의 경제안정 정책으로 인플레이션은 어느 정도 진정되었고 또 부분적이나마 재벌개혁 정책으로 경쟁력은 다소 회복되었지만 민주화 과정에서 경험한 정책적 혼란과 불황은 여전히 지속되는 등 상반된 현상이 공존하고 있었다.

반면에 대외적으로는 만만치 않은 환경이 조성되고 있었다. '한반도 비핵화 공동선언' 이후 북한이 상호사찰 이행 요구를 거부한데 이어 미신고 핵시설에 대한 IAEA의 사찰 요구를 거부하는 등 북핵문제가 본격적으로 부상하기 시작한 것이다. 또한 자유무역을 확산시키기 위한 우루과이 협상은 실질적으로는 거의 타결된 상황에서 마무리 단계에 들어서는 등 세계화 현상이 본격화되고 있었다.

취임 당시 김영삼 대통령은 나름대로 자신의 현실 진단과 더불어 향후 국가운영의 철학과 방향을 제시하였다. 그 내용인즉슨, 오늘날 한국은 자신감 상실과 패배주의라는 '한국병'을 앓고 있다고 진단하고, '변화와 개혁'을 통해 이를 치료하여 '신한국'을 창조하자는 것이었다. 특히 부정부패 청산, 경제 살리기, 국가기강 확립의 3가지 과제를 제시하면서 '위에서부터 바꾸자'고 강조한 것은 원론적으로는 올바른 방향 설정이었다고 볼 수 있다. 문제는 정치개혁의 구체적인 방향을 명확히 제시하지 못한 채 부정부패 청산에만 머물렀던 점이다. 부정부패의 청산이 시급하고 반드시 필요한 과제였던 것은 분명한 사실이었다. 그러나 6공화국을 끝으로 군부 권위주의가 국가운영의 전면에서 퇴각한 당시의 상황에서는 무엇보다 미래지향적·창조적인 방향에서 근본적인 국가개혁이 필요했다. 다음으로 경제 살리기 역시 중요했지만 이보다는 6공화국 후반기에 추진되던 재벌개혁을 비롯한 제반 경제개혁을 보다 심화시키는 것이 시대적 과제였다. 가장 문제가 될 수 있는 것은 대외정책 부분이었다. 무엇보다 북한의 핵사찰 거부가 쟁점으로 떠오르고 있는 상황에서 '민족 우선'을 내세운 것은 적실성에서 문제가 있었다. 한편 우루과이 라운드가 실질적으로 타결되어가는 상황에서 '쌀 개방만은 결사 저지하겠다'는 대선공약 이후 아무런 실질적인 비전과 대안 제시가 없었던 것도 문제였다. 그런 점에서 김영삼 대통령은 처음부터 스테이트크래프트 상의 상당한 문제점을 드러내 보여주었다.

2. 초기 개혁의 성과와 문제점

전격적인 군 개혁과 부정부패 척결

이렇게 김 대통령은 국가운영상의 현실 진단과 방향 설정에서도 문제가 있었지만, 그보다는 실제적인 정책 수립과 시행과정에서 문제점이 속출하여 임기 내내 끊임없이 논란을 일으켰다. 취임 첫해에는 상당히 성공적으로 국가운영을 주도한 것으로 보였다. 그것은 권위주의 시대의 통치적·사회적 제반 관행과 유습을 청산하되 무엇보다 공직자의 부패를 척결하자는 것으로서, 특히 문민정부의 정통성을 기반으로 대통령이 위에서부터 솔선수범 자세로 개혁을 선도하는 형식으로 추진되었다. 먼저 그동안 보안상 제한이 가해졌던 청와대 앞길과 경복궁 후문, 그리고 인왕산 출입을 허용한 데 이어, 밀실정치의 상징으로 여겨졌던 궁정동 안가 철거는 물론, 청와대 경내 골프 연습장과 공항의 대통령 전용시설을 철거하고 지방의 대통령 전용 공관도 폐쇄하였다. 청와대 식단을 간소화하여 이른바 '칼국수'

가 등장하기도 하였다. 이러한 상징적인 조치들은 나름대로 충분한 의미를 가진 것이었다고 하겠지만, 문제는 이후 구체적으로 추진된 국정 개혁 과제에 있었다.

첫째는 국가운영에서 군부통치의 유산을 청산하고 민간화를 완성하겠다는 차원에서 추진한 선제적이고 전격적인 군부개혁 문제다. 김 대통령은 무엇보다 스피드를 중시하여, 취임 이후 열흘 남짓 지난 1993년 3월 8일 하나회 회원인 김진영 육군참모총장과 서완수 기무사령관을 전격적으로 경질하였다. 이어서 12·12사태를 비롯해 비리와 관련된 하나회 출신 장성에 대한 대대적인 숙군을 단행하였다. 그리하여 100일 동안 국방부를 비롯한 군 고위 간부 87명 중 50명을 교체하는 등 총 1,000여 명의 장교가 물갈이 되었다. 이어서 군내 부정부패와 관련되었다고 알려진 '율곡사업'과 기타 진급부정 수뢰혐의에 대해서도 철저한 조사를 실시, 6개월 만에 군단장급의 62%, 사단장급의 39%를 인사 조치하였고, 그 외에도 적지 않은 장성과 영관급 인사들이 전보·해임·전역되었다.

이러한 군 개혁으로 군부는 결정적으로 정치적 영향력을 상실하게 되었고, 그 결과 신생 민주주의를 위협할 수 있는 가장 폭발적인 뇌관은 완전히 제거될 수 있었다. 그러나 부작용도 적지 않았다. 먼저 율곡사업에 대한 감사에서는 과거 통치권의 리베이트에 초점을 맞춘 채 차세대 전투기 기종 변경을 비롯한 23개 사업에 대한 특별 감사를 실시하였지만, 구체적인 비리는 없었던 것으로 드러났다. 그러나 가장 큰 후유증은 하나회 숙청에 따른 문제점이었다. 하나회에 대한 불신이 너무 강했던 나머지 군인 전체를 '정치군인'으로 매도하는 분위기가 형성되어, 당시 장교들이 군복을 착용하는 것 자체를 수치스러워하는 분위기까지 조성되었다. 이는 남북이 군사적으로 대치하고 있는 상황에서는 국가안보상 커다란 문제가 아닐 수 없었다. 나아가 하나회를 해체한 이후 군내에 우수한 인재를 발탁하는 인사제도를 마련하는 데는 소홀히 한 결과 지역적·정치적 연고를 업고 정실인사가 비집고 들어오는 계기가 된 것도 커다란 문제였다.

둘째는 이와 동시에 추진된 공직개혁으로서의 부정부패 척결 문제였다. 김 대통령은 "단 한 푼의 정치자금도 받지 않겠다"는 폭탄 선언과 함께 17여억 원에 달하는 자신과 가족의 재산을 솔선하여 자진 공개하였다. 이를 계기로 '윗물맑기운동' 차원에서 공직자의 재산등록이 공개된 결과 신임 각료 2명이 자진 사퇴하였으며, 부정축재의 의혹이 짙은 공무원 3,000명이 구속·파면·징계되었다. 이러한 분위기는 입법부에도 확산되어, 김재순·박준규 등 전현직 국회의장을 비롯한 수명의 의원들이 의원직을 사퇴하고 당을 떠나야 했다. 그 결과 김영삼 대통령의 지지도는 95%까지 치솟았으며 당시 십대 청소년들이 가장 좋아하는 '우상'으로까지 선정되기도 했다. 김 대통령은 이를 바탕으로 이후 여러 가지 '파천황적 개혁조치'를 추진할 수 있는 동력을 얻었다. 이러한 개혁의 시작은 대통령의 결단과 정치력에 의해서 점화되었지만, 국민적 지지에 힘입어 공직자에 대한 '성역 없는 사정'과 '부정방지대책위원회' 설치 및 '공직자 윤리법' 개정, 그리고 '공직자 재산등록'의 법제화 등으로 발전해갔다. 그리하여 3부(府) 소속 공무원 3만여 명에 대한 재산등록제가 실시되었고, 이는 국세청·관세청·법무·검찰·감사원 등 권력기관 공무원의 경우 4급 이상 직원에게까지 확대되었다.

이러한 초기 개혁들은 한국사회를 개혁하는 데는 커다란 성과를 거두었지만, 그 시행과정에서 적지 않은 문제점을 드러냈다. 우선 사정의 대상이 정치적 반대자들에게 집중된 반면 협력자들에 대해서는 시늉만 하는 '솜방망이'가 된 결과, 형평성 차원에서 적지 않은 논란을 일으켰다. 그러나 가장 큰 문제점은 무엇보다도 개혁에 대한 국민들의 기대를 너무 높였다는 점이다. 특히 김 대통령은 초창기 공직사회가 미온적 분위기를 보이자 "우리는 통한의 눈물로 지난날을 반성해야 합니다. 그러나 재산공개와 관련하여 진정으로 참회하는 사람을 저는 보지 못했습니다. 우리의 도덕적 불감증은 이 지경에 이르렀습니다"라고 질타하는 등 마치 불의한 권력에 맞서는 구약성경의 예언자적인 풍모를 보이기까지 했다. 따라서 개혁이 기대에 충분히 부응하지 못할 경우, 특히 이를 주도하는 핵심세력에게 하자가 발생할 때에는 개혁이 좌초하는 것은 물론 국가운영 전체가 난맥상에 빠질 수밖에 없는 위험을 내포하고 있었다.

금융실명제의 도입과 재벌 주도 경제

김영삼 정부의 초기 개혁 중 회심의 역작은 1993년 8월 12일 대통령 긴급재정명령 제16호로 전격 발동된 '금융실명제'였다. 그리고 이는 김영삼 대통령의 최대 업적이라는 것을 부인할 수 없다. 그러나 스테이트크래프트 면에서 볼 때는 목표 설정부터가 문제였다. 실명제는 경기회복, 투자 및 수출증대를 통해 국가경제를 활성화하고자 했던 당시의 경제정책과 상충되는 성격을 지닌 것이었다. 이는 오로지 사회 도덕성 회복, 더 구체적으로는 정치개혁, 즉 공직 사회 개혁을 위한 준비과정으로 금융질서상의 도덕성 회복이라는 차원에서 구상·추진된 것이었다. 그만큼 우리 사회, 특히 공직사회의 부패가 심각했다는 반증이기도 하지만, 정책의 목표 설정에서는 확실히 문제가 있었다. 그런 점에서 실명제는 장기적 차원에서는 우리 사회에 긍정적인 영향과 효과를 미친 것은 분명하지만, 적어도 김영삼 정부의 국가운영 차원에서는 심각한 후유증을 남긴 것도 사실이었다.

원래 금융실명제는 소득에 대한 종합과세를 위한 수단으로서 종합과세와 함께 실시되어야만 의미를 가질 수 있다. 따라서 핵심은 금융실명제가 아니라 종합과세에 있다고 할 수 있다. 그런 만큼 중요한 것은 예금이자에 대한 종합소득세를 점진적으로 확대·발전 시켜나가는 것이었다. 문제는 종합과세의 도입은 뒤로 미룬 채 그 수단에 불과한 실명제에 집착하여 이를 개혁의 상징으로 추진했다는 데 있다. 이렇게 된 데에는 5공화국 이래 금융실명제가 몇 차례 추진되다 좌절되는 과정에서 국민들 사이에 개혁의 상징으로 각인된 것이 배경이 되었다. 따라서 국가운영을 하는 입장에서는 정책의 우선순위와 함께 실현 가능성을 가려내어 추진했어야 하는 것이다.

그런데도 김영삼 정부는 실명제를 여론몰이식으로 실시했으며, 그로 인해서 제대로 실효를 거두지 못하였을 뿐 아니라 경제적으로 어려운 상황을 자초했던 것이다. 그 결과 일상적인 자금의 흐름을 교란시켜 사채시장에 의존하던 중소기업들이 자금난을 겪다가 부도를 맞는 사태가 줄을 잇게 되었다. 무엇보다 중요한 것은 재산 소득자의 수입은 드러나지 않은 채 근로 소득자의 수입만 투명하게 드러남으로써 오히려 저소득층에 불리한 여건을 초래하고 말았다. 그리하여 오히려 '못 가진 자가 고통 받는 시대'가 도래하고, 가진 자의 과소비 풍조가 만연되는 부작용이 나타나게 되었다. 결국 금융실명제의 후유증으로 1994년 말까지 거의 1년 반 동안 개혁 자체가 침체기에 빠졌다. 이후 금융실명제는 두 차례의 보완조치를 거치는 가운데 당초 긴급명령을 통해 추진하려고 했던 본래의 취지는 거의 사라졌고, 마침내 임기 말 IMF체제의 등장 속에서 대체 입법으로 변형되었다. 그리고 종합소득세는 경제 여건을 감안한다는 명분 아래 무기한 연기되었다.

결국 부패 척결 및 투명성 제고라는 시대적 과제가 아무리 중요하다 하더라도 경제정책을 경제논리보다는 정치적 시각에서 접근 한 결과, 상당부분 실패를 자초하였던 것이다. 특히 개혁이 국민적 합의를 거쳐 적법한 절차에 따라 추진되지 않고 오히려 대통령 개인의 의지와 결단에 따라 정치적으로 추진됨에 따라서 정상적인 국가운영에 막대한 지장을 주었을 뿐만 아니라 개혁 자체에도 심대한 차질을 초래하였다. 더구나 개혁에 대한 비판과 신중론에 대해서 "법과 제도가 완비될 때까지 기다리라는 것은 개혁을 하지 말자는 것이며, 그런 주장을 하는 사람은 개혁을 두려워하고 기피하는 사람들"이라고 반박하여, 비판을 수용하지 않는 '독선적 지도자'라는 인상을 주기도 하였다.

문민정부는 금융실명제를 필두로 변화와 개혁의 기치 하에 국정 전반에 걸쳐 새로운 정책방향을 제시하고 추진하였다. 그러나 전체적으로 잘못된 현실 진단, 명확하지 못한 목표 설정 그리고 애매한 우선순위 등으로 적지 않은 문제점을 초래하였다. 먼저 경제 분야에서는 처음부터 상호 모순되는 정책방향이 제시되면서 혼란이 빚어졌다. 한편에서는 분배 등 경제정의의 실현을 정책적 기조로 제시하면서도 오히려 경기부양을 목표로 규제를 풀고 돈을 풀어놓는 '신경제 100일 계획'을 추진하였던 것이다. '6공이 업종 전문화니 뭐니 하면서 재벌을 틀어쥐는 바람에 경제발전이 위축됐다. 이것을 풀지 않으면 경제성장이 어렵다'는 재벌들의 하소연이 받아들여진 것이다. 이 과정에서 정부와 재벌의 관계는 완전히 역전되는 모습을 보이기 시작했다. 이건희 삼성 회장이 "정치는 4류, 공무원은 3류, 기업은 2류"라고 질타하면서 여론을 주도하였고, 결국 '경제 살리기'를 표방한 정부의 수장인 대통령은 이에 대해 묵묵부답인 채로 재벌들의 요구를 수용하였던 것이다. 이후 재벌들의 엄청난 과잉 중복투자가 시작되었다. 삼성의 승용차산업 진출이 대표적인 사례였다. 이렇게 돈과 규제를 푼 결과 증권시장은 과열되었고, 경제의 체질 자체가 불건전하게 바뀌기 시작하였다. 후일 IMF 사태를 맞으면서도 "우리 경제 기초는 매우 건전하다"는 주장을 되풀이했지만 사실은 이와는 전혀 달랐다. 빚을 얻어 투자를 하더라도 투자기간 동안에는 성장률이 높게 나타나며, 밑지면서 수출을 해도 성장은 이루어지는 것으로 나타났기 때문이다. 문제는 적자가 나는 부분은 전부 은행이 떠안게 되며 결국 이것이 외환위기로 전가되어 나타났던 것이다.

김영삼 정부는 집권 초부터 건전한 산업발전 그리고 분배정책을 위해서 동원 가능한 모든 재원을 중소기업 육성에 투자한다고 강조한 바 있다. 그러나 정부의 경제정책이 오히려 재벌에 끌려가게 됨에 따라서 중소기업정책은 들어설 공간마저 현저히 축소되지 않을 수 없었다. 설상가상으로 1993년 말 우루과이 라운드가 완전 타결됨에 따라서 쌀 개방이 현실적인 문제로 닥쳐오게 되었다. 상황을 어렵게 한 것은 선거공약으로 쌀 개방을 막는 데 대통령직을 걸겠다고 장담했던 김영삼 정권으로서는 자본 자유화, 국제적 시장개방 등에 대한 종합적이고 포괄적인 대응책을 마련하는 데는 입지가 너무나 취약했다는 점이다. 당장은 농민과 야당의 극심한 반발에 직면하여 수년간 57조 원을 농촌에 투자하는 등 자원을 농촌구조 개편 사업에 집중시키지 않을 수 없었다. 그 결과 중소기업 육성책은 그 자체가 완전히 증발된 가운데, 농촌은 농촌대로 쌀 개방이 불가피해짐에 따라 정부에 대한 불신이 고조되는 등 민심 이반만 가속화되기 시작하였다.

기조가 달라진 노동정책과 대북정책

노사관계에서는 극심한 정책적 널뛰기 현상을 보여주었다. 처음에는 노동정책의 민주화를 주창하면서 노조활동의 자율성 보장 및 노사관계에서의 국가의 중립성 확보라는 방향으로 정책을 도입하려고 시도했다. 1993년 6월 김 대통령은 "정부는 노동자와 회사 어느 쪽에도 기울지 않고, 위법에 대해 엄정히 법을 지킬 것"을 천명하였고, 이어서 정부 당국은 전노협을 대화 파트너로 인정하겠다는 입장을 밝힌 데 이어, 전교조 가입으로 해임된 교사들의 복직을 단행하기도 했다. 그러나 바로 다음 달인 7월 현대그룹 노동조합 총연맹 연대파업을 계기로 과거 정권에서도 하지 않았던 '긴급 조정권'을 발동하는 등 정책을 전면적으로 선회하였다. 이후 세계화 전략이 본격적으로 추진되면서는 노동정책 역시 국제경쟁력 강화로 주안점이 완전히 옮겨가게 되었다.

대북정책에서도 혼선이 초래되었다. 취임사에서 "어떠한 이념도 민족보다 우선할 수 없다"고 천명한 데 이어서 곧바로 미전향 장기수인 이인모 노인을 북송하였다. 그러나 북한이 미등록 핵시설에 대한 사찰을 거부하면서 NPT(핵확산금지조약) 탈퇴를 선언함에 따라 이러한 대북 화해기조는 지속될 수 없었다. 특히 북한의 핵개발에 대처하는 데 주도권을 발휘하지 못한 채 북·미회담을 옆에서 지켜볼 수밖에 없는 상황을 자초하기도 했다. 한때 핵문제 해결과 연계하여 공을 들였던 남북정상회담 또한 1994년 7월 김일성 주석의 사망으로 무산된 데 이어 조문파동까지 일어났고, 1995년도에는 어렵게 추진하던 식량 원조까지 말썽을 일으키자 북한을 곧 '망할 정권'으로 매도하는 등 정책방향이 완전히 선회하고 말았다.

한 걸음 나아간 정치개혁

그 후 김영삼 정부의 국가운영은 초창기에 전격적으로 실시된 제반 개혁조치의 후속 법제화와 더불어 그 후유증을 수습하는 데 집중되었다. 정치개혁에서는 여야 간 타협과 적절한 절차를 밟은 결과 상당한 성과를 거둘 수 있었다. 이는 김 대통령의 오랜 정치경험에서 우러난 스테이트크래프트가 적절하게 발휘된 결과라고 할 수 있을 것이다. 무엇보다 1994년 3월 통합선거법·정치자금법·지방자치법 등 3대 정치개혁 입법을 실현시켰다. 통합선거법 제정을 통해서는 선거일의 법정화, 전체 선거운동 기간의 단축과 더불어 대중 매체를 통한 선거운동 실시 유도 및 선거사범에 대한 처벌 강화 등 '돈 안 드는 선거, 깨끗한 선거'라는 목표를 향해서 상당한 진전을 기할 수 있었다. 정치자금법 개정을 통해서는 정액영수증 제도를 도입하였고, 후원회 제도를 보다 강화한 데 이어 정당에 대한 국고 보조금을 확대하였고, 선관위의 권한도 확대하였다. 다만 정차자금의 조달 부분에 초점을 맞춘 결과, 지출과 조달에 대한 통제와 공개에 대해서는 별다른 조치를 취하지 못한 것이 한계였다. 이러한 정치개혁은 그 후 정권 말기 대선을 앞두고 세부사항에서 조정되었지만 정치개혁의 법제화로 관권개입 및 부정선거는 이전에 비해 크게 감소될 수 있었다. 다만 기성정당의 기득권이 수호되는 가운데 정치자금 실명제가 관철되지 못한 결과 금권선거와 흑색 비방 선거의 병폐는 여전히 불식되지 못하는 한계가 있었다.

지방자치법 개정으로 기초 및 시도 단체장 선거제도가 도입, 1995년 6월 27일에는 4대 지방선거가 실시됨으로써 본격적인 지방자치 시대가 개막되었다. 문제는 지방자치를 추진하면서 이에 맞는 제도적 대비책을 제대로 준비하지 못했다는 점이다. 무엇보다 지방 재정이 자립할 수 있도록 국세와 지방세를 재조정하는 문제는 제대로 손도 대지 못했다. 또한 지방 차원에서 자치단체와 의회가 담합하는 경우에 대한 견제 내지는 감시제도도 마련하지 못했다. 그 결과 상호 모순되는 현상이 지금까지 이어지면서 그 폐해가 날로 심화되고 있다. 즉 지역이기주의가 날로 강화되면서 국가적 원심력이 커지고 있는 가운데, 한편에서는 지방의 선출직 공직자들이 중

앙 정치에 종속되는 일종의 봉건현상이 나타남으로써 풀뿌리 민주주의가
자리 잡지 못하고 있는 것이다.

3. 김영삼 정권 중반기의 스테이트크래프트

세계화로 신자유주의를 품다

김영삼 정권의 국가운영은 중반기에 들어서면서 초기 개혁의 문제점을
보완하는 등 나름대로 정상적인 방향을 잡아가고 있었다. 그러나 몇 가지
새로운 환경과 문제점에 봉착할 수밖에 없었다. 첫째는 1993년 말 우루과
이 라운드 타결 이후 현실적으로 닥쳐온 세계무역기구(WTO) 체제라는 새
로운 국제경제 환경의 대두에 따라 국정의 목표와 우선순위를 조정해나가
지 않으면 안 되었다. 둘째는 국내 정치적인 환경으로서 대통령의 지지율
하락 문제였다. 사실 이는 어떤 면에서는 지극히 자연스러운 현상으로서
취임 초의 개혁적 분위기 속에서 일시적으로 치솟았던 지지율이 점차 정
상적인 자리를 잡아가는 과정이었다. 문제는 지지율 저하가 초기 개혁, 특
히 사정의 부작용으로서 지역적·정파적 기반을 토대로 하는 집권 세력 내
부의 균열로 나타나기 시작하였다는 점이다.

문제는 김영삼 정부의 대응 방향이었다. 자신의 개혁을 지지해주는 탄탄
한 계층적 지지기반을 구축하기보다는 거품 형성하듯이 당장의 지지율을
유지하려는 이벤트성 개혁을 지속하는 가운데, 포스트 김을 노리는 '후계
정치'가 가세하여 일종의 '뺄셈의 정치'로 집권연합이 붕괴되기 시작했던
것이다. 또한 김영삼 정부는 국가운영 측면에서는 초기의 개혁성과를 토
대로 차분하게 국제환경에 대처하는 전략을 수립하여 추진하지 못한 채,

성급하게 국제화·세계화의 구호를 앞세우는 등 즉물적인 대응으로 일관했던 것이다.

　김영삼 정부가 새로운 국가운영의 기조로 내세운 것은 국제화 내지는 세계화 정책이었다. 1993년 말 우루과이 라운드 타결 이후 1994년에 들어서면서 김영삼 정부는 '국제화'를 새로운 국정운영 혹은 개혁의 방향으로 언급하기 시작했다. 그러다가 1994년 11월에는 인도네시아 보고르에서 개최된 에이펙(APEC) 정상회담 이후 시드니 행 기내에서 '세계화 정책'을 정식으로 밝혔다. 이후 김영삼 정부는 그동안 추진해오던 모든 개혁의 방향을 '경쟁력 강화'로 전환했고, 1994년 11월에는 경제기획원을 재정경제부로 개편한 데 이어, 1995년 1월 초에는 민관합동의 '세계화추진위원회'를 발족시켰다.

　이러한 정책은 당시 태동하던 세계화 현상에 대응하기 위한 것이었다는 점에서 기본적으로는 옳은 방향이었으며 특히 우리와 같은 수출주도형 국가로서는 오히려 만시지탄이었던 면이 있다. 문제는 그것이 국가경쟁력 강화를 앞세운 신자유주의적 일변도였다는 점에서 기존에 추진해오던 '변화와 개혁'과는 기조를 상당히 달리했고, 어떤 면에서는 상반되는 성격을 갖는 것이었다는 데 있다. 세계화는 지지도 하락에 따라 새로운 정책의 돌파구를 마련하고자 한 대통령의 의도에서 나온 성급한 조치였으며, 특히 정책들은 치밀한 사전계획 없이 즉흥적으로 나왔던 것이다. 그 결과 사법개혁·교육개혁 등 각종 사회개혁을 추진하여 일정한 성과를 얻기도 하였지만, 정치적 목적성과 즉흥성으로 인해 지속적인 정책의 추진이나 광범한 국민적 지지의 획득은 어렵게 된 가운데 집권 이래 추진해오던 '도덕적 개혁'이라는 방향성만 현저히 약화되었다. 특히 재벌정책에서는 노태우 정권 때보다도 크게 후퇴하였고 그 결과 빈부 격차의 확대 등 새로운 문제점을 야기했다.

이러한 세계화의 정책기조는 정치적 우여곡절을 겪는 과정에서도 지속적으로 추진되었다. 특히 1996년 4월에는 '21세기 세계일류 국가로의 도약을 위한 신노사관계 구상'이 발표되었다. 여기에서는 공동선의 극대화, 참여와 협력, 노사자율과 책임, 교육중시와 인간 존중, 제도와 의식의 세계화 등 5대 원칙이 제시되었다. 그리고 이러한 방향에서 노동법 개정 외에도 기업문화와 노동운동 등 광범위한 노사관계 개혁과제가 추진되기에 이르렀다. 그리하여 5월에는 노사 공히 5명씩 포함한 공익대표 20명으로 구성된 대통령 직속 자문기구인 노사관계개혁위원회가 발족된 가운데, 12월 16일에는 노동시장 유연화를 골자로 하는 노동법 개정안이 여당 단독으로 '날치기' 통과되었지만 정치적·사회적 반발에 직면하여 결국 취소하는 등 원점으로 돌아가게 되었다.

이러한 가운데서도 1996년 10월 한국은 선진국 클럽인 경제협력개발기구(OECD)에 29번째 회원국으로 정식 가입하였고, 클럽 가입이 곧 세계화의 실현이라는 잘못된 인식과 연결되었다. 결국 세계화 구호와 OECD 가입은 국민들에게 선진국 진입의 환상을 심어주었고, 무분별한 해외여행과 조기 유학, 과소비를 부추겨 경제위기, 특히 외환위기와 경제혼란의 원인을 제공하기도 하였다.

3당 합당의 부분 와해

그 와중에서 3당 합당으로 형성된 집권연합은 붕괴의 길을 걸었다. 이는 상당 부분 김영삼 정권 스스로가 빌미를 주었거나 심지어 이를 유도한 측면이 크다고 할 수 있다. 1994년 8월의 국회의원 보궐선거에서 집권 여당인 민자당은 TK지역, 특히 대구에서 패배했다. 초기 사정개혁의 대상이 되어 국회의원 자격을 상실한 박철언의 지역에서 그의 부인이 당선된 것은 개혁의 후유증이라고 할 수 있다. 그러나 결정적인 것은 이에 대응하는 방향이었다. 1995년 6월 실시되는 최초의 지방자치단체장을 선출하는 4대 동시 선거를 의식하여 김영삼 정권은 3당 합당 이후 기본적으로 유지되어 온 집권세력 연합의 골격을 재편하고자 하였다. 그리하여 12·12 관련자들을 기소 유예하는 한편 연말 개각에서 민정계 인사들을 중용하는 등 여전히 위력이 큰 TK와의 연합을 강화하여 민주·민정계를 여당의 기본 축으로 삼는 반면 지역적 기반이 상대적으로 약하다고 판단되는 공화계는 정리하고자 하였다.

1994년 12월 민자당 실세인 최형우는 당내 대표위원제를 청산, 3명의 부총재를 경선을 통해 선출하자고 제의했다. 이에 대해 1995년 1월 김종필은 민자당 대표직을 사퇴하고, 곧이어 탈당하여 자유민주연합(자민련)을 창당하였다. 그는 "구국의 결단인 3당 통합의 정신이 소멸되고 정치적 약속과 신의가 지켜지지 않았다", "절대 권력의 독선과 독단, 오만과 전횡 앞에 민주 대의는 여지없이 무너졌다"라고 말하는 등 김영삼 대통령을 '문민독재'로 비난하고 나섰다. 그 후 자민련은 TK지역의 일부 인사와 무소속을 흡수하여 제3당으로 부상했고 원내 교섭단체까지 구성하였다. 이로 인해 김영삼 정부의 집권연합의 한 축이 완전히 붕괴되었다. 한편 대선 직후 정계은퇴를 선언하고 영국으로 갔던 김대중은 6개월 만에 귀국해 "정치를 다시 하지 않을 것이며 정치 재개에 대한 기대나 오해는 하지 말아 달라"고 극구 부인하면서도 1994년 1월 아시아태평양평화재단을 설립했다.

이러한 상황에서 1995년 6월 27일 지방선거를 계기로 3당 합당 이후 지속된 거대 여당 체제가 무너지기 시작하면서 김영삼 정권의 국가운영의 기본 축은 완전히 무너졌다. 이 선거에서 자민련은 충청도 지역주의에 호소하였고, 김대중은 자파 세력을 지원하는 등 '사실상 정계 복귀'에 나섰다. 그리하여 15개 시도 지사 중 민자당 5, 민주당 4, 자민련 4, 무소속 2명이 당선되었고, 기초단체장에서도 민자당 70명, 민주당 84명, 자민련 23명, 무소속 53명이 당선되는 결과가 나왔으며, 이는 한마디로 말해 김영삼 정권의 참패였다. 이러한 결과에 고무된 김대중은 7월 18일 '정계복귀 선언'을 한 데 이어 '새정치국민회의'라는 신당을 창당했다. 이후 민주당 의원 중 대다수인 65명이 신당으로 이적하였고, 그 결과 지역분할 정치에 기반하는 '후3김 시대'가 도래했다. 물론 국회 의석 구도는 여전히 민자당이 과반수를 점하고 있었으나, 여당의 정국 장악력은 사라져버렸고 한국정치는 지역적 정치 지도자가 할거하여 군림하는 지역 할거 구도로 되돌아갔다.

역사 바로 세우기와 과거 청산

이렇게 신자유주의적 세계화 정책이 국민적 지지를 얻지 못한 가운데 지역구도의 부활로 후3김 시대가 도래하면서 김영삼 정권은 개혁의 모멘텀을 상실하였고 국가운영은 표류하게 되었다. 이로 인해 김 대통령으로서는 특히 1996년 총선을 앞두고 획기적으로 지지율을 제고해야만 하는 쫓기는 입장이 되었다. 여기에서 등장한 것이 '역사 바로 세우기'였다. 이러한 구상 자체는 김영삼 정권 초부터 있었으며, 일제잔재 청산과 민족 정통성 복원 차원에서 임정요인 5인의 유해를 봉환하였던 것은 긍정적인 일이었다. 그리고 당시 국립박물관이었으며 구 조선총독부 건물로 시작해 역대 대통령의 집무공관이자 관저로 사용했던 청와대 구 본관을 일제의 총독 관저였다는 이유로 철거한 것 등은 민족정기를 바로잡기 위한 것이라는 점에서는 긍정적으로 평가할 수 있을 것이다. 다만 선조들의 얼이 담겨있는 소중한 역사적 유물들을 제대로 된 대안도 마련하지 못한 채 다룬 것이나, 역사를 너무 단면적으로 바라보았다는 점에서는 김 대통령의 스테이트크래프트의 수준에 관한 논란을 일으키기도 하였다.

문민정부는 또한 출범 초부터 현대사 사건에 대해서도 재규정을 시도, 4·19공원을 국립묘지로 승격시켰고, 1993년 5월에는 민간합동으로 5·18 광주민중항쟁 추모식을 거행하였으며, 4·19를 혁명으로, 5·16을 쿠데타로, 6·10항쟁을 '명예혁명'으로 규정한 바 있다. 그러나 12·12에 대해서는 '하극상에 의한 군사 쿠데타적 사건'으로 규정하는 등 역사인식 측면에서는 군부세력에 대해 단절하면서도, 검찰수사란 측면에서는 12·12에 대해 '기소유예' 처분을 내리고 5월 광주에 대해서는 '공소권 없음' 처분을 내리는 소극적인 자세를 취함으로써 실제로는 5·6공 세력을 안고 가면서 민주화 개혁을 추진하고 국가운영을 하겠다는 방침을 세운 바 있었다.

문제는 1995년 6월 지방선거에서 민자당이 패배한 것을 계기로 후3김 시대가 도래하면서 국가운영상 닥친 어려움을 극복하기 위하여 '역사 바로 세우기'가 활용되었다는 데 있다. 전직 대통령 비자금 문제가 갑자기 대두된 것이 그러한 목표 아래 추진된 것인지는 확실하지 않다. 다만 8월 서석재 총무처장관의 '전직 대통령의 4,000억 원 규모의 비자금' 발언이 있었고, 10월에는 민주당 박계동 의원의 '노태우 비자금 4,000억 중 300억 비자금이 동화은행의 차명계좌에 은닉'되어 있다는 폭로가 있었다. 이에 정부는 조사에 착수하지 않을 수 없었고, 11월 16일에는 노태우 전 대통령이 '대국민 사과문'을 발표하면서 구속·수감되었다. 이어 김영삼 대통령은 5·18 특별법 제정을 지시, 12월 18일 국회를 통과·공포되었다. 이러한 상황 속에서 12월 3일에는 전두환 전 대통령이 구속·수감되었고 그 역시 불법 정치자금 수뢰 혐의가 추가되었다. 그리하여 총선을 두 달 앞둔 1996년 2월, 검찰은 두 명의 전직 대통령을 포함한 관련자 16명을 기소하였다. 한편 이러한 '역사 바로 세우기'의 불똥은 김대중 총재에게도 튀어 그를 크게 압박하기도 하였다. 이에 김대중 총재는 노태우 전 대통령이 대국민 사과문을 발표하기 불과 수 시간 전에 '14대 대선 기간 중 노태우 대통령으로부터 20억 원을 받아서 선거운동 자금으로 썼다'고 발표하여 사태가 확산되는 것을 차단하려 하였고, 서울 보라매공원에서 대규모 집회를 개최하여 김영삼 대통령의 정치자금도 공개하라고 역공을 펼치기도 하였다.

1996년 4월 11일 실시된 15대 국회의원 총선거는 모호한 결과를 가져왔다. 선거 결과 '역사 바로 세우기' 분위기 속에서 당명을 바꾼 신한국당은 전북과 충남에서 단 한 명의 당선자를 내었을 뿐, 광주·대전·전남에서는 전멸했지만, 수도권에서 선전한 데 힘입어 과반수에서 11석이 모자라는 139석을 획득하였다. 물론 신한국당은 선거 후 무소속을 영입, 151석으로 과반수를 확보하였다. 그리고 새정치국민회의는 수도권과 호남지역 의석만으로 79석을 획득함으로써 제1야당의 위치를 확보하였고, 자민련은 충청권을 석권한 데다가 대구 8명, 경북 2명에서 당선자를 냄으로써 50석을 차지하였다. 자민련은 지역적으로 상당히 선전한 반면, 국민회의의 경우 김대중 총재의 '20억 수수' 시인으로 '은퇴 여론'의 압박을 받음으로써 적지 않은 타격을 입었다고 볼 수 있다.

선거 결과에 대한 평가는 관점에 따라 상반된 해석이 가능했다. 의석수가 선거 직전에 비해 상당히 줄었다는 점에서는 여당의 '사실상의 패배'라고 볼 수 있다. 반면에 3당 합당 이전을 기준으로 할 때는 그 정도면 상당히 승리한 것이며, 오히려 민주계가 당내 주도권을 장악하였고 이회창 선대본부장 등용 등 보수적 개혁노선이 강화됨으로써 개혁연합 내부의 이질성을 상당히 극복할 수 있게 되었다는 점에서 '승리'로 보는 시각도 있다. 그런 점에서 15대 총선을 계기로 김영삼 정권은 국가운영의 새로운 동력을 어느 정도는 확보할 수 있었다고 할 수 있다.

4. 김영삼 정권 말기의 총체적 실패

추락한 도덕성

개혁은 양날의 칼을 갖고 있다. 칼날이 날카로울수록, 그리고 칼자루를 잡은 사람이 명분과 도덕성에서 힘에 부칠 때는 오히려 자신을 치게 되는 법이다. 개혁을 전면에 내세웠던 김영삼 정권도 예외가 될 수 없었다. 더구나 자신의 개혁을 반대하거나 이에 소극적인 사람들을 도덕적으로 단죄하는가 하면 금융실명제를 개혁의 상징으로 강행하였으며, 전직 대통령들을 군사 쿠데타와 부정부패 죄목으로 극형으로 몰고 가는 선례를 만든 김영삼 정권으로서는, 측근들의 부정과 부패의 실상이 드러나면서 그동안 추진해온 개혁의 추동력이 추락되었을 뿐 아니라 국가운영 자체가 어려움을 맞을 수밖에 없게 되었다.

이미 총선 전인 1996년 3월 대통령의 최측근 집사에 해당되는 인물이 수뢰혐의로 구속되어 김 대통령이 대국민 사과문을 발표하지 않을 수 없는 일이 발생하였다. 김영삼 정권하의 부정부패 사건은 개혁의 상징인 금융실명제 위반이라는 점에서 이전의 역대 정부하에서의 사건과는 차원이 다른 문제가 되며 그 타격 또한 심대하지 않을 수 없었다. 그러나 결정적인 사건은 임기의 실질적 마지막 해인 1997년 1월 발생한 한보사건을 계기로 터져나왔다. 부정부패의 '깃털'과 '몸통' 논란 끝에 결국 김 대통령은 사과 담화를 통해, 차남 김현철의 사회활동을 중단시키고 조사결과에 따라서는 그를 사법처리할 수 있다고 발표했다. 5월에는 그와 더불어 정권의 '금고지기'라 불렸던 안전기획부의 핵심 간부를 알선수뢰 혐의로 구속할 수밖에 없었다. 또한 김영삼 정권 스스로가 질타해 마지않았던 '공작정치'가 근절되지 못하고 있는 실상이 드러났다. 임기 초 통신비밀보호법이 제정되었음에도 불구하고 불법적으로 도청행위를 계속한 정보기관 내 '미림' 팀으로부터 청와대가 직보를 받아온 사실이 공개됨으로써 정권의 도덕성은 더욱 추락하게 되었다. 그리하여 개혁은커녕 정상적인 국가운영 자체가 불가능한 상황이 조성되었다.

여당 분열, 야권 연합

그럼에도 여권은 대통령 선거에 대해서는 낙관적인 전망을 하고 있었다. 실질적으로 유일한 야당 후보인 김대중은 명분 없는 정계 복귀와 신당 창당, 그리고 비자금 수수 등으로 여전히 낮은 지지율을 기록하고 있어서 누가 나와도 이길 수 있다는 분위기에 빠져 있었던 것이다. 그리하여 여권은 '9룡'(당시 여권의 대선후보 9명을 이렇게 칭함) 놀음으로 세월을 보낸 끝에 전당대회에서 이회창 후보를 선출하면서 이미 정권 재창출에 성공한 것 같은 착각에 빠지게 되었다. 그러나 이회창 후보가 아들의 병역 관련 의혹으로 지지율이 급락하자, 이인제 후보가 탈당하여 신당을 창당·출마함으로써 여권은 분열된 채 선거는 3파전의 구도를 맞게 되었다.

위기를 느낀 여당에서는 강삼재 사무총장이 직접 나서서 김대중 후보가 수백 개의 차명 계좌를 통해 670억 원의 비자금을 관리하고 있다는 의혹을 제기하였다. 이후 여당의원들의 잇단 의혹 제기가 이어졌고 마침내 김대중 후보를 대검찰청에 고발하였다. 그러나 검찰총장은 김영삼 대통령의 지시에 따라 비자금 의혹고발 사건에 대한 수사를 15대 대통령 선거 이후로 유보한다고 공식 발표했다. 이를 계기로 김영삼 대통령과 이회창을 중심으로 하는 신한국당은 분열하기 시작하였다. 신한국당은 '김영삼-김대중 밀약설'을 제기하면서 반발하였고, 이회창 후보는 '김대중 비자금' 수사 촉구와 김영삼 대통령의 탈당을 공개적으로 요구하였다. 그리하여 마침내 김영삼 대통령과 일부 의원들이 신한국당을 탈당하였고, 신한국당은 새정치국민회의 창당으로 군소정당으로 전락한 민주당과 합당하여 한나라당을 창당하였다.

반면 야권은 공조와 연대로 나아가기 시작하였다. 사실 총선 직후만 하더라도 '보수 본류'를 자처한 자민련과 '중도보수'를 표방한 국민회의는 서로 상대방을 '보수주의 자격 미달', '보수주의를 위장한 수구반동'으로 매도하는 등 심한 이념적 공방을 주고받았다. 그러나 여섯 차례의 지방선거와 국회의원 보궐선거에서 공조를 성사시키는 가운데, 대선을 채 두 달도 안 남긴 1997년 10월 26일, 양당은 내각책임제를 매개로 한 후보 단일화 협상에 전격 합의했다. 이어서 11월 20일 양측은 김대중을 후보로 결정짓는 한편 당선될 경우 실질적 각료 임명 및 해임 제청권을 갖는 실세총리를 김종필이 맡도록 하는 데 최종 합의하였다. 이로써 'DJP 연합'이 형성된 가운데, 박태준이 이에 가세함으로써 'DJT 연합'이 이루어졌다. 이렇게 여권은 분열하고 야당은 공조와 연합을 이룬 결과 때맞춰 발생한 외환위기 속에서, 김 대통령은 평생의 정치적 라이벌이었던 김대중에게 정권을 넘겨주게 되었다.

외환위기의 책임

외환위기에 대해서는 일차적으로 김영삼 정권의 '무능하고 무책임한 경제관료들'에게 책임을 묻지 않을 수 없다. 먼저 정부의 종합 금융회사 정책이 문제였다. 외국인들의 직접 투자는 국내 기업에 부담이 된다는 논리로 제한한 반면, 국내 은행의 외환차입 등 단기성 국제금융 거래에 대해서는 아무런 견제장치 없이 자유화한 것이 문제였다. 고양이에게 생선가게를 맡긴 꼴이 된 것이다. 1996년경부터 종금사들은 주로 미국에서 이자율 5%의 단기 외화를 달러 베이스로 차입, 동남아시아와 러시아 등 이자율이 높은 나라에 장기로 대부하여 이자 차익을 노리는 머니게임에 빠져 있었다. 그 결과 단기외채가 총외채의 58%를 점유하는 상황에 이르게 되었다. 거기에다가 1997년 초 한보·삼미·한신공영 등 대기업의 연쇄 부도로 대부분의 국내 금융기관들이 점차 부실화되고 있었다.

여기에 1997년 말 동남아시아 국가들의 통화가치 폭락으로 채권 자체의 가치가 하락하고 또 원화가치가 폭락하면서 국내은행들은 달러 베이스로 채무를 상환해야 하는 압박을 받아 파산 지경에 이르게 되었으며, 국가적으로는 환율 상승과 외화부족 사태를 맞게 되었다. 1996년 12월 말 1달러당 844원 하던 원화는 1997년 3월 말에는 897원에 이르렀다가 10월에는 965원으로 급상승하자 외국 투자가들의 자금회수 요구가 밀어닥쳤고, 그 결과 연말에는 1,415원으로 치솟았다. 외화 보유고 또한 10월 말 223억 달러에서 11월에는 73억 달러, 12월에는 30억 달러로 급감하였다.

경제관료들의 결정적인 실책은 여기에서 단적으로 드러났다. 국제금융에서는 전문성이 떨어지는 구 기획원 출신 관료들로 구성된 권력의 핵심 경제 스태프들은 민간 출신 전문가들의 발언을 무시하거나 심지어 반박하면서 우리 경제의 펀더멘털이 건전하다는 점만 강변했다. 또한 세계화의 물결을 타고 국경을 넘어오는 국제 헤지펀드의 위험성에 대해서도 전혀 관심을 기울이지 못했다. 오로지 비정상적으로 높은 원화 가치 방어에만 매달렸던 것이다. 특히 1993년 7,822달러였던 1인당 국민소득이 1996년에는 그 배에 가까운 1만 2,234달러가 되었고 이로써 OECD에 가입할 수 있었던 '성과'를 지키는 데 급급했다. 그리하여 막판에 환율 방어를 위해 150억 달러를 쏟아 부었지만 아무런 효과도 없이 오히려 외화 보유고만 축냈을 뿐이다. 마침내 11월 21일 정부는 국제통화기금(IMF)에 구제 금융을 신청했고, 12월 3일에는 차관각서에 서명함으로써 부실금융기관 정리, 재벌개혁, 긴축재정, 통화정책, 고금리 유지를 조건으로, IMF·IBRD·ADB 등 3개 은행과 미·일 등 13개국에서 모두 580억 달러를 차관받을 수 있게 되었다. 그러나 상황은 더욱 악화되었다. 총외채는 1,500억 달러에 이르게 된 가운데 환율은 1,700원대, 금리는 25%, 종합주가지수는 400 이하로 폭락하였으며, 12개 대기업이 부도를 내면서 외환금융 위기는 경제 전반의 위기로 확대되었다.

외환위기는 경제관료들에게만 책임이 있는 것은 아니었다. 무엇보다 국정을 책임지고 있는 여야 정치권, 특히 국회 역시 책임에서 자유로울 수 없었다. 먼저 뚜렷한 대안도 없이 노동법 개정 자체를 가로막은 데다가 부실기업인 기아자동차의 공매처분을 '국민기업'이라는 이유로 막은 김대중 총재의 국민회의에게도 적지 않은 책임은 있다. 그러나 국정을 주도해온 여당에 더 큰 책임이 있는 것은 말할 나위도 없다. 특히 날치기라는 오명을 뒤집어쓴 채 통과된 노동법 개정을 대책도 없이 원점으로 되돌린 데다가, 그 후유증으로 금융개혁법안의 처리를 스스로 보류한 신한국당은 집권 여당에 걸맞은 스테이트크래프트를 발휘하지 못하였다는 비판을 받아 마땅할 것이다.

그러나 궁극적인 책임은 국정의 최고 책임자인 김영삼 대통령에게 귀착될 수밖에 없다. 무엇보다 경제 자체에 대해 관심을 갖지 않은 채 이를 참모들에게 거의 전적으로 위임 내지는 방임한 것이 문제였다. 6공 정부에서 추진되던 업종 전문화 등 재벌 개혁 자체를 '신경제'의 미명 하에 백지화시킨 데다가, 이후 세계화와 국제경쟁력 강화라는 명분 하에 신자유주의적 개혁으로 일관, 재벌들과 금융기관들의 발호를 조장하였던 것이다. 거기에다가 김 대통령 차남의 구속 등으로 인해 도덕성이 실추된 상황에서 그나마 남은 정력과 관심을 차기 정권 창출을 둘러싼 권력투쟁에 쏟아 부었다. 그리하여 전문성이 부족한 경제에 대해서는 제대로 된 상황보고마저 받지 못하고 있었다. 또한 평소 핵심 우방국 지도자들과 두터운 상호 신뢰감을 구축하지 못한 결과, 적시에 이들 국가들로부터 협조를 얻어내지 못했던 것도 사태를 악화시킨 요인 중 하나가 되었다. 실제로 클린턴(Bill Clinton) 미국 대통령에게 직접 협조를 요청하였으나 "국가 부도사태를 면하려면 IMF와의 협상을 12월 1일까지 마무리 지어야 한다"는 대답만을 들었을 뿐이며, 일본 정부에게도 도움을 요청하였지만 기대한 반응을 얻을 수 없었다. 그리하여 IMF 협상안 자체에 대해서도 재가를 할 힘을 상실한 채 대선 후보들과 함께 권한과 책임을 나눌 수밖에 없었으며, 대통령 당선자가 확정되자마자 국가운영권 자체를 넘겨주지 않을 수 없게 되었다.

5. 김영삼 대통령의 스테이트크래프트 평가

"개혁은 있어도 국가운영은 없었다"

김영삼 대통령은 정치인으로서 뛰어난 자질을 갖춘 인물이었다. 무엇보다 그는 한국 민주화 투쟁을 선봉에서 이끈 최고 지도자요, 주역이었다. 민주주의에 대한 강력한 신념과 의지를 갖고 불굴의 용기로 군부 권위주의와 맞서 결단과 헌신으로 국민을 이끌어온 대도무문(大道無問)의 정치가였다. 뿐만 아니라 높은 친화력으로 사람을 이끄는 등 인간적으로도 많은 매력과 장점을 토대로 대통령이라는 최고국가지도자에 오르는 등 창업에는 성공한 정치가였다.

대통령으로서의 국가운영에서도 긍정적 측면 혹은 성과 또한 적지 않았다. 특히 초기 정치개혁을 통해 국민의 도덕성을 고취하면서 그 힘을 결집시킴으로써 32년 만에 이룩한 민주화를 불가역적인 것으로 다질 수 있었다. 또한 부정부패의 척결 특히 정치자금의 공개와 처벌, 그리고 '성공한 쿠데타'도 사법적 단죄의 대상으로 올려놓아 최고정치지도자였던 인사까지 처벌한 것은 국민의 민주시민 의식을 제고하는 데 크게 기여했다고 할 수 있다.

그러나 김영삼 대통령의 문민정부는 개혁과 국가운영에서 '총체적 실패'를 했다는 평가가 지배적이며, 특히 IMF 사태로 인해 혹평까지 받고 있는 것도 사실이다. 취임 초기 한때 95%에 이르렀던 지지도가 퇴임 시에는 한 자리수까지 추락한 것이나 집권당의 정권 재창출 실패는 그렇다 쳐도, 쌀 개방에 따른 공약 위반, 성수대교 붕괴사건, 한보사건과 관련된 가족의 부정부패 문제, 대선자금이라는 자신의 정치윤리성 문제, 그리고 IMF와 경제 환란 등 국가운영상 거의 전 분야에 걸쳐 재임 중 도합 여섯 차례나 대국민 사과문을 발표한 것을 놓고 볼 때 이러한 평가를 전적으로 부인하기 어려운 것이 사실이다. 김영삼 정권의 국가경영의 실패는 우리 국민에게 큰 교훈을 주었다. 민주화가 자동적으로 국가운영의 안정과 성공을 보장하는 것이 아니라는 것을 깨닫게 해준 것이다. 특히 도덕성을 앞세우면서 투쟁으로 일관해온 민주화 세력과 일반 국민에게 민주화 이후의 스테이트크래프트가 갖는 중요성을 일깨우는 계기가 되었다.

김영삼 정권의 실패 요인에 대해서는 여러 가지 측면이 지적될 수 있을 것이다. 먼저 김 대통령의 스테이트크래프트에 관한 논란이 있다. 무엇보다 극심한 탄압을 받아가며 민주화 투쟁을 하는 과정에서 어쩌면 불가피했다고 볼 수 있는 부작용이 문제였다. 첫째로 그는 민주화를 선도한다는 자각과 자신이 이룩한 공적에 대한 확신이 넘친 나머지 국민을 가르치고 선도한다는 계몽주의에 빠져 점차 '무오류의 지도자'가 되어 갔다. 둘째는 여론에 대한 과도한 의식이다. 반독재투쟁에서 살아남는 유일한 길은 여론의 집중적인 관심과 지지를 받는 것뿐이었다. 따라서 항상 여론의 관심을 끌면서 선제적인 행위로 여론을 움직이는 것이 체질화된 면이 있다. 그 결과 솔선수범의 미덕도 발휘하였지만, 그 이면에는 여론을 과도하게 의식하는 습성이 강하게 자리 잡고 있었던 측면이 있다. 특히 집권을 한 후에도 자신의 권력을 확인해야 한다는 의식을 버리지 못한 채 끊임없이 여론의 주목을 받는 정치적 이벤트나 사건들을 창출하려는 경향이 강하게 나타났던 것으로 보인다. 그리하여 '여론에 민감한 과시형 리더십'이라는 비판을 받게 되었다. 셋째는 비밀주의다. 막강한 군부 권위주의와 투쟁하는 과정에서 의사결정의 폐쇄성과 비공개적 성향이 체질화된 측면이다. 그 결과 시스템을 무시한 채 비선 인맥을 활용, 독주하는 경향이 강화되었고 이것이 '인치형(人治型) 리더십'으로 발전한 것이다.

바로 이러한 요인들이 복합적으로 작용하여, 정치인 김영삼의 리더십은 '감에 의한 승부사형'의 특징을 갖게 되었다고 할 수 있다. 그리하여 선과 악의 이분법적 구도 속에서 모든 것을 자신의 직관에 의존하여 비밀리에 순발력 있게 결단을 내려 승부를 거는 식의 정치게임에는 특출한 능력을 발휘할 수 있었던 것이다. 이러한 리더십을 토대로 김영삼 대통령은 초기 개혁에서는 대세를 장악하여 국정을 강력하게 밀고 나갈 수 있었다. 그러나 지속적인 개혁이나 정상적인 국가경영에서는 그의 장점보다는 취약점과 부작용만 노출시킴으로써 제대로 된 스테이트크래프트를 발휘하지 못했다. "말 위에서 천하를 얻을 수 있어도 말 위에서 다스릴 수는 없다"는 옛 명언을 떠올리게 하는 대목이다. 여기에는 김 대통령이 처한 정치적 환경도 제약요인으로 작용하였다. 3당 합당은 '트로이의 목마'처럼 권위주의의 보루를 붕괴시키기 위한 수단은 되었지만, 동시에 개혁의 고비마다 집권세력 내부는 물론 외부로부터도 진의를 의심받게 만드는 '족쇄'가 되었다. 김 대통령은 개혁 추진과 정치연합의 관리 사이에서 아슬아슬한 줄타기를 할 수밖에 없는 구조적 한계를 안고 있었던 것이다.

철학과 이론 부재의 국가운영

김 대통령은 전반적인 국가운영, 특히 그 스스로 주도한 개혁에 대해서도 뚜렷한 철학이나 이론을 제대로 정립하지 못했다. '한국병'이라는 현실진단을 토대로 '개혁과 개방'을 강조한 것은 원론적으로는 틀리지 않았지만, 일관된 개혁 철학이나 이론을 세우지 못한 채 즉흥적·임기응변적 이벤트성 개혁조치를 남발하는 등 구체적인 집행계획에서 많은 문제점을 드러낸 것이다. 또한 개혁의 목표를 지나치게 의욕적으로 높게 설정함으로써 기대를 상승시켜 부메랑 효과를 불러온 것도, 5년 임기라는 짧은 기간에 너무나 많은 개혁을 시도한 것도 문제였다. 물리적·시간적 제약으로 할 수 있는 일이 제한되어 있음에도 불구하고 신한국 창조·국제화·세계화·역사 바로 세우기 등 여러 가지 거대한 목표가 연이어 제시되었던 것이다. 여기에는 민주화 투쟁의 최고 대상이자 정적이었던 박정희 대통령에 대한 일종의 경쟁의식도 적지 않게 작용한 것으로 보인다. 그리하여 하나의 개혁과제가 미처 처리되기도 전에 다른 개혁쟁점을 의제에 올렸으며, 개혁의 쟁점이 중복되지 않은 경우에도 각 이슈를 제기하는 시간적 간격이 너무 짧았다. 그 결과 개혁을 통해 광범위한 개혁연합 세력을 형성하기는커녕, 개별적인 개혁조치에 반대하는 세력들이 오히려 연대하여 모든 개혁 쟁점들에 함께 반대하도록 결집시키는 역작용을 빚었던 것이다.

개혁의 내용과 추진방법에서도 문제가 적지 않았다. 개혁의 지향점을 '역사 바로 세우기'와 같이 너무 과거 청산에 맞춘 것도 문제였다. 과거를 응징하는 것에 머물렀을 뿐, 미래를 건설하는 쪽으로 연결되지 못했다는 것이다. 즉 개혁의 내용이 국민의 일상생활과 관련된 수준이나 분야가 아니어서 아래로 침투되기 어려웠던 것이다. 따라서 개혁의 '체감효과'가 크지 않았고, 개혁에 대한 국민의 지지 역시 시간이 지나면서 줄어들고 희석될 수밖에 없었다. 거기에다가 사정의 기준이 정치적 고려에 따라 편파적이어서 정치보복성 '표적 사정'이라는 비난을 불러온 결과 정권의 도덕적 권위에 상처를 입히고 국민적 지지를 상실케 하는 요인이 되었다.

개혁의 추진에서 가장 큰 문제는 대통령 한 사람에게 권력이 집중된 일인지배 체제였다는 점이다. 당시는 민주화 이후 국가운영상에서도 일대 패러다임 전환이 필요한 시점이었다. 그런 점에서 과거와 같은 대통령 집중형 수직적 국가운영 관리 모델을 지양, 점차 수평적이고 자율적인 것으로 발전시켜가야 했다. 문제는 김 대통령이 의회 절차를 통과하기보다는 국민에게 직접 호소하기를 즐겨했다는 것이다. 대통령의 개인적 인기에 기초한 개혁은 단기적 과제를 전격적으로 실시하기에는 유리했지만, 법령 정비 등 제도화로 나아가는 데는 효과적이지 못했으며, 오히려 표적 사정 등 정치적 보복으로 비추어질 여지가 컸다. 나아가 정치적 타협이나 국민적 공감대가 필요한 사회·복지 분야의 다양한 개혁들을 추진하는 데도 부적합했다.

민주화되었다고 하지만 커뮤니케이션과 인사정책은 여전히 과거 대통령들과 크게 다를 바 없이 폐쇄적인 데다가 모든 것이 대통령 한 사람의 권력과 카리스마에 의존하게 됨에 따라서 '제왕적 대통령'의 양상이 나타나게 된 것이다. 이는 특히 국민의 위임을 받은 대통령은 무엇이든 할 수 있다는 '위임 민주주의'적 소지를 보여주었다는 점에서 비판받을 수 있다. 뿐만 아니라 개혁이 지나치게 청와대를 중심으로 추진된 결과 공직사회의 복지부동을 넘어 '복지안동(伏地眼動, 당시 유행했던 말로, "땅에 납작 엎드려 눈만 굴린다"는 의미)'만을 불러오는 부작용을 빚기도 했다. 그리하여 김영삼 정부에서는 "개혁은 있었을지언정 국가운영은 존재하지 않았다"는 말까지 나오게 되었다.

공식 조직의 형해화

김영삼 정부는 개혁에서도 문제였거니와 현장 확인 등 국가운영의 기본을 소홀히 하는 부분에서도 적지 않은 문제점을 드러냈다. 그의 재임 기간 동안에는 삼풍백화점 붕괴사건, 성수대교 붕괴사건 등 유난히 대형 사고가 많았다. 국가운영 상의 일상적인 위기관리에서 실패하였던 것이다. 물론 그것은 대부분 졸속행정, 관료비리, 사회적 부정부패, 특히 행정규제라는 인허가 문제에서 기인한 것으로서, 그 책임은 역대 정부에게 상당한 귀책사유가 있는 것도 사실이다. 그러나 민주화로 권한이 상당 부분 하부로, 그리고 지방으로 이양되는 상황 속에서 이에 대한 감독과 견제장치를 마련하는 등 보완조치가 제대로 따르지 못한 결과라는 점에서 책임을 면하기 어려울 것이다.

김영삼 정부의 스테이트크래프트상의 중대한 허점은 조직관리에서 드러났다. 특히 중요 결정을 비선조직에 의존함으로써 공식 조직을 형해화시켰다. 청와대 중심의 국가운영이라는 구조적 한계로 내각은 제대로 기능을 발휘하지 못했으며, 특히 총리와 총리실은 여전히 위상과 권한, 그리고 인력 모두에서 취약했다. 청와대 비서실이 막강한 권한을 부여받았던 것은 사실이었다. 그러나 비서실 역시 비선의 도움을 받아 혼자서 치고 나가는 대통령을 사후 뒷수습하는 데 급급하였으며, 기능·책임·권한·업무영역이 불명확한 데다가 정보 수집·평가 능력도 부족한 가운데 인사관리상의 문제점으로 인해 부서 간 할거주의가 극심하여 제대로 기능을 발휘할 수 없었다. 한보사태만 하더라도 사전에 수석비서관회의에서 한 번도 토론의 대상이 된 적이 없었으며, 대통령은 사건 발생 1주일 전 경제수석으로부터 '흔히 있을 수 있는 단순한 금융사고'라는 간단한 보고만을 받았다는 것이다. 또한 일반 관료사회에 대한 장악도 제대로 이루어지지 못했다. '작고 강력한 정부'라는 방향은 설정했으나, 실행전략상 숱한 문제점을 드러냈다. 그리고 행정기구와 조직은 일시적으로는 축소되었으나 실질적으로는 지극히 미미한 감소에 그쳤을 뿐이다.

김 대통령은 또한 인사관리에서도 커다란 문제점을 보여주었다. 그는 취임 초 장관을 자주 바꾸는 것은 잘못된 일이며 결정적 실수를 하지 않은 한 교체하지 않겠다고 천명한 바 있다. 그러나 이후 6개월 만에 대폭적 인사를 단행한 것을 시작으로 재임 중 총 24차례의 개각으로 6명의 총리와 114명의 장관을 양산하였으며, 장관의 평균 임기는 9개월을 넘지 못했다. 또한 대통령의 인사권은 국정을 내각과 공동으로 책임진다는 의식보다는, 선거에서의 논공행상과 시혜적 차원에서 시행되었다는 느낌을 주었다. 개혁의지를 구체화하고 제도화시켜줄 만한 인물을 발탁하지 못한 채 가신과 PK(부산·경남) 세력의 범주를 크게 벗어나지 못했던 것이다. 그러나 무엇보다 가장 큰 문제점은 차남이라는 사적 인물의 국정개입을 묵인, 공직세계의 기본적 질서를 흔드는 결과를 초래하였다는 점이다. 김영삼 대통령은 민주화 투쟁의 탁월한 지도자였지만 권력의 사유의식을 끝내 극복하지 못했다는 점이 그의 안타까운 한계였다고 하겠다.

김영삼 정부는 대한민국 정치사에서 독특한 위상을 갖고 있는 정권이었다. 한국정치 사상 처음 본격적으로 민주적인 국가운영을 해야 한다는 과제를 맡았으며, 탈냉전과 세계화·정보화라는 국제 정치적·문명사적 흐름에 적합한 새로운 국가운영 모델을 수립해야 했다. 문제는 김영삼 대통령이 이러한 과제를 감당하기에 적합한 리더십을 가진 정치인이 아니었다는 점이다. 민주화를 주도하고 민주주의 이행기에 권위주의 정권의 잔재를 청산하는 데는 효과적이었지만, 발전국가 이후 새로운 국가모델을 제시하고 창출하거나 최소한 통상적인 국가운영에서 제대로 된 스테이트크래프트를 발휘하는 데엔 무능했던 것이다. 그리하여 민주화되었음에도 불구하고 오늘날까지 대한민국의 정치와 국가운영이 대립과 갈등을 벗어나지 못하고 있는 구조적 한계를 만드는 데 적지 않은 책임이 있다는 비판을 면하지 못하고 있다.

정보화 혁명은 세계를 하나의 지구촌으로 만들어, 국민경제시대로부터
세계경제시대로의 전환을 이끌고 있습니다. 우리는 이와 같은 문명사적 대전환기를 맞아
새로운 도전에 전력을 다하여 능동적으로 대응해야 합니다.
그러나 불행하게도 이 중차대한 시기에 우리에게는 6·25 이후 최대의 국난이라고 할 수 있는
외환위기가 닥쳐왔습니다. 잘못하다가는 나라가 파산할지도 모를 위기에 우리는 당면해 있습니다.
막대한 부채를 안고, 매일같이 밀려오는 만기외채를 막는 데 급급하고 있습니다.
정치, 경제, 금융을 이끌어온 지도자 들이 정경유착과 관치금융에 물들지 않았던들,
그리고 대기업들이 경쟁력 없는 기업들을 문어발처럼 거느리지 않았던들,
이러한 불행한 일은 일어나지 않았을 것입니다.
저는 우리가 겪고 있는 오늘의 위기는, 민주주의와 시장경제를 병행해서
실천함으로써 극복할 수 있다고 확신합니다.
- 1998년 2월 25일, 제15대 대통령 김대중 취임사에서

제9장 김대중 대통령의 스테이트크래프트

1. 서론

1998년 2월 25일 출범한 김대중 정부는 한국 정치사에서 획기적인 의미를 갖고 있다. 무엇보다도 최초로 여야 간 평화적 정권교체가 실현되었다는 의미가 있다. 이제 특정 인물이나 세력이 집권하여도 이를 거부하지 않는 상황이 조성되었고, 나아가 과거의 군부독재 정권이나 권위주의 정치체제로 회귀할 가능성도 사라졌다는 점에서 '민주주의 체제로의 변화'가 일단락되었던 것이다. 또 하나의 의미는 한국 정치에 있어서 주류세력이 변화했다는 점이다. 그동안 소외되었던 호남에 지역적 기반을 둔 세력이 중산층과 더불어 특히 서민 대중을 옹호·대변한다고 표방하면서 집권하였기 때문이다.

그러나 김대중 정권 역시 적지 않은 상황적 제약을 안고 있었다. 무엇보다 IMF 관리체제라는 전대미문의 경제위기 속에서 집권하였다는 점이다. 그것은 넓게 보면 박정희 정부 이래 발전국가와 그 국가운영을 민주화·세계화된 새로운 환경에 적합한 패러다임으로 전환하는 데 실패한 결과라고 할 수 있다. 그런 점에서 개혁을 추진하기 위한 국민적 합의를 도출하기에는 오히려 유리한 환경이 조성되었다고 할 수 있다. 다만 김대중 대통령이 후보 시절 서명한 IMF의 신자유주의적 처방을 수용하지 않을 수 없었다는 점에서 근본적인 한계가 있었던 것은 사실이었다. 또한 그의 집권이 호남의 압도적인 지지뿐만 아니라 DJP 연합, 즉 충청권을 기반으로 하는 자민련과의 지역적 연대를 토대로 이루어졌던 것도 한계였다. 그러고서도 40.3%를 득표, 차점자인 이회창 후보와 불과 39만 표밖에 차이가 나지 않았으며, 2~3위의 합이 57.9%를 점하였다는 점에서 국민적 지지기반 역시 상당히 취약한 상태였다. 게다가 DJP 연합에도 불구하고 국회에서는 한나라당이 과반을 점한 가운데 국민회의·자민련 양당이 공조를 해도 여소야대 상태를 극복하지 못하고 있었다. 즉 분점정부 상황이었던 것이다. 총리를 자민련에서 맡고 각료도 양당이 나누기로 하는 등 실질적으로 공동정부를 구성·운영하기로 합의하지 않을 수 없었던 배경도 여기에 있었다. 문제는 양당이 국가운영에 관한 기본철학과 스테이트크래프트 면에서 상당한 이질성을 갖고 있었기 때문에 적지 않은 갈등과 혼란을 초래하게 되었다는 점이다.

　김대중 대통령은 당선 제1성으로 '민주주의와 시장경제의 병행 발전'을 국가운영의 기본방향으로 제시하였다. 당선자 시절에는 향후 100대 과제를 발표한 데 이어 제15대 대통령 취임사에서는 외환위기 극복과 경제 활성화, 남북관계의 개선, 민주주의의 진전을 '국민의 정부'의 3대 목표로 제시하였다. 그의 국가운영 방향은 시기별로 다소 변화가 있었지만, 전반적으로는 다음과 같은 3가지로 요약될 수 있다. 첫째는 IMF 경제위기 극복과 새로운 성장이다. 이를 위해 그는 재벌·금융·공공·노동의 4대 개혁, 생산적 복지, 새로운 성장 잠재력 발굴을 위한 정보화 사업 등을 추진하였다. 둘째는 당면한 위기관리 체제를 민주주의 공고화를 위한 계기로 연계시켜 우리 사회의 각 부문을 재편하는 것이다. 이를 위해 그는 정치·경제·사회에 대한 총제적인 개혁을 밀고 나갔다. 셋째는 남북한 관계를 '탈냉전 평화체제'로 전환하는 것이다. 그리고 이를 위해서 나름대로의 대북 포용정책, 즉 '햇볕정책'을 수립·추진하였다.

2. 김대중 대통령 집권 전반기의 스테이트크래프트

외환위기 극복과 신자유주의의 본격화

김대중 대통령은 IMF 관리체제라는 특수한 상황 때문에 당선자 신분에서 실질적으로 대통령 권한을 행사하는 등 조기에 국가운영을 떠맡지 않을 수 없었다. 그 후 1999년 말 외환위기의 극복을 선언하고 IMF 관리체제를 벗어나기까지 약 2년 동안 무엇보다 경제위기를 극복하는 데 초점을 맞추어 국정을 운영하였다.

집권 초창기 국가운영에서 김 대통령은 위기 상황에서 요구되는 스테이트크래프트를 나름대로 발휘, 높은 국민적 지지를 받을 수 있었다. 당선 직후부터 대통령직인수위원회를 실질적인 정부기구로 가동, 외환위기 해결에 착수하였다. 또한 1월에는 노사정위원회를 개최, 재벌개혁과 노동시장 유연화에 관한 합의를 도출할 수 있었다. 특히 해마다 엄청난 외화를 지불하여 금을 수입하지만 대부분은 장롱 속에서 사장되고 있는 현실에 주목, '금모으기 운동'을 제창하였다. 그 결과 350만 명이 참여, 226톤 즉 당시 시세로 21억 5,000만 달러에 해당하는 금을 모을 수 있었다. 무엇보다 큰 성과는 이를 통해 국난 극복의 국민적 의지를 다지는 등 컨센서스(Consensus, 공동체 구성원들의 합의)를 조성할 수 있었다는 것과 더불어 국가의 대외신인도 상승에 크게 기여할 수 있었다는 점이다.

  김대중 대통령의 경제정책은 'DJ노믹스'로 알려져 있지만, 먼저 언급해 둘 것은 이것이 과거 그가 주창한 바 있는 '대중경제론'과는 상당한 거리가 있는 것이라는 점이다. 1971년도 7대 대통령 선거에 출마하면서 그가 제창한 '대중경제론'은 박정희 정부의 외자도입 및 수출 위주의 성장정책을 비판하면서, 자립경제의 건설을 강조한 것이었다. 그러나 1986년도부터는 그 내용이 상당히 변하였다. 즉 수출과 자유무역정책을 찬성하면서 특히 자본의 자유로운 국제 이동을 긍정적으로 평가하는 등 자유경제체제에 대한 확고한 신념을 표하기 시작하였다. 다만 기업이 권력과 결탁함으로써 부가 집중되고 노동자와 소비자가 수탈당하는 특권경제가 되어서는 안 된다는 점은 계속 강조하였다. 그러다가 15대 대선을 앞두고 김대중 후보는 'DJ노믹스'로 알려진 '민주적 시장경제'를 제창하였다. 그 내용은 1980년 이후 논리의 연장선상에서 자유주의적 시장경제, 국가의 적극적인 개입과 사회복지정책의 추구 그리고 노사 간 양보와 세력균형을 강조하는 것이었다.

  그러나 김 대통령은 1997년 12월 대선에서 승리, 당선자 신분으로 외환위기 국면을 맞아 국정의 실질적 책임을 떠안으면서부터는 IMF의 권유를 전적으로 수용, 이를 기조로 재벌·금융·공공·노동의 4대 부문에 대한 개혁을 통해 1년 만에 경제위기를 극복하겠다는 목표를 제시하였다. 국제적 압력을 활용하여 경제정책과 그 운용의 패러다임을 획기적으로 개혁하겠다는 것이었다. 이는 종래의 발전국가 모델로부터 시장을 중시하는 미국형 신자유주의적 모델로 전환하는 것으로서, 1970년대의 대중경제론과는 말할 것도 없거니와 1980년대 이후의 대중경제론과도 근본적으로 차이가 있는 것이었다.

김대중 대통령은 이렇게 IMF식 처방을 수용한 4대 개혁을 통하여 경제 위기를 극복하는 데 상당한 성과를 거두었지만 적지 않은 문제점도 남겼다. 무엇보다 IMF가 요구하는 신자유주의적 구조개혁 프로그램을 그대로 수용한 점이 논란의 대상이 되었다. 김 대통령이 추진한 4대 개혁은 그동안 국가 주도적 성격이 강했던 경제를 공정한 경쟁이 이루어지는 시장경제로 바로잡기 위한 것이었으나, 한편으로 이는 대자본 특히 해외자본의 무제한적 약육강식 질서를 용인, 촉진시킬 우려가 컸던 것이다. 실제로 IMF의 일방적 가이드라인을 수용하여 기업의 채무비율을 200% 이내로 강요한 결과 많은 기업이 도산하게 되었고 유수한 공기업들이 외국에 헐값으로 팔려나감으로써 '국부 유출'이라는 비판을 받기도 하였다. 더구나 고전적인 IMF식 처방에도 없는 '수입선 다변화 폐지'를 수용한 것은 한국의 어려운 상황을 이용한 일본의 요구에 너무 쉽게 굴복한 것이 아니었나 하는 비판을 면키 어렵다. 당시 김 대통령으로서는 IMF식 개혁을 기본적으로는 수용하지 않을 수 없었다 하더라도 세부적으로는 이를 상당 부분 조정하여 국익에 유리하게 끌고 갈 여지가 없지 않았다는 것이다. 그런 점에서 신자유주의적 노선을 토대로 하는 김대중 대통령의 스테이트크래프트는 아시아적 가치(Asian Value)를 중시하는 마하티르(Mahathir) 말레이시아 수상과 국제적 비교대상이 되기도 하였다.

개혁에서 현실 중시로의 이동

4대 개혁을 부문별로 살펴보면 기업과 금융부문은 상당한 성과를 올렸으나, 노동과 공공부문은 부진했다는 평가를 받고 있다. 초미의 관심 대상이었던 금융부문 개혁에서는 금융기관의 구조조정, 재무구조 개선, 건전성 감독기능 강화를 위한 목표로 공적자금의 투입, 은행 정리 및 빅딜을 추진하였다. 그리하여 7개 부실 은행과 12개 종금사 등 총 39개 금융기관이 1998년 11월까지 우선적으로 정리되었다. 다만 투신사의 구조조정은 금융 노련의 총파업으로 인해 결국 무산되었다. 결과적으로 금융기관은 재편되었지만 이에 따라 공적자금의 회수와 더불어 자본의 해외 유출이 새로운 문제로 대두되었다. 총 160조 원 가까이 투입된 공적자금 중에서 69조 원이 회수불능 상태에 빠지게 되었던 것이다. 또한 시중은행과 대기업 주식의 절반 이상이 외국인 소유로 넘어갔다. 공적자금 17조 원이 투입된 제일은행은 헤지펀드인 뉴브리지 캐피털에 12조 원에 팔렸고, 1년 후 다시 1조 원의 차익을 남긴 채 스탠다드로 넘어가는 등 시 행착오가 적지 않았다.

기업부문에 있어서는 재벌개혁에 초점이 맞추어졌다. 대통령 취임사에서는 한계업종 정리를 중심으로 한 구조조정과 기업활동의 투명성 제고가 목표로 제시되었다. 특히 1999년 광복절 경축사에서는 한국 역사상 처음으로 '재벌을 개혁한 대통령'이 될 것이라고 공언하였으며, 투명성 제고, 계열사 간 상호 지급보증 폐지, 경영자의 책임성 강화, 재벌의 부당거래 및 상호출자 제한 등을 추진하겠다고 강조하였다. 그리하여 64개 기업그룹과 중견기업을 대상으로 주거래 은행과 재무구조개선 약정을 체결토록 하는 간접방식으로 구조조정을 사실상 강제하였다. 그러나 재벌개혁은 소리만 요란했지 실질적으로는 미흡했다는 평가를 받았다. 우여곡절 끝에 출자총액제한 제도가 사실상 폐기되었을 뿐 아니라, 오히려 이에 반대되는 조치들이 부활되었다. 대기업 간 빅딜도 지지부진하여 삼성자동차는 빅딜을 포기하고 법정관리를 신청하였다. 이러한 와중에 대우그룹은 공중 분해되었다. 반도체 산업의 경우는 시행착오 끝에 당초의 구도 자체가 완전히 무너진 최악의 결과를 빚음으로써 재벌개혁의 결정적 계기를 상실하였다는 비판을 받게 되었다.

노동개혁에서는 노사정 위원회를 설치·가동하였지만, 노동계가 필요에 따라 참석과 탈퇴를 되풀이함으로써 실효성에서 논란을 빚은 가운데, 노동계 측으로부터는 자신들의 희생만 강요한다는 비난을 받았고, 1999년도 이후에는 노사정위원회 자체가 사실상 유명무실화되고 말았다. 공공부문 개혁에서는 정부조직 개편이 미미했을 뿐 아니라. 적지 않은 공기업을 해외자본에 헐값에 넘겼다는 비판이 잇따랐다.

김대중 대통령의 '국민의 정부'는 경제위기를 극복하기 위한 이러한 노력과 더불어 새로운 경쟁력의 원천으로서 정보통신(IT) 산업을 지목, 지식정보화 사업을 적극 추진하였다. 취임사에서 "산업화에는 뒤졌지만 정보화는 앞서가겠다."고 언명한 데 이어, 정보고속도로를 서둘러 개통하였으며 특히 차세대 육성에 주력하였다. 또한 IT를 전통산업에 접목하려고 노력하는가 하면, 전자정부를 적극적으로 구현하는 데도 관심을 기울였다. 그리하여 세계 제일의 지식정보 강국으로 등장할 수 있는 기반을 마련하였다는 평가를 받았다. 그러나 벤처 분야에서는 조급하고 무분별하게 지원정책을 편 결과 오히려 한국경제의 역동성을 약화시키는 결과를 빚는 등 발전국가 이후 한국경제의 새로운 모델을 제시하는 데 실패했다는 점에서 스테이트크래프트상의 한계를 보여주었다.

'국민의 정부'는 1998년도부터 구조조정과 더불어 강력한 내수 진작을 중심으로 하는 경기부양책을 사용하였다. 그리하여 3/4분기를 기점으로 경기 하락세는 둔화되기 시작하였으며, 1999년부터는 벤처기업 육성책을 적극 추진한 결과 전년도의 마이너스 7%에 근접한 성장률에서 극적인 반전을 이룩하여 거의 플러스 10%의 성장률을 기록하였다. 외환은 1,100원대에서 안정세를 보였고, 외환보유고도 740억 달러로 증가하였다. 이를 토대로 '국민의 정부'는 IMF 지원 자금 195억 달러를 당초 계획보다 3년이나 앞당겨 상환함으로써 1999년 11월 19일 약속대로 1년 반 만에 IMF 관리체제를 완전히 극복하였다고 선언하였다. IMF 역시 같은 해 12월 29일 보고서에서 한국의 경우를 '성공'이라고 평가하였다. 그런 점에서 김대중 대통령은 외환위기 극복에서는 뛰어난 스테이트크래프트를 발휘하였다는 평가를 받을 수 있을 것이다.

햇볕정책과 사정정치

김대중 정부가 출범하면서 대북정책에서도 상당한 변화가 초래되었다. 그는 소수파 정부의 취약점을 만회하기 위해 정치연합을 펼친 데 이어 남북한 관계 개선을 위해 적극적인 대북정책 곧 '햇볕정책'을 집요하게 추진하였다. 취임사를 통해서는 무력도발의 불용인, 흡수통일의 배제, 가능한 분야부터의 협력이라는 대북정책의 3대 원칙을 제시하였다. 교류협력을 활성화하기 위하여 정주영의 '소떼 몰이' 방북이 이루어졌고, 이를 계기로 금강산 관광사업이 시작되었다. 한편 김 대통령은 남북정상회담을 집중적으로 추진, 수차례에 걸쳐 김정일에게 의사를 타진한 데 이어 2000년 1월 새천년민주당 창당대회에서는 여당이 총선에서 승리할 경우 이를 바탕으로 남북정상회담을 제의하겠다고 공언하기까지 하였다. 그리하여 마침내 남북한 당국은 정상회담 개최에 합의, 이를 발표하였다. 문제는 그것이 총선을 사흘 앞둔 4월 10일이었다는 점에서 남북정상회담을 선거에 이용한다는 비판을 면치 못하였다는 것이다. 뿐만 아니라 이렇게 북한에 매달리는 듯한 유화적인 대북 자세는 오히려 정부 여당에게 부정적인 요인이 되기도 하였다는 점에서 민족 문제를 다루는 스테이트크래프트에서 김대중 대통령의 한계를 드러냈다.

김대중 대통령은 여소야대의 분점정부라는 정치적 환경에 직면해 있었다. 게다가 김종필 총재의 자민련과 연합하여 출범시킨 공동정부는 체질적·이념적 이질성으로 인해 갈등과 혼란을 자초하였다. 그 결과 정쟁은 한층 치열해졌으며 대통령의 리더십은 더욱 약화되었다. 집권 벽두에는 김종필 국무총리의 임명 자체가 야당의 '백지투표' 전술에 걸려 좌절되었고, 그에 따라 민주화 이후 사라졌던 '국무총리서리'제를 운영하지 않을 수 없었다. 그러나 가장 큰 문제는 김대중 대통령이 그 스스로 그렇게 비판해오던 구 여당의 임시변통적인 사정정치와 인위적인 정계개편을 정국운영의 방법으로 선택하였다는 사실이다.

　정치인 사정은 예상대로 그 대상이 한나라당에 집중되었다. 특히 대선과정에서 국세청을 이용하여 정치자금을 모금한 '세풍사건'과 대북 총격요청사건이라는 '총풍사건'의 부각으로 한나라당은 여론의 집중포화를 맞아 크게 위축된 결과 김대중 정부는 분점정부 속에서도 주도권을 잡을 수 있었다. 그리하여 특히 수도권에서의 국민회의·자민련 양당의 연합공천에 힘입어 6·4지방선거에서는 대승을 거둘 수 있었다. 문제는 정치인에 대한 사정에서 형평성을 상실함으로써 결국 김대중 정권이 바라던 정치개혁으로 연결되지 못하는 제약요인이 되었다는 것이다. 경제개혁에서는 위기로 인해 국민적 합의 도출이 용이했던 반면, 야당과의 합의가 필수적인 정치개혁의 경우, 거의 '범죄집단'으로 몰린 한나라당의 협조는 애당초 기대하기 어려운 것이었다. 결국 김대중 정부는 여소야대의 분점정부 하에서는 더 이상 정상적인 국가운영이 어렵다고 판단, 집권 반년여 만인 1998년 9월 자민련과 공동으로 '의원 빼내오기'를 통해 마침내 여소야대를 여대야소로 전환시켰다.

　김 대통령은 이렇게 국가운영의 주도권을 잡아가면서 1998년 8월 15일 광복 50주년을 계기로 '제2의 건국'을 선언하였다. 정부수립 이후 50년 동안 이룩한 산업화와 민주화의 성과를 바탕으로 국정의 총체적 개혁을 목표로 하는 국민운동을 제창한 것이다. 그러나 '세풍' 및 '총풍'과 사정정국의 분위기 속에서 이러한 운동은 정치적 동기가 담긴 것으로 평가절하되고 말았다. 나아가 제2의 건국은 대한민국의 정통성을 부인하는 것이 아니냐는 보수진영의 의혹을 불러와 소모적인 사상논쟁을 야기하는 부작용을 빚기도 하였다. 이렇게 제2의 건국론은 권력게임을 한 단계 넘어서는 도덕성과 진정성을 보여주지 못한 결과, 추진 동력을 상실한 채 공무원과 정권 주변 인사들의 관주도형 운동으로 변형·실종되고 말았다.

도덕성 실추와 재현된 여소야대

모든 정권 특히 개혁을 표방하는 정권의 궁극적인 문제점은 권력내부에 존재하는 법이다. '국민의 정부'도 예외는 아니었다. 우선 집권당 내부의 내홍과 더불어, DJP 공조로 형성된 자민련과의 공동정부 운영에 따른 문제점들이 하나씩 불거져 나오기 시작했다. 애당초 양당은 각료추천을 동수로 하기로 약속한 바 있지만 김 대통령으로서는 자민련 몫의 각료는 경제 부처에 국한시키려고 한 반면, 자민련은 안보 부처에도 입각해야 하며 심지어 청와대 수석 진도 나누어야 한다고 주장한 끝에 결국은 국민회의 7, 자민련 5, 그리고 외부 인사 5로 결론이 났다. 그러나 정작 문제는 김종필로서는 챙길 사람을 다 챙김으로써 인사 검증 시스템만 무너졌고, 그에 따른 국가운영상의 부담은 모두 김 대통령에게로 돌아간 것이다. 그런 식으로 자민련과의 연합에 따른 부담은 시간이 지남에 따라 점차 가중되어 갔다. 즉 정권 안정을 위해서는 적어도 총선거 전까지는 연합이 불가피했던 반면, 개혁을 강화하여 선거에서 승리하기 위해서는 자민련과 결별해야 하는 이율배반적 상황에 직면하게 된 것이다.

1999년 말 양당이 약속한 개헌 시한을 앞두고 내각제가 공론화됨으로써 갈등이 표출되기 시작했다. 김 대통령은 아예 합당을 통해 이 문제를 잠재우면서 동시에 전국정당인 거대 여당으로 발전시킬 방안을 구상하고 있었다. 그러나 양측의 입장이 쉽게 근접하지 않자 경제사정을 이유로 '내각제 유보'를 발표하는 어정쩡한 미봉책을 선택하였다. 그러나 국민회의가 새천년민주당이라는 신당을 창당하는 과정에서 '내각제'를 강령에서 제외한 데다가 낙천·낙선운동을 주도하던 시민연대가 주로 자민련 간부들을 '부적격' 대상에 포함시킨 것을 계기로 양측이 결별의 길로 들어섰고 결국 자민련은 공조 파기를 선언하고 독자적으로 총선에 임하게 되었다.

　이러한 상황 속에서 2000년 4월 13일에 치러진 제16대 총선거는 '국민의 정부'의 국가운영 후반기를 여는 중대한 계기가 되었다. 여당인 국민회의는 어려운 상황을 타개하기 위한 이미지 개선 차원에서 같은 해 1월 당명을 '새천년민주당'으로 개명하였고, 영남지역을 공략하는 '동진(東進)정책'을 추진하였다. 그러나 선거 결과는 지역구와 전국구를 합친 총 273석 중 한나라당이 과반에서 4석 부족한 133석, 새천년민주당 115석, 자민련 17석의 결과로 나타났다. 한나라당의 선전, 민주당의 부진, 자민련의 참패였다. 그리하여 민주당과 자민련 의석을 다 합쳐도 한나라당 의석에 미달하는 사태가 재현되었다. 민주당의 동진정책에도 불구, 김중권·김정길·노무현 등 영남지역에서 출마한 후보들이 전원 낙선하였다. 민주당이 참패한 이유는 무엇보다 '옷로비 사건'과 '언론장악 시나리오' 문건의 유출 등 각종 스캔들로 인한 도덕성 실추에 있었다. 거기에다가 선거 사흘 전 전격 발표한 남북정상회담은 오히려 국민적 경계심과 반발을 자초하였다. 자민련의 참패 원인은 무엇보다 DJP 공조로 인해 이념적 정체성이 동요하고 상실된 것에서 찾아야 할 것이다.

그러나 선거에서 패배하고 후반기 국가운영에 부담을 주게 된 가장 큰 요인은 다름 아니라 김대중 정부의 'IMF 조기 졸업'에 있었다. IMF 조기 졸업 자체는 이듬해 총선을 겨냥한 정치적 포석이었지만, 이것이 오히려 역작용을 하였다. 사실 IMF 관리체제를 불러온 경제위기는 김대중 정부와 국가에게는 절호의 기회이기도 했다. 야당은 죄책감으로 정부 여당에 대한 공세를 늦추지 않을 수 없었고 각계각층 역시 각종 요구의 표출을 자제할 수밖에 없었던 것이다. 그러나 김대중 정부가 1999년 말 IMF 조기 졸업을 선언함에 따라서 한나라당은 죄의식에서 벗어난 데다 여기에 여당의 형평성 잃은 사정으로 '탄압받는 야당'의 이미지를 강화할 수 있었다. 국민 또한 경제에 대한 염려를 덜고 정부에 대해 거침없이 비판적인 자세를 취하면서 더 이상 욕구를 자제하려고 하지 않게 되었던 것이다. 그런 점에서 IMF 조기 졸업 선언은 오히려 김대중 대통령이 미숙한 스테이트크래프트를 드러낸 것이라고 할 수 있을 것이다.

3. 김대중 대통령 집권 후반기의 스테이트크래프트

햇볕정책의 성과와 한계

김대중 대통령의 국가운영 후반기는 총선에서의 부진한 결과에도 불구하고 2000년 6월 13일부터 15일까지 있었던 역사적 남북정상회담, 특히 15일에 채택된 5개 항의 '남북공동선언' 발표로 화려하게 시작되었다. 역사적 공동선언의 골자는 ① 통일문제의 자주적 해결, ② 남측의 연합 제안과 북측의 낮은 단계의 연방 제안에 공통성이 있다는 인정 및 그 방향에서의 통일 지향, ③ 이산가족과 친척방문단의 상호교환 및 남측에 있는 비전 향 장기수 문제의 해결, ④ 경제협력과 사회·문화·체육·보건·환경 등 제 반 분야의 교류 활성화, ⑤ 이상의 합의사항을 실천하기 위한 남북 당국 사 이의 대화 개최 등이며 별도 항목으로 적절한 시기 김정일 국방위원장의 서울방문 계획이 부기되어 있다. 김대중 정부의 대북화해협력 정책은 교 류와 협력을 통해 북한을 변화 개방시키는 것을 목표로 한 것이라는 점에 서는 박정희 정부 이래 역대 정권들의 대북정책과 기본적으로는 궤를 같 이하는 것이었다. 특히 탈냉전 이후 북한의 핵 개발로 위기를 맞은 한반도 에서 남북한 정상이 처음으로 만나 남북 간에 새로운 단계의 교류와 협력 의 돌파구를 열 수 있었다는 점에서 커다란 의의가 있다고 하겠다.

그러나 남북정상회담과 공동선언은 그 의의와 성과 못지않게 수많은 문 제점을 안고 있었으며 우리 사회 내부의 갈등을 증폭시키는 역할을 한 것 도 사실이다. 무엇보다 당면한 가장 중요한 현안인 북한의 핵과 미사일 개 발에 관한 사항은 전무했다는 점이다. 이는 남북한 간 교류협력을 통해 대 결과 긴장을 완화시키려는 우회 전략을 선택했기 때문이라고 이해될 수도 있지만, 정상회담 성사 자체에 급급했기 때문에 평화정착문제는 제대로 의제화하지 못했다는 비판을 면하기 어려운 것도 사실이다.

공동선언의 제1항과 제2항의 통일조항에 관해서도 논란이 뒤따랐다. 제 1항의 '자주' 조항은 7·4공동성명의 내용에도 나오는 것으로서 민족적 자 주성을 원론적으로 강조한 것으로 볼 수도 있다. 그러나 제1항의 구절에서 나왔으며 이후 대한민국의 사회운동 세력에서도 널리 활용된 구호인 '우 리 민족끼리'라는 수사는 국제적 맥락과 협력을 무시하거나 소홀히 한 채 폐쇄적인 민족주의를 추구하는 태도라는 함의를 가질 수 있다는 점에서 갈등의 소지를 안고 있었다. 특히 북한이 남북한 간의 모든 문제해결의 전제로 주한미군의 철수를 항상 요구해온 현실에서, '자주'를 새삼스럽게 전면에 부각시켰다는 점은 적절하지 못하다는 비판을 받을 수 있다. 제2항에 대해서는 김대중 대통령 스스로 "합의 중에서 가장 역사적이고, 분단 55년의 과제인 통일방안에 의견을 접근한 의미 있는 합의"라고 자평하였지만, 그 스스로 밝힌 바에 의하면 사실 이 조항은 당초에 없었던 안건이었다. 연방제 통일안에 사인을 하라는 김정일의 요구에 당황한 김대통령이 "젖 먹던 힘까지 내서 진실하게 설명"한 결과 힘겹게 합의를 보았다는 것이다. 물론 북측의 낮은 수준의 연방제와 남측의 연합제는 외교·군사권을 남북 양쪽이 보유한다는 점에서는 분명히 공통점이 있다고 할 수 있다. 그러나 연합제는 2개 국가를 인정하는 반면 연방제는 어디까지나 1국가를 의미한다는 점에서 근본 성격과 지향점이 서로 다른 통일방안이다. 그렇기 때문에 김대중 대통령은 대한민국의 공식적인 통일방안인 민족공동체 통일방안이 아니라 자신의 3단계 연방제 통일방안에 기초하여 북한의 연방제에 동의했다는 의혹이 현재까지도 계속되고 있는 것이다. 특히 이후 남북 간에 이 문제를 논의한 흔적을 별로 찾아볼 수 없으며, 오히려 우리 내부의 갈등을 증폭시키는 소재로만 작동되어왔다는 점에서 비판을 받을 수 있다. 또한 제3항에서 남측에 있는 비전향 장기수의 문제는 언급하면서, 아직도 상당히 남아 있는 국군포로나 납북자들에 대해서는 한마디 언급도 없었다는 점 역시 형평성을 완전히 상실한 것이라고 하지 않을 수 없다.

  이러한 공동선언의 내용 외에도 남북정상회담이 추진된 과정을 둘러싸고도 크고 작은 논란이 있었다. 무엇보다 노무현 정권하에서 실시된 특검 결과, 최소 5억 달러 이상의 뒷돈이 비밀리에 평양 측에 건너간 사실이 밝혀졌고, 이로 인해 측근들이 구속되기도 하였다. 6월 12일로 합의된 김 대통령의 평양 방문이 출발 직전 돌연 북측에 의해 일방적으로 하루 연기된 것도 문제가 되었으며, 의제를 미리 정하지 않은 채 회담이 열려 결국 김정일이 회담의 진행을 주도하는 즉흥적인 담판이 되고 만 것도 비판의 대상이 되었다. 끝으로 짚고 넘어가야 할 것은 이로써 '남북기본합의서'와 '한반도비핵화 공동선언'이 무력화되었다는 것이다. 김 대통령 자신도 취임사에서 "남북기본합의서를 실천만 하면 남북문제를 성공적으로 해결하고 통일에의 대로를 열어나갈 수 있다"고 강조한 바 있지만, 공동선언에서는 합의서의 준수 문제는커녕 합의서 자체에 대해서마저 한마디도 언급하지 않았던 것이다. 그런 점에서 6·15공동선언은 대한민국 대통령에게 허용된 범위를 상당 부분 일탈한 것이었고, 또 실제로 적지 않은 후유증을 남겼다는 점에서 김대중 대통령이 갖고 있던 스테이트크래프트의 문제점을 보여주는 것이라 하지 않을 수 없다.

그럼에도 남북한 정상회담은 남북교류와 협력 차원에서는 획기적인 전기가 되었다. 먼저 이를 계기로 남북대화가 정례화되기 시작하였다. 남북장관급 회담, 양측 특사의 상호방문, 경제협력추진위원회 개최와 함께 국방장관 회담 및 장성급회담 등 군사회담과 적십자 회담 등 분야별 회담이 연이어 개최되었으며, 교류·협력 역시 크게 증대되었다. 여기에서는 정경분리 정책과 더불어 투자보장 합의서를 비롯한 4대 합의서가 중요한 제도적 뒷받침이 되었다. 그리하여 금강산관광특구와 개성공단이 건설되었고, 남북 간에는 동서 양쪽에서 철도와 도로가 연결될 수 있었다. 남북교역과 인적교류도 급증하였다. 교역량은 1999년도의 3억 3,300만 달러에서 2004년도에는 6억 9,704만 달러로 2배가량 증가하였고, 이 시기 북한의 대남무역량은 총무역량 23억 달러의 약 3분의 1에 달하였으며, 한국은 중국에 이은 북한의 제2 무역 상대국이 되었다. 이와 함께 북한 방문 등 인적 교류 역시 크게 증가하였다.

그러나 문제점과 후유증 또한 적지 않았다. 무엇보다 북한에 대한 '저자세'와 무원칙한 햇볕정책의 추진 등으로 교류·협력 본래의 취지가 퇴색하였다. 애당초 정경분리의 원칙을 수립하였으나, 2002년 1월에는 적자를 면치 못하고 있는 금강산 관광사업에 대해 정부 보조금을 지원키로 하는 등 이 원칙을 포기함으로써, '목표를 달성하기 위한 지원'이 아니라 '지원을 위한 지원'으로 전락되어 '퍼주기'라는 비난을 자초하였다. 결국 임기 말까지 각급 정부기관이나 민간단체의 유무상 지원금을 포함, 도합 2조 7,028억 원의 막대한 재원이 북측에 제공되었고, 이러한 흐름은 '참여정부'에서도 그대로 이어졌으나 북한의 의미 있는 변화의 조짐은 나타나지 않았다. 금강산 관광사업 역시 적자투성이가 되어 이를 주관하는 현대그룹의 경영 위기를 초래하였고. 결국 정부는 현대그룹을 지원하다가 마침내 국영 관광공사가 인수함으로써 정경분리 정책의 위반이며 정경유착에 의한 전형적 특혜라는 비판을 받게 되었다. 뿐만 아니라 2002년 6월 북한의 기습공격으로 제2연평해전이 발발, 전사자 6명, 부상자 18명이라는 희생이 발생하기도 했다.

　김 대통령의 임기 말인 2002년에는 전년도에 발생한 9·11 테러 이후 대테러전쟁을 세계정책으로 설정한 부시(George W. Bush) 미국 대통령의 '악의 축' 발언을 계기로 남북관계가 경색되기 시작했다. 김 대통령은 특사 방북, 유럽연합(EU)의 유엔인권위 결의안 상정 저지 등 북한과의 관계를 유지하기 위해 동분서주하였지만, 미국의 대북 강경정책과 북한의 핵개발 강행정책이 부딪히는 가운데 임기를 종료할 수밖에 없었다. 그리하여 햇볕정책은 본래의 취지와 목적을 달성하지 못한 가운데 오히려 핵 개발을 용인하여 안보상의 위험을 초래하였다는 보수진영의 비판을 받았다. 햇볕정책은 결국 국내의 이념적 분열을 증폭시켰다는 비판을 면키 어렵게 되었다.

경기 부양과 생산적 복지

김 대통령의 임기 후반기 경제는 급격한 경기 후퇴 속에 이를 인위적으로 떠받치려는 부양책으로 일관하는 모습을 보였다. 특히 2001년에는 경기가 급격히 악화되어 성장률은 3.8%로 하락했다. 여기에는 금융시장 불안 등 심리적 요인, 설비투자 부진, 국제유가 상승과 IT경기 둔화, 세계경제의 침체 등이 두루 요인으로 작용했다. 김대중 정부의 문제는 여기에 대처하는 정책에 있었다. 대대적인 카드발행 정책을 추진하는 등 경제의 원동력을 서비스산업 등 비제조업 중심으로 이동해가기 시작한 것이다. 그결과 내수기반이 확대됐고, 2002년에는 7.0%의 성장률을 기록한 것이 사실이다. 그러나 이에 따른 부작용 또한 만만치 않았다. 특히 가계부채와 국가부채가 폭발적으로 증가하였으며, 특히 금융권의 가계대출은 2002년 말 총 445조 3,000억 원으로 미국과 일본의 0.82배를 상회하게 되었다.

한편 김대중 대통령은 외환위기가 대체로 극복되어가던 1999년 4월, 종전의 '민주주의와 시장경제의 병행발전'에 '생산적 복지정책'을 추가, 임기 후반기 중점 시책으로 제시했다. 무엇보다 개발 시대에 상대적으로 소홀히 다루어져온 복지문제에 주목, 이를 국정의 핵심과제로 설정하고 부단한 노력을 경주한 것은 높이 평가되어 마땅하다. 이는 '준비된 대통령'으로서의 김 대통령의 스테이트크래프트가 크게 발휘된 것이라고 할 수 있다. 무엇보다 IMF 관리사태 이후 중산층 붕괴와 빈부격차의 심화현상에 대처하기 위한 종합 대책의 일환으로서 복지정책을 마련하였다. 고용보험·의료보험·산재보험·국민연금 등 4대 사회보험을 대폭 통합·운영하기 시작하였고, 1999년 9월에는 국민기초생활보장법을 제정하여 공공부조제도를 대폭 확충하는 등 취약계층에 대한 지원도 확대했다. 그리하여 생계

비 지원대상은 1997년 13만 명에서 2001년에는 155만 명으로 폭증하였고, 복지예산도 5년간 연평균 19.6%씩 증가했다.

문제는 이렇게 추진된 정책이 과연 표방한 대로 '생산적 복지'의 성격을 갖고 있었는가 하는 점이었다. 원래 수립된 정책에는 각종 실업대책과 더불어 중소벤처기업 활성화 정책 등도 포함되어 있었던 것이 사실이지만, 실질적으로는 주로 저소득층에 대한 지원을 벗어나지 못했다. 물론 사회적 안전망의 미비상태에서 경제위기로 중산층이 붕괴되고 신빈곤층이 확대됨에 따라 우선 시급한 구호정책에 주력할 수밖에 없었던 점은 충분히 이해될 수 있다. 그러나 실질적으로 추진된 대부분의 정책들이 '생산적 복지'와는 상당한 거리가 있었던 것도 부인할 수 없다. 사회적 안전망의 구축을 서두른 나머지 건강보험제도를 무리하게 통합체제로 바꿈으로써 혼란과 갈등을 초래하였고 보험 재정의 건전성을 악화시킨 점도 문제였다. 결론적으로 김대중 정부의 복지정책은 IMF 관리체제하에서 추진된 신자유주의 일변도의 개혁에 따르는 사회적 양극화 현상에 대처하고 이를 보완하기 위한 복지정책의 성격을 갖고 있었지만 소기의 성과를 충분히 거두었다고 보기는 어렵다. 지니 계수가 1997년의 0.29에서 2001년에는 0.35, 그리고 2002년 1/4분기에는 0.450 수준으로 악화된 것이 이를 반증하고 있다.

정치 불신과 사회 갈등의 고조

김대중 정권의 집권 후반기는 2000년의 6·15남북정상회담과 그해 말의 노벨평화상 수상으로 정점을 찍었지만 이후 김 대통령의 리더십은 급격히 추락하였고 국정은 혼미로 점철되어갔다. 가장 직접적인 원인은 4·13총선에서 여당인 새천년민주당이 과반수 확보에 실패했기 때문이다. 김대중 대통령은 원내 의석 확보를 위해서는 자민련과의 공조 복원이 절대 필요하다고 판단, 양당의 결별 속에서도 총리직에 머물다가 재산문제로 낙마한 박태준의 후임에 다시 자민련 출신 이한동을 지명한 데 이어, 자민련을 원내 교섭단체로 만들어주기 위해 무리를 범하였다. 먼저 원내 교섭단체 구성 요건을 완화시키기 위해 국회법 개정을 추진하였으나 결국 이만섭 국회의장의 사회 거부로 좌절되고 말았다. 그러자 일부 민주당 의원들로 하여금 자민련으로 당적을 바꾸는 '의원 꿔주기'를 강행, 이로써 2001년 1월 8일 양당은 공조 복원을 선언했다. 그 결과 소수인 민국당까지 포함한 정책연합을 통해서 간신히 과반수 의석을 확보할 수 있었다. 문제는 '의원 꿔주기'가 정당정치와 의회민주주의의 정신과 원리에 정면으로 위배되는 행태였을 뿐 아니라, 해당 의원이 일시 당을 떠나지만 고향으로의 복귀를 염원하는 '한 마리 연어'를 자처하는 등 희화적인 작태를 연출함으로써 한국정치 전체에 대한 불신을 부채질했다는 점이다.

이렇게 총선 이후 정책연대라는 이름으로 어렵게 복원된 DJP 공조는, 일부 방북인사들의 돌출 행동에 관한 책임문제를 놓고 한나라당이 제기한 임동원 장관 해임 건의안에 자민련이 가세하여 통과된 것을 계기로 완전히 파국을 맞게 되었다. 그러나 어떻게 해서라도 공조의 외양 혹은 분위기나마 유지하려는 김 대통령의 간곡한 요청에 의해서 이한동 국무총리는 '국민의 정부'가 선거관리에 돌입하기 전까지인 2002년 7월까지 재직하였다. 이렇게 김대중 대통령은 정권유지를 위해서는 철저한 현실 정치인으로서의 면모를 보여주었지만 그 과정에서 정치의 원칙 혹은 상식을 무시하고 파괴하였다는 점에서 민주시대 국정 최고 지도자로서 갖추어야 할 스테이트크래프트의 한계를 드러냈다는 비판을 면하기 어렵다.

김대중 대통령은 가까스로 구축한 이러한 원내 우세와 더불어, 외환위기 극복과 남북관계 개선, 그리고 노벨평화상 수상 등에 따른 자신감을 토대로 야당과 보수세력에 대한 설득보다는 일방적인 '개혁 드라이브'를 걸기 시작하였다. 가장 대표적으로 드러난 것이 2001년 2월 시작된 언론사에 대한 대대적인 세무조사 실시였다. 사실 김대중 정부는 대략 취임 1년 후부터 자신의 대북유화정책과 지역 편중 인사정책을 비판하는 보수계 신문들과 갈등을 빚기 시작하였다. 1999년 하반기에는 〈중앙일보〉의 보광그룹, 그리고 〈세계일보〉의 통일그룹 책임자를 탈세혐의로 구속하고 추징금을 부과한 바도 있다. 그러다가 2001년 1월 연두 기자회견에서는 '언론개혁' 추진을 공개적으로 언급하였고, 2월 6일 안정남 국세청장이 국회에서 사회지도층 기강 확립 차원에서 세무조사를 실시할 것임을 밝힌 데 이어 2월 8일에는 서울 소재 전체 언론사, 즉 10개 일간지와 3개 지상파 방송사에 대한 전면적인 세무조사에 착수했다. 그리하여 6월 20일, 23개 언론사에게 총 5,056억 원에 달하는 추징금을 부과한다는 결과를 발표하였다. 국세청은 또한 6개 언론사의 12명을 검찰에 고발, 특히 동아·조선·국민의 3개 언론사의 대주주를 구속하였다.

그 결과 언론을 비롯한 우리 사회의 개혁에 관한 필요성과 당위성에도 불구하고, 형평성을 잃은 세무조사는 한국정치와 사회에 적지 않은 후유증을 남겼다. 대외적으로는 국제언론인협회(IPI)에 의해서 OECD 국가 중 유일하게 언론탄압 감시 대상국에 포함되는 불명예를 안게 됐다. 또한 '언론개혁'은 우리 사회 내 '남남갈등'이 대북 이슈를 넘어 국정 전반의 영역으로 확산됨으로써 소모적인 이념적 갈등을 첨예화시키는 계기가 되었다. 특히 이를 지지하거나 비판하는 세력들 간에는 '홍위병', '곡학아세', '가당찮은 놈' 등의 살벌하고도 원색적인 폭언과 더불어 '도서 화형식' 같은 막가파식 행태가 우리 사회에서 공공연히 벌어지는 계기가 되기도 하였다.

언론개혁 드라이브와 더불어 김대중 정권이 주력하였던 것이 '시민단체'

의 활용이었다. 김 대통령은 1998년 초 당선자 신분으로는 처음으로 시민단체 신년 하례식에 참석, 격려 연설을 한데 이어 이들 인사들 중에서 일부를 각료 및 수석으로 발탁하기도 하였다. 2000년에는 '비영리민간단체 지원법'을 제정, 시민단체 100여 곳에 연간 75억 원의 사업비를 지급하기 시작했으며 이후 시민단체의 수는 폭발적으로 증가, '시민단체들의 전성시대'가 도래하였다는 말까지 나오게 됐다. 문제는 시민단체들이 정부의 '협조적 동반자'를 넘어 '협조적 대행자'로서 관변화·어용화되는 등 비정부기구 본연의 자세를 상실하는 결과가 초래됐다는 것이다. 특히 2000년 4·13총선에서는 수십 개의 시민단체들이 연합, 총선시민연대를 결성하여 '낙천·낙선운동'을 전개한 결과, 특히 여야 정당 공천을 비롯하여 유권자 선택에 긍정적 영향을 미쳤다는 평가가 있는 것도 사실이다. 그러나 이들 운동이 상당 부분 실정법을 어겼으며 더구나 특정 정파, 즉 김대중 대통령의 민주당에게 유리하게 작용했다는 점에서 객관성과 순수성을 의심받은 것도 부인할 수 없다.

와해된 리더십

이렇게 김대중 정부의 정책과 맞물려 심화된 사회적 갈등은 대선을 앞둔 2002년에 들어와 남남갈등으로 증폭되어 나타나게 됐다. 서울에서 개최된 광복절 경축대회는 두 동강이 나고 말았다. 민화협은 북측과 더불어 '우리 민족끼리', '민족공조' 등의 슬로건을 내걸고 '민족통일대회'를 공동 주최했다. 이 과정에서 민화협 가입단체인 '통일연대'는 '반통일세력', 즉 보수세력의 '통일방해 활동'을 대중의 힘으로 제압해 6·15공동선언을 실천할 것이라고 공언했다. 반면에 그 대척점에 서 있던 '자유시민연대'는 '굴욕적 대북정책 및 북한의 위장평화공세 규탄대회'란 이름의 대회를 개최했다.

한편 대선 국면에서는 250개 단체들이 미군 장갑차에 의한 여중생 치사사건에 관한 범국민대책위원회를 조직, 촛불시위를 전개함으로써 선거에 커다란 영향을 미치기도 했다.

임기 말 김대중 대통령의 국가운영은 리더십의 '총체적 와해'로 인해 전형적인 레임덕 양상을 보여주었다. 김 대통령이 국회 내 다수파, 시민사회 내 보수세력, 그리고 언론과 국민여론에 정면으로 맞선 결과 집권세력은 점차로 고립되어갔다. 대외 환경도 좋지 않았다. 새로 출범한 부시 대통령과 대북정책에서 상당한 시각차가 드러나기도 했다. 더구나 그런 시기에 대북 비밀 협상과 불법 지원문제까지 불거져 나와 김 대통령은 완전히 수세에 몰리게 되었다. 또 그동안 중지된 것으로 알려졌던 국정원의 감청문제가 다시 드러남으로써 정권의 도덕성에도 적지 않은 타격을 입었다. 여기에 이용호 게이트, 최규선 게이트, 윤태식 게이트, 이형자 리스트, 최순영 리스트가 끊임없이 터져나온 데다가 2002년에는 이수동 사건으로 김 대통령의 분신과 같은 아태평화재단이 비리의 온상으로 부각되면서 일부 임원마저 구속되는 사태가 발생했다. 무엇보다 결정적인 것은 그의 처남 그리고 세 아들(당시 '홍삼 트리오'라고 명명되어 조롱당함)의 비리가 드러났다는 것이었다. 특히 이들에 대한 수사 중단 요구를 법무장관이 거부하는 사태가 벌어지는가 하면, 열쇠를 쥐고 있던 실무 관계자의 밀항 도피 사건 등 사태가 어지럽게 전개되는 가운데 마침내 세 아들 중 두 명이 구속되는 사태에 이르게 되었다. 결국 김대중 대통령 역시 전임 김영삼 대통령과 마찬가지로 아들 문제로 대국민 사과성명을 발표하고, 민주당을 탈당하지 않을 수 없었다. 그로서는 '잔인한 봄'이었던 것이다. 거기에다가 그해 6월 역사적인 한·일 공동주최 월드컵 분위기 속에서 서해교전사태가 발생, 6·15선언과 햇볕정책 자체가 크게 빛이 바래고 말았다.

4. 김대중 대통령의 스테이트크래프트 평가

대지소심형의 준비된 대통령

김대중 대통령은 불우하고 어려운 환경 속에서 태어났지만 우수한 자질과 각고의 노력으로 최고 국가지도자의 반열에 오른 인물이다. 그의 리더십은 여러 가지 어려움을 딛고 오로지 자신의 힘으로 자수성가하여 성공한 사람들이 갖는 리더십의 장점과 단점을 모두 갖고 있다.

무엇보다 정치인 김대중이 탁월한 민주화의 지도자였다는 점은 아무도 부인할 수 없다. 그는 민주주의에 대한 의지와 신념이 매우 강력했으며, 민주화의 대의를 저버리지 않고 초지일관의 자세를 토대로 시대적 비전과 영감을 갖고 국민을 이끌어갈 수 있었다. 문제는 그가 '민주적 지도자'라기보다는 '민주화를 향해 국민을 이끈 권위주의적 지도자'였다는 점이다. 여기에는 타고난 체질과 더불어 가정환경 요인도 크게 작용한 것으로 보인다. 우선 그의 성취 지향적 가치관은 모든 일을 성공과 투쟁의 대상으로 생각하는 경향을 갖게 한 것으로 보인다. 그는 허튼 소리나 농담은 거의 하지 않았고 또한 향락을 크게 경계하면서 고행자적 자세로 항상 자기 계발에 힘쓰며 진지하고 성실하게 노력하는 스타일이었다. 자제력을 가지고 독서를 하면서 내면을 가꾸는 것을 중시했을 뿐 아니라 얼굴·표정·몸차림의 형식에서도 권위를 지키는 것을 중시하였다. 이러한 특징이 특히 집권 후반기 국정을 독단적으로 이끌고 또 주변관리를 소홀히 하는 결과를 불러온 것으로 보인다.

다음으로 김 대통령은 뜻이 크고 야심적이지만, 여러 분야에 걸쳐 연마한 전문적인 식견을 바탕으로 작은 일도 소홀히 하지 않는 완벽주의적 성격을 가진 '대지소심형(大志小心形, 뜻이 크면서도 작은 일도 소홀히 하지 않는 완벽주의자)'의 지도자였다고 할 수 있다. 그런 점에서 모든 일을 치밀하게 준비하고 꼼꼼하게 집행하지만, 과부하의 중압감과 더불어 참모와 관료의 자율성과 창의성, 그리고 자발적인 협조를 이끌어내는 데는 문제점을 드러내는 등 만기친람(萬機親覽, 임금이 모든 정사를 손수 보살핌)의 장단점을 보여주었다. 또한 다방면의 해박한 지식과 논리적인 사고, 그리고 치밀함까지 갖추고 국정을 직접 챙기면서 국민과 언론을 설득하려고 했다는 점에서 계몽적 설교형의 리더십을 보여주기도 하였다.

김대중 리더십이 갖고 있는 또 하나의 특징은 뛰어난 현실감각을 바탕으로 한 실용주의 혹은 시류에 대한 민감성이다. 그는 폭넓은 독서와 사색을 통해 나름대로의 탁월한 문제의식과 이로정연(理路整然, 의논이나 언설이 사리에 잘 통하고 정연함)한 논리를 갖추고 있었을 뿐 아니라 뛰어난 현실감각도 갖고 있었다. 그가 1987년 이후 두 차례(1992년과 1997년) 더 대권에 도전하면서 끊임없이 새로운 세력을 영입한 것도 이러한 역량을 발휘한 것이었다. 대통령이 되기 위해서 그리고 원내 수적 우세를 유지하기 위해 자민련과의 공조를 유지하는가 하면, IMF의 신자유주의적 처방을 기꺼이 받아들인 것도 바로 이러한 현실 중시의 특성에서 나온 것으로 보인다.

김대중 대통령 취임 당시 한국의 상황은 그야말로 '변혁적 리더십'을 요구하고 있었다. 외환위기는 경제 분야에 그치지 않고 기존 발전국가 모델의 총체적 변화를 요구하고 있었던 것이다. 또한 그것이 문민개혁이나 세계화 전략으로는 불가능하다는 것이 드러난 시점이기도 하였다. 따라서 경제위기를 극복하고 새로운 발전모델 제시하면서 한국정치를 한 단계 발전시켜나가는 한편, 기존의 냉전적 남북관계를 튼튼한 안보의 기반 위에서 평화공존적 남북관계로 전환시켜가야 한다는 역사적 과제가 제기되고 있었다. 바로 이러한 과제를 수행하기 위해서는 무엇보다 높은 도덕성을 갖추고 리더-팔로어 간의 합리적 소통에 기초하여 포괄적인 비전을 제시하면서 국민을 이끌어가는 스테이트크래프트가 절실히 요청되고 있었다. 그런 점에서 김대중 대통령은 이러한 자질을 상당 부분 갖춘, 스스로의 표현에 의하면 '준비된 대통령'이었다고 볼 수 있다.

리더십의 한계

문제는 김대중 대통령의 정치적 리더십이 커다란 한계를 안고 있었다는 점이다. 먼저 지적되어야 할 것은 상황적 제약성이었다. 김 대통령은 야당이 국회를 장악하고 있는 상황에서 DJP 공조라는 지역연합을 통해서 힘겹게 집권할 수 있었다. 따라서 근 40년 만에 실권, 심한 박탈감과 저항감에 사로잡혀 있던 구 집권세력을 설득하는 데는 기본적인 한계가 있을 수밖에 없었다. 공무원 사회는 물론 막강한 세력으로 자리 잡은 재벌들 역시 그에게 호의적이지만은 않은 상황이었다.

그렇다고 국정에서 초당적 협조를 받는 것이 불가능한 것은 아니었다. 경제위기 상황을 활용하고 IMF 관리체제를 통해 정치권뿐만 아니라 각계각층의 협조를 받으면서 국가를 근본적으로 개혁해가는 방향으로 국정을 운영할 수 있었다. 이는 물론 용이한 과제는 아니었다. IMF의 신자유주의적 주문을 상당 부분 완화·조정해야 한다는 부담을 감내해야 하는 것이었다. 그러나 김 대통령은 그러한 방향을 선택하지 않았다. 평생 그토록 갈구해 오던 대권을 장악한 마당에, 조기에 IMF 관리체제를 졸업한 후 '준비된 대통령'으로서 자신의 경륜과 포부를 본격적으로 펼쳐나가는 방식을 택한 것이다. 바로 이렇게 조급한 마음으로 'IMF 조기 졸업'을 선언한 것이 전체적으로 보아서는 그의 국가운영상의 결정적인 차질을 불러온 자충수가 되지 않았나 생각된다. 그동안 야당이 고개를 숙인 것은 김 대통령의 리더십이나 권위에 굴복했기 때문이 아니라 자신들도 연루된 국난에 책임이 있었기 때문이었는데, IMF 졸업 선언으로 반대세력이 고개를 들기 시작한 것이다. 그의 지지세력인 노동계조차도 "경제위기가 끝났다니 노동자의 희생도 끝나야 하는 것 아니냐?"며 임금 인상과 노동시간 단축 등 자신의 목소리를 높이기 시작했던 것이다. 결국 김 대통령은 비상시의 리더십을 발휘하지 못하고 평상시의 리더십을 통해 국정을 운영한 결과, 국가개혁의 호기를 상실하는 등 전환기 스테이트크래프트에서 결정적인 한계를 보였다고 하겠다.

  자민련과의 공조만 해도 원만한 국가운영을 위해 아무리 불가피했다 하더라도 그 과정에서 나타난 문제점이 모두 정당화될 수 있는 것은 아니었다. 먼저 내각제를 표방했지만 약속을 지키기 위한 본격적인 노력을 기울였다고 보기 어려웠다는 점에서, 이는 이념성향을 달리하는 정파 간의 지역 공조를 은폐하기 위한 알리바이에 불과했다고밖에 볼 수 없다. 김대중 정권으로서는 양당의 공조가 무너진 뒤에도 정권의 안정적 유지를 위해 공조의 외양을 유지하는 데 매달린 결과 국가운영의 원칙과 정체성, 그리고 도덕성 자체가 크게 훼손되지 않을 수 없었다. 또한 비전문가들인 정치인들이 장관으로 대거 기용된 결과, 내각과 대통령이 괴리되는 결과가 빚어졌고. 역설적으로 청와대 중심의 비서정치를 하지 않을 수 없었다.

  김 대통령 자신이 경제와 통일문제에 전문적인 식견을 가졌기 때문에 전문성보다는 충성심이나 정치적 배려를 중시하였고, 또 권한을 많이 위임하지 않았던 것도 문제가 되었다. 그리하여 잦은 개각이 불가피해져 그의 임기 중 총 96명의 장관이 임명되었고, 평균 재임 기간은 11.5개월이었다. 경제팀도 수시 교체되어 재경부는 5번, 경제수석은 6번 교체됨으로써 내각의 관료 장악력은 현저히 떨어지게 되었다. 이러한 문제점을 보완하는 차원에서 관료에 대한 정치적 통제를 위해 행정조직을 개편하기도 하였지만 소기의 목표를 달성하지는 못했다. 집권 초기에는 여소야대로 인하여 중앙 인사위원회를 대통령 직속기구로 하려는 계획이 좌절되었고, 기획예산처안도 기획예산위원회와 재경부 산하 예산처로 분리하지 않을 수 없었다. 결국 자민련의 요구로 중앙인사위는 대통령 직속으로 하되 기획예산처는 국무총리 산하로 두는 수정안이 통과되었다. 그러나 문제는 외부적 환경에만 있었던 것은 아니었다. 김대중 정부의 인사정책은 편중인사·정실인사로 넘쳐났고 관료에 대한 정치적 통제를 통해 정책적 일관성과 효율성을 확보하는 데도 실패하는 등 통상적인 스테이트크래프트를 발휘하는 데서도 적지 않은 문제점을 드러낸 것이다.

도덕성의 문제와 실패한 주변관리

국정주도를 위해 특단의 카드 역할을 한 것이 남북정상회담이었고 이와 관련하여 수상한 노벨평화상 역시 같은 목적을 위해 활용되었다. 이러한 이벤트들은 잠시 효과를 보는 듯하였지만 결국은 부작용을 낳았고 나아가 남남갈등을 증폭시키는 결과를 빚었다. 햇볕정책은 무엇보다 북한 핵 개발 문제에 대한 초기 대응과정에서 잃어버린 우리의 주도권을 찾으려는 노력이었다는 점에서 긍정적으로 평가될 수 있다. 다만 그것은 북한의 핵 개발로 대표되는 안보상의 위기 속에서 추진된 것이었다는 점에서 한계를 지닌 것이었다. '당근' 즉 대화와 협력과 교류가 적대관계를 완화시킬 것이라는 가정 자체가 입증된 것도 아니었다. 더구나 국군통수권자인 대통령의 "어떠한 일이 있어도 전쟁은 막아야 한다"는 발언은 또 하나의 중요한 대북정책 수단인 '채찍'을 배제 내지는 포기함으로써 북한에 끌려가는 구도를 만들어냈다는 점에서 스테이트크래프트상의 문제점을 드러낸 것이라고 하겠다. 결국 '주적문제' 논란으로 드러났듯이 햇볕정책과 안보정책의 균형을 기해나가는 것이 내부적으로도 결코 만만한 일이 아니었으며, 임기 말에는 북한의 서해상 도발이 다시 발생하였다. 원칙 잃은 햇볕정책은 안보위기만을 초래했다는 비판을 면키 어렵게 된 것이다.

김 대통령은 집권기간 중 정치개혁을 위해 나름대로 노력을 기울였지만 커다란 성과를 얻지는 못하였다. 특히 지역구도 완화, 극한 대결의 정치문화 극복, 부패청산, 제왕적 대통령제 극복이라는 시대적 과제들을 수행하는 데는 역부족이었다. 여기에서도 소수파 정부의 한계가 크게 작용하였다. 문제는 그가 분점정부라는 제약을 극복하기 위한 것이라는 명분하에 반개혁적인 행동을 통해 개혁을 추구하였다는 데 있다. 의석수를 늘리기 위해 '의원 꿔주기' 같은 희극을 연출하는가 하면, 노무현 후보가 2000년 부산 총선 출마 시 "한도, 원도 없이 돈을 써봤다"고 한 것은 저간의 사정을 짐작케 해주는 대목이다. 또한 야당을 '대등한 협상 파트너'가 아니라 '설복시켜야 할 대상'으로 보았던 것이나, 특히 과거 그 자신이 그토록 비난해 마지않았던 국정원의 도청공작을 지속한 것도 정치개혁의 한계로 작용하였다.

2002년 말 대선 시 이회창 후보의 아들 병역비리 관련 허위사실을 유포한 김대업을 '의인'으로까지 부르면서 악의적인 공작정치를 펼친 것 역시 김대중 정권의 정치적 한계이자 오점으로 기록될 것이다. 이러한 정치사찰과 공작은 결국 다음 정부의 수사망에 걸려 공개됨으로써 도덕성에 더욱 큰 타격을 입게 되었다. 망국병인 지역감정 역시 완화되기는커녕 오히려 지역편중인사가 강화되는 등 심화된 측면도 나타났다. 한편에서는 이는 그동안 영남편중 인사를 바로잡기 위한 불가피한 과정이라는 시각이 있는 것은 사실이다. 문제는 지역편중 인사라고 해도 그것이 주로 DJP 공조와 가신·측근들을 기용하는 방식으로 이루어졌다는 점에서 정당화되기 어렵다. 또한 국정원을 특정 인맥이 장악하면서 모든 국가기관과 공공기관, 심지어 군에서도 지역차별적인 무리한 인사가 잇따랐고, 고위직 관료의 물갈이를 위해 승진 남발 등 무리한 인사를 강행함으로써 공직사회의 정치화를 부채질했다는 점은 비판받아 마땅할 것이다.

그러나 김대중 대통령의 결정적인 문제점은 주변 관리에 실패함으로써 도덕적으로 치명적인 상처를 입었다는 것이다. 정치인 김대중은 민주주의 투쟁의 상징이요 민주화의 화신이었지만, 끝내 권력의 사유의식을 극복하지 못한 것은 그의 한계요 불행이었을 뿐 아니라 한국 민주화의 역설이자 한국정치의 비극이었다고 하지 않을 수 없다. 특히 아들들의 비리로 도덕성이 완전히 추락된 결과, 초기의 야심찬 비전과 방대한 국정과제는 대부분 용두사미격으로 실종되고 말았다.

'국민의 정부'에서는 유독 게이트가 많이 터져나왔다. 김대중 정부에서 나타난 부정부패의 주요 특징은 첫째, 부패구조가 정치뿐 아니라 국가기관 모두와 연결되어 시스템화되는 등 사회의 전 영역으로 확산되는 양상을 보였다는 점이다. 둘째, 공직을 맡지 않으면서도 대통령의 친인척과 측근이라는 배경을 앞세워 보이지 않는 힘을 누리는 막후세력이 등장하여 호가호위하였을 뿐 아니라, 이들이 공식 권력을 통제·왜곡하였다는 점이다. 이는 과거 정부에서도 있었지만 그 심도와 규모가 비교할 수 없을 정도로 컸다는 것이 문제였다. 셋째, 부패가 주로 금융제도의 허점을 파고들어 부당이득을 취하고, 이들이 자신을 보호하기 위해 정치권 막후세력과 결탁되면서 부패 사슬이 확대된 양상을 보였다는 점이다. '국민의 정부' 5대 게이트 중 4개가 금융비리에서 출발한 것이 이를 보여준다고 하겠다. 과거 정권에서는 권력 실세가 재벌 관련자와 밀실에서 만나 부패를 저질렀다면, '국민의 정부'에서는 20~30대의 젊은 기업가들이 권력의 최고 실세들과 만나 거래를 하는 등 마구잡이로 부패가 확산된 것이다. 넷째, 국가의 중추기관들이 부패사건 자체를 축소·왜곡시키기 위한 외압에 연루되었다는 점이다. 김형윤 국정원 경제단장의 수사 외압 사건, 김성은 국정원 제2차장의 진승현 구하기 활동, 사상 초유의 검란과 검찰 내부로부터의 김태정 검찰총장 고발 등이 이를 말해준다고 하겠다.

창업엔 성공 수성엔 실패

김대중 정부는 IMF 관리체제로 대표되는 외환위기 나아가 경제위기 속에서 출범, 국가를 개조하고 국가운영을 한 단계 업그레이드시켜야 하는 시대적 과제를 안고 있었다. 국가적으로는 불행한 일이었지만 김 대통령에게나 국가를 위해서는 절호의 기회였다. 문제는 김 대통령이 5년 동안 각계각층에게 땀과 눈물을 호소하면서 이러한 과제들을 하나씩 정공법으로 해결해가는 전략을 취하기보다는, IMF가 주문하는 방식에 따라 조기에 외환위기를 마무리 짓고 자기 나름대로 준비해온 계획들을 하나씩 실천하는 방향으로 국가운영을 하려고 했다는 점이다. 그리하여 어려운 내외 환경과 힘겹게 투쟁하는 데 소중한 시간과 정력을 허비했다는 것이다. 그 결과 대한민국이 한 단계 도약할 수 있는 절호의 기회를 놓쳤을 뿐 아니라, 자신의 치세도 갈등과 혼미로 몰고 가는 결과를 초래했던 것이다.

그는 민주화 투쟁에서는 불멸의 공헌을 하였고 마침내 국가 최고 지도자에 오를 수 있었다. 정치인으로서 뛰어난 자질을 발휘, '창업'에 성공한 것이다. 그러나 대통령으로서의 국가운영 즉 '수성'에서는 상당한 문제점을 드러냈다. 그의 치세에 있었던 어려움은 일반 정치 지도자와 국정 최고 지도자인 대통령에게는 각기 요구되는 자질과 덕목에서 결정적인 차이가 난다는 점을 입증했다고 하지 않을 수 없다. 물론 국가운영에서 성과를 거둔 부분도 적지는 않다. IMF 조기 졸업, 남북관계의 진전, 참여와 인권신장, 정보화 및 IT산업의 진흥, 복지정책의 확대 등이 그것이다. 그러나 저자의 판단으로는 김대중 대통령의 스테이트크래프트에 대한 기대가 너무 컸는지는 몰라도 그가 거둔 성과가 여기에서 그친 것이 아쉽다. 그는 더 잘 할 수 있었던 정치인, 스스로 홍보한 대로 '준비된 대통령'이었다고 생각하기 때문이다. 더구나 김 대통령이 거둔 이러한 성과는 모두 그늘 혹은 부작용과 같은 양면성을 수반한 것이었다. 그의 국가운영에서는 사회적·정치적·경제적 갈등이 두드러졌고 그것이 심화되고 구조화되는 양상을 보였던 것이다. 특히 경제위기로 인해 재계 판도가 변화하고 IT 등 신종 산업이 등장함에 따라 수반되는 부패에 대한 경계심을 갖고 이에 적절한 안전장치를 마련하지 못한 채 스스로 주변 관리에 실패함으로써 정치적 리더십을 상실하고 말았던 것은 참으로 안타까운 일이었다.

결국 김대중 대통령의 치세는 민주화 이후 지역적 분할구도를 기반으로 하는 극한대결의 정치가 기승을 부리는 가운데, 국가의 도약을 위한 본격적인 개혁은 유보된 채 국정은 끊임없는 파행과 혼란으로 점철되었고 사회적 갈등 역시 확산·심화되었다는 점에서, 그의 스테이트크래프트는 시대적 과제를 옳게 수행하는 데는 역부족이었다고 하지 않을 수 없다.

동북아 시대를 열고, 한반도에 평화를 정착시키려면,
우리 사회가 건강하고 미래지향적이어야 합니다. 힘과 비전을 가져야 합니다.
개혁은 성장의 동력이고, 통합은 도약의 디딤돌입니다.
새 정부는 개혁과 통합을 바탕으로, 국민과 함께하는 민주주의, 더불어 사는 균형발전사회,
평화와 번영의 동북아시대를 열어나갈 것입니다. 이러한 목표로 가기 위해 저는 원칙과 신뢰,
공정과 투명, 대화와 타협, 분권과 자율을 새 정부 국정운영의 좌표로 삼고자 합니다.
반칙과 특권이 용납되는 시대는 이제 끝나야 합니다. 정의가 패배하고 기회주의자가 득세하는
굴절된 풍토는 청산되어야 합니다. 원칙을 바로 세워 신뢰사회를 만듭시다.
정정당당하게 노력하는 사람이 성공하는 사회로 나아갑시다.
정직하고 성실한 대다수 국민이 보람을 느끼게 해드려야 합니다.
- 2003년 2월 25일, 제16대 대통령 노무현 취임사에서

제10장 노무현 대통령의 스테이트크래프트

1. 서론

노무현 대통령은 대한민국 역사에서 독특한 위상과 성격을 갖고 있다. 우선 그의 시대는 산업화와 민주화 이후 특히 양김 이후 국가운영의 첫 장을 여는 시기였다. 민주화의 탁월한 지도자 양김의 국가운영이 흡족한 성과를 거두지 못한 채 차례로 임기를 마치고 물러남에 따라 한 시대가 종말을 고하고 있었다. 그리하여 권위주의 시대 때부터 이어져오던 강력한 일인 지배 체제가 종언을 고하고, 특히 강고한 지역주의에 바탕을 둔 '제왕적 대통령'식 국가운영도 변화될 조짐을 보이기 시작했다. 양김의 퇴장은 단순히 최고 지도자의 교체에 그치지 않고 그들을 둘러싼 국정 주도세력의 퇴진을 동반함으로써 한국정치의 세대교체를 요구했다. 뿐만 아니라 때맞추어 심화되고 있던 정보화·세계화 현상으로 경제·사회·문화 등 한국사회 전체가 급변하는 시대적 상황과도 연결되고 있었다. 그는 또한 대한민국 최초로 정치적·이념적·계층적으로 철저하게 소수파 출신이라는 변방의 리더십을 기반으로 '기성의 타파'란 정치적 목표를 전면에 내걸고 대통령이 된 인물이었다.

한편 노무현 정부는 김대중 정부의 연장선상에서 출발했다는 특성도 지니고 있었다. 김대중 정부는 '민주주의와 시장경제의 병행발전'을 표방하였고, 여기에 '생산적 복지'를 추가함으로써 박 대통령 이래 성장 우선의 국가운영 방식에 중대한 변화를 시도한 바 있었다. 노정부는 기본적으로 이러한 김대중 정부의 국가운영 방식을 이어받았다. 우선 노정부 자체가 김대중 대통령의 새천년민주당이 재창출한 정부였다. 이념적으로 민주당은 '중도개혁' 노선을 표방한 정당이었으며, 노무현 대통령 역시 스스로 '중도개혁'을 자임하였다. 그러나 노무현 정권은 이념적·세대론적으로 김대중 정권과 적지 않은 차별성을 갖고 있었던 것도 사실이다. 그는 당내에서 가장 진보적인 대선주자였다. 후보경선이 시작될 즈음인 2002년 2월 〈중앙일보〉와 한국정당학회의 공동조사에 의하면 그의 이념지수는 당내 후보들 중 스펙트럼 상 가장 진보 쪽에 있었다. 레토릭적인 측면이 강하기는 하지만 노대통령이 취임 이후 386출신 측근들에게 자신을 그들의 '도구'로 써달라고 주문한 것도 이를 말해준다. 노후보 스스로도 진보의 가치를 옹호하고 예찬한다고 밝힌 바 있으며, 다만 그것이 비타협적인 투쟁노선으로 비추어질 수 있기에 스스로를 '통합적 진보주의자'라고 자칭하였을 뿐이었다. 그런 점에서 볼 때 노정부는 김대중 정부에 이어 한국정치 사상 두 번째의 '보수·진보연합 정부'이면서, 진보적 성격이 한층 강화된 정부였다고 할 수 있다.

이렇게 진보적 성격을 비교적 강하게 띤 노무현 정부는 국가운영 면에서 산업화와 민주화의 구시대적 유산과 부채를 고스란히 떠안은 채 힘겨운 싸움을 해야만 했다. 무엇보다 지역·이념·세대 간 첨예한 갈등과 극한대결의 정치는 개선될 조짐을 보이지 않고 있었다. 여기에 양김과 같은 강력한 지도력을 결여한 상황 속에서 민주화 이후 10년간 강력해진 입법부와 사법부를 상대하면서 함께 국가운영을 할 수밖에 없었다. 특히 국회는 여전히 여소야대의 구조 속에 놓여 있었으며, 두 번의 대선 실패로 거의 공황 상태에 빠져 있던 한나라당으로부터 원만한 협조를 기대하는 데에도 상당한 한계가 있었다. 비록 국민참여 경선을 통해 후보를 거머쥔 후 본선에서 성공하였지만 그의 당내 위상은 여전히 소수파 비주류였다. 또한 대선에서 야당인 한나라당 후보의 실책에 힘입어 박빙의 차이로 당선되었다는 점에서 여전히 취약한 국민적 기반을 갖고 있었다.

경제적으로는 정보화·세계화의 심화로 신자유주의 노선이 강화된 결과 글로벌 대기업이 한국경제의 강력한 견인차 역할을 하고 있던 반면, 한편에서는 과거 발전국가의 성장 동력 자체가 크게 잠식된 데다가 IMF 관리 체제 이후 중산층의 붕괴로 양극화 현상이 심화되고 있었다. 따라서 성장 동력을 훼손시키지 않으면서도 김대중 정부가 깔아놓은 '생산적 복지' 정책의 궤도 위에서 이를 정상적으로 발전시켜나가야 하는 과제가 기다리고 있었다. 사회적으로는 민주화 이후 양김 시대를 거치면서 제3섹터라 할 시민사회의 영역이 급성장하고 있었고, 정치에 미치는 이들의 힘 또한 크게 신장되어 있었다. 특히 언론에서는 조·중·동 등 보수언론이 여전히 헤게모니를 발휘하는 가운데 김대중 정부하에서 급속히 확산된 인터넷 매체와 강력해진 방송, 특히 텔레비전 매체가 젊은 세대에게 반미주의적 정서를 확산시키는 등 강력한 영향력을 미치고 있었다. 대외적으로도 상당히 어려운 환경에 놓여 있었다. 특히 미국과의 관계가 문제였다. 9·11 이후 '테러와의 전쟁'이라는 세계 전략을 추구하는 보수적인 부시 대통령이 파트너가 되었다는 점에서 매우 불리한 처지에 놓여 있었다. 북한과의 관계에서는 전혀 변화될 조짐을 보이지 않는 존재를 상대로, 김대중 정부를 이어받은 정권으로서 햇볕정책을 지속적으로 추진·발전시켜야 한다는 근본적인 한계를 안고 있었다.

2. 노무현 대통령 집권 초기의
스테이트크래프트

최초의 진보 정부

노무현 대통령은 '구시대의 막내'보다는 '새 시대의 맏형'이기를 염원하면서 자신의 정부를 '참여정부'로 규정하고, 평화와 번영의 동북아 시대, 국민과 함께하는 민주주의, 더불어 사는 균형발전사회 구현이라는 '평화·참여·균형'을 3대 목표로 설정하고 국정을 운영하려고 했다. 이러한 목표 자체를 평가하는 것은 용이하지 않다. 무엇보다 추상의 수준이 높고 레토릭적 성격이 강하기 때문이다. 이러한 전제하에 그가 제시한 목표를 평가하자면 '중도 진보의 기획'이라고 할 수 있을 것이다. 정치에서 대중의 직간접적 '참여'를 강조한다는 점, '경제'보다는 '사회'를 강조하며 특히 '균형'을 '성장'에 앞세운다는 점, 남북관계에서는 '평화' 즉 현상유지를 강조함으로써 북한의 핵개발을 묵인 내지는 용인할 소지를 갖고 있다는 점에서 '진보'의 성격을 갖고 있었다고 볼 수 있다. 다만 그것을 상당히 추상적이고 우회적인 표현으로 그리고 최종적인 목표로 제시하였다는 점에서 '중도'라고 할 수 있다는 것이다. 바로 이 점에서 노정부는 김대중 정부보다 진보적 성격이 훨씬 강화되었으며, 어떤 면에서 볼 때 '중도'라는 관형사적 한계에도 불구하고 대한민국 최초의 본격적인 '진보정부'라는 평가를 받았던 것이다. 그리고 바로 이러한 이유로 노무현 정부 5년 동안 이념적 갈등이 끊이지 않았다.

노정부의 국가운영은 처음부터 야당과 보수세력의 강력한 도전에 직면하였다. 취임식 다음날 한나라당이 '대북송금특검법'을 단독 처리해 송부해 온 것이다. 그러나 노대통령은 거부권 행사를 하지 않고 이를 수용하였다.

노 대통령 스스로가 검찰 수사를 막을 유일한 논거인 '통치행위론'을 부인하고 있었던 데다가 김대중 전 대통령이 본인이 한 일이 아니라고 부인했기 때문이었다. 그러나 특검을 거부해도 검찰수사를 막기는 어려웠던 것이 근본적인 이유였다. 어차피 수사를 막을 수 없다면 방대한 인력을 갖고 샅샅이 파헤치기 마련인 검찰보다는 송금의 '절차적 위법성'만을 수사하는 특검이 노정부도 추진하려고 한 대북포용정책에서 유리하다고 판단했던 것으로 생각된다. 여하튼 집권 초부터 거부권 행사를 통해 정국을 대립과 갈등으로 빠트리지 않고 특검을 거쳐 형이 확정된 이후 사면하는 방식을 택한 것은 유연한 스테이트크래프트를 발휘했다는 평가를 받을 수 있다.

문제는 이후 노 대통령이 보여준 국가운영 방식이었다. 결론부터 말한다면 그의 국가운영 목표 중 하나인 '국민과 함께하는 민주주의'는 추구했을지 모르지만, 그 이면에서는 '기성 정치권 타파'의 정치를 추구하였다. 먼저 인사문제에서 너무 서두르고 독선적인 자세를 보여주었다. 국회 인사청문회는 국정원장 후보 고영구에 대해서는 '부적절', 기조실장 후보 서동만에 대해서는 '불가'의 뜻을 표시하였지만, 노 대통령은 이를 무시한 채 두 사람을 모두 임명하였을 뿐만 아니라, "어느 시대인데 국정원이 정권의 시녀역할을 하던 때 행세하던 사람들이 나서서 색깔을 씌우려 하느냐"고 공박했다. 또한 김두관 행자부장관 해임건의안 결의는 발목잡기식 정략적 측면이 강했다는 점에서 한나라당에게 적잖은 책임이 있는 것도 사실이었다. 그렇더라도 오랫동안 이를 수용하지 않음으로써 국정을 교착과 대립으로 몰아간 것 역시 현명한 국가 운영 방식으로 보기는 어려울 것이다. 국세청 불법 대선자금 모금 사건에서 시작된 정치자금 수사는 분명히 구시대 정치풍토를 근절시킬 좋은 기회였다. 문제는 그 과정에서 한나라당을 '차떼기 정당'으로 매도하면서 대선 시 노대통령 자신의 불법자금 규모가 한나라당의 10분의 1이 넘으면 책임을 지겠다는 '10분의 1 발언' 등 사안을 정쟁화함으로써 소기의 성과를 거두기는커녕 오히려 여야 관계를 극한적 갈등으로 몰아넣었던 것이다.

노정부는 야당과의 관계만 악화시킨 것이 아니라 여당과의 관계도 극도로 악화시켰다. 이미 대선 직후인 2002년 12월 22일, 23명의 민주의원들이 지도부 사퇴와 더불어 동교동계 및 후보단일화협의회(후단협)에 대한 심판을 주장하면서 당 해체 요구 성명을 발표한 바 있다. 당시 노당선자는 처음에는 '당정분권론'에 입각, 이에 직접 관여하지는 않았다. 이후 친노(親盧) 신주류 그룹이 민주당을 탈당하고 유시민 등의 '개혁국민정당'이 합류함에 따라 새로운 정치, 잘사는 나라, 따뜻한 사회, 한반도 평화 등 기본 노선에서는 민주당과 별반 차이가 없는 '열린우리당'이 개혁과 국민정당화라는 명분하에 2003년 11월 정식으로 출범하게 되었다. 노 대통령 자신은 창당을 주도하지는 않았지만 이들에게 '힘과 용기를 주고' 또한 신당에 입당함으로써 이후 열린우리당은 집권당이 되었다. 물론 열린우리당 내에는 여러 계파가 존재하였고 노 대통령이 과거 집권자들처럼 당내에서 절대권력을 휘두르지는 않았던 것이 사실이다. 그러나 노의 지지자들이 당의 핵심을 장악한 가운데, 한·미관계의 수평적 관계 개선, 동북아경제중심 구축, 지방분권 추진을 통한 균형 발전, 부당한 부(富)의 대물림 근절 등 노의 선거공약을 그대로 수용하였다는 점에서 '노무현 정당'으로 볼 수 있다. 그런 점에서 정권 교체기마다 특정 대통령에 따라 정당이 생성·소멸하는 구태가 재연되는 범주를 벗어나지 못하였다는 비판을 받을 수 있다.

공직사회와의 관계도 문제였다. 노 대통령은 특히 대표적 권력기관인 검찰개혁에 초점을 맞추고, 판사 출신의 젊은 여성 변호사인 강금실을 법무장관에 임명했다. 이는 개혁을 위해 신선한 충격을 주었다는 점에서는 상당한 의미를 부여할 수도 있다. 그러나 경험이 일천한 외부 인사가 검찰을 효과적으로 통솔하기에는 역부족이었다는 점에서 인사의 적절성에 대해서는 상당한 의문이 제기됐다. 대통령으로 취임한 지 2주도 채 안 된 시점에서 평검사들과의 공개토론을 개최했던 것도 문제였다. 개혁의 정당성과 자신의 설득력에 확신이 있었기에 그러한 방법을 선택하였고, 이는 종래의 권위주의적 대통령상을 파괴하는 모습을 보여주었다는 점에서는 긍정적으로 볼 수도 있다. 하지만 "이쯤 되면 막 가자는 거지요?"라는 노대통령의 발언이 국민들에게 그대로 중계됨으로서, 평검사들을 설득하지도, 대통령의 위상도 지키지 못했다는 점에서 향후 국가운영에 적지 않은 부담을 자초하였다.

주류세력 교체 시도와 탄핵의 역풍

노 대통령의 환경이 이렇게 어렵게 된 데에는 그 자신의 책임이 작지 않았다. 언어 관리상의 문제점은 집권 전부터 논란이 되었지만 집권 이후에도 계속되어 정상적인 국가운영에 적지 않은 부담 요인이 되었다. 그 스스로 시인한 바 있듯이 특히 '구어체 현장언어'를 자주 구사했으며 또한 반어법과 냉소적 표현을 즐겨 사용하는 등 '언어와 태도에 관한 한 분명 준비되지 않은 대통령'이었다. 아무리 레토릭 차원이라고 하지만 그의 공개적 발언에는 대통령으로서의 제도적 무게가 실리지 않을 수 없으며, 따라서 단순한 수사에서 끝나지 않고 왕왕 현실 정치적 의미를 띠거나 국가운영의 방향을 지시하는 나침반의 성격을 수반하게 된 결과 국정에 적지 않은 혼선이 초래되었다. 실제로 대선 불법 자금문제로 야당후보 진영뿐 아니라 자신의 참모들마저 구속되어 지지율이 곤두박질칠 때 '재신임'을 발설하면서 커다란 정치적 해프닝이 발생하였고, 정작 '10분의 1 발언' 이후 여당의 대선 불법 자금 액수도 적지 않았던 현실이 드러나자 정치적 책임

문제와 관련하여 매우 곤궁한 처지에 빠지기도 하였다.

　노무현 대통령은 이렇게 여야 그리고 공직사회와 갈등을 빚는 가운데 무엇보다 먼저 여소야대를 극복하는 데 부심하였고, 특히 집권 1년 만에 맞은 2004년 4월 제17대 총선에서 승리하기 위해 다양한 전략을 구사하였다. 먼저 노 대통령은 책임총리제 내지는 프랑스식 동거정부라는 일종의 대연정 방안을 검토한 끝에, 시정 연설을 통해 특정 정당이 특정지역에서 3분의 2 이상의 의석을 차지할 수 없도록 선거법을 개정한다면 17대 국회에서 과반수 의석을 차지하는 정당 또는 정치연합에게 내각의 구성 권한을 이양하겠다고 제의하였다. 그러나 이러한 제안은 워낙 헌정의 상궤를 벗어난 것이었는 데다가 현실성 자체가 높지 않았기 때문에 여야 모두로부터 외면 받았다.

　결국 총선을 앞두고 노 대통령이 본격적으로 제기한 것은 '주류 세력 교체론'이었다. 비록 대통령 선거에서는 승리하여 정권교체를 하였지만, 한국사회와 정치권의 주류가 교체되지 않은 상황에서는 아무것도 할 수 없는 만큼, 이제는 대통령의 힘을 바탕으로 정치권 전체 나아가 한국사회의 지배세력을 교체하겠다는 것이다. 여기에서 가장 중요한 방법론은 정치적 갈등을 첨예화시켜 적을 부각시키는 '면도날 전략' 그리고 적에 대한 분노와 증오를 부추겨 자기편을 단결시키면서 중간에 있는 사람을 제압해가는 '편가르기' 전술이었다. 실제로 노정부는 기득권층과 서민, 서울과 지방, 강남과 강북, 보수와 진보, 주류와 비주류, 20%와 80%를 갈라 이들 간의 갈등과 대결을 유도하였다. 자신이 대통령 후보였던 민주당도 쪼개서 코드에 맞는 사람들로 새로운 집권당을 만든 것도 바로 이러한 전략의 일환이었다고 볼 수 있다.

　그러나 이러한 전략 전술은 대부분이 예상하지 못했던 방향으로 전개되었다. 총선을 앞두고 열린우리당을 지지한다는 노 대통령의 발언이 발단이 되어 탄핵 사태가 발생하였던 것이다. 이는 단순한 언어구사상 실수에서 비롯된 것으로 볼 수만은 없다. 노 대통령은 자신의 행동을 사사건건 제약하는 여소야대의 불리한 상황을 근본적으로 뒤엎을 결정적 계기로 4월 총선을 중시해왔으며, 통상적인 방법으로는 그것이 불가능하다는 것도 인식하고 있었다. 다만 노 대통령이 처음부터 탄핵을 유도하기 위해 의도적으로 도발을 했는지는 분명하지 않다. 중요한 것은 선거를 앞두고 그가 신당의 지지를 호소하는 발언을 공식적으로 하였고, 선관위가 이에 대해 경고하자 노 대통령은 "납득할 수 없다"면서 이를 거부함으로써 정치적 쟁점을 본격화시켰다는 사실이다. 그리고 마침내 탄핵안이 발의되자, 그는 이를 승부수로 삼았다.

그는 정치인으로서 그리고 한 사람의 시민으로서 선거와 정치에 대한 의사표현의 권리를 찾겠다는 점만을 강조하였다. '헌법재판소의 탄핵 심판이라는 또 다른 절차가 남아 있고, 별도로 국민 여론의 문제도 있으니 법리적·정치적으로 다투어볼 만하다'는 계산이 자리 잡고 있었던 것이다. 그렇기 때문에 국회의장의 4당 대표회담 주선을 비롯한 여러 타협안을 일체 거부하였고, 탄핵안의 1차 처리가 실패로 돌아가자 3월 11일에는 기자회견을 통해 자신의 형과 측근들이 관련된 비리 의혹에 대해서는 해명·사과하면서도 자신의 발언이 선거법 위반은 아니라고 강변하였다. 이러한 과정에서 계획된 의도는 아니었겠지만 기자회견 도중 대우건설 남상국 사장에 대한 공개적인 폭언이 결국 그의 투신자살을 초래하였고, 이로 인해 여론이 극도로 악화된 결과 그 다음날에는 탄핵안이 재적 271명의 3분의 2가 넘은 193명의 찬성으로 가결되었다. 이로써 노 대통령은 대한민국 헌정사상 재임 중 탄핵소추를 받아 직무가 정지된 최초의 대통령이라는 불명예를 안게 되었다.

대통령 탄핵안 가결은 즉각 크나큰 역풍을 불러왔다. 탄핵을 부패한 기득권 세력들의 헌정 파괴적 '의회 쿠데타'로 규정하는 여권의 총선전략이 친여 매체 특히 텔레비전 방송을 통해 위력을 발휘했다. 이러한 상황 속에서 치러진 4월 15일 17대 총선에서 신생 열린우리당은 299석 중 과반수가 넘는 152석으로 대승, 일거에 여대야소 국회를 만들어낼 수 있었다. 한나라당은 그나마 막판 견제 심리에 힘입어 선전한 결과 간신히 121석을 확보하였다.

17대 총선 결과 중 가장 주목할 현상은 지각변동에 가까운 세대교체였다. 특히 열린우리당은 152명의 의원 중 102명이 초선이었으며, 그 중 많은 이들이 자질보다는 탄핵 역풍에 힘입어 손쉽게 당선되었다는 점에서 세칭 "탄돌이"로 불리기도 하였다. 또한 초선 의원 중에는 전대협 간부 10여 명을 포함하여 운동권 출신이 상당수 포함되어 있었다. 그리하여 한국정치의 세력교체 및 세대교체가 이루어졌고, 열린우리당 당선자들을 위한 청와대 만찬에서는 '임을 위한 행진곡'이 크게 울려 퍼졌다. 이러한 '총선 민심'을 반영이나 하듯이 한 달 후인 5월 14일 헌법재판소는 탄핵안을 기각하였다. 핵심 쟁점인 노대통령의 선거법 위반 혐의는 사실로 인정되지만 대통령직을 물러나야 할 만큼 중대한 사안은 못 된다는 것이다. 결국 노대통령은 취임 1년여 만에 탄핵정국 속에서 치러진 17대 총선에서 여대야소의 국회를 만들면서 동시에 한국정치의 주도세력을 세대 및 이념 면에서 교체하는 데 일단 성공하였다.

타협적 균형의 대외정책

참여정부 대북정책의 기본노선은 김대중 대통령 때 나온 햇볕정책의 연장선에 서 있는 '평화번영정책'으로서, 그 구체적인 내용은 다음과 같이 요약될 수 있을 것이다. 첫째, 북한의 핵무기 개발은 본질적으로 북·미관계에서 발생한 것으로서, 체제 위협을 느끼는 북한이 이를 항구적으로 해소하기 위해 자위용으로 추구하는 것이다. 둘째, 따라서 대한민국이 주도해서 이를 해결하기는 어렵지만 한반도 평화를 깨트릴 수 있는 어떠한 모험에도 단호히 반대함으로써 문제 해결에 기여할 수 있다. 특히 미국의 강경대응을 막음으로써 평화를 지킬 수 있다. 실제로 전임 김대중 대통령 집권 5년 동안 한국 정부는 미국 행정부의 북한에 대한 무력공격이나 일정 수준을 넘는 압박과 제재에 제동을 걸어 평화를 수호하는 데 크게 기여해왔다. 셋째, 북핵문제 협상은 본질적으로 이익을 다투는 것이 아니라 위험을 제거하기 위한 협상인 만큼 불확실성을 증폭시키는 전략은 피해야 한다. 즉 위험한 '채찍'을 쓰지 않는다는 원칙을 확고하게 밝히고 그런 원칙을 견지함으로써 상대방이 나의 행동을 예측할 수 있게 해주어야 한다. 그렇게 해야 나도 상대방의 행동을 예측할 수 있고 이를 토대로 상황을 관리하고 신뢰를 구축할 수 있는 것이다. 그러지 않고 한국 정부가 왔다 갔다 하거나 어느 한쪽으로 기울어지면 북한은 대남 불신 때문에 진솔한 대화에 나설 수 없게 될 것이다. 넷째, 북한이 가장 두려워하는 것은 흡수통일이나 무력 공격인 만큼 이에 대한 불안감을 없애주어야 하며, 햇볕정책의 기조에 따라서 대북 교류와 협력을 지속·발전시켜나가야 한다. 북한의 인권문제에 대한 규탄은 일종의 내정간섭이 되므로 자제해야 한다. 이러한 노무현 정부의 '평화번영정책'은 김대중 이전의 역대 한국 정부의 대북정책과는 완전히 다른 방향이었다. 김대중 정부만 해도 이러한 방향을 암묵적으로 깔고 있었지만 이를 전면적으로 표방하지는 않았던 데 비해, 노무현 정부는 이를 공개적으로 밝혔다는 점에서 상당한 차이가 있었다.

이러한 기조 위에서도 노 대통령은 후보 시절, "남북대화 하나만 성공시키면 나머지는 깽판 쳐도 괜찮다"고 말한 바 있을 정도로 남북관계의 발전을 국가운영의 중요한 과제로 강조한 바 있다. 2003년 초 당선자 시절에는 당시 '북폭설'이 제기되자 "북에 대한 폭격은 있을 수 없는 일"이라고 공개적으로 발언하였다. 이러한 노당선자의 발언은 '설'에 대하여 정식으로 대응한 것이라는 점에서 신중하지 못한 처사였다는 비판을 받았다. 대통령에 취임한 이후에는 2003년 5월 미국을 방문, 부시 대통령과 정상회담을 갖고 북핵문제에 관해 북한과의 '대화를 통한 해결'과 더불어 한·미 간의 '지속적인 협력'이란 다소 충돌되는 원칙에 합의하였다. 북핵문제 해결을 위해 미국과 전적으로 협조관계를 약속, 필요할 경우 북한에 대한 추가적 조치를 검토하기로 합의하는 등 비교적 유연한 자세를 보여준 것은 사실이다. 그러나 한편에서는 노 대통령 스스로 '평화적 해결'보다 한 단계 높은 성과라고 자평한 '대화를 통한 해결' 원칙을 고수함으로써 결국 북한 핵 개발을 억제하는 정책수단으로서 '채찍'을 실질적으로 배제하는 등 스테이트크래프트 면에서 상당한 문제점을 드러냈다.

집권 초 대외정책 특히 대미정책은 반미주의를 기저로 하면서도 현실적으로는 타협적 균형노선을 추구하였다. 후보 시절에는 "반미면 어떠냐?"는 발언으로 충격을 주었고, 당선자 시절에도 한·미 관계를 의존관계에서 대등한 상호협력관계로 발전시켜야 한다고 강조하면서 자주외교를 표방한 바 있다. 그러나 당선 직후에는 북핵문제로 인해 불안해진 민심을 안정시키기 위해 주한미군사령부를 방문하여 노고를 치하하는가 하면, 주한미군의 계속 주둔 필요성과 더불어 한·미우호관계의 중요성을 강조하기도 하였다. 미국의 이라크 파병 요청에 대해서는 이를 '고약하지만 수령을 거절하기 어려운 취임 축하선물'이라고 하면서 공병단과 의료 지원단 중심의 소규모 비전투병을 중심으로 하는 파병동의안을 수용하였고, 미국의 사단규모 전투병력 파병 요청에 대해서는 이를 개인적으로는 반대하면서도 '피할 수 없는 현실'로 인정, 비전투 임무를 부여받은 3,000명의 병력을 파병하도록 결정하였다. 특히 이 과정에서 노 대통령은 시민단체들의 강력한 파병 반대운동을 방패막이로 삼아 협상을 벌이는 등 대미교섭에서 만만치 않은 스테이트크래프트를 보여주기도 하였다.

적극적인 사회정책

경제정책에서는 처음부터 뚜렷한 청사진을 갖지 못했던 것으로 보인다. "누가 대통령이 되었어도 경제는 어쩔 수 없었으며, 앞으로 누가 온들 크게 달라질 수 없을 것"이라는 발언은 바로 이러한 입장을 드러낸 것이라고 할 수 있다. '경제'는 보수진영의 의제이므로 의도적으로 이를 회피한 것도 이유로 꼽을 수 있다. 특히 "경제는 정치적 목적으로 무리하게 하지 않으면 성공하게 되어 있습니다. 대통령이 사고만 치지 않으면 됩니다"라는 발언은 경제성장률 같은 현상은 자신의 관심 사항이 아니라는 것을 시사한 것으로 받아들여졌고, 그래서 '경포대' 즉 경제를 포기한 대통령이라는 말까지 나왔다.

취임 첫해인 2003년도에는 김대중 정권에서 초래한 카드대란을 극복하는 데 초점이 맞추어졌다. 신용불량자는 한때 384만 명에 이르렀고 카드사들 역시 파산 위험에 직면하였다. 노정부는 끝까지 무리한 경기부양책은 사용하지 않고 나름대로 충격을 흡수할 수 있었다는 점에서 높은 평가를 받았다. 문제는 경제체질 개선을 위한 본격적이고 뚜렷한 대책을 수립하여 이를 지속적으로 추진하지 못했다는 점이다. 다만 일자리 창출이 중요하며 이를 위해서는 중소기업 혹은 서비스업의 성장이 중요하다는 판단하에 보육·보건·복지 분야에 국가가 투자를 하고 민간 서비스 공급자가 나타나도록 한다는 방향에서 대책을 마련하였다. 장기요양보험 제도를 도입, 향후 10년간 100만 개 신규 일자리를 만들어내도록 한다는 것이 대표적인 성장정책이었다.

노정부는 균형발전에 정책적 무게를 실었다. 특히 지역 균형발전을 중시하여 취임 초부터 공기업 지방 이전, 행정도시를 비롯한 혁신도시 및 기업도시 건설계획을 추진하였다. 무엇보다 선거공약이었던 신행정수도 건설계획을 적극 추진, 2003년 12월 국회에서 특별조치법을 통과시켰고, 총선 이후인 2004년 8월에는 최종 후보지로 충남 연기·공주 지역을 선정하는 등 박차를 가하였다. 그런 점에서 경제에 대해서는 처음부터 별다른 관심을 기울이지 않았다는 비판을 면키 어려울 것이다.

참여정부의 특징 중 하나는 적극적인 사회정책이다. 노무현 정부는 역대 정권과는 달리 진보적 성격을 강하게 갖고 있었던 반면에 경제·사회적으로는 여전히 보수진영이 강력한 헤게모니를 장악하고 있었다. 이러한 상황을 타개해가기 위해, 무엇보다 사회·문화적 힘의 분포에서 진보진영을 강화시키기 위해 다각적인 정책을 추진하였다. 가장 대표적인 것이 국가보안법 폐지 문제였다. 노대통령은 집권 초기 여소야대 상황에서 이 문제를 간접적으로 건드리기 시작했다. 먼저 취임하자마자 3월에 있었던 법무부 업무보고에서 이미 대법원에 의해 이적단체로 판결된 한총련의 이적성 여부와 더불어 피수배자 문제를 재검토하라고 지시했다. 그해 9월에는 보안법 위반 혐의를 받은 재독 학자 송두율의 귀국과 관련하여 그에 대한 처벌문제가 대두됐다. 법무부장관은 처벌이 불가하다는 견해를 공개적으로 표명하였고, 노 대통령 자신도 이를 적극 지지하면서 보수진영에 대해서는 "건수 잡았다고 좋아할 일은 아니"라고 공박하기까지 했다. 이러한 노력에도 불구하고 사안의 성격상 특히 송두율이 갖고 있던 여러 취약점으로 인해서 사회적 분위기를 보안법 폐기 쪽으로 반전시키는 데는 적지 않은 한계를 보여줬다.

3. 노무현 대통령 중·후반기의 스테이트크래프트

4대 개혁 입법 시도와 에너지의 소진

2004년 4·15총선거에서 열린우리당이 과반수를 획득, 17대 국회를 장악하면서 노무현 정부는 확고한 정치적 기반을 확보했다. 총선 이후 노정부가 바로 착수한 것은 국가보안법 폐지를 비롯한 이른바 4대 개혁 입법이었다. 당시 이부영 당대표는 이를 "한 시대의 고비를 넘는 작업"으로 규정하면서, 이는 총선 민의를 존중하는 것이며 당의 존재 의의와 관련된 것이라는 관점을 시사했다. 그러나 국가보안법 폐지가 당론으로 확정되는 데는 무엇보다도 노대통령 자신이 큰 역할을 했다. 당시 당내에서도 국보법의 무조건 폐지에 대해서는 신중론이 제기되고 있는 가운데, 헌법재판소와 대법원이 모두 보안법 지지 판결을 내리자 당론도 유지 내지는 개정으로 기울어지는 조짐을 보이고 있었다. 바로 이러한 상황에서 노대통령은 '국보법은 위헌이든 아니든 악법'인 만큼 이는 '법리가 아닌 역사적 관점에서 판단해야 한다'고 역설, 국보법 폐지 당론을 확정토록 한 것이다. 그러나 예상한 대로 국보법 폐지안은 한나라당과 보수진영의 격렬한 반대에 직면했다. 특히 2004년 10월 21일 신행정수도법에 관한 헌재의 위헌결정 이후, 보수진영의 반대 입장은 더욱 힘을 얻어가기 시작했다. 국회에서는 물리적 대치가 계속되는 가운데 전직 국무총리 등 각계 원로들의 권고문이 채택되는 등 전선이 가열되자, 12월 23일 노 대통령은 여당 지도부에게 '차

근차근 해결해가자'고 시사함으로써 국보법 폐지 정책은 주된 동력을 상실, 실질적으로 폐기되었다.

　국보법 철폐와 긴밀한 관계를 갖고 추진된 또 하나의 개혁과제는 과거사 진상규명 문제였다. 참여정부는 오늘의 '반칙과 특권이 용납되는 세상'은 잘못된 우리 역사에 연원을 두고 있기 때문에 무엇보다 이를 바로 잡아야 한다고 보았다. 그리하여 분야별로 여러 종류의 과거사위원회를 만들어 진상을 조사하도록 했다. 먼저 16대 국회에서 통과시킨 친일행위조사법을 한층 강화한 친일진상규명법을 마련, 대통령 직속 '친일반민족행위 진상규명위원회'를 설치·가동하였다. 그러나 가장 현실 정치적 맥락과 연관성을 갖고 제기된 것은 6·25전쟁, 그리고 권위주의 정부와 관련된 현대사 문제였다. 17대 총선거 이후에는 진보진영 일각을 중심으로 맥아더 동상 철거운동이 본격화되는 가운데, '해방 직후 공산·사회주의를 채택해야 했다', '6·25는 통일전쟁이다' 등의 내용을 중심으로 한 동국대 강정구 교수의 기고문이 문제가 됐다. 특히 이 과정에서 법무부장관이 검찰에 대해 '불구속 수사'를 요청하는 '수사지휘권'이 헌정사상 처음으로 발동되어 논란을 빚기도 하였다. 과거사 진상 규명문제는 주로 국가보안법 관련 사안에 집중되어, 이들을 민주화운동가로 인정하는 문제가 쟁점으로 부각되었다. 그리하여 민주화운동심의위원회가 김대중 대통령 집권 때인 2000년 9월 설치된 이래, 2009년 2월까지 7,985명을 민주화운동자로 인정하였다. 노무현 정부의 이러한 정책은 보수 일각에서 대한민국의 정통성을 부정하는 논리로 받아들여졌고, 이를 계기로 한국 보수진영의 정체성과 논리가 정립되는 역설이 탄생하였다.

　4대 개혁 중 또 하나의 과제는 사립학교법 개정문제를 중심으로 하는 교육문제였다. 교육이야말로 대한민국의 미래와 관련된 현재적 갈등의 핵심 사안이었다. 김대중 정부에서도 수월성과 평등성 간의 갈등이 존재하였지만, 노정부에서는 평등성이 더욱 강조되었다. 이러한 차원에서 고수된 것이 대입 본고사 반대, 고교 평준화 유지 및 대학 기부금 입학제 금지 등 이른바 '3불 정책'이었다. 교육개혁의 최대 역점 사업은 사립학교법 개정이었다. 그것은 개방형 이사제 및 학교운영위원회를 도입하는 등 사학재단의 운영권에 상당한 제약을 가하는 방향으로 추진되었다. 무엇보다 각종 위원회에 전교조 소속 인사들이 대거 발탁되었다. 그리고 근현대사 교과서에 수정주의 사관을 크게 반영하여 논란과 갈등이 빚어지기 시작하였다. 문제는 이러한 평등주의 교육정책이 소기의 성과를 달성하지는 못한 채 교육현장의 혼란과 갈등만 증폭시켰다는 점이다. 교육부장관의 경우, 노무현 정부에서는 5명이 교체되어 정책의 일관성을 기하기 어려웠다. 또한 교육의 질적 하향평준화를 가져왔다는 비판이 이어진 가운데 특히 사설학원이 범람하여 사교육비가 김대중 정부 때보다 2배가량 증가된 연평균 21조 원에 이르게 되었다. 영어교육을 위한 해외 조기 유학도 확산되어 1999년 1,839명이던 것이 2006년에는 2만 9,511명으로 증가하였다.

4대 개혁과제 중에서 가장 커다란 현실적 갈등을 불러온 것은 언론개혁이었다. 노정부의 언론개혁은 특정 부분이 아니라 '총체적 개혁'의 일환으로 추진된 결과, 특히 메이저 언론과는 매우 불편한 관계를 초래하였다. 노대통령의 경우야말로 '언론과의 전쟁'을 정식으로 선언한 대통령이었다. 그는 김대중 정부의 해양수산부장관 시절부터 보수신문들을 '조폭언론'으로 부르면서, '언론과의 전쟁'을 적극 주창한 바 있다. 보수신문들이 시장권력과 유착되었고 그 자체가 새로운 사회적 권력 아니 가장 막강한 권력 자체가 되었다고 보았던 것이다. 즉 선출되지도 않고 책임지지도 않으며 교체될 수도 없는 '언론권력'이 공론의 장을 관리한다는 언론 고유의 역할은 거부한 채 스스로 정치의 주체가 되었다는 것이다. 따라서 노정부는 언론이 누리는 이러한 부당한 특권을 인정하지 않는 것, 나아가 정치권력과 언론의 유착관계를 단절하는 것을 개혁의 주요방향으로 설정하였다.

이러한 시각에서 참여정부는 신문시장의 판도 변화를 추진하였다. 일간지 등 언론사의 일가족 소유 금지, 소유지분 제한, 인사권 독립 등 지배구조의 변경에 주력하였다. 구독률 상한제를 추진하여 법제화하였으나 헌재의 위헌판결로 헛수고가 되고 말았다. 마이너 신문에 대해서는 적극적인 육성정책을 전개, 신문발전위원회와 신문유통원 설립 등을 통해 재정적 지원을 하기도 하였다. 문제는 독자들로 하여금 "〈한겨레신문〉도 접하게 함으로써 언론 편식을 막아야 한다"는 당시 언론 주무부처인 문화부 이창동 장관의 발언이 정확하게 시사하는 바와 같이 이 모든 조치들이 권력에 의해 추진되었다는 사실이다.

노정부는 자신에게 비판적인 언론에 대해 소송제기 등 강공책을 펼치는 등 보수언론의 주도권을 격파하려고 시도하였다. 가판 구독 관행을 중단시킨 것이나 '불공정하고 편파적인' 기사에 대해 법적 대응을 하도록 한 것에 대해서는 수긍할 측면도 있다고 할 수 있다. 문제는 '비논리적' 사설과 칼럼 등 오피니언에 대해서까지 논박하고 법적 대응으로 응수했다는 점이다. 그리하여 국가기관의 언론중재위원회 신청건수는 김영삼 정부 때 27건, 김대중 정부 때의 118건에 비해 노무현 정부에서는 752건으로 비약적으로 증가했다. 방송사에 대해서는 한국방송(KBS) 사장은 물론, 특히 방송위원회 상임위원 5명 중 위원장을 비롯한 3명을 민주언론시민연합(민언련) 출신으로 임명하는 등 '코드인사'로 논란을 빚었다. 그러나 참여정부의 가장 분명한 언론정책상의 실책은 기자실 통폐합이었다. 취임 초부터 줄기차게 추진해오던 이 문제는 우여곡절 끝에 노 대통령의 직접 지시로 2007년 5월 22일 '취재지원선진화 방안'으로 정책화 되었다. 그리하여 10월 12일 세종로 청사의 부처 브리핑실이 폐쇄되었다. 그러나 이는 그동안 친노 성향을 보여오던 진보언론들마저도 노정부에 대해 등을 돌리는 악수가 되고 말았다.

열린우리당의 몰락

2004년 4·15총선에서 열린우리당은 과반수를 확보한 강력한 여당으로 부상했지만 그후 실시된 각종 재보궐 선거에서는 계속되는 참패를 면치 못했다. 먼저 총선 직후인 2004년 6월 지방선거 재·보선에서는 한나라당에 3대 16으로 패배하였고 2005년 상반기 실시된 국회의원 및 지자체 재·보궐선거에서는 국회의원 6석 중 1석도 획득하지 못함으로써 과반수 의석 유지에 실패, 여소야대 정국이 된 데 이어 지방선거에서도 완패하였다. 경제침체와 더불어 4대 개혁의 무리한 추진이 주요 원인이었다. 이후 2005년 10월 26일, 2006년 7월 및 2006년 10월에 치러진 재·보궐선거에서 도합 0대 40으로 열린우리당은 완패하였다. 특히 2006년 5월 31일 치러진 지방통합선거에서는 16명의 광역단체장 가운데 한나라당이 12명을 당선시킨 데 반해 열린우리당은 1석을 차지하는 데 그쳐 정치적으로는 사실상 사망선고를 받는 결과를 초래했다.

이러한 상황을 타개하기 위해 부심하던 노 대통령은 집권 초 총선 전 한때 검토한 바 있었던 대연정 제의를, 2005년 8월 KBS '국민과의 대화'를 통해 정식으로 내놓았다. 지역주의 청산을 하고 대화와 타협의 정치문화를 만들 수 있도록 선거제도를 개혁한다면 대통령의 임기마저 단축할 수 있다는 내용이었다. 그러나 이러한 제안은 '민생을 외면한 정치술수'라는 역공의 빌미를 제공, 오히려 노 대통령의 정치자산을 크게 훼손시키는 결과를 초래했다. 먼저 한나라당은 노 대통령의 제의에 고도의 술수가 숨어 있다고 판단, 이를 완전히 무시한 채 일체 대응하지 않았다. 한편 열린우리당이나 진보진영의 입장에서도 이를 노 대통령 개인과 그 주변의 특정 정치세력만의 생명연장을 위한 이기적 술수로 받아들였다. 결국 노 대통령은 '상대방을 교란시키려는 작전이 먹혀들지 않은 채 오히려 자신의 진영만 교란시키는' 효과를 발생시켜 정치적으로 치명상을 입게 되었다.

노 대통령의 이러한 스타일은 임기 막판까지 계속되어 이른바 '원 포인트 개헌' 제안까지 이어졌다. 대통령과 국회의 임기와 주기를 일치시키는 조항만을 개헌하자는 것이었다. 이 역시 여야를 망라한 정치권 전체의 철저한 외면을 받았다. 노 대통령 측으로서는 '너무나도 당연한 상식'이 특히 야당과 언론에 의해서 토론도 되지 않은 채 담합하여 덮여지는 등 '상식을 벗어난' 정치권의 행태에 좌절감을 느낀다고 토로하였지만, 정치권 특히 야당은 임기 말까지 집요하게 계속되는 노 대통령의 '정치술수'에 대한 불신을 가질 수밖에 없었던 것이다.

결국 노무현 대통령은 국가운영의 실패와 그가 증폭시켜놓은 극도의 정치적 불신으로 인해 자신의 임기가 끝나기도 전에 열린우리당의 붕괴를 보게 되었다. 대통령 후보 당내 경선을 앞둔 2007년 1월 측근 의원들이 열린우리당을 탈당하였고 2월에는 열린우리당 지도부의 요구에 따라서 노무현 대통령도 열린우리당을 탈당하였다. 한편 탈당파들은 8월에는 원내 의석 85석의 '대통합민주신당'을 창당한 데 이어 잔류파 의원 58명이 남아 있던 열린우리당을 흡수하여 143석의 원내 제1당으로 재등장하였다. 그리고 대선 직전에는 구 새천년 민주당의 후신인 중도통합 민주당과 합당, '도로 민주당'으로 환원하는 데 합의하였고, 대선 패배 이후에는 이해찬·유시민·김두관 등 친노세력이 탈당해나가자 민주당과 정식으로 합당을 실현하였다. 이로써 정치개혁의 이름으로 노대통령이 심혈을 기울였던 신당 실험은 '한여름 밤의 꿈'처럼 흔적도 없이 사라지고 말았다.

제2차 남북정상회담과 자주노선의 파열

참여정부 중·후반기 대북정책은 미국의 대북 제재에 제동을 걸면서 교류와 협력노선을 일방적으로 밀고 나가는 자세로 일관했다. 2005년 2월 10일 북한의 핵보유 선언과 6자회담 무기한 불참선언이 나온 이후에도 노정부는 오로지 핵문제의 '평화적 해결'에 매달렸다. 특히 부시 미국 대통령을 만나 '평화적 해결' 원칙을 재확인하는 한편 북한과 교섭을 통해 9·19 공동성명을 도출함으로써 6자 회담을 부활시켰다. 그러나 방코델타 사건 (방코델타아시아은행은 북한의 돈세탁과 관련된 혐의를 받은 마카오의 은행으로 미국에 의해 이 은행의 북한 계좌를 동결함)을 계기로 미국의 강력한 대북 경제제재조치가 추진되자 북한은 또다시 미사일을 발사하고 2006년 10월 초에는 지하 핵실험까지 강행하였다. 노정부는 북한이 미사일을 발사한 것은 미국에 위협이 못 되며, 북한의 핵 역시 방어용이라는 입장을 분명히 했다. 즉 "북한 핵무기의 위협을 과장해서는 안 된다", "북한의 핵무기 개발로 한반도의 군사균형이 깨지지는 않았다"고 주장하면서, 금강산 관광 및 개성공단 운영 등 기존의 대북지원 정책에 변화가 없을 것이라는 입장을 분명히 했다. 그리고 대량살상무기 확산방지 구상(PSI) 등 미국의 대북 제재조치에 반대하였고, 유엔의 대북제재 결의에도 소극적인 태도를 취하였다. 나아가 채찍보다는 당근을 사용하는 것이 효과적이라는 입장에서 북한의 핵 폐기와 북한체제의 안전 보장, 북미수교, 경제지원, 평화협정 체결과 같은 모든 현안을 하나로 묶어 일괄 타결하는 방안을 제시했다.

참여정부 대북정책의 클라이맥스는 노 대통령의 퇴임을 불과 4개월 반 남겨둔 시점에서 개최된 제2차 남북정상회담과 10·4공동선언이었다. 남북정상회담은 김만복 국정원장이 취임하면서 본격적으로 추진되었다. 정상회담과 공동선언의 성과에 대해서는 경의선 도라산역에서 가진 귀환 보고회에서 노 대통령 스스로 "가져간 보자기가 작을 만큼, 짐을 다 싸지 못할 만큼 성과가 좋았다"라고 자찬하였고, "남북관계가 새로운 단계에 진입했으며 한반도 평화구축과 군사적 긴장완화를 실질적으로 이루어냈고 남북 경협도 한반도 전체를 배경으로 틀을 잡았다"는 정부당국의 공식적인 발표가 있었다. 그러나 성과는 이렇게 상당히 추상적인이었던 데 반해, 현실적으로는 적잖은 문제점이 나타났고 논란이 야기되었다. 먼저 지적되어야 할 것은 정상회담이 노 대통령의 임기 말, 특히 대통령 선거전이 벌어지고 있는 상황에서 개최되었다는 점이다. 선거전과 차기 정권에 미치는 영향을 고려할 때 이는 정치 도의 면에서 상궤를 벗어난 것이 아닐 수 없다. 또한 김대중 대통령의 1차 남북정상 회담에서 김정일의 서울 방문을 명기했음에도 불구, 노 대통령 스스로가 평양을 찾아간 것이나 김영남 최고인민회의 상임위원장과 정상회담을 갖고 김정일 국방위원장과는 오찬 회의를 가진 것도 절차와 의전상 문제가 될 만한 사안이었다.

그러나 가장 중요한 문제는 공동선언의 내용에 있었다. 우선 제1항에서는 6·15공동선언의 고수와 적극 구현에 합의했다. 국민의 상당수가 6·15공동선언의 '우리 민족끼리'란 수사는 '폐쇄적 자주성'의 의미가 강하며 나아가 북한의 주한미군철수 전략과 연계되어 있다고 우려하는 상황에서 이루어진 이러한 공동선언은 우리 사회 내부의 분란을 증폭시키는 결과를 초래했다. 제2항의 '사상과 제도의 차이를 초월하여 남북관계를 상호존중과 신뢰 관계로 확고히 전환'하겠다는 선언은 우리가 북한 인권문제를 제기할 수 있는 근거를 약화시켰다고 비판받을 소지가 있다는 점에서 스테이트크래프트상의 균형을 상실한 조치라는 비판을 면키 어렵다.

공동선언 제4항은 한반도 평화체제 구축에 관한 문제로서, 정전체제를 평화체제로 전환시키기 위해 3자 내지는 4자 정상들이 한반도에서 만나 협의한다는 것이었다. 문제는 한국의 참여를 명시하지 않은 채 3자 내지는 4자라는 표현으로 얼버무림으로써 한국이 한반도 문제의 당사자가 아니라는 북한의 논리를 간접적으로 수용한 것이 아닌가 하는 의혹을 사게 됐다는 점이다. 핵문제에 대해서도 별항에서 '한반도 핵문제' 해결을 위해 9·19공동선언과 2·13합의가 순조롭게 이행되도록 공동 노력하기로 했을 뿐, 실질적인 진전은커녕 아이디어 차원의 구상조차 없었다. 남북교류와 협력에 대해서는 '민족경제의 균형적 발전'을 위해 '유무상통(有無相通)의 원칙'에서 경제협력을 활성화할 것을 합의하였다. 노정부로서는 다양한 차원에서 대북 경제지원을 확대할 수 있는 기틀을 마련하였다고 주장하지만, 북한을 변화시키기 위해 대북지원을 한다는 기존 정책의 근본적인 전제를 특별한 이유 없이 포기하였다는 비판을 면키 어렵게 되었다. 특히 '서해 평화협력 특별지대' 설치로 NLL이 유명무실화될 수 있다는 우려만 제기되었을 뿐 아니라, 총 14조 3,000억 규모의 방대한 재원조달을 위한 아무런 구체적인 방법도 제시하지 못했다. 끝으로 국군포로, 납북어민 송환문제, 북한 인권문제 등에 관해서는 언급조차 없었다는 점 역시 한계로 지적되었다.

대외정책에 있어서는 '자주 노선'을 더욱 강조하였다. 특히 노정부는 '동북아 균형자론'을 주창하는 등 반미주의적 색채를 강하게 드러내었다. 문제는 이러한 정책이 북한의 핵실험과 중국의 동북공정 등 객관적인 국제정치 현실과는 너무나도 괴리가 컸다는 점이었다. 미국과는 여러 면에서 파열음을 내었다. 2005년 8월 전시 작전통제권 환수 방침을 천명한 이후 미국과 협의를 시작, 2006년 10월에는 이에 원칙적으로 합의하였고, 2007년 2월에는 최종 환수일을 2012년 4월 17일로 결정하였다. 참여정부는 북한의 핵이나 미사일 개발은 우리에게 위협이 아니며, 오히려 미국의 대북견제가 문제인 만큼 미국이 일으킬지 모르는 북한과의 군사적 충돌에 우리가 휩쓸려 들어가는 것을 방지하는 것이 긴요하다고 판단한 것으로 보인다. 전작권 환원은 그 대의와 당위성을 부인하기 어렵다. 다만 이것을 너무 민족적 자주 내지는 자존심 차원에서 접근하면서 '미국 사람 바짓가랑이를 잡고 늘어지는' 일부 세력에 대한 비판에 힘을 쏟기보다는 냉정하게 실익을 저울질하지 못했던 점이 아쉽다.

노 대통령은 북핵문제 해결방향을 놓고서도 미국과 상당한 파열음을 냈다. 2006년 1월 신년 기자회견에서 "미국이 북한체제의 붕괴를 바란다면 한·미 마찰이 일어날 것"이라고 경고하면서 부시 행정부의 대북압박 정책을 공개적으로 비판했다. 그리고 같은 해 5월에는 "더 이상 우리의 운명을 미국에 맡길 수 없다"고 언명, 대북 독자노선을 공개적으로 밝히기도 하였다.

한편 노 대통령은 경제적으로는 이와 충돌하는 정책이라고 할 한·미 FTA 협상을 추진하였다. 향후 한국경제의 경쟁력 강화 차원에서 불가피하다고 선택한 한·미 FTA는 자신의 지지세력인 진보진영의 반대 속에서 대체적으로 마무리되었지만 끝내 이를 관철시키지는 못한 채 남은 문제를 차기 정부에 넘김으로써 쇠고기협상 문제를 놓고 '광우병 파동'을 겪게 되는 불씨를 남겼다.

종합적으로 보건대 참여정부 대외정책의 근간은 대미 '자주' 노선에 있었으나, 냉엄한 국제정치 현실이 한계로 작용하여 상호 모순되는 측면이 크게 부각됨으로써 결국 보수와 진보 양측 모두로부터 비판을 받은 채 대부분 좌초되고 말았다. 그럼에도 역설적으로 당대에 보수적인 정책으로 평가받았던 한·미 FTA는 이후 실행되어 한국의 무역량을 늘리는데 크게 기여하는 성과를 냈다.

분배강화, 균형발전의 명암

참여정부 후반기 경제정책 역시 '성장'보다는 '서민'과 '빈부격차 완화' 등 균형과 분배에 있었다. '골고루 잘사는 나라', '중산층과 서민도 대우받는 나라'를 표방하면서 4대 보험의 안정적 운용과 기초생활보장제도 개선, 그리고 사회안전망 구축에 주력하였다. 특히 사회보장비 등 복지 예산을 5년간 연평균 20.1% 이상 증가시켜, 2002년 20%이던 복지예산 비중을 2007년도에는 30%로 끌어올렸다. 이러한 분배정책은 당연히 국가개입의 확대로 이어졌으며, 특히 노동시장에 대한 적극 개입으로 나타났다.

애당초 선거공약에서는 임기 중 250만 개의 일자리 창출을 제시한 바 있으나 지속되는 경제침체로 이것이 불가능해지자 2004년부터는 목표를 5년간 200만 개 창출로 하향 조정한 후 현금 12조 원을 쏟아 부었다. 그리하여 재정지출을 통해 2004년도에는 41만 8,000개의 일자리를 만드는 등 고용 창출에 박차를 가하기 시작했다. 그러나 실업자 수는 2002년도 75만 2,000명에서 2006년도에는 82만 7,000명으로 오히려 증가했다. 특히 기업 도산으로 인해 김대중 정부 때의 4.4배인 8,651개사의 18만 8,441명을 대상으로 국가가 근로자 임금을 대신 지급했다. 한편 노조에 대해서는 '사회적 약자'라는 이유로 이들의 불법 행동에 대해서까지 관대하게 대하는 등 친노동정책으로 일관하였다. 그 결과 노사 간 갈등은 크게 부각되지 않았던 반면, 기업의 투자 분위기는 상당 부분 위축되었던 것도 사실이다.

국가개입적 분배정책은 부동산 시장에 대한 적극 개입으로도 나타났다.

이러한 정책은 '국가균형발전정책'과 맞물려 커다란 부작용을 초래했다. 특히 야심차게 추진한 신행정수도 건설계획이 2004년 10월 헌법재판소에 의해 위헌 결정이 내려짐에 따라 '행정중심 복합도시'라는 편법적인 대안을 마련, 2007년 7월에는 연기군의 '중심 행정타운' 예정지에서 행정중심 복합도시(행복도시)인 세종특별자치시 건설 기공식까지 갖고, 여기에 청와대와 정부 부처까지 이전해야 한다고 주장했다. 임기 말 정책적 '대못질'을 한 것이다. 균형발전 정책은 지역주의라는 정치적 현안을 해결하고 경제·사회적 불균형발전을 위한 해소책이라는 점에서 그 의의가 적지 않다. 그러나 이것이 수도권의 퇴행을 낳을 수 있으며 더구나 세계화 시대에는 오히려 국가경쟁력을 약화시킬 수 있다는 점에서 양면성이 있는 사안임에도 불구하고, 지역균형발전이라는 한 측면만을 앞세워 강행하였다는 점에서 무리가 있었던 것이다.

균형발전정책의 가장 직접적인 후유증은 이것이 부동산정책과 연결되어 나타난 부작용이었다. 집권 초 폭등한 아파트 가격에 대한 정책적 대응에 실기한 상황에서, 지방 균형발전정책 특히 행복도시 개발에 따른 보상금이 서울로 유입되면서 지가 폭등을 부채질한 것이었다. 그리하여 아파트를 몇 채씩 사둔 부유층만 이득을 보는 등 온 나라가 부동산 투기 홍역을 앓고 난 후에야 종합부동산세라는 이름의 높은 세율의 '보유세'를 도입하는 상황이 초래되었다.

한편 노대통령의 경제적 차원의 진보주의적 성격은 큰 정부로 이어져 국가의 비대화를 초래하였고 그 결과 국가채무 역시 크게 증가하였다. 참여정부는 558회 조직개편을 통해 공무원 6만 6,000명을 증원하였고, 특히 청와대 비서실을 확대하고 각종 위원회를 설립하여 고위직을 양산했다. 그리하여 '위원회 공화국'이라는 말까지 듣게 됐다. 공무원 인건비는 2003년

16조에서 2007년에는 21조로 30%나 증가되었다. 국가채무는 1948년 정부수립부터 김대중 정부 말까지 누적된 전체 133조보다도 훨씬 많은 165조가 증가되어 임기 말인 2007년 말에는 총액 298조 9,000억에 이르게 되었다.

노대통령은 2007년도 신년사를 통해 성장정책을 강조하면서 '2만 달러 소득 시대'를 제시했고, 그해 저환율에 힘입어 이를 달성했다. 노대통령 스스로는 바른 원칙에 따라 국민경제를 운영한 덕분에 집권 후반기에는 성장률도 호전되었다면서, 경제 실적에 대해서 "부동산정책 이외에 꿀릴 것이 없다"고 자랑한 바 있다. 물론 김대중 정부에서와 같은 무리한 경기부양정책은 별로 눈에 띄지 않았다는 점은 평가될 수 있을 것이다. 그러나 전반적으로 볼 때 참여정부는 성장 동력의 확충보다는 분배우선·균형정책·복지정책을 추구한 결과, 이것이 특히 유가 급등 및 환율 불안과 맞물리면서 투자 저조로 연결되어 성장 잠재력을 고갈시키고 실업과 비정규직 문제를 본격화시켰다고 할 수 있다. 경제 양극화 현상은 더욱 심화되어 1996년에는 68.6%를 차지하던 중산층이 2006년에는 58.5%로 감소하였으며, 지니계수 역시 2003년 0.341에서 2007년에는 0.352로 악화됐다. 무엇보다 청년실업자가 날로 증가, 예민한 정치사회 문제가 됐다.

노정부는 임기를 사실상 1년여밖에 남겨두지 않은 2006년 9월에 와서야 국가경제의 장기계획이라 할 '비전 2030'을 발표했다. 그러나 서민들을 위한 청사진을 표방한 이 계획은 재원조달의 방안을 결여하고 있어 결국 '몽상에 지나지 않는다'는 비판을 받았고 특히 '언론과의 전쟁' 속에서 동력을 상실하고 말았다.

4. 노무현 대통령의 스테이트크래프트 평가

자연인 노무현과 대통령 노무현

노무현 대통령의 국가운영은 임기 말에는 보수와 진보를 막론한 사회 대부분의 여론에서 '실패'라는 평가가 사실상 컨센서스로 형성될 정도였다. 그러나 퇴임 이후 불법자금 수수 혐의로 검찰 조사를 받는 가운데 비극적으로 생을 마감한 것을 계기로 추모 분위기가 형성되었다. 이것이 이명박 정부에 대한 반감 혹은 실망감과 상승작용을 일으켜 점차 '노무현적 가치', 즉 서민적이고 탈권위적인 정치 리더로서의 '인간 노무현', 그리고 양김 이후 첫 대통령으로서 '평등'과 '자주'를 지향했던 '노무현의 시대정신'이 집중적으로 재조명되기 시작했다. 이렇게 정치인 노무현과 그가 지향하려고 했던 가치는 앞으로 시대 상황에 따라 끊임없이 재조명되고 재평가될 테지만, 이와는 별도로 대통령으로서의 스테이트크래프트 자체는 높은 평가를 받기 어려울 것이다.

노무현 대통령의 가장 큰 시대적 과제는 양김 이후 처음으로 탈권위주의 시대의 최고 지도자로서, 지역주의와 권위주의에 바탕을 둔 극한대결의 정치를 지양하고 타협과 협력, 그리고 화합의 선진 민주정치를 향한 첫 장을 여는 것이었다. 정치인 노무현의 역정에서 두드러졌던 것은 '지역주의 극복'이었으며, 대통령이 된 이후 이를 당면한 최대의 정치과제로 설정했다. 나아가 대통령 선거전을 통하여 그가 제시한 궁극적인 가치는 '사람 사는 세상'이었다. 그는 반칙과 특권, 거짓과 기만 그리고 폭력과 횡포가 우리 사회에 난무하고 있다고 규정하고 '정경유착과 반칙, 특혜·특권이 없는 사회', '상식이 통하고 원칙이 지켜지고 법이 공정하게 집행되는 나라', 즉 국민 모두가 당당하게 자기 삶의 주인이 되는 세상을 이상으로 제시한 것이다. 이러한 문제의식과 목표 설정은 매우 커다란 의의를 갖는다.

대한민국 수립 이후 50년 동안 불가피하게 국가 및 사회로부터 배제되고 소외된 패자와 약자들을 인정하고 그들에게 정당한 자리와 몫을 찾아주려는 노력은 국가공동체로서 더 이상 미룰 수 없는 과제가 아닐 수 없다. 그런 점에서 노무현 대통령은 국가사회의 절실한 의제를 본격적으로 제기한 대통령, 그리고 이러한 이상을 위해 나름대로 고군분투한 정치인이었다는 평가를 받을 수 있을 것이다.

넘치는 진정성과 부족한 스테이트크래프트

그러나 노 대통령은 치밀한 기획과 전략을 통해 이러한 목표를 달성해내지 못하였을 뿐 아니라 오히려 상당한 문제점과 후유증을 남겼다. 노무현 대통령의 정치적 실패에 대해서는 여러 사람들의 숱한 지적이 있다. 예를 들면 김대중 대통령의 측근이었던 이강래 의원은 노무현 대통령의 잘못으로 반복적 말실수, 코드인사, 언론과의 적대적 관계, 고집·오만·독선, 싸움의 정치, 경험 부족과 미숙, 정책의 일관성 부족, '좌파 정당'으로 인식된 점 등을 지적한 바 있다. 대체로 수긍할 수 있는 내용들이지만 여기에서는 이를 몇 가지 범주로 분류하여 고찰해보고자 한다.

첫째, 노무현 대통령은 도대체 자신이 누구인가, 그리고 대통령 직이란 무엇인가에 관한 명확한 인식을 결여하고 있었다. 취임 초 '국민이 대통령입니다'라고 표방하였지만, 정작 자신이 대한민국이라는 국가를 대표하고 국민적 통합을 상징하는 대통령이며 국가의 최고 행위자(agent)라는 자각은 철저하지 못했던 것이다. '헛된 권위주의'를 벗어던졌다는 것은 평가받을 수 있을지 모른다. 문제는 대통령의 권위, 나아가 대한민국의 역사와 존재 자체에 대한 부정적인 인식까지 노골적으로 드러냈다는 데 있다. 대한민국이라는 정치공동체가 갖고 있는 적지 않은 문제점과 그늘을 명확히 인식한다는 것은 대통령으로서 당연하고 나아가 바람직한 일이라고 할 수 있을 것이다. 그러나 선거와 평시의 국가운영은 분명한 차이가 있다. 선거는 일종의 창업 행위로서 그 과정에서는 갈등을 현재화시키고 증폭시키는 것도 상당 부분 용인되지만, 평상시 국가운영은 갈등을 부정하거나 배척하지는 않되 기본적으로는 이를 완화·해결·통합하는 방향으로 나아갈 수밖에 없는 것이다. 문제는 노대통령이 자신의 정치·사회적 헤게모니를 확보하기 위해 평상시 국가 운영 과정에서도 끊임없이 갈등을 확산·첨예화시켜나갔다는 사실이다. 국가운영을 선거 캠페인의 연장으로 간주, 말 위에서 천하를 다스리려고 했던 것이다. 따라서 문제를 포착하고 이를 제기하는 방식 자체가 철저하게 아웃사이더의 입장이어서 혼란을 가중시켰다.

소외된 계층에 대해서도 따뜻한 시선과 배려를 보여준 점은 평가받아 마땅할 것이다. 그렇다고 한명숙 총리의 발언처럼 시위대와 경찰을 등가의 집단으로 간주, '모든 당사자들이 한 걸음 물러나서 냉정을 찾아야 한다'는 시각은 국가운영의 기본원리 자체를 부정하는 것이라고 하지 않을 수 없다. 특히 노무현 대통령은 어법 관리에서 상당한 문제점을 드러냈다. 끊임없이 소통을 강조하였지만, 주류 언론과 야당으로부터 극심한 박해를 받고 있다는 강박관념을 가졌는지는 몰라도, 설득을 위한 '열린 소통'이라기보다는 소수자와 주변인의 울분과 회한 내지는 일방적인 한(恨)의 분출식 소통으로 일관하였다. 그가 심한 견제를 받은 것은 사실이라 하더라도 이를 헤쳐 나가는 것 역시 국가운영을 책임진 대통령의 책무가 아닐 수 없다. 그러나 그는 이를 대통령을 흔들려하는 기득권자들의 '악의적인 음모' 내지는 '자연인 노무현'에 대한 인격적 모욕으로 간주, 절제의 미덕을 포기한 채 가시 돋은 말싸움식 '오기의 정치'로 일관하였다. 특히 잦은 비속어 사용, 심지어 '그놈의 헌법' 식의 발언은 헌정을 수호해야 할 국가운영의 최고 책임자로서의 자질을 의심할 문제가 아닐 수 없었다. 이는 자신이 최고 행위자인 국가 자체의 권위와 품격을 훼손시키고 연설의 대상인 국민 자체를 모욕하는 결과가 됐다.

둘째, 노 대통령은 헌법적 가치를 비롯한 국가운영 원리에 대한 이해에서 커다란 문제점을 드러내 보였다. 대통령은 무엇보다 헌법에 근거하며, 또한 그 행위자요 수호자로서 권한을 부여받은 존재다. 따라서 아무리 선출된 권력으로서의 대통령의 권한이 막강하고 정당성이 확고하다 하더라도 '헌법적 가치'의 테두리를 넘어설 수는 없다. 그러한 일이 벌어진다면 이는 정상적인 국가운영이 아니라 혁명인 것이다. 문제는 국민에 의해 직접 선출된 대통령은 국민의 이름으로 모든 것을 할 수 있다는 외눈박이 시각을 가졌다는 데 있다. 자신과 다른 국가운영에 대한 견해를 가졌다고 사법부를 격렬하게 공격한다든가 '대연정 제의'나 '대통령 못해먹겠다'는 발언은 헌정을 위협하는 결과가 되는 것이다.

셋째, 미디어에 대한 이해 부족도 큰 문제였다. 현대사회에서는 사실 자체와 미디어를 통해 구성되는 현실 사이에는 간극이 존재하기 마련이다. 특히 우리의 경우 미디어들이 이러한 간극을 더욱 벌여 놓는 등 부정적인 기능을 해왔다는 비판이 있는 것도 사실이다. 그런 점에서 올바른 공론장을 운영하기 위해서는 언론의 올바른 위상 정립이 절실하다는 것도 부인할 수 없다. 문제는 권력이 앞장서고 이에 호응하는 시민단체와 시위대들이 절독운동을 벌이는 식으로 개혁을 추진했던 데 있다. 아무리 취재방식이 후진적이라고 하더라도 이를 정부의 독단에 의해 일방적으로 변경하려는 것은 언론자유를 보장한 헌법의 기본원리나 상식에 반하는 것이며 정치적으로도 자살 행위가 될 수밖에 없는 것이다.

넷째, 자신의 이상과 목표를 실천에 옮기기 위해 필요한 실천전략 그리고 이행전략에서 상당한 문제점을 드러냈다는 점이다. 노무현 정부는 당선을 현실감 있게 예상하지 못했는지 몰라도 준비가 너무나 부족하였다. 또한 당선자 시절이나 집권 초기 부족한 부분을 보완하지도 못했다. 특히 취임 1년여 만에 실시된 총선에서 의석 과반수를 확보한 이후에도, 개혁조치를 민생과 연결시켜 차분하게 단계적으로 추진하지 못한 채 거대 담론을 토대로 '4대 개혁'에 매달린 것이 결정적 실수였다. 특히 개혁의 추진과정에서 실현 가능한 어젠다를 가려내어 여기에 지혜롭게 정치적 자본을 투자하는 '정치적 구성의 리더십'이 아니라, '평등·참여·균형·민족·평화' 등 본인이 확신을 갖고 추구하는 미래적 과제를 공표하고 이에 동의할 것을 요구하면서 국정을 몰고 가는 '탈정치적 리더십'으로 일관한 것이다. 이러한 국가운영 방식은 '기득권 포기'의 정치이며 '이념적 사명감'에 입각한 이상주의적 정치라고 상찬되기도 했지만, 결국 국가운영의 기본을 모르는 '선악 이분법'적 독선과 위선의 정치이며 대중독재의 '위임민주주의'의 위험성을 보인다는 신랄한 비판을 자초하기도 했던 것이다.

그는 선진 자유민주주의가 정상적으로 작동되기 위해서는 이에 걸맞은 리더십과 과학적인 거버넌스 전략을 바탕으로 하는 정교한 소프트웨어가 발휘되어야 한다는 점을 무시한 채 선진국의 하드웨어, 즉 제도 자체를 거칠게 구동시키려 했다. 그리하여 전 국민이 텔레비전 생중계를 통해 지켜보는 가운데 대통령과 평검사들이 대화를 하는 식의 국가운영이 시험되는가 하면, 극한적 여야 대립의 현실 속에서 '대연정' 같은 비현실적인 제안을 하기도 하였다.

특히 자신은 상대방을 분열시키려는 속내를 갖고 대책을 마련하고 그리하여 '재미 좀 보았다'고 거리낌 없이 밝히면서, 그 제안을 거부하는 상대방에 대해서는 '진정성을 결여하였다'고 하면서 심지어는 '제거되어야 할 악'으로까지 규탄하는 이중성을 보여주었다. 그러한 현실에서 노대통령 스스로가 거의 유일한 정치적 자산이라고 자부해온 '진정성'이 제대로 통하기를 기대하는 것은 연목구어(緣木求魚)가 아닐 수 없었다. 그 결과 집권 후반기로 갈수록 그의 모든 행보는 고도의 파당성과 정략성을 감춘 것으로 이해되었고, 이에 따라 그의 정치적 실패는 피할 수 없는 일이 됐던 것이다.

뺄셈의 정치

노무현 정부는 양김 이후 지역주의적·권위주의적 리더십을 극복하고, 새로운 민주적 국가운영의 원리를 제시하고 실천해나가야 할 정권이었다. 그러한 점에서 노대통령은 올바른 문제의식은 갖고 있었으며, 특히 사회적 약자 문제를 국가운영의 핵심과제로 부각시켰다는 점에서 큰 의미를 부여받을 수 있을 것이다. 그러나 마이너리티, 즉 소수파 출신으로서 정치적으로 외롭고 이념적으로 비타협적이며 계층적으로는 현상타파적인 의식의 한계를 극복하지 못한 결과 급진적 사회정책과 현실적으로 불가피한 신자유주의적 개혁노선 사이에서 균형을 잡지 못한 채 방황했다. 또한 이에 대한 보상심리인지는 몰라도 대외적으로는 반미·친북노선으로 일관했다. 이는 무엇보다도 집권과 국가운영을 현실적으로 사고하고 대비하지 못했기 때문일 것이다. 그리하여 국가와 헌법 특히 대통령직과 스테이트크래프트에 대한 올바른 이해를 갖지 못한 채 이념과잉의 아마추어리즘에 토대를 둔 코드 정치, 편 가르기 정치, '뺄셈의 정치'로 일관한 결과, 새로운 국가운영 전략을 제시하지도 새로운 국가운영의 주도세력을 창출하지도 못하였을 뿐 아니라 국정 자체를 혼란과 갈등으로 몰아넣었던 것이다. 문제는 그의 실패가 한 정권의 실패로 그치지 않고 향후 대한민국의 국가운영에 엄청난 혼란과 후유증을 안겨주었다는 사실이다. 상식적인 국가운영 전략보다는 진정성이라는 동기를 앞세우는 태도, 정치에 대한 선악 이분법의 원리주의적 대결의식, 정치적 갈등을 증폭시키는 것을 국가운영의 요체로 인식하는 분열적 태도 등이 그것이다. 노무현 대통령은 스스로의 표현을 빌리면 '새 시대의 맏형'이 아니라 '구시대의 막내'가 됨으로써 대한민국이 성숙하고 선진적인 국가로 나아가는 도정에서 적지 않은 차질을 초래하였다.

우리는 '이념의 시대'를 넘어 '실용의 시대'로 나가야 합니다.
실용정신은 동서양의 역사를 관통하는 합리적 원리이자 세계화 물결을 헤쳐 나가는 데 유효한
실천적 지혜입니다. 인간과 자연, 물질과 정신, 개인과 공동체가 건강하고
아름답게 어우러지는 삶을 구현하는 시대정신입니다.
대한민국의 선진화를 이룩하는 데 너와 내가 따로 없고, 우리와 그들의 차별이 없습니다.
협력과 조화를 향한 실용정신으로 계층 갈등을 녹이고 강경 투쟁을 풀고자 합니다.
정부가 국민을 지성으로 섬기는 나라, 경제가 활기차게 돌아가고 노사가 한마음 되어
소수와 약자를 따뜻이 배려하는 나라, 훌륭한 인재를 길러 세계로 보내고
세계의 인재를 불러들이는 나라, 바로 제가 그리는 대한민국의 모습입니다.
이명박정부가 이룩하고자 하는 선진일류국가의 꿈입니다.
- 2008년 2월 25일, 제17대 대통령 이명박 취임사에서

제11장 이명박 대통령의 스테이트크래프트

1. 서론

2007년 12월 19일 실시된 제17대 대통령 선거에서 한나라당의 이명박 후보는 유효 투표의 48.67%인 1,149만 표를 획득, 26.14%인 617만 표를 얻은 민주당 정동영 후보를 대통령 선거 사상 가장 큰 531만여 표차로 누르고 당선됐다. 당락에는 여러 요인이 작용하였지만 무엇보다 노무현 대통령의 국가운영상의 문제점과 이에 따른 유권자의 실망감 내지는 응징심리가 가장 커다란 영향을 미쳤다. 그 결과 여야 모두 치열했던 정당 내 후보 경선과는 달리 정작 본선은 '묻지마 투표'가 되었다. 이러한 경향은 선거 이후 이명박 대통령의 국가운영에도 상당한 영향을 미쳐 특히 집권 초에는 'ABR(anything but Roh, 노 전 대통령이 한 것 말고는 다한다는 뜻)' 현상을 초래하기도 했다.

이명박 대통령의 국가운영과 그 스테이트크래프트에 대한 평가는 2011년 출판된 지난 판본에선 잠정적으로 할 수밖에 없었다. 비록 당시에도 대통령 임기의 4분의 3이 지나긴 했지만, 그렇더라도 당시로서는 현재진행형 정부의 '끝나지 않은 역사'였기 때문이다. 하지만 이명박 정부가 2012

년의 통치행위에서 그전에 비해 두드러지게 바뀐 모습을 보여주지는 않았기 때문에, 2025년 개정증보판에서의 평가는 당시의 총론을 상당 부분 유지하는 수준에서, 현재의 관점에서 보완적인 서술을 통해 전개하려고 한다.

사실 이명박 정부가 당면한 시대적 과제는 노무현 정부의 것과 기본적으로 크게 다르지 않았다. 민주화와 양김 이후, 탈냉전과 세계화, 정보화의 심화 속에서 정치·경제·사회·문화 등 국가사회의 모든 분야를 한 단계 업그레이드 시키고, 한편으로는 북한 핵문제를 해결해가면서 평화통일의 기반을 다지는 것이었다. 다만 이명박 정부는 진보적 성격을 비교적 강하게 띠었던 노무현 정부의 국가운영상의 실패를 배경으로 등장한 보수적 성격의 정부라는 점에서 가장 큰 차이가 있었다. 그런 점에서 노정부의 실패를 반면교사로 삼아 보수적 가치를 국가운영의 기본으로 하되 균형 잡힌 시각에서 시대적 과제에 접근할 것이 요구됐다. 특히 김대중·노무현 정부를 거치면서 국민들의 평등·참여·복지의식이 확산되고 고양된 '현실' 위에서, 이를 지속적인 경제성장 및 국가발전으로 연계시키는 선순환의 틀을 구축해야 하는 지난한 과제를 안고 있었다. 대북관계에서는 이념적으로 편향된 '당근' 일변도의 정책에서 탈피, '당근'과 '채찍'이 조화를 이루는 현실적이고 효과적인 정책을 추진하는 것이 급선무로 제기되었다.

이러한 과제들을 수행하는 데 있어서 이명박 정부는 당초 상당히 유리한 환경에 놓여 있었다. 먼저 대선에서는 민주화 이후 최고의 득표율과 득표차로 당선됨으로써 확고한 지지기반을 구축할 수 있었다. 나아가 20년 만에 처음으로 대선과 총선 주기가 일치하는 행운을 맞았으며, 이에 따라 취임 직후 실시된 18대 국회의원 총선거에서는 적지 않은 범실에도 불구하고 어렵지 않게 과반수 의석을 확보하여 여대야소 정부를 출범시킬 수 있었다. 특히 제1야당인 민주당은 총선에서 81석밖에 얻지 못한 데다가 김대중·노무현 대통령 이후 구심력 부재 속에 당내 갈등으로 약체를 면치 못하고 있었다.

이명박 대통령에게도 불리한 점은 없지 않았다. 먼저 치열한 경선과정에서 나타난 바와 같이 당내 기반은 상당히 취약했다. 나아가 국민적 지지기반 역시 매우 불안정하고 유동적이었다. 그의 압승은 기실 노무현 대통령의 실정에 대한 응징 심리에 바탕을 둔 '회고적 투표'에 기인한 것이었다. 물론 이명박 후보의 '성공한 경영인'으로서의 자질과 능력에 대한 유권자의 기대 심리도 상당한 역할을 하였지만, '경제대통령론'에서 짐작할 수 있는 바와 같이 이는 경제공약에 따른 일종의 '계약적 지지'의 성격을 강하게 띠고 있었다. 여기에다가 10년 만에 특히 권력에서 소외된 야당과 특히 진보진영에서는 이명박 정부에 대한 반격의 기회를 엿보고 있었다.

2. 취임 첫해에 맞은 리더십의 위기

불신을 자초한 '고소영' 인사

국가운영에서 적지 않은 시행착오와 문제점을 드러낸 김대중·노무현 정부 이후 10년 만에 등장한 보수적 성격의 이명박 정부에 대해 상당한 국민적 관심과 기대가 모아졌던 것은 당연한 일이었다. 그러나 이명박 정부는 인수위원회 때부터 크고 작은 실책으로 국민들에게 실망을 주기 시작했다. 인수위원회가 퇴임을 앞둔 정부의 국가운영을 정치적으로 동결시키는 한편, 자파의 내부 결속을 다지고 이를 바탕으로 자신을 지지하지 않은 층까지 끌어안으면서 향후 국정의 방향을 정립하는 것이라는 기본 개념조차 제대로 갖지 못한 채 귀중한 시간을 낭비하고 말았던 것이다.

인수위는 관련부처의 업무 보고를 받는 자리에서 관계자들을 호통 치는 자세로 군림하는 등 관료 세계와 관계를 정립하는 데에서부터 차질을 빚기 시작했다. 나아가 새 정부 출범 이후 관련 부처의 신중한 검토와 범정부적 조정을 거쳐 결정되어야 할 주요한 정책들을 한건주의식으로 서둘러 발표함으로써 오히려 정치적 부담을 자초했다. 유류세 인하, 이동통신 요금 인하, 아파트 분양가 인하, 신용불량자 원금 탕감 등 인기영합정책, 그리고 '아륀지'로 표현되는 영어몰입교육 등이 대표적인 사례였다. 그런 점에서 이명박 정부는 국가운영을 위한 준비가 제대로 되어 있지 못하였다는 비판을 면키 어려웠다.

이명박 정부는 초대 내각구성 등 고위 공직 인사에서부터 숱한 논란을 불러왔다. 국가권력을 행사하는 인물을 선발하는 기준에서는 권력자와 가치관이나 정치적 입장을 공유하는 것이 중요하다는 점도 전혀 무시할 수는 없지만, 원칙은 어디까지나 전문성과 각계의 신망 등 적재적소에 두어야 하는 것이다. 그러나 이명박 대통령은 '강부자(강남 땅부자)', '고소영(고려대·소망교회·영남 출신)', 'S(서울시) 라인' 등 사적 연고에 편중된 인사를 하였다는 비판을 받았다. 수석비서관들의 평균 재산 규모가 36억 원대에 이르는 등 국민적 감각과 너무나 동떨어진 인사 내용이 발표되었고, 장관 내정자 중에는 부동산 투기의혹을 받는 자산가들도 포함되어 있었다. 이러한 인사파동은 수석비서관 한 명과 장관 지명자 세 명이 자진 사퇴함으로써 가까스로 봉합되었으나, 이렇게 사적 인연이 중시된 인사 경향은 공공성의 문제를 야기한 것은 물론 인사검증 시스템의 효율성까지 의심받는 결과를 초래했다.

이명박 대통령이 보여준 인사상의 문제점은 정국 운영에서도 여러 가지 부작용을 초래했다. 취약한 당내 입지를 강화하려는 목표는 이해한다 하더라도 치열한 경선 라이벌이었던 박근혜계 의원뿐만 아니라 당내 비중 있는 인사들까지 국회의원 공천에서 배제시킴으로써, 결국 자신의 정치적 기반인 여당 자체를 약화시키는 결과를 초래했다. 무엇보다 압도적으로 유리한 여건에서 치러진 18대 총선에서는 '친박연대'가 14석, 친여 무소속이 18석을 차지하는 등 비(非)한나라당 친여 의석이 도합 30석을 초과함으로써 안정적 과반의석, 즉 상임위 과반수인 158석을 확보하는 데 실패했다. 또한 당내 유력 정치인들을 거의 전부 공천 탈락시키는 바람에 막상 국회의장감과 당대표감이 없어 곤궁한 입장에 처하고 말았다. 그래서 결국 공천 탈락인사를 원외대표로 임명하지 않을 수 없었던 것은 정치적으로 미숙한 스테이트크래프트를 보여준 것이 아닐 수 없다.

'광우병 파동'이 가져온 내상

이명박 정부는 취임한 지 불과 2~3개월 후 '광우병 파동'이라는 엄청난 위기를 맞았다. 그것은 1987년 민주화 이후 최대 규모의 시위였다. 무엇보다 취임 초 한·미 정상회담을 앞두고 한·미자유무역협정(FTA)협상 타결을 서둔 나머지, 국민적 이해의 확보라는 민주정치의 기본원리를 소홀히 한 것이 문제였다. 이명박 정부는 국민적 요구를 정확히 파악하는 데에서부터 문제점을 드러냈다. 세계화·정보화·탈산업화의 물결 속에서 국민들은 점차 과거식 가치관과 사고방식을 탈피해가고 있었으며, 특히 10년간 상대적으로 진보적인 성격이 강한 정부 하에서 형평·참여·복지·환경·안전 등에 대한 기대가 크게 상승되어 있었다.

또한 대미관계에서는 불평등에 관한 의식이 극히 예민해져 있었으며, 아울러 먹을거리 문제와 같이 자신과 자녀들의 건강에 직결된 현안에 대해 민감하게 반응하는 등 국민적 의식은 크게 변했다. 이명박 정부는 이러한 변화의 실체를 정확하게 파악하지 못한 채, 한·미FTA의 불가피성과 '값싼 쇠고기를 제공한다'는 순수한 경제적 관점만을 토대로 협상을 밀어붙여 대통령의 방미를 앞둔 시점에서 서둘러 타결을 보았던 것이다.

처음에는 우리 측이 쇠고기 수입 문제에서 일방적으로 양보함으로써 '검역주권'이 손상을 입었는지 여부가 핵심 쟁점으로 부각된 가운데, 4월 29일에 방영된 문화방송(MBC)의 〈PD수첩〉을 계기로 '광우병 괴담'이 확산되면서 정치·사회적 혼란이 본격화됐다. 방송 사흘 후부터 청계광장에서 촛불시위가 발생, 8월초까지 연인원 98만 명이 참가하여 국정을 마비시키는 사태가 초래된 것이다. 우여곡절 끝에 6월 21일 "국민이 안심할 때까지 월령 30개월 이상의 미국산 쇠고기 수입을 금지하며, 미국에서 광우병이 발생할 경우 한국 측이 쇠고기 수입 중단 권리를 보유한다"는 내용으로 미국과의 재협상이 타결됨으로써 사태는 해결의 실마리를 잡을 수 있었다.

문제는 이로써 이명박 대통령의 국가운영이 너무나 큰 내상을 입게 되었다는 사실이다. 먼저 취임한 지 불과 넉 달도 안 된 상태에서 대통령실장과 수석비서관 7명 전원, 그리고 농수산부장관을 비롯한 3명의 각료들을 교체하지 않을 수 없었다. 뿐만 아니라 이 대통령은 530만이라는 압도적인 표차로 형성된 강력한 정치적 기반에 큰 손상을 입으면서 5월 초에는 지지도가 20% 내외로 급락하는 등 취임 초부터 리더십의 위기에 봉착하게 됐다. 특히 6월 19일자 대국민담화에서는 "청와대 뒷산에 올라 …… 스스로를 자책" 하는 등 시위대의 심정에 공감하는 듯하다가 이후 갑자기 이들의 행동을 불법으로 비판하면서 반성을 촉구하는 등 이율배반적인 태도를 보임으로써 보수와 진보 양 진영 모두로부터 적지 않은 비판을 받게 됐다. 물론 문화방송의 〈PD수첩〉은 최종적으로 대법원에 의해 일부 내용에 허위사실이 있다고 판시되었지만, 이 사건이 정부에 준 충격은 너무나 컸다. 이명박 대통령은 시대정신을 외면한 채 개발시대의 불도저식 방법으로 한·미FTA를 서둘러 추진한 나머지 어떤 정부라도 누리게 되어 있는 정권 초기의 허니문 기간을 놓쳐버렸을 뿐 아니라 오히려 국정 최대 위기를 자초하였던 것이다.

전직 대통령의 투신과 심각해진 정치양극화

이명박 정부는 임기 초 이러한 큰 위기를 어렵게 수습하여 국가운영을 정상화하기 시작하였으나, 곧바로 미국발 글로벌 금융위기를 맞게 됐다. 사실 이 대통령은 선거 캠페인 때부터 '경제대통령'을 표방하는 등 경제에 가장 큰 역점을 두어왔다. 선거공약으로는 연평균 7% 성장으로 10년 내 1인당 국민소득 4만 달러 시대를 열어 세계 7대 경제 강국으로 도약하겠다는 '747비전'을 제시한 바 있다. 그러나 취임 후 겨우 반년이 지난 시점에서 맞은 글로벌 위기로 인해 우리 경제는 수출과 내수에서 동반 침체되는 사태를 맞게 됐다. 그리하여 경상수지는 11년 만에 흑자에서 벗어나 64억 달러의 적자를 기록하였으며, 국민총생산도 2.5% 반감하여 1인당 국민소득은 1년 만에 다시 1만 달러대로 주저앉고 말았다. 그러나 가장 치명적인 것은 자영업자들의 붕괴와 이로 인한 청년층 중심의 '400만 실업대란'이었다.

취임 2년차 초반에 들어선 초기 이명박 정부에 정치적 충격을 준 또 하나의 커다란 사건이 발생했다. 수뢰 혐의로 검찰에 소환되어 조사를 받았던 노무현 전 대통령이 2009년 5월 23일 새벽, 자택 뒤 부엉이바위 절벽에서 투신, 비극적으로 생을 마감한 것이다. 이 사건으로 이명박 정권은 매우 난감한 처지에 빠지게 되었다. 반대세력들은 이정권이 정치보복을 하려고 표적수사를 하다가 노 전 대통령을 죽음으로 몰아넣었다고 비난했다. 한편 지지세력들은 전직 대통령의 비리사건을 단호하게 처리하지 못하고 구속을 망설이다가 결국 이러한 사태를 초래, 중대한 수뢰혐의사건을 영구 미제사건으로 만들었다고 비판했다. 6일간의 국민장을 거치는 가운데 노 전 대통령에 대한 동정여론은 크게 확산되었고, 이는 특히 이 대통령과 그의 국가운영 방식에 대한 실망감 내지는 반감과 맞물리면서 이명박 대통령의 지도력은 현저히 약화됐다.

이렇게 국가운영에서 리더십이 강화되어야 할 취임 초에 이명박 대통령은 오히려 큰 내상을 입고 리더십의 약화를 자초했다. 여기에는 시대상황에 대한 인식상의 문제, 국가운영상의 청사진 미비와 경험부족 등 여러 요인이 있겠지만 그 핵심에는 공공성의 부족 내지는 결여가 자리 잡고 있었다고 본다. 그리고 이러한 문제점은 이후로도 이명박 정부의 가장 큰 취약점으로 작용하게 됐다고 하겠다.

또한 2009년 노무현 전 대통령의 서거는 현재의 시점에서 볼 때 2010년대 이후로 현저하게 강화된 양당 정치지지층의 극단화와 이로 인한 정치 양극화 현상을 직접적으로 촉진시킨 사건으로 평가하지 않을 도리가 없다. 비록 당시 이명박 정부가 그러한 의도로 노무현 전 대통령에 대한 검찰수사를 시작한 것은 아닐지라도, 정치인 및 정치세력의 행위는 결과로서 평가받는 책임윤리의 제약을 받는다는 점을 생각해 볼 때 부정적인 유산을 남겼다고 볼 수밖에 없는 부분이다.

사실 대한민국의 민주화는 대단히 드라마틱하면서도 조심스러운 전환으로 이루어졌다고 할 수 있다. 1987년의 전국적인 시민항쟁에 대해 실질적인 패배선언을 할 수밖에 없었던 제5공화국 측은 그해 대선에서 노태우 전 대통령이 당선되면서 절차적 민주주의 체제로의 진전 이후에도 그 세력의 상당 부분을 보전했다. 비록 그렇게 된 주요한 원인은 야권 후보 단일화를 이루지 못한 김영삼·김대중 두 후보의 이른바 '양김 분열'에 기인한 것이었고, 그 자체로는 부정적인 평가를 내릴 수밖에 없는 부분이었다. 하지만 굳이 좋은 면으로 생각해 보자면 그만큼 기존의 체제를 급진적으로 허물지는 않았으며 점진적인 변화를 추구하며 민주화로의 이행에 대한 사회적 비용을 최소화했다고 볼 소지가 있다. 앞서 평가했다시피 노태우 전 대통령의 통치행위는 당시 이를 직접 경험한 저자를 포함한 참모진들에게도 '하루살이 정부냐', '체계적인 계획을 세워야 할 게 아니냐'는 식의 불만을 자아내는 구석이 있었지만, 당대의 시대적 변화의 흐름을 수동적으로나마 끌어안고 대한민국 정부의 통치방식을 은근하게 변화시키면서 시대에 어느 정도 적응시킨 공로는 있다고 볼 수 있다.

더구나 한국의 소위 '민주화세력'은 1997년의 이른바 최초의 '수평적 정권교체'를 진행한 다음에도 대대적인 보복의 정치를 단행하지는 않았다. 물론 그럴만한 권력자원이 없기 때문이긴 했으나, 그럼에도 긍정적으로 평가할 만한 부분이다. 앞서 언급한 것처럼 김대중 정부가 단행한 언론사 세무조사와 같은 것들에는 아쉬운 부분이 많았고 비판적으로 평가해야 한다고 본다. 그러나 김대중 정부가 이른바 이전의 '산업화세력' 혹은 '군부독재세력'에 대해 직접적인 보복의 칼날을 겨누지는 않았다는 점도 엄연한 현실이다. '역사바로세우기' 내지 12·12에 대한 사법적 평가는 명목상으로는 민정당을 계승한 김영삼 정부에 의해 이루어졌다. 김영삼 정부에 의해 구속된 전두환·노태우 두 전직 대통령을 IMF 환란의 와중에 대선에서 승리한 김대중 당선인이 건의해서 사면을 했으니, 보수정부의 자정 작용으로 과거 역사의 잘잘못을 어느 정도 단죄하고 이를 민주정부 세력이 용서하는 식의 온건하고 완만한 과거사 청산 과정이 이루어진 것이 우리의 역사적 현실이었다. 노무현 정부 시기에는 오히려 전임 김대중 정부 시기의 대북송금 특검이 이루어져 같은 세력의 전직 정부 인사들에 대한 사법처리가 이루어지기도 했다. 이 역시 진영 내부의 자정 작용이지 상대 진영에 대한 보복의 정치라고는 볼 수 없었다.

투박하게 말하자면 김대중 정부와 노무현 정부의 시기에 정치보복이 이루어지지 않았으므로, 이명박 정부도 '정치보복 없는 수평적 정권교체'라는 간신히 조성된 긍정적인 기풍을 보전해야 할 책무가 있었다. 그러나 이명박 정부는 근시안적으로 처신했고, 그러한 의무를 전혀 돌보지 않았다. 이명박 정부는 취임 1년차 '광우병 파동'에서 입은 내상을 일단은 국민, 특히 중도층들에게 고개를 숙이면서 수습하는 듯 했으나 이후에는 노골적으로 학계·문화계에서의 '좌파 색출 작업'이 이루어졌다. 훗날 박근혜 정부의 탄핵 사유 중 하나가 된 '문화계 블랙리스트'와 같은 것들은 이명박 정부에서 이미 초보적인 형태로나마 선취되었던 일들이라 볼 수 있다. 나중에는 문재인 정부에서 '조국 사태'를 빌미로 민주당에 대한 가장 강력하고 신랄한 비판자가 되는 진중권 당시 중앙대 겸임교수 등이 그러한 연유로 대학강단에서 사실상 쫓겨났다. 노무현 전 대통령에 대한 수사 역시 그와 같은 흐름에서 이루어진 것이었으며, 2008년에 중도층에게 고개를 숙인 처신과는 다르게 2009년에는 이명박 정부가 지지율을 회복하기 위해 보수 지지층을 만족시키는 행보에 강하게 시동을 건 산물이었다.

공정함을 기하기 위해 말하자면, 이명박 정부에게 노무현 전 대통령을 죽음으로 내몰 의사는 추호도 없었을 거라는 것이 합리적인 추정일 것이다. 당시 정부가 원했던 것은 전직 대통령의 도덕성에 흠집을 내어 망신이나 주는 정도였다고 추론할 수 있는 맥락적 정보들이 많이 있다. 그러나 노무현 정부 시절 개혁의 대상으로 도마 위에 올려졌던 검찰은 이명박 정부가 의도한 것보다도 전직 대통령을 심하게 다뤘다고 볼 수 있다. 그렇게 누구도 원하지 않았던 전직 대통령의 투신으로 인한 서거가 이루어진 이후, 민주당 지지층은 이전과는 다르게 매우 뚜렷한 정치보복에 대한 열망을 품게 됐다. 말하자면 복수를 위한 정치, 복수를 위한 권력획득이 정치행위의 근간이 됐다. 오늘날에도 이르기까지 민주당 지지층과 국민의힘 지지층이 서로 극단화되고 경원하며 멸시하는 것은 2009년의 사건에서 기인한다고 보지 않을 수 없다. 이른바 '중도파'로 처신하는 정치인이나 지식인들의 입지가 현저히 약화되기 시작한 것도 그때가 중요한 기점이다. 그런 점에서 볼 때 이명박 정부의 스테이트크래프트는 '비교적 보복이 없었던 정권교체'라는 문화를 '정권교체는 곧 보복'으로 이어지는 정치문화로 바꾼 지극히 부정적인 측면이 있다고 하겠다. 이러한 유산은 2017년 탄생한 문재인 정부의 무리하고 광범위한 적폐청산 수사와, 2022년 탄생한 윤석열 정부의 전임 정부 공무원에 대한 역시 더욱 무리하고 광범위한 수사로까지 이어졌다는 점에서 그 책임이 막중하다.

　한편 이명박 정부 시기 뿌린 내부갈등의 씨앗이 다만 전직 대통령에 대한 수사에 국한되지 않는다는 분석도 있다. 이명박 정부 말기부터 박근혜 정부 초기까지 온라인에서 악명이 높았던 커뮤니티 사이트인 '일베('일간베스트'의 준말)'에는 노골적인 호남혐오 게시물이 만연했는데, 이에 대해서는 국정원의 공작이 어느 정도 작용했다는 해석이 있었던 것이다. 그와 별개로 이명박 정부 시기엔 공무원들, 특히 원세훈 국정원장 치하 국정원 직원들이 온라인 사이트에서 적극적으로 댓글을 달면서 여론을 유리한 방향으로 조성하려고 했다는 사실이 이미 드러났다. 물론 공무원들이 적극적으로 댓글을 단다고 해서 온라인 여론을 결정적으로 바꿀 수는 없다. 그러나 빅데이터 분석가들은 당시 '일베'에 여성혐오 등 다른 혐오의 요소는 자생적인 것이지만 호남혐오에 대해서는 국가기관 측의 공작이 어느 정도 인위적으로 작용했을 수 있다고 분석했다. 이를테면 비록 이명박 정부의 국정원에서 커뮤니티의 호남혐오 코드를 창출해낸 정도는 아닐지라도, 온라인에서 그러한 요소가 발견됐을 때 그것을 강화하기 위해 노력한 정황은 보인다는 것이었다. 만일 이러한 분석에 일말이나마 진실성이 있다면 이명박 정부는 2천 년대 이후 일정 부분 약화되어 가던 지역갈등을 온라인 시대의 혐오문화로 되살렸다는 비판도 감수해야 할 것이다.

3. 이명박 대통령의 스테이트크래프트의 특징과 문제점

공적 영역에 등장한 CEO형 리더십

이명박 대통령은 스스로를 '주식회사 대한민국'의 CEO로 자처한 바 있다. 그의 정부가 국가운영에서 공공성을 간과 혹은 경시하고 있는 것은 바로 그가 갖고 있는 이러한 'CEO형 리더십'에 있다고 볼 수 있다. 기업은 기본적으로 이윤이라는 특정 목표를 달성하기 위한 도구적 성격이 강한 조직체인 만큼 생산성과 효율성을 가장 중시할 수밖에 없다. 국가도 외형상으로는 이와 유사한 성격을 갖고 있기는 하지만, 그 본질은 포괄적인 목적을 가진 결사체라는 점에서 근본적인 차이가 있는 것이다. 즉 구성원들의 생명과 재산을 보호함으로써 국민 각자 나름대로의 다양한 목표를 설정하고 달성하기 위한 기본적인 터전을 제공하는 것을 핵심적인 임무로 삼고 있는 것이다. 그러기에 국가는 그 존립을 위해 강제력 사용이 정당화되는 유일한 조직이며, 강제력 사용에 필수적인 정당성을 확보하기 위해 공공성을 생명으로 하고 있다. 만일 국가에서 공공성을 삭제할 경우에는 억압기능만 남게 되는 결과가 초래되는 이유도 바로 여기에 있는 것이다.

기업의 CEO란 주주총회에서 경영권 전반을 위임받고 일정 기간 동안의 기업경영 성과를 다음 주주총회에서 평가받게 된다. 그러나 대통령은 이와 달리 입법, 사법부와 견제와 균형을 기하면서 국가를 이끌어가는 가운데 국민통합을 이룩해내는 것을 핵심적 가치로 하고 있는 것이다. 이명박 대통령의 CEO 혹은 행정가형 리더십의 가장 큰 문제점은 포괄적 목적을 지향하는 국가의 총체적 성격을 무시 혹은 경시한 채 오로지 특정 목표를 달성하기 위한 생산성과 효율성만 중시하고 있는 데 있다. 특히 '하면 된다'는 개발시대, 권위주의 시대의 신념을 토대로 국정을 돌파해내는 수직적·독주형 리더십을 임기 내내 행사했다. 서울시장 시절에는 청계천 복원 사업을 위해 1천여 명의 상인을 직접 만나 설득하는 리더십을 발휘하기도 하였지만, 대통령이 되어서는 이러한 리더십은 목표를 향해 돌진하는 데 필요한 도구로만 사용될 뿐, 목표를 설정하고 국민적 합의를 구하는 데는 전혀 발휘되지 못했다. 그 결과 민주적 절차와 과정을 무시함으로써 공공성의 확보에 실패하는 것은 물론 나아가 갈등을 양산하고 증폭시킴으로써 생산성과 효율성 자체까지도 살리지 못하게 됐다. 또한 이명박 정부가 제시한 공적 영역에서의 CEO형 리더십은 현재 윤석열 정부의 시대에서도 어설프게 계승되었다는 점에서 그 문제가 크다고 볼 수 있다.

공공성 결여

이명박 정부의 공공성 결여는 무엇보다 인사에서 단적으로 드러났다. 초기 내각 구성에서 크게 문제를 일으켰음에도 불구하고 이명박 대통령은 이후로도 사적 연고를 중시, 너무 좁은 인재풀 속에서 인사를 했던 것이다. 그 결과 노무현 정부의 인사가 '회전문 인사'였다면 이명박 정부의 인사는 '호주머니 인사'라는 비판까지 받게 됐다. 특히 대통령의 친형인 이상득 의

원의 영향력이 지나치게 커져 만사'형'통(萬事'兄'通)이라는 말이 주요 신문의 제목으로까지 뽑혀 나오는 등 '권력 사유화'의 위험성이 대두됐다. 그리하여 2011년 초까지 국무총리 후보와 감사원장 후보 각 1명씩, 그리고 각료 후보 9명이 청문회 이전 또는 도중에 하차하는 사태가 빚어졌다. 결국 '인사가 만사(萬事)'가 아닌 '인사가 망사(亡事)'가 되는 경우가 한두 차례가 아니었다는 점에서 이 대통령은 스테이트크래프트의 기본을 결여하고 있다는 비판을 면키 어렵다.

이명박 정부의 공공성 결여 문제는 또한 각종 정치·사회적 갈등을 다루는 데서도 드러났다. 그 대표적인 사례가 '용산참사' 사건으로서, 재개발 반대 농성자들을 무리하게 해산시키는 과정에서 인명 피해가 발생하여 사태를 악화시켰던 것이다. 여기에서 이명박 정부는 국가의 공공성을 토대로 특히 취약계층에 대한 배려와 같이 국가사회 전체를 종합적으로 살피는 통찰력을 발휘했어야 했다. 그러나 이명박 정부는 '국법질서의 준수' 한 가지 측면만 앞세운 채 밀어붙이기식 국가운영의 전형을 보여줬다. 미시적으로 볼 때 농성자들의 행동 역시 여러 면에서 문제가 많았던 것은 부인할 수 없다. 그러나 성장과 같은 특정 목표만 중요시한 채, 민주화 이후 우리 사회에 체질화되고 있는 형평·참여·자율·분권 같은 가치를 존중하지 않고 있어 원만한 국가운영에 막대한 차질을 초래하고 있다는 비판을 면하기는 어려웠다.

이 대통령의 공공성 결여문제는 이후 퇴임 후를 대비하여 내곡동에 사저 부지를 구입하려다가 이를 백지화하는 과정에서도 드러나 적지 않은 논란을 빚었다. 특히 아들 명의로 부지를 계약함으로써 여러 가지 법적 문제를 야기하였고, 개인이 부담해야 할 사적 부지와 국고가 부담해야 할 경호시설 부지를 한 덩어리로 구입하는 등 공사의 구분을 모호하게 처리했다는 비판을 받았다. 해당 사안은 훗날 검찰 수사에서 '면죄부 수사'란 논란이 일어서 특검 수사까지 시행해서 관련 혐의자들이 기소됐지만 아들 이시형 씨는 불기소 처분을 받았다. 물론 대통령도 한 인간으로서의 사생활은 존중받고, 보호받아야 한다는 것은 당연하다. 그러나 사적 영역에 속한다고 할 연예인들조차 그들이 대중에게 노출되어 영향을 미친다는 이유로 일부 사생활에 있어서까지 사회적 책임 나아가 공적 책임을 요구받고 있는 것이 현실이다. 그리하여 적지 않은 연예인들이 스스로를 공인(公人)으로 자칭하기까지 하고 있는 상황에서, 하물며 공적 영역의 핵심이라고 할 국가의 최고행위자인 대통령에게 요구되는 기준에 대해서는 더 말할 필요가 없을 것이다.

CEO형 리더십으로서 이명박 대통령의 공공성 결여는 또한 소통의 문제에서도 극명하게 드러났다. '더 잘살게 해줄 테니 따지지 말라'는 개발시대의 경제결정주의적 그리고 권위주의적 철학으로 일관한 채 민주주의에서 가장 중요한 소통과 합의 과정을 경시함으로써 국민통합이 어려워졌던 것이다. 이러한 경향은 이미 취임 첫해 '광우병 파동'에서도 나타난 바 있지만, '4대강 살리기 사업' 추진 과정에서도 단적으로 드러났다. 사업 자체의 타당성에 대해서는 고도의 전문적 지식을 필요로 하기 때문에 국민의 입장에서는 이를 정확히 이해하고 평가하기는 쉽지 않다. 그동안 방치해왔던 준설을 하고 보(洑)를 건설하는 등 치수를 통해 홍수와 가뭄의 피해를 최소화하고 수자원을 확보할 수 있다는 점에서 나름대로 근거가 없지 않다. 문제는 그것이 대선공약이었던 대운하사업의 변형된 계획이라는 의혹, 그리고 무리한 공사 강행으로 인한 문화재 및 환경 파괴에 대한 우려와 관련된 것들이 문제였다. 그런 점에서 국민을 제대로 설득하여 공감대를 확보하거나 아니면 사업의 추진일정을 일부 조정하는 등 타협을 하는 것이 순리였다고 할 수 있다.

그러나 이 대통령은 임기 내 사업을 모두 완성하겠다는 당초의 방침을 완강히 밀고 나감으로써 오히려 사회·정치적 갈등을 증폭시킨 것이다. 그리하여 일각에서는 '위임 민주주의' 나아가 '민주주의의 후퇴', '독재 회귀'라는 비판까지 나오기 시작하였다. 그러나 이러한 비판은 그동안 축적된 우리 사회의 역량을 과소평가하고 있다는 느낌이다. 문제는 이 대통령이 정당이야말로 가장 중요한 국민과의 소통통로라는 점을 인식하지 못한 채, 여당을 무력화시키고 나아가 국회까지 약화시켰다는 데 있다. 그 결과 정권은 소통부재로 국민들로부터 멀어지기 시작했다. 또한 대통령의 눈치만 살필 뿐 소통의 매개라는 본연의 기능을 상실한 집권 여당은 민심과 유리된 채 내부 권력 싸움에 빠져 스스로를 '봉숭아학당' 심지어 '동물농장'으로 자조하는 일까지 벌어졌다. 모두가 정당정치·의회정치의 본질을 제대로 이해하지 못하였기 때문에 생긴 일이다. 이는 정치권력이 대중의 대의민주주의에 대한 불신을 조장한 것으로, 향후 한국 사회에 악영향을 끼친 통치라고 볼 수 있다.

기업중심에서 공정사회로

이명박 정부의 공공성 결여 문제와 더불어 지적되어야 할 것은 정책상의 단견과 이로 인한 갈지(之)자 행보, 나아가 정책실행상의 실기와 무능력 문제다. 특히 이명박 정부는 경제정책에서 적지 않은 문제점을 드러내 보였다. 이명박 정부는 취임 첫해 맞이한 글로벌 금융위기의 파장을 극복하는 데 전력을 기울여 나름대로 성과를 거둔 것은 사실이다. 특히 2009년 후반부터는 경기가 반전되기 시작, 2010년에는 6.1%의 고성장을 기록하면서 글로벌 금융위기에서 가장 먼저 탈출하였고, 사상 최대인 4,650억 달러의 수출을 달성하여 세계 7위의 무역대국으로 도약하는 등 '글로벌 코리아'의 발판을 마련하였다는 평가를 받기도 했다. 문제는 대기업 위주. 그리고 글로벌 경제구조의 심화로 인한 '고용 없는 성장'에 있었다. 그리하여 높은 실업률과 소득 양극화 현상을 개선하지 못한 가운데 성장의 효과가 서민경제를 개선하지 못했으며, 오히려 물가 특히 생필품 값이 폭등하는 등 거시경제 관리상의 문제점까지 드러냈다.

이러한 경제적 현실에 대한 부담을 안은 이명박 정부는 집권 초기의 '기업 프렌들리' 정책에서 탈피하여 2009년부터는 '친서민'. '중도실용 노선' 그리고 '동반성장'을 강조하는 등 정책전환을 표방하기 시작했다. 특히 집권 초기에 강한 국가, 자유로운 시장경제 등을 목표로 감세·공기업 민영화·탈규제 등을 강조한 데 반해, 중반 이후에는 일자리·교육·고령화·보육·주거 정책·녹색성장 등을 강조했다. 또한 대통령 자문기구로 사회통합위원회를 설치하여 지역·계층·세대·이념적 갈등을 해결하기 위해 소통, 나아가 '공정사회'를 강조하기도 했다. 사실 이명박 정부의 경제정책에는 문제가 적지 않았다. 특히 시장과 경쟁만을 중시한다는 점에서 적지 않은 비판을 받아온 것이 사실이다. 그런 점에서 공정한 분배나 중도실용을 강조하는 것은 건전하고 상식적인 국가운영의 본령으로 복귀하려는 것이라는 점에서 다행스러운 일이 아닐 수 없었다. 문제는 말로는 이렇게 친서민·동반성장을 주장하지만, 실제 정책에서는 이것이 충분히 반영되어 뚜렷한 성과를 보여주지는 못했다는 점이다. 동반성장을 주장하는 것 자체가 공정거래위원회가 제 기능과 역할을 제대로 하지 못한 결과를 인정하는 것이 아닐 수 없다. 특히 2012년도 예산편성 과정에서는 감세문제를 놓고 다시 갈팡질팡하는, 정견이 혼란스러운 모습을 보여주면서 'MB노믹스는 없다'는 말까지 듣게 되었다. 그리하여 이명박 정부는 서민과 중소기업, 나아가 대기업 모두로부터 불신을 자초하게 됐다.

이명박 정부는 정책 수립에서도 자주 실기했다. 세종시 문제만 해도 이를 조기에 매듭짓지 못한 채 시간을 끌며 대응하다가 결국 원점으로 회귀한 데 이어 경제적 자족성이라는 '플러스알파'를 더해주어야 한다는 쟁점만 키운 것도 갈등을 증폭시킨 대표적인 사례라고 하겠다. 대선공약이었던 동남권 신공항 건설문제를 질질 끌다가 결국 백지화함으로써 지역 갈등만 조장한 것도 이러한 범주에 속한다고 하겠다. 구제역 발생에 대해서도 적절하게 대응하는 데 실기하여 수백만 두의 가축을 희생시키는 등 국민들의 엄청난 재산상의 피해를 초래한 것도 비판을 면키 어려운 일이었다. 또한 개각 등 요직개편을 실무적으로만 인식, 인사에서도 자주 실기를 했다. 인사란 민심이 가장 예민하게 반응하는 고도의 정치적 행위인데, 이명박 정부는 국가운영에서 심기일전 혹은 분위기 전환과 같은 중요한 정치 수단을 스스로 포기함으로써 국민의 신뢰를 얻는 데 실패한 것이다.

중국 경시의 대가

이명박 정부의 정책적 난맥상을 보여주는 또 하나의 사례로 대북 정책을 들지 않을 수 없다. 이 대통령은 선거공약으로 상호주의를 바탕으로 북한의 적극적 변화를 유도하겠다는 '비핵개방 3000'을 제시한 바 있다. 북한이 핵개발을 포기하고 개혁개방정책으로 전환하면 1인당 국민소득이 3천 달러가 되도록 경제지원을 하겠다는 것이다. 취임 이후에도 이러한 정책을 기조로 하면서 후속적으로 북핵문제 해결과 개혁개방정책을 일괄적으로 다루자는 '그랜드 바겐 정책'을 제시하기도 했다. 이러한 정책의 배경에는 과거 정부와는 달리 북한의 핵 및 미사일 개발을 용납하지 않겠다는 입장이 강하게 반영되어 있다. 나아가 북한은 '실패한 국가'이며, 그동안 생명줄 노릇을 해왔던 대북지원을 차단하면 조만간 '급변사태'를 맞게 될 것이라는 전망이 깔려 있었다고 할 수 있다.

　문제는 이러한 정책이 성공하기 위해서는 다음과 같은 방향에서 정교한 실행대책과 크고 작은 행동 프로그램들이 요구된다는 것이다. 첫째는 대북제재의 수준과 국제적 공조의 유지다. 특히 중국의 대북관계를 어떤 수준에서 관리할 수 있는가가 핵심이다. 둘째는 예상되는 북한의 반발을 어떻게 관리하며 이에 적절히 대응하는가 하는 문제다. 셋째는 대북정책에 대한 국민적 컨센서스를 얼마나 확보할 수 있는가 하는 문제다. 이는 특히 북한의 통일전선전략에 관한 대응문제와도 연계되어 있었다.

　첫째, 이명박 정부는 국제공조를 위해 다양한 외교적 노력을 기울였다. 특히 김대중·노무현 정부 10년간 상대적으로 소원해진 미국과의 관계를 강화하는 데 주력하여 적지 않은 성과를 거두었다. 2008년 4월 19에는 부시 대통령과 회담을 통해 양국관계를 '21세기 전략적 동맹관계'로 격상하기로 합의한 데 이어, 2009년 6월 16일에는 새로 출범한 오바마 대통령과 정상회담을 갖고, 북한이 핵무기로 도발할 경우 미국은 핵우산을 포함한 '확장된 억지력' 등 모든 수단을 동원해 한국에 대한 안보공약을 이행한다는 약속을 받아냈다. 나아가 "동맹을 통해 한반도의 공고한 평화를 구축하고 자유민주주의와 시장경제 원칙에 입각한 평화통일에 이르도록 함으로써 한반도의 모든 사람들을 위한 보다 나은 미래를 건설해나갈 것을 지향한다"고 선언하는 등 '한미동맹 공동비전'을 채택하기도 했다.

　2010년 6월 27일 캐나다 토론토에서 개최된 한·미 정상회담에서는 2012년 4년 17일 이전으로 합의하였던 전시작전통제권 환수를 북한의 제2차 핵실험과 천안함 사건 등 안보환경의 변화를 고려하여 2015년 12월 1일로 연기하기로 합의했다. 이명박 정부는 또한 유엔 안보리의 대북 제재 결의안 채택에 적극적인 자세로 임하였고 미국 주도의 '대량살상무기 확산방

지구상(Proliferation Security Initiative, PSI)'에도 참여하는 등 대북 제재를 위한 국제적 공조에 적극 동참하기도 했다.

그러나 이명박 정부의 대북정책상의 치명적인 문제점은 중국에 있었다. 무엇보다 북핵문제의 해결보다 북한의 전략적 가치에 우선을 두는 중국 지도부를 제대로 설득하지 못함으로써 대북 제재를 위한 국제적 공조에서 결정적인 한계를 보여주었다. 결국 대북 정책을 수립·추진하면서 중국이라는 상수에 해당하는 요인을 너무 경시, 북핵 해결이나 북한의 개혁개방에 가시적인 성과를 거두지 못했을 뿐 아니라 오히려 북한의 대중국 의존도만 높이는 결과를 초래하는 등 객관적 현실 파악과 정책방향 설정에서 단견이라는 비판을 자초하였다.

둘째, 이 대통령의 대북정책이 북한의 격렬한 반발을 불러왔을 뿐 의미 있는 변화는 이뤄내지 못했다는 사실이다. 북한은 이명박 정부의 대북정책을 '반통일 대결선언'으로 규정, 6·15공동선언과 10·4 선언의 이행을 요구하고 나왔을 뿐 아니라 각종 도발을 해왔다. 2008년 금강산 관광객 총격 살해 사건을 계기로 우리 측이 관광중지 조치를 내린 것을 빌미로 금강산 주재 남측 요원을 추방했다. 또한 개성공단 폐쇄를 위협하면서 상주인원을 감축시키고 남북군사분계선 출입금지 조치를 취하는 등 보복 조치를 행했다. 2009년 5월에는 2차 핵실험을 단행한 데 이어서 남북기본 합의서와 부속합의서상의 서해 해상경계선(NLL) 조항에 대한 폐기를 선언했으며, 같은 해 11월에는 대청도 해전을 일으켰고, 2010년 3월 26일에는 천안함 사건을 일으켜 46명에 이르는 우리의 젊은 병사들이 희생되었다. 이어 2010년 11월 23일에는 민간인 거주지인 연평도에 포격을 가해오기도 했다. 대북정책에서는 원칙과 유연성의 조화가 핵심인데, 바로 여기에서 문제가 있었다고 할 수 있다. 지난 정부에서는 채찍을 배제한 채 당근에만 매달린 것이 문제였다면, 이명박 정부는 이와는 반대로 당근은 배제한 채 채 찍에만 매달린 것이 문제였던 것이다. 나아가 북한의 조기 붕괴를 전제로 하여 정책을 수립하고 추진하였다면 더 큰 문제가 아닐 수 없다. 아울러 북 한의 실질적인 변화를 유도해내기 위해 과연 어떤 정교한 정책적 노력이 있었는지도 의문인 것이다.

셋째, 우리 내부의 합의와 효과적인 대응체제를 구축하는 데도 미흡했다. 특히 지난 10년간의 정부가 남북관계를 발전시켰다고 보는 진보적 시각에 서는 이 대통령의 정책은 역사의 방향을 후퇴시키는 것으로 비추어졌다. 그럼에도 불구하고 이 대통령은 자신의 정책에 대한 국민적 이해와 합의 를 구하는 데 역부족이어서 남남갈등만 증폭시키는 부작용을 낳았다. 또 한 그동안 남측으로부터 막대한 달러를 받아온 김정일 정권의 예상되는 반발과 특히 각종 도발에 충분히 대비하여 제대로 대처하지 못하는 등 안 보태세에서도 심각한 허점을 보여주었다. 무엇보다 대청도 해전 이후 북 한의 다양한 도발이 예상되었음에도 불구하고 천안함 사건까지 맞아 군과 정부의 정보능력은 물론 위기관리 시스템이 제대로 작동하지 않았다. 특 히 컨트롤 타워인 청와대와 소관 부서인 국방부가 아마추어적 미숙성으로 우왕좌왕하는 모습을 보여줌으로써 혼란을 자초했다. 거기에다가 이 사건 을 계기로 안보태세를 총체적으로 재점검하여 완벽한 대비태세를 갖추겠 다고 공언하였음에도 불구, 7개월 후 연평도 포격사건을 맞아 제대로 대응 도 하지 못한 채 속수무책으로 당하고 말았던 것이다. 결국 국민의 생명을 책임진 정부로서 기본적인 책무를 전혀 하지 못하는 무능 그리고 말만 할 뿐 아무런 실질적 행동도 하지 못하는 무책임한 태도를 되풀이 하는 등 국 가의 기본인 안보 면에서는 총체적으로 부실한 스테이트크래프트를 여실 히 보여주었다.

느닷없는 일본 경시? 현재에 이르기까지
악영향을 미친 독도 방문

　2012년 8월 10일, 이명박 대통령은 전현직 대통령으로서는 처음으로 전격적으로 독도를 방문했다. 이 대통령은 울릉도에서 헬기를 타고 독도 헬기장에 도착하여 경계근무 중인 독도 경비대원들과 현지 주민의 환영을 받았으며, 방명록에 현직 대통령으로서 방문기록을 남겼다. 일본 정부는 이에 반발하여 정식으로 독도 문제를 국제사법재판소에 제소할 것을 결정하고 이를 대한민국 정부에 통보했다. 이는 1954년과 1962년의 제소 이후 50년만의 제소 시도였다. 물론 대한민국 정부는 이 제소에 응하지 않았다.

　당시 이명박 대통령은 만사'형'통(萬事'兄'通)이라 불릴 만큼 권세를 누리던 친형 이상득 의원과 최측근이던 전 방송통신위원장 최시중 등의 구속으로 정치적으로 수세에 몰려 있었다. 독도 방문은 임기 말 지지율이 낮아지고 연말 대선을 대비해야 하는 시점에서 지지율 재고를 위해 벌인 광폭 행보라는 분석이 지배적이었다.

　문제는 이것이 '정치인 이명박'의 이해득실과는 별개로 대한민국의 국익에는 전혀 도움이 되지 않았다는 점이다. 오늘날 한국의 보수세력들은 독도 문제는 실효지배를 하고 있는 한국 측이 조용히 있으면 되는 문제인데 진보진영에서 시끄럽게 떠들어서 일본과 세계여론에 대해 독도가 분쟁지역이란 인상을 주고 있다고 주장한다. 이러한 주장에도 일말의 타당성은 있지만 그런 관점에서 보자면 섬세하게 접근해야 할 한·일관계를 정파적 이해득실을 위해 가장 어그러뜨린 사람은 당시의 이명박 대통령이었던 셈이다. 오히려 김대중 정부 시절에 일본 대중문화 개방을 결정하는 등 한·일 교류 및 우호협력을 증진시키기 위해 노력했던 것에 대해 대조적인 처신이다.

무엇보다도 해당 사건은 2011년 동일본 대지진 이후 전개되던 일본의 우경화를 가속시키고 당시 2010년까지 큰 흐름으로 유행하던 2차 한류붐을 종식시키고 반한감정을 증폭시킨 사건으로 평가되고 있다. 당시 일본의 여러 방송사에서는 한국 드라마 방송을 중단하였으며, 한국 제품에 대한 불매운동과 한국을 향한 관광객 감소 등의 추이가 관측됐다. 한·일관계는 과거사 문제에 대한 접근을 생략할 수 없지만, 일본이 전후에 기존의 전쟁을 주도한 정치세력이 미국의 묵인 하에 청산되지 않고 이어져 왔다는 어쩔 수 없는 현실적 맥락을 감안하면, 과거사문제와 별개로 한·일 교류 및 우호협력을 강화해야 하는 특수한 관계라고 볼 수 있다. 한·일 교류 및 우호협력이 양적으로 그리고 질적으로 폭넓게 강화되면서 일본 시민사회 내에서 한국의 입장에 공감하고 과거사문제의 해결에까지 노력을 기울이는 이들의 숫자를 늘려나가는 처신을 해야 했다. 이와 같은 현실주의적 접근은 정치문제에 있어서 다소 도덕적이고 이상주의적인 목표를 추구하는 진보주의 정치세력이 아니라 보수주의 정치세력이 더욱 갖춰야 할 미덕이라 볼 수 있다. 다만 정파적 이해관계 때문에 이러한 기본을 망각한 이명박 정부의 처신은 한일관계를 훼손함으로서 한국 외교의 우신의 폭을 줄였고, 대중문화에서의 2차 한류붐을 사실상 소멸시키는 결과를 낳았다. 이후 일본의 한류는 한풀 꺾였다가 2010년대 후반에 BTS와 트와이스가 인기를 누리면서 간신히 재점화되게 된다. 중국을 경시하여 대북정책에서의 운신의 폭을 줄였던 이명박 정부는, 임기말 느닷없이 일본마저 경시하는 행보를 보이며 적어도 외교문제에서는 최악의 스테이트크래프트를 보였다고 할 수 있다.

4. 결론

이명박 대통령은 취임 이래 '박정희 이후 가장 부지런한 대통령'이라는 말을 들을 정도로 열심히 일하여 나름대로 적지 않은 성과를 거두었다는 일각의 평가가 있는 것이 사실이다. 특히 세계 여러 나라 중 가장 먼저 글로벌 금융위기를 극복하였고, 한동안 느슨해졌던 한·미동맹을 확고하게 다졌을 뿐만 아니라 G20 가입 및 G20 서울 정상회담을 개최하였으며, 활발한 자원외교와 다양한 해외 프로젝트 수주 활동을 전개하여 상당한 업적을 거두었다고 스스로 자부하고 있기도 하다. 특히 자원외교에 대해선 당시보다 현재 시점에서 상당한 성과를 거두었다는 재평가도 나오고 있다.

그러나 한편에서는 '광우병 파동' 그리고 노무현 전 대통령의 비극에 단초를 제공하는 등 민심 이반과 국정 혼란을 자초하였다는 비판을 받고 있는 것 또한 부인할 수 없는 사실이다. 경제적으로는 '기업 프렌들리'으로부터 '친서민' 그리고 '친중소기업' 정책으로 상당한 변화가 있었으며, 나아가 '공정사회'를 강조했지만, 양극화 현상이 이를 통해 개선되지는 않았다. 대북관계에서는 '원칙 있는 대북정책'을 표방했으나 북핵 해결에서는 별다른 진전을 거두지 못한 가운데, 북한의 극렬한 반발과 도발에 효과적으로 대처하지 못함으로써 안보 불안을 가중시킨 것도 부인할 수 없다. 총체적으로 볼 때 이명박 대통령은 국가운영에서 적지 않은 시행착오와 혼선을 드러냈다.

이러한 사실을 종합적으로 감안할 때 이명박 대통령이 애초부터 국정과제에 대한 명확한 인식과 더불어 종합적인 국가운영 전략을 마련하고 있었는지 의문이다. 아울러 집권기간 중 기본적인 국가 운영 방향에서 적지 않은 변화가 있었을 뿐만 아니라 이로 인해 혼선과 더불어 갈등이 초래되었다. 그리하여 정권에 대한 국민적 불신을 자초하였고, 국민의 생명과 재산을 보호한다는 국가의 기본적인 책무조차 제대로 수행하지 못했다는 비판을 받았다.

이러한 여러 요인들이 종합적으로 작용하여 이명박 정부에 대한 중간평가라고 할 수 있는 2010년 6월 2일 치러진 제5회 동시지방 선거에서 한나라당은 전국 시·도지사 16명 중 6명만 당선되는 등 대패했다. 비록 서울에서는 오세훈 시장이 가까스로 당선되었지만, 시의원의 75%는 민주당에게 내주고 말았다. 또한 서울 시내 25개 구청장 중 네 곳을 제외하고는 전원 민주당이 석권하였고, 교육 자치 선거에서는 서울과 경기도에서 친(親) 전교조 후보들이 당선되었다. 다만 2010년 7월 28일 국회의원 재보궐 선거에서는 민주당의 자만으로 8석 중 한나라당에서 5명이 당선되는 등 비교적 선전을 하였으나, 2011년 4월 27일 재보궐 선거에서는 다시 한나라당의 텃밭이라고 할 수 있는 분당을 지역을 내주었고, 또한 강원도지사를 내줬다. 이어서 2011년 10월 26일 치러진 서울시장 보궐선거에서는 야권 단일 후보로 출마한 무소속의 박원순 후보가 큰 차이로 당선되었다. 여기에는 여러 요인이 있겠지만 여야를 포함한 기존 정치권 모두에 대한 국민들의 불신이 단적으로 표출된 것이며, 특히 그동안 국정을 이끌어온 최고 책임자인 이명박 대통령과 한나라당에 대한 심판이자 경고라고 하지 않을 수 없을 것이다.

이명박 정부는 스스로 표방한 대로 '잃어버린 10년'을 만회하기 위해서라도 노정부의 실험적 국가운영이 가져온 실패를 거울삼아 건전한 보수적 가치를 기조로 민생 중심의 국가운영으로 복귀하고 이를 바탕으로 새로운 발전의 기틀을 마련했어야 했다. 노정부에 이어 이명박 정부까지 실패한다면 특정 이념이나 정권 혹은 한 분 파나 진영의 실패가 아니라, 대한민국 국가운영의 실패와 한국 민주주의의 실패 그리고 민족의 실패로 연결될 우려가 있기 때문이었다. 결과적으로 볼 때 이명박 정부는 중차대한 시기에 이 우려를 불식시키는 데 실패했다.

 이명박 대통령의 국가운영에서 가장 아쉬운 것은 스테이트크래프트의 핵심적 가치인 공공성의 결여였다. 국가권력은 한편으로는 선거를 통해 공직자에게 위임되는 것이지만, 임기 중 법에 어긋나지 않는다고 모든 것을 마음대로 운영할 수 있는 것은 아니다. 헌법적 가치를 수호하고 특히 국가수호와 국민통합을 기하고 공고히 하면서, 국민생활 전 영역의 균형발전을 위해 노력해야 하는 것이다. 이것이 바로 공공성의 요체인 것이다. 특히 시대정신이 되고 있는 형평과 참여의 가치를 존중하되 이것이 사회적 갈등을 증폭시키는 것이 아니라 통합의 기제가 되도록 방향을 조정하고 바로 잡는 데 주력해야 했다. 그러기 위해서는 무엇보다 사회적 약자에 대해서 따뜻한 시선과 배려가 따라야 하며, 반대세력에 대해서도 관용과 포용의 자세가 필요하다. 국가 선진화 그리고 평화와 통일은 피할 수 없는 시대적 과제다. 그러나 이를 효과적으로 달성하는 데 있어서 민주적 절차와 과정, 그리고 이를 토대로 하는 국민통합 없이는 아무것도 이룰 수 없다는 점을 잊어서는 안 되는 것이었다.
 이명박 정부는 박근혜 대통령 당선을 통해 정권재창출에 성공했다는 점에서 스스로는 성공한 정부라고 자평했을 수도 있다. 그러나 이후 박근혜 정부의 파행과 이명박 정부의 유산이 지금까지 작용한 현실을 보면 스테이트크래프트의 측면에서 긍정적인 평가를 내리기는 어렵다. 더욱이 당시 이명박 정부의 각료들이 훗날 윤석열 정부에서도 느닷없이 중용되어 이념적으로 편협한 뉴라이트 역사관과 대한민국 시민들이 납득하기 어려운 속도로 전개되는 한·미·일 군사동맹을 추구했다는 점에서도 그러하다. 윤석열 정부의 외교정책 기조를 사실상 총괄하는 것으로 보이는 김태효 국가안보실 제1차장은 이명박 정부 시절 내내 청와대에 있었으며 임기 말에는 대외전략기획관이었다. 이명박 정부 시절 지금의 윤석열 정부의 외교정책 기조와는 정반대의 포퓰리즘적인 행위인 대통령의 독도 방문을 말리지 못한 그는, 윤석열 정부 시기엔 한·미·일 군사동맹을 외교노선으로 추구했음에도, 윤석열 대통령이 내란 사태를 일으켰을 때 주한미국대사의 전화를 기피했거나 계엄의 정당성을 대사를 향해 설명했다는 보도가 나왔다. 이는 한국의 자칭 친미주의 보수파들이 과연 미국의 노선을 제대로 이해하기는 하는지 의구심을 보여준 사건이었다.

'민주주의'가 무엇인지 모르는 위인들이 '가치외교'를 표방하고 있었다면 그 '가치'는 무엇이라고 이해해야 하는 것일까. 그와 같은 인물들을 더욱 영향력 있는 자리에 오르도록 키워냈다는 점을 보더라도 이명박 정부 유산의 부정적인 측면은 두드러진다고 하겠다.

새 정부는 '경제부흥'과 '국민행복', 그리고 '문화융성'을 통해 새로운 희망의 시대를 열어갈 것입니다.
첫째, 경제부흥을 이루기 위해 창조경제와 경제민주화를 추진해가겠습니다.
창조경제는 과학기술과 산업이 융합하고, 문화와 산업이 융합하고,
산업간의 벽을 허문 경계선에 창조의 꽃을 피우는 것입니다.
융합의 터전 위에 새로운 시장, 새로운 일자리를 만드는 것입니다.
창조경제가 꽃을 피우려면 경제민주화가 이루어져야만 합니다.
공정한 시장질서가 확립되어야만 국민 모두가 희망을 갖고 땀 흘려 일할 수 있다고 생각합니다.
저는 그 토대 위에 경제부흥을 이루고, 국민이 행복한 제2의 한강의 기적을 이루겠습니다.
힘이 아닌 공정한 법이 실현되는 사회, 사회적 약자에게 법이 정의로운 방패가 되어 주는
사회를 만들겠습니다. 나라의 국정 책임은 대통령이 지고, 나라의 운명은 국민이 결정하는 것입니다.
- 2013년 2월 24일, 제18대 대통령 박근혜 취임사에서

제12장 박근혜 대통령의 스테이트크래프트

1. 서론

　2012년 12월 20일, 제18대 대통령 선거에서 박근혜 대통령 당선인은 득표율 51.6%로 15,773,128표를 얻어 14,692,632(48.0%)를 얻은 민주통합당 문재인 후보를 108만여 표차로 이기고 당선됐다. 1987년 대통령 직선제 개헌의 6공화국 체제 이후 처음으로 과반 득표로 당선된 대통령이었다. 그러나 박 대통령은 과반의 지지에도 불구하고 결과적으로는 임기를 채우지 못하고 탄핵되었고, 이후 옥살이까지 하게 됐다.

　따라서 박근혜 대통령의 스테이트크래프트의 평가는 다른 대통령들과는 다르게 탄핵이란 사건을 어떻게 이해해야 할 것인지, 당시에 박근혜 대통령이 그러한 불행한 결말을 피할 방도는 없었는지 그리고 박근혜 대통령 탄핵이 우리 헌정사에 주는 교훈은 무엇이며 그것이 '대통령의 자격'에 관련해서는 어떤 시사점을 주는지를 중심으로 논하려고 한다.

2. 대통령이 되고 싶었으나,
  하고 싶지는 않았던 정치인?

공공성의 결여도 아닌, 공적 영역의 사사화

 박근혜 대통령의 통치가 끝난 이후 있었던 박 전 대통령에 대한 여러 세간의 평가 중에서 '대통령이 되고 싶었으나, 하고 싶지는 않았던 정치인'이라는 평가를 보고 설득력을 느낀 바가 있다. 박근혜 전 대통령의 통치는 그만큼 세간의 예상이나 기대를 훌쩍 배반하는 영역에 있었다. 박 전 대통령은 사실상 권력을 행사하지 않았다고 평가할 수 있을 만큼 좁은 영역, 즉 대통령 관저에 주로 머물렀고 본관 집무실에도 잘 나오지 않았다. '세월호 7시간 의혹'에 답변하는 과정에서는 '관저 집무실'에서 보고를 받았다는 일종의 언어유희를 펼치기도 했다. 국무위원이나 관료들과의 대면보고가 거의 이루어지지 않는 상황에서 이른바 '문고리 3인방', 즉 안봉근 당시 청와대 국정홍보비서관, 이재만 총무비서관, 정호성 제1부속비서관만이 대통령과의 대면보고를 하면서 여러 업무를 조율했다. 나중에 밝혀진 사실이지만 그 와중에 최순실은 청와대 관저를 수시로 드나들고 있었다. 청와대 제2부속실의 경우 2015년 1월까지 최순실을 보좌하고 있었으며, 그가 국정 전반에 관여하고 있었다는 사실도 잘 알고 있었다는 증언도 있다. 최순실과 문고리 3인방을 제외하고는 우병우 민정수석이 월권을 행사하면서 청와대나 내각의 정상적 시스템을 교란한다는 평가를 받았다.

 이와 같은 상황은 대통령의 '유능'이나 '무능' 여부를 넘어서, '업무수행의 의사'가 사실상 존재하지 않았다는 사실을 보여주는 것이다. 즉, 박근혜 대통령은 통치행위에 대해 스스로 판단하고 결론을 내리려는 의지가 별로 없었다. 그렇다고 박근혜 대통령이 이솝 우화에 나오는 '통나무 임금

님'처럼 아무런 결정도 내리지 않는 '통나무 대통령'이 될 수 있는 것도 아니었다. 만약 그랬다면 한국 사회의 국민들은 '통치 권력의 부재'를 좀 더 일찍 깨닫고 정권을 심판하려 했을 것이다. 더구나 대통령을 만들어낸 주변 지인들과 정치세력의 입장에선 비록 대통령이 결정을 할 의사가 없더라도 대통령의 결정할 수 있는 권력을 활용해서 각종 유무형의 이익을 착복해야만 했기 때문에 '통나무 대통령'을 방치하려는 의사도 없었다.

그 주변 지인그룹의 최종 컨트롤타워가 과연 최순실이었으며, 그래서 그녀가 국정농단의 참다운 주역이 맞는지에 대해선 다소 의구심이 있다. 만약 그랬다 하더라도 정치적 책임은 최순실이 아니라 박근혜 전 대통령과 청와대에서 직함을 달고 있었던 대통령실의 중추 인사들이 져야 마땅할 것이다. 왜냐하면 국민들은 대의민주주의의 절차와 체계에 따라 권리를 행사하여 권력을 박근혜 대통령에게 위임했으며, 그 위임된 권력을 내팽개친 것은 박근혜 전 대통령인 것이지 국민들로서는 도대체 누군지도 알 수 없었던 최순실은 아니기 때문이다. 그럼에도 박근혜 대통령과 대통령실의 중추에 있었던 그 측근들은 처음에는 최순실이 국정농단을 일으킨 바가 없다고 변명하다가, 수사와 재판이 진행되는 과정에서는 사실상 국정농단은 최순실이라는 일개인이 한 것이며 그들 중 누구도 사실을 알지 못했다고 발뺌하는 격이 되었으니 매우 안타깝고 참담한 일이다.

그런 면에서 이명박 정부의 통치방식의 문제가 '공공성의 결여'에 있었다면, 박근혜 정부는 공공성이 무엇인지도 인지하지 못하면서 공적 영역을 사사화(私事化, privatization)하여 권력을 전횡하고 있었다고 하겠다. 일찍이 전여옥 전 한나라당 의원은 2012년에 출판된 저술에서 "그녀(박근혜)에게 권력은 맞춤옷 같은 생활필수품"이며 "대통령직은 가업승계 차원의 패밀리 비즈니스"라면서 박 전 대통령에 대한 독설을 퍼부은 바 있었는

데, 이와 같은 평가도 '공적 영역의 사사화'라는 박근혜 정부 통치의 양상을 적절하게 설명하는 부분이라 할 수 있다. 그렇기에 지금도 그 적절성과 타당성에 대해 일각에서 의구심이 제기되고 있는 박근혜 전 대통령 탄핵에 대한 구체적인 증거 그리고 그에 대한 수사, 또한 검찰 및 특검 조사의 타당성, 마지막으로 헌법재판소 판결의 합리성에 대해선 세부적인 측면에서 갑론을박이 가능하지만 이 책의 논의가 거기에 끼어들 필요는 없을 것이다. 다만 말할 수 있는 것은 총론적인 차원에서 봤을 때 박근혜 정부의 국정수행이 파행적이었으며, 국정농단의 주역이 최순실이 아니었다 하더라도 총체적인 수준에서 국정농단과 비슷한 일이 일어났으며, 따라서 그 행위의 정치적 책임은 최순실이 아니라 박근혜 대통령과 대통령실의 공적 지위를 누렸던 그 주변인들에게 가야 한다는 사실일 것이다.

결과적으로 볼 때 박근혜 대통령과 그 정치적 주변인들은 탄핵 심판 이후에도 마땅히 져야 할 정치적 책임에 대해서 수긍한 바가 없다. 그렇기에 그들이 탄핵 심판에 대해 부당하다고 주장하는 것은, 탄핵 심판의 절차적 타당성을 세밀하게 따져보고 평가하는 일과는 별개로(이 책의 논의는 이 부분은 다루지 않겠다고 이미 말한 바 있다) 최소한의 정치적 책임도 거부하는 무책임한 행위라고 할 것이다. 핵심은 박근혜 정부의 통치에서 스테이트크래프트가 거의 발휘되지 않았다는 냉엄한 현실이다.

'아버지의 후광'을 받았으나, '아버지를 향한 낙인'이 된

공정함을 기하기 위해 말하자면 박근혜 대통령의 통치가 비극적으로 끝났다고 해서 일국의 국가원수였던 사람을 일종의 정치적 저능아처럼 묘사하려는 태도도 바람직하지는 않다. 그것은 그렇게 묘사하려는 태도 뒤에 깔린 욕망이 불순하다는 점을 떠나서, 사실관계에도 부합하지 않는다. 저자가 잠깐 경험한 바로도 박근혜 전 대통령은 일상 수준의 의사소통에선 아무런 문제가 없었으며, 스스로 의사결정을 내릴 역량이 없어서 전전긍긍 하면서 외부의 지령을 기다리는 듯한 태도를 보이는 사람은 아니었다. 만일 박근혜 전 대통령이 그런 사람에 불과했다면, 아무리 한국의 보수 정치 세력이 사익을 추구하는 이들이라고 한들 그저 그런 사람을 일종의 '장기말'로 활용해서 국가통치의 최고권력을 창출하려는 시도가 과연 올바른 것이며 성공할 수 있는 일인지에 대해 깊이 회의했을 것이다. 민주당 지지층의 일각에선 처음부터 박근혜 전 대통령이 미리 적어놓은 것만을 말할 수 있고, 다른 사람들의 말을 받아 적는 것만 할 수 있는 '수첩공주'이자 일종의 '꼭두각시'였으며, 보수 정치세력이 그러한 정치인을 활용하여 국민들을 속여 왔거나 보수적 유권자들의 박근혜 전 대통령에 대한 맹목적 사랑이 과도한 나머지 그 뻔한 사실을 보지 못했다고 주장하고 싶은 듯하다.

또한 본인들의 관점에서 볼 땐 '신화화'된 박정희 전 대통령의 통치에 대해서도, 특히 박정희 전 대통령의 말년의 통치는 겨우 박근혜 전 대통령이 임기 중에 한 것과 비슷한 수준에 지나지 않았는데, 기득권세력인 전직 관료와 언론인들에 의해 미화되어 국민들을 속여 온 것이라고 주장하는 이들이 있었다. 한국의 보수 정치세력에겐 물론 문제가 많지만 '꼭두각시'를 완벽하게 조종하면서 국민들의 눈과 귀를 현혹할 만큼 유능한 집단은 아니다. 박근혜 전 대통령이 아버지 박정희 전 대통령의 후광효과에 힘입어 대통령에 당선된 것은 본인도 나라도 불행하게 만든 일이지만, 그렇다고 해서 박근혜 전 대통령의 잘못된 통치로 인해 형성된 낙인을 거꾸로 아버지인 박정희 전 대통령에게 찍으려는 시도도 타당한 것은 아니다. 박정희 전 대통령의 경우에도 물론 유신 선포 이후, 특히 그 치세 말년에는 그 총기와 통찰력이 상당히 흐려지고 그 리더십의 부정적인 측면이 두드러졌던 것은 사실이다. 그러나 박정희 전 대통령의 통치행위의 역량과 방식 자체는 박근혜 전 대통령의 그것과 상당히 달랐다고 분명히 말할 수 있다. 박정희 전 대통령은 치세 말년에 혼탁해지기 전에는 정치적 반대파의 존재와 그 규모를 인지하고, 그들을 포섭하거나 타협을 이루어내지 않으면 원하는 바를 성취할 수 없다는 점을 분명하게 인식했다. 또한 그때그때의 지지율이나 정치적 위기 극복을 위한 통치 행위에 머무르지 않고, 중장기적인 정치적 목표를 수립한 후 그것을 실행하기 위한 복선을 깔아가며 실행가능성을 높여 나가는 식의 통치를 했다. 이 두 가지 차이는 근본적인 것으로, '대통령을 하고 싶지는 않았던 정치인'으로서는 실천할 수 없는 일이다.

한편 앞서 말한 전여옥 전 의원의 저술에는 박근혜 전 대통령의 유명한 "'대전은요?', '참 나쁜 대통령' 같은 짧은 말들은 어린이들이 쓰는 '베이비 토크' 수준"이라는 독설도 들어있다. 이 독설에는 합리적인 부분도 있는 반면, 지나친 부분도 있다. 저자가 경험한 바 박근혜 전 대통령은 한나라당 대표 시절 회의 자리에서 중간 중간에 짧은 말 한 마디로 좌중을 장악하려는 시도를 하는 경우들이 있었다. 이는 당시 저자가 이해하기로는 박근혜 전 대통령의 의사소통 능력이 어린아이 수준이어서 그랬던 것은 아니며, 촌철살인의 한 마디로 정치적 카리스마와 신비주의적 아우라를 유지하려는 기획에서 비롯된 것으로 이해됐다. 비록 그 발언들은 그다지 촌철살인의 면모는 없었으며, 그럼에도 불구하고 회의에 동석한 사람들이 마치 그 발언들이 촌철살인인 것처럼 대하는 것은 일종의 아첨이었으니 보기 흉한 광경인 것은 틀림이 없었다. 아마도 전여옥 전 의원도 그런 풍경들을 경험했을 것이다. 만약에 그 촌철살인을 의도한 발언들을 최순실이나 그 전 남편이었던 정윤회가 기획한 것이라면 박 전 대통령의 정치적 리더십은 그때부터 크나큰 문제가 있었다고 봐야 할 것이다. 그러나 그와 별개로 박근혜 전 대통령이 짧은 말밖에 소화를 못하는 모자란 지성을 지닌 사람이기 때문에 그런 식으로 발언을 했던 것은 아니었다.

누구보다 권력자원이 풍부했던 정치인의 비극

오히려 박근혜 전 대통령에게 안타까운 부분은 따로 있다. 2000년대를 돌이켜본다면 박근혜 전 대통령은 권력자원이 풍부한 정치인이었다. 어느 연령대, 어느 지역에서도 기본적으로 10% 이상의 지지층이 있었다. 예를 하나 들자면 호남에서 10% 이상의 지지율을 확보한 최초의 보수 대권 주자가 박근혜 전 대통령이었다고 볼 수 있다. 사실 호남은 처음부터 진보적인 지역이었다기보다는 1980년 5.18 민주화운동 이후에는 거기에 책임이 있다고 생각된 전두환 대통령과 그 후계세력을 선택할 수 없었기에 계속해서 민주당의 전통적 텃밭이 되어 왔다고 분석할 수 있다. 비록 노골적인 지역감정의 선동이 일어난 최초의 대선이 박정희 전 대통령과 김대중 전 대통령이 맞붙은 1971년의 대선이기는 했지만, 그렇다고 이때의 영호남 대립의 골이 5공 전두환 정부 이후의 그것보다 컸다고 볼 수는 없다. 따라서 호남의 보수적인 사람들 중에서도 한때 박정희를 지지했거나, 적어도 그에 대한 반감이 크지 않은 이들은 어느 정도 존재했을 가능성이 높다.

더구나 박근혜 전 대통령은 한국의 보수적 유권자들이 크게 감정이입하는 박정희 전 대통령의 정치적 유산을 이어받은 사람이기 때문에 운신의 폭이 넓었다. 즉, 박근혜 전 대통령이 보수적 정치노선을 유지한다 하더라도 쉬이 지지를 구할 수 있었으나, 중도파 확장 행보를 하기 위해 다소 진보적 노선을 추구한다 하더라도 기존의 보수적 유권자들이 이탈할 여지가 적었다. 이는 경제적 번영의 욕망으로 인해 보수파와 중도파 유권자들에게 다만 도구적으로 선택된 이명박 전 대통령도 가지지 못했던 강점이다. 그래서 이명박 전 대통령은 대선에서는 역대 가장 큰 표차의 승리를 거두었고 총선에서도 대승을 거두면서 정권의 권력적 지반이 탄탄하다고 여겼지만, 취임 첫 해에 곧바로 그 지지층의 상당수가 이탈하면서 위기를 맞이하는 경험을 하기도 했다. 반면 박근혜 전 대통령에게는 이른바 '35% 콘크리트 지지층'이 있어서 그들이 사실상 임기 내내 지지율의 최저점을 떠받쳤으며, '최순실 게이트'가 본격적으로 널리 보도된 다음에야 그 '콘크리트'가 깨졌다.

박근혜 전 대통령은 2012년 총선과 대선 과정에서는 그러한 강점을 적절하게 잘 활용했다. 1997년에서 2012년까지, 6공화국 출범 이후에는 가장 오래 같은 이름으로 존속했던 정당인 한나라당의 당명을 교체하여 새누리당으로 바꾸고, 당의 상징색깔을 대체로 보수정당을 상징하는 배색이었던 기존의 푸른색에서 파격적으로 붉은색으로 교체했으며, 당시 '경제민주화'의 전도사이던 김종인 전 의원을 새누리당 비상대책위원으로 발탁하여 새누리당을 '경제민주화'를 추구하는 정당으로 만든 것은 그해의 총선과 대선의 승리를 가능하게 한 탁월한 정치적 기동(機動)이었다. 이에 몇 년 앞서 박근혜 전 대통령은 2009년 동작동 국립현충원에서 거행된 박정희 전 대통령의 30주기 추도식에서 "아버지의 궁극적인 꿈은 복지국가 건설이었다"고 말하면서, "아버지가 경제성장을 위해 노력했지만 그 자체가 목적은 아니었다"고 주장했다. 또 박 전 대통령은 당시 "(박정희 전 대통령의) 진정한 유지를 제대로 받드는 것은 어렵지 않다고 생각한다"면서 '복지국가 건설'을 본인의 정책적 목표로 삼는 화법을 선보이기도 했다. 이는 이명박 정부 시절 경제성장 노선과 부동산 값 상승으로 인한 번영을 꿈꾸다가 지쳐가던 중도층 유권자들의 요구를 제대로 겨냥한 행보였다. 2010년 지방선거에서 민주당이 '무상급식' 공약을 받아들여 선전을 하고 다음해부터 '3+1 무상복지'(무상보육·무상교육·무상의료·반값등록금)를 당론으로 채택하며 2012년의 총선과 대선까지 치르게 되는 맥락을 돌이켜봤을 때, 상당히 기민하게 대응한 것이었다. 경제정책 이외에도 2012년 대선 과정에서는 박근혜 후보가 전태일 재단·장준하 유족 등을 방문하여 화해를 추구하는 등 비록 그 접근 및 성사 과정에서 지나치게 이벤트 기획적이고 진정성이 없어 보인다는 비판을 받기는 했으되, 사회통합적인 행보를 보이기도 했다.

박근혜 전 대통령이 집권 시기의 통치기조 역시 2012년의 그것과 비슷하게 가져갔다면 그 자신에게도, 가족에게도 그리고 한국 사회에도 좋은 일이었을 것이다. 하지만 박근혜 전 대통령의 인내심과 집중력은 '대통령이 되는' 순간까지 유지되었으며, '대통령직을 수행하는' 영역에서 발휘되지는 못했다. 누구보다도 스테이트크래프트를 발휘할 수 있는 사람으로 여겨졌는데, 제대로 된 스테이트크래프트를 발휘하지 못했단 것이다. 그렇기에 결과적으로 박근혜 전 대통령의 집권은 한국 사회에도, 그 가족에게도 그리고 개인에게도 불행한 일이 되고야 말았다.

3. 탄핵은 국민여론에 승복하지 못했기 때문에 발생한 결과

권력을 내려놓았으면 명예를 지킬 수 있었다

대통령 탄핵의 절차적 타당성을 섬세하게 따지기 이전에 우리가 한 번 더 검토해봐야 할 것은 대통령 탄핵 국면 당시의 대통령의 부적절한 행보다. 냉철하게 요약하자면 당시 박근혜 대통령은 피할 수도 있었던 탄핵을, 스스로의 잘못된 정치적 처신으로 인해 실행시키는 결말을 맞이했다.

JTBC의 '태블릿PC'와 '연설문 첨삭' 보도가 이루어지고 '최순실 게이트'가 본격적으로 '국정농단 논란'으로 전환된 2016년 10월말 이후에 박근혜 대통령이 사태의 심각성을 받아들이고 탄핵과 다른 방식으로 정국을 수습할 방법이 적어도 세 가지는 있었으며, 그 세 가지 방법을 실행할 기회 역시 국면마다 있었다. 박근혜 대통령은 그 모든 기회들을 놓치면서 탄핵이라는 최악의 결말로 스스로 빨려 들어갔다.

　　먼저 '최순실 게이트'가 '최순실 국정농단 논란'으로 전환되어 대통령의 권위가 붕괴된 직후에 '대통령 2선 후퇴, 국회 합의에 의한 거국내각 구성 및 내각이 임명한 총리에게 대통령 권한 전권 위임'이란 선택지를 취할 수 있었다. 이는 실제로 당시 탄핵 여론이 비등하기 이전 야권과 시민사회에서 요구됐던 유력한 대안이다. '최순실 국정농단 논란'은 제기된 문제의 심각성이나 여론지형의 추이를 볼 때, 권위가 실추된 대통령이 그 권력을 움켜쥔다고 돌파할 수 있는 문제가 아니었다. 흔히 당시 대통령 탄핵의 절차적 타당성에 문제가 있었다고 말하는 이들이 주장하는 것처럼, "충분한 시간을 들인, 제대로 된 수사가 끝난 이후에 국회의 탄핵소추 의결과 헌법재판소의 탄핵심판이 이루어져야 했다"라는 말이 성립하기 위해서는 일단 그 수사 기간만이라도 대통령이 권력에서 손을 떼는 모습을 보여야 했다.
　　만약에 박근혜 대통령이 당시에 '대통령 2선 후퇴, 국회 합의에 의한 거국내각 구성 및 내각이 임명한 총리에게 대통령 권한 전권 위임'이란 선택을 내릴 수 있었다면, 최선의 경우에는 '충분한 시간을 들인, 제대로 된 수사' 이후 탄핵의 사유는 안 된다는 결론에 따라 대통령 권력을 돌려받을 수 있었을 테고, 차선의 경우라도 수사 기간 동안 대통령의 권한을 국회 합의에 의한 거국내각 및 총리가 행사하면서 탄핵되지 않고 임기를 채울 수 있었을 것이다. 설령 차악의 경우가 펼쳐져서 수사 결과 탄핵이 합당하다는 결론이 나왔다고 하더라도 국가적 혼란은 덜했을 것이고, 임기 중 과실에 대한 정치적 책임을 지고 스스로 권력을 내어놓은 대통령에 대한 사법적 심판의 잣대는 더 온정적으로 변했을 가능성이 높다. 그러나 당시 박근혜 대통령은 국회를 향해 권력을 다 내어놓는 결단을 내리지 못했고, 노무현 정부 인사 출신인 김병준을 야권과의 교감없이 국무총리에 임명한다고 발표함으로서, '권력을 내어놓는 척, 지키려는 꼼수를 쓴다'는 인상을 민주당을 포함한 야권을 향해 주게 됐다.

헌법재판소 탄핵 인용을 피할 방법도 있었다

다음으로 국무총리 인선은 국회로 넘기지 않고 보류하더라도, '개헌 연계 퇴진 선언'을 하는 방안도 있었다. 개헌과 대통령 퇴진을 연계하는 방안 역시 당시에 대통령 탄핵이라는 결과를 피해 보려던 새누리당 비주류 의원 및 민주당 비주류 인사들에게서 실제로 논의가 됐던 방식이다. 이 방안의 기본적인 착상은 1987년에 제정된 제6공화국 헌법이 기본적으로 '독재자'의 출현을 방지하는데 큰 목적을 두고 있기 때문에 현직 대통령의 임기 연장 및 재선이 가능해지는 방향으로의 개헌은 결코 인정하지 않는 반면, 현직 대통령이 스스로의 임기를 줄이는 개헌은 용인한다는 점에 있다. 6공화국 헌법이 시효가 다했다는 지적이 적어도 십수 년 전부터 나온 만큼, 이 기회에 대통령이 본인의 임기를 절삭하는 개헌에 동의하겠다고 밝혔다면 여야 합의하 개헌을 준비하고, 그 개헌안이 실행되면서 대통령이 명예롭게 퇴진하면 차기 대선 선거와 함께 제7공화국이 개막되는 그림이 가능했다. 이 경우 박근혜 대통령은 비록 통치행위로 인해 역사적 오명을 남기게 되겠지만, 품위 있게 질서 있는 퇴진을 수용하면서 제7공화국의 산파 역할을 하는 역사적 공로 역시 동시에 남기게 됐을 것이다. 300명 국회의원 중 200명 이상의 찬성으로 개헌안이 국회 통과되면, 국민투표의 과정을 거쳐 현직 대통령의 임기가 끝날 뿐 탄핵 절차처럼 헌법재판소로 하여금 심판을 받는 과정이 생략됐을 것이다. 여러모로 박근혜 대통령의 명예도 지키면서, 한국 정치가 한걸음 더 내딛을 수 있는 기회였지만, 박근혜 대통령은 이조차도 거부했다.

　마지막으로 아주 단순하게, 헌법재판소 탄핵 인용의 마지막 순간 전까지 '하야'를 하는 방안도 있었다. 국회에서 탄핵소추 의결이 이루어지기 이전에 했으면 더 좋았을 것이나, 탄핵소추 의결 이후 헌법재판소가 탄핵 심의에 들어가서 탄핵 인용에 이르기까지도 실행가능한 대안이었다. 박근혜 대통령이 끝까지 '하야'라는 선택을 내리지 못했던 데에는 '상황과 여론에 대한 오판'이 있었던 것으로 보인다. 대통령과 그 주변인들은 국회에서 탄핵소추 의결에 필요한 200표가 채워질 거라는 사실도 믿지 못했고, 국민 여론이 계속해서 압도적으로 탄핵 찬성 여론(2016년 11월에서 2017년 3월까지의 여론에서는 80% 정도가 탄핵에 찬성. 반대는 15% 정도)을 유지하고 있다는 사실도 믿지 못했다. 박근혜 대통령은 정치인으로서의 마지막 순간까지도 국민들, 특히 대구·경북 지방의 보수적 유권자들이 수십 년 동안 본인을 향해 맹목적으로 주었던 사랑에 안주하고 과신했다. 국회에서 탄핵소추안이 이미 가결되고 문제가 헌법재판소로 넘어가, 사실상 하야를 고민하고 실행해야 했을 2017년 1월에는 보수 언론인 출신으로서 유튜브 방송을 운영하는 '정규재TV'를 청와대에 초청하여 '태극기 시위대의 규모가 촛불시위대보다 더 크다고 들었다'는 식의 망상적인 현실인식을 드러냈다. 그러한 박근혜 대통령의 태도는 국민들로 하여금 인내심의 한계를 시험하게 했으며, '저 사람은 정국을 운영할 능력, 통치할 자격이 없구나'라는 확신을 굳히게 했다.

즉, 문제를 정치적인 측면에서 살핀다면, 박근혜 대통령이 헌정사상 유일무이하게 헌법재판소의 탄핵 심판 인용으로 임기를 끝낸 대통령이 된 까닭 역시 본인의 미숙한 통치역량에서 비롯된 것이었다. 통치에서 스테이트크래프트를 발휘하지 못한 박근혜 대통령은, 물러나는 과정에서도 제대로 된 스테이트크래프트를 발휘하지 못해서 불명예스럽게 퇴장하게 된 것이다. 이에 대해서는 억울할 부분도 없고 재론할 여지 역시 없다. 문제가 되는 것은 박근혜 대통령의 억울함이 아니라 그가 마지막 순간까지 정치적인 승복을 거부하면서 발생한 우리 공동체의 분열과 혼란일 것이다.

4. 결론

박근혜 대통령의 통치가 헌법재판소의 탄핵 심판 인용으로 종결된 사건은 훌륭한 통치를 가능하게 하는 대통령의 스테이트크래프트를 탐구하는 우리의 작업에도 많은 시사점을 남긴다. 다만 모범사례로서의 시사점이 아니라, 타산지석으로서의 시사점이라는 것이 안타까운 부분이다. 먼저 박근혜 대통령은 그간 '제왕적 대통령제'라고까지 불렸던 한국의 대통령제 역시 국민들의 인정과 대의민주주의의 절차 속에서만 기능할 수 있다는 사실을 여실히 증명했다. 박근혜 대통령은 국민들의 인정이 사라졌다는 사실도 무시하고, 대의민주주의의 절차를 통해 전개된 탄핵 심판 역시 피할 수 있는 것처럼 굴었지만 이는 미망이었다.

다음으로 박근혜 대통령은 공적으로 실현되지 않는 권력은 권력자에게도 독이 된다는 사실 역시 증명했다. 저자의 생각에, 우리 사회는 권력을 가진다는 것이 얼마나 위험한 사태인지에 대한 사회적인 성찰이 매우 부족한 사회다. 권위, 권력, 그리고 폭력을 구별해서 생각하는 사람들도 별로 없다. 역설적으로 박근혜 전 대통령의 아버지인 박정희 전 대통령은 처음에는 폭력적인 쿠테타로 정권을 잡았기 때문에, 국민들의 인정 속에서만 권력이 유지될 수 있다는 사실을 이해하고 있었다. 5·16 당시 박정희 소장은 군부의 주류도 아니었으며 군부 내 소수 분파의 리더였을 뿐이다. 군정 통치 기간에 정치깡패 숙청, 농어촌민에 대한 부채탕감, 그리고 무엇보다도 국민들이 절실하게 원했던 먹고 사는 문제를 해결하기 위해 정치권력이 진력하는 경제개발 5개년계획(1962년~)의 입안과 실행으로 인해 민심을 얻을 수 있었다. 그 과정에서 정치적 반대파의 의견도 경청하고, 그들을 포섭하는 일에도 힘을 썼다. 반면 박근혜 전 대통령은 아버지의 후광으로 정치인으로서의 이력 내내 많은 유권자의 사랑을 받았으며, 그 사랑을 당연시했다. 그래서 그 사랑으로 인해 생긴 권위와 권력을 폭력적으로 행사해도 아무런 문제가 발생하지 않을 것이라고 오판했다. 박근혜 전 대통령은 임기가 끝나는 순간까지도, 그리고 심지어는 지금까지도 본인의 잘못된 통치로 인해 유권자의 사랑이 사라진 순간 권위는 물론이거니와 권력도 이미 붕괴한 것이라는 사실을 깨닫지 못하고 있다.

마지막으로 박근혜 전 대통령의 퇴장은 대한민국에서 대통령제와 행정부가 가지고 있는 거대한 권력을 성찰해야 한다는 숙제를 남겼다. 과연 최순실이 모든 것을 주도했는지까지는 알 수 없으나, 미르재단과 K재단이라는 기획과 실행 과정은 대통령과 행정부가 경제영역에 대해 가지고 있는 비대한 권력을 재확신시켰다. 대통령이 '나라일을 위한 모금'을 요구하자 재벌그룹들은 꼼짝없이 수십억씩 헌납했으며 쉬이 재단에 수백억이 모일 수 있었다. 청문회 과정에서 가장 양심적인 모습을 보였던 고 구본무 LG 그룹 회장 역시 "앞으로도 돈을 낼 것이냐"는 하태경 의원의 질의에 "입법으로 막아주십시오"라고 답을 했다. 한국의 강대한 국가권력과 그 정점에 있는 대통령제는 과거 고도성장 시기에 국가권력의 집행의 효율성을 담보하며 놀라운 성과를 낸 공로가 분명히 있다고 봐야 할 것이다.

 하지만 그와 같은 강대한 권력이 총 GDP가 1조 7천억 달러, 세계 13위에 해당하는 대규모 경제권역에 실현되는 것이 과연 얼마나 타당한 일인지, 국가권력의 자의적인 행사와 치부가 존재할 가능성은 없는 것인지, 이를 규제하거나 방지하려면 무엇을 고쳐야 할 것인지를 진지하게 고민해야 하는 시점이 됐다. 바로 이를 위해서라도 2016년 연말에서 2017년 연초의 탄핵 국면은 단순한 탄핵 국면이 아니라 우리 정치권이 개헌을 집중적으로 논의하고 실행하는 공간이 됐다면 좋았을 것이다. 그러나 우리 정치권은 광화문 거리로 쏟아져 나온 100만 시위대를 향해 '촛불혁명'이라는 찬사를 늘어놓았을망정 정말로 우리 사회를 다음 단계로 도약시키기 위한 혁명적인 변화를 이끄는 데엔 주저했다. 집권을 눈앞에 앞둔 민주당은 '제왕적 대통령제'를 수정하는 것이 본인들에게 불리하다고 판단했으며, '촛불혁명'으로 인해 주어질 권력을 어떻게 본인들과 그들을 따르는 이들에게 고루 분배할 수 있을지에 대해서 골몰했다. 2016년 연말에서 2017년 연초까지 대한민국 사회가 마땅히 했어야 했던 고민을 지나친 대가는 '촛불혁명'으로 인해 독단적인 정부가 붕괴된 이후에도 우리 사회가 한발짝 앞으로 나아가지 못하고 지리멸렬한 파행을 겪으면서 공회전에 머무르는 이후의 결말로 나타났다.

힘들었던 지난 세월 국민들은 이게 나라냐고 물었습니다.
대통령 문재인은 바로 그 질문에서 새로 시작하겠습니다.
오늘부터 나라를 나라답게 만드는 대통령이 되겠습니다.
구시대의 잘못된 관행과 과감히 결별하겠습니다. 대통령부터 새로워지겠습니다.
우선 권위적인 대통령 문화를 청산하겠습니다.
준비를 마치는 대로 지금의 청와대에서 나와 광화문 대통령 시대를 열겠습니다.
국민과 수시로 소통하는 대통령이 되겠습니다.
문재인정부 시대에는 정경유착이라는 말이 완전히 사라질 것입니다.
지역과 계층과 세대 간 갈등을 해소하고, 비정규직 문제도 해결의 길을 모색하겠습니다.
차별 없는 세상을 만들겠습니다.
거듭 말씀드립니다. 문재인과 더불어민주당 정부에서 기회는 평등할 것입니다.
과정은 공정할 것입니다. 결과는 정의로울 것입니다.
- 2917년 5월 10일, 제19대 문재인 대통령 취임사에서

제13장 문재인 대통령의 스테이트크래프트

1. 서론

2017년 3월 10일 헌법재판소에서 이정미 헌법재판소장 권한대행이 '피청구인 대통령 박근혜를 파면한다'고 선언하면서 박근혜 대통령의 시대는 온전히 끝났다. 박근혜 대통령이 임기를 채우지 못하고 궐위를 발생시키면서 곧바로 다음 대통령을 선출하기 위한 절차에 돌입하여 2017년 5월 9일에 실시된 대선에서 문재인 대통령이 선출됐다. 그랬기에 문재인 대통령은 인수위 준비기간을 거치지 않고 대통령직을 수행하게 됐다.

돌이켜보면 2016년 12월 9일 국회의 대통령 탄핵소추안 가결에서부터 2017년 3월 10일 헌법재판소의 탄핵 심판 인용까지의 시공간은 한국 민주주의의 저력을 확인하게 해준 순간이 아닐까 싶다. 대한민국의 민주주의는 1987년 6공화국의 헌법재정으로부터 실질적으로 시행되거나 회복됐다고 평가할 수 있을 것이다. 그러나 신생 민주주의 국가인 대한민국이 언제라도 군부독재 혹은 다른 엘리트계층의 과두정과 같은 권위주의 체제로 퇴행할 수 있을 것이라는 위기감은 1990년대까지만 해도 일상적으로 존재했다. 이러한 위기감은 김영삼 정부 시절 하나회를 해체하고, 김대중 정부와 이명박 정부 출범(1998년, 2008년)을 통해 두 번의 수평적 정권교체를 거치면서 상당 부분 해소됐다. 그렇더라도 '제왕적 대통령제'에 대한 비판은 흔했으며, 민주화 이후에도 고쳐지지 않은 특징이었던 대통령의 비대한 권력이 과연 헌법의 견제 아래 있는 것인가 하는 의문은 있었다. 물론 박근혜 대통령이 법적인 파면이라는 결과를 피하지 못한 것은 본인의 실책이었으며, 이후로도 그 결과에 박 전 대통령이 승복하지 못하면서 공동체의 여론이 극단적으로 분열되는 문제점이 발생했다는 점은 있다. 그러나 원칙적인 수준에서 본다면, 박근혜 대통령이 대의민주주의의 절차적 과정에 의하여 파면되면서, 한국 민주주의에서 헌법의 힘은 대통령의 권력을 명확하게 규제할 수 있음을 증명한 부분이 있다.

이와 같은 결과를 이끌어낸 것은 놀랍도록 질서정연하게 광화문 광장의 촛불시위를 주도했던 우리 시민들이었다. 결국 이후에 대한민국 사회의 혁명적인 변화, 긍정적인 사회변혁을 추동하지는 못했을지라도 그 자체로 '촛불혁명'이라고 상찬받기에 무리가 없었다. 광장의 시위에 참석한 시민들은 폭력을 향한 욕망에 휩쓸리지 않았으며, 질서정연하게 주권자로서 그 대리인들을 향해 요구를 하는 모습을 연출했다. 그 요구에 국회와 헌법재판소 등의 기관이 부응했기 때문에, 주권자의 요구와 대의기구의 호응이 합치하는 행복한 일치의 순간이 찾아왔다. 이는 먼저 민주주의를 오랫동안 시행한 선진 민주주의 국가에서도 흔치 않은 순간이었다. 그러한 순간을 이끌어낸 대한민국 시민들의 저력은 아무리 칭찬해도 지나치지 않다.

문재인 정부는 이처럼 시민들이 열어준 시공간 위에서 탄생했다. 2017년 4월초에 잠깐 안철수 후보의 상승세가 조성되면서 문재인 후보와의 양강구도의 분위기가 조성되기는 했지만, 이는 찰나의 흐름이었으며 대선 캠페인의 대부분 기간 내내 문재인 후보는 여유로운 격차의 우위를 유지하다가 당선됐다. 통상 겨울에 치러지던 대선이 뜻밖에 봄에 치러졌기 때문에 얻게 된 별명이었던 '벚꽃 대선'에서 문재인 대통령은 41%가 넘는 득표율로 각 20%대 초반의 득표율을 거둔 홍준표 자유한국당 후보와 안철수 국민의당 후보를 크게 앞서면서 당선됐다. 문재인 대통령은 국민들의 크나큰 기대와 개혁에의 요구 속에서 당선됐다는 점에선 유리했으며, 갑자기 치러진 대선에서 당선되고 인수위 기간도 없이 임기를 시작하게 됐다는 점에선 불리한 부분이 있었다. 전임 박근혜 대통령에 대한 민심 이반은 '최순실 게이트' 이전에 '이게 나라냐'라는 탄식을 자아냈던 세월호 참사에서부터 시작됐던 만큼, '나라다운 나라'를 만들어 내거나 적어도 그 청사진을 구성해야 할 의무가 있었다. '나라를 나라답게 든든한 대통령'은 문재인 대통령이 대선 후보 시절 선거 벽보에 채택한 구호이기도 했다.

2. 정치개혁 및 사회경제 문제에서의 스테이트크래프트

'촛불혁명'을 논했으나, 전혀 혁명적이지 못했던

문재인 정부 시절 민주당 소속 정치인들은 '촛불혁명'이나 '촛불민심'과 같은 말을 유난히 자주 사용했다. 이는 좋게 본다면 문재인 정부가 출범한 이유에 대한 책임의식을 환기하는 측면이 있었지만, 나쁘게 본다면 박근혜 대통령 탄핵을 요구하며 광장에 모였던 다양한 성향의 시민들의 의지가 민주당 문재인 정부의 통치를 원했다고 주장하는 아전인수(我田引水)의 측면이 있었다. 왜냐하면 박근혜 대통령 탄핵 정국에서 탄핵 찬성 여론은 80% 정도였으며(탄핵국면 초기 반대여론은 15% 정도), 이후 '태극기

집회' 세력이 결집되면서 탄핵 반대 여론이 25% 가량 올라온 이후에도 70% 이상의 찬성 여론이 있었기 때문이다. 비록 문재인 대통령이 큰 득표 차로 대통령에 당선되기는 했지만 그 득표율은 41% 정도였기 때문에, 탄핵에 찬성한 70% 이상의 국민들의 염원을 그들이 대의하고 있다고 보기에는 무리가 있었다.

이러한 여론지형에서 문재인 정부가 '촛불혁명'이나 '촛불민심'의 염원을 계승한 정부를 자처하려고 했다면, 연립정부 내지는 그에 준하는 것을 시도할 필요가 있었다. 말하자면 탄핵에 찬성한 정당이었던 국민의당·바른정당·정의당을 포섭하고 끌어안는 기조로 통치를 해야 할 필요가 있었다. 이 경우 2017년 대선 특표율을 기준으로 볼 때 국민의 당 안철수 후보가 21.4%, 바른정당 유승민 후보와 정의당 심상정 후보가 각 6% 이상씩 득표했으므로, 75% 가량의 유권자를 대변하는 정부를 자처할 수 있었다. 홍준표 자유한국당 후보의 득표율이 당시 24% 가량으로 탄핵 반대 여론과 거의 일치했으므로, 이렇게 했을 경우 실제의 탄핵 찬성 대 탄핵 반대의 여론지형 속에서 압도적으로 다수인 탄핵 찬성 세력이 합의한 정책과 사회 개혁 프로그램을 실천할 수 있었다.

물론 이러한 연립정부는 내각제 체제에서 실행이 용이할 뿐이며, 대통령제 하에서는 사실상 실천이 매우 어렵다는 지적도 타당하다. 또한 그렇기 때문에 문재인 정부와 민주당이 설령 연립정부를 제의했다 하더라도 국민의당, 바른정당, 그리고 정의당이 쉽사리 호응하지 않았을 것이라고 추정된다. 또한 문재인 정부가 좀 더 적극적으로 국민의당·바른정당·정의당 인사들에게 입각 제의를 해서 그들로부터 승낙을 받았다고 하더라도, 정당 간의 연합이 이루어지는 것이 아니라 각 정당의 리더들이 문재인 정부 섭외를 통해 입각한 인사들을 배제하거나 심지어 출당 조치를 시키는 결말로 이어졌을 가능성도 있다. 이 경우 문재인 정부 입장에서는 내각 인사는 나누어줬지만 3개 정당의 협조는 구하지 못한다는 점에서 '이득 없는 손실'의 상황에 처하게 됐을 것이며 민주당 내에서도 거센 반발이 일어났을 것이다. 따라서 문재인 정부가 정권 초부터 연립정부나 그에 준하는 것을 시도하는 '드라이브'를 걸었어야 한다는 주장을 이상론으로 치부하는 것에도 일리는 있다.

그러나 만약에 그러한 시도를 전혀 하지 않을 거라면 '촛불혁명'이나 '촛불민심'이란 말을 통치언어의 중심에 끌어들일 일은 아니었다. 또한 대통령제 하에서 연립정부가 매우 힘든 일이라고는 하나, 대규모 광장 시위와 대통령 탄핵으로 출범한 정권의 특성상 정부가 임기 초 그러한 시도를 하는 것 자체로 유권자들의 광범위한 동의를 이끌어 내어 단단한 지지율을 견인하게 될 가능성도 충분히 있었다. 그런데 문재인 정부는 '촛불민심'을 대변하는 정부라는 수사를 포기하지 않으면서도 75% 유권자들이 지지하는 각 정치세력에 권력을 분배할 생각을 하지도 않았다. 이런 점에서 볼 때, 집권 초기 문재인 정부가 정치개혁을 위해 발휘했던 스테이트크래프트에는 높은 점수를 주기 어렵다.

예를 들어 2017년 7월 국정기획자문위원회의 명의로 발표된 〈문재인 정부 국정운영 5개년 계획〉을 보면 5대 국정목표 중 첫 번째를 '국민이 주인인 정부'로 수립했으며 그 국정목표에 해당하는 20대 국정전략 중 첫 번째 것으로 '국민주권의 촛불 민주주의 실현'을 채택했다. 그리고 5대 국정목표 중 첫 번째인 '국민이 주인인 정부'의 하위에 있는 20대 국정전략 첫 번째인 '국민주권의 촛불 민주주의 실현'의 아래에 배치된 100대 국정과제의 첫 번째 항목이 바로 법무부의 과제로 설정된 '적폐의 철저하고 완전한 청산'이었다. 이는 문재인 정부가 70% 이상이 지지했던 '촛불' 민심을 호명했지만, 사실상 40% 민주당 지지층 중에서도 강경한 이들이 원했던 '적폐

청산'을 중심 과제로 설정했음을 의미한다. 더구나 그 '적폐 청산'의 실행 부서가 법무부로 설정됐다는 점에서, 이것은 '나라다운 나라'를 미래적으로 구성하기 위한 진취적인 노력이라기보다는 민주당이 정권을 상실한 10년 동안 집권한 이명박·박근혜 정부 인사들에 대한 과거청산에 머무를 수밖에 없었다. 그리고 결국에는 이 적폐 청산을 실행하는 도구에 해당하는 일개 검사였던 윤석열이 문재인 정부 하에서 서울중앙지검장 그리고 검찰총장으로 승승장구하다가 '조국 사태'라는 특수한 국면에서 문재인 정부와 각을 세우고 대중적 인기를 모아 정권교체의 주자가 되는 황당한 사태가 발생하게 됐다. 이는 민주당과 문재인 정부에 대한 평가의 측면에서만 본다면 자업자득(自業自得)인 면이 있었지만, 전체 대한민국의 관점에서 볼 때엔 사회개혁의 골든타임을 허비하게 된 참담한 결말이었다.

　문재인 대통령은 임기 초에 심지어 '직접민주주의'를 언급하기도 했었다. 2017년 8월 20일에 취임 100일 맞은 문 대통령은 "이제 국민들은 (...) 간접민주주의로는 만족하지 못하고 있다고 생각한다. (...) 국민이 직접민주주의를 요구하고 있다"고 주장한 다음 "국민의 집단지성과 함께 나가겠다"고 밝힌 바 있다. 당시 야당 뿐 아니라 법학자와 정치학자 등 여러 학계의 인사들도 이 발언에 대해 비판적 논평을 한 바 있다. 문제는 직접민주주의의 위험성뿐만이 아니라, 과연 촛불민심이 직접민주주의를 강하게 요구했다는 것이 사실인지가 의문이라는 점이었다. 서강대의 이지호·이현우 교수와 서강대 현대정치연구소 서복경 연구원이 2017년에 함께 펴낸 책 〈탄핵광장의 안과 밖 – 촛불민심경험분석〉에 따르면 "한국에서 대의제 민주주의가 제대로 작동하지 못해 국정농단사태가 발생하고 국민은 분노하여 촛불집회에 참가했지만 참가자들이 더 강하게 직접민주주의를 요구하지는 않는다는 것을 확인했다"고 설명한다. 이러한 분석은 2016년 11월

14일부터 2017년 3월 17일 사이에 진행한 전국 단위의 다양한 설문조사와 2회(2016년 11월 26일, 12월 15일)에 걸친 2천 명이 넘는 촛불집회 참가자들에 대한 조사를 통해 분석한 것이라는 점에서 그 타당성을 인정할 수 있다. 우리의 상식적인 이해로도 만약에 탄핵광장의 시민들이 상당수가 직접민주주의를 주장했다면, 국회와 헌법재판소라는 기관의 활동과 판단을 통해 완결된 '박근혜 대통령 파면'의 과정에서 훨씬 큰 불협화음이 일어났을 것이다.

앞서 언급한 〈문재인 정부 국정운영 5개년 계획〉에서는 '2016년 촛불시민혁명'이 '국민의 시대' 도래를 예고했다고 시대 규정을 하면서, '국민 중심의 민주주의'와 '주권자 민주주의'가 실현되어야 한다고 규정한 바 있다. 이에 대해서 일각에서는 '자율성을 가진 중간집단의 매개 없이 분자화된 개인들 위에 국가가 들어서서 통치하려는 것'이라는 이유로 '전체주의'에 해당한다는 비판이 있었다. 그와 같은 비판은 너무 나간 것이라고 볼 수도 있겠지만, '국민 중심의 민주주의'나 '주권자 민주주의'라는 개념 규정에 문재인 정부가 취임 초 당시 여소야대 국면에서 의회권력을 우회하여 통치력을 행사하려는 의중이 스며들어 있었다고 논평하는 것 정도는 타당할 듯하다. 2016년 제20대 총선에서 더불어민주당은 123석을 얻어 122석 밖에 얻지 못한 새누리당을 제치면서 제1당이 되었으며, 그러한 총선 결과에 고무된 몇몇 언론사들이 박근혜 정부의 뒷면에 대한 취재를 본격적으로 강화하면서 '최순실 게이트'를 촉진시켰던 것이 사실이다. 그러나 제1당이라 해도 150석 과반에 훨씬 못 미치는 여소야대의 상황에 처해 있었던 것만은 분명하다. 예전에 노무현 정부의 경우에는 여당 의석이 과반에 못 미칠 때마다 분점정부의 통치력에 회의를 느끼고 대연정 등을 추진한 바 있다. 노무현 대통령은 훗날 대연정이란 제안이 여당 내부와 지지층에서도 전혀 환영을 받지 못했다면서, 본인의 그러한 제안을 실책이었다고 재평가했다. 즉, 아마도 문재인 정부는 노무현 정부의 실패를 교훈삼아 연정에 대해 정치력을 낭비하지 말고 다만 대통령 권력과 행정부의 능력, 그리고 지지층의 결집으로 문제를 해결하고 돌파하고자 했을 가능성이 높다.

그런데 이번에는 '노무현의 실패'를 염두에 둔 그 반대방향의 선택이 좋지 않은 결과를 가져오게 됐다. 가령 문재인 정부가 내세운 정치개혁에 대한 여러 제안 중 숙의민주주의(熟議民主主義, deliberative democracy)와 같은 것들은 상당한 의미가 있었으며, 기존의 대의민주주의를 보강하는 정책이 될 수 있었다. 그런데 2017년에 공사가 일시 중단된 신고리 원전 5·6호기의 폐쇄 여부에 대한 공론화 과정을 이끌 공론화위원회의 결과가 몇 달의 활동을 걸친 후 '원전 건설 재개 권고' 및 '장기적으로 원전 축소 권고'로 나와 공사가 재개된 이후에는 문재인 정부에서 다시는 공론화위원회가 구성되는 일이 없었다. 이는 문재인 정부 측에서 '원전 폐쇄'란 결말을 기대하고 숙의민주주의 기구를 출범시켰으나, 원하는 결과가 나오지 않자 비슷한 성격의 기구를 더 이상 만들지 않았을 것이라고 추측할 수 있는 대목이다. 민주주의를 심화시키려는 의도가 아니라, 통치 권력이 의회의 반대를 우회하기 위한 의도로 정치개혁을 추진했기 때문에 국민적인 공감대를 얻지 못했고 실질적인 정치개혁이 진행될 수가 없었다.

2018년에 문재인 정부는 '대통령 개헌안'을 추진했으나, 의회와 협의해서 만들어낸 것이 아니라 청와대에서 발의한 개헌안은 내용의 합리성 여부를 떠나서 실현될 가능성이 없었다. 문재인 대통령 개헌안은 2018년 5월 24일 국회 표결에 부쳐졌으나 야당의 전면 불참으로 의사정족수에 미달하여 자동 폐기됐다. 이후 문재인 정부의 정치개혁은 동력을 잃어버렸으며, 우여곡절 끝에 2020년 제21대 총선에서 민주당이 대승을 가두고 여대야소를 복원한 이후로는 정치개혁의 필요성을 더 이상 느끼지 못하면서 검찰개혁에 몰두하게 된다.

사회적 참사에 대한 관리,
코로나 방역에는 일정 부분 공로가 있었던

앞서 언급했다시피 박근혜 정부의 몰락을 촉진한 큰 이유 중 하나는 세월호 참사에 대한 정부의 지극히 무력한 대응이었다. 세월호 참사 당시 청와대는 해경이 어련히 잘 알아서 구조하리라고 여겼으며, 박근혜 대통령을 향해 '사진 보고'를 하는 것을 업무로 생각했다. 이른바 '재난 컨트롤 타워'가 어디에서도 작동하지 않았다. 이후에는 그러한 초기 대응의 문제를 은폐하는데 대통령의 권력과 행정부의 행정능력이 집중되었으며, 그 와중에 애꿎은 해양경찰청이 해체되었으며 참사 유가족들은 큰 고통을 받았다. 시민들 역시 특히 10대 학생들의 희생에 감정이입하면서, 참사 후 며칠 동안의 수상 구조 활동에도 불구하고 생존자를 찾지 못하는 뉴스를 실시간으로 보면서 깊은 무력감과 우울증에 시달렸다. 당시 시민들이 느꼈던 무력감과 우울증은 몇 년 후에 박근혜 정부의 권력을 무너뜨리는 커다란 동인이 됐다. 2014년에 처음 시작된 '이게 나라냐'라는 탄식은 2016년 '최순실 게이트' 정국에서 거세게 확산됐다.

문재인 정부는 박근혜 정부를 타산지석으로 삼았는지 사회적 참사에 대한 대응에서만큼은 차별성을 보이려고 했다. 2017년 11월 15일에 경북 포항 흥해읍에서 지진이 발생했는데, 지진 피해 그 자체보다도 바로 모레 치러질 수능이 문제였다. 김부겸 당시 행정안전부 장관은 지진 현장을 방문한 후 신속하고 전격적으로 문재인 대통령에게 건의해서 11월 17일에 치러질 수능을 11월 23일로 1주일 연기하는 결정을 이끌어냈다. 2019년 4월

초 강원도 인제군, 고성군, 속초시, 강릉시와 동해시 지역에 잇따라 발생한 초대형 산불이 번졌을 때는 전국적으로 1만 명도 넘는 소방관들이 수백 대의 소방차를 타고 이동하여 집중적인 화재 진화 작업을 해서 산불 발생 사흘째에 완전히 진압할 수 있었다. 2019년 5월말 헝가리 부다페스트 다뉴브강에서 한국인 관광객 33명이 탑승한 유람선 침몰 참사가 발생했을 때에는 한국 정부에서 헝가리까지 신속하게 구조 인원과 장비를 투입했다. 일각에선 한국 정부 측의 신속대응팀 파견이 실효성이 전혀 없는 '쇼'라고 폄하하기도 했으나, 신속대응팀은 헝가리 측과의 합동수색을 통해 한국인 사망자의 시신을 수습할 수 있었고 유가족들에게도 빠르게 소식을 전달해줄 수 있었다. 비록 참사가 발생한 후 파견된 신속대응팀이 생존자의 숫자를 늘릴 수는 없었으나, 대한민국 국민들이 참사를 겪었을 때 정부에 대해 기대하는 바를 충족하기 위한 노력을 경주했다. 따라서 사회적 참사 문제에 대한 문재인 대통령과 문재인 정부의 스테이트크래프트는 적극적인 노력이 발휘됐다고 볼 수 있으며, 결과도 좋았다고 볼 수 있다.

큰 틀에서 봤을 때는 문재인 정부의 타국 대비 상대적으로 성공적이었던 코로나19 팬데믹 방역 역시 비슷한 접근에서 가능했다고 볼 수 있다. 문재인 정부가 코로나19 팬데믹 방역에서 어느 정도 성과를 거둘 수 있었던 가장 큰 이유는 질병관리본부장 직위에 예방의학 전공자이자 역학 전문가로서 질병관리본부에서 다양한 경험을 쌓은 정은경이란 적임자를 임명했다는 데에 있다. 정은경 당시 질병관리본부장은 2015년 메르스(중동호흡기증후군, MERS) 사태 때에도 최전방에서 위기관리 대응을 했으며, 당시 정부 대처의 문제점에 대해 숙지하고 있는 상태였다. 역량 있는 전문가를 적재적소에 투입한 결과 문재인 정부의 감염병 대응도 과학적으로 이루어질 수 있었으며, 정은경 질병관리본부장 역시 승격된 질병관리청의 초대 청장으로 임명되는 영예를 얻게 됐다.

　다만 문재인 정부가 자랑한 'K-방역'은 엄밀히 말하면 의료인과 자영업자들의 희생과 헌신 위에서 가능한 것이었다. 이후 문재인 대통령이 의대 정원을 늘리려고 했을 때 의사들의 저항에 부딪히자 의사와 간호사들을 구별하는 메시지를 던진 것은 대부분 민간병원이면서도 이윤을 포기하면서 방역과 진료에 헌신한 의사들을 향한 예의가 아니었다. 또한 오랫동안 영업정지 내지는 영업축소를 경험했던 자영업자들에 대한 정부의 손실보상 역시 충분하다고 볼 수 없었다. 그리하여 문재인 정부의 '성공한 코로나 방역'은 2020년 제21대 총선 국면에서는 유권자들의 인정을 받아서 총선 승리에 기여한 반면에, 임기 말에는 오히려 유권자들의 피로와 자영업자들의 원망을 사게 되는 요인이 됐다.

소득주도성장과 부동산 대처의 문제

　문재인 대통령과 깊은 인연을 가졌으며, 문재인 대통령이 청와대에서 활동하기도 했던 노무현 정부는 경제 문제, 특히 부동산 문제에서 유권자 층에게 큰 실망을 안겨서 임기 중 지지율이 크게 하락한 바 있다. 노무현 대통령은 10장에서도 언급했던 것처럼 경제정책에 대해서 처음부터 뚜렷한 청사진을 갖지 못했던 것으로 보이며, 경제가 본인의 관심사가 아닌 것인 양 시사한 발언들 때문에 '경포대' 즉 경제를 포기한 대통령이라는 말까지 나왔다. 특히 노무현 정부 임기 내내 폭등한 서울 부동산 문제는 정부를 지지했던 지지층을 분열시키고 이반시킨 몇몇 큰 요인 중에 하나였다.

　이 사실을 모를 리가 없는 문재인 정부 역시 경제 정책의 핵심 기조가 있어야 하며, 부동산 문제에 제대로 대처해야 한다는 과제를 설정했을 것이다. 그런데 문재인 정부 경제 정책의 핵심 기조는 소득주도성장이었으며,

부동산 문제에 대한 대처는 노무현 정부 때 그 핸들을 잡았던 김수현과 같은 관료가 '패자부활전'을 하면 승리할 수 있다는 판단 하에 그 인선과 정책을 짰다. 결과적으로 볼 때 전자의 판단은 낙제점이었으며, 후자의 판단은 오답이었다고 볼 수 있다.

문재인 정부의 소득주도성장론은 대한민국 진보주의 경제학자들의 한국사회에 대한 오랜 비평의 내용을 집대성한 것에 해당한다. 대한민국 경제성장의 공식의 핵심은 수출주도형 경제, 제조대기업 중심 기술 발전 경제, 제조대기업의 고용과 그 협력업체의 고용 및 급여자들의 소비 유발 등 낙수효과로 인한 분배 경제였다고 볼 수 있다. 이에 맞서 오랫동안 대한민국의 진보주의 경제학자들은 내수경제 중심 경제, 중소기업 주축의 균등 임금 경제, 복지정책을 통한 재분배 경제를 추구했다고 볼 수 있다. 오랫동안 진보진영의 경제학의 표준이었던 고 박현채 선생의 민족경제론의 내용이 대략 그러했으며, 과거 김대중 후보의 대중경제론에도 큰 영향을 미쳤다. 다만 민주당 정부가 실제로 집권하면서는 대한민국의 발전 경로인 수출주도형 경제와 기존의 제조대기업들의 위상을 경시할 수는 없었기 때문에, 현실성을 가미한 수정이 이루어졌다. 김대중 정부는 IMF 위기를 극복하기 위해 재벌을 해체하는 것이 아니라 기존 재벌 대기업들의 주력 업종을 정하고 그에 걸맞지 않은 계열사를 교환하는 '빅딜'을 통해 시장경제의 합리성을 되찾고자 했다. 노무현 정부는 한·미FTA를 포함한 동시다발적 FTA를 통해 박정희 대통령이 설정한 경로인 수출주도형 경제를 더욱 공세적으로 추진하여 경제영토를 넓히고자 했다.

반면 문재인 정부는 앞선 두 민주정부에 비해서도 기존 진보담론의 경제비평을 적극적으로 받아들였다. 수출을 주도하는 제조대기업들이 성장해봤자 일자리를 늘리지 못하는 '고용없는 성장'의 상황에 빠져 있기 때문에

서민들의 생활이 악화된다고 보았고, 노동소득분배율을 높여야 분배 문제가 개선된다고 생각했다. 이러한 기조 하에 외국의 학계에서 찾은 유사한 담론이 포스트 케인지언 경제학자들의 임금주도성장론(wage-led growth)이었는데, 한국에선 자영업자의 비율이 높아 보편적인 설득력을 가지기 어렵기 때문에 소득주도성장론(Income-led growth)이란 이름으로 수정됐다. 가계의 임금 및 소득이 증가하면 소비도 함께 증가해 경제성장이 이루어진다는 이론으로 내세운 것이다.

문재인 정부에서는 이에 입각하여 비정규직 근로자의 정규직 전환 확대, 공공부문 고용 확대, 그리고 최저임금 대폭 인상 등의 정책을 펼쳤다. 이 중에서는 최저임금 대폭 인상이 가장 첨예한 사회적 논란이 됐다. 사실 소득주도성장론에도 여러 정책 패키지가 결합될 수 있는데, 지나치게 최저임금 관련 논쟁만 첨예하게 점화된 구석이 있다. 그러나 그렇게 된 이유 역시 문재인 정부가 임기 초 최저임금을 지나치게 큰 폭으로 인상하여 경제인단체뿐 아니라 소상공인 및 자영업자들의 크나큰 원성을 사게 됐기 때문이다. 덧붙여 소득주도성장론을 포함한 문재인 정부의 정책 구상의 거개가 '구상은 있었으되 구체적 실천 계획은 부족했다'라는 논평으로 정리될 수 있을 듯하다.

먼저 저자에게 경제정책을 엄밀하게 논평할 식견이 있는 것은 아니지만, 소득주도성장론 자체가 '재분배 정책' 내지는 '재분배를 통한 성장 정책'이었기 때문에 비어 있는 부분이 많았다고 볼 수 있다. 예를 들어 변화하는 경제환경을 예상하고 이와 같은 전략산업을 육성해야 한다는 식의 계획이 빠져 있었다고 볼 수 있다. 물론 문재인 정부도 '혁신성장'을 말했으며, 그 일환으로 혁신이론의 대가인 서울대 이근 경제학과 교수를 국민경제자문회의 부의장으로 임명하거나, 과학기술정책 전반을 점검하기 위해 서울대 이정동 산업공학 교수를 경제과학특보로 임명하는 등의 인선을 했다. 하지만 문재인 정부에 뚜렷한 계획이 없었기 때문에 두 사람의 역할은 매우 제한적이었다. 그나마 그와 유사한 계획은 한·일 무역분쟁 국면에서의 소부장(소재·부품·장비) 육성정책과 코로나19 대응 및 기후위기 대응 과정에서 나타난 한국판 뉴딜정책이었을 것이다. 그러나 소부장 육성정책은 구체적이긴 했으되 방어적 성격의 것이었고, 한국판 뉴딜정책은 새로운 것이라기보다는 기존의 정책 구상을 마치 '텍갈이(제조업에서 저가 상품에 더 유명한 브랜드의 '텍'을 붙여서 파는 수법을 말하는 말로, 정책에 대해 표현할 때엔 기존 정책을 새로운 기획안에 삽입해서 내놓는 것을 의미)'하듯이 만들어낸 것에 해당했다. 전략 분야를 지정해 스타트업을 유니콘 단계까지 키우는 스케일업이나, 역량이 떨어져 있는 비수도권 제조업 생태계를 육성하겠다는 식의 문제의식만 산발적으로 등장했고 구체적인 계획의 수준으로 진행되지는 못했다.

즉, 소득주도성장이 성장담론으로서 부족한 부분이 많았다는 점과, 소득주도성장이 그 내적으로도 구체적인 실행기획이 부족했다는 점은 문재인 정부의 경제정책의 한계를 그대로 보여주는 것이었다. 또한 이는 문재인 정부의 경제정책의 한계 뿐 아니라 대한민국 진보주의 경제학자들이 생산해낸 담론의 한계를 보여주는 것이었다고 저자는 판단한다. 소득이 상승하면 소비도 함께 증가해 성장이 이루어질 것이라는 식으로 양적으로 사고했을 뿐, 기술혁신과 산업정책 등 자본주의의 생산성 혁신을 어떻게 이루어낼 것인지를 고민해야 하는 영역에서 부족함이 많았던 것이다.

문재인 정부 소득주도성장의 핵심 정책으로 인식되게 된 최저임금 대폭 인상 문제를 살펴도 정밀하지 못하고 어설픈 눈대중 대책의 면모가 보인다. 문재인 정부 임기 5년 동안 최저임금의 평균 인상률은 7.3%였다. 이는 박근혜 정부의 평균 인상률인 7.4%에도 미치지 못했다. 민주노총 등 노동계나 좌파진영에선 그러한 이유로 문재인 정부의 최저임금 인상이 충분치 않았다고 비판하지만 문제의 핵심은 거기에 있지 않다. 임기 첫 두 해인 2018년과 2019년에 각 16.4%와 10.9%로 급격하게 최저임금을 올린 후, 다음 두 해엔 2.9%, 1.5%로 속도를 늦췄고 2022년에는 5.1% 인상으로 마무리하는 '널뛰기' 정책이 문제였다. 문재인 정부는 아마도 2018년처럼 16% 인상의 기조로 3년을 최저임금을 올려 조기에 1만 원을 달성하려고 했던 것으로 추정된다. 그러나 생각보다 실물경제의 충격이 상당했고, 무엇보다 코로나19 사태까지 터져서 자영업자들의 삶이 어려워지면서 기조를 수정할 수밖에 없었을 것이다. 매년 16%씩 큰 폭으로 연거푸 몇 년간 최저임금을 인상한다는 것은 당시로서도 무리한 일이라고 판단할 수 있었고, 결과적으로 평가해 봐도 전혀 현명한 방법이 아니었다.

만약에 문재인 정부가 최저임금을 5년 평균 인상률대로 매년 7.3%를 올렸다면 자영업자들은 비용을 절감하는 길을 택하든 아니면 장사를 접는 길을 택하든 간에 훨씬 수월하게 대처할 수 있었을 것이다. 매년 8~9%를 올렸더라도 실제 정책이 구현된 방식보다 덜 폭력적으로 느껴졌을 것이기 때문에 5년 임기동안 최저임금을 오히려 더 높게 만들 수도 있었을 것이다. 굳이 호의적으로 해석한다면, 문재인 정부의 '널뛰기'식 최저임금 인상률은 임기 초에 공약을 지키는 모습을 보여주기 위한 이벤트성 행위에 해당했다고 평가할 수 있겠는데, 그러한 정책이 실물경제에 어느 정도 영향을 줄는지는 제대로 가늠하지 못했다는 점에서 비판받을 수밖에 없다. 문재인 대통령과 문재인 정부는 소득주도성장이란 담론의 실천을 통해 사회·경제적 문제에 대해 종래에 없었던 스테이트크래프트를 발휘하겠다고 공언했으나, 그 담론은 생각 이상으로 공허한 것이었고 담론이 현실에서 제대로 역할을 하지 못했을 때 방향을 전환하는 스테이트크래프트도 매우 부족했다고 볼 수 있다.

 부동산 문제에서는 '강남 등 부동산 인기 지역의 고가 아파트 가격을 잡아주겠다고 공약을 했으나, 이를 실현하지 못하고 가격이 폭등하자 정부 정책을 믿고 아파트를 구매하지 않은 유권자들이 정부에 분개하게 되는' 노무현 정부 때 있었던 일이 똑같이 반복됐다. 노무현 정부 시절 청와대 사회정책비서관이었던 김수현이 문재인 정부 시절 청와대 사회수석으로서 정책을 썼다(이후 청와대 정책실장이 됨). 김수현을 포함한 문재인 정부 부동산 정책을 담당한 관료들은, 노무현 정부 때의 교훈을 통해 대출 규제가 부동산 가격 억제의 핵심이라고 생각했던 것 같다. 그러나 대출 억제와 임대차 3법 추진에도 불구하고 부동산 폭등을 막을 수가 없었다. 결과적으로, 정부가 시장경제의 흐름에 정면으로 맞서서 승리할 수는 없다는 정확히 같은 교훈이 두 정부의 정책 실패를 통해 도출됐다. 두 정부 때 모두 글로벌 저금리 기조로 인해 세계 경제 차원에서 과잉 유동성이 있었다는 점이 불운이었지만, 과잉 유동성이란 사정이 숨겨져 있던 것도 아니었으므로 정책 효과를 과신하지 말았어야 했다.
 대한민국 사회 특유의 전세 제도 그리고 박근혜 정부 시절 더 폭넓게 확대된 전세자금 대출의 존재가 정책 효과를 내는데 장애가 됐다는 분석도 있다. 전세 제도는 한국의 진보주의자들이 주로 학습한 유럽의 주택 정책 환경에서는 없는 제도이기 때문에, 민주당 정부의 경제관료들은 정책 실패를 인정하지 않고 전세 제도 자체에 문제가 있는 것처럼 치부하는 우스운 모습을 보이기도 했다. 그러나 전세가 비정상적인 제도라는 평가는 해외의 상황을 기준으로 우리 현실을 재단하는 것이었고, 설령 전세를 중장기적으로 줄이거나 없애는 것이 옳다 하더라도 일단 당장의 현실적인 정책의 효과를 계산할 때는 변수로 포함해야만 했을 것이다. 총평하자면 여러 모로 문재인 정부가 부동산 정책에서 구현한 스테이트크래프트에는 아쉬움이 많았는데, 이미 경험해본 실패를 비슷하게 반복했다는 점에서 더 큰 아쉬움이 있었다.

3. 대북정책과 외교 문제에서의 스테이트크래프트

한반도 냉전체제 종식을 꿈꿨지만 좌절하다

문재인 정부 임기 초기는 북·미 사이의 군사적 긴장이 높아지던 시기였다. 북한은 2016년에서 2017년까지 세 차례(4~6차)의 핵실험과 탄도미사일 시험발사를 강행했다. 2017년에는 6차 핵실험을 단행하며 수소폭탄 실험에 성공했다고 주장했고, 대륙간탄도미사일(ICBM) 시험 발사를 통해 미국 본토를 타격할 수 있는 능력을 확보했다고 선언했다. 도널드 트럼프 당시 미국 대통령은 2017년 8월에 만약 북한이 미국을 계속 위협할 경우 "화염과 분노(fire and fury)"를 경험하게 될 거라면서 군사적 대응을 시사하는 경고를 했다. 이어서 2017년 9월 UN 총회에선 김정은을 "로켓맨(Little Rocket Man)"이라고 부르기도 했다. 당시 김정은이 본인 명의의 성명문에서 트럼프를 "늙다리 미치광이(dotard)"라고 칭하면서 반발해서 화제가 됐다. 2018년 1월 1일 신년사에서 김정은이 자신의 책상에 핵 버튼이 있으며, 미국 전역이 북한의 핵무기 사정권 안에 있다는 점을 강조하자, 트럼프는 트위터에서 "나도 핵 버튼이 있으며, 그것은 훨씬 크고 강력하다"면서 맞받아치기도 했다.

이 시기 문재인 정부는 2018년 2월에 개최되는 평창동계올림픽을 '평화 올림픽'으로 만들겠다면서 북한의 참여를 적극적으로 추진하고 있었다.

북·미 사이의 군사적 긴장이 고조되는 상황에서 문재인 정부의 이러한 노력은 당랑거철(螳螂拒轍)이라는 평가를 받았다. 그러나 김정은이 미국 전역을 타격할 수 있는 북한의 핵전력을 자랑한 문제의 그 2018년 신년사에서 평창동계올림픽에 북한 대표단이 참여할 수 있음을 시사하면서 분위기가 반전된다. 김정은은 2011년 말 집권한 이후 경제발전 5개년 전략을 추진하며 경제 개혁 조치를 도입했다. 장마당 경제의 확산을 어느 정도 묵인하고 중국과의 무역을 확대하면서 집권 초기 몇 년 동안은 연 2.3% 정도의 경제성장을 경험한 것으로 추정된다. 하지만 2013년 말 친중파인 고모부 장성택을 처형하면서 중국 측과의 관계가 다소 경색되고, 2016년의 제4차 핵실험 이후 시작된 UN의 대북 제재가 효과를 발휘하면서 북한 경제는 다시 역성장으로 뒷걸음질 치기 시작했다. 즉, 2011년부터 2015년까지 나타난 북한 주민들의 생활 개선효과가 2016년부터 둔화되고 심지어 후퇴하기 시작한 것이다. 따라서 핵·경제 병진노선을 몇 년간 추진한 결과 2018년 신년사에서 핵무력의 완성을 선언한 김정은은, 바로 그 신년사에서 핵전력을 활용하여 경제 제재를 풀고 (대한민국으로부터 '수금'을 받아서라도) 생활수준을 개선하겠다는 전망을 주민들에게 제시해야 할 필요가 있었다. 평창올림픽을 활용한 남북한 해빙 모드는 그의 그러한 계획의 일환이었을 것이다.

이후 평창올림픽에 북한 선수단이 참여하면서 김정은의 여동생 김여정이 고위급 대표단 중 한 명으로 내려와 김정은의 친서를 문재인 대통령에게 전달했다. 2018년 4월 27일의 문재인 대통령과 김정은의 첫 남북정상회담에서 판문점 선언이 발표됐으며, 2018년 6월 12일 1차 북·미정상회담이 싱가포르에서 개최됐고, 2018년 9월 19일에는 문재인 대통령이 평양을 방문하여 평양 능라도경기장에서 15만 명의 평양시민 앞에서 연설하였으며, 김정은과의 세 번째 정상회담에서 평양공동선언과 9.19 남북군사합의를 이끌어냈다. 하지만 1년여 가량 이어진 남북 해빙 모드는 2019년 2월 베트남 하노이에서 열린 2차 북·미정상회담에서 북한이 영변 핵시설 폐쇄와 일부 경제 제재 해제를 맞바꿀 것을 요구했으나 트럼프 대통령이 이를 받아들이지 않으면서(하노이 노딜) 깨지게 된다.

이후에도 문재인 정부는 남북 관계를 진전시키기 위한 대북 접촉을 시도했으나 북한은 응하지 않았고 결정적으로 2019년 연말부터 코로나19 팬데믹 정국이 펼쳐지면서 사실상 파탄이 나게 된다. 북한은 이후 문재인 대통령을 원색적으로 비난하고, 판문점선언에 따라 개성지역에 설치됐던 남북공동연락사무소를 2020년 6월에 폭파시키는 등 남북관계의 경색을 넘어 대한민국을 통일을 향한 특수관계가 아니라 외국이자 적국으로 취급하겠다는 기조로 돌변하였으며 그 상태 그대로 현재에 이르고 있다.

결국 문재인 정부는 한반도 냉전체제의 종식을 꿈꿨지만 좌절하게 됐다. 애초 문재인 정부의 목표설정 자체가 지나치게 안이하고 이상적이었다. 문재인 정부는 아마도 미국과 북한의 사이에서, 미국에 대해서는 북한이 비핵화 의지가 있다고 보증하고, 북한에 대해서는 비핵화를 하더라도 미국이 체제보장을 할 것이라고 보증했던 것으로 추정된다. 또한 북한이 비핵화의 절차를 밟는 과정에서 순차적으로 제재 해제가 이루어질 수 있다고 설득했던 것으로 생각된다. 그런데 이러한 과업은 출발부터 미국에 대해선 한국 정부가 미국을 기만하고 있다는 의심을, 북한에 대해선 한국 정부가 북한을 기만하고 있다는 의심을 사기에 좋은 것이었다. 애초 김정은의 북한이 핵을 포기할 가능성은 거의 없었다. 리비아의 독재자 카다피가 비핵화 이후 주민들의 봉기로 인해 비참하게 살해당하는 것을 본 김정은이 그러한 결단을 내릴 수 있다고 보기는 어려웠다. 김정은은 널리 알려진 영변 핵시설을 동결하면서 경제 제재를 일부 해제하고 대한민국의 자금으로 개성공단, 금강산 관광, 덧붙여 원산 관광 등을 개발하여 외화를 벌어들이면서 시간을 끌려고 했던 것으로 보인다. 그렇게 해서 경제성장 기조를 유지하여 주민들의 불만을 누그러뜨리고 인도·파키스탄·이스라엘 등과 같은 비공식핵보유국의 지위를 암묵적으로 확보하여 체제 생존을 꾀하려 했던 것으로 추정된다.

북한이 이런 방식으로라도 경제성장의 노선에 탑승하는 것이 대한민국의 국익에 도움이 된다고 주장할 수는 있을 것이다. 그러나 이는 한반도 비핵화라는 기존 대한민국의 안보 목표의 실현과는 거리가 먼 일이다. 문재인 정부가 이러한 입장을 솔직하게 밝히면서 대한민국 유권자들을 설득할 수 있었을는지도 의문일 뿐더러, 무엇보다 미국을 설득할 수가 없었다. 문재인 정부는 당시 미국 대통령인 도널드 트럼프가 통상적인 정치가와 다소 다르다는 점에 큰 기대를 걸었던 것 같다. 임기 중 성과가 필요한 도널드 트럼프 대통령의 욕심을 자극하면, 수년 후의 결과가 비핵화로 귀결되지는 못할지라도 당장 '비핵화협상'이라 치장할 수 있는 외교적 성과를 탐낼 거라고 생각했던 것 같다. 그런데 이는 미국 정부로 하여금 한국 정부가 미국을 기만하고 있다는 의심을 품을 수 있게 하는 위험천만한 계획이었다고 볼 수 있다.

사실 저자는 하노이 북·미정상회담을 앞두고 복잡한 심경이었다. 만약에 저자가 청와대 참모로 있었다면, 북한 김정은 국무위원장이 미국 대통령과의 합의를 이끌어내고 열차를 타고 북한으로 귀환하는 그 길을 활용할 거라는 생각이 들었다. 즉, 베트남 하노이로부터 중국을 경유하여 북한의 평양을 종착지로 하는 김정은의 여정의 종착지를 평양이 아니라 서울로 변경하는 이벤트를 만들어내어, 곧바로 김정은의 서울 답방을 겸한 4차 남북정상회담을 통해 한반도 냉전체제를 근본적으로 종식하는 모습을 보여주고 싶을 거라는 생각이 들었다. 저자가 그런 생각을 할 정도였으니 문재인 정부 청와대 인사들도 분명히 그런 기획을 했을 것 같은데, 만약에 그렇게 될 경우 그게 한민족에게 도움이 되는 일인지 어떤지를 확신할 수가 없었다. 북한이 대한민국의 자금으로 공단과 관광지를 조성하고, 대한민국 국민을 포함한 외국 관광객의 방문으로 수입을 얻은 후, 핵폐기에는 미적지근할 경우 트럼프 대통령 이후의 미국 정부는 한국 정부에 대해 어떤 생각을 할 것인가? 미국 정부가 그러한 상황을 용인할 수는 있는 것일까? 여러 의문이 들던 차 하노이에서 '노딜' 소식이 들려왔을 때, 이는 도널드 트럼프 대통령 개인이 결단할 수 있는 문제가 아니었다고 생각하게 됐다. 미국은 문재인 정부의 중재 제안의 내용을 파악하고 거부한 것이다. 대다수 진보진영 사람들이 생각하는 것처럼 강경파인 존 볼턴이 회담에 난입하여 파토를 냈다는 식의 견해는 미국 정치를 너무 피상적으로 이해하는 것이라고 저자는 생각한다. 이처럼 남북관계는 '우리 민족끼리' 결단한다고 진전시킬 수 있는 것이 아니라 철저하게 주변 강대국들의 협조를 구해야 하는 문제인데, 평양 능라도경기장에서의 문재인 대통령의 연설은 평양 시민들의 환심을 사기 위한 것이라는 점을 감안하더라도 지나치게 순진했다. 미국 정부가 그 연설을 어떻게 평가하고 그 연설 이후 무엇을 생각했는지를 추측해 보자면 아찔하다.

그런데 문재인 정부의 인사들은 이 실패의 함의를 제대로 이해하지 못하는 것 같다. 강경파 존 볼턴이 문제였다거나, 일본 아베 신조 정부의 방해 공작이 통했다는 식으로 피상적으로 생각하는 것 같다. 민주당 정부가 추구하는 대북 평화협력 정책의 기조에 얼추 동의하지만, 이렇게 순진하고 피상적인 접근으로는 남북문제라는 복잡하게 꼬인 실타래를 풀어내기가 무척 어려울 것이다. 이후 김정은이 여동생 김여정 등을 내세워 문재인 대통령과 남한 당국을 원색적으로 비난하게 된 데에는 '문재인과 남한에게

속았다'는 심사가 깔려 있는 것으로 생각된다. 이 역시 위에서 지적한 것처럼, 애초 문재인 정부의 노선 자체가 미국과 북한 양쪽으로부터 그러한 의심을 살 수밖에 없는 것이었기 때문이었다. 따라서 문재인 정부의 대북 정책과 외교 문제에서의 스테이트크래프트는, 적극적으로 행사되어 모종의 성과를 내는 듯했으나 결국 노선의 한계 때문에 좌초했다는 냉정한 평가를 내릴 수밖에 없겠다.

대일외교의 문제

문재인 정부 집권기에 한·일 관계와 대일외교는 큰 어려움을 겪었다. 이렇게 된 원인에 대해서는 문재인 정부의 외교 정책이 문제였다는 관점과, 일본 아베 신조 정부의 조치들이 문제였다는 관점이 팽팽하게 나뉜다. 이른바 '책임론' 공방인데, 국내 정치에서 연유한 정파적 해석을 외교 문제에 대한 판단에까지 지나치게 적용하는 측면이 있다. 외교 문제는 쌍방의 문제이기 때문에, 당연히 양쪽의 책임이 모두 있다는 관점이 타당할 것이다. 다만 한국 사회를 살아가는 우리로서는 우리 정부의 판단과 정책에 대해서만 영향을 미칠 수 있을 뿐, 일본 정부를 어찌할 수는 없기 때문에 한국 정부의 판단과 행동에서 아쉬웠던 부분에 대한 비판을 집중할 뿐이다.

문제의 큰 부분은 2018년 대한민국 대법원의 강제징용 피해자들에 대한 판결, 이른바 '징용공 판결'에서 비롯됐다. 이 판결은 일본의 신일본제철(현 일본제철) 및 미쓰비시 중공업 등을 대상으로 한 손해배상 청구 사건에 대해 내려졌으며, 일본 기업들이 강제징용 피해자들에게 배상할 책임이 있다는 것이 주요한 내용이었다. 먼저 사법부가 이러한 판결을 내린 것까지 '정치적인 것'이라거나 '오류'라는 식의 보수주의자들의 비판에 동의하지는 못한다. 대법원의 해당 판결은 한국 정부와 사법부가 일제강점기를 대하는 관점의 연장선상에 있었다. 먼저 한·일병합이 불법이며 무효라는 관점은 해방 이후 이승만 정부는 물론, 한·일기본조약을 추진하고 체결한 박정희 정부 역시 견지한 입장이었다. 다만 외교에는 상대가 있기 때문에, 한·일기본조약 2조의 "1910년 8월 22일 및 그 이전에 대한제국과 대일본제국 간에 체결된 모든 조약 및 협정이 이미 무효임을 확인한다"라는 문장에서 한국 측은 '이미 무효'라는 문구를 '애초부터 불법이며 무효'라고 해석한 반면 일본 측은 '현재는 무효이나 당시에는 합법이며 유효'라고 해석했을 뿐이다. 또 1965년 한·일기본조약에 포함된 청구권 협정에도 불구하고 개인 청구권은 소멸되지 않았다는 입장도 한국 정부와 사법부에서 지속적으로 견지되어 온 것이었다. 따라서 2018년 대법원의 판결은 일본 우익이 생각하는 것처럼 '반일'을 기치로 내건 문재인 정부가 집권했기 때문에 나온 것이 아니며, 한국 보수파 일각에서 생각하는 것처럼 좌파 성향 판사들이 임의적으로 만들어낸 것도 아니었다. 오히려 최근 수십 년 간의 사법부 판결의 누적된 흐름이 자연스럽게 만들어낸 것이라 봐야 할 것이다.

다만 사법부 판결이 그러했다 하더라도 일본 기업의 한국 내 자산을 매각하거나 하는 문제에 대해선 정치적 접근이 필요했다. 이는 한국 정부와 일본 정부와 협의하여 타협적인 해법을 이끌어 내야만 했던 문제다. 문재인 정부에서 일했던 사람들은 대법원 판결 이후 한국 정부와 일본 정부와의 협상을 시도했음에도 일본 정부가 전혀 응하지 않았다고 증언한다. 대법원 판결이 나오자마자 일본 정부가 협상이 아니라 '경제 보복'을 결심했다고 보는 관점이다. 만약 사실이라면 문재인 정부로서도 대처하기 어려운 일이었을 거라는 점은 인정된다. 그런데 2019년 7월에 일본이 한국을 '화이트리스트'에서 배제하고 반도체 소재 3품목의 수출 규제 조치를 취하면서 한·일 무역분쟁이 발발했을 때, 한국 정부는 이를 전혀 예측하지 못했다. 징용공 판결 뿐 아니라 초계기 사건 등에서 한·일 갈등이 격화되는 와중에서, 일본 측이 취할 수 있는 조치에 대한 대비가 미흡했던 것으로 생각된다. 대북 문제에 심혈을 기울이는 과정에서, 물론 한국 측이 계속 접촉하고 있었고 일본 측이 이에 응하지 않았다 하더라도 일본 측의 동향을 파악하는데 소홀했던 셈이다.

문재인 정부와 당시 집권 여당인 민주당에게 아쉬웠던 점은, 한·일 무역분쟁이 발생하자마자 일본 측을 격렬하게 비난하면서 '전쟁'에 대한 비유까지 동원했다는 것이다. 당장 문재인 대통령부터가 2019년 7월 12일에 "전남 주민들이 이순신 장군과 함께 열두 척의 배로 나라를 지켜냈다"라면서 무역분쟁 상황을 임진왜란에 포갰다. 그 며칠 전에 최재성 더불어민주당 의원은 이미 "일본의 경제침략은 의병을 일으켜야 할 일이다"라고 말한 상태였다. 이어서 조국 청와대 민정수석이 2019년 7월 19일에 페이스북에서 "대한민국의 의사와 무관하게 경제 전쟁이 발발했다. (...) 문재인 대통령은 경제 전쟁의 최고 통수권자로 혼신의 힘을 다하고 있다. 전쟁 속에서도 협상은 진행되기 마련이고 가능하면 빠른 시간 종전을 해야 한다. 그러나 전쟁은 전쟁이다. (...) 중요한 것은 진보냐 보수냐 좌냐 우냐가 아닌 애국이냐 이적이냐다"라고 적었다. 물론 무역분쟁을 경제전쟁에 비유할 수는 있을 것이다. 그러나 실제의 전쟁은 개전과 종전의 시기가 명백하기 때문에, 전쟁 기간에 교전국을 거세게 비난하는 것이 문제가 되지 않게 된다. 반면 무역분쟁처럼 그 상황을 어떻게 규정하는지부터가 정치적 문제이며, 상대와의 막후협상이 필요할 경우 거센 비난은 오히려 상황을 악화시킬 수 있다. 당시 한국 정부는 일본 정부의 조치가 '보복'이라고 주장한 반면, 일본 정부는 '원칙의 적용'이라고 주장하는 상태였다. 저자는 한국 정부의 주장이 옳다고 보기는 하지만, 그런 상황에서 상황을 '전쟁'에 비유하는 것은 협상의 여지를 없애는 결과를 낳을 수도 있는 위험한 행위였다. 다만 김현종 청와대 국가안보실 2차장이 2019년 7월 13일에 말한 "1907년 국채보상운동과 1990년대 외환위기 때 금 모으기 운동처럼 뭉쳐서 이 상황을 극복해야 한다"는 발언 정도는 할 수 있었다고 본다. 이는 전쟁에 비유한 것은 아니며, 국가위기 상황에 국민 통합의 필요성을 말한 것으로 이해할 수는 있기 때문이다.

당시 우리 국민들은 일본의 경제 보복의 의미를 곧바로 알아차렸으며, 자발적으로 'No Japan'이란 구호로 집약되는 '일본 (상품) 불매운동'이 일어났다. 일본 불매운동 자체가 반일 선동에 놀아나 한·일 우호를 해치는 무의미한 행위였다는 비판에는 동의하지 않는다. 민간에서 이루어지는 불매운동에 대해 그러한 비판을 할 수는 없다. 그러나 문재인 대통령, 조국 민정수석, 최재성 의원과 같은 이들의 발언 때문에 마치 한국 정부가 '전쟁'과 '의병'이란 과잉된 수사까지 사용하면서 민간의 불매운동을 독려한다는 인상을 주게 됐다. 일본 불매운동에 대한 평가 문제에 대해서도 민주당 정치인들의 민족주의적인 선동의 수사는 방해가 된 것이다. 비유의 내용 자체도 적절하지 못했다. 오늘날 대한민국의 국력은 비록 일본에 비해선 약하다 하더라도 임진왜란 시기나 구한말의 조선이나 대한제국에 비유할 바는 아니다. 정부가 해야 할 일은 상황을 과장하지 않고, 일본에 굴복하지도 않으면서, 차분하게 해결책을 강구하는 것이었다.

훗날 문재인 정부 인사들의 회고를 보면, 한·일 무역분쟁 당시 외교부 인사들은 거의 전부가 일본에 백기투항 수준의 항복을 할 것을 제의했으나 문재인 대통령이 굴복하지 않는 대응을 지시했다고 한다. 이 맥락을 고려하면 당시 문재인 대통령과 여당 인사들의 격앙된 대응이 약간은 이해가 된다. 관료들이 한국 경제가 일본의 경제 제재를 버틸 수 있는 체력이 없다고 과장되게 말했으니, '항전'을 말하는 이들의 언사도 차분하지 못하고 과격해진 셈이다. 그러나 이는 관료들의 현실인식이 잘못됐거나 자기 보신적이었던 것이라 봐야 한다. 애초 백기투항 수준의 항복은 가능하지도 않았다. 일본의 요구조건을 수용하려고 한다면, 문재인 정부가 대법원의 판결 내용을 조정하는 것이 반드시 필요한데, 그것은 2020년대의 대한민국에선 가능한 일이 아니었다. 일본 정부는 아직도 한국 정부가 독재정권 시대의 권능을 가진 것으로 착각하고, 한국 민주주의를 다소 얕잡아보는 문맥에서 그러한 요구가 가능하다고 생각했을 것이다. 한국 정부는 일본 정부를 향해 그러한 요구는 더 이상 한국에서 수용이 불가능한 것이니, 다른 수준에서 타협을 하자고 끊임없이 얘기해야 했다.

문재인 대통령은 외교 문제만큼은 대통령이 직접 챙긴 것으로 알려져 있다. 대일외교의 경우 보수주의자들의 원색적인 비판처럼 '반일 외교'라고만 치부하기는 어려운, 일정한 스테이트크래프트가 발휘된 측면이 있었다. 다만 좀더 섬세한 접근이 필요한 문제란 점이 드러났을 뿐이다. 문재인 정부가 아니더라도 오늘날 대일외교는 어려운 문제가 됐다. 보수주의 일각의 지적처럼, 민주당 정부가 '반일 선동'을 해서 생긴 일만은 아니다. 일본 정치인들은 한국과 타협을 이루어내면 지지율이 떨어지기 때문에, 그럴 바에야 아예 한국과의 협상을 피하려고 한다고 한다. 한국 정부와 한국 사회도 이러한 현실을 받아들이고, 합의할 수 있는 부분은 합의를 시도하되, 양보할 수 없고 합의가 되지 않는 부분은 뒤로 미루면서 한·일관계를 관리해야 할 것이다.

4. 지지층의 균열과 정권 재창출의 실패

문재인 정부의 임기 후반에는 정권교체 가능성이 대두되면서도 대통령

지지율은 40% 넘게 관리되는 기묘한 현상이 나타났다. 그렇기에 여론조사 지표를 어떻게 해석해야 할 것인지에 대한 논란이 있었다. 민주당 입장에서 '위기론자'들은 55%의 꾸준한 부정평가에 주목해야 한다고 말했으며, '낙관론자'들은 역대 대통령 임기 5년차 지지율이 이렇게 높은 적이 없었다면서 문재인 정부에 대한 국민의 평가는 매우 높다고 반박했다. 결과적으로 본다면, 위기론자들의 주장이 옳았던 셈이지만 임기 5년차 대통령 지지율이 이례적으로 높게 관리된 것도 사실이었다.

이러한 이례적인 여론지형도의 원인은 '조국 사태'였을 것이다. 만약에 '조국 사태'가 없었다면 문재인 정부는 여러 가지 문제점과 그에 대한 비판에도 불구하고 정권재창출에 성공한 정부가 됐을 가능성이 매우 높았을 것이다. '조국 사태'는 여권 지지층과 그에 가까운 중도파는 결집시켰으되, 야권 지지층과 대다수 중도파를 반대쪽으로 강하게 결집시키는 촉매제 역할을 했다. 조국 전 장관의 삶의 이력에 대한 상징성 때문에 '86세대 비판'이 다시 한 번 거세게 일어났으며, '조국 사태'로 인해 민주당 지지층에서 2030세대 청년층이 이탈할 가능성이 감지되자 보수진영은 '86세대 포위론'을 꿈꿨고 그런 조류 속에서 이준석 국민의힘 당대표가 탄생할 수 있었다. 이준석 대표는 국민의힘 당대표 선거 이전 몇 년부터 청년 남성의 지지를 보수정당이 이끌어낼 수 있다고 판단하고 활동해 오기도 했다.

'조국 사태'는 문재인 정부의 검찰총장이었던 윤석열이 국민의힘의 유력 대권주자로 등극하고 정권교체의 주역이 되어 대통령이 된 상황의 동전의 양면이었다. 조국 전 장관이 법무부장관이 되는 과정에서 나온 여러 의혹은 도덕적·법리적인 문제가 있었던 것으로 생각된다. 그러나 이러한 판단은 이제 수년이 지난 지금에 와서야 할 수 있는 것이고, 당시 법무부장관 후보자에 대한 검찰의 전격적인 수사가 매우 무리해 보였던 것도 사실이다. 그렇기에 제각각의 이유로 양 진영이 결집했으며, 청년층 역시 각자의 사정에 따라 다른 대상에 감정이입을 했다. 전반적으로 '조국 사태'는 여당 지지층을 균열 내는 역할을 했다. 윤석열 대통령이 후보자 시절 내건 슬로건은 '공정과 상식'이었는데, 그 말인즉슨 문재인 정부에는 그들이 생각하기에 '공정'과 '상식'이 없다는 말에 다름 아니었으며, 그 사실을 깨닫게 해준 것은 바로 '조국 사태'였다.

그러나 문재인 대통령의 임기 5년차까지의 높은 지지율에서 드러났듯이, 그리고 0.7%p에 불과했던 제20대 대선의 격차에서 보였듯이, 문재인 정부가 정권교체 가능성에 대한 강한 위기의식을 가졌다면 정권재창출을 할 수도 있었을 것이다. 하지만 문재인 정부는 임기 말에 여론을 의식하는 어떠한 승부수도 띄우지 않았다. 문재인 대통령은 임기 후반 변화하는 여론의 의미를 전혀 깨닫지 못했던 것으로 보인다. 판문점선언 직후 80% 이상의 지지율을 경험했던 대통령으로서, 본인들의 통치방식에 국민들이 염증을 낼 수도 있다는 사실을 이해하기 어려웠던 것으로 보인다. 더구나 제1야당의 유력 대선후보가 현 정부에서 검찰총장을 지냈던 인물이라는 사실역시 이해하기 어려워했던 것으로 보인다. 그래서 역설적으로 문재인 정부는 국민들이 정권교체를 왜 열망하는지를 전혀 이해하지 못했기에, 임기 말을 상대적으로 조용하게 마치고 무난하게 정권교체를 수용했다.

5. 문재인 대통령의 스테이트크래프트 평가

문재인 대통령에게는 스스로 판단을 해서 결단을 내리고 그 결과에 책임을 지는 유형의 정치적인 리더십이 부족했던 것으로 생각된다. 저자는 2012년 대선에서는 문재인 후보를 도왔었고, 캠프 내부에서 별다른 역할은 하지 못했지만 문재인 대통령이 노무현 정부 청와대에 있었던 시절의 평판을 여러 방면으로 들었다. 청와대 참모로서의 문재인에 대한 평판은 칭찬이 자자했다. 나쁜 소리가 하나도 없었다. 그러나 이는 역설적으로 청와대 참모로서 제대로 일을 하지 못한 증거일 수 있겠다는 생각이 들었다. 청와대 참모는 종종 대통령을 대신해서 남의 원성을 듣는 일을 처리하기도 해야 하는 자리다. 평판에 좋은 말밖에 없다면, 청와대 참모로서의 문재인은 그런 일을 하지 못하거나 피해왔던 사람일 수 있겠다는 생각이 들었다. 문재인 정부 청와대를 경험한 이들의 말에 따르면, 임기 초 김동연 당시 경제부총리와 장하성 정책실장이 격하게 언쟁을 할 때 문재인 대통령은 '내 앞에서 논쟁을 하지 말고 당신들끼리 합의를 해서 정책을 가져오라'는 식으로 반응을 했다고 한다. 청와대 참모로서의 태도가 청와대의 리더로서도 그대로 이어진 셈이다.

문재인 대통령은 개인의 카리스마보다는, 노무현 전 대통령의 비극적인 죽음 이후 뭉친 친노 그룹의 맏형이면서 좌장으로서 정치적 영향력을 확대하여 대통령에까지 이르게 됐다. 인품이 좋다는 평판은 그 그룹 내 누구와도 척지지 않았다는 증거이기도 했다. 그럴 수도 있는 일이지만, 대한민국을 통치하면서 그 누구와도 척을 지지 않을 도리는 없었다. 문재인 정부는 대통령의 인품을 반영하듯이 결단력 있게 정책을 추구하여 그 결과를 통해 국민의 평가를 받기 보다는, 매순간 순간 70% 이상의 국민의 지지, 안 되면 50% 이상의 국민의 지지를 구할 수 있는 길을 택했다. 다만 국민의 선호에 대한 예측의 기반이 된 판단은 그들 세대의 편견에 머물러 있었다. 이를테면 2018년 평창올림픽에서 여자아이스하키팀 남북단일팀이 부정적인 논란에 휩싸였을 때, 문재인 대통령을 포함해서 그런 논란이 일어날 수도 있다고 예측한 청와대 참모나 정부 인사는 없었을 것이다. 청년층이 남북단일팀에 정서적 공감을 하지 않고 대한민국 국가대표 엔트리의 몫이 줄어드는 것이 불공정하다는 느낌을 받을 수 있다는 생각은 하지 못했을 것이다. '조국 사태'에 대해 청년층이 분개할 수 있다는 사실, 그리하여 정치적 경험이 전무한 윤석열 후보의 인기가 올라갈 수 있다는 사실 역시 전혀 계산 밖이었을 것이다.

지난 수십 년 간 민주당은 청년층이라면 응당 상대편 당보다는 우리당을 지지해줄 거라는 계산을 하고 살았다. 그러나 문재인 정부의 임기가 끝났을 때 청년층은 일종의 무당파, 캐스팅보트로 변모했다. 산업화세대에도 민주화세대에도 감정이입하지 못하는 그들은 매 선거 양당이 공을 써서 공략해야만 하는 집단이 됐다.

문재인 대통령의 스테이트크래프트에는 결단력이 없다는 단점이 있었던 만큼, 그들 그룹 혹은 그들 세대의 집합적인 의지가 아니라면 무리한 일을 벌이지는 않았다는 장점도 있었다. 그룹의 역량으로, 그리고 한국 관료들의 역량으로, 이제는 국제사회가 공인한 선진국이 된 한국 사회를 5년 동안 어떤 의미에서는 무난하게 이끌어 나갔다. 코로나19 방역 과정에서 해외 교민 및 한국전쟁 참전자들에게 방역물품을 공수하며 챙기는 모습에선 충분히 감동받을 만한 구석도 있었다. 문재인 대통령과 문재인 정부는 이제 정부가 해야 할 최소한의 역할도 방기하고 기능중지, 작동중지와 같은 상태인 것 같은 모습을 보였으며 종래에는 친위쿠데타란 자폭적 행위로 빠져든 윤석열 대통령에 비해서는 훨씬 유능하고 정상적으로 보이는 것도 사실이다. 하지만 상술한 이유들 때문에 정권교체라는 결말을 맞이하게 됐다는 점도 잊어서는 안 될 것이다.

저는 이 나라를 자유민주주의와 시장경제 체제를 기반으로
국민이 진정한 주인인 나라로 재건하고, 국제사회에서 책임과 역할을 다하는
나라로 만들어야 하는 시대적 소명을 갖고 오늘 이 자리에 섰습니다.
우리나라를 비롯한 많은 나라들이 국내적으로 초저성장과 대규모 실업,
양극화의 심화와 다양한 사회적 갈등으로 인해 공동체의 결속력이 흔들리고 와해되고 있습니다.
한편, 이러한 문제들을 해결해야 할 정치는 이른바 민주주의의 위기로 인해
제 기능을 하지 못하고 있습니다. 가장 큰 원인으로 지목되는 것이 바로 반지성주의입니다.
견해가 다른 사람들이 서로의 입장을 조정하고 타협하기 위해서는 과학과 진실이 전제되어야 합니다.
그것이 민주주의를 지탱하는 합리주의와 지성주의입니다.
저는 자유, 인권, 공정, 연대의 가치를 기반으로 국민이 진정한 주인인 나라,
국제사회에서 책임을 다하고 존경받는 나라를 위대한 국민 여러분과 함께
반드시 만들어 나가겠습니다.
- 2022년 5월 10일, 제20대 윤석열 대통령 취임사에서

제14장 윤석열 대통령의 스테이트크래프트

1. 서론

이 글을 쓰는 시점, 윤석열 대통령은 12·3 친위쿠데타의 실패 이후 국회로부터 탄핵이 가결되어 헌법재판소의 결정을 기다리고 있다. 불과 10년도 안 되는 기간 동안 무려 2명의 대통령이 탄핵으로 파면당해 임기를 채우지 못하는 사태가 발생하기를 바라지는 않았으나, 국헌문란의 내란수괴에 대해서는 처벌이 불가피할 것이다. 조속히 이 혼란을 정돈할 결정이 내려져야 하며, 아마도 우리는 어쩔 수 없이 또 한 번 제6공화국의 헌법으로 대선을 치러야 할 것이다.

윤석열 대통령의 전략을 바라보며 착잡한 마음이 컸다. '한국의 보수세력이 이 정도는 아니었는데 어떻게 이렇게까지 됐을까'하는 마음도 있었던 반면, 그들이 얼마나 기회주의적인지를 익히 경험했기 때문에 폭주하는 대통령 앞에서 속수무책이었겠구나 하는 심경도 있었다. 전반적으로 참담한 심정이었지만, 그래도 사태 이후에 젊은이들로부터 희망을 발견했다. 사태 당일 국회로 진입하는 기갑차량인 군용 소형전술차량(KLTV)을 몸으로 막아선 청년남성들, 그리고 사태 이후 적극적으로 시위현장에 나와 시위를 주도하기 시작한 청년여성들의 모습은 저자가 지난 수십 년 간 경험한 우리 사회 기성세대의 상상의 지평 바깥에 있었다. 그들은 '민주공화국 대한민국'이 너무나 당연했던 시공간에서 태어난 사람들이다. 비록 한국 사회가 청년들이 살아가기에 보람차고 희망찬 곳은 아직 아니라 하더라도, 적어도 한국 민주주의에 대해서는 자부심과 자긍심을 가지고 있었던 이들이다. 폭주하는 대통령과 그에 부화뇌동해서 무모한 계획을 짠 전현직 군인들은 저자와 마찬가지로 그 자부심과 자긍심을 토대로 움직이는 젊은이들을 전혀 예측하지 못했을 것이다. 빠르게 변화하는 세상은 종종 그 변화에 적응하지 못하는 이들을 버려두고 떠나가기도 한다. 한국 사회와 정치에 대해 논평을 하기도 했던 사람으로서 다시 한 번 겸허한 마음을 느끼게 된다.

윤석열 대통령과 윤석열 정부의 통치는 '대통령의 자격'을 궁구(窮究)하는 이 책의 작업을 회의적으로 만드는 부분이 있었던 것이 사실이다. 대통령과 그의 통치는 너무나 우스꽝스러웠고, 마치 '벌거벗은 임금님'의 행진과도 같은 것이었기에, 그 무자격의 극치 속에서 '우리 중 아무나해도 저보다는 낫겠다'는 생각을 여러 사람들로 하여금 하게 했던 것이 사실이다. 그러나 그렇게 자격 없는 대통령이 통치를 할 때에 사회적으로 얼마나 큰 손해가 발생하고 얼마나 많은 국민이 고통받는지를 알려줬다는 점에서는, 역설적으로 다시 한 번 '대통령의 자격'이 얼마나 중요한 것인지를 알려준 측면도 있다고 하겠다. 차제에 그를 반면교사로 삼아 더 많은 한국 사회의 시민들이 '대통령의 자격'을 고민하게 되기를 간절히 바랄 뿐이다. 헌법이 정한 임기의 절반을 겨우 채운 채 기능정지당한 대통령의 스테이트크래프트에 대해선 되도록 짧게 논할 것이다.

2. 운동권 세력과 투쟁하기 위해 집권한 '반(反)운동권 세력'

윤석열 정부의 특징은 문재인 정부에 대한 안티테제의 성격이 매우 강했다는 것이다. 구체적으로는 노무현 정부와 문재인 정부에서 핵심적인 역할을 했다고 평가받는 '86세대'(1980년대 학번, 1960년대생) 학생운동권에 대한 안티테제 성격을 지닌 '반(反)운동권 세력'의 집권이었다고 볼 수 있다. 일단 윤석열 대통령부터가 문재인 정부의 검찰총장 시절 조국 전 법무부장관 일가에 대한 집중수사를 통해 '보수세력의 희망'으로 등장하게 됐다.

그전에 윤석열은 박근혜 정부 시절인 2013년에 특별수사팀장을 맡아 국정원 대선 개입 사건을 수사하던 중 검찰 지휘부와 마찰을 빚고 좌천성 인사 조치를 당하며 한직으로 밀려난 이력으로 국민들에게 알려졌다. 2013년 10월에 열린 국정감사에서 윤석열은 검사장의 외압 사실을 폭로했고 "사람에 충성하지 않는다"와 같은 발언으로 화제를 몰고 왔으며 훗날 그와 대립하게 되는 조국 서울대 법대교수 역시 트위터에서 윤석열에게 찬탄을 표하는 트윗을 쓰기도 했다. 박근혜 정부 내내 힘든 시기를 보내던 그는 2016년말 '최순실 게이트' 이후 국정농단 의혹 사건의 진상규명을 위해 출범한 박영수 특별검사팀의 수사팀장을 맡아 검사로서 화려하게 복귀하게 된다. 이와 같은 이력은 문재인 정부의 핵심을 구성한 86세대 학생운동권 출신들에게 윤석열이 그들과 같은 부류의 인물이란 신뢰를 쌓는 데 큰 도움을 줬다. 윤석열이 대학 재학 당시 계엄군의 5·18 광주민주화운동 진압에 대한 모의재판에서 전두환에게 사형을 구형한 일화 역시 널리 회자됐다. 그러한 신뢰에 힘입어 그는 문재인 정부 시절 파격적인 승진을 통해 서울중앙지검장으로 임명되어 박근혜 정부와 이명박 정부 인사들에 대한 이른바 '적폐청산' 수사를 진두지휘하게 됐다. 박근혜 정부 시절 퇴직의 위기에 몰렸던 비주류 검사에게는 이것만으로도 기대를 초월한 영전이었을 것이며, 보은인사로도 충분했겠지만, 윤석열에 대한 문재인 대통령의 굳은 신뢰는 윤석열이 검찰총장이 되고 조국이 법무부장관이 된다면 검찰개혁을 잘 수행할 수 있을 것이라는 그릇된 믿음을 형성하게 만들고야 말았다. 그러나 검찰총장이 된 이후의 그는 조국 법무부장관 일가에 대한 수사로 86세대 학생운동권 출신들의 '내로남불'과 '불공정'을 비판하는 여론을 대변하는 인물이 되었으며, 대통령의 간택을 받은 검찰총장이 제1야당의 대선후보가 되어 정권재창출을 저지하고 정권교체를 이뤄내는 특이한 풍경을 연출하게 됐다.

윤석열 대통령이 대선 후보 기간 중 캠페인으로 내세운 대표적인 구호는 '공정과 상식'이었다. 이 구호 자체가 조국 전 장관을 포함한 86세대를 저격하는 것이었다고 볼 수 있다. 즉, 86세대는 '공정'하지도 않고 '상식'적이지도 않으니 본인들이 이를 회복하겠다는 선언이었다. 과거 문재인 대통령은 대선 후보 기간 중 캠페인에서 "기회는 평등할 것입니다. 과정은 공정할 것입니다. 결과는 정의로울 것입니다"라고 청년들을 향해 약속한 바 있었다. 조국 전 장관의 자녀 입시부정 문제는 청년층 일각에게 문재인 정부가 그 약속을 결정적으로 훼손했다는 인식을 주게 됐으며, 윤석열 대통령과 그를 지지한 이들은 그 균열을 파고든 것이다. 마침 바람을 일으켜 국민의힘 초대 당대표로 선출된 1985년생 이준석 대표는 국민의힘이 대선을 '세대포위'로 치를 수 있다는 비전을 줬다. 말하자면 86세대와 그 위아래 지지세대를 노년세대와 청년세대가 포위하면 대선에서 승리할 수 있다는 얘기였다. 2002년 노무현 대통령을 당선시킨 대선 이래 민주당은 세대 분열에서 언제나 청년층에서 우세를 점하고 있었는데, 2022년 대선부터는

2030세대가 새로운 캐스팅보트처럼 등장하게 된 것이다.

　문제는 윤석열 대통령과 그 정부를 구성한 이들이 기존 진보담론의 문제를 보완하여 '공정'의 개념을 재정립할 만큼의 철학이나 정책적 실력은 없었다는 데에 있다. 대입문제만 보더라도 비록 상류층의 입시비리의 여지가 있다 해도 학생부종합전형을 축소하고 수능시험 위주의 정시의 비중을 높이는 것이 반드시 더 '공정'한 것인가를 따져본다면 여러 가지 의견이 가능하다(학생부종합전형부터가 이미 공정'에 대한 비판을 의식하여 교외 수상 실적 등을 모두 제거하는 등, 미국의 정성평가를 벤치마킹한 입학사정관 제도의 기존 취지를 거의 상실하고 있었다는 비판도 있다). 문재인 정부 역시 여론에 밀려 정시 비중을 높이는 식으로 기존 교육정책의 흐름을 사실상 번복했는데, 윤석열 정부 역시 그것을 넘어설만한 기조나 대책이 있지는 않았다. 이준석 대표가 구상한 세대포위론 역시 진보담론의 문제를 보완하고 넘어서는 진지한 기획이라기보다는, 주로 청년남성층이 문재인 정부가 페미니즘을 내세웠던 것에서 느낀 반감을 활용하는 것이었다. 이준석 대표는 2019년 《공정한 경쟁》이란 책을 출판하기도 했고, 국민의힘 초대 당대표가 된 후에도 일종의 토론대회를 통해 청년층 대변인단을 구성하는 등 '공정' 개념을 보수주의 정치철학에 맞춰 재정립하려는 나름의 시도를 했던 것은 사실이다. 그러나 윤석열 정부의 임기 초기 여당 당대표인 이준석을 이른바 '찍어내기'처럼 축출해내면서 윤석열 정부가 내세운 '공정과 상식'의 내용이 구체적으로 무엇인가를 검증할 기회는 영영 사라지고 만다. 이준석 대표라도 윤석열 정부 임기 동안 여당 당대표로서 본인의 스테이트크래프트를 발휘할 기회를 얻었다면 윤석열 정부가 이 정도로 참람해지지는 않았을지도 모른다.

　대신에 윤석열 대통령과 그 정부 인사들이 반복해서 행한 것은 정치의 상대편인 민주당의 인사들을 '반(反)대한민국 세력'으로 규정하는 것이었다. 물론 한국 진보진영이 과거에 이승만 대통령의 단독정부 노선에 비판적이고, 해방 정국에서 좌우합작 운동이나 심지어 북한 김일성 정권의 정통성을 더 인정하는 역사관을 공유했던 것은 사실이다. 또한 1980년대 학생운동권 중에 김일성을 수령으로 추종하는 이른바 주사파(주체사상파)가 상당수의 지분을 가지고 있었던 것도 사실이다. 그러나 그렇다고 해서 수십 년이 지난 지금 민주당의 학생운동권 출신 정치인들을 집단적으로 '반(反)대한민국 세력'으로 규정하기는 어렵다. 대북정책에서 교류협력 정책을 추구하고, 미·중 대결 시대에 균형외교를 추구하는 노선을 비판할 수도 있지만 이 역시 민주공화국 내부의 정책토론 문제이지 상대방을 '반(反)대한민국', '반(反)정부' 세력으로 매도하면서 이루어질 일은 아니었다.

그럼에도 윤석열 대통령과 정부 인사들은 전향한 사회운동 세력 출신들의 어휘를 답습한 관습적인 비난에 골몰했다. 이는 윤석열 정부 임기 동안은 '뉴라이트 역사 인식 논란'으로 드러났는데, 실제로 윤석열 정부 인사들의 발언에서 드러난 인식은 노무현 정부 초기 과잉 민족주의 담론에 대한 비판적 인식으로 형성된 과거의 뉴라이트 운동에 비해서도 훨씬 편협하고 친일적인 것이었다. 그리하여 오늘날엔 '뉴라이트'란 말이 이십여 년 전에 지녔던 의미와도 다르게 일종의 '매국노'와 같은 정치적 욕설로서 사용되게 됐다. 윤석열 정부가 이런저런 기관장에 임명한 인사들조차 '뉴라이트 역사 인식'이 논란이 되면 "나는 뉴라이트는 아니다"라는 식으로 발을 빼게 된 것이다. 그러나 중요한 건 민주주의에 대한 이해 여부이지, 뉴라이트인지 아닌지 여부는 아니었다. 윤석열 대통령과 정부 인사들이 공유했던 그러한 '반(反)민주주의'적인 파행적인 인식은 국회와 선거관리위원회 등 헌법기관에서 이루어지는 정치·행정 활동조차 '적'으로 규정하는 계엄령 포고문으로 폭주하게 됐다.

전반적으로 볼 때 윤석열 정부는 검사 출신들이 들어차서 권력을 움켜지는 데에만 집중했지 어디에 사용해야 하는지는 모르는 정부였으며, 정치 양극화를 적극적으로 조장하여 극우파 지지층만을 만족시키면서 이를 정권 유지의 수단으로 삼았다고 볼 수 있다. 그러나 윤석열 대통령 본인은 단순히 극우파 지지층을 활용한 수준을 넘어서, 실제로 극우 유튜버들의 음모론적 인식을 신앙하는 사람이었기 때문에 결국엔 스스로 '반(反)민주주의', '반(反)공화국'의 내란세력으로 타락하게 됐다.

따라서 윤석열 대통령의 정치 영역에서의 스테이트크래프트의 문제는, 박근혜 대통령이 정치 영역에서 스테이트크래프트를 거의 발휘하지 않았다는 것 이상으로 문제가 되는, 적극적으로 발휘된 최악의 스테이트크래프트였다고 볼 수 있다.

3. '실용주의 보수'의 미덕을 벗어 던지다

윤석열 대통령은 경제문제에서도 최악의 스테이트크래프트를 보여줬다. 문재인 정부가 과도한 복지지출을 통해 재정을 악화시켰다고 비판했으면서도, 건전재정을 하겠다면서 오히려 부자감세를 추진하면서 재정을 적극적으로 악화시킨 것이다. 나라살림연구소 이상민 연구위원이 2024년 연말의 토론회 등에서 한 분석에 따르면, 윤석열 정부는 5년간 84조 원의 재정여력을 감소시킨 감세정부였으며, 차기정부 5년간 감소시킬 세수의 액수도 80조 원에 이른다고 했다. 같은 기준으로 볼 때 박근혜 정부는 4년간 11조원의 재정여력을 확보하고 차기정부인 문재인 정부 5년간 약 22조 원의 재정여력을 선물로 준 증세정부였으며, 윤석열 대통령이 재정악화의 주범으로 비난한 문재인 정부 역시 박근혜 정부 정도는 아니었지만 5년간 10

조 원의 재정여력을 확보하고 차기정부인 윤석열 정부에 약 7조 원의 재정여력을 선물한 증세정부였다는 분석이다. 윤석열 정부의 사실상 마지막해라 할 수 있는 2024년의 국세 수입 예상액은 338조 원으로, 지난 문재인 정부 마지막해인 2022년 국세수입 액수 396조 원에 비해 14%나 줄었다고 한다. 이 정도 규모로 국세 수입이 급격하게 줄어든 적은 찾을 수가 없다. 국세수입이 줄어든 적 자체가 몇 번 없을뿐더러, 우리가 익히 알고 있는 크나큰 위기 때에 2~3% 가량 줄었기 때문이다.

예를 들어 2020년 코로나 위기 때 2.7%의 국세 수입이 줄었으며, 2009년 금융위기 때는 2.8%, 그리고 1998년 외환위기 때엔 3.0% 국세 수입이 줄었다고 한다. 윤석열 정부가 경제문제에서 발휘한 스테이트크래프트가 얼마나 파괴적인 것이었는지 짐작이 가는 부분이다. 게다가 줄인 예산들 중 상당 부분은 복지나 R&D 등의 예산이었기 때문에, 국가가 사회적 약자를 돌보는 의무를 방기했을 뿐더러 미래먹거리, 즉 미래의 성장동력에 대한 희망마저도 갖기 어렵게 만들었던 것이다. 말하자면 윤석열 정부는 대한민국 경제의 성장엔진의 동력을 살릴 조치를 취한 게 아니라 오히려 찬물을 끼얹고 있었던 것이다. 경제에 대한 이해가 별로 없었던 전두환 대통령조차도 국보위 시절부터 김재익 경제수석의 과외를 받아, 임기 초반의 통치에서는 "경제는 당신이 대통령이야"란 말로 김재익 수석에게 전권을 맡겨서 물가안정 등의 성과를 이뤄낸 것을 생각하면, 윤석열 대통령의 스테이트크래프트가 얼마나 최악인지 알 수 있다.

더구나 윤석열 대통령은 이른바 4대개혁, 연금·의료·교육·노동개혁을 추진한다고 공언하면서도 여소야대 정국에서 거대 야당과의 협의를 사실상 거부하는 비상식적인 스테이트크래프트를 발휘했다. 경제문제를 해결하기 위한 정책을 추진하기 위해서도 반드시 정치적 타협이 필요하다는 점을 생각해 본다면, 과연 윤석열 대통령에게 개혁의 의지가 있기나 했는지 의심스럽다. 비록 외환위기를 불러온 책임 때문에 경제영역에서의 스테이트크래프트를 가장 저평가받는 김영삼 대통령조차도, 3당 합당으로 확보된 여대야소 구도와 민심의 지지를 바탕으로 금융실명제 등 몇몇 경제개혁을 추진해서 일정 부분 평가받는 것과 비교해보면, 윤석열 대통령이 부르짖은 개혁이란 것이 얼마나 허무한 메아리에 불과했는지를 더 확실하게 알 수 있다. 여소야대이기 때문에 야당과 협의해야 했고, 민심에 부합하는 정책을 제시하면서 실행확률을 높였어야 했는데 아무것도 하지 못한 것이다. 일본 아사히신문의 올해 1월 7일자 보도에 따르면 윤석열 대통령은 '종종 소맥 20잔 정도를 마시며', 극우 성향 유튜버 방송에 심취했다고 한다. 아사히신문 보도의 사실 여부를 단언할 수는 없으나, 윤 대통령이 대한민국 대통령직의 권위를 국제사회에서도 크게 손상시킨 것만은 분명한 사실이다. 그렇게 '정치'가 사라진 자리에 음주와 망상만이 남은 가운데 아무런 성과도 내지 못한 채 차일피일 시간만 지나갔을 뿐이다.

'가치외교'를 표방한 것은 좋았으나, 미·중대결 시대에 발생하는 여러 경제적 문제에 전혀 대처하지 못한 것도 크나큰 문제였다. 2023년에 한국 기업은 미국 내 프로젝트에 투자를 약정한 규모가 215억 달러를 기록하면서 대만을 제치고 사상 처음으로 미국의 최대 투자국이 됐으며, 이러한 기조는 당분간 이어질 수도 있다. 한국 기업들이 대미 투자를 대폭 늘린 까닭은 미국이 중국을 글로벌 공급망에서 배제하려는 시도에 대한 적응의 의미가 컸다. 만약에 미·중대결 시대가 개막하지 않았다면, 중국의 제조업이 중기적으로 한국의 모든 제조업 산업의 경쟁력을 따라잡아 시장을 잠식할 것이라는 우려도 기존에 있었으므로, 미국이 시도하는 글로벌 공급망의 재편은 한국 기업들에게 꼭 나쁜 것만은 아니었다. 하지만 당장에 한국이 중국에 투자한 공장들에서 곧바로 발을 뺄 수 있는 것도 아니었고, 미국에 공장을 짓더라도 미국의 반도체 및 과학법(CHIPS and Science Act·칩스법)이나 인플레이션감축법(IRA)을 활용해서 조금이라도 더 많은 보조금을 타낼 수 있도록 협상을 해야 할 일이었다. 그런데 윤석열 정부는 알려진 바에 따르면 정부 차원의 협상을 전혀 하지 않았으며, 그래서 각 재벌그룹들이 제각각 별도로 미국과 협상을 시도한 결과 나타난 결말이 '한국이 미국의 최대 투자국으로 부상'한 기묘한 현상이었던 것이라 짐작된다.

다시 비교하자면 이명박 대통령의 경우 경제문제에서 수출대기업의 이익만 지나치게 챙겼다는 비판을 받기도 했지만, 그렇기에 만약에 이명박 대통령이 이 시기에 통치를 했다면 미국과 중국을 상대로 훨씬 더 적극적으로 협상을 했을 것이 분명하다. 윤석열 대통령은 한국 대통령이 한국 국민들의 민원을 해결하기는커녕 한국의 재벌대기업들의 민원조차 해결하지 않으면서, 오직 미국 정부와 일본 정부의 민원을 해결하기 위해 동분서주하는 모습을 보여줬을 뿐이다. 윤석열 대통령이 재벌대기업들을 위해 하는 바는, 객관적으로는 성사 가능성도 없었던 부산 엑스포 유치를 위해 해외순방을 다닐 때 재벌총수들을 대동하면서 그들에게도 소맥을 적극적으로 권하여, 본인뿐만이 아니라 재벌총수들의 정신도 혼미하게 만들었다고밖에 볼 수 없는 상황이었다.

이처럼 윤석열 대통령의 경제문제에서의 스테이트크래프트는 정치문제에서의 스테이트크래프트와 마찬가지로 나쁜 방향으로만 행사된 최악의 것이었다고 볼 수 있다. 전두환, 김영삼, 그리고 이명박 대통령의 경제문제에서의 스테이트크래프트와 비교하게 된 이유도 그것이다. 윤석열 대통령은 경제에 전혀 관심이 없었고, 그 중요성을 알지도 못했으며, 잘해볼 생각도 없었던 대통령이었다고 볼 수 있다. 정치문제에서와 마찬가지로 경제문제에서도 윤 대통령의 스테이트크래프트는 대한민국 수립 이래 유례가 없는 것으로서, 굳이 비교하자면 동양 전근대사를 거슬러 올라가서 '사리에 어둡고 어리석은 임금'이라는, '혼군(昏君)'이자 '암군(暗君)'으로 불렸던 이들과 비교해야 할 지경이 됐다.

4. 결론

윤석열 대통령은 현재 내란을 획책하고도 수사를 받기를 거부하면서 민주주의 정치공동체를 분열의 위기로 몰아넣는 중이다. 이는 민주주의의 차원에서도 규탄 받아야 하는 문제겠지만, 정치권력이 국민경제를 발전시키기는커녕 국민경제의 짐덩어리가 되어버린 대한민국의 참담한 현실을 보여주고 있다. 대통령이 체포될 전망이 보였을 때엔 잠시 주가가 상승하고 환율이 안정되다가, 체포가 되지 않을 것 같으니까 주가 상승이 주춤하고 환율이 다시 불안정해지는 현실은 하루라도 빨리 타파되어야 한다. 결국 우리는 곧 다시 한 번 대선을 치러야 할 것이며, '대통령의 무자격'이 만들어낸 이 기막힌 시대를 탈피하고 다시 한 번 새롭게 '대통령의 자격'을 논해야 할 것이다.

제3부 맺음말

- 2025년(乙巳年) '대통령의 자격',
다시 한국 사회가 묻고
윤여준이 답한다

제1장 다시 대통령의 자격을 묻는다

1. 2025년, 다시 대통령의 자격을 묻는다

대한민국은 지난 80여 년 동안 전쟁과 가난, 군사정변과 국민봉기 등 숱한 역사의 굴곡을 거치는 가운데서도 산업화와 민주화에서 놀라운 성취를 이룩하였다. 그러나 아직도 분단을 극복하지 못한 채 남북 간에는 간헐적으로 부분적인 교류와 협력이 이루어지기도 했으나, 기본적으로는 날카로운 군사적 대치상태가 지속되고 있다. 최근 북한 김정은은 대한민국을 통일의 대상으로조차 보지 않으면서 '외국'이자 '적국'으로 규정하고 있어 긴장상태는 어느 때보다도 높아져 있다.

또한 권위주의 체제에서 민주체제로 전환한 1987년 이후 산업화와 민주화의 상승효과로 경제·사회·문화적 발전이 상승 곡선을 그리고 있는 듯한 모습을 보여주면서도, 한편으로는 세계화와 맞물려 양극화 현상이 심화되어 경제·사회적 갈등이 증폭되고 있다. 대외적으로는 한국 대중문화가 전 지구적으로 유행하면서도 대내적으로는 국민 구성원들이 삶에 만족하지 못하며 여전히 OECD 기준 가장 높은 자살률이 사회 문제가 되고 있다. 특히 국가운영의 방향과 방법을 놓고 이념적·정치적 갈등이 시간이 지나면서 점점 더 첨예화됨에 따라 정체와 혼란을 면치 못하고 있어 많은 국민이 불안해하고 있다.

여기에는 환경·경제·사회적 구조, 제도적 특성 등 여러 요인이 두루 영향을 미치고 있다. 그러나 무엇보다도 최종적인 결정을 내리는 국가 행위자들의 역할이 가장 중요하다. 물론 행위자는 주어진 구조와 환경, 그리고 제도의 한계를 벗어날 수 없으며 따라서 그의 선택지 자체가 이에 의해 크게 제약을 받고 있는 것은 사실이다. 하지만 이러한 제반 요인들과 상호 영향을 주고받으면서 집단적 결정을 내리는 정치인 특히 국회의원들이 가장 중요하며, 무엇보다 이러한 과정을 제도적·정치적으로 관리하는 최고 행위자인 대통령에게 궁극적인 책임을 묻지 않을 수 없기 때문이다. 그런 점에서 건국 이후 역대 대통령들의 스테이트크래프트를 순서대로 살펴보았다.
정치란 국가의 운영원리를 수립하고 이를 발전시키는 일이며, 다시 말해 공공부문에 관한 '집단적 결정과정'을 관리하는 일이다. 그 가운데서도 핵심은 국민의 대표인 국회의원과 국가의 최고 행위자인 대통령을 선출하는 각종 공직선거라고 할 수 있다. 특히 민주국가는 국민주권을 토대로 하고 있기 때문에 공직선거를 통해 주권이 발휘되고 통치자인 리더가 피치자인 국민과 동일성을 부여받게 되는 만큼 선거의 중요성은 아무리 강조해도 지나치지 않다. 따라서 정치인 특히 대통령의 스테이트크래프트 문제는 결국 유권자인 국민의 스테이트크래프트로 환원된다. 정치인의 수준은 국민의 수준인 것이다.

이 책의 개정판이 나오는 2025년의 국제정세는 이 책이 처음 출간된 2011년과 비교해도 무척이나 험난해 보인다. 유라시아에서 러시아와 우크라이나의 전쟁, 중동에서 이스라엘과 하마스의 전쟁이 동시에 치러지는 가운데, 북한은 러시아와 밀착하여 '포괄적 전략 동반자'로 관계를 격상하고 쌍방 무력침공 시 지체 없이 군사적 원조를 제공한다는 협상을 체결했다. 이는 북한이 옛 소련과 체결했던 동맹관계를 사실상 복원하는 것이라 해석될 수 있다. 급기야 북한은 러시아를 위해 1만여 명의 병력을 우크라이나 전장으로 파견했으니, 유라시아와 중동의 전쟁이 진정되지 않는 가운데 동북아시아의 군대가 등장하자 이제는 서구권 사람들도 3차 세계대전의 잔상이 아른거린다고 걱정하는 경향이 많아지고 있다. 이처럼 대한민국의 운신의 폭이 넓지 않기는 하지만, 그렇기 때문에 더욱이나 조타수를 잡는 선장의 역할이 중요해지는 시점이다.

우리는 민주화 이후 네 번에 걸친 수평적 정권교체를 거치면서 독특한 형태이기는 하지만 좌우의 국가운영 노선을 모두 경험해보았다. 또 전업 정치인 출신과 전문가 출신 정치인 모두를 대통령으로 가져보았다. 그 결과 제대로 스테이트크래프트를 갖춘 인물을 대통령으로 선출하지 않으면 국가발전은커녕 정상적인 국가운영 자체가 어렵게 된다는 사실을 통감할 수 있었다. 그런 점에서 오늘날 공직자 특히 대통령에게 요구되는 바람직한 스테이트크래프트란 어떤 것인지, 그리고 향후 선거에서 국민적 선택의 기준은 무엇인지 다시 한 번 함께 생각해보고자 한다.

2. 87년 체제의 극복과 올바른 변화

먼저 현재의 정치적 상황 특히 민주화 과정에서 성립된 이른바 '1987년 체제'의 특성과 현황을 살펴볼 필요가 있다. 87년 체제는 일종의 '협약에 의한 민주화'의 산물이었다. 물론 여기에는 아래로부터의 요구가 주된 추동력으로 작용하였지만, 체제유지의 힘과 변화의 힘이 교착상태를 이룬

가운데 구지배세력이 체제 변화의 국민적 요구를 수용함으로써 여야 합의 하에 평화적으로 제도를 변화시켰다는 점이 중요하다. 그리하여 새로운 헌법은 자유민주적 기본질서를 회복한 위에 경제·사회적 진보적 욕구도 상당 부분 수용하였다. 또한 정치적으로는 구 여권과 양김에게 순차적으로나마 국가운영의 기회를 부여할 수 있는 5년 단임의 대통령제에 합의하였다. 문제는 이후 양김의 현실 정치적 경쟁 양상이 지역구도와 연결·고착 되었다는 데 있다. 그리하여 체제는 민주화되었고 제도 또한 민주적으로 발전하였지만, 현실 정치의 구체적인 행태는 지역 감정을 토대로 하는 지역구도 위에서 '동원체제'의 성격을 강하게 띠게 되었다. 그 결과 민주정 치의 구체적인 기제인 정당과 의회정치는 별반 변화된 모습을 보이지 않은 가운데 '제왕적 대통령제'라는 이름 아래 맥락을 달리하는 권위주의적 정치행태가 지속되었다.

 문제는 양김의 퇴장 이후 오늘날까지도 흑백논리와 극한 대결의 정치라는 권위주의적 유습은 청산되지 못한 가운데 정치적 리더십만 크게 저하된 모습을 보이고 있는 현실이다. 지역구도의 동원체제가 다소 약화되면서 세대구도의 동원체제, 심지어 청년세대에선 젠더구도의 동원체제가 새로 추가되었다는 것이 달라진 점이나 이 역시 그리 긍정적인 변화는 아니다. 혹자는 이를 '정당정치의 몰락'이라고 하지만, 엄밀하게 말해서 우리나라에 과연 정당정치가 존재해오기나 했는지 의문이다. 과거 권위주의 시대에는 정권 혹은 이에 도전하는 정치가들에 의한 동원정치가 의회정치 혹은 정당정치라는 외피로 분식되어왔다. 당시 정당이란 기껏해야 정권의 위성정당이거나 명망가 위주의 명사정당이었고, 정당정치란 기실 붕당정 치에 불과했던 것이다.
 민주화 이후에도 한국의 정당정치는 카리스마적 지도자에 의한 동원체제의 성격이 강했던 것이 사실이다. 다만 이들 리더들과 국민 간의 지역적 일체감이 존재하였기 때문에 지역감정 자체가 지속적인 지지를 보장해줌으로써 한국정치에 일종의 정당정치적 안정성을 제공해온 것을 부인하기 어렵다. 그 결과 마치 정당정치가 외양을 갖춘 것으로 비쳐졌고 또한 정상적으로 작동하고 있다는 착시현상을 불러왔던 것이다.

그러나 양김 이후에는 카리스마적 지배자의 부재 속에서 여야 간 정도의 차이는 있지만 양대 정당 모두 지역적 동원 능력이 현저히 저하되었다. 그 결과 국민의 의사를 집약해내는 결사체로서 정당의 역할은 제자리를 잡지 못한 가운데, 그나마 발휘되어온 효율성만 약화됨으로써 오늘날 정치는 경제·사회적 발전 자체를 가로막는 역기능을 하고 있는 것이다. 이제 우리 정치에서 남은 것은 기득권의 독과점적 카르텔 구조뿐이다

이러한 구조를 변혁해야 한다는 국민적 요구는 2012년의 '안철수 현상'에서부터 이미 드러났다. 그러나 정치인 안철수는 그 국민적 요구를 수용할 수 있는 역량이 없었으며, 그 후로도 한국 정치권에서 이른바 '제3지대'는 국민의 요구에 의해 급조됐다가 참여한 정치인의 역량 미비와 선거법의 한계로 인해 해체됐다. 그래서 양당의 기득권은 여전히 강고하다. 현재의 체제는 지극히 불안정하지만 그 구조는 쉽게 깨지지 않고 있는 것이다. 오늘의 시대적 과제는 이러한 정치의 카르텔 구조를 타파, 민주화 이후 꾸준히 성장해온 시민사회 세력의 새로운 동력을 토대로 정치풍토를 개선하고 선진적 정치질서를 수립하는 데 있다. 고 노무현 대통령 역시 이러한 문제의식을 갖고는 있었지만 서투른 접근으로 소기의 성과를 거두지 못하였다.

이후 취임한 대통령들은 이러한 문제의식 자체가 상당히 약했다. 대체로 '여의도식 정치'에 대해 비판적인 태도를 가지고 있었지만 이를 극복·개선

하기 위한 특별한 구상이나 정책적 노력은 부족했다. 그렇게 정치가 지지부진한 사이 최근에는 시민사회 세력 역시 예전의 건전함과 활기를 잃어버린 듯하다. 시민사회 세력을 형성했던 많은 리더와 활동가들이 기성 정치권에 합류한 후 별다른 성과를 내지 못한 채 형해화됐으며, 그들이 빠져나간 자리는 다른 이들에 의해 채워지지 못했다. 최근 두 번의 총선에서 시민사회 세력이 주장한 준연동제 선거법 개정의 경우, 위성정당 내지는 자매정당이란 꼼수를 통해 민주당에 대해 시민사회 세력의 지분을 '뱃지 분배'의 형식으로 요구하는 것처럼 느껴지기까지 한다.

오늘의 과제는 바로 어디에서 변화의 동력을 찾아, 어떤 방향을 향해, 어떤 방법으로 변화할 것인가에 있다. 변화가 중요하지만, 이보다 더욱 중요한 것은 '올바른 변화'인 것이다. 자칫 방향을 잘못 잡는다든가 그 속도를 제대로 컨트롤 하지 못하다가는 어떤 결과가 초래될지 알 수 없다. 후진국을 탈피하는 데는 '모델'이 중요한 역할을 할 수 있었지만, 선진국으로 도약한 이후로도 발전을 지속하기 위해서는 창조적이고 주체적인 사고와 발상, 그리고 국민들의 의식과 체질상의 변화 없이는 불가능하다.

줄탁동기(啐啄同機)라는 말이 있다. 병아리가 알에서 나오기 위해서는 새끼와 어미닭이 안팎에서 서로 쪼아야 한다는 뜻이다. 안과 밖이 함께 힘을 합치는 것이 중요하다는 것이다. 특히 바깥에서 충격을 주되 궁극적인 열쇠는 안에서 쥐고 문제를 해결해야 한다. 그렇지 않을 경우 너무나 큰 대가를 지불해야 했던 것이 세계사의 경험이다. 이제 우리에게 주어진 시간은 그리 많지 않다. 당장 치를 수도 있는 2025년 봄의 대선부터 2026년 지방선거, 2028년 총선에 이르는 선거의 시간은 민주화 이후 수십 년 간 이어온 정체와 답보의 시대를 마무리하고 21세기 시대 변화에 걸맞은 국가 건설을 위한 새로운 출발의 계기로 만들어야 할 것이다.

제2장 윤여준이 답하는 대통령의 자격

1. 대통령의 자격, 6가지 능력과 2가지 소양

스테이트크래프트의 6가지 구성요소와 이를 뒷받침할 2가지 소양이란 개념은 저자가 《대통령의 자격》 출간 이후 십수 년 간 강연을 다니면서 설명한 내용을 추가로 정리한 것이다.

저자가 생각하는 차기 대통령의 통치역량의 6가지 구성요소는 다음과 같다.

첫째, 비전 제시 능력이다. 지도자는 시대적 과제를 선취하여 그것을 비전으로 제시해야 하며, 그 과정에서 국민적 동의를 얻어서 국가의 역량을 결집해야 한다.

둘째, 정책 실현 능력이다. 제시한 비전을 실현하려면 정책 역량이 필요하다. 그런데 정책 역량에는 수집능력과 추진능력이 따로 있으며, 두 가지가 다 겸비되어야 한다는 사실을 명심해야 한다. 어떤 정치인은 좋은 정책을 만들어낼 역량은 있는데, 그것을 현실 속에서 구현하는 역량이 부족하다. 한편 다른 정치인은 정책을 추진하는 역량은 좋은데, 그 정책을 세밀하게 구성하는 역량은 부족하다. 훌륭한 지도자가 되려면 두 역량을 함께 겸비해야 한다. 그래야 시대적 과제를 바탕으로 만들어낸 비전을 정책으로 실현할 수 있다.

셋째, 제도 관리 능력이다. 특히 민주국가에서 국정운영을 하기 위해서는 지도자에게 제도를 관리하는 능력이 있어야 한다.

넷째, 인사 능력이다. 인사 능력은 사실상 지도자에게 가장 중요한 역량이라고도 볼 수 있다.

다섯째, 외교 역량이다. 외교 역량은 특히 중견국가에게 중요한 가치를 지닌다고 과거 영국의 마가릿 대처 수상이 말한 바도 있다. 이른바 4대강국 사이에서 처신해야 하는 중견국가인 대한민국의 지도자가 되기 위해서도 외교 역량이 절실하게 필요하다고 볼 수 있다.

마지막으로 여섯째, 한반도 상황을 유지하기 위한 북한 관리 역량이다. 요즘 어떤 보수주의자들은 북한 문제를 외교 문제의 하위 범주로 넣어야 한다고 주장하기도 한다. 물론 북한 문제를 관리하는 것 역시 '4강외교'와 밀접한 관리가 있는 것은 사실이지만, 대한민국의 특성상 북한 문제는 별도로 매우 중요한 문제이기 때문에 저자는 별도로 분리해야 한다고 봤다. 북한 문제가 별 것 아니라고 생각하는 태도로는 대한민국의 훌륭한 지도자가 될 수 없다.

다음으로 '대통령의 자격'을 논하기 위해선 스테이트크래프트를 받쳐주는 기초소양, 즉 기본자질이 중요한데, 그 기본자질의 덕목은 크게 두 가지로 나누어볼 수 있다. 하나는 투철한 공인의식이며, 다른 하나는 민주적 가치의 내면화이다.

첫째, 공인의식이란 국가의 공공성에 대한 이해에서 출발한다. 공공성이란 국가라는 정치공동체를 형성하고 유지하기 위한 핵심 가치이다. 어느 서양학자는 국가라는 것은 공공성이 제도로 응결된 것이라고 표현한 바 있다. 공공성은 국가가 갖는 합법적 폭력과 강제력의 근거가 된다. 국가에게 필수적인 행위, 징세와 징병과 같은 것은 공공성이 없이는 정당화되지 못한다. 프랑스의 정치철학자이자 역사학자인 알렉시스 드 토크빌(Alexis de Tocqueville)은 "민주주의는 사람들의 일상에서 공공성으로 용해되어야 한다"는 말을 한 바 있다. 특히 대통령은 공공성의 상징적 존재로서 공공성을 관리하면서 신장시키는 것이 기본적인 책무라 볼 수 있다. 이 공공성에 대한 대통령의 이해가 부족해지면 권력에 대한 사유의식이 초래된다. 권력의 사유의식은 막스 베버(Max Carl Emil Weber)가 지적한 가산주의(Patrimonialism)의 원인이 된다. 권력을 남용하고, 정실인사를 하고, 부정부패가 시작되는 것이다. 이것은 대한민국 역대 대통령들에게서 공통적으로 발견된 오류이자 폐해였다고 볼 수 있다.

둘째, 민주적 가치의 내면화는 생각과 행동이 민주적이어야 한다는 의미다. 민주주의를 그저 제도로만 인식하는 경향을 경계해야 한다. 지도자에겐 민주공화국 헌법의 가치와 운영원리에 대한 깊은 이해가 필요하다. 특히 국민주권과 권력분립이라는 핵심 가치에 대한 이해가 중요하다. 국가의 의사결정은 공공성을 지키는 다수 구성원에 의해 민주적 과정을 통해 이루어져야 한다. 민주주의에서 가장 중요한 것 중에 하나가 바로 과정이다. 비민주적 통치는 아무리 결과가 좋아도 정당성을 인정받기가 어렵다.

가령 박정희 대통령은 유신이란 과오 때문에 산업화의 공로를 제대로 인정받지 못하고 있는 것과 같다.

민주적 가치가 내면화되면 대통령이라는 지위에 대해서도 오해하지 않게 된다. 대통령은 수직적 위계질서의 정점이 아니라 '동료 시민 중의 1인자'와 같은 위상을 점해야 한다. 동료 시민, 그리고 내각 참모들의 보좌를 받으면서 그 위에 무등을 타고 있는 존재라고 생각해야 한다. 대통령은 행정부의 수반일 뿐이지, 국가 원수라고 착각해서는 안 된다. 대통령이 국가 원수 역할을 하는 것은 순전히 대외관계의 영역에서일 뿐인데, 그동안 대내적인 국내 정치의 영역에서도 대통령이 행정부를 초월한 국가 원수 역할을 해야 한다고 착각하는 이들이 많았다. 입법권을 가진 통치기구는 국회 밖에 없다는 점을 잊지 말하야 하며, 국회를 무시하지 말고 존중해야 한다. 민주화의 상징적인 존재였던 김영삼 대통령과 김대중 대통령도 통치시기에 '제왕적 대통령'의 권한을 행사한다는 평가를 받았다. 대통령제하 대통령은 그만큼 권력 남용의 유혹에 빠지기 쉽다는 의미다. 여당을 다만 국민을 동원하는 통치수단으로 간주하고 야당을 국정 동반자로 인정하지 않음으로써 정치적 파탄을 초래하는 경우가 많았다. 6공화국 헌정사에서 두 명의 대통령이 파면당하는 상황이 온 것도 그 때문이었다. 따라서 대통령에겐 공인의식과 함께 민주적 가치의 내면화가 기본소양으로서 가장 중요하다고 하겠다.

2. 대통령에게 요구되는 언행의 자질 4가지

민주적인 사회와 국가에서는 가치의 다원성을 추구하기 때문에 모든 사람이 따라야 하는 보편적인 기준을 세우는 것은 쉽지 않다. 따라서 '최선'

을 선택하는 양상이 전개되는가 하면 경우에 따라서는 '최악'을 피하기 위해 '차악'을 선택하는 모습을 띠는 수도 있다. 정치 지도자 특히 최고 지도자인 대통령에게 요구되는 스테이트크래프트의 덕목도 마찬가지라고 할 수 있다. 어떤 것이 바람직한 자질과 덕목이라고 주장할 수도 있지만 현실 속에 많은 사람들이 공감하기 위한 기준으로서는 '이것만은 피해야 한다'는 네거티브적 접근이 불가피한 경우도 적지 않다.

스테이트크래프트에서 가장 먼저 언급할 것은 인간에 대한 깊은 이해라고 할 수 있다. 그것은 인류가 발전시켜온 인문학을 토대로 인간 본성, 특히 자아에 대한 깊은 통찰에서 나오는 것이라고 하겠다. 무엇보다 중요한 것은 인간에 대한 믿음과 이를 바탕으로 자아의 완성과 사회의 발전을 위해 노력하려는 자기 철학을 정립하는 것이다. 그러나 그 과정은 인간의 욕망, 선과 악의 문제, 개인과 사회 그리고 국가 간의 화해하기 어려운 갈등, 정치권력의 야누스적 성격 나아가 세계사의 흐름 같은 철학적 담론에 대한 나름대로의 깊은 천착을 요구한다. 여기에서 핵심은 인간의 유한성에 대한 철저한 자각과 겸허한 태도다. 무한한 자연과 장구한 역사 앞에서 스스로 삼가는 신독(愼獨, 홀로 있을 때에도 도리에 어긋나지 않게 삼가는 태도)의 자세가 요청되는 것이다. 근대적인 이성적 자아를 정립하고 사회를 합리적인 것으로 개혁하기 위한 튼튼한 철학적 기반을 정립하되, 이와 동시에 이성의 한계를 자각하면서 한편으로는 이미 시작된 포스트모던 사회의 다양한 요구들을 이해하고 이에 적응하려는 자세를 갖추지 않으면 안 된다.

오늘날 환경·생태학이 강조되고 있다. 인간이 자연을 마음대로 할 수 있다는 오만에서 벗어나 자연을 존중하고 경외하면서 함께 살아가는 자세가 필요한 것이다. 그러나 자연의 생태학(ecology of nature)만 아니라 인간의 생태학(ecology of man) 또한 필요하다. 근대적인 인간의 이성 특히 공학적 이성에 의존해 사회를 단순한 엔지니어링의 대상으로만 삼는 태도에서 벗어나야 한다는 것이다. 도식적인 '역사의 흐름'과 같은 추상적·일반론적 진리를 독점한 채 이를 사회에 강요하려고 할 것이 아니라, 인간의 불완전성에 대한 자각을 바탕으로 특히 인간 이성의 영역을 넘어서는 것에 대한 경외심과 더불어 타인과 사회에 대한 겸손한 자세가 요청되는 것이다.

특정 후보가 공직자 특히 대통령으로서 이러한 자질과 능력을 과연 갖추었는지를 파악하는 것은 쉬운 일이 아니다. 다만 그것을 판단할 몇 가지 현실적 근거나 기준은 말할 수 있을 것이다.

첫째는 언어구사의 문제다. 하이데거(Martin Heidegger)가 "언어는 존재의 집"이라고 말한 바도 있지만, 언어는 단순한 수단이 아니라 인간성의 본질을 구현한다. 하물며 국가지도자 특히 대통령의 경우, 국가의 최고 행위자다운 언어를 구사해야 한다는 것은 말할 것도 없다. 그렇다고 달변인 필요는 없으며, 특히 현학적인 전문용어나 생경한 관념어를 남발하거나 아니면 감성을 자극하는 현란한 어법으로 대중을 선동하려는 것은 오히려 경계의 대상이라고 하지 않을 수 없다. 중요한 것은 인류가 쌓아온 지혜의 결정체(結晶體)인 인문학에 대한 천착을 바탕으로, 자신의 삶 속에서 녹여낸 절제되고 기품 있는 언어를 구사할 수 있는 능력이다.

말 또는 소통은 민주정치의 핵심이다. 자신의 생각이 합리적이고 타당하다는 점을 부각시켜 상대방을 설복하는 행위다. 말은 논리적이어야 하지만 더욱 중요한 것은 타인의 마음을 움직일 수 있는 높은 품격과 설득력을 갖고 있어야 한다. 그래서 고대 아테네 민주정치와 로마의 공화정에서는 웅변술과 수사학을 중시하였던 것이다. 그런 점에서 오늘날과 같은 민주정치에서 집단적 결정과정을 관리하는 최고 행위자인 대통령의 경우, 말의 중요성은 아무리 강조해도 지나치지 않을 것이다. 고 노무현 대통령의 경우처럼, 헌법의 수호자요 국가의 행위자인 대통령이 반대자들을 원색적인 언어로 비난하는가 하면 심지어는 국가의 최고제도인 헌법에 대해서까지 비속어를 사용하고 또한 국가운영을 '내기걸기'식 언어로 표현해서는 결국 아무것도 이룰 수 없다는 사실을 분명히 깨달아야 한다. 한편 최근의 정치권에선 노무현 대통령의 사례가 특별해 보이지 않을 만큼 정치권의 언어가 지위고하를 막론하고 원색적이고 천박하게 변했다. 이러한 세태의 변화를 노무현 대통령의 책임이라고 말하는 것까지는 무리한 일이지만, 그러한 세태 변화가 자체로 매우 부정적인 현상임은 분명하다.

두 번째 기준은 말의 일관성 즉, '원칙 없는 말 바꾸기'를 하고 있지 않은지 여부다. 물론 말과 정치적 입장도 경우에 따라서는 바뀔 수 있다. 하지만 아무리 좋은 뜻에서 바꾸었다 하더라도 이는 정치에서 가장 중요한 신뢰성에 큰 상처를 주게 되며, 결국 국민적 불신을 자초할 수밖에 없다. 우리 정치사에서 특히 민주화 이후 대통령들은 집권한 후 자신을 밀어준 정당을 떠나 새로운 정당을 창당하는 경우가 많았다. 이는 자신을 선출해준 국민의 뜻을 저버리는 것이며, 또한 지지자들에 대한 배신행위라고 할 수 있다. 그 결과 아무리 표방하는 목적이 정당한 것이었다고 하더라도 국민적 불신과 정치적 갈등만을 증폭시켰을 뿐 기대했던 성과를 거둘 수 없었다.

우리 정치사에서는 말과 입장을 아예 공공연히 번복하는 일도 비일비재하였다. 아직도 기억에 생생하지만 '의원 꿔주기'와 같은 행태까지 등장하는가 하면, 그 과정에서 국민의 대표이며 헌법기관이라 할 국회의원이 '한마리의 연어'를 자칭하는 코미디까지 벌어져 정치를 희화화시킴으로써 국민들 간에 정치에 대한 냉소적 태도를 만연시키기도 하였다. 여야가 바뀌었다고 어제까지 자신들이 옳다고 주장하면서 추구했던 정책을 하루아침에 표변하여 매도하는 식의 파당적 태도를 보이는 사례를 우리는 '한미 FTA'에 대한 입장을 놓고 생생히 목도할 수 있었다. 이후로는 윤석열 대통령과 한동훈 국민의힘 전 대표처럼, 문재인 정부 시절 본인들이 검사로서 수사해서 잡아넣은 이명박 정부와 박근혜 정부의 여러 인사들을 사면해서 정권에 중용하는, 마치 코미디와 같은 사례도 생겨났다. 따라서 말을 뒤집고 정치적 입장을 번복한 경우에는, 과연 한때 잘못된 판단을 바로 잡기 위한 것인지 아니면 정파적 이해관계 때문에 그렇게 한 것인지를 유권자인 국민들은 자세히 따져보아야 할 것이다.

세 번째 기준은 말과 행동이 어긋나지 않는지의 문제다. 이는 과거 권위주의 시대에 전형적으로 나타난 병폐였다. 박정희 대통령은 유신헌법에서 자유민주적 기본질서를 파괴하면서도 국민을 위한 것이라고 강변하였고, 전두환 대통령은 헌정파괴의 쿠데타와 광주에서의 유혈참사를 딛고 권력을 장악한 후에 '정의사회'를 표방하기도 하였다. 문제는 민주화 이후에도 말과 행동의 괴리 현상이 그치지 않고 있다는 사실이다. 이러한 정치 지도자들의 말과 행동의 불일치에 대해서는 언론과 시민사회의 끈질긴 추적이 필요할 것이며, 이와 함께 결코 그러한 행태를 용납하지 않으려는 국민적 의지가 반드시 필요한데, 우리 현실이 그렇지가 못해서 아쉬운 대목이다. 먼저 유념해야 할 것은 유권자에게 자신을 검증할 시간을 주지 않으려는 후보는 경계해야 한다는 점이다. 기성 정치권과 정치인들에 대한 반발 심리라는 점은 이해될 수 있지만, 선거에 임박하여 신선함을 무기로 혜성처럼 등장하는 후보를 일종의 '충동구매' 한 후 얼마 지나지 않아 그 실체가 드러나자 후회하는 식의 행태가 되풀이되어서는 곤란하다.

결국 가장 중요한 것은 국민들의 인식과 태도에 달려 있다. 특히 정치인들은 국민들의 지역적·이념적 파당심리에 기대어 말과 행동을 내놓고 달리 할 수 있는 것이다. 자기편에 대해서는 '선의'라고 하는 관대한 심정윤리를 적용하고, 상대편에 대해서는 엄격한 법 규정을 들이댈 뿐 아니라 심지어 '악의(惡意)'를 갖고 있다는 전제를 깔고 보는 경우가 적지 않다. 요즘은 이른바 '내로남불'이란 말로 비판받는 자세다. 이러한 사고방식 뒤에 도사리고 있는 것이 선악 이분법적 흑백논리다. 조선조의 성리학적 전통과 더불어 한때 권위주의 독재체제와 투쟁하지 않을 수 없었던 역사 때문인지는 몰라도 우리 국민과 정치인들 사이에서는 현실 정치를 선악의 윤리적 구도로 파악하거나 '역사의 법칙' 혹은 '역사발전'과 같은 추상적 원리에 따라 재단하려는 경향이 아직도 강하게 남아 있다. 우리 정치에는 권위주의의 유산이 곳곳에 남아 있기 때문에 하루 빨리 이를 극복하려고 노력하는 것은 필요하다.

그러나 권위주의 유산이라는 것도 특정 세력에만 남아 있는 것이 아니라, 정도의 차이는 있을지언정 피아간(彼我間)에 공유하고 있는 것이다. 그런 점에서 한국사회와 정치를 권위주의 시대로 되돌리려는 세력이 현실적으로 따로 존재하며 또 그러한 음모가 통할 수 있다고 보는 태도야말로 오히려 오늘날 성숙한 정치를 가로막는 걸림돌이라고 하지 않을 수 없다. 따라서 구체적인 사안에 대한 비판과 정책 제시보다는, 추상적 관념과 일반론적 거시담론을 앞세우면서 자신을 선으로 자처하고 상대방을 악으로 매도하는 후보나 세력은 극력 경계하지 않으면 안 될 것이다.

마지막으로 네 번째 기준은 매사에 신중한 자세와 금도(襟度)가 있는지 여부이다. 국민의 생명과 재산을 책임진다는 입장에서는 무엇보다도 매사에 두려워하고 삼가는 자세가 필요하다. 조선시대의 율곡 이이도 통치자에게는 '차마 하지 못하는' 어떤 것이 있어야 한다고 강조한 바 있다. 정치에 있어 경우에 따라서는 '결과에 대한 책임논리'에 입각한 행동이 불가피할 수도 있다. 고대 로마는 평시 두 명으로 되어 있는 집정관(consul)의 권한을 유사시에는 한시적으로 한 명의 독재관(dictator)에 집중시키는 제도를 갖고 있었고, 오늘날 모든 민주국가 역시 헌법의 방어를 위한 비상대권을 규정하고 있는 이유가 여기에 있다. 중요한 것은 그러한 비상시의 행위 또한 어디까지나 헌법적 질서라는 제도에 입각하여 이루어져야 한다는 것이다. 뿐만 아니라 이러한 행위는 그 범위를 최소한으로 국한시키고 시효도 최대한 단축시켜야 하며 사후에라도 부작용을 수습하기 위해 혼신의 노력을 기울이지 않으면 안 되는 것이다.

특히 이로 인해 발생한 희생에 대해서는 최대한 배려를 아끼지 말아야 하며, 인간적 차원에서는 윤리적 부담을 끝까지 안고 가지 않으면 안 된다. 박정희 대통령의 경우 5·16쿠데타를 겪는 과정에서 불행을 겪은 인사들에 대해서는 사후 인간적 차원에서나마 화해를 하려고 나름대로 상당한 노력을 기울였던 것으로 알려져 있다. 그런 점에서 자신의 정치적 이득을 위해서는 수단방법을 가리지 않는 인사와 집단은 공직 선택에서 배제되어 마땅할 것이다. 그런 점에서 윤석열 대통령이 근자에 시도한 내란행위 만큼이나, 그 행위 이후의 국민의힘 정치인들의 발언과 태도에서 깊은 실망과 좌절을 느끼게 된다.

3. 대통령다운 사회관, 3가지

인간에 대한 이해와 함께 중요한 것은 사회에 대한 이해 혹은 사회관 내지는 시민관도 스테이트크래프트를 구성하는 중요한 요소가 된다. 물론 사회에 대한 이해 자체가 인간에 대한 이해 속에 포함되는 것이기는 하지만, 사회관에 있어서는 좀 더 독특한 기준이 필요하다. 사회에 대한 견해 역시 다양하며 어떤 것이 올바르고 더 좋다는 명확한 기준이 있는 것은 아니다. 다만 올바른 사회관을 식별하기 위해서는 몇 가지 경계하거나 유념해야 할 측면은 지적될 수 있을 것이다.

첫째, 이제 과거 권위주의 시대의 사회관은 그 효력과 타당성을 상실하였다는 것이다. 얼마 전까지만 해도 우리 사회에는 전통시대의 가부장적 사회관, 남성 중심의 사회관, 그리고 전체를 위해 부분은 희생될 수 있다는 유기체적 사회관이 강력하게 남아 있었다. 그러나 오늘날 우리 사회에서 이러한 가치관은 더 이상 통할 수 없을 뿐 아니라 오히려 갈등만을 일으킬 뿐이다. 그러한 점에서 시대착오적 성차별적 행동, 특정 계층이나 지역 혹은 세대에게 무조건적인 희생을 강요하는 행동을 일삼거나 그러한 가치관을 부분적으로라도 갖고 있는 사람이나 집단에게 국정의 책무를 맡기기는 어려울 것이다.

반면에 새로운 문화 변동기에는 일탈적 행동이 상당 부분 따르기 마련이며, 특히 이를 규율할 제도가 마련되지 않았기 때문에 시행착오가 불가피한 만큼 이를 최소화해야 한다는 문제의식도 갖고 있어야 할 것이다. 특히 디지털 정보화 시대를 맞아 인간의 의사소통을 매개하는 수단이 크게 발달한 현실에서 나타날 수 있는 부작용에도 유의해야 한다. 우선 계층과 세대 간 디지털 격차를 최소화하기 위한 노력이 경주되어야 하며, 나아가 새로운 매개 수단이 소통의 양적 증대에 기여하는 만큼 질적 증대에는 오히려 역기능을 하고 있는 것은 아닌지 깊은 성찰이 요구된다. 우리 사회에서 디지털 소통기구를 앞서 활용하는 정치인이나 집단이 대세를 장악해왔으며, 이는 불가피한 시대적 추세라 할 수 있다. 그러나 국가운영에서 디지털 소통수단을 만능으로 앞세우는 데 대해서는 깊은 성찰이 따라야 할 이다.

둘째, 인간의 사회적·공동체적 성격을 무시 혹은 경시하려는 경향은 오늘날 시대정신과 부합하지 못한다는 점이다. 무엇이 개인의 영역, 즉 사적 영역이며 무엇이 다른 사람과 더불어 공유하는 사회적 영역인지를 가르는 절대적인 기준은 없다. 사람에 따라 그리고 시대와 철학적 관점에 따라서 사회적 영역의 폭을 상대적으로 좁게 혹은 넓게 잡을 수 있으며 그러한 다양성은 보장되어야 할 것이다. 그러나 인간의 연대성과 공동체적 성격을 무시하는 원리를 전면에 부각시키는 것에는 문제가 있다. 무엇보다 신자유주의적 경쟁 논리를 국가운영의 최고원리로 앞세우는 것은 바람직하지 못하다. 더구나 우리는 급속한 세계화가 가져오는 부작용을 경험하면서 특히 김대중·노무현 정부를 통해 평등과 참여가 시대정신으로까지 고양된 현실에서 살고 있다. 따라서 학문 차원에서 이론으로 주장하거나 특정한 부문에서 필요한 논리로 강조될 수는 있겠지만, 낙수효과(trickle-down effect)와 같은 것을 국가의 운영 원리로 전면에 내세우는 것은 타당하지 못하다. 특히 경제적 효율성이나 법치주의만 앞세우면서 약자에 대한 배려를 소홀히 하는 정치세력은 민주주의에 역행한다는 강력한 비판에 직면하지 않을 수 없게 될 것이다.

셋째, 사회적 영역과 국가의 영역을 구분하는 것이 중요하다는 점이다. 사회는 연대성과 공동체성을 생명으로 하지만, 민주사회에서 이는 어디까지나 자율성 위에서 확보되어야 하는 것이다. 그것이 현대 민주사회가 전통적인 사회와 근본적으로 다른 점이다. 따라서 인간의 자유와 사회의 자율적 능력을 보호하고 이를 제고시키는 방향에서 공동체성과 연대성이 확보되어야지, 그렇지 않고 국가의 공권력, 즉 강제력을 통해서 공동체성이나 연대성을 제고하려다가는 인간과 사회의 자율성만 손상시키게 될 뿐 아니라 나아가 원래 지향했던 바 공동체성과 연대성마저 크게 훼손시키는 결과를 초래하게 될 것이다. 그런 점에서 참여와 평등 자체를 극대화 혹은 절대화하려는 가치관에 대해서는 경각심을 가질 필요가 있다.

　이와 관련하여 짚고 넘어가야 할 것은 '시민단체'와 관련된 문제들이다. 앞서도 한 번 비판적으로 언급한 바 있지만, 원래 시민사회란 개인과 국가 사이에서 이를 매개하는 가교 역할을 하는 존재로서 자율성·자발성을 생명으로 하는 것이다. 오늘날 우리 사회에서 문제가 되는 것은 '시민 없는 시민단체'라는 말에서 알 수 있듯이 일부 지식인 혹은 운동가 중심의 시민단체가 시민사회 자체를 가름하려는 경향이 강하게 나타나고 있다는 사실이다. 더군다나 여기에 권력이 개입하는 사태까지 발생, 결국 시민사회가 국가의 하수인이 되고, 정치의 '동원' 대상으로 전락함으로써 민주정치를 위험에 빠트릴 수 있는 상황이 대두되고 있다는 것이다. 본래 정치권과 시민단체의 유착관계는 주로 민주당 정부에서 나타나는 것이었는데, 이명박 정부로부터 박근혜 정부 사이에 이른바 '아스팔트 우파'라고 하는 우파 시민단체가 보수정부와 개신교회의 독려 내지 후원으로 적극적으로 육성되었다. 이들은 애초 보수정부와의 유착이 단체 육성의 목표였다는 점에서 그들이 비난하는 '좌파 시민단체'들보다도 관제적 성격을 지니는 존재가 됐다. 민주당 정부 집권 시에는 아스팔트와 유튜브에서 반정부 투쟁을 전개하다가, 보수정부가 집권하면 지분을 요구하는 속성을 지닌 그런 집단이 됐다. 물론 시민단체나 시민운동가 출신도 얼마든지 정치를 할 수 있지만 가장 중요한 것은 우리의 경우 이제 피어나는 시민사회를 보호하고, 그 자율성이 손상되지 않도록 유의하는 일이다. 좌우를 막론하고 정부와 유착하려는 시민단체들의 활동이, 정작 자율성을 지닌 새로운 시민단체가 형성되는 것을 방해할 수 있다는 점을 유의해야 한다. 특히 청년들이 자율성을 지닌 시민사회 활동을 할 수 있도록 기성세대가 관심을 가지고 지원해야 할 것이다. 정부 역시 (기대하기 어렵기는 하지만) '유착'을 준비하는 단체가 아니라 그러한 자율적인 단체를 선정해서 지원해야 한다.

4. 균형 잡힌 국가관

국가관이야말로 스테이트크래프트의 핵심적인 요소라고 할 수 있다. 국가는 합법적 폭력을 독점하는 등 강제력을 특징으로 갖고 있으며 따라서 공공성을 생명으로 하고 있다는 점은 이미 누누이 강조한 바 있다. 국가가 중요한 이유는 특정 시대 특정한 사람들이 갖고 있는 인간과 사회에 대한 이해와 가치관이 공적 영역으로 승화되고, 나아가 강제력을 동반하여 현실에 시행되는 기제이기 때문이다. 민주시대의 국민국가에서는 사람에 따라 국가관 역시 다양하며 어떤 것만이 올바르며 가장 적합하다고 주장하기는 어렵지만, 국가 자체가 국민주권의 원리 위에 성립된다는 점에서 더욱 엄격한 기준 특히 공공성이 요구된다고 하지 않을 수 없다.

이런 점을 전제로 우리가 기준으로 삼아야 할 국가관을 짚어보면, 무엇보다 '헌법적 가치'를 존중해야 한다는 점을 강조하지 않을 수 없다. 다만 헌법적 가치가 무엇인지에 관해서는 논란이 그치지 않고 있는 것도 사실이다. 유신 시절에는 자유민주주의인가 아니면 반공인가를 놓고 '국시(國是) 논쟁'이 벌어진 적도 있었다. 최근에는 교과서 기술상 민주주의가 적합한가 아니면 자유민주주의가 적합한가를 놓고 논쟁이 전개된 끝에 '자유민주적 기본질서'라는 데 대체적으로 합의가 이루어진 것으로 알고 있지만 그것이 무엇인가에 관해서 여전히 상반되는 시각이 존재하고 있다. 이 문제를 여기에서 상론할 필요는 없다. 다만 한 가지 강조하고 싶은 것은 우리의 헌법적·제도적 가치를 특정 이념의 입장에서 접근하는 것은 그렇게 바람직하지 않다는 점이다.

'민주주의'는 우리말로는 '주의(ism)' 즉 이념이라고 번역된다. 그러나 원어인 그리스어나 구미 언어에서는 다수 지배(democracy)라는 '지배형태' 즉, 특정한 정치체제와 제도를 의미하는 것이라는 점에 눈을 돌릴 필요가 있다. 따라서 핵심은 역사적으로 획득한 성과물인 민주적 '제도'이며, 중요한 것은 이를 수호·발전시키는 것이지, '주의'로 표현된 특정 '이념'을 옹호하는 것은 아니라는 사실이다. 다만 오늘날 우리가 수호·발전시키려는 '자유민주적 기본질서'란 서구의 경우 주로 자유주의와 그것의 외연이 확장된 자유민주주의의 실현 과정에서 획득되었다는 역사적 사실을 부인할 수는 없다. 나아가 오늘날 자유민주주의 이념은 그러한 가치를 현실적으로 가장 잘 그리고 대표적으로 합리화하고 있는 사상체계로서 사회민주주의까지를 포괄하는 것인 만큼 애써 이를 부정하려는 것은 오늘의 국제적 상식에서 다소 벗어난 태도라고 할 수 있을 것이다.

우리의 경우에는 건국 이후 그러한 '자유민주적 기본질서'로서의 가치와 제도를 통째로 수입, 이를 표방해왔다. 그리고 자유민주주의라는 현대정치의 보편적 이념이 주류를 형성해온 사실도 부인하기 어렵다. 다만 현실에서는 이러한 가치가 규정대로 관철되지 못한 채 권위주의 내지는 독재가 등장하였던 것도 분명한 사실이다. 바로 이러한 독재 내지는 권위주의 정권과의 투쟁을 통해서 우리는 자유민주적 기본질서를 회복할 수 있었고 그 과정을 통해 대한민국이란 공동체에서 자유민주주의가 가장 중요한 이념적 동력으로 작용할 수 있었다. 따라서 우리의 헌정사에서 자유민주주의가 독재를 옹호하였기 때문에 배척되어야 한다는 주장은 사실관계에서부터 잘못된 것이다. 이와는 반대로 독재가 스스로를 자유민주주의라고 강변해왔다는 것이 사실에 가까울 것이다. 결국 헌법적 가치가 자유민주적 기본질서라는 점, 그리고 이를 이끌어온 주류 이념으로서의 자유민주주의를 애써 부인하려는 것은 '구더기 무서워서 장 못 담근다'는 격으로, 본말이 전도된 사고방식이다.

그러나 구체적으로 무엇이 이러한 기본적 가치에서 이탈된 것인지를 규정하는 것은 여전히 쉽지 않다. 우선은 아직도 불식되지 않고 있는 과거 권위주의 시대의 국가관과 이와 관련된 여러 이탈적 행태들을 들 수 있다. 특히 경제성장을 위하여 그리고 반공을 위하여 '자유민주적 기본질서'라는 헌법적 가치마저 훼손할 수도 있다는 사고방식은 결코 용납될 수 없을 것이다. 문제는 오늘날 민주시대의 달라진 시대적 환경 속에서는 어떤 기준을 적용할 것인가 하는 것이다.

그 대표적인 사례로 국가보안법 문제를 들 수 있다. 국가보안법에 관한 논란은, 헌법적 가치를 방어하기 위한 조치가 헌법이 추구하는 가치를 부정하는 것을 어디까지 용인할 것인가 하는 문제라고 볼 수 있다. 여기에서 이 문제를 길게 논의할 필요는 없을 것이다. 다만 국가보안법이 갖고 있는 딜레마적 특성을 천착하되 그 현실적 부작용을 최소화할 수 있는 효과적인 방안을 강구하기 위해 노력해야지, 어떤 추상적 원리에만 호소하면서 국가보안법의 일방적인 폐지를 주장한다거나 현실적인 위협만을 강조하여 무조건적인 사수를 고집하는 정치적 '야심가'들에게 국가운영을 맡겨서는 곤란할 것이다. 국가보안법에 관한 논란을 통해 이념전쟁을 벌이고 진영을 결집할 의도를 버리고, 인권을 심각하게 침해하는 독소조항이 무엇인지를 합의하여 그것을 삭제하자고 접근하는 길이 바람직할 것이다. 또한 이른바 민주진보진영에서도 뉴라이트 등 마음에 안 드는 이념이 등장할 경우에라도, 그 이념 자체에 대해서도 법적인 처벌을 하자는 주장을 멈춰야 국가보안법의 독소조항을 폐지하자는 주장에 더 설득력이 실릴 수 있다.

국가운영에서 이념의 중요성은 결코 경시될 수 없다. 그것이 없다면 방대한 영역에 걸친 다양한 정책의 전반적인 일관성과 통일성을 확보하기 어렵다. 우리는 구체적인 사안마다 타당성을 일일이 검증하고 그 효과를 따져서 정책을 수립·시행하는 것이 아니라, 지향하는 총론적인 가치에 맞추어 대체적인 방향을 수립한 후 그 틀 속에서 개별적 사안의 대응방향을 마련할 수밖에 없는 것이다. 따라서 국가운영을 성공적으로 하기 위해서는 이념의 힘과 그것이 발휘되는 기제를 잘 알고 다룰 수 있어야 할 것이다.

여기에서는 무엇보다 지도자의 정직성이 중요하다. 정치인 중에는 자신은 이념과는 상관없으며 자신의 위상을 '상식'에 두고 있다고 주장하는 경우가 없지 않다. 이는 그만큼 상식을 넘어서 비정상적인 모습을 보이고 있는 오늘의 우리 정치 현실을 비판하는 말일 것으로 이해된다. 그러나 이러한 주장의 타당성은 거기까지 뿐이다. 만일 국가운영을 하는 과정에서 그리고 정치적 원칙으로서 상식을 내세운다면, 이는 결국 정치적 갈등을 상식 대 비상식(혹은 몰상식)의 대립, 즉 선악의 갈등으로 몰고 가게 되는 것에 다름 아니기 때문이다.

이념은 국가운영에서 불가피한 것이지만 세심한 주의가 필요하다. 국가운영에 이념적·추상적·일반론적 잣대를 기계적으로 적용한다면 올바른 정책을 수립하기가 어렵게 된다. 물론 극단적인 이념체계는 배척되어 마땅하다. 그러한 전제 하에서 말한다면, 중요한 것은 이념적 정체성이 아니라 다양한 이념적 연원을 갖는 정책들을 현실 속에서 어떻게 배열하느냐는 것이다. 여기에서 요구되는 기준은 '국민생활'을 염두에 둔 '균형과 합리'라고 할 수 있다. 따라서 이념적 정체성은 당당히 밝히되 이념적 정합성을 소리 높이는 정치인보다는 국민생활을 위해 어떤 것이 보다 바람직하며 효과가 있는가를 중심에 놓고 생각하는 정치인이 국민적 선택의 대상이 되어야 할 것이다. 다만 유의해야 할 것은 '국민생활'이라는 것도 균형과 합리성을 외면한 채 특정 부분과 현재에만 초점을 맞춘 것이 되어서는 곤란하다는 것이다. 당대적으로는 복지와 생산성 간에 고도의 균형이 이루어져야 할 것이며, 통시적 차원에서는 특히 연금체계, 그리고 교육투자에서 고도의 균형이 확보되어야 한다. 이러한 시공간적 균형과 합리성을 무시할 때 이른바 포퓰리즘이 대두될 수 있다.

정치이념과 관련하여 반드시 짚고 넘어가야 할 것이, 대의민주주의와 국민의 직접 참여문제다. 결론부터 말하자면 대의민주주의가 주(主)가 되어야 하고 국민의 직접 참여는 어디까지나 이를 보완하는 종(從)이 되어야 한다는 것이다. 우리가 먼저 확립해야 할 것은 대의(代議)정치다. 그렇다고 디지털 정치 그리고 직접민주주의적 요소들을 무조건 배제하자는 것은 아니며 그것은 현실적으로 가능하지도 않다. 다만 이러한 다양한 국민적 요구들을 어떻게 자유민주적 기본질서와 제도 내로 수렴시키고 흡수할 것인지, 구체적이고 현실적인 방안에 대해서 깊이 고민할 필요가 있다는 것이다. 특히 우리와 같이 아직도 대의정치·정당정치가 확고하게 자리 잡지 못하고 있을 뿐 아니라 남북이 분단되어 대치하고 있는 상황을 감안할 때, 우리가 남보다 앞서 첨단 정치이론의 시험장을 자청할 필요가 있는 것인지 신중한 검토와 성찰이 요구된다고 하겠다.

5. 견제와 대비, 협상의 대북관(對北觀)

우리의 경우, 국가관에서 짚고 넘어가지 않을 수 없는 특수한 과제, 즉 대북정책 혹은 민족문제가 자리하고 있다. 여기에서는 무엇보다 국가와 민족에 대한 기본 입장이 중요하다. 민족통일은 우리가 지향하는 가치이지만, 우리의 현실은 국가를 뛰어 넘어설 수 없다는 데 대한 철저한 자각이 필요하다. 물론 국가도 절대적인 것은 아니며 우리가 끊임없이 보완·발전 시켜야 할 대상이다. 다만 현실로서의 국가는 민족을 포함한 그 어떤 이름 으로도 부정될 수 없다는 것이다. '우리민족끼리'라는 용어를 선뜻 받아들 이기 어려운 이유도 바로 여기에 있다.

다음으로 북한 동포와 북한 당국을 엄격히 구분하는 자세가 필요하다. 북 한 동포에 대해서는 깊은 애정을 갖고 있어야 하며 특히 인류보편의 가치 관에 입각하여 그들의 어려운 처지를 개선하기 위한 휴머니즘이 필요하 다. 그러나 북한체제에 대해서는 이를 수용하거나 인정할 수 없다는 비판 적 입장을 확실히 견지해야 한다. 다만 북한 당국에 대해서는 그들이 우리 의 공식적인 상대이니만큼 특히 정부 당국자는 법도에 맞추어 그들을 대 하는 자세가 필요하다.

당면 최대 현안은 북한의 핵문제 해결이며 이를 위해 다각적인 노력을 경주하는데 정책의 궁극적인 목표를 두어야 할 것이다. 핵문제가 해결되 기 전에라도 북한과의 일정한 관계 유지는 필요하지만, 결국 이러한 모든 노력 역시 북핵문제 해결이라는 방향으로 수렴되어야 한다. 국가로서는 다양한 시나리오를 상정, 현실적인 대비책을 마련해두어야 한다는 것은 너무나 당연한 일이다. 다만 북한체제를 붕괴시키겠다는 식의 사고방식은 무엇보다도 비현실적이라는 데 문제가 있다. 교류와 협력의 장기적 효과 를 가늠해보는 것은 필요하지만, 이는 한 정권이 감당할 수 없는 장기적 전 망과 관련된 것들이다. 현실적인 대북정책은 북한을 대상으로 견제와 대 비를 하면서도 한편으로는 협상을 통해 일정한 성과를 주고받는 식의 통 상적인 정치교섭 혹은 외교의 수준을 뛰어넘는 것이어서는 곤란하다.

북한의 사회적 변화보다 더욱 중요하고 시급한 것은 최소한 북한이 약속한 것만이라도 확실하게 지키도록 만드는 일이다. 이를 위해서는 정교한 전략과 다양한 전술이 구사되어야 하며 어떤 특정 방법을 배제해서는 목표를 달성하기 어렵다. 그런 점에서 '채찍'을 수단에서 제외하는 태도와 마찬가지로 '전쟁을 배제하겠다'고 공언하는 태도 역시 국가를 책임진 지도자로서 결격 사유라 하지 않을 수 없다.

이제 대한민국의 각종 선거에서 북한은 더 이상 변수가 아니라 상수가 되어 있는 것도 오늘의 현실이다. 여기에는 여러 요인이 있겠지만 결국 그동안 우리의 정치가 자초한 측면이 크다고 하겠다. 북한이 선거에 미치려는 영향을 최대한 차단하기 위해서는 누구보다도 정치권의 각성이 필요하며 나아가 이를 용납하지 않겠다는 국민들의 굳건한 의지와 현명한 자세가 필요하다.

6. 식견이 능력이다

지도자의 스테이트크래프트에서 가장 중요한 부분을 이루고 있는 것이 개인의 특수한 자질과 능력이다. 민주화 이후 우리는 전업 정치인, 전문가 출신 정치인을 두루 최고 지도자로 선택한 바 있다. 문제는 전업 정치인의 경우 정치적 기술은 뛰어나지만 복잡한 현대사회의 조직적·행정적 관리의 속성 나아가 복잡한 국가의 본질과 작동원리를 이해하는 데 한계를 보여주었다는 점이다. 반면에 전문가 출신 정치인은 특정 분야에 대한 지식은 갖고 있었지만 국가의 총체성 특히 공공성에 대한 이해에서 적지 않은 문제점을 보여준 바 있다.

국가운영의 전문성은 특정 분야의 기술자적 전문성을 가리키는 것이 아니라 한 분야에 정통해지는 과정에서 획득한 국가사회에 대한 총체적인 이해와 그 운영능력을 의미한다. 그것은 이론가적·관찰자적 지식이 아니라, 인간사회의 본질과 조직체의 운영원리에 대한 경험과 추체험(追體驗, 다른 사람의 체험을 자기의 체험처럼 느낌)에 의해 체득된 일종의 암묵지를 지칭하는 것이다. 대통령이나 국회의원은 집단적 정책결정과정에 개입하는 행위자들이다. 여기에서 가장 중요한 것은 현안에 대한 정통한 이해와 올바른 정책방향이다. 수많은 자료와 이론을 토대로 해야겠지만 결과가 확실하지 않은 상태에서 그 파급효과를 가늠하여 정책을 선택하고 수립하지 않을 수 없는 것이다. 또 한 가지 문제는 정치 지도자들의 능력 부족으로 자신에게 맡겨진 본연의 역할을 방기하고 이를 실무 관료에게 전가하는 경우가 왕왕 발생한다는 사실이다. 관료 또한 예전 같지 않아서 대기업 산하 경제연구소의 프레임에 걸려 정책까지 이들에 의해 이끌려가는 양상을 보이고 있다. 그리하여 관료를 감시·통제·견제해야 할 당사자인 정치 지도자들이 오히려 그들에게 끌려 들어가고 또한 경제주체들 간의 공정한 심판관 노릇을 해야 할 정부의 지도부와 관료들이 오히려 대기업의 프레임에 갇히는 결과가 초래되고 있는 것이다.

국회의원의 경우 본연의 임무인 입법기능을 수행하는 과정에서 능력 부족으로 인해 핵심적인 내용을 하위 법령에 맡기는 위임입법 관행이 크게 개선되지 못하고 있는 것이 현실이다. 그리고는 해당 장관 혹은 행정 관료들을 상대로는 구체적인 사안과 정책을 따지는 것이 아니라, 민족이나 국민 같은 추상적인 가치를 들먹이면서 큰 소리로 '호통'을 치고 심지어는 인격적인 모욕을 가하는 경우까지 발생한다. 그러다가 여당이 되어 장관으로 입각하게 될 경우에는 적지 않은 경우가 능력 부족으로 행정 관료들에 끌려 다니고 마는 것이다. 특히 민주화 이후에는 경제와 외교안보 면에서 제대로 지도력을 발휘하지 못한 채 실무 관료들에게 끌려 다니는 모습을 자주 보여 주었다.

　대통령이 상당한 식견을 갖추어야 할 분야로서 무엇보다 경제를 들 수
있다. 경제관리 능력에서는 자주 박정희 대통령의 경우가 거론되지만, 그
때와 지금의 대한민국은 정치적 상황과 경제적 여건이 너무나 다른 만큼
모범 사례로 삼을 수는 없다. 대통령의 경제관리 능력이란 산업정책을 비
롯한 특수 분야에 대한 전문성을 의미하는 것은 아니다. 국가경제는 기업
의 경제와는 너무 다르다는 점을 우리는 이명박 정부를 통해서 확인할 수
있었다. 가장 중요한 것은 거시경제 지표의 관리와 잠재성장률을 관리하
는 등 국가경제 전체의 균형성을 기할 수 있는 능력이다. 이와 함께 현재
의 불평등 구조를 개선하지 않고서는 지속적인 성장도 국가발전도 어렵다
는 확고한 철학을 바탕으로 '경제민주화'를 기해나갈 수 있는 안목과 능력
이 중요하다. 다시 말해 경제성장과 사회복지 정책 간의 균형점을 찾아나
갈 수 있어야 한다는 것이다. 마지막으로 이러한 일을 하는 과정에서 전시
적 행정이나 과시성 이벤트가 아니라 건전한 의미의 실효성에 초점을 맞
추어 5년 임기 내내 끊임없이 과제를 추적하고 확인하는 등 집요한 노력을
기울일 수 있어야 할 것이다.

　국가의 안전과 직결된 외교·안보 분야 능력도 매우 중요하다. 여기에서
중요한 것은 민주적 통제력이 강하게 작동되는 국내 정치와 무정부 상태
속의 권력정치, 즉 '레알 폴리틱스(Real Politics)'가 아직도 기본적인 특
성을 이루는 국제정치의 개념을 혼동하지 않아야 한다는 점이다. 과거 권
위주의 시대에는 국제정치적 시각을 국내 정치에 과도하게 투영하는 사고
방식이 강했었다면, 민주화 이후에는 국내 정치적 시각을 국제정치에 강
하게 투사하는 경향이 없지 않다. 심지어 민주정부라는 정통성만으로 안

보도 외교도 쉽게 풀릴 것이라는 안이한 판단을 하기조차 하였다. 양자의 특성을 혼동하는 이러한 사고방식은 정도의 차이만 있을 뿐 아직도 완전히 불식되었다고 보기는 어렵다. 따라서 앞으로 국가의 최고 지도자가 되려고 한다면 누구보다도 국제정치에 관한 확고한 개념을 갖고 있어야 할 것이다.

특히 북한을 상대하면서 향후 통일을 지향하는 우리로서는 확고한 외교관을 갖고 있어야 한다. 무엇보다 튼튼한 우방국을 확보하고, 가급적이면 모든 관련국들과 원만한 관계를 유지하기 위한 노력이 중요하다. 유사시 우리가 도움을 필요로 하는 사태가 벌어졌을 때 기꺼이 손을 내밀어줄 수 있도록 우방국을 관리하는 것이 외교의 기본적인 목표가 되어야 하는 것이다. 정책의 스타일이 바뀔 수도 있고 강조점이 바뀔 수는 있지만, 아무리 새로운 우방을 만드는 일이 중요하다고 해서 기존의 우방과의 관계를 소원하게 만들어서는 안 된다. 정권 교체에 따라 대외정책이 일관성을 잃고 표류함으로써 결국 모든 우방국과의 관계가 악화되는 현상이 빚어져서는 곤란하다는 것이다.

중국과의 관계를 긴밀히 하는 것도 중요하지만 미국과의 관계가 손상을 받아서는 안 될 것이다. 역으로 미국과의 관계를 개선해야 한다는 이유로 중국과의 관계에 손상을 주는 방식으로 외교가 추진되어서는 곤란하다. 특히 장기적으로 한·미동맹과 한·중관계가 한반도에서 충돌하는 사태를 빚지 않도록 용의주도하고 세련된 외교를 전개해나가야 할 것이다. 여기에서 핵심적인 요소가 바로 북한이며, 그렇기에 대북정책과 북한 관리의 중요성을 새삼 절감하지 않을 수 없다고 하겠다.

대통령이 전면에서 펼치는 정상외교는 매우 중요하다. 그러나 정상외교는 마약과 같은 측면을 갖고 있다. 대통령은 대외적으로는 국가원수의 기능을 갖고 있으므로 화려한 정상외교를 통해 자신의 '초월적 위상'을 확인하려는 경향을 선호하기 마련이다. 그리고 정상외교의 외형적 성과물을 통해서 한껏 높아진 자신의 정치적 위상을 국내 정치에 투영하려는 의식에 빠지게 되기 쉽다. 따라서 대통령은 실질적인 성과를 중시하는 확고한 외교철학을 갖고 있어야 할 것이다. 그렇지 않으면 결국 관료 집단에 의해 끌려 다니다가 정작 중요한 국내 정치를 소홀히 하게 되고 민심의 역풍을 맞는 결과를 빚게 되기 십상이다.

안보는 국가의 기본이라는 점을 집권자는 명심해야 한다. 안보에 공짜는 없으며 또한 여기에서는 어떠한 시행착오도 용납될 수 없다. 가장 중요한 것은 국가를 수호하고자 하는 국민적 의지를 북돋고 결집시키는 일이다. 모든 국민들이 나와 나의 가족이 행복하게 살 수 있는 나라, 나의 꿈을 펼칠 수 있는 나라, 그리하여 지킬 가치가 있는 나라라는 의식을 가질 수 있도록 하는 것이 기본이다. 다음으로는 국가가 나의 생명과 재산을 지켜줄 수 있는 의지와 능력을 가졌다는 것을 보여주는 것이 중요하다. 그래야 국민들은 정부를 신뢰하고 의지를 결집할 수 있는 것이다. 마지막으로 정부가 정권 차원이 아니라 국가 차원에서 초당적이고 합리적으로 안보정책을 수립하고 또한 전문성과 중립성을 바탕으로 군을 통솔한다는 것을 보여주어야 한다.

7. 장수를 다스릴 줄 아는 군주처럼

전문성과 더불어 중요한 자질이 사람과 조직의 관리능력이다. 이에 대해서는 많은 사람들이 언급해왔기 때문에 새삼 언급할 필요는 없을 것이다. 다만 인재는 어느 시대에나 존재하지만 결국은 쓰는 사람에 달린 것이라는 점, 위대한 업적을 남긴 지도자들은 사람을 구하는 데 공을 들였으며 심지어 자신의 라이벌까지도 자신의 사람으로 만들어 활용하였다는 사실을 강조하고 싶다. 조직관리 능력에 대해서는 두 가지에 유의할 필요가 있을 것이다. 하나는 조직의 크기와 관련된 사항이다. 그것은 개인이 직접 관리할 수 있는 조직과, 개인이 직접 관리할 수 있는 규모를 넘어선 조직의 차이점으로서, 후자에는 시스템적 관리 혹은 관리 시스템의 관리라는 문제가 발생하는 것이다. 이에 대해서는 한신(韓信)의 다다익선(多多益善)의 고사가 말해주는 바와 같이, 많은 부하를 거느리는 장수와 많은 부하를 거느리지는 못하지만 장수를 다스리는 군주는 그 필요로 하는 자질이 서로 다르다는 점을 강조하고 싶다.

다음으로는 조직의 질적인 혹은 성격상의 차이에 관한 것이다. 즉 특정 목적을 달성하기 위한 일반적 조직과는 달리 국가는 포괄적인 목적 혹은 존재 자체를 위한 것이라는 점에서 공권력이라는 강제력을 동반한다는 근본적 차이를 갖고 있다. 그런 점에서 소규모 집단의 경험이 대규모 집단에도 그대로 통할 것이라는 단순한 사고를 하거나, 국가의 공공성을 충분히 이해하지 못한 채 일반적 관리능력으로 이를 감당할 수 있다고 믿는 지도자를 국정의 책임자로 선출하는 것은 위험한 선택이라고 하지 않을 수 없다.

8. 경력과 도덕성

후보의 경력 자체도 스테이트크래프트를 파악하는 중요한 지표가 된다. 흔히들 비전이 중요하다고 하지만, 지도자의 비전이라는 것은 어떤 정책 프로그램을 발표하거나 책자를 내놓는 것이 전부가 아니다. 그보다는 후보의 경력을 포함한 전 생애를 통해 구현된 가치 자체가 비전인 것이다. 그런 점에서 어떤 화려한 경력을 쌓았는가보다 어떤 가치를 추구해왔는가. 그리고 이를 통해 어떤 능력을 보여주었는가가 보다 중요한 판단 기준이 되어야 한다. 우리는 아직도 조상 자랑을 하면서 어떤 업적을 남겼는지가 아니라 무슨 지위에 이르렀는지를 중시하는 경향이 있다. 전통적 신분사회에서는 품계가 그 사람의 가치를 결정하였기 때문일 것이다. 문제는 이러한 사고방식이 아직도 불식되지 못한 채 남아 있다는 사실이다. 그런 점에서 이제부터는 어떤 위치에서, 어떤 사람들과 더불어, 어떤 정책을 추구해서, 어떤 결과를 남겼는지를 중시하는 풍토를 만들어야 한다. 여기에서는 후보 개인뿐만 아니라 그가 소속해 있는 정 당 혹은 함께 정치를 하는 팀 전체가 평가의 대상이 되어야 할 것이다.

우리 정치사에서는 특히 대통령 주변의 정실주의가 문제를 일으킨 적이 한두 번이 아니었다. 대통령이란 국가의 최고 행위자로서 공공성을 생명으로 하는 직위라는 점을 망각한 채, 아무런 공적 관계도 없는 따라서 권한과 책임이 없는 가족이나 친인척들이 이권·인사·정책에 직간접적으로 간여하는 국정농단 현상이 발생하였던 것이다. 특히 이러한 현상이 권위주의 시대에서 뿐만 아니라 민주화된 오늘까지도 그치지 않고 있는 것이 문제다. 따라서 지금부터라도 이러한 현상을 근절하겠다는 집권자의 강력한 의지와 더불어 이를 효과적으로 실천해낼 수 있는 확고한 대책을 준비하고 있는지 여부도 중요하다고 하겠다.

선거운동 방식도 자세히 살펴볼 필요가 있다. 선거운동을 통해 후보의 품격 혹은 도덕적 수준이 드러나기 때문이다. 먼저 자신의 장점을 강조하는 포지티브 전략을 위주로 하는지 아니면 상대방의 약점을 물고 늘어지는 네거티브 전략을 위주로 하는지 살펴볼 필요가 있다. 무엇보다 허위사실을 날조·유포하는 흑색선전은 범죄에 해당되는 것으로서, 이러한 '공작정치'는 영구히 추방되어야 할 것이다. 그러한 후보와 이를 주도하는 정당이나 팀에 대해서는 단호히 심판을 내리지 않으면 안 된다. 나아가 선거가 끝난 후에도 이들은 공직에서 영원히 추방될 뿐 아니라 사법적 소추를 통해 엄청난 손해를 보게 된다는 것을 톡톡히 깨닫게 해주겠다는 국민적 의지를 다질 필요가 있다. 이렇게 비도덕적인 방법으로 집권한 자는 국가운영에서도 부도덕한 짓을 일삼고 각종 물의를 야기하기 마련이며, 국민정서와 기풍을 크게 타락시키기 때문이다.

제3장 국민이 더 성숙해져야 한다

1장과 2장의 논의의 대부분은 2011년에 썼던 원저작의 내용을 2025년 연초의 시점에서 수정 보완한 것이다. 마지막 단락에서는 14년의 시간의 격차를 두고 달라진 부분들을 언급해야겠다.

먼저 정치적 양극화와 사회적 갈등이 지난 14년간 더 심화되었다. 국제 정세는 '신냉전'이니 '블록화 시대'니 하면서 더더욱 엄중해졌다. 기후변화에 대처하는 산업적 전환과 사회적 약자에 대한 돌봄 문제도 새로이 생겨났다. 공정성에 대한 담론이 강화됐으며, 소수자 권리에 대한 논의도 활발해졌다. 그 와중에 가장 큰 문제인 저출산과 인구절벽으로 인한 소멸의 위기가 닥쳐온 가운데 연금이나 정년 문제 등에서 세대 간 갈등도 심화되고 있다. 한국을 둘러싼 문제들의 난이도는 더욱 높아졌으며, 정치인에게 예전보다도 고난이도의 스테이트크래프트가 요구되고 있다. 그런데 모두 보고 있다시피 정치권에서 발생하는 정쟁의 질은 현저하게 더 나빠졌다.

각론에서 벗어나, 다시 원론으로 돌아오자면 이러하다. 흔히들 정치인 수준이 국민 수준을 따라오지 못하는 것이 문제라고 한다. 그러나 이는 책임을 정치인에게 떠넘기는 것에 불과하다고 할 수 있다. 선택지를 제공한다는 점에서는 정치인과 정치세력의 역할이 중요하지만, 민주사회에서는 이들 정치인 역시 국민들 가운데서 국민들의 선택에 의해 출현한다는 점에서 결국 국민의 문제로 귀결되는 것이다.

그런 점에서 장기적으로는 국민 가운데서 제대로 된 스테이트크래프트를 갖춘 지도자를 육성하는 것이 중요하다고 할 수 있다. 특히 스테이트크래프트는 암묵지적 성격을 갖고 있는 만큼 국민 전체의 수준을 한 단계 끌어올리지 않으면 안 될 것이다. 그러나 단기적으로는 한국정치의 올바른 변화를 추동해낼 수 있는 현실적 모멘텀을 포착하는 일이 가장 중요하다. 향후 몇 년간 닥쳐올 선거들의 중요성이 여기에 있다. 아무쪼록 다가오는 선거에는 이 시대가 요구하는, 제대로 된 스테이트크래프트를 갖춘 인물과 세력이 국민적 선택을 받음으로써 새 역사를 창조하는 전기가 될 수 있기를 진심으로 기대한다.

에필로그

필자와 저자의 인연은 필자가 잠시 기자생활을 하던 지난 2013년, 저자를 인터뷰하면서 시작됐다. 이후 같은 해에 〈팟캐스트 윤여준〉의 진행자가 되어 일 년여의 시간을 교류했고, 2017년에는 졸저《미디어 시민의 탄생》의 추천사를 저자가 써주는 영광을 얻기도 했다. 저자 주변에는 수십년 간 교류해온 많은 훌륭한 분들이 있지만, 필자 역시 상대적으로 젊은 사람들 중에서는 저자와 꽤 많은 시간을 보낸 편이라 할 수 있다. 이 책의 개정증보판에서 추가된 부분의 초고 작성 작업을 하게 된 것도 그러한 인연 때문이었다.

십수 년 전에 이 책을 처음 읽었을 때엔, 내용에 감화되면서도 얼핏 '전문 역사학자나 정치학자가 아닌 사람이 정리한 역사적이고 정치적인 이야기에 어느 정도 의미가 있을까?'와 같은 생각도 했던 것이 사실이다. 하지만 이젠 필자도 중년이 됐고, 개정증보판 작업을 위해 원고를 더 깊이 읽다 보니 당대의 실천가이자 관찰자였던 사람의 서술이 실천지의 관점에서 학자들의 작업과는 전혀 다른 맥락에서 큰 의미를 지닐 수 있겠다는 사실을 새로이 깨닫게 됐다. 또 예전에 읽었을 때엔《정관정요》와 같은 동아시아 제왕학의 내용을 민주주의 시대의 정치인들이 참조해야 할 필요가 있을까란 의문도 가졌지만, 역시 세월이 지나면서 치국경륜을 탐구하는 문제에 있어서는 인류 역사의 온갖 국면에서 탄생한 지혜를 가능하다면 모두 검토하는 것이 바람직하겠다는 생각을 새로이 하게 됐다. 필자 역시 작년에 출판된《상식의 독재》의 저술 과정에서 한국 사회의 특수성을 설명하기 위해 동아시아 사상과 한국 전근대사의 문제들까지 끌어들이는 작업을 했기 때문에 더욱 공감할 수 있었다.

이 책의 기존 원고 부분에 대해선, 매우 소략한 수준에서만 수정을 했다. 2011년 출간 당시 급하게 내느라 조금 덜 다듬어진 문장들을 손봤고, 젊은 세대에게 너무 낯선 한자어의 경우 비교적 덜 낯선 한자어로 대체했으며, 대체가 어려울 경우에는 그 의미를 부연했다. 그러다 보니 저자는 특히 1부의 내용은 더 간소하게 만들기를 바랐으나, 어쩔 수 없이 1부 역시도 약간이나마 분량이 늘어나게 됐다. 몇몇 군데에선 저자의 겸손한 성정 때문에 의도가 충분히 표현되지 못했다고 판단한 부분을 좀 더 명확한 표현으로 고치거나 부연하기도 했다. 이 책에서 통찰이 느껴진다면 그것은 저자의 통찰이며, 서술 과정에서 오류가 보인다면 그것은 조력자의 잘못일 것이다.

십수 년간의 저자와 필자의 교류 사이에 있었던 소중한 몇몇 분들에게 감사드린다. 특히 메가다이렉트 조봉묵 대표, 예전에 '팟캐스트 윤여준'의 PD와 작가 역할을 해주셨던 YTN 김틈 PD와 CBS 김지연 작가 그리고 광주트라우마센터 초대 센터장이었던 강용주 원장에게 감사드린다.

2025년 1월
한윤형